자동차 커넥티비티와 사이버 보안

자동차 커넥티비티와 사이버 보안

자율주행, 커넥티드카, 모빌리티 서비스 등
자동차 기술 발전과 사이버 보안의 이해

Dietmar P.F. Möller · Roland E. Haas 지음

정윤민 옮김

i!i
에이콘

토마스 핸스키의 추천사

주변 환경에 대한 인식과 대응이 빠르게 높아짐에 따라 기업과 기관들을 포함해 자동차 산업은 오늘날 세계적으로 가장 중요한 산업 가운데 하나가 됐다. 자동차 회사는 설계, 개발, 생산, 마케팅 그리고 "motor vehicle" 또는 "vehicle(이하 차량)"이라고도 부르는 자동차, 트럭 등에 관한 판매 책임을 갖고 있다. 이러한 차량들은 디지털화, 전기 모빌리티, 스마트 모빌리티와 같이 자동차의 복잡성이 증가하고 있으며 이를 세계 최고 무역 박람회인 국제 모터쇼(IAA)에서 차량의 지능형 기능과 더욱 스마트해지고 있음을 보여주고 있다. 그러므로 이 책에서는 자동차 산업의 동향, 기술, 혁신, 응용 분야와 관련한 기술적 혁신의 발전을 통해 얻은 경험과 연구에 대해 개략적으로 설명한다. 센서, 내비게이션 기술, 사물인터넷(IoT, Internet of Things)을 통해 네트워크로 연결된 생활 공간의 기술적 발전, 인터넷 데이터, 서비스, 클라우드에 기반한 것들의 형태 내 서비스 발전은 소위 커넥티드 그리고 자율주행이라고 부르는 미래 모빌리티의 비전과 실현에 대한 원동력이 된다. '커넥티드카(connected car)'라는 용어는 인터넷을 사용하는 차세대 자동차 기술을 말하며 차량 탑승자가 수많은 새로운 서비스와 기능을 활용할 수 있도록 한다. 완전 자율주행차에 대한 생각은 당장 대중이 받아들이기에는 다소 미래지향적으로 보인다. 하지만 자동차 회사들에게 현재의 모델에서 운전자 없는 자동차로 가는 길은 흥미로운 변화의 시기가 될 것이다. 이러한 혁신적 개발은 자동차 산업에 위험하고 불안정한 국면을 조성하고 있음에도 엄청난 기회를 의미한다. 이와 관련해 자동차 사이버 보안은 적합하게 적용된 혁신이라는 조건하에서 발전된 디지털화 개념을 포함해 모빌리티의 미래를 위한 또 다른 큰 주제다. 더 나아가 자동차 산업은 다음 수십 년 내에 광범위하고 서로 연결된 수많은 변화에 직면하게 될 것이다. 자동차 산업이 직면한 많은 잠재적 변화뿐만 아니라 대부분의 다른 산업과 달리 현대의 인터넷 네트워크 지원 기술을 통합하면서 지난 수십 년 동안 다른 산업이 그랬던 것처럼 자동차 산업은 스스로 완전하고 근본적인 재창조를 요구받고 있다. 그로 인해 차량이 포함하고 있는 보드 내 소프트웨어 및 디지털 구성 요소 그리고 커넥티비티와 주변 디지털 인프라의 증가로 인해 자동차 사이버 보안은 현재 자동차 구매 시 가장 중요한 요소 중 하나로 빠르게 자리 잡고 있다. 이러한 배경으로 다른 책에서 자동차 E/E^Electric and Electronic 그리고 소프트웨어 기술에 집중하는 것과 대조적으로 이 책은 필수 방법론과 이론적 기초를 설명하고, 필수 기술 동향, 혁신 그리고 자동차 커넥티비티의 요구 사항과 관련한 응용 분야와 이에 관련한 사이버 보안과 연관해 미래 자동차 특성에 대한 지식으로 확대한다. 나는 자동차 커넥티비티와 사이버 보안의 진보된 방법론에 대해 배우기를 열망하는 학생, 학술자, 산업 관련자에게 디트마르 몰러 교수의 이 학술적인 저서를 강력하게 추천한다. 그는 클라우스탈공과대학의 확률적 모델의 교수이자 클라우스탈 괴팅겐의 시뮬레이션 과학센터 멤버이며, 그의 과학적 전문 지식은 진보적이고 혁신적인 이 책의 주제를 나타낸다. 공동 저자인 롤랜드 하스 박사는 인도 벵갈루루에 위치한 QSO Technologies의 설립자 겸 CEO로 자동차 산업의 각 분야에서 경험을 쌓은 인물로 이 책의 응용 분야에 관한 자세한 통찰력을 제공한다. 나는 이 책이 지지하는 방법이 자동차 분야의 최첨단 혁신과 혼란에 대한 근본적인 생각을 바꿀 것이라고 주저없이 말할 수 있다.

독일 클라우스탈 첼러펠트, 클라우스탈공과대학교 총장

토마스 핸스키^Thomas Hanschke

제리 허진스의 추천사

지난 세기 동안 전 세계 인구의 이동성이 증가함에 따라 자동차는 인류의 기본 요구 가운데 하나가 됐다. 하지만 자동차와 소비자는 서로 다른 방식으로 변화하고 있다. 주요 자동차 제조사들은 무엇이 고객의 드라이빙 경험을 향상시키고 성공을 위해 입증된 핵심 전략인지를 기반으로 새로운 기술을 구현한다. 변화하는 시장 역학은 차량에 들어가는 새로운 기술을 위한 새로운 패러다임 정의에 있어 언제나 최전방에 있었던 자동차 산업에 활력을 불어넣고 있다. 오늘날 이러한 신기술은 '스마트 모빌리티smart mobility'라는 두 단어로 요약할 수 있다. 이 책은 자동차 산업 내 스마트 모빌리티 연구, 기술 혁신, 응용 분야의 최신 기술을 개략적으로 설명한다. 첨단 디지털 개념이 오늘날의 자동차에서 사용을 위해 적용됨에 따라 자동차 커넥티비티와 사이버 보안은 스마트 모빌리티에서 가장 중요한 주제다. 이 책의 핵심 주제는 가상 컴퓨터 세계(사이버)와 자동차(물리) 구성 요소를 연결해 오늘날 자동차에서 사용되는 다양한 지능형 보조 시스템을 통합하는 사이버 물리cyber-physical 시스템을 만드는 것이다. 이러한 의미에서 사이버 물리 시스템은 잘 구조화되고, 잘 통합되며, 절대적으로 필요한 만큼만 복잡한 강력한 디지털 플랫폼으로 구성된다. 또한 이러한 시스템은 운전자와 승객이 커넥티비티를 통해 차량 내외부에서 다양한 정보 소스와 서비스에 접근을 가능하게 하는 혁신적이고 지능적인 안전 시스템에 의해 보호되고 있음을 보장한다. 이러한 강력한 커넥티비티가 지속적으로 발전함에 따라 자동차 산업은 커넥티드카의 취약성을 점검하고 차량에 대한 사이버 범죄 공격으로부터 방어하기 위해 어떤 사이버 보안 방법이 적용하기에 최선의 방안인지 결정해야 한다. 나는 자동차 커넥티비티와 사이버 보안에 대해 더 배우기 원하는 학생, 학술자 그리고 산업 전문가들에게 디트마르 몰러 교수의 학술적인 저서를 강력하게 추천한다. 네브래스카대학교 전기컴퓨터공학부의 부교수로서 몰러의 사이버 보안에 관한 연구와 전문 지식은 우리 학생들과 교수진들에게 귀중한 보탬이 되고 있다. 공동 저자인 인도 벵갈루루에 위치한 QSO Technologies의 설립자 겸 CEO 롤랜드 하스 박사는 이 책이 실제 적용 분야에 관한 실용적인 관점과 상세한 통찰력을 제공하면서 자동차 산업의 각 분야에 대한 전문성을 제공했다. 이 책은 자동차 E/E 이슈와 소프트웨어 기술에 관한 방법과 기본 이론에 더 집중하는 다른 책에 비해 미래 기술 동향, 혁신 그리고 자동차 산업의 새로운 응용 분야를 포함하며 기본 이상을 다루고 있다.

미국 네브라스카 링컨대학교 전기 및 컴퓨터 공학 학과장
제리 허진스 Jerry Hudgins

레이포드 본과 토미 모리스의 추천사

수백만의 개인 식별 정보를 포함한 파일 유출, 전자 투표방의 각종 주장들, 전력 공급망에 대한 사이버 공격 그리고 그 밖의 더 많은 것들이 거의 매일 뉴스에 등장하는 것으로 알 수 있듯이 사이버 보안은 연구 분야에서 가장 중요한 주제 중 하나로 떠오르고 있다. 산업계는 그들의 역할 수행에 필수적인 IT 인프라 보호를 위해 사이버 보안을 발전시키기 위한 시도 속에서 수많은 새로운 기술을 개발하고 구현했지만, 보안 위반이 지속적으로 발생하고 이를 통한 침투로 평판적, 명성적, 물리적 피해가 발생한다. 이는 공격자가 우위에 있고 '침투 후 패치'라는 사고방식이 존재하며 실제 그러하다는 것을 의미한다. 우리는 역사적으로 전통적인 컴퓨터 보안과 데이터베이스 보안에 대해 우려하고 있지만, 다른 분야 내 자동화의 발전으로 사이버 공격의 위협과 사이버 보안 연구라는 새로운 영역을 만들어내게 됐다. 이에 산업 제어 시스템 보안, 무기 시스템 보안, 사물인터넷 및 운송 보안과 같은 사례가 있다. 이러한 사례에 대한 문제는 디트마르 몰러 박사와 롤랜드 하스 박사에 의해 집중적으로 연구됐다. 자동차 내 인공지능의 도입, 무선 펌웨어 업데이트, V2V[Vehicle-to-Vehicle] 통신 그리고 자동차에 의한 개인 정보 수집/저장 등 무인 자동차가 빠른 속도로 발전함에 따라 자동차 보안과 관련한 연구 주제는 더욱 더 중요해지고 있다. 정확성의 확실한 입증, 좀 더 강력한 검사와 검증 기술, 일반화 모델 그리고 코드 증명을 위한 사례는 과거보다 더 강건하다. 이 책의 저술을 위한 도전을 하고 실제 응용에 대한 통찰력과 함께 실용적인 관점을 제공해준 디트마르 몰러 교수와 롤랜드 하스 교수에게 찬사를 보낸다. 이 책은 학문적 환경과 R&R 기관에서 그들이 필요한 방안을 찾게 해줄 것이고 취약한 운송 시스템이 배치되기 전 필요한 사려 깊은 대화가 만들어지게 해줄 것이라고 생각한다.

미국 앨라배마 헌츠빌대학교 경제 개발 연구 부사장
레이포드 본[Rayford Vaughn]

미국 앨라배마 헌츠빌대학교 사이버 보안연구 및 교육센터 ECE 부교수/이사
토미 모리스[Tommy Morris]

지은이 소개

디트마르 몰러 Dietmar P. F. Möler

독일 클라우스탈 공과대학교TUC의 응용 확률 및 연산 연구소의 교수다. 독일, 시뮬레이션 과학 센터SWZ 클라우스탈 괴팅겐 회원, 미국 네브래스카 링컨 대학교 UNL 전기 및 컴퓨터 공학부 겸임 교수, 미국 앨라배마주 헌츠빌UAH에 있는 앨라배마대학교 전기 및 컴퓨터 공학부 겸임교수다.

또한 미국 AMSCAlabama Modeling and Simulation Council의 이사회 위원이며, 저서로는 Springer에서 출판한 『Transportation Analysis, Modeling and Simulation』 (2014)과 『Guide to Computing Fundamentals in Cyber-Physical Systems』(2016)가 있다.

롤랜드 하스 Roland E. Haas

인도 벵갈루루에 있는 QSO-Technologies의 설립자이자 CEO다. 20여년 동안 독일, 미국, 인도, 일본에서 수석 기술 경영, 비즈니스 혁신 및 비즈니스 개발 업무를 수행하며 자동차 R&D, 항공우주 R&D, 엔지니어링 & IT 서비스, 컨설팅 및 전략 분야에서 폭넓게 전문적인 경험을 쌓았다.

또한 기업가로서 스타트업의 멘토, 연구원, 저자로 활동하고 있다. IIIT-BInternational Institute of Information Technology의 명예교수이자 IISCIndian Institute of Science의 부교수다. 메카트로닉스, 자동차 전자, 자동차 IT, 자동차 소프트웨어 기술, 정보 관리 및 가상 제품 개발 분야를 교육한다.

옮긴이 소개

정윤민(jymengineer@gmail.com)

최근 자동차 분야에 다양한 기술적 변화를 통해 자동차 IT 기술 및 사이버 보안에 관심을 갖게 됐고 그 과정에서 이 책을 읽은 후 함께 지식을 공유하고자 번역을 하게 됐다.

옮긴이의 말

최근 다양한 언론매체를 통해 자동차가 기존에 단순히 탈것이라는 수단에서 자율주행, 스마트 모빌리티 등을 통해 인간의 삶의 질을 높이고 친환경 자동차 개발을 통해 지구 환경을 보호하며, 세계 시장을 주도하는 중요한 산업으로 빠르게 변화하고 있다는 것을 알 수 있다.

실제로 글로벌 자동차 제조사들은 IT 혁신 기술을 접목해 자율주행 기술 완성을 위해 막대한 투자와 함께 끊임없이 노력하고 있으며, 이미 다양한 커넥티비티 서비스를 통해 주행의 안전과 고객의 편의 그리고 새로운 모빌리티 서비스의 형태를 제공하고 있다. 이러한 기능과 서비스를 구현하기 위해서는 자동차가 스스로 상황을 판단하고 대응하기 위한 센서와 컴퓨팅 파워의 증가가 필요하고, 수많은 민감한 데이터를 자동차 내부와 연결된 서버에서 수시로 송수신하며 처리되고 있어야만 한다.

이러한 자동차의 변화는 과거 스마트폰의 혁신과 같은 사례에서 모든 이들이 경험한 바와 같이 IT 기술 발전의 혜택이 필연적으로 동반하는 사이버 보안의 문제가 이제 자동차에서 발생하게 될 것을 의미한다. 따라서, 더 나은 자동차 산업의 미래를 위해 이를 인지하고 대응하기 위한 노력이 반드시 필요한 시점이다. 실제로 자동차 해킹은 수년 전부터 연구자의 보고 또는 실제 사고의 형태로 다양하게 발생하고 있는 상황이기도 하다.

이 책은 단순히 자동차 사이버 보안이라는 주제만을 다루지 않는다. 자동차 산업의 큰 변화에 대해 자동차 글로벌 시장 동향과 이에 따른 자동차 제조사들의 대응 전략 및 신기술과 같이 거시적인 관점에서 자동차를 이해 할 수 있도록 설명하고 있으며, 이를 기반으로 자동차 개발 또는 사이버 보안에 관심있는 독자들에게 현재 직면해 있는 자동차 사이버 보안 위협에 대한 중요성과 대응 기술에 대한 통찰력을 제공할 것이다.

 에이콘출판의 기틀을 마련하신 故 정완재 선생님 (1935-2004)

차례

5장 커넥티드카 237

6장　자동차 사이버 보안　　　　　　　　　　　　　　　　　351

10장   커넥티드 파킹과 자동 발렛파킹   621

11장   첨단 주행 보조 시스템과 자율주행   655

서문

이 책의 목표는 동향, 기술, 혁신 및 응용 분야와 관련해 자동차 커넥티비티 및 사이버 보안에 대한 포괄적이고 심도 있는 최신 개요를 제공하는 것이다. 이 책에서는 세계적인 자동차 시장의 도전 과제를 설명하고, 첨단 자동차 혁신의 전반적인 노력 내 수많은 혁신적 활동들이 어디에 적합한지 명확히 보여주고 자동차 커넥티비티 및 사이버 보안의 복잡성을 이해하기 위한 이상적인 프레임워크를 제공한다. 이러한 복잡성으로 인해 이 책을 위한 관련 소재들에 대한 선택을 해야만 했다. 유망한 차량의 지능형 기능뿐만 아니라 복잡성의 증가를 소개하는 데 하향식 접근법을 취했다. 그러므로 소비자의 모빌리티 요구와 그들의 편의와 안전에 대한 요구의 균형을 맞추기 위해 자동차 산업이 직면하고 있는 문제의 필수 배경에 대해 설명을 제공한다.

디지털화는 지속 가능한 스마트 모빌리티 서비스의 실현을 향한 비약적인 도약을 가능하게 할 것이다. 스마트 모빌리티의 비전을 지원하고 이를 실현하기 위해 접근성, 임베디드, 작고 강력한 컴퓨터, 센서, 무선 네트워크, 스마트 기기, 클라우드 서비스 등이 요구된다. 이 책은 독자가 관련 요구 사항을 분석하고 통합할 수 있는 프레임워크를 제공한다. 이러한 참고 없이는 과다한 용어, 표준 그리고 독립적으로 개발되고 결속성이 없으며 특히 용어 체계와 중점이 부재한 사례들에 대한 고민에 빠지게 된다. 그러므로 이 책은 자동차 커넥티비티와 사이버 보안적 관점 모두에서 넓은 범위를 포함하고 이러한 주제와 관련한 많은 문제를 고려하기 위한 개요를 제공하고 있다. 소개할 내용에는 자동차 시장, 자동차 연구와 개발, 자동차 E/E 그리고 소프트웨어 기술, 커넥티드카, 자율주행차 그리고 자동차에 대한 사이버 공격을 피하기 위한 침입 탐지 및 예방과 같은 사이버 보안을 위한 각각의 접근 방법론을 포함한다.

첫 번째로 자동차 산업을 변화시키고 있는 기술의 물결에 대한 소개와 스마트 모빌리티와 자율주행과 같은 궁극적으로 미래지향적 개념에 대한 자동차 산업의 개요를 보여주고 있다.

스마트 모빌리티는 미래의 비전이자 적합한 모빌리티라는 특징을 가지며 이는 (1) 위치 및 지역 (2) 사용 기간 및 기간 (3) 개인의 능력과 예산에 관계없이 모든 사람이 적용하고 사용할 수 있어, 이로 인해 Mobility-as-a-Service라는 새로운 비즈니스 모델을 만들어냈다.

또한 자동차 산업은 자동차의 글로벌 생산 및 판매와 관련해 분석되고 있다. 분석에는 더 강화된 배기가스 규제와 적절한 충전 인프라가 필요한 전기차의 부상과 같은 대세에 초점을 맞추고 있다. 또한 자동차 간 연결, 필요한 도로 인프라 및 사고 방지를 위한 첨단 주행 보조 시스템에 관한 정보들이 포함돼 있다. 디지털화와 자율주행으로 자동차 OEM과 공급업체가 직면한 문제를 요약하고, 자동차 영역의 새로운 기업과 과제에 대해 파악한다.

두 번째는 새로운 자동차 모델의 개발에 관련된 복잡성에 대한 배경과 함께 자동차 연구와 개발 개요를 설명한다. 자동차 개발 프로세스는 개념화, 프로젝트 및 검증의 세 단계를 고려해 자세히 설명한다. 기하학적 설계를 위한 CAD[Computer-Aided Design] 시스템, DMU[Digital Mock-up] 그리고 분석과 설계 및 제품 생산을 위한 CAE[Computer-Aided Engineering]와 같은 특정 도구를 통해 효율성 측면에서 큰 이점을 얻을 수 있다. 그 결과 요구 공학의 패러다임을 포함해 신제품 생성 프로세스와 제품 품질이 향상된다. 또한 가상 제품 생성 및 제품 수명주기 관리와 관련해 자동차 모듈화 및 제품군 기반 플랫폼이 도입됐다.

이러한 배경을 바탕으로 오늘날의 고급 자동차에 필요한 다양한 종류의 전자 제어 장치[ECU, Electronic Control Units]를 중심으로 자동차 기계, 전기 및 전자 시스템과 자동차 소프트웨어 기술에 관해 다룬다.

예를 들어 자동차 ECU와 같이 어떠한 자극에 반응해 측정 가능한 신호를 생성하는 장치를 설명하는 센서 기술 및 버스 시스템과 아키텍처에 관해 소개한다. 이러한 모든 시스템은 전반적인 자동차 안전의 부품으로써 안전에 영향을 준다. 오늘날의 자동차에서 ECU는 기능적, 공간적으로 분산돼 있으며 HIL[Hardware-In-the-Loop] 테스트베드와 같은 적절한 테스트 환경을 필요로 한다.

마지막으로 자동차 ECU에 대한 개방형 표준 소프트웨어 아키텍처를 만들고 구축하기 위해 여러 주요 산업들이 참여한 협회인 AUTOSAR[AUTomotive Open System ARchitecture]에 대해 설명한다.

하지만 자동차 분야의 모든 혁신적인 측면을 설명할 수 없다. 그러니 참고문헌, 참조 가이드, 사용자 메뉴얼 등의 특정 보충 자료와 책에서 다루는 여러 주제에 관한 인터넷 정보를 참고하라.

세 번째로 컴퓨터를 통합한 사이버 물리 시스템, 네트워크 기술과 아울러 언제, 어느 곳에서든 통신 기능을 제공하는 사물인터넷과 같이 커넥티드카의 발전을 위해 필수적인 기술 요소에 대해 설명한다. 이러한 기술들은 커넥티드카의 구현 기술 및 추진 요소를 상징한다.

서비스 및 애플리케이션과 관련된 새로운 비즈니스 모델이 개발되고 있다. 또한 커넥티드카 패러다임과 인프라에 있어 상호 운용 가능하고, 플랫폼 확장 가능함은 필수다. IEEE 표준 세 가지를 기반으로 한 네트워크가 요구된다. AUTOSAR 외에도 GENIVI는 요구 사항과 구현 표준 그리고 인증 프로그램을 제공하는 개발 표준이다. 커넥티드카를 넘어 자율주행차는 스마트 모빌리티 분야에서 가장 앞서 발전된 기술이 됐다. 그러나 커넥티드카와 자율주행차량의 무선 네트워크의 발전은 새로운 유형의 사이버 공격의 출현으로 인해 부정적인 영향을 미칠 수 있다. 이로 인해 사이버 보안은 취약성을 탐지, 억제 및 방지하는 주요 목표와 함께 핵심적인 이슈가 되고 있다. 따라서 침입 탐지 및 방지는 공격 가치 사슬의 약점을 극복하기 위한 가장 중요한 관심사이며, 가장 중요한 방법들이 적용되고 딥러닝 방향으로 발전하고 있다. 더 나아가 커넥티드카를 위한 혁신적인 모빌리티 앱 분야도 포함된다.

네 번째로는 커넥티드카와 사이버 보안의 방법론적인 배경으로 인해 실제 구현은 이 책의 또 다른 중요한 주제다. 따라서 카셰어링, 카헤일링 및 라이딩, 커넥티드 파킹 그리고 자율주차와 첨단 주행 보조 시스템과 같은 새로운 서비스와 기술을 개발하고 구현하는 방법을 보여준다.

이러한 접근 방식에 익숙하지 않은 경우 책의 내용을 이해하기 어려울 수 있다. 자동차 연결 및 사이버 보안은 컴퓨터 과학, 시스템 및 소프트웨어 공학, 기계 공학, 시뮬레이션 과학, 통신 공학 및 전자 분야를 기반으로 여러 학문 분야에 걸쳐 있으며, 이러한 자료들이 어려울 수 있다. 따라서 정보를 완전히 이해할 수 있도록 특정 사례 연구가 관련 주제와 함께 포함됐으며, 기본적인 전기 및 전자 부품에 대한 지식과 시스템 및 소프트웨어 엔지니어링에 대한 경험이 있다고 가정한다.

이 책은 주요 교재로 다양한 방법으로 사용될 수 있다. 여기에는 4학기제(30시간) 또는 2학기제(45시간)의 한 학기 과정에서 자세히 다룰 수 있는 것보다 더 많은 자료가 포함돼 있다. 강사는 자신의 주제를 선택하고 자신의 사례 연구를 추가할 수 있다.

이 책은 엔지니어, 과학자 및 컴퓨터 과학자, 대학원생 그리고 자동차 커넥티비티 및 사이버 보안 실무자 및 연구원을 위한 실무 교육용 참고 자료로 활용할 수 있다.

강의에 활용하기 위해 이 책을 채택한 강사는 다양한 교육 지원 자료를 http://www.springer.com/book/978-3-319-73511-5에서 내려받을 수 있다. 강의 및 비디오 영상 수업에 사용할 파워포인트 슬라이드 세트가 포함돼 있다.

이 책은 총 12장으로 구성돼 있으며, 부분적으로 혹은 연속적으로 읽을 수 있다.

- **1장**에서는 이 책에서 다루는 주제의 간략한 개요를 제공한다. 다른 산업과 비교해보면 자동차 산업은 인터넷 기반 기술로 인해 많은 효율성 향상의 혜택을 취해오고 있지만 산업 생태계를 재구성하는 것과는 반대로 기존과 동일한 구조를 유지하고 있다. 여러 가지 요소들이 자동차 산업을 새롭게 구성하도록 압박하고 있으며, 아마도 궁극적으로는 스마트 모빌리티와 같은 미래적 개념을 지향하고 있을 것이다. 스마트 모빌리티는 미래의 비전적이고 실현 가능한 모빌리티를 특정으로 한다. 위치와 지역, 사용과 지속 기간, 개인적 능력과 예산에 관계없이 모든 사람에게 적용할 수 있다.
- **2장**에서는 자동차 산업의 글로벌 생산 및 판매에 대한 개요와, 배기가스 규제 강화 및 전기차의 부상, 자가 소유와 모빌리티, 커넥티비티, 첨단 주행 보조 시스템 및 자율주행과 같은 업계의 큰 흐름에 관한 리포트를 제공한다. 또한 자동차 산업의 디지털화에 대한 배경지식도 다룬다.
- **3장**에서는 자동차 개발 프로세스, 특히 자동차 산업에서 새로운 차량의 개발 모델과 모듈화 접근에 포함된 복잡성을 집중적으로 다루며 이를 통해 지속적으로 증가하고 다중 브랜드화되는 자동차 모델 라인을 효율적으로 처리할 수 있다. 또한 자동차 제조사의 조직과 공급사에 분산돼 여러 단계와 활동으로 표현되는 제품 또는 시스템 수명주기의 다양한 단계에 대한 협업 프로세스를 촉진하는 접근 방식인 제품 수명주기 관리 개념이 도입됐다. 이러한 활동을 종합해 제품 또는 시스템 수명주기라고 하며 개념화, 도구화, 발전 및 최종 폐기 단계를 포함하는 모델을 사용해 설명할 수 있다.

- **4장**에서는 설계에 대한 체계적인 접근 방식에 중점을 두고 자동차 분야의 기계, 전기 및 전자 시스템과 아키텍처 및 버스 시스템 요구 사항에 대한 개요를 제공한다.

  소프트웨어 콘텐츠의 역할과 제품 복잡성이 증가함에 따라 모델 기반 소프트웨어 개발 및 HIL^Hardware-In-the-Loop 테스트와 같은 좀 더 적절한 개발 도구가 필요하다. 또한 AUTOSAR 및 GENIVI 플랫폼의 도입은 텔레매틱스와 인포테인먼트 구성 요소 그리고 향후 흐름에 있어 필수가 됐다. 실질적인 예로, 안전을 강화하고 운전 조건을 개선해 차량 운전자를 지원하는 첨단 주행 보조 시스템과 센서 제품에 관해 다룬다.

- **5장**에서는 커넥티드카의 진화에 필수적인 핵심 기술을 자세히 설명한다. 사이버 물리 시스템은 컴퓨팅 및 네트워킹 기술과 사물인터넷을 통합해 엔지니어링된 시스템으로, 이는 언제 어디서나 모든 것과 통신할 수 있는 기능을 제공한다. 또한 텔레매틱과 인포테인먼트 개념과 커넥티드카를 위한 플랫폼 및 아키텍처 그리고 클라우드 기반 커넥티드카와 자율주행차에 대해 언급한다. 커넥티드카의 진화를 설명하기 위해 몇 가지 사례 연구 소개는 필수다. 완전 자율주행을 위한 디지털 매핑을 제공하는 BMW's Connected Drive, Mercedes's COMAND® Online과 HERE의 사례가 있다.

- **6장**에서는 기술과 프로세스의 일부로 사이버 보안을 소개하고 사이버 공격에 의한 침입, 손상 또는 비인가 접근으로부터 컴퓨터, 데이터, 네트워크 프로그램을 보호하기 위해 설계된 사례에 대해 소개한다. 차량의 사이버 그리고 물리적 구성 요소의 확장성과 복잡성, 다양한 보안 과제들에 대한 취약성, 침입, 위협 그리고 통신을 방해하고 민감 정보와 기록을 유출하며 시스템의 기능을 손상시키는 악성 사이버 공격과 시스템 기능 손상과 위험 수준에 대한 발생 가능성과 영향도 관계에 초점을 맞춘다. 그러므로 자동차 사이버 물리 시스템의 사이버 보안을 위한 견고한 이론적 토대는 DNN^Deep Neural Network, DL^Deep Learning, 제어 이론, 전염 이론, 게임 이론, 그래프 이론과 같은 인공지능의 개념과 그리고 스피어 피싱 공격과 같은 다양한 공격 시나리오와 관련해 사이버 보안의 중요성에 기반한다. 또한 공격 분류와 자동차 공격 지점 및 취약점의 특징을 자동차의 공격 지점의 침입 포인트 구조와 관련 위험과 함께 설명한다. 그러

나 차량 보안은 보안 테스트를 체계적으로 수행하는 다양한 도구와 방법에 따라 달라진다. 침입 탐지는 시스템의 무결성, 기밀성 또는 가용성을 손상시키려는 일련의 행위를 감지하는 것을 설명하는 반면, 침입 방지는 감지된 침입이 성공하지 못하도록 방지하려는 조치를 의미한다. 다양한 종류의 침입 유형에 대한 다양한 탐지 방법에 대해 설명하고, 여기에는 수많은 정적, 동적 및 하이브리드적인 방지 방법과 자동차 해킹의 몇 가지 예가 포함된다.

- **7장**은 커넥티드카를 위한 모바일 앱의 혁신적인 주제에 대한 동기부여로 시작해 자동차 IT 및 애자일 소프트웨어 개발과 같은 현재 흐름에 중점을 둔다. 두 가지 주요 운영체제인 iOS 및 Android의 앱 시장, 모바일 앱 개발을 위한 애플리케이션 프로그래밍 인터페이스의 기능 및 자동차 제조업체가 Apple과 Google의 하드웨어 및 소프트웨어를 자동차의 인포테인먼트 시스템에 통합해 스마트폰 기술을 수용하는 방법에 대해 간략하게 설명한다. Objective-C®, Swift® 및 Java® App과 같은 앱 개발을 위한 중요한 프로그래밍 언어가 간략하게 설명된 후 라이드셰어링, 카풀 및 택시 셰어링을 위한 이러한 앱의 설계 및 구현에 관한 자세한 과정이 이어진다.

- **8장**에서는 현재까지 제공되는 카셰어링 서비스뿐만 아니라 카셰어링 개념과 다양한 변형을 분석하며 카셰어링을 설명한다. 또한 카셰어링 비즈니스 모델에서 사용하는 데 필요한 자동차의 하드웨어/소프트웨어 인프라에 대한 중요한 변경 사항에 대해서도 설명한다. 카셰어링 애플리케이션에서 전기차의 영향과 표준 전기차의 블록 다이어그램으로 강조해 특정 시스템 아키텍처에 대해 논의한다. 또한 OEM 및 해당 브랜드의 카셰어링 활동을 조사한다. 자동차와 백앤드 시스템 간 연결의 지속성에 의존한 카셰어링의 전반적인 사례와 사용 중인 차량의 적합한 보안은 핵심적인 관심사다. 이는 사이버 공격을 통한 취약점을 막기 위한 침입 탐지와 예방을 통해 현실화될 수 있다.

- **9장**에서는 카헤일링과 라이드셰어링 서비스에 대해 도심에서 개인적인 차량 사용률을 감소시키기 위한 접근법으로 제안한다. 이를 통해 주차 공간의 필요성을 감소시키고 교통 체증을 줄이며 오염 감소에 도움을 줄 수 있다. 그리고 스마트폰용 앱을 통해 택시 서비스를 제공하는 택시 서

비스/카헤일링 및 라이드헤일링을 제공하는 온라인 교통 네트워크 회사를 다룬다. 사례 연구로 인도 벵갈루루 같은 대도시 지역의 택시 유형 및 가격은 물론 제공되는 서비스와 관련해 주문형 이동성 서비스를 분석한다. 고객과 운전자 모두를 위해 라이드셰어링의 안전성을 높이고 범죄를 예방하기 위한 안전 문제와 중요한 계획에 관해 자세히 설명한다.

- **10장**에서는 커넥티드카의 가장 관련성이 높고 직접적인 응용 분야 중 하나인 커넥티드 파킹에 대한 주요 도전 과제와 기회에 대해 함께 다룬다. 주로 실시간으로 주차 가용 공간, 예약 관리, 현금 없는 결제 그리고 OEM의 커넥티비티 서비스와의 통합에 대한 정보를 제공하는 많은 새로운 앱이 있다. 전체 주차 프로세스를 자동화하는 가장 정교한 버전은 자율발렛파킹$^{AVP, Automated Valet Parking}$이다. AVP 시스템은 차량을 자동으로 주차 공간을 찾아 빈 슬롯으로 이동하는 로봇 자동차로 바꾼다. 최초의 상용 시스템은 곧 고급형 자동차에서 사용할 수 있으며 카셰어링에도 적용될 것이다. 그러나 사이버 보안은 커넥티비티 파킹과 AVP에 큰 영향을 미칠 것이다. 따라서 주요 사이버 위협을 분석하고 침입 탐지 및 방지와 같은 사이버 보안을 강화하기 위한 잠재적 솔루션에 대해 논의한다.

- **11장**에서는 ADAS$^{Advanced Driver Assistance System}$를 소개하고 상용 ADAS의 예를 제공한다. 주요 주제는 이미지 처리 및 물체 추적 알고리즘과 움직이는 물체 탐지와 광학 흐름 알고리즘들이다. MATLAB®을 사용한 ADAS 구현은 MATLAB의 이미지 처리 도구 상자를 사용한 신속한 프로토타이핑의 사용 사례로 소개된다. 또한 더 높은 수준의 ADAS 기능 및 자율주행을 위한 소프트웨어 아키텍처의 처리에 관한 소개를 제공한다. 11장은 사이버 보안 및 기능 안전에 대한 논의로 마무리하고 포괄적으로 더 읽을 자료를 제시한다.

- **12장**에서는 저자가 수행한 조사에 관한 요약과 미래 동향, 기술, 혁신 그리고 응용 분야에 대한 전망을 제공한다. 방법론적이고 기술적인 내용 외에도 책의 모든 장에는 독자가 필요한 지식을 얻었는지 확인하고 가능한 지식 격차를 식별하고 이러한 격차를 극복하는 데 도움이 되는 각 장별 질문이 들어가 있다. 또한 모든 장에는 더 읽을거리에 관한 참조 및 제안이 포함돼 있다.

교정에 도움을 주신 네브래스카 링컨 대학교의 패드리샤 워스터[Patricia Worster]에게 특별히 감사를 드린다. 또한 출판사와 저자 간의 조직 절차에 도움을 주신 Springer 출판사의 웨인 휠러[Wayne Wheeler]와 사이먼 리스[Simon Rees]에게도 감사드린다.

또한 교정 교열 과정을 지원해주고 초안을 작성한 스케치에서 이 책을 위해 많은 그림을 그린 QSO Technologies사의 사이나트 수니[Sainath Suni]와 카비타 S.K[Kavitha S.K]에 감사드린다. 또한 아소크 다루크더[Asoke Talukder](IIIT-B, 벵갈루루 국제정보기술연구소 명예교수), 디네샤 K.V.[Dinesha K.V.](IIIT-B 교수), K.L.S. 샤르마[K.L.S. Sharma](IIIT-B 명예교수), 토비아스 쿠퍼스[Tobias Kuipers](MBRDI), 샴보 바타차르지[Shambo Bhattarcharjee](리즈대학), 린 디그란데[Lynn Degrande]의 소중한 의견에 감사드린다.

또한 TUC(클라우스탈 공과대학교) 및 IIIT-B 학생들과 Car IT, 자동차 해킹, 사이버 보안 또는 스마트 모빌리티 자료를 출판하고 인용을 통해 이 책에 직간접적으로 기여한 모든 저자에게 진심으로 감사드린다. 마지막으로이 책을 쓰는 동안 우리의 아내 안젤리카[Angelika]와 카비타[Kavitha]의 격려와 인내, 이해에 깊이 감사드린다.

독일 클라우스탈공과대학교
디트마르 몰러

인도 벵갈루루 IIT-B
롤랜드 하스

1
서론

1장에서는 이 책에서 다루는 주요 주제를 전반적으로 간략하게 설명한다. 기술은 오늘날 세계에서 가장 중요한 원동력임 분명하다. 최근 모든 사물들의 디지털화로 인한 발전은 사람의 삶과 기업, 비지니스, 이동수단뿐만 아니라 그 외의 많은 것들에 영향을 미칠 수 있는 새로운 가능성을 실현하고 장애가 되는 것들을 극복해 나가고 있다.

기술의 발전은 언제나 큰 영향력을 가져왔고 최근 몇 년 간 더욱 빠른 발전을 이루고 있다. 과거 10년 간 디지털 기술은 눈에 띄게 발전했고, 디지털 기술은 개인용 컴퓨터를 사용하던 10여년의 시대를 사물인터넷^{IoT}, 개방형 인공 지능 기술^{OAIT}인 머신러닝^{ML}과 딥러닝^{DL} 그리고 빅데이터 분석^{DBA}, 클라우드 컴퓨팅^{CC} 등 신기술들의 혁명으로 뛰어넘었다. 이러한 기술의 진보가 사람의 삶과 일 그리고 기업의 비즈니스 모델에 영향을 주고 변화시키는 방법이 매우 빨라 놀라움을 주고 있다. 디지털 기술을 사용하는 기업은 더 현명한 결정, 비효율성의 제거와 더 나은 고객의 이해를 통해 기업의 이익과 생산성 그리고 더 현명한 결정을 통한 높은 수준의 수행능력을 달성하고 있다(Westerman 그 외. 2014).

많은 자동차 제조사들과 기관들을 포함한 자동차 산업이 주변 환경에 대한 인식과 대응력이 높아지면서 세계에서 가장 중요한 산업 분야 중 하나가 됐다.

자동차 제조사들은 자동차와 트럭 그리고 모터로 동작하는 자동차들의 설계, 개발, 생산, 마케팅 그리고 판매까지 책임진다. 이러한 자동차들은 현실성 있는 지능형 기능을 제공하고, 라스베이거스에서 열리는 CES^{Consumer Electronics Show}, 프랑크푸르트에서 열리는 IAA^{Internationale Automobil-Ausstellung; International Motor Show} 그리고 자동차 산업 분야의 세계무역박람회에서 자동차가 지속적으로 지능화되고 있음을 볼 수 있다. 자동차의 발전에 있어 필수적인 원동력이 되는 기술은 다음과 같다.

- 디지털화: 정보를 디지털 형태로 전환하는 과정이다. 디지털 형태에서 정보는 분리된 데이터 단위로 정리되고 각각 식별할 수 있게 된다. 그러므로 디지털화는 가장 강력하고 가장 광범위한 자동차 신기술 혁명의 원동력이다. 이로 인해 직접 운전해야만 하는 운전 보조 시스템을 뛰어넘는 커넥티드카와 자율주행 상업용 자동차에 가장 중요한 기술로 활용될 것이다.

- 전기 모빌리티: 전동화 수준이 다양한 에너지 저장 및 전기 주행을 이끄는 차량의 개발 및 생산에 의한 지속 가능성 측면에서 모빌리티 요구에 중점을 갖는 산업 분야다. 오늘날 대부분의 자동차 제조사는 포트폴리오와 도로 위에서 하이브리드 및 순수 전기 구동 방식의 차량 모델을 보유하고 있다. 이는 중단기적으로 배출가스 제로화 모빌리티를 가능하게 해 운송 부문의 탈탄소화를 위한 효율적인 전략으로 도시 공간에 새로운 삶의 질을 가져올 것이다. 또한 가까운 미래에는 도로변에 위치한 컴퓨팅 장치인 디지털 네트워크로 연결된 도로변 장치^{RSU, roadside units}를 통해 지나가는 차량에 대한 커넥티비티 지원을 제공할 것이다.

- 스마트 운송 수단: 디지털화는 이동 수단(모빌리티)의 스마트한 형태로 더욱 안전하고 효과적이며 더 나은 품질을 촉진하는 것과 관련된 스마트 시티의 방향으로 비약적인 도약을 가능하게 한다. 사용자는 이전보다 더 많은 모빌리티 옵션을 사용할 수 있다. 철도, 버스, 보조 대중교통, 페리 등과 같은 전통적인 대중교통 수단과 민간 및 비영리 지향 모빌리티 서비스가 그 옵션에 포함된다. 따라서 운송 부문은 다양한 유형의 제공업체 간의 파트너십을 모색하고 있다(Dinning과 Weissenberger 2017). 또한 운송 수단의 안전은 중요한 사회적 문제이며 전 세계적으로도 최우선 순위에 있는 문제가 됐다(Mendez 외 2017). 다행히 안전성도 빠르게 증

가하고 있다. 예를 들어 스마트 차량에는 서라운드 뷰 카메라와 센서는 물론, 기타 혁신 기능이 포함돼 사각지대 및 관련 위험은 과거에 존재했던 주제가 될 것이다. 화물은 요청 시 개별적으로 정시에 배송된다. 스마트 시티의 경우 이러한 종류의 스마트 운송 수단은 여전히 미래 비전에 불과하지만, 배달 최종 목적지로 무리지어 날아가는 배송 드론이 차량을 지원하는 시골 지역의 목적지에 대해 이미 생각해볼 수 있다. 스마트 운송 수단의 또 다른 중요한 이슈는 교통의 모빌리티 분야를 변화시키고 있는 공유 모빌리티 서비스의 출현과 발전이다.

센서와 내비게이션 기술의 발전과 사물인터넷을 통한 네트워크화된 생활 공간 그리고 인터넷 데이터와 서비스IoDaS, Internet of Data and Services 형태를 기반한 서비스의 발전은 미래의 비전적이고 효율적인 이동 수단, 이른바 스마트 모빌리티를 촉진하게 될 것이다.

이러한 미래지향적인 비전과 비교해 오늘날 자동차 제조사들은 이미 일부 서로 다른 지능형 보조 및 관리 시스템을 차량에 적용했다. 그중 하나는 편안한 주행 특징들을 보장하면서 차량 연료를 효율적으로 관리하는 친환경적인 스마트 모터 관리 시스템이다. 그 외 혁신적이고 지능형인 능동 안전 조치 시스템을 통해 운전자와 승객을 보호하고 승객을 즐겁게 하거나 서로 다른 종류의 정보와 서비스를 차량 내외에서 제공하는 시스템이 있다.

1.1 자동차 산업

자동차 산업은 수입 측면에서 보면 세계에서 가장 중요한 경제 분야 중 하나다(2장 참고). 승용차의 세계적인 판매량은 8천만 대에 달할 것으로 2015년 예측했다. 생산과 판매 측면에서 중국과 미국은 세계적으로 가장 큰 자동차 시장으로 선정됐다. 2014년 약 8백만 대의 승용차가 미국 고객에게 판매됐고, 약 425만 대의 승용차가 같은 해 미국에서 생산됐다. 매출액 기준으로 Toyota, Volkswagen^{VW}, General Motors^{GM}가 주요 자동차 제조사 중 1위에 올랐다. 반면 자동차 부품 산업에서는 Bosch, Continental, Denso, Magna가 시장을 주도하고 있다(URL1 2017).

지난 10년 동안 독일의 대형 자동차 제조사들은 독일 경제의 원동력이 돼 왔다. BMW, Daimler 그리고 VW은 승용차 시장에서 약 20%에 달하며 독보적으로 세계 판매량을 점유하고 있다. DAX(독일 증권거래소) 지수 내에서 대기업들은 상위 5위 안에 이름을 올리고 있다.

Roland Berger와 Lazard(URL2 2017)의 연구 결과에 의하면 2016년과 그 이후 세계 자동차 생산은 약 2% 정도로 소폭 성장할 것으로 내다봤다. 자동차 제조사들과 자동차 부품 공급업체 간의 협력으로 향후 10년 내 기술의 혁신적인 변화와 자동차 사용을 위한 새로운 모빌리티의 개념을 도입할 수도 있다. 파워트레인 측면에서 예를 들어보면 전기차^{e-mobility} 개발이 주요 원동력이다. 기술의 제약이 만연할 수 있고 실제 사용자를 위한 설득력 있는 비즈니스 사례가 아직 수립되지 않을 수도 있지만, 강화된 배기가스 규제가 향후 몇 년 동안 촉매제 역할을 할 수도 있다. 이처럼 불안정하고 빠르게 변화하는 환경에서 성공을 유지하기 위해 자동차 제조사와 자동차 부품 공급업체는 민첩성, 유연성을 높이고, 비즈니스를 개발하고 운영함에 있어 혁신 주기를 가속화해야 할 것이다. 기계, 전자, 정보 기술의 새로운 혁신에 대한 높은 수요로 인해 자동차 제조사와 자동차 부품 공급업체들은 개발, 생산 및 프로세스 통합을 중요시하는 우수한 지식의 기반을 발전시켰으며, 이는 다른 산업 분야에서도 적용되고 상품화되고 있다.

혁신이라는 용어는 일반적인 관점에서 다음과 같이 정의할 수 있다. 혁신은 생각이나 발명을 가치를 창출하거나 고객이 대가를 지불할 제품이나 서비스로 변환하는 과정이다. 혁신은 다음과 같이 두 가지로 구분할 수 있다.

- 진화론적인 혁신(지속적 또는 동적): 기술 또는 어떤 과정에서 나타나는 점진적인 진보에 기반한 혁신
- 혁명적인 혁신(단편적 진보): 운송 부문의 탄소 배출을 제거하기 위한 효율적인 전략을 결정하기 위한 혁신적인 모빌리티와 같이 대부분 파격적이고 새로운 형태의 혁신

그리고 기술 혁신은 위험을 수반하는 것과 같은 의미이며, 지식의 최전선에서 고도로 혁신적 제품이나 기술을 창출해야 하는 조직은 새로운 시장이나 서비스를 창출하기 때문에 가장 큰 위험을 감수한다.

지식의 최전선에서 기술적 혁신은 종종 최첨단 혁신으로 간주된다. 최첨단 기술^{Cutting-edge Technology}은 사용자가 안전성에 대해 신뢰할 수 없는 비현실적인

신기술^{bleeding-edge}과 다르게 현재 완벽하게 개발된 기술적 특징을 갖는 것을 말한다.

이런 의미에서 커넥티비티와 커넥티드카는 자동차 산업에서 최첨단 혁신으로 간주될 수 있다. 이와 대조적으로, 자율주행자동차는 비현실적인 혁신 기술로 표현할 수 있는데 디지털되고 지능화된 인프라의 요구와 사람과 자율주행자동차 간 상호작용에 관련해 전례 없는 위험을 포함하고 있기 때문이다.

더 나아가 자율주행기술은 정부들이 관련 법규를 수정해 자율주행자동차의 도로 테스트를 허가하도록 압박하고 있다.

최첨단 기술은 그 용어가 모호함이 있고 마케팅 분야에서 자주 사용된다. 자동차 산업과 연관해보면 다음과 같은 최첨단 기술의 의미가 중요하게 인식되고 있다.

- 인공지능: 학습 및 문제 해결과 같이 일반적으로 인간 지능과 관련된 인지 기능을 모방한다. 전통적으로 AI에는 추론, 지식 표현, 계획, 학습, 자연어 처리 및 인식과 같은 분야가 포함된다. 머신러닝 알고리즘은 데이터에서 높은 수준의 추상화를 모델링하고 기본 구조를 식별해 데이터를 통해 지식 기반을 증가시킬 수 있다. AI는 이미 이미지, 음성 인식 및 로봇공학에서 물체 인식과 같은 패턴 인식 문제에서 뛰어난 결과를 보여주고 있다. 자율주행차량은 센서 융합, 인식, 행동 및 탐색을 위해 AI에 의존하고 있다. 딥러닝은 역전파 알고리즘을 사용해 시스템이 이전 계층의 표현에서 각 계층의 데이터 표현을 계산하는 데 사용되는 내부 파라미터를 어떻게 변경해야 하는지 표시한다. 따라서 대규모 데이터 세트에서 복잡한 구조를 발견해야 하는 침입 탐지 및 방어를 위해 중요하다.
- 빅데이터 분석: 빅데이터는 엄청난 양의 세트^{volume}, 구조의 다양성^{variety}, 변동성 및 가용성^{velocity} 이렇게 세 가지 V로 인해 기존 데이터베이스에서는 유지 및 평가할 수 없는 데이터 세트다. 빅데이터 분석은 구조화된 데이터와 구조화되지 않은 데이터 모두를 처리, 구조화 및 시각화하는 개념, 방법, 기술을 설명한다. 이런 의미에서 빅데이터는 차량 운전자와 승객을 모두 압도할 정도로 위협적이며 다양한 종류의 정보가 기하급수적으로 증가하는 '데이터 쓰나미'를 나타낸다.
- (스마트) 만물인터넷: 모든 것을 언제 어디서나 그 어떤 것과도 연결할 수 있는 만물인터넷^{IoE, Internet of Everything}이 빠르게 등장하고 있다. 자율주행

차에는 각 차량 간, 중앙 데이터 컨트롤러, 도로 위의 다른 모든 차량 및 도로 위 장치RSU와 통신해야 하는 수많은 센서와 작동기를 포함하고 있다. 교통 표지판, 신호등, 도로 공사 및 기타 구성 요소와 같은 디지털화된 도로 인프라 정보는 IoE가 되고 자율주행차에 중요한 정보를 제공한다. 이미 이러한 시스템에는 실질적 응용 분야가 있다. 예를 들어 주차 구역 전자판 인식 시스템은 운전자가 주차 요금을 지불하지 않을 경우 모든 운전 면허 기관에 다시 연결할 수 있다.

전통적으로 자동차 제조사들은 그들 스스로 엔진의 성능, 파워트레인, 자동차의 디자인을 자동차의 가장 중요한 특징으로 구분해왔고, 고객은 어떤 브랜드의 차량을 구매할 것인지를 결정하기 전 언제나 이러한 특징을 신중하고 중요한 요인으로 평가하고 있다.

하지만 오늘날 자동차 산업에서 현대의 정보와 통신 기술과 같은 최첨단 기술들이 개발되고 적용되고 있다. 이런 기술들은 미래의 모빌리티에 대한 요구 사항과 다른 한편으로 항상 그들의 스마트폰을 통해 온라인 상태에서 모든 것에 대해 접근하고 제어하는 소위 "디지털 네이티브"라 부르는 미래의 젊은세대의 요구 사항을 반영한다.

자동차 IT는 자동차 안팎으로 전달되는 정보와 내부의 정보를 모두 활용한다. 자동차 IT를 통해 오늘날 구글, 페이스북과 같은 회사들이 차량 내 구현하고 있는 서비스는 주차된 자동차를 찾거나 멀리서 비가 올 때 선루프를 닫는 원격 기능과 같은 혁신적인 정보 기술 접근을 위한 핵심적인 역할을 하고 있다. 자동차 IT는 자동차 제조사들이 변화하고 자동차 기술 트렌드와 시장의 요구 사항을 반영하는 데 도움을 준다. 그 결과 현재의 자동차 IT는 일반적인 정의가 어려우며, 역동적으로 발전하고 개발돼야 하는 영역이 되고 있다.

자동차 IT에 관한 OEM과 공급업체 그리고 자동차 사용자들의 위험과 기회에 대한 평가를 위해 Johanning과 Mildner(2015)의 SWOT 분석 기법을 적용해 표 1.1과 1.2와 같이 나타냈다.

더 나아가 자동차 IT 연구와 개발의 목적은 현재의 자동차 전기전자 장치들과 자율주행 소프트웨어 기술(4장 참고), 자동차 IT 구현 요소들과 안전, 사이버 보안(6장 참고), 자동차 커넥티비티에 따른 법적 이슈들을 포함한 커넥티드카(5장 참조)와 자율주행자동차(5.5절 참조)를 정의하는 것이다. 따라서 무인 자동차는 스스로 생성해내는 자동차 데이터에 기반해 주변 환경에 더 영리하고, 능숙하며 민감해질 것이다. 예를 들어 원거리 접근 영역에 최초로 비행을 하고 인구가 더 많은 지역으로 이동을 하며 비행하는 드론이 생성한 데이터는 주변에 모든 위치와 모든 것에 설치된 수많은 센서들로부터 들어오는 정보와 함께 조합될 것이다.

표 1.1 자동차 제조사들과 1차 부품 공급업체 SWOT 분석

강점(Strenghts)	약점(Weaknesses)
자동차 사용자로부터 데이터 수집	개발자의 이직이나 고용의 어려움
매력적인 사용자 경험을 제공	새로운 IT 기술을 차량에 적용하는 것에 관한 경험 부족
자동차 사용자와 직접적 접촉	
안전과 사용성 강화	
지능형 운전 정보 제공과 보조 시스템을 통한 운전자 편의성 제공	
기회(Opportunities)	위협(Threats)
새로운 이동 수단의 개발과 비즈니스 모델 적용	자동차 사이버 보안(해커의 자동차 공격)
고객과 장기적이고 직접적인 관계 형성	정보 처리의 부하(빅데이터 현상)

표 1.2 자동차 사용자 SWOT 분석

강점(Strenghts)	약점(Weaknesses)
앱이나 웹 포털을 이용해 어느 곳에서든 그들의 자동차에 접근하고 제어	새로운 자동차 IT 기술에 익숙하지 않음(조작과 통신의 어려움)
더 높은 수준의 편안함과 쉬운 자동차 조작	
더 높은 수준의 주행 중 안정성	
기회(Opportunities)	위협(Threats)
최종 목적지에 복잡한 지역의 우회와 사고 발생 지역을 회피해 빠르게 도착	자동차에 비인가자가 접근/침입 가능한가?
자동차에서 업무 완료(자동차 오피스)	익명성이 보장되는가?
교통 안전 증대	개인 정보의 보안성이 보장되는가?

'커넥티드카'라는 용어는 자동차 기술의 다음 세대로 인터넷 사용이 가능하고 자동차의 승객이 새로운 서비스와 특징의 이점을 활용할 수 있게 함을 의미한다. 이러한 진보된 정보와 통신 기술들을 기반으로 커넥티드카는 주변 환경에 영향을 최소화하고 자동차 내부에서의 편안함과 안전함의 증대와 함께 고객들에게 더 효과적이고 안전한 운송을 제안한다. 그러므로 향후 10년 인터넷이 연결된 자동차 기술과 무인 자동차들은 또 다른 최첨단 혁신의 시대를 열게 될 것이다.

완전 무인 자동차에 대한 생각은 많은 운전자들에게 아직 너무 먼 미래로 보이는 것이 현 상황이다. 하지만 자동차 제조사들에게 현재 자동차들이 운전자가 없는 자동차로 발전해가는 과정은 흥미로운 변화의 기간이 될 것이다. 승객 입장에서는 자동차 내에서 해야 하는 어떠한 행위들로부터 자유로워지고, 자율주행자동차로 인해 승객은 편안함의 혜택을 제공받게 될 것이다.

더 나아가 공동 생활에서 그들의 이동성의 제한으로 인해 완전히 제외되거나 소외되고 있는 사람들의 경우 자율주행차는 새로운 이동 수단의 기회를 제공하게 될 것이다(Friedrich 2015). 비록 자동차 산업이 위험하고 불완전한 단계가 있을 거라 예상될지라도 이 모든 것들은 많은 기회들을 제공하게 될 혁신적인 개발을 통해 달성될 수 있다. 그러므로 현재의 OEM은 새로운 기술과 개선된 고객의 경험의 요구를 만족하는 동시에 전통적인 파워트레인 모델과 같이 기존에 있던 것들에 대한 설계, 제조, 업그레이드를 위한 문제점을 탐색해야만 한다(URL3 2017). 미래에는 이러한 커넥티드카 기술에 의해 생성된 데이터가 자동차 내에서만 있는 것이 아니라 확장돼 자동차 외부에서도 자동차 제조사와 공급업체에 의해 제공되는 새로운 클라우드 서비스에서 활용되고 있다. 그러므로 데이터 보안은 자동차업계와 사용자에게 매우 중요한 핵심 이슈가 된다. 더 나아가 최첨단 혁신의 커넥티드카 서비스는 비용 집약적인 특수한 장비가 필요하다. 이러한 서비스 비용을 낮게 유지하기 위해 일부 자동차 제조사들은 고객에게 클라우드 기반 서비스와 커넥티드카 서비스 사용에 대한 홀드백 지불 구매를 매달 제공하고 있다. 이와 같이 일부 자동차 제조사들은 그들이 선택한 서비스를 최종 사용자들에게 직접적으로 제공함으로써 그들의 브랜드의 선호도를 자사 브랜드 판매 대리점과 경쟁하지 않고 더욱 강화한다. 이런 방법은 전통적인 B2B[Business-to-Business]에서 B2B2C[Business-to-Business-to-Customer] 모델로의 큰 변화를 요구한다. B2B2C 모델을 발전시키기 위해 각 주요 자동차 제조사들은 모빌리티, 소셜미디어, 분석 정보 그리고 스마트 임베디드 장치와 같은 디지털 기술에 크게 의존하고 있다. 그러나 커넥티드, 지능형 및 무인 자동차의 생산을 위해 필요한 기술은 전통적인 자동차 제조사의 범위에 포함되지 않는다. PricewaterhouseCoopers[PwC]의 리포트에 따르면, 이는 자연스럽게 높은 수준의 기술을 보유한 기업인 Apple, Google 등의 회사를 불러들이고 네트워크로 연결된 무인 자동차 환경의 중요한 요소들을 개발하기 위해 그들이 소유한 기술, 통신 시스템을 발전시킨다(URL3 2017). 이런 회사들은 그들의 기술과 업계의 요구 사항이 완벽히 일치하기 때문에 자동차 영역에 큰 영향력을 갖게 될 것이라는 것을 향후 몇 년 내 입증할 것이다. 그들은 구성 요소를 원활하고 효율적으로 연결해 소비자가 제공하는 정보, 엔터테인먼트 및 경험에 대해 높은 가치를 지닌 네트워크를 만드는 데 능숙하다(URL3 2017).

추가적으로 커넥티비티는 또한 도로 위 안전의 증가와 운송 환경을 발전시킬 수 있다. 그러나 더 많은 자동차들이 연결되며 사이버 공격에 더욱 취약해질 수 있다. 과학 분야의 주제로만이 아니라 최근 사건들은 사이버 위협과 사이버 범죄가 텔레매틱스와 애프터마켓에서 판매하는 커넥티비티 제품들이 장착돼 모든 승객이 타는 차량과 상업적인 용도의 자동차에 영향을 줄 수 있다는 것을 보여주고 있다. 그러므로 자동차에서 소프트웨어와 디지털적인 요소들이 차지하는 비중이 증가하고 탑재된 시스템들이 주변 디지털 인프라에 연결되기 때문에 자동차 사이버 보안은 현대의 자동차를 구매함에 있어 빠르게 중요한 요소가 되고 있다. 결론적으로 이 책에서는 자동차 산업에 대해 알아보고 기회와 문제점 그리고 디지털화와 커넥티드카 환경에 따른 위협에 관해 다룬다.

1.2 이 책이 다루는 내용

자동차 산업은 향후 수십 년 동안 대대적으로 밀접하게 연관된 수많은 도전에 직면하게 될 것이다. 대부분의 산업과 달리 현재의 인터넷 네트워크 지원 기술을 결합한 자동차 산업은 완벽하고 근본적으로 스스로에 대한 변화를 요구받고 있다(URL4 2017). 다른 산업과 비교해보면 자동차 산업은 인터넷에 기반한 기술로 인해 많은 효율성 향상의 혜택을 받고 있을 뿐만 아니라 산업의 전반적인 환경을 재구성하는 것과는 반대로 기존과 동일한 환경에 머물러 왔다. 핵심 활동들이 어떻게 조직화되고 통합되며 실행돼야 할 것인지에 대한 재인식이 있을 수 있다. 많은 요소로 인해 자동차 산업을 새로운 제휴와 조직 구조 그리고 궁극적으로 스마트 모빌리티와 같은 미래지향적인 개념을 지향하게 할 수 있다. 스마트 모빌리티는 미래의 이동 수단의 비전을 제시하고 장소, 지역, 사용 및 지속 시간의 제약 그리고 개인의 능력과 예산의 제약 없이 모두에게 사용 가능하다는 특징을 갖고 있다(Flügge 2016).

네트워크로 연결되는 자동차의 새로운 많은 기능들로 Google과 Facebook

의 참여 및 서비스로의 확대가 함께 시작될 것이다. 이러한 서비스들은 사용자들이 주차한 차량을 찾고, 비가 올 때 선루프를 닫는 것처럼 모바일 앱을 통해 원격에서 자동차를 제어하고, 궁극적으로 생성되는 자동차 데이터를 기반으로 한 새로운 서비스가 될 것이다(Johanning과 Mildner 2015). 그러므로 자동차 산업은 기존 솔루션을 대체할 뿐만 아니라 새로운 시장과 스마트 모빌리티와 관련해 사회적 변화를 일으킬 수 있는 파괴적인 혁신들로 향후 10년 동안 다음과 같은 엄청난 변화와 기회의 상황을 직면하게 될 것이다(Meyer와 Shaheen 2017).

- 자율주행차의 도입
- 에너지와 배출 가스의 효과적인 혁신
- 스마트 교통수단과 배달 서비스의 새로운 모델
- 경제적이고 다양한 형태의 이동 수단의 공유
- 자동차의 예비 부품들의 3D 프린팅

이러한 흐름상 스마트 모빌리티는 전반적인 모빌리티 관리의 프레임워크 내에서 다양한 프로젝트에 동기를 부여하는 요소가 될 수 있다. 스마트 모빌리티는 주로 에너지 효율, 안정성 그리고 비용 효과적인 이동이 가능하게 할 수 있는 것들을 제공한다. 또한 이는 기존 도심 지역 내 핵심 공유, 공공 운송 체계의 다양하고 번거로운 사용에서 더욱 유연하고 다양한 형태의 운송 시스템 형태로의 패러다임의 변화다. 예를 들어 승객이 필요한 경우 정보를 보여주는 근접 기반 서비스인 통합된 모빌리티 플랫폼이 정보를 중계하고 운송 수단 간 승객이 막힘 없이 이동하는 것이 가능하다. 스마트 모빌리티는 MaaS^{Mobility-as-a-Service}와 같은 새로운 비즈니스 모델의 출현을 보여줄 것이다.

커넥티드카의 용어는 지속적인 인터넷 연결과 데이터 생산 및 전송을 하는 연결된 세상의 일부가 되고 있음을 의미하고, 한편으로는 스마트 워치로 실시간 교통 알림과 같은 응용 기능을 가능하게 하지만 이와 함께 보안과 사생활 문제가 발생할 수 있음을 의미하기도 한다. 커넥티드카의 결정적인 특징은 내외부적으로 스마트 기기나 다른 자동차, 인터넷 그리고 클라우드에 있는 플랫폼, 애플리케이션과 통신할 수 있는 기능이다. e-call이라고 부르는 자동 응급 전화 시스템의 의무 도입으로 유럽에서 2018년 3월부터 실상 모든 새로 생산되는 자동차는 커넥티드카가 된다.

이러한 맥락에서 이 책은 자동차 커넥티비티와 관련한 사이버 보안 문제의
전반적인 세부 내용을 다룰 것이다.

1.3 각 주제의 개요

자동차 산업은 심각한 변화와 기회에 직면해 있다. 자동차 제조사들은 새로운
기술들과 잠재적으로 자동차 자체가 변화해야 하는 자동차 개념에 대해 대응하
고 있다. 예를 들어 Wi-Fi를 통해 완전히 디지털화된 차량, 컴퓨터와 다른 장치
가 OTA를 통해 통신할 수 있는 무선 네트워킹 기술과 같이 커넥티드카의 시작
은 이미 부상하고 있다. Wi-Fi는 IEEE^{Institute of Electrical and Electronic Engineers}에 의
해 개발된 802.11 표준 중 하나를 기반으로 했으며 Wi-Fi Alliance®에 의해 인
포테인먼트 시스템과 앱에 적용됐다. 또한 이러한 차량은 V2V^{Vehicle-to-Vehicle} 통
신 기술을 사용해 속도 및 실시간 위치 서비스 및 교통 상황에 따른 경로와 같
은 필수 안전 데이터를 교환하고 네트워크로 연결된 웹 링크, 차량 진단, 유지
보수, 주기 및 수리를 편리하게 한다(URL3 2017). 이러한 디지털화는 자동차 커
넥티비티, 자동차 IT, 무인, 자율주행자동차 그리고 자동차 사이버 보안과 같은
각각의 방법론과 기술에 관한 이론 배경을 필요로 한다.

또한 이 책에서 독자가 다음과 관련한 필수 지식을 통합할 수 있도록 그 기본
을 제공한다.

- 자동차 연구와 개발
- 자동차 메카트로닉스
- 자동차 전기전자 시스템
- 자동차 소프트웨어 기술
- 자동차 사이버 물리 시스템
- 첨단 주행 보조 시스템^{ADAS, Advanced Driver Assistance Systems}
- 자동차 사이버 보안

어떤 참고가 없이는 실무자들은 수많은 용어, 표준에 대해 고민할 수밖에 없
다. 서로 연관성 없이 개발된 실사례로 인한 유대감 결여가 특히 전문 용어와 중
요한 관점이 무엇인지에 대해 고민하게 하고 있다. 그러므로 이 책의 목적은 자

동차 커넥티비티에 대한 전반적인 개요와 자동차 커넥티비와 연관된 많은 도전과 이슈들에 대해서 기술과 비즈니스 지향적인 관점에서 논의할 수 있는 틀을 제공하는 것이다. 다음은 각 장의 제목이다.

1. 서론
2. 자동차 산업
3. 자동차 연구와 개발
4. 자동차 전기 전자와 자동차 소프트웨어 기술
5. 커넥티드카
6. 자동차 사이버 보안
7. 커넥티드카 모바일 앱
8. 카셰어링
9. 카헤일링과 라이드셰어링
10. 커넥티드 파킹과 자율 발렛파킹
11. 첨단 주행 보조 시스템과 자율주행
12. 요약과 전망 그리고 최종 논평

이러한 관점에서 이 책은 자동차의 E/E와 소프트웨어 기술에 더 중점을 두는 다른 책(Reif 2014, Borgeest 2013, Schäuffele와 Zurawka 2013)과 대조적으로 기계, 컴퓨터 네트워크, 분산 시스템, 소프트웨어 엔지니어링, 시스템 엔지니어링과 IT 보안에 대한 필수 방법과 이론들의 기본을 다루며 미래 자동차의 필요한 기술적 적용에 중점을 둔다(Siebenpfeiffer 2014, Swan 2015).

이와 관련해 사이버 물리 시스템은 이러한 기술들의 중추다(Möller 2016). 이렇게 설계된 시스템들은 사이버(처리, 통신, 네트워크)와 물리(센싱, 작동, 인프라) 요소 간 강한 연결고리를 갖는다. 이러한 연결고리는 사이버와 물리적 속성의 동적 공진화의 결과로 이어진다. 커넥티드카와 자율주행자동차의 흐름에서 보면, 물리 영역은 자동차 움직임의 동역학과 전파 전달의 동역학에 의해 정의된다. 사이버 영역은 자동차 내부에서 데이터 처리와 V2I[Vehicle-to-Infrastructure] 데이터의 교환에 의해 정의된다. 이와 같이 높아진 복잡도는 자동차 설계 과정과 통합된 플랫폼, 가상 제품 개발의 모듈화 그리고 커넥티드카와 자율주행자동차의 생명주기 관리에 큰 영향을 미치고 있다. 이러한 배경을 기반으로 자동차 전기 전자와 자동차 소프트웨어 기술 그리고 커넥티드카의 발전에서 요구 사항들은 추론 가능할 것이다.

미래 자동차의 강력한 커넥티비티의 발전은 필연적으로 커넥티드카 취약점의 분석과 사이버 보안의 방법을 적용해 자동차의 사이버 공격의 예방을 고려해야만 한다(Graham 외 2010).

자동차 분야별 통합 활용 사례는 차량 사용자가 관심을 갖고 있는 모빌리티 응용에 대한 실질적인 시각과 세부적인 통찰력을 제공하며, 자동차 업체와 협력업체를 위한 새로운 비즈니스 모델을 설명한다. 10장과 11장에서는 서로 다른 첨단 주행 보조 시스템ADAS에 대해 논하고 자동차의 안전을 증가해 운전자에게 도움을 주는 기본적인 기술들에 대해 다루고 있으며, 이는 자동차 전기공학 분야에서 빠르게 성장하는 분야 중 하나다. 자동차 산업 전반적으로 ADAS와 같은 자동차 안전 시스템의 품질 표준들은 ISO 26262의 도로 차량-안전 기능 Road Vehicle-Functional Safety에 기반하고 있고, 자동차 E/E 시스템의 기능 안전을 위한 국제 표준이다.

그러므로 현재 시나리오들은 기능적 관점, 관계 그리고 관련된 행위자가 고려된 도시 역학적 발전의 결과와 조건에 의해 나타난 것이다. 기능적 역학은 세대의 흐름과 에너지, 정보 그리고 상품, 사람 외의 것들에 대한 운송의 요구와 관련 있다. 이런 흐름 중 일부는 공간을 점유하거나 조절하는 것에 의해 사회적 삶의 공간에 영향을 미친다. 이와 대조적으로 관계적 역학은 주어진 시간에 요구되는 사회적 삶의 질과 관련이 있다(Garcia-Verdugo 2017).

참고문헌 및 더 읽을거리

(Borgeest 2013) Borgeest, K.: Electronics in Vehicle Technology–Hardware, Software, Systems, and Project Management (in German). Springer Publ., 2013

(Dinning and Weissenberger 2017). Dinning, M., Weissenberger, T.: Multimodal Transportation Payments Convergence – Key of Mobility, pp.121–133, In: Disrupting Mobility – Impacts of Sharing Economy and Innovative Transportation on Cities, Springer Publ., 2017

(Flügge 2016). Flügge B. (Ed.): Smart Mobility–Trends, Concepts, Best Practices for Intelligent Mobility (in German). Springer Publ., 2016

(Friedrich 2015). Friedrich, B.: Traffic Impact of Autonomous Vehicles (in German), pp. 331–350, In: Maurer, M., Gerdes, J. C., Lenz, B., Winner, H.,

(Eds.) Autonomous Driving – Technical Aspects and Societal Aspects, Springer Publ., 2015

(Garcia-Verdugo 2017). Garcia-Verdugo, L. V.: Mobilescapes: A New Frontier for Urban, Vehicle and Media Design, pp. 335–349, In: Disrupting Mobility – Impacts of Sharing Economy and Innovative Transportation on Cities, Springer Publ., 2017

(Graham et al. 2010) Graham, J., Olson, R., Howard, R.: Cyber Security Essentials. CRC Press, 2010

(Johanning and Mildner 2015). Car IT Compact – The Car of the Future - Driving Connected and Autonomously (in German). Springer Publ., 2015

(Maurer et al. 2015). Maurer, M., Gerdes, J. C. Lenz, B., Winner, H. (Eds.): Autonomous Driving – Technical, Legal and Social Aspects (in German). Springer Publ., 2015

(Mendez et al. 2017). Mendez, V. M., Monje, C. A., White, V.: Beyond Traffic: Trends and Choices 2045 – A National Dialouge About Future Transportation Opportunities and Challenges, pp.3–20, In: Disrupting Mobility – Impacts of Sharing Economy and Innovative Transportation on Cities, Springer Publ., 2017

(Meyer and Shaheen 2017). Meyer, G., Shaheen, S. (Eds.): Disrupting Mobility – Impacts id Sharing Economy and Innovative Transportation on Cities. Springer Publ., 2017

(Möller 2016). Möller, D.P.F.: Guide to Computing Fundamentals in Cyber-Physical Systems – Concepts, Design Methods, and Applications. Springer Publ., 2016

(Reif 2014) Reif, K.: Automotive Electronics (in German). Springer Publ., 2014

(Schäuffele and Zurawka 2013) Schäuffele, J., Zurawka, T.: Automotive Software Engineering – Efficient use of Basics, Processes, Methods and Tools (in German). Springer Publ., 2013

(Siebenpfeiffer 2014) Siebenpfeiffer, W. (Ed.): Networked Automobile – Safety, Car IT, Concepts (in German). Springer Publ., 2014

(Swan 2015). M. Swan.: Connected Car: Quantified Self becomes Quantified Car.

(Westerman et al. 2014) Westerman, G., Bommet, D., McAfee, A.: Leading Digital. Harvard Business Review Press, 2014

링크

(URL1 2017) https://www.statista.com/topics/1487/automotive-industry/

(URL2 2017) https://www.rolandberger.com/en/press/Automotive-Suppliers-2016.html

(URL3 2017) http://www.strategyand.pwc.com/media/file/2016-Auto-Trends.pdf

(URL4 2017) http://www.mdpi.com/2224-2708/4/1/2/

2
자동차 산업

2장에서는 자동차 산업의 글로벌 생산과 판매에 대해 전반적으로 살펴본다. 2.1절에서는 현재 글로벌 자동차 시장에 관해 알아본다. 2.2절에서는 배기가스 규제 강화와 전기차(2.2.1절), 자동차 소유와 모빌리티(2.2.2절과 5장, 8장), 커넥티비티(2.2.3절), 첨단 주행 보조 시스템[ADAS](11장 참조), 자율주행(2.24과 6장) 그리고 디지털화(2.2.5절)와 같은 자동차 산업 추세[megatrends]를 집중적으로 다뤄본다. 2.3절은 OEM과 공급사 간 공급망을 설명하고 2.4절은 새로운 기업과 도전 과제에 대해 소개한다. 마지막으로 2.5절에서는 자동차 산업에서 디지털화의 배경에 관해 설명한다. 2.6절은 이러한 도전들에 관한 포괄적인 질문들을 포함하고 있으며 마지막 절에서는 참고와 더 읽을거리에 관한 제안을 포함하고 있다.

2.1 자동차 시장

자동차 산업은 세계에서 가장 중요한 산업 중 하나로 2015년 기준 전체 3조€ 이상의 수익(URL1 2017)을 올렸고 2016년 약 9천 5백만 대(승용차, 경상용차, 미니버스, 트럭, 버스, 승합 버스)를 생산했다. 전 세계적으로 사용되고 있는 자동차는 10억 대 이상이다. 전통적으로 제품의 분류는 승용차와 상용차로 나눠진다. 승용차 용어는 자동차의 고전 세단과 스테이션 웨건뿐만 아니라 스포츠 유틸리티[SUV]와 다목적 자동차[MPV]를 포함한다. 경상용차의 구분은 특히 미국에서 인기가 많은 픽업 트럭을 포함하고 3.5t 이하 트럭(3.5t 이상은 중형과 대형)의 중량 구분과 버스, 전형적인 상용차 부문을 구성하고 있는 승합차로 정의된다.

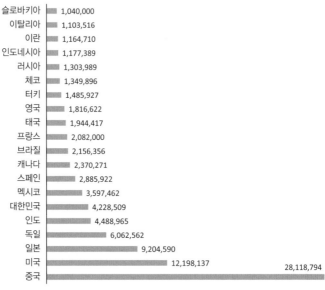

■ 자동차 생산(대수)

국가	생산 대수
슬로바키아	1,040,000
이탈리아	1,103,516
이란	1,164,710
인도네시아	1,177,389
러시아	1,303,989
체코	1,349,896
터키	1,485,927
영국	1,816,622
태국	1,944,417
프랑스	2,082,000
브라질	2,156,356
캐나다	2,370,271
스페인	2,885,922
멕시코	3,597,462
대한민국	4,228,509
인도	4,488,965
독일	6,062,562
일본	9,204,590
미국	12,198,137
중국	28,118,794

그림 2.1 국가별 글로벌 차량 생산(URL11 2017 참조)

독일에서는 자동차 산업과 광대한 공급망이 전체 산업 생산량의 20%를 차지하며, 총 매출액은 4,000억€가 넘는다(URL3 2017). 다른 대형 자동차 산업을 보유한 국가는 그림 2.1에서 볼 수 있듯이 프랑스, 스페인, 이탈리아, 영국, 일본, 미국, 멕시코, 한국, 중국이다.

가장 눈에 띄는 동향 중 하나는 생산과 판매 모두에서 중국이 가장 중요한 자동차 시장으로서 우위를 점하고 있어 그 영향이 아시아에 미치고 있다는 점이다(URL1 2016). 그림 2.2와 같이 전 세계에서 생산·판매되는 모든 자동차의 30% 이상을 중국이 차지하고 있다(URL18 2017).

세계 자동사 시장은 언제나 순환 과정을 겪어 왔다. 2007~2008년 금융 위기 이후 지난 몇 년 동안 저유가와 저금리로 인해 엄청난 성장을 해왔다. 미국 시장은 놀라운 방법으로 회복했고 이는 디트로이트의 주요 자동차 제조사들이

파산에 가까운 상태가 된 이후 발생했다(Dietz 외 2016). 그림 2.3은 시장 흐름
관점에서 2000년과 2014년 소위 Triade(NAFTA, 유럽, 일본, 대만, 홍콩, 한국, 싱
가폴)와 BRIC(브라질, 러시아, 인도, 중국) 및 RoW^Rest of Word의 생산량을 비교해
보여주고 있다(Dietz 외 2016).

특정 국가 내 등록과 생산량은 다르다(Dietz 외 2016). 독일과 미국이 그 예로
독일은 자국 시장 내 규모 기준으로 최대 수출국이며 600만 대 이상을 생산한
반면, 미국은 최대 수입국이다. 미국은 2016년 1,200만 대 이상을 생산한 반면,
신차가 팔린 전체 시장 규모는 1,600만 대를 넘어섰다. 지난 2017년 1분기 자
동차 등록 통계는 그림 2.4와 같다.

단연코 최대 시장은 중국이다(Dietz 외 2016). 2008년 중국 시장은 현재의
1/3 정도였음을 감안하면 이러한 성장은 전례 없는 일이다(Dietz 외 2016).
그림 2.2에서 나타난 것과 같이 유럽은 1,500만 대를 약간 넘어서는 시장 점유
율을 보이고 있다. 이는 미국에서 판매되는 자동차의 수와 거의 비슷한 숫자다
(URL1 2016; URL18 2017).

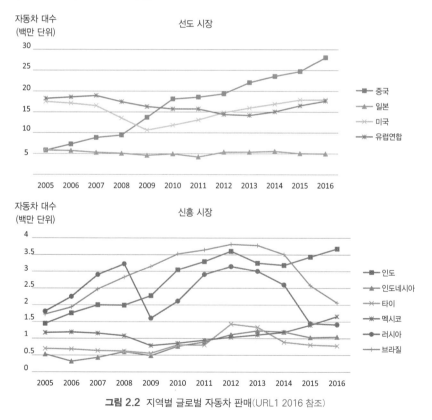

그림 2.2 지역별 글로벌 자동차 판매(URL1 2016 참조)

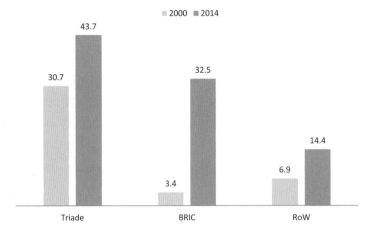

그림 2.3 세계 자동차 생산(출처: 국제자동차제조업체협회 OICA(URL2 2014), (Dietz 외 2016))

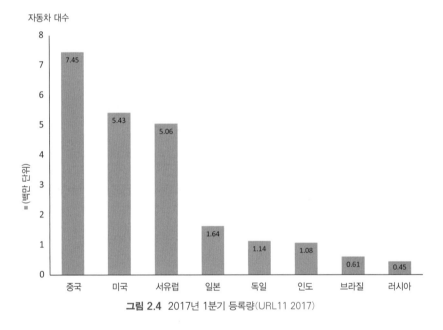

그림 2.4 2017년 1분기 등록량(URL11 2017)

　인도의 승용차 시장은 2008년부터 2013년까지 부진하지만 지난 몇 년 간 탄탄한 성장을 기대해볼 수 있는 흐름을 보여줬다(URL15 2017). 연간 350만 대의 승용차 판매량을 돌파하며 연간 10% 이상의 성장을 보여주고 있다(URL14 2017). 판매량 기준으로 인도의 주요 승용차 제조사들은 Maruti Suzuki, Tata Motors, Mahindra와 Hyundai이다(URL14 2017).

세계적으로 2016년 290만 대의 트럭이 팔렸는데 이 가운데 1/3은 중국에서 판매됐다. 즉, 2016년 거의 100만 대 정도가 판매됐다(URL4 2017). 인도에서는 2016년 시장 규모가 거의 30만 대에 육박해 2015년 대비 7% 증가했다(URL4 2017).

전 세계적으로 버스의 판매량은 거의 50만 대 정도이며 이중 17만 대는 중국에서 판매됐다(URL16 2017). 절대적인 판매량으로 측정했을 때 인도는 이미 두 번째로 큰 버스 시장이며, 가장 빠르게 성장하고 있다. Diamler의 Bharat-Benz와 같은 새로운 제품들은 경쟁을 만들어내고 기존 Ashok-Leyland와 Tata Motors 같은 기업들의 시장 점유율을 잠식해 가고 있다.

세계 최대 상용차 제조사의 매출액은 그림 2.5와 같다. 판매 대수만을 본다면 순위는 달라진다. 최대 생산 기업은 Dongfeng으로 중국 기업이다(URL19 2017).

중요한 특징은 전반적으로 상이한 1인당 보유 자동차 수다. 미국과 같은 포화 시장에서는 그림 2.6과 2.7에서 보듯, 시민 3명당 1대 이상을 갖고 있다(Dietz 외 2016). 2005년 유럽 시장은 1,000명당 평균 448대, 중국은 1,000명당 평균 11대, 인도는 1,000명당 고작 6대만을 갖고 있었다.

그림 2.7의 그래프는 2012년의 상황이다. 미국, 유럽, 일본의 자동차 밀도 수치는 크게 변하지 않은 반면 중국에서 1,000명당 자동차의 보유 수는 폭발적으로 증가했다. 또한 인도에서는 2005년 대비 두 배 가까운 수치를 나타냈다. 이는 향후 몇 년 동안 중국과 인도 시장은 잠재력을 명확히 보여준다.

2007년부터 2015년까지 독일의 자동차 애프터마켓 매출은 그림 2.8과 같다. 2015년 독일 내 매출액은 420억€에 육박했고, 유럽 애프터마켓 시장은 1,800억 이상의 총 매출에 도달했다.

현재 독일에는 4,500만 대의 자동차가 있다. 이 가운데 25%는 8년 이상 됐다. 매해 6백만 이상의 자동차 소유권이 변동된다. 애프터마켓은 중고차와 수리 업체의 기반을 마련해주는 매우 중요한 시장이다(Reindl 외 2016).

애프터마켓에는 다음과 같은 다양한 유형의 요구가 존재한다.

- 사고 수리
- 마모와 손상 수리
- 유지 관리

오늘날 자동차의 품질이 크게 증가해 마모와 손상에 따른 수리는 적어졌기 때문에, 연간 차량당 0.8번 이하의 수리가 발생한다(Reindl 외 2016).

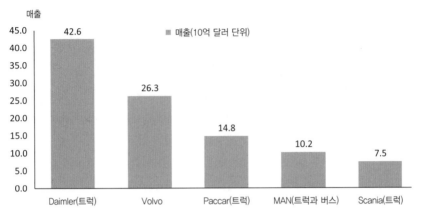

그림 2.5 2015 회계연도 매출 기준에 따른 최대 상용차 제조사(단위 백만 달러)(URL1 2017)

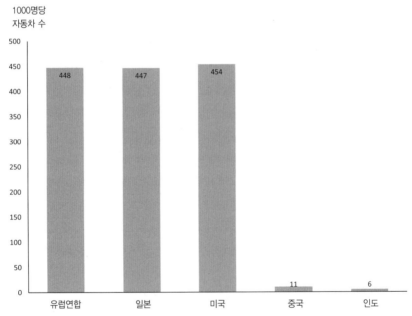

그림 2.6 2005년 자동차 밀도(1,000명당 자동차 보유 수)(출처: 유럽자동차제조사협회 ACEA(URL31 2017), 국제자동차제조업체협회 OICA(URL16 2015), Dietz 외 2016)

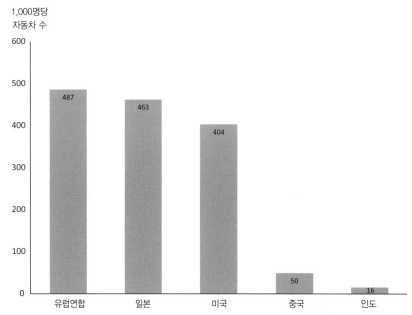

그림 2.7 2012년 자동차 밀도(1,000명당 자동차 보유 수)(출처: 유럽자동차제조사협회 ACEA(URL31 2017), 국제자동차제조업체협회 OICA(URL16 2015), Dietz 외 2016)

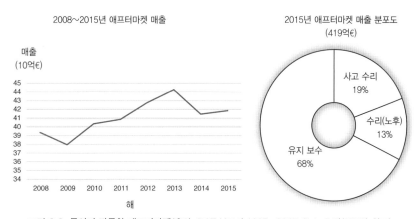

그림 2.8 독일의 자동차 애프터마켓(출처: DAT 보고서 1995~2015, Reindl 외(2016) 참조)

독일에는 38,000개의 브랜드와 개인 정비업체 간 치열한 경쟁이 일어나고 있다. 새로운 자동차(분류 I, < 4년)는 대부분 OEM 브랜드 정비소에서 서비스를 받는 반면, 오래된 자동차들(분류 III, > 8년 그리고 분류 IV, > 10년)은 낮은 가격으로 인해 주로 개인 정비업체에서 수리를 한다.

자동차 시장에서 또 다른 중요한 기업은 자동차 보험회사다. 그들은 큰 비용 압박을 받고 있다. 하지만 자동차 보험 정책은 고객과 연결하기 위한 수단이기 때문에 보험사가 제공하는 서비스의 필수적인 부분이다.

UBI$^{Usage-Based Insurance}$, 디지털 소매업 그리고 커넥티드 애프터마켓 서비스는 커넥티비티와 가치 사슬의 디지털화를 기반으로 한 향후 다가올 트렌드다.

2.2 자동차의 추세

탄소 배출을 하는 전통적인 내연기관 자동차에 추가로 전기차의 수가 증가하고 있다. 그러므로 자동차 산업은 자동차 파워트레인 기술에 관한 도전에 직면해 있는 상황이다. 또한 자동자 소유권의 중요도는 낮아지고 모빌리티 요구 사항은 좀 더 유연함에 초점을 맞춰 다양한 형태의 운송 수단을 선택하기를 원한다. 다른 흐름은 자동차와 인터넷의 연결이며 타 시스템과의 연결이 증가함에 따라 이는 자동차의 중요한 기준이 돼 가고 있다. 하지만 커넥티비티에 따른 새로운 위험 유형을 갖는 사이버 범죄 공격의 위협이 발생하고 있다. 그리고 자동차 제조사들은 침입 탐지와 멀웨어 방어의 필요성에 직면하고 있다. 마지막으로 디지털 기술의 적용은 자동차 산업 비즈니스 모델을 변화시킬 것이며 새로운 수익과 가치 창출의 기회를 제공할 것이다.

2.2.1 배기가스 규제 강화와 전기차의 증가

유럽, 미국, 신흥국가들은 급속히 증가하는 자동차들의 탄소 배출로 인해 건강 문제에 대한 우려가 높아지고 있다. 그림 2.6과 2.7에 나타난 것과 같이 자동차 소유와 자동차 밀도의 엄청난 증가를 고려해본다면 이러한 문제는 명확히 이해할 수 있다.

더 나아가 15% 이상의 성장률을 보이고 있는 대도시에 가장 높은 자동차 밀집도를 보이는 아시아를 보면 상황의 심각성은 명확해진다. 인구 밀집도가 높은 아시아 내 도시 지역은 미세먼지로 인한 오염 증가로 고통받고 있다. 중국 베이징의 스모그는 특히 난방을 사용하는 겨울철인 11월부터 4월까지 미세먼지가 증가하는 것으로 악명이 높다. 델리, 뭄바이, 벵갈루루와 같은 인도 도시 또한

그림 2.9와 같이 극심한 교통 체증과 스모그로부터 고통받고 있다.

시민 건강의 위험에 대해 이제 충분히 문서화됐고 더 이상 무시할 수 없는 상황이다. 중국은 이미 도시에서 바퀴가 두 개인 운송 수단에 대해 전기를 이용한 추진체 적용을 강제화하고 있다(Hinderer 외 2016). 다른 국가들도 이를 곧 따를 것이다. 또한 인도 내 많은 2, 3차 도시들은 자동차 배기가스로 인해 심각한 오염에 고통받고 있다. 그림 2.9는 벵갈루루 내 출근 시간 동안 교통 체증을 보여준다.

그림 2.9 인도 벵갈루루의 교통 체증

자동차 배기가스는 인도 남부 도시의 미세먼지 배출의 주요 원인을 차지하고 있다. Volkswagen의 '디젤 게이트 스캔들'은 전기차의 추세와 전기 드라이브 트레인 기술 강화를 가속화하고 있다(Hinderer 외 2016). Volkswagen 그룹은 자체적으로 전 범위에 걸쳐 전기차 차를 공급하기로 했고 독보적인 파워트레인 기술로 전기 구동 장치에 집중하고 있다(URL2 2016).

최근 독일 주 정부는 2030년부터 내연기관 엔진을 금지하는 법안을 논의했다(Schmitt 2016a). 이는 분명 완화되고 약화될 수도 있는 매우 도전적인 목표다(Schmitt 2016b). 하지만 이로 인해 명확한 현 흐름과 전기차의 일반적인 사회 수용에 대해 보여주는 것으로 볼 수 있다(URL8 2016; Kampker 외 2013; Hinderer 외 2016).

그림 2.10에 BMW i8 하이브리드는 전통적인 내연기관 엔진을 사용하는 파워트레인ICE, Internal Combustion Engine powertrain에서 하이브리드 또는 전기 파워트레인 기술로의 이동을 보여주는 예다.

그럼에도 전기차가 유럽에서 팔린 숫자는 아직까지 적다. 노르웨이와 같은 일부 국가들은 이에 앞서가고 있다. 하지만 독일의 실제 판매량은 여전히 정부의 계획과 전망에 비해 뒤쳐져 있다(Hinderer 외 2016). 여기에는 몇 가지 이유가 있으며 그중 가장 중요한 이유는 다음과 같다.

- 배터리가 자동차 주요 부품 비용인 자동차 가격
- 불충분한 충전 인프라
- 제한적인 이동 거리
- 충전을 위해 필요한 시간

그림 2.10 BMW의 전기차에 대한 막대한 투자(예: 2016 파리 모터쇼에 소개된 하이브리드 i8 자동차)

충분한 충전 인프라 없이 전기차의 판매의 추세는 감소될 것이다. 동시에 투자를 통한 충분한 충전 인프라가 공급돼도 도로 위에 이를 이용할 전기차가 많지 않다면 충전 인프라는 낮은 이익을 낼 수 밖에 없다. 같은 이유로 배터리 가격도 마찬가지다. 적은 수의 전기차가 팔리고 있다면 배터리 가격도 높게 유지될 것이며, 높은 배터리 가격은 전기차 인기에 영향을 미치게 된다. 전기차가 시장의 진입 속도를 느리게 하는 다른 요소는 충전 표준화에 대한 경쟁이다. 유럽에서는 빠른 충전을 위한 최소 3개의 인프라 표준이 존재한다(Kampker 외 2013; Hinderer 외 2016).

- Charge De Move(CHAdeMO^{TM}): 일본에서 개발된 전기차를 위한 배터리 관리 시스템의 크로스 브랜드 전기 인터페이스의 상표명. DC 기반 인터페이스로 전기차 또는 플러그인 하이브리드 자동차의 배터리가 43kWh 이상의 높은 전압을 통해 직접 충전
- Combined Charging System^{CCS}: 50kWh 이상의 높은 충전 파워와 함께 특수한 전기 커넥터를 통해 높은 DC 전압을 전달해 전기차 배터리를 빠르게 충전하는 방법
- Type 2/Mode 3: 전기차 충전을 위한 로드 클러치 커넥터

최근 Bosch가 소개한 다른 방식으로는, 소위 충전 앱이라고 부르며 다음 6단계로 설명된 접근 방식을 사용한다.

- 1단계: Android 또는 iOS용 무료 앱을 가입 및 다운로드해 계약과 기본 요금 없이 1회 가입한다.
- 2단계: 자동으로 화면에 표시되는 가장 가까운 충전소를 지도와 필터 기능을 이용해 찾고 주소 입력 또는 필터를 통해 검색 결과를 정리한다.
- 3단계: 경로를 설정하고 앱은 가장 가깝고 이용 가능한 충전소로 안내한다.
- 4단계: 충전 제어는 전반적인 충전 과정을 앱을 통해 보는 것이며 언제든 시작 또는 종료할 수 있다.
- 5단계: 간편 결제 수단인 페이팔, 신용 또는 체크카드를 이용해 결제한다.
- 6단계: 로그북을 이용해 모든 다운로드와 비용을 통해 이용 내역을 확인한다.

다행히 모든 것들이 변하고 있다. 유리한 정부 정책, 사회적 흐름 그리고 고속 충전 인프라에 대한 초기 투자는 시장을 단계적으로 변화시키고 있다. 이는 또한 배터리 비용에 영향을 주기 시작했다. 지난 해부터 배터리 가격의 급격한 하락을 보여왔다(Hinderer 외 2016).

Panasonic과 합작한 Tesla의 Gigafactory와 같은 대규모 프로젝트는 비용 감소 추세를 가속화할 것으로 예상된다(Kampker 외 2013).

그림 2.11 Daimler는 회사의 e-모빌리티 활동을 위해 새로운 EQ 브랜드를 시작했다.

그림 2.12 전기차는 새롭지 않다. 뮌헨의 오래된 전기차

kWh당 200달러의 가격 범위에 들어가게 되면 전기차의 비용이 실질적으로 내연기관[ICE, Internal Combustion Engine] 자동차들의 비용보다 낮아지게 만드는 게임 체인저가 될 것으로 예상된다(Hinderer 외 2016).

이미 유럽 시장에서는 몇몇 구매 가능한 전기차 모델들이 있다. 예를 들면 그림 2.10의 BMW i3, 하이브리드 i8 그리고 Nissan의 leaf와 Tesla의 Model S, 향후 Model X가 있다(Braun 2016). Renault는 이미 이에 대한 경험과 새로운 모델의 실험을 하고 있다. 최근 새로운 Renault Zoe라는 항속 400km 이상 이동 가능한 모델을 발표했다.

Mercedes는 그림 2.11에서와 같이 e-모빌리티 활동을 위해 EQ라는 새로운 모델을 발표했다(URL9 2016; URL10 2016; URL13 2016). 지금까지 순수 전기 구동 장치 모델 라인은 B 클래스와 Smart-E-ForTwo로 이뤄져 있다. 최근 새로운 Smart ForFour가 새로운 전기 구동 장치 버전으로 개발돼 소개됐다. 자동차 산업 초기 전기차는 매우 일반적이었다는 것이 흥미롭고(Kampker 외 2013), 어떻게 보면 현재 이 산업은 완전히 자리를 잡게 됐다. 그림 2.12는 2016년 10월 뮌헨에서 열린 eCarTec에서 선보인 자동차의 사진이다(URL11 2016).

2.2.2 자동차 소유권 대 모빌리티

지난 몇 년 동안 유럽에서 특히 젊은 층 사이에 뚜렷한 추세가 있었다(Knieps 2016). 자동차 소유권의 중요성은 낮아지고 많은 젊은 사람들은 운전면허증을 더 이상 취득하지 않았다(Hass 2015). 주목해야 할 것은 모빌리티와 기차, 버스, 택시, 항공기, 셰어링카 등과 같은 다양한 운송 수단을 선택할 수 있는 유연성에 있다. 자동차는 구입 가격뿐만 아니라 다음과 같은 다양한 요소들과 함께 비용이 많이 드는 자산으로 간주된다.

- 일반적으로 최초 2년 간 매우 높은 감가상각비
- 주유비
- 보험료
- 유지 보수와 수리 비용
- 대도시 지역에 특히 문제인 주차 공간(Rees 2016)
- 세금

다른 경제 분야에서 역시 유사한 추세가 나타날 수 있다(URL2 2015). 예를 들어 Airbnb는 실질적으로 모든 사람들이 Airbnb 플랫폼을 이용해 방문자들에게 방을 빌려 줄 수 있게 함으로써 전통적인 호텔 비즈니스 분야를 위협하고 있다(URL23 2017). 요금 정산을 전적으로 인터넷 플랫폼을 통해서만 하기 때문에, 예약하고 오지 않거나 늦게 취소하는 것에 대한 문제가 없다.

유동적인 비용, 사용당 지불하는 비즈니스 모델, 높은 수준의 유연성을 갖는 카셰어링, 렌탈, 라이드헤일링, 대중교통 등 많은 적절한 운송 수단들이 존재하기 때문에, 많은 젊은 층에서 자동차 소유는 그 매력을 잃어가고 있다. 하지만 이러한 유연성에는 Freitag(2016), Meye와 Shaheen(2017), Schultz(2016)에서 폭넓게 논의된 바와 같이 또 다른 이면을 갖고 있다.

2.2.3 커넥티비티

커넥티비티는 Car2Car[C2C] 또는 Vehicle-2-Vehicle[V2V, Vehicle-2-Infrastructure(V2I)] 그리고 Vehicle-2-Backend[V2B]와 같은 자동차와 다른 시스템과의 연결을 의미하며 종종 인터넷과의 연결을 포함한다(5장 참조, Seibenpfeiffer 2014). 이 콘셉트와 관련된 비즈니스 모델은 그림 2.13에 표현된 것과 같이 자동차 산업을 세분화시킬 수 있는 잠재력을 갖고 있다. 이는 스마트폰의 급속한 적용에 의해 자동차 소유주들의 요구가 증가하고 있다. 예측하기로 2025년에 선진국에서 판매되는 거의 모든 자동차들은 커넥티드카 보급에 관련 있을 것으로 전망한다(URL1 2013). 커넥티비티는 일반적으로 인터넷과 백엔드 시스템에 접근을 제공하는 글로벌 시스템[GSM]에 기반한다(Spehr 2016; Johanning과 Mildner 2015). 내비게이션은 교통 정보를 실시간으로 공유받을 수 있기 때문에 커넥티비티로 인해 큰 이익을 얻는다. 가장 중요한 주제는 C2I가 될 것이며 이는 첨단 주행 보조 시스템[ADAS]과 더 높은 수준의 자동화 기술의 기본이 되기 때문이다(11장 참조). 커넥티드카는 많은 새로운 서비스와 OEM과 고객 간 더 강력한 소통이 가능하도록 플랫폼을 제공한다(5장 참조, Viereckl 외 2016). 하지만 커넥티비티와 함께 사이버 공격의 위협도 함께 발생한다(5장과 6장 참조, Greenberg 2013; Lobe 2016; Grünweg 2016a; Gerhager 2016).

다양한 사이버 공격이 지난 몇 년 동안 보고되고 있고 자동차 OEM들은 이제 이 위협을 매우 심각하게 받아들이고 있다(Gerhanger 2016). Google의 무인 자동차와 모빌리티 사업부에서도 이를 우려하고 있다(URL29 2017). 외부 세상과 자동차 내부 전기/전자 시스템 간 교환되는 데이터를 지속적으로 모니터링할 수 있는 침입 탐지와 예방 시스템을 포함시키는 것을 많은 곳에서 하기 시작했다(4장과 6장 참조, Hass 외 2017). 그림 2.14에서 보이는 것과 같이 또한 이 주제는 현재 사이버시큐리티 콘퍼런스의 주요 주제 중 하나다. 2016 DEFCON® 해킹 콘퍼런스에서는 Car Hacking Village라 부르는 특별한 세션을 구성하고 있다. 이 세션은 자동차의 사이버 보안 주제를 다루고 학생, 전문가 그리고 자동차 제조사와 같은 다양한 부문에서 초청해 자동차 해킹, 자동차 사이버 보안 그리고 보호 메커니즘에 대해 논의하고 학습한다(Hass 외 2017; Möller 외 2017; URL25 2017).

그림 2.13 커넥티드카의 응용 분야(Doll과 Fuest(2015) 참조)

그림 2.14 2015 DEFCON 콘퍼런스에서 Car Hacking Village

2.2.4 안전과 첨단 주행 보조 시스템

규제 조치와 안전 시스템의 도입의 효과는 특정 해의 치명적인 교통 사고의 숫자를 볼 때 명확히 알 수 있다. 그림 2.15는 German Automotive Trust[DAT] 보고서와 Dietz 외(2016)와 관련한 1950년 초반부터 현재까지의 독일에 발생한 사고의 수치들을 보여준다(URL30 2017).

주요 규제의 변경 내역은 다음과 같다.

- 1957년 도시 내 속도 제한(50km/h) 도입
- 1972년 도시 외곽 도로(자동차 전용 도로 제외)의 속도 제한(50km/h) 도입
- 1973년 운전 중 허용된 혈중 알콜 수치의 일반적 제한의 도입
- 혈중 알콜 농도 0.5% 제한
- 안전벨트 의무화

1950년부터 1970년까지 도로 교통량이 엄청나게 증가했다는 점을 유념해야 한다. 그들의 규제 조치와 적절한 시행이 없었다면 치명적인 교통사고 수는 더욱 증가했을 것이다(Dietz 외 2016). 오늘날 독일 내 치명적인 도로 교통사고 숫자는 해마다 3,300건 정도로 감소했다. 물론 지금도 상당히 감소해야 할 필요가 있지만 이 수치에 대한 기준으로 중국과 인도를 본다면 흥미로운 사실을 알 수 있다. 중국과 인도는 총 인구 규모에 비해 치명적인 도로 교통사고가 몇 배가 더 높다.

자동차 제조사들은 안전성 증대를 위해 다음과 같은 다양한 방법으로 끊임없이 노력하고 있다.

- 첨단 주행 보조 시스템
- 수동적 안전 조치(자동차 차체 충돌성 개선)
- **보행자 보호**(예: 소프트 범퍼)

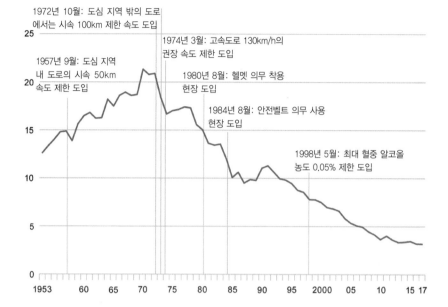

도로 교통 사고 시 사망자 동향(단위 천 명)

1973년 7월: 0.8 프로필의 최대 혈중 알코올 농도 제한 도입
1973년 11월에서 1974년 3월: 석유 위기

1972년 10월: 도심 지역 밖의 도로에서는 시속 100km 제한 속도 도입

1974년 3월: 고속도로 130km/h의 권장 속도 제한 도입

1957년 9월: 도심 지역 내 도로의 시속 50km 속도 제한 도입

1980년 8월: 헬멧 의무 착용 현장 도입

1984년 8월: 안전벨트 의무 사용 현장 도입

1998년 5월: 최대 혈중 알코올 농도 0.05% 제한 도입

2017 추정치 = 3.17

© Statistisches Bundesamt (Destatis), 2018

그림 2.15 규제와 안전 조치가 교통사고 사망에 미치는 영향(URL30 2017)

센서 기술과 신호 처리 알고리즘의 개발은 ADAS 시장의 급속한 성장을 위한 토대를 마련했다. 강화된 안전 표준과 안전 성능에 대한 고객의 요구와 함께 ADAS 시장은 자동차 전기/전자 시스템 중 가장 빠르게 성장하는 분야 중 하나가 됐다(4장과 11장 참조).

비록 무인 운전 또는 자율주행의 기술적 장벽이 상대적으로 높지만, 이 분야는 자동차 산업에 진출하기 위해 Google과 같은 첨단 기술 기업에게 있어서 매력적인 기회로 보인다. 무인 자동차의 개발은 효과적인 자동차 공유를 가속화하고 OEM, 부품 제조사 그리고 자동차 금융 및 보험사에게 문제를 야기할 수 있는 교통사고들을 현저히 낮추며 자동차 활용성을 강화할 수 있다(Grünweg 2016b; Beck 2016; URL5 2016; Freitag 2016).

2.2.5 자율주행

자율주행은 오늘날 자동차 산업에 있어 가장 중요한 첨단 기술 혁신 중 하나다 (Maurer 외 2015). 하지만 결코 새로운 주제는 아니다. 이 분야의 연구는 수십 년 전으로 거슬러 올라가 프로메테우스Prometheus 프로젝트(URL26 2017)와 같은 연구가 있었다. Daimler사는 1990년대에 자율주행자동차의 가능성을 탐색하기 위한 연구 프로젝트 활동을 했고, 다른 OEM 역시 유사한 계획을 갖고 있었다(Oagana 2016). 또한 서비스 로보틱스 분야에 대한 많은 연구도 수행했다. 하지만 1990년대에는 컴퓨팅 플랫폼이 강력하지 않았고 적정 수준의 예산으로 자율주행자동차를 만드는 것은 어려웠다. 오늘날 상황은 바뀌었다. 낮은 비용으로 기가플롭 또는 테라플롭의 범위에 있는 컴퓨팅 파워에 접근할 수 있게 되면서 자율주행자동차에 대한 새로운 관심을 불러일으켰다(Tanenbaum과 Austin 2013). 심지어 스마트폰의 임베디드 컴퓨팅 파워는 복잡한 이미지 처리와 분석을 하기에 충분할 정도로 높다. 승객과 화물 운송 분야에 낮은 비용의 모빌리티에 대한 요구가 지속적으로 증가함에 따라, 현재 자율주행자동차는 많은 OEM과 1차 공급업체의 연구와 개발 계획의 중심에 있다.

유럽과 미국의 정의에 따라 완전 자율주행을 향한 각각의 단계가 요구되고 있다(URL4 2015; URL27 2017). 첫 번째 단계는 운전 보조 시스템의 간섭 없는 전통적인 주행을 정의하고 다음 단계는 정교함과 복잡성의 다양한 수준에 보조 기능을 포함한다. 고도로 자동화된 주행에서는 온보드 컴퓨터가 운전의 대부분을 수행한다. 이는 항공기의 오토파일럿 시스템과 비교될 수 있지만 운전자는 여전히 간섭을 해야 한다. 마지막으로 완전 자율주행은 어떠한 간섭도 전혀 필요하지 않는다. 첨단 주행 보조 시스템이 이미 많은 책임을 갖고 동작하고 있지만, 완전 자동화된 주행은 이제 얼마 남지 않았다는 것은 분명하다(URL5 2017).

이를 뒷받침하는 근거는 다양하다.

- 사이버 보안 이슈: 해킹된 자율주행자동차는 잠재적인 무기로 바뀔 수 있다.
- 윤리적 이슈: 만약 피할 수 없는 사고일 경우, 어린이나 노인을 다치게 할 것인가?
- 완전 자율에서 운전자 대응으로 재변경
- 완전 자율, 반자율 그리고 전통적인 사람이 운전하는 각 상황이 혼재되고 상호 이질적인 교통 상황

- 고정밀 지도, 온보드 주행 보조(차선 유지) 그리고 교통신호, 신호등 외 인프라 정보의 통합
- 자율주행의 일반적인 기능적 안전성

몇몇 OEM은 다른 업체들이 더욱 신중한 입장을 취하는 데 반해(Beck 2016) 더 과감한 발표를 하기도 했다(Doll 2015; Lambert 2017; URL5 2017). 자율주행의 타임라인은 공적으로 또한 과학과 산업의 전담 팀 내에서 활발한 논쟁의 중심에 있다. 이 영향은 기술뿐만 아니라 운송 산업이 제공하는 도전을 받고 있는 많은 직업에 대한 사회 및 윤리적인 부분에도 영향을 줄 것이다. 그러므로 자율주행의 주제는 이후 이 책에서 다양한 관점으로 더 자세히 다룰 것이며, 특히 일반적인 사이버 물리 시스템 관점과 커넥티비티와 사이버 보안 관점에서 상세히 논할 것이다.

2.2.6 디지털화

디지털화, 가치 사슬의 디지털화는 경제의 중심 화두가 되고 있고(URL5 2017). 자동차 산업에서는 이를 매우 심각하게 받아들이고 있다(Gnirke 2016; URL1 2015). 자동차 산업이 정보기술 기반의 혁신과 프로세스의 디지털화에 있어 낯설지 않다는 점이 흥미롭다. 제품 개발 프로세스를 예를 들면 이는 매우 정교하고 디지털화돼 있다. 컴퓨터는 설계와 분석에 있어 필수 도구가 되고 있다 (Gusig와 Kruse 2010; Sinha와 Haas 2006; Grieb 2010). 누군가는 자동차 엔지니어링의 활동을 가상 제품 개발이라고 지칭할 정도다(3장 참조). 오늘날 모든 관련 데이터는 디지털화돼 있고 컴퓨터 모델은 제품 개발 과정을 지배하고 있다. 자동차 제조는 이미 진화했고 컴퓨터를 통해 대부분 제조 과정들은 분석되고 최적화됐다. 제조 과정, 도구화tooling, 물류 그리고 심지어 인간공학으로부터 모든 것이 완벽하게 시뮬레이션되지 않는 한 공장을 건설하지 않는다(Grieb 2010; Bracht 외 2011). 디지털 팩토리에 관한 고찰은 Bracht 외(2011)와 3장을 참조하라.

하지만 소셜미디어 채널을 이용하는 것을 제외하고 고객과 직접 소통하는 부분에서 디지털화는 더디게 진행되고 있다(Eckl-Dorna 2016a). 또한 판매 이후 시장은 여전히 디지털화에 대한 거대한 잠재력을 갖고 있다. 유지 보수 비용은 예측 가능하며, 수리 작업 흐름을 결정하고 예비 부품을 실시간으로 주문할

수 있는 것처럼, 이는 단지 디지털화 가능성에 대한 일부 예시일 뿐이다(URL1 2014; URL15 2016).

2.3 자동차 OEM과 공급업체

자동차 산업은 그림 2.16과 2.17에서 볼 수 있듯 OEM^{Original Equipment Manufacturers} 이라고도 부르는 몇몇 대기업이 지배하고 있다.

- General Motors
- Toyota
- Volkswagen
- Renault-Nissan
- Hyundai

가장 큰 자동차 업체인 VW과 Toyota는 전 세계에 영향을 갖고 있으며 연간 1,000만 대 안팎을 판매하고 있는 멀티브랜드 그룹이다(URL11 2017). 고급 승용차 부문은 Daimler, BMW, Porsche, Audi 등 독일 기업이 장악하고 있다.

상용차는 세계 자동차 시장의 또 다른 중요한 부분을 형성한다. Daimler 와 같은 큰 글로벌 그룹들은 Actros, Freightliner, Fuso, Bharat-Benz 등과 Volkswagen 그룹은 VW, Scania 그리고 MAN이라는 브랜드로 시장을 장악하고 있다. 그러나 판매량의 측면에서는 중국의 제조사 Dongfeng이 현재 세계에서 가장 큰 상용차 제조업체다(URL19 2017).

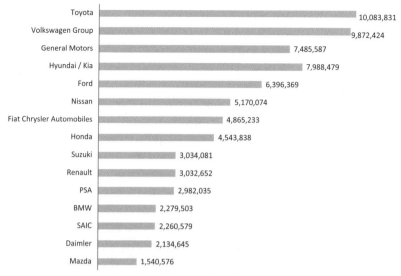

Toyota	10,083,831
Volkswagen Group	9,872,424
General Motors	7,485,587
Hyundai / Kia	7,988,479
Ford	6,396,369
Nissan	5,170,074
Fiat Chrysler Automobiles	4,865,233
Honda	4,543,838
Suzuki	3,034,081
Renault	3,032,652
PSA	2,982,035
BMW	2,279,503
SAIC	2,260,579
Daimler	2,134,645
Mazda	1,540,576

그림 2.16 대형 자동차 OEM(URL11 2017)

공급망 역시 1차 공급업체라 부르는 Bosch, Conti, Denso, ZF/TRW, Aptiv/Delphi 등의 대형 기업이 장악하고 있다. Bosch와 Continental과 같은 큰 기업은 자동차 전기/전자 분야 전체 수익의 약 20%를 각각 차지하고 있다(URL20 2017). 그리고 최근 독일 공급업체 ZF Friedrichshafen AG와 US TRW Automotive 홀딩스 간 합병이 보여주듯, 합병과 인수는 계속되고 있다.

심지어 이는 시장 기회에 의해 크게 좌지우지되는 반도체 시장에도 파급 효과를 미쳤다. Qualcomm은 2015년 FreeScale을 이미 인수한 NXP를 인수하기 위한 계획을 세웠었다(URL3 2015). 그림 2.18은 자동차 전기/전자 시장에 가장 큰 기업에 대한 개요와 전체 시장 점유율을 보여준다(URL20 2017; Borgeest 2013). Bosch, Conti와 같은 선두 공급업체는 전 세계 시장의 40%를 차지한다(URL20 2017).

그림 2.19와 2.20에서 보듯 OEM 수가 집중되는 시점은 1910년에 정점인 반면, 공급업체의 수는 1970년 중반 가장 높았다(Dietz 외 2016; Bopp 2016b).

그림 2.17은 독일 자동차 산업 내 합병과 인수의 활동을 보여준다. 1960년에 약 50개 정도의 다양한 제조사들이 독일에 활동했다. 이 수는 1990년 4개로 감소했고 결국 오늘날 3개가 됐다.

- Volkswagen 그룹(Audi, Porsche를 포함한 전체 12개 브랜드)
- BMW
- Mercedes-Benz

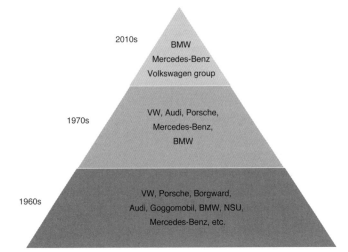

그림 2.17 1960년부터 현재까지 독일 자동차 산업 내 합병과 인수(Dietz 외(2016) 이후 수정)

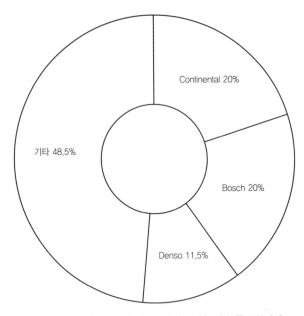

그림 2.18 시장 점유율에 따른 자동차 전기/전자 부품 공급업체

2.4 새로운 기업과 도전 과제

세계적인 자동차 산업과 같은 유럽의 3조€ 시장은 새로운 기업들을 끌어들이고 있다. 특히 전기차 시장이 역동적이다. 매년 Byton, Faraday, Future, Karma, BYD 등 많은 중국 스타트업 또는 중국 투자자가 투자하는 스타트업들이 생겨 나고 있다(Sorge 2016). 또 다른 새로운 기업들은 완전히 다른 산업군에서 생겨 나고 있다(Kahnert 2016). 그들은 운전자와 승객이 매일 자동차에서 많은 시간 을 보내고 있음에 주목하고 있다. 특히 운전 보조 기능과 자율주행 기술을 통해 미래에 운전자가 주행으로부터 자유로워졌을 때 컨텐츠, 엔터테인먼트 및 보다 다양한 정보를 제공할 수 있는 시점이 될 것이다. Google은 지난 몇 년 동안 자 율주행 실험을 하고 있다(URL22 2017; Burkert 2015).

Google X Moon Shot 프로젝트로 시작한 자율주행 활동들은 자회사 Waymo 가 주도하고 있다(URL21 2017; URL22 2017). Goolge 자동차는 매일 수천 킬 로미터의 테스트 주행을 미국 캘리포니아 등에서 하고 있다. Google 자동차 공 장을 만드는 것이 목표가 아니라 회사의 방대한 디지털 인프라인 검색 능력, 지 도, Android 모바일 운영체제, 음성 기반 보조 기능 등을 활용하는 것이 목표다 (Doll 2015; Hecking 2016). Google은 무인 미니밴을 개발하기 위해 최근 Fiat Chrysler 자동차 회사[FCA]와 파트너십을 맺었다(Eckl-Dorna 2016b). 두 회사는 100대의 자율주행 미니밴을 생산하기 위한 협업에 동의했고, 이는 실리콘밸리 회사가 전통적인 자동차 제조사와 협업해 자율주행자동차를 개발하는 첫 사례 가 됐다.

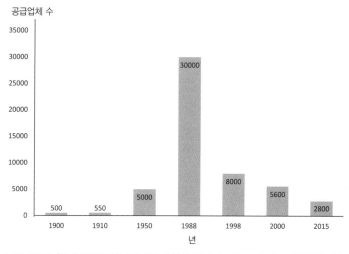

그림 2.20 1900년부터 현재까지 공급업체의 수(출처: Kalmbach(2004), Bopp(2016b) 이후 수정)

또한 가장 큰 IT 기업이자 가전업체인 Apple은 자동차 시장에 관심을 갖고 있다(Eckl-Dorna 2016d). Apple은 첫 번째 iPod 개발에 도움을 줬던 Ford사의 베테랑 부사장 스티브 자데스키[Steve Zadesky]가 이끄는 타이탄[Titan]이라는 매우 비밀스러운 프로젝트를 시작했다. 스티브 자데스키는 Apple 생태계에 완벽히 통합된 높은 수준의 자율주행 전기 Apple 자동차의 실현 가능성을 탐색했다.

Apple 타이탄 프로젝트는 Apple 캠퍼스가 있는 캘리포니아 쿠퍼티노로부터 멀리 떨어진 곳에 설립하고, FCA의 자동차 임원이었던 더그 베츠[Doug Betts]를 영입했다. 베츠는 약 30년 경력의 제조 분야 전문가다. Apple이 궁극적으로 전기차 시장에 출시를 결정한다면, 상용차 출시까지는 여전히 몇 년이 더 걸릴 것이다. 현재 Apple은 카메라 장비를 장착한 자동차를 운영하고 있다.

자율주행자동차 기술의 테스트일 수 있다는 몇몇 추측에 대해 Apple 측은 자동차가 지도 관련 제품 향상을 위해 데이터를 수집하고 있다고 밝혔었다. Google의 스트리트뷰 제품같이 Apple 제품을 위해 이와 같은 정보 수집은 아마도 분명하다. 그러나 이러한 신호는 회사가 자동차 산업과 관련된 기술에 지속적으로 투자하고 있다는 의미다.

최근 소식에 따르면 Apple은 프로젝트를 재조정하고 자동차 전문가를 해고함으로써 전통적인 자동차 산업이 이득을 보게 됐지만, IT 대기업의 관심과 그들의 회복력을 과소평가하면 안 될 것이다(Freitag와 Rest 2016).

처음부터 자동차를 제조하는 것은 어렵겠지만 공급업체들은 이미 기술의 많은 부분을 책임지고 있고 공장조차 임대 또는 하청 계약을 할 수 있다(Dietz 외 2016).

또한 전기차의 비용과 부품 구조는 엔진 제작을 위해 많은 특수 제조 기술을 필요로 하고 전통적인 자동차 산업 내에서 추가된 전체 비용과 내부적 가치의 주요 부분을 차지하는 내연기관 엔진과 매우 다르다.

전기차에서 배터리는 핵심 비용 요소인 반면 전자 부품과 소프트웨어는 크게 증가하고 있다(Kampker 외 2013; Hinderer 외 2016; Steinacker 2016). 이러한 전자적 요소에 대한 비용 구조, 부가가치 그리고 공급망의 변화는 이 분야에 경험이 부족한 채로 설립된 많은 신생 자동차 회사들에 있어 고무적이다.

2.5 자동차 산업의 디지털화

다음 장에 있는 그림 2.21에서 보듯 스마트워치는 자동차와 사람 사이의 새로운 인터페이스^{HMI, Human-Machine Interface}의 예다. 이는 자동차 문을 열거나 키 물리적 파라미터에 대한 정보를 표시하거나 라이트를 켜거나 전원을 켜는 리모트 컨트롤러의 역할을 하거나 음향 알람을 발생시키는 것과 같은 기능을 위해 키처럼 사용할 수 있다(Eckl-Dorna 2016c).

지금부터 몇 년 후, 거의 모든 자동차는 연결되고 완전한 인터넷 접속을 제공할 것이다(URL1 2014; URL6 2017; Viereckl 외 2016). 커넥티드카 환경 주위에는 진화하는 가치 사슬이 존재할 것이다(Werle 2015). 비록 어떤 기업이 최종적으로 이에 이득을 볼 것인지, 얼마나 많은 새로운 비즈니스 모델이 적용될 것인지 아직 명확하지 않지만, 전 세계적으로 10억 대 이상의 자동차에 대한 (대부분 서로 연결돼 있는) 기회들은 이 분야 전문가들에게 영감을 준다(URL8 2016; Viereckl 외 2016). 정교한 진단 기기와 라디오 텔레매틱스는 자동차를 정비소에 가져올 필요 없이 정비사가 진단하고 부분적으로 문제를 해결할 수 있게 해준다. 통합정보시스템, 컴퓨터화된 모터 관리, 광전자 디스플레이는 안전, 성능 그리고 편안함을 향상시킬 것이다.

Toyota는 최근 동반자로 구매할 수 있는 소형 로봇을 소개했다(Mullen 2016). SoftBank가 투자한 Pepper 로봇은 2017 CeBIT 박람회의 스타 중 하나였고 이는 그림 2.22에 나와 있다.

자동차 OEM들이 디지털화의 도전과 우리의 생활의 모든 측면에서 넓게 영향을 주고 있는 IT에 대응할 수 있는 하나의 방법은 혁신적인 스타트업과 긴밀하게 협업하는 것이다. 그림 2.23는 STARTUP AUTOBAHN이라고 부르는 Daimler의 새로운 계획을 보여주고 있다. STARTUP AUTOBAHN은 Plug and Play사와 공동으로 운영하며 새로운 회사의 발전을 촉진하고 인큐베이팅하기 위한 모델을 갖고 있다. Plug and Play는 초기 단계의 회사를 호스팅하는 실리콘밸리에서 잘 알려진 액셀러레이터/인큐베이터^{accelerator/incubator} 회사다 (URL9 2017). 이 서비스는 사무 공간, 멘토링, 컨설팅 그리고 잠재적인 고객과 벤처 캐피털 회사에의 소개를 포함한다.

Daimler는 Plug and Play와 협력해 다양한 혁신 프로젝트를 수행하는 스타트업과 함께 일한다. 범위는 생산 최적화부터 HMI, 사이버 보안 그리고 빅데이터 분야 내 새로운 아이디어까지 매우 넓다. 2017년 초 이 프로그램은 Arena 2036 산하의 Porsche, ZF 같은 1차 공급업체 그리고 Hewlett Packard Enterprise^{HPE}와 같은 IT 기업까지 포함하며 확대됐다(URL1 2017).

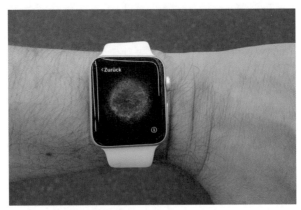

그림 2.21 자동차와 연결된 스마트워치와 스마트폰

그림 2.22 SoftBank의 Pepper 로봇

그림 2.23 STARTUP AUTOBAHN은 Daimler의 스타트업 액셀러레이터/허브 프로그램이다.

얼마나 이러한 추세가 자동차 산업을 변화시키고 있는지에 대한 또 다른 지표는 R&D 예산의 전반적인 증가다. Daimler는 지난 수십 년 이래 처음으로 해마다 18%의 R&D 비용을 늘리고 있다(URL10 2016). 최근 Daimler의 선도적인 부서에서는 그림 2.24와 같이 자율 배달 로봇을 개발하는 탈린^{Tallinn}의 로보틱스 회사 Startship Technologies에 투자했다.

그림 2.24 Tallinn의 Starship 배달 로봇

2.6 연습 문제

- 글로벌 자동차 시장이라는 용어는 무엇을 뜻하는가?
- 세계 자동차 시장의 몇 가지 주요 측면에 관해 설명하라.
- 2012년 전 세계 자동차 생산량은?
- 지역별 생산 대수에 대해 설명하라.
- 지난 10년 동안 다른 시장에 대해 어떤 변화가 일어났는가?
- 미국, 아시아, 유럽 지역으로의 이동에 대해 설명하라.
- 자동차의 보급률/인구당 자동차 비율이란 무엇인가?
- 다른 나라들 간의 차이점을 설명하라.
- 애프터마켓이라는 용어는 무엇을 뜻하는가?
- 애프터마켓 제약에 관해 설명하라.
- Triade 시장이라는 용어는 무엇을 뜻하는가?
- Triade 시장의 예를 들어보라.
- OEM이라는 용어는 무엇을 뜻하는가?
- 일부 자동차 OEM의 예를 들어보라.
- 지난 수십 년 동안 OEM 업체들의 집중 동향은 무엇을 뜻하는가?
- 집중 동향의 예를 들어보라.
- x-tier 공급자라는 용어는 무엇을 뜻하는가?
- 일부 x-tier 공급업체의 예를 들어보라.
- 자동차 추세^{megatrends}라는 용어는 무엇을 뜻하는가?
- 몇몇 자동차 추세^{megatrends}의 예를 들어보자.
- 전기모빌리티^{electromobility}라는 용어는 무엇을 뜻하는가?
- 전기모빌리티^{electromobility} 운전자의 예를 들어보라.
- 전기차라는 용어는 무엇을 뜻하는가?
- 도로 위의 더 많은 전기차에 대한 장애물의 예를 들어보자.
- 전기차에서 배터리 가격은 어떤 역할을 하는가?
- 전기차의 배터리 가격(kWh 단위)의 예를 들어보라.
- 어느 정도의 배터리 가격 수준(GW/h 단위)이 게임 체인저가 될 수 있는가?
- 사례를 들어보라.
- Tesla의 기가팩토리^{Gigafactory} 콘셉트의 예상 생산량은?
- Tesla의 기가팩토리 개념을 설명하라.

- 기가팩토리의 기업 파트너는 누구인가?
- 관련 파트너에 대해 설명하라.
- 충전 콘셉트에 관해 아는 대로 설명하라.
- 위 개념을 자세히 설명하라.
- 전기차의 장점은 무엇인가?
- 이점에 대해 자세히 설명하라.
- 내연기관에 비해 단점은 무엇인가?
- 단점을 상세히 기술하라.
- 자율주행이라는 용어는 무엇을 의미하는가?
- 자율주행의 개념을 설명하라.
- 어떤 모빌리티 트렌드가 자동차 산업을 변화시키고 있는가?
- 동향에 대해 자세히 설명하라.
- 카셰어링이라는 용어는 무엇을 뜻하는가?
- 사례를 들어보라.
- 디지털화라는 용어는 무엇을 뜻하는가?
- 사례를 들어보라.
- 디지털화가 자동차 산업에 미치는 영향은?
- 사례를 들어보라.
- 커넥티드카라는 용어는 무엇을 뜻하는가?
- 사례를 들어보라.
- 커넥티드카는 어떤 서비스를 제공하는가?
- 사례를 들어보라.
- 향후 커넥티드카의 전망은?
- 사례를 들어보라.
- 기술 신생업체로부터 자동차 OEM과 공급업체가 얻을 수 있는 이점은 무엇인가?
- 사례를 들어보라.
- 스타트업 액셀러레이터start-up accelerator는 무엇인가?
- 사례를 들어보라.
- Daimler의 STARTUP AUTOBAHN이라는 용어는 무엇을 뜻하는가?
- 용어를 자세히 설명하라.

참고문헌 및 더 읽을거리

(Beck 2016). Beck, T.: Do we need autonomous driving? (in German). ATZ eletronik, 1/2016

(Bernhart 2016). Bernhart, W.: Israel – Under-estimated high-tech location (in German). ATZ elektronik, 4/2016

(Bopp 2016a) Bopp, R.: Management of Automotive Value Creation. In: Dietz, W., Reindl, S., Bracht, H., editors. Basic Principles of the Automotive Business (in German), 6th edition (in German), Springer Automotive Media, 2016

(Bopp 2016b) Bopp, R.: Manufacturer-supplier relationship: structures and perspectives. In: Dietz, W., Reindl, S., Bracht, H., editors. Basic Principles of the Automotive Business, 6th edition (in German), Springer Automotive Media, 2016

(Borgeest 2013) Borgeest, K.: Electronics in vehicle technology – hardware, software, systems and project management (in German). Vieweg and Teubner Publ., 2013

(Braun 2016). Braun, J.: The recipe for success at Tesla is called leadership (in German). ATZ elektronik, 1/2016

(Bracht et al. 2011) Bracht, U., Geckler, D., Wenzel, S.: Digital Factory – Methods and Practical Examples (in German). Springer Publ., 2011

(Burkert 2015). Burkert, A.: The big deal with the data (in German). ATZ elektronik, 4/2015

(Burt 2016). Burt, M.: Volkswagen unveils Moia, its new mobility services brand. Autocar online. December 5th 2016. Available from: https://www.autocar.co.uk/car-news/industry/volkswagenunveils-moia-its-new-mobility-services-brand

(DAT 1995-2015). DAT report, 1995-2015: Ostfildern

(Dietz et al. 2016). Dietz, W., Reindl, S.: Structure and importance of the automotive market in Germany (in German). In: Dietz, W., Reindl, S., Bracht, H., editors. Basic Principles of the Automotive Business (in German), 6th Edition. Springer Automotive Media, 2016

(Doll 2015). Doll, N.: In five years from now the driverless car will already be there (in German), Welt online. March 2nd 2015. Available from: http://www.welt.de/wirtschaft/article137958214/Schon-in-fuenf-Jahren-gibt-es-das-ahrerlose-Auto.html

(Doll and Fuest 2015). Doll, N., Fuest, B.: Why, in the future, my car can sneak on me. Welt online.February 11th 2015. Available from: https://www.welt.de/wirtschaft/article137341236/Warummich-mein-Auto-kuenftig-verpetzen-kann.html

(Eckl-Dorna 2016a) Eckl-Dorna, W.: Pariser Autosalon 2016 - Where car manufacturers still have problems with the digitization (in German). Manager Magazin online. September 28th 2016. Available from: https:// www.manager-magazin.de/unternehmen/autoindustrie/pariser-autosalon-2016-digitalisierungautobranche-wo-es-hakt-a-1114318.html

(Eckl-Dorna 2016b) Eckl-Dorna, W.: Savior instead of aggressor: Fiat Chrysler courts Google (in German). April 29th 2016. Available from: http://www.managermagazin.de/unternehmen/autoindustrie/ roboterauto-allianz-warum-fiat-chrysler-mitgoogle-kooperieren-will-a-1090052.html

(Eckl-Dorna 2016c) Eckl-Dorna, W.: VW cooperates with LG – it's not the first networking deal (in German). July 6th 2016. Available from: http:// www.manager-magazin.de/magazin/artikel/vernetzte-autos-vw-kooperiert-mit-lg-und-nicht-mitapple-a-1101629.html

(Eckl-Dorna 2016d) Eckl-Dorna, W.: Apple speaks out, what all know, finally, Apple comments on self-driving cars (in German). December 5th, 2016. Manager Magazin online. Available from: http://www. manager-magazin.de/unternehmen/auto-industrie/icar-apple-deutet-in-brief-arbeitan-selbstfahrenden-autos-an-a-1124531.html

(Freitag 2016). Freitag, M.: Robotic Cars - German Manufacturers in Pole Position (in German). July 26th 2016. Available from: https://www. manager-magazin.de/unternehmen/autoindustrie/roboterautos-deutsche-autobauer-fuehrena-104783.html

(Freitag and Rest 2016). Freitag, M., Rest, J.: Alex Hitzinger moves to Silicon Valley - Why Porsche loses a top developer to Apple (in German). December 16th 2016. Available from: http://www.manager-magazin.de/ unternehmen/autoindustrie/porsche-top-entwickler-axel-hitzinger-wechseltzu-apple-a-1126243.html

(Freitag 2017). Freitag, M.: Disruption takes time (in German). Manager Magazin online. April 24th 2017. Available from: http://www.manager-magazin.de/unternehmen/autoindustrie/disruptivonroland-berger-autoindustrie-im-umbruch-a-1144503.html

(Gates et al. 2015). Gates, G., Ewing, J., Russell, K., Watkins, D.: How Volkswagen's 'Defeat Device' worked. NY Times online. 2015, updated on March 16th 2017. Available from: https://www.nytimes.com/ interactive/2015/business/international/vw-diesel-emissions-scandalexplained.html

(Gerhager 2016). Gerhager, S.: Why auto makers might soon get into the focus of blackmailers (in German). Focus online. October 17th 2016. Available from: http://www.focus.de/auto/experten/autoindustrie-warum-autohersteller-fokus-von-erpressern-geraten-koennte_id_6081085.html

(Gebhardt 2016). Gebhardt, M.: This is how we park tomorrow (in German). Zeit online. May 10th 2016. Available from: https://www.zeit.de/mobilitaet/2016-04/autonomes-fahren-parken-bosch

(Gnirke 2016). Gnirke, K.: VW and Toyota against Google and Apple - reluctantly (in German). http://www.spiegel.de/wirtschaft/unternehmen/volkswagen-und-co-zoegernd-in-den-kampf-mitgoogle-und-apple-a-1094147.html

(Greenberg 2013) Greenberg, A.: Hackers reveal nasty new car attacks-with me behind the wheel. Forbes online. July 24th 2013. Available from: https://www.forbes.com/sites/andygreenberg/2013/07/24/hackers-reveal-nasty-new-car-attacks-with-me-behind-the-wheel-video/#5a9acdfe228c

(Grieb 2010) Grieb, P.: Digital Prototyping – Virtual product development in mechanical engineering (in German). Carl Hanser Publ., 2010

(Grünweg 2016a) Grünweg, A.: Cyberattacks on cars - The enemy drives along with you (in German). http://www.spiegel.de/auto/aktuell/cyberattacken-auf-autos-der-feind-faehrt-mita-1084059.html

(Grünweg 2016b) Grünweg, T.: Ford strategy – Autonomy for All (in German). Spiegel online. October 11th 2016. Available from: http://www.spiegel.de/auto/aktuell/ford-plant-roboter-taxiflotte-wie-uber-a-1114025.html

(Gurman and Webb 2016). Gurman, M., Webb, A.: Bloomberg online. October 17th 2016. Available from: https://www.bloomberg.com/news/articles/2016-10-17/how-apple-scaled-backits-titanic-plan-to-take-on-detroit

(Gusig and Kruse 2010) Gusig, L. O., Kruse, A.: Vehicle development in the automotive industry – Current tools for practical use (in German). Carl Hanser Publ., 2010

(Haas et al. 2017). Haas, R., Möller, D., Bansal, P., Ghosh, R., Bhat, S.: Intrusion Detection in Connected Cars. In: Proceed. IEEE/EIT 2017 Conference, pp. 516–519. Ed.: Izadian, A., Catalog No. CFP17EIT-USB 978-1-5090-4766-6, 2017

(Hecker et al. 2012) Hecker, F., Hurth, J., Seeba, H.-G. (Eds): Aftersales in the automotive industry – concepts for their success (in German). Springer Automotive Media, 2012

(Hecking 2016). Hecking, M.: Hardware battle between Google, Apple and Amazon -fight for the heads (in German). Manager Magazin online. October 5th 2016. Available from: http://www.manager-magazin.de/unternehmen/it/hardwareschlacht-zwischen-google-apple-und-amazon-a-1115268.html

(Hinderer et al. 2016). Hinderer, H., Pflugfelder, T., Kehler, F. (Eds):

Electromobility – Opportunities for suppliers and manufacturers (in German). Springer Automotive Media, 2016

(Hirn 2016). Hirn, W.: Car Rental Services in China – Didi vs. Uber – The billion Dollar battles of the Chinese cousins (in German). Manager Magazin online. July 27th 2016. Available from: http://www.manager-magazin.de/finanzen/artikel/a-1105011.html

(Johanning and Mildner 2015). Johanning, V., Mildner, R.: Car IT compact – The car of the Future – Driving Connected and Autonomously (in German). Springer Publ., 2015

(Kahnert 2016). Kahnert, S.: Market is changing: Daimler, BMW and Audi are suddenly getting new adversaries (in German). Focus online. October 21st 2016. available online. https://www. focus.de/finanzen/news/oberklasse-autobauer-noch-unter-sich-markt-aendert-sich-dai mler-bmwund-audi-bekommen-ploetzlich-neue-gegner_id_6098424. html

(Kalmbach 2004) Kalmbach, R.: FAST 2012: An industry is changing – Facts, Figures and Trends (in German). In Automobile Production, 04/2004

(Kampker et al. 2013) Kamper, A., Vallee, D., Schnettler, S.: Electromobility – the basis of a future technology (in German). Springer and Vieweg Publ, 2013

(Knieps 2016). Knieps, S.: Humans will always want to drive themselves - Daimler Board member Entenmann about the future of the community car and how the autonomous car will change the business model of Car-2-go (in German). Bilanz Magazin. July 7th 2016

(Lambert 2017). Lambert, F.: Elon Musk clarifies Tesla's plan for level 5 fully autonomous driving: 2 years away from sleeping in the car. elektrek. April 29th 2017. Available online. https://electrek.co/2017/04/29/elon-musk-tesla-plan-level-5-full-autonomous-driving/

(Lobe 2016). Lobe, A.: Hacker Alert – In a modern car today are computers and info systems that are easy to manipulate. How do the manufacturers deal with the security gap? (in German). Zeit online. August 25th 2016. Available from: http://www.zeit.de/2016/34/elektroautos-steuerunghacker-gefahr-sicherheit-hersteller

(Markoff 2016). John Markoff, Artificial Intelligence Swarms Silicon Valley on Wings and Wheels, The New York Times online. July 17th 2016. Available from: http://nyti.ms/2a0Awys

(Maurer et al. 2015). Maurer, M., Gerdes, J. C. Lenz, B., Winner, H. (Eds.): Autonomous Driving –Technical, Legal and Social Aspects (in German). Springer Publ. 2015

(Meyer and Shaheen 2017). Meyer, G., Shaheen, S. (Eds.): Disrupting Mobility – Impacts of Sharing Economy and Innovative Transportation on Cities. Springer Publ. 2017

(Möller 2016). Möller, D. P. F.: Guide to Computing Fundamentals of Cyber-Physical Systems – Concepts, Design Methods, and Applications. Springer Publ. 2016

(Möller et al. 2017). Möller, D. P. F., Haas, R., Akhilesh, K.B.: Automotive Electronics, IT, and Cybersecurity. In: Proceed. IEEE/EIT 2017 Conference, pp. 575-580. Ed.: Izadian, A., Catalog No. CFP17EIT-USB. 978-1-5090-4766-6, IEEE, 2017

(Mullen 2016). Mullen, J.: Toyota wants this baby robot to be your friend. CNN tech. October 4th 2016. Available from: http://money.cnn.com/2016/10/03/technology/toyota-robot-kirobo-mini/index.html

(Oagana 2016). Oagana, A.: A short history of Mercedes-Benz Autonomous Driving Technology.autoevolution.com. January 25th 2016. Available from: https://www.autoevolution.com/news/a-short-history-of-mercedes-benz-autonomous-driving-technology-68148.html

(Poulsen 2010) Poulsen, K.: Hacker disables more than 100 cars remotely. Wired online. March 17th 2010. Available from: www.wired.com/threatlevel/2010/03/hacker-bricks-cars

(Reindl and Maier 2016). Reindl, S. Maier, B.: The automobile as the dominant means of transport (in German). In Dietz, W., Reindl, S., Bracht, H., Basic Principles of the Automotive Business (in German), 6th Edition, Springer Automotive Media, 2016

(Rees 2016). Rees, J.: Mobility – Never have to park yourself (in German). Wiwo online. May 6th 2016. Available from: https://www.wiwo.de/technologie/mobilitaet/mobilitaet-nie-mehr-selbereinparken-muessen/13529696.html

(Rungg 2016). Rungg, A.: Alphabet - Why Google has really renamed itself (in German). ManagerMagazin online. May 9th 2016. Available from: http://www.manager-magazin.de/magazin/artikel/alphabet-warum-google-sich-wirklich-umbenannt-hat-a-1088043.html

(Randak 2016). Randak, S.: BMW, Daimler and VW cornered by Apple? Tesla? The danger forGerman automakers is lurking somewhere else (in German). December 2016. http://www.manager-magazin.de/unternehmen/artikel/autobauer-in-gefahr-zulieferer-haben-bessere-entwicklungskompetenz-a-1124068.html. Accessed: May 20th 2018

(Reindl et al. 2016). Reindl, S., Kluemper, M., Maier, B.: Mobility services in the automotive industry (in German). In: Dietz, W., Reindl, S., Bracht, H.: Basic Principles of the Automotive Business (in German), 6th Edition, Springer Automotive Media, 2016

(Schmitt 2016a) Schmitt, B.: Germany's Bundesrat Resolves End f Internal Combustion Engine. Forbes online. October 8th 2016. Available from:

https://www.forbes.com/sites/bertelschmitt/2016/10/08/germanys-bundesrat-resolves-end-of-internal-combustion-engine/

(Schmitt 2016b) Schmitt, B.: German Transport Minister: ICE Ban By 2030 "Utter Nonsense". Forbes Online. October 11th 2016. Available from: https://www.forbes.com/sites/bertelschmitt/2016/10/11/german-transport-minister-ice-ban-by-2030-utter-nonsense/#320d92c79668

(Schultz 2016). Schultz, M.: Billion loss at Uber – The evil of button-press capitalism (in German). Spiegel online. August 26th 2016. Available from: http://www.spiegel.de/forum/wirtschaft/milliardenverlust-bei-uber-das-uebel-des-knopfdruck-kapitalismus-thread-505569-1.html

(Siebenpfeiffer 2014) Siebenpfeiffer, W. (Ed.): Networked Automobile – Safety, Car IT, Concepts (in German). Springer Publ. 2014

(Sinha and Haas 2006) Sinha, K., Haas, R.: Architecture for integrated simulation driven design. Industrial Simulation Conference (isc 2006), Palermo, Italy, 2006

(Sopha 2016). Sopha, W.: Challenge Globalization: the framework for a holistic strategy for automotive manufacturers (in German). In: Dietz, W., Reindl, S., Bracht, H., Basic Principles of the Automotive Business (in German). 6th edition, Springer Automotive Media, 2016

(Sorge 2016). Sorge, N.-V.: Warren Buffett's Electric Car Chinese – BYD is attacking Daimler with its own factory in Europe (in German). Manager Magazin online. October 13th 2016. Available from: http://www.manager-magazin.de/unternehmen/autoindustrie/byd-warren buffettselektroauto-beteiligung-greift-an-a-1116320.html

(Spehr 2016). Spehr, M.: Internet connection in the Audi A4, Behind the steering wheel, Google shows the world (in German), FAZ online. August 18th 2016. Available from: http://www.faz.net/aktuell/technik-motor/motor/kommunikationstechnik-des-audi-a4-im-test-14387527/deraudi-a4-kommt-mit-14390627.html

(Steinacker 2016). Steinacker, L.: Code capital – The software code becomes a crucial factor(in German). Wiwo online. September 11th 2016. Available from: http://www.wiwo.de/my/technologie/digitale-welt/code-kapital-der-software-code-wird-zur-entscheidenden-groesse/14483036.html?ticket¼ST-1890525-cMZzrflHxLQkzDBkIbVd-ap3

(Tanenbaum and Austin 2013) Tanenbaum, A. S., Austin, T.: Structured Computer Organization. Pearson Education, 6th edition, 2013

(Viereckl et al. 2016). Viereckl, R., Ahlemann, D., Koster, A., Hirsh, E., Kuhnert, F., Mohs, J., Fischer, M., Gerling, W., Gnanasekaran, K., Kusber, J., Stephan, J., Crusius, D., Kerstan, H., Warnke, T., Schulte, M., Seyfferth, J., Baker, E. H.: Connected car report 2016: Opportunities, risk, and turmoil on the road to autonomous vehicles. September 28th 2016. Available from: https://www.strategyand.pwc.com/reports/connected-car-2016-study

(Werle 2015). Werle, K.: World in digital change – the game changer – BMWsmartphone on wheels (in German). Manager Magazin. November 23rd 2015. Available from: http://www.managermagazin.de/unternehmen/artikel/game-changer-bmw-sieger-in-wettbewerb-von-bain-und-mma-1063812.html

링크

2014

(URL1 2014) http://www.kpmg-institutes.com/content/dam/kpmg-im/automotive/me-my-car-mylife.pdf

(URL2 2014) https://www.linkedin.com/pulse/20140626152045-3625632-car-software-100mlines-of-code-and-counting/

2016

(URL1 2016) http://www.businessinsider.in/Theres-no-hope-of-anyone-catching-up-to-Android-andiOS/articleshow/53815473.cms

(URL2 2016) https://www.smartface.io/

2017

(URL1 2017) https://en.wikipedia.org/wiki/IOS

(URL2 2017) https://www.ralfebert.de/ios/ueberblick-ios-xcode/

(URL3 2017) https://en.wikipedia.org/wiki/IOS_version_history

(URL4 2017) https://www.idc.com/promo/smartphone-market-share/os

(URL5 2017) https://en.wikipedia.org/wiki/Android_(operating_system)

(URL6 2017) https://developer.apple.com/xcode/features/

(URL7 2017) https://intellipaat.com/tutorial/ios-tutorial/ios-technologies/

(URL8 2017) https://developer.apple.com/

(URL9 2017) https://developer.android.com/training/index.html

(URL10 2017) http://www.vogella.com/tutorials/android.html

(URL11 2017) https://developer.android.com/guide/platform/

(URL12 2017) http://www.androidauthority.com/

(URL13 2017) https://yalantis.com/blog/uber-underlying-technologies-and-how-it-actually-works/

(URL14 2017) https://developer.omnis.net/blog/infographic-global-smartphone-sales-market-shareby-vendor-and-os

(URL15 2017) https://en.wikipedia.org/wiki/Xamarin

(URL16 2017) https://en.wikipedia.org/wiki/Mapbox

(URL17 2017) https://en.wikipedia.org/wiki/Google_Maps

(URL18 2017) https://de.wikipedia.org/wiki/Lines_of_Code (in German)

3
자동차 연구와 개발

3장에서는 자동차 산업에서의 연구와 개발에 관해 설명한다. 3.1절에서는 자동차 개발 과정에 초점을 맞추며, 특히 새로운 자동차 모델을 개발함에 있어 복잡성과 자동차 제조사와 1차 공급업체에 고용된 수천 명의 엔지니어를 포함한 정교한 프로세스를 살펴본다. 3.1절에서는 개발 프로세스를 제어하는 Stage-Gate®와 디지털 모형 프로세스, 자동차 전기/전자 시스템과 관련한 기술적 요구 사항과 새로운 제품 개발 프로세스에 대해 지속적으로 개발 시간을 줄이고 더 나은 완성도와 전반적으로 높은 품질의 제품을 만들 수 있게 해주는 다양한 분야를 설명한다(4장 참조). 3.2절에서는 자동차 산업 분야에서 점차 증가하고 있는 멀티브랜드 자동차 모델 라인에 대처하기 위한 모듈화와 플랫폼에 대해 초점을 맞춘다. 3.3절에서는 통합 CAD 형태로 제품 데이터 관리 개념을 통합해 전반적으로 요구되는 컴퓨터를 이용한 설계^{CAD} 기반의 개발 파이프라인인 가상 제품 개발에 대해 소개한다. 3.4절에서는 제품 생명주기 관리에 대해 소개한다. 이는 각 이전 단계와 활동에 기반해 제품 또는 자동차 제조사 조직과 공급업체에 걸쳐 퍼져 있는 몇몇 단계와 활동을 통해 표현할 수 있는 시스템 생명주기의 다양한 단계를 위한 협업 프로세스를 용이하게 하는 접근법이다. 이 모든 활동이 모이면 제품 또는 시스템 생명주기라고 부르며 이는 개념화 단계, 활용 단계, 진화 단계 그리고 최종 처리 단계를 포함하는 모델을 사용해 설명할 수 있다. 3.5절은 자동차 연구와 개발에 대한 포괄적인 질문들을 포함하고 있으며, 마지막 절에서는 참고와 더 읽을거리에 관한 제안을 포함하고 있다.

3.1 자동차 개발 프로세스

자동차 개발 프로세스는 최초 자동차 아이디어부터 다음과 같은 주요 목표를 만족하는 최종 자동차 프로토타입에 걸쳐 이뤄진다.

- 고객의 요구 사항을 만족하거나 또는 그 이상의 자동차 개발
- 최대한 빠른 자동차 개발
- 최대한 효과적으로 투자된 자원 활용

이러한 목표들은 시간과 투자된 현금 흐름의 규모와 관련이 있기 때문에 자동차 개발 프로세스의 가치 창출과 관련이 있다. 이 목표들은 독립적이거나 고정돼 있지도 않다. 오히려 본질적으로 의사 결정이 순차적인 구조이고 자동차 개발 프로세스는 대부분 선형적으로 표현되기 때문에 도입된 개발 프로세스에 의해 영향을 받는다. 시간(t)에 따라 가용한 결정(s)이 시간 $t + 1$에 의해 취해진 결정의 집합에 영향을 준다고 가정해보자.

개발 프로세스 내 포함된 구체적인 활동들의 코스와 관련해, 다양한 저자들은 다소 다른 일반적인 제품 개발 프로세스들을 열거하지만 모두 동일한 기본 구조를 공유하고 있다. 차이점들은 가려져 있는 상세한 수준LOD, Level Of Detail 안에서 찾아볼 수 있다(Sörensen 2006). 새로운 자동차 모델의 개발은 자동차 제조사와 1차 공급업체의 수천 명의 직원들을 포함할 수 있는 정교한 프로세스다.

수년에 걸쳐 OEM이 내부적으로 하는 업무를 감소하는 추세가 보이고 있고, 이에 반해 1차 공급업체와 그들의 공급망이 더 많은 것을 제공하게 됐다. 이는 공급업체가 완성된 시스템을 납품하는 것으로 확대할 수 있는데 그 예로 1994년 Daimler-Benz의 합작 벤처회사로 설립된 프랑스 함바흐의 스위스 시계 제조업체인 Swatch가 Smart 자동차 생산을 하는 것이다. 오늘날 이 회사는 Daimler AG가 완전히 소유하고 있다. Smart는 자동차 분야에서 자체 생산 범위가 가장 적다. 대부분의 다른 자동차 제조사들은 여전히 20~40%를 차지하

고 있는 반면, Smart는 10%를 차지한다. 즉, 자동차를 완성하기 위한 생산 단계의 90%는 부품 공급업체가 수행한다.

새로운 자동차가 개발될 때 자동차 회사들은 일반적으로 경쟁업체들과의 광범위한 벤치마킹과 가치 공학과 비용 관리 측면에서 목표 비용의 정확한 체계적 접근의 범위를 포함해 시장 조사와 고객 분석에 상당한 시간을 투자한다 (Gusig와 Kruse 2010). 가치 공학과 목표 비용은 상호 보완적인 프로세스다. 하나는 어느 부분에서 개발비의 절감을 달성할 수 있는지 식별할 수 있도록 해주고, 다른 하나는 기업의 장기적인 수익성을 보장하기 위해 달성해야 할 목표를 나타낸다. 가치 공학 방법론에 기반해 다음의 세 단계를 고려해 작업 계획을 개발할 수 있다.

- 개념화 단계: 프로젝트 범위의 초안이 작성되고 원하는 설계 특징 및 요구 사항 목록이 작성될 때 초기 설계 활동에서 발생한다.
- 프로젝트 단계: 수행할 작업, 예산, 시간 스케줄, 필요한 자원 결정 및 책임 할당이 결정된다. 작업이 진행됨에 따라 프로젝트의 현황을 실제 계획과 스케줄에 비교한다. 이 단계에서는 프로젝트가 정상 궤도에 오르게 하기 위해 스케줄을 조정할 필요가 있을 수 있다.
- 검증 단계: 프로젝트 완료 후 프로젝트 검증을 완료하고, 프로젝트를 구현해 얻은 프로젝트의 성공과 경험으로부터 얻은 것에 대해 강조한다.

따라서 가치 공학 방법론은 고객의 요구와 회사의 제품 전략에 부합하는 제품의 비용, 기능성 및 품질에 초점을 맞춘다. 따라서 자동차 분야에서 제품 전략의 핵심 원동력은 다음과 같다.

- 첨단 주행 보조 시스템 기능(11장 참조)
- 인테리어 디자인
- 탑승객 수용력
- 파워트레인 기술
- 생산 공장
- 연구 개발 예산
- 안전 특징
- 특수 장비 및 일괄 판매 전략
- 목표 가격 수준

- 텔레매틱스/커넥티비티
- 자동차 모델 유형

자동차의 연구 개발^{R&D} 프로세스의 복잡성은 매우 높다. 개발된 부품의 품질과 완성도를 제어하는 한 가지 방법은 그림 3.4와 같이 Stage-Gate 제어 프로세스를 도입하는 것이다(Gusig와 Kruse 2010; Sendler와 Wawer 2011; Eigner와 Stelzer 2013).

Stage-Gate 프로세스는 다음과 같은 단계로 구성된다.

- 1단계 – 범위 지정: 프로젝트의 기술적 가치와 시장 전망에 대한 신속하고 저비용으로 평가
- 2단계 – 비즈니스 케이스 구축: 프로젝트를 만들거나 중단시킬 수 있는 중요한 사전 조사 단계다. 기술 연구, 마케팅 및 실현 가능성을 평가해 다음과 같은 세 가지 주요 구성 요소를 가진 비즈니스 케이스를 도출한다.
  ○ 제품 및 프로젝트 정의
  ○ 프로젝트 정당성
  ○ 프로젝트 계획
- 3단계 – 개발: 여기서 계획은 구체적인 결과물로 변환된다. 신제품의 실제 설계와 개발이 이뤄지고 생산과 운영 계획이 수립되며, 마케팅의 착수와 운영 계획이 이뤄지고 다음 단계인 시험 계획이 세워진다.
- 4단계 – 테스트와 검증: 앞서 언급한 것과 같이 이 단계의 목적은 제품 자체, 생산/제조 프로세스, 고객 수용 그리고 프로젝트의 경제성과 같은 전체 프로젝트의 유효성 검증을 제공하는 것이다.

4단계가 성공적으로 완료된 다음 제품의 완전한 생산과 상업적 시장 출시가 시작된다. 각 단계별 구조는 다음과 같이 표현될 수 있다.

- 활동: 프로젝트 리더와 팀은 프로젝트 계획에 따라 작업
- 통합 분석: 프로젝트 리더와 팀이 기능 간 기능적 상호작용을 통해 도출한 모든 기능적 활동의 결과에 대한 통합 분석
- 결과물: 게이트 제출을 위해 팀에 의해 반드시 완료돼야 하는 통합 분석 결과의 산출물

각 단계를 선행하는 것은 결정 포인트 또는 게이트이며, 진행/종료와 우선순위 결정 포인트로 활용될 수 있다. 게이트들은 평범한 프로젝트는 식별되고, 최고의 프로젝트에는 자원이 할당되는 곳이다. 게이트들은 수행의 질, 사업적 근거, 실행 계획의 질, 이 세 가지 품질 문제를 다룬다. 각 게이트의 구조는 다음과 같다.

- 결과물: 게이트 평가의 대상 – 프로젝트 리더와 팀이 미팅에서 전달해야 할 것이다. 결과물은 미리 정의돼 있고, 선행 단계로부터의 활동의 결과물이다. 각 게이트에 대해 산출물의 표준 항목이 지정된다.
- 기준: 진행/종료와 우선순위의 결정을 내리기 위해 프로젝트가 평가되는 기반이다. 이러한 기준은 대개 점수표로 구성되며 재무 및 질적인 기준을 모두 포함한다.
- 산출물: 게이트의 평가 결과다. 게이트들은 의사 결정(진행/종료/대기/재순환)과 진행 경로(승인된 프로젝트 계획, 날짜 그리고 다음 게이트를 위한 결과물)를 포함해 명확하게 표시된 산출물을 도출해야 한다.

따라서 Stage-Gate가 제어하는 개발 프로세스는 제품 혁신 결과를 개선하는 더욱 효과적이고 효율적이며 빠른 프로세스를 도출한다(Cooper 2017).

많은 회사들이 제품 혁신 프로세스들을 도입했다. 하지만 여전히 기대하는 재정적 결과를 달성하기 위해 고군분투하고 있다. 따라서 혁신 생산성에 중점을 두고 "어떻게 기업의 낭비를 파악하고, 제품 개발 과정을 능률적으로 하며, 관료적인 것들을 없애고, 이익을 개선할 수 있는가"라는 의문의 답은 간결하고 신속하며 수익성이 높은 신제품 개발 과정이라고 할 수 있다(Cooper와 Edgett 2005). 제품 수명이 짧아지고 경쟁이 치열해지고 고객들의 요구도 높아졌기 때문에 간결하고 신속하며 수익성이 높은 신제품 개발 프로세스의 필요성은 과거보다 오늘날 매우 높다. 이에 선도적인 자동차 제조사들은 그들의 제품 혁신 프로세스와 Stage-Gate 새로운 제품 개발 프로세스의 도움을 받아 가능했던 모범 사례 조사를 통해 발견된 전반적으로 중요한 성공 요인들을 철저히 검사했다. Stage-Gate 프로세스는 새로운 제품 혁신을 관리하기 위한 업계 표준이 됐다. 이해하기 쉽고 성공적인 접근 방식에 수많은 성과 추진 사례들을 통합했다. 강건한 설계는 모든 의사 결정 수준과 기능에 사용자를 참여시켜 품질 달성, 적시에 진행/종료 결정, 협력과 빠른 진행을 가능하게 한다. 결과적으로 우수한 제품이 시장에 더 빨리 도달하고 더 많은 이익을 창출한다(URL1 2017).

Stage-Gate 제어 프로세스는 1990년대에 간단한 기본 개념으로 소개됐다. 개발 프로젝트는 잘 정의된 단계로 세분화되며, 각 단계에서 제품의 성숙도를 체크하고 있다. 특정 단계가 끝나면 그 결과를 사양에 대해 확인하고 모든 품질 기준을 만족하면 합격한다. 지연이 문제가 되기 때문에 개발 프로젝트는 일반적으로 매우 치밀하게 관리된다. 치열한 경쟁, 막대한 비용 압박, 엄격한 시장 출시 마감일은 오늘날의 엔지니어링 프로세스에 큰 영향을 미친다(Gusig와 Kruse 2010; Seiffert와 Rainer 2008; Haas와 Sinha 2004). 효율성의 큰 이점은 다음과 같은 특정 도구의 구축을 통해 실현된다.

- 기하학적 설계를 위한 CAD 시스템: 컴퓨터 기반 설계 작업은 상세한 기하학적 모델을 생성하기 위해 CAD 시스템을 사용하는 것으로 시작한다. CAD의 기하학적인 제약들을 처리기 위한 핵심 작업은 효율적인 솔루션 지원뿐만 아니라 설계 의도를 포착하고 개념적 설계에 도움을 주는 최적의 분해 계획을 생성하는 것이다. CAD 시스템과 분석 도구가 주요 산업 프로세스에 흡수됨에 따라 통합된 접근 방법은 가치가 있다. 그러나 그림 3.1과 3.2의 자동차 CAD 예에서 보듯이 기하학적 모델의 기하학적 측면과 기능적 측면 사이의 관계를 고려하는 체계적인 방법의 필요성이 우선시된다.

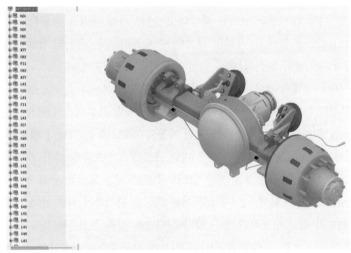

그림 3.1 CAD 시스템 CATIA를 사용한 기하학적 설계. 차축 예제(Ashok Leyland 승인 자료)(URL9 2017)

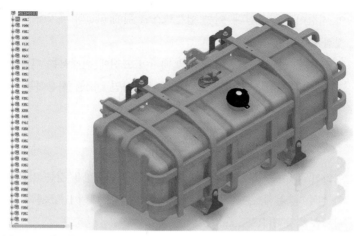

그림 3.2 CAD 시스템 CATIA를 사용한 기하학적 설계. 예제 연료 탱크(Ashok Leyland 승인 자료) (URL9 2017)

기하학적 설계에서 복잡한 형상의 기하학은 다항함수를 통해 표현된다. 그러한 다항식 기반 방법을 사용해 얻은 표면의 특성은 대개 선택된 다항식의 유형에 따라 달라진다. 이러한 유형의 예는 다음과 같다.

- 베지어 곡면: 베지어 표현의 곡선에 대한 많은 알고리즘은 다항식을 사용해 이해하고 도출할 수 있다. 베지어 표면은 일련의 제어점으로 정의된다. 보간과 유사하게 주요 차이점은 표면이 중앙 제어점을 통과하지 않는다는 것이다. 오히려 각각이 끌어당기는 힘인 것처럼 그들을 향해 뻗어 있다. 시각적으로 직관적이며 CAD, 컴퓨터 그래픽 및 FEM^{Finite} ^{Element Modeling}을 포함한 많은 응용프로그램에 사용된다(Bézier 1986). 차원 수는 $n + 1$ 선형 독립 번스타인 다항식 B_i^n가 $\leq n$인 모든 다항식의 기초임을 나타낸다. 따라서 차수의 모든 다항식 곡선 $b(u)$는 고유한 $\leq n$차 베지어 표현을 갖는다.

$$b(u) = \sum_{i=0}^{n} c_i B_i^n(u)$$

$$b(x) = \sum_{i} b_i B_i^n(u)$$

번스타인 다항식은 기초를 나타내기 때문에 모든 다항식 곡면 $b(x)$는 참조 심플렉스 A에 대해 고유한 베지어 표현을 갖는다. 계수 b_i는 b의 베지어 지점이라고 불린다. 이는 심플렉스 A 위에 $b(x)$의 베지어 넷^{net}의 꼭 짓점들이다.

○ *B*-스플라인 곡면: 다항 곡선의 베지어 표현에 관해서는 다음과 같이 일부 제어점 c_i의 아핀 조합으로 스플라인 $s(u)$를 사용하는 것이 바람직하다.

$$s(u) = \sum c_i N_i^n(u)$$

여기서 $N_i^n(u)$는 최소한의 지지 집합과 특정 연속성을 갖는 기본 스플라인 함수다. 쇤베르크^{Schoenberg}는 이러한 기능에 대해 B-스플라인이라는 이름을 적용했다(Schoenberg 1967).

B-스플라인은 재귀 공식에 의해 다음과 같이 정의될 수 있고,

$$N_i^0(u) = \begin{cases} 1 & \text{만약 } u_i \in [a_i, a_{i+1}] \\ 0 & \text{아니면} \end{cases}$$

$$N_i^n(u) = a_i^{n-1} N_i^{n-1}(u) + (1 - a_{i+1}^{n-1} N_{i+1}^{n-1}(u))$$

이며,

$$a_i^{n-1} \frac{(u - a_i)}{(a_{i+n} - a_i)}$$

은 N_t^{n-1}의 지지집합과 관련한 국소 매개변수다(Prautzsch 외 2002).

B-스플라인 곡면은 하위 기저함수를 유지하면서 특성 다면체에서 더 많은 제어점을 사용할 수 있다. B-스플라인 기저함수는 주어진 유한 간격에서만 0이 아니며 표면 모양에 대한 제어점의 영향을 국한시킬 수 있다. B-스플라인 공식의 또 다른 장점은 복잡한 표면 패치들에 대해 임의로 높은 수준의 연속성을 유지할 수 있다는 것이다. 이러한 속성으로 인해 B-스플라인 곡면은 대화형 모델링 환경에서 널리 사용된다(Woodward 1987).

○ 유리 B-스플라인: CAD 및 컴퓨터 그래픽의 표면 모델링 표준이다. 평평한 평면 및 원통, 구, 회전 타원체와 같은 2차 곡면 및 좀 더 전체적으로 복잡하게 조각된 표면과 같은 일반적인 표면 형태는 유리 B-스플라인 곡면으로 쉽고 정확하게 표현될 수 있다. 유리 곡선과 마찬가지로 유리 형태의 베지어 곡면이 가능하다. 4차원 균일 좌표 공간

에서 데카르트 곱의 유리 B-스플라인 곡면은 다음과 같다.

$$Q(u,w) = \sum_{i=1}^{n+1} \sum_{j=1}^{m+1} B_{i,j}^{h} N_{i,k}(u) M_{j,l}(w)$$

여기서 $B_{i,j}^{h}$은 4차원 동종 다각형 제어 정점이고 $N_{i,k}(u)$ 및 $M_{j,l}(w)$는 비균일 B-스플라인 기저함수다. 단순한 유리 B-스플라인 곡면에 대한 알고리즘은 Rogers(2001)에서 다음과 같이 나타나 있다.

```
Specify number of control vertices in the u, w directions
     Specify order in each of the u, w directions
     Specify number of isoparametric lines in each of the u,
        w directions
     Specify (or acquire) the control net
        and store in an array
     Calculate (or acquire) the knot vector in the u direction
        and store in an array
     Calculate (or acquire) the knot vector in the w direction
        and store in an array
     For each parameter value, u
        Calculate the basis functions, Ni,k (u)
           and store in an array
     For each parameter value, w
        Calculate the basis functions, Mj,l (w)
           and store in an array
        Calculate the SUM function.
           For each control vertex in the u direction
              For each control vertex in the w direction
                 Calculate the surface point, Q(u,w)
                    and store in an array
              end loop
           end loop
        end loop
     end loop
```

알고리즘의 의사코드 구현은 Rogers(2001)에 나타나 있다.

○ 비균일 유리 B-스플라인: 비균일 유리 B-스플라인은 일반적으로 NURBS라고 한다. 그들은 컴퓨터로 처리되는 기하학적 정보의 표현, 디자인 및 데이터 교환을 위한 사실상의 산업 표준이 됐다. NURBS는 원뿔형 단면 및 2차 표면과 같은 해석적 모양과 차체 및 선체와

같은 자유 형태의 실체를 표현하기 위해 통합적인 수학적 기초를 제공한다(Körber와 Möller 2003). NURBS는 비균일 B-스플라인과 유리 및 비균일 베지어 곡선 및 곡면의 일반화다(Piegl과 Tiller 1997).

유리 B-스플라인 곡선은 4차원적 균일 좌표 공간에서 정의된 비균일 다항식 B-스플라인 곡선을 다시 다음과 같은 결과의 3차원 물리적 공간으로 투영한다.

$$P(t) = \sum_{i=1}^{n+1} B_i^h N_{i,k}(t)$$

여기서 B_i^h는 비균일 4차원 B-스플라인 곡선에 대한 4차원 균일 제어 다각형 정점이고 $N_{i,k}(t)$은 비균일 B-스플라인 기저함수다.

편리한 특성을 가진 벡터 값 다항식들은 복잡한 모델링과 시뮬레이션 목적으로 가치가 있다. 주로 자동차 시스템, 항공 전자 시스템 등 산업 발전에 활용된다. NURBS 표면 $S(u, v)$는 다음과 같이 정의할 수 있다.

$$S(u, v) = \frac{\sum_{i=0}^{m} \sum_{j=0}^{n} P_{i,j} w_{i,j} N_{i,p}(u) N_{j,q}(v)}{\sum_{i=0}^{m} \sum_{j=0}^{n} w_{i,j} N_{i,p}(u) N_{j,q}(v)}$$
$$0 \leq u, v \leq 1$$

제어점 행렬은 다음과 같을 때

$$P_{i,j} = \begin{pmatrix} p_{1,1} & p_{1,2} & \cdots & p_{1,n} \\ p_{2,1} & p_{2,2} & \cdots & p_{2,n} \\ \vdots & \vdots & \ddots & \vdots \\ p_{m,1} & p_{m,2} & \cdots & p_{m,n} \end{pmatrix}$$

기저함수는

$$N_{i,0}(u) = \begin{cases} 1 & \text{만약 } u_i \leq u \leq u_{i+1} \\ 0 & \text{아니면} \end{cases}$$

$$N_{i,p}(u) = \frac{u - u_i}{u_{i+p} - u_i} N_{i,p-1}(u) + \frac{u_{i+p+1} - u}{u_{i+p+1} - u_{i+1}} N_{i+1,p-1}(u)$$

그리고 매듭 벡터는 $U = \{u_o, \ldots, u_m\}$, $u_i \leq u_{i+1}$이다.

표면 $S(u, v)$는 $(m+1) \times (n+1)$ 제어점 $P_{i,j}$와 가중치 $w_{i,j}$를 갖는다. u축과 v축을 따른 기저함수의 정도를 각각 $p-1$과 $q-1$이라고 가정하면 마디점은 $(m+p+1) \times (m+q+1)$이다. 비감소 마디점열은 u 방향을 따라 $t_0 \le t_1 \le \cdots$ $\le t_{m+p}$이고 매개변수 도메인이 $t_{p-1} \le u \le t_{m+1}$ 및 $s_{q-1} \le v \le s_{n+1}$ 범위에 있는 v 방향을 따라 $s_0 \le s_1 \le \cdots \le s_{n+1}$이다. 마디점이 각각 u 및 v 방향으로 다중성 p 및 q를 갖는 경우 표면 계산은 경계 제어점의 네 모서리를 보간한다.

Piegl과 Tiller(1997)에서는 NURBS 표면의 정점 계산에 대한 비교적 빠른 알고리즘이 이중복성과 대부분의 기본 기능인 $N_{i,p}(u)$ 및 $N_{j,q}(v)$가 주어진 u와 v에 대해 0으로 평가하는 특성을 이용해 논의됐다.

복잡한 개체를 렌더링하는 핵심은 사람이 볼 수 있는 개체의 일부만 계산하고 렌더링하는 것이다. 특히 복잡한 표면 렌더링의 경우 특정한 종류의 공간 분할을 수행하고 기존의 오클루전 컬링 방식 중 하나를 활용하는 것이 불가능하기 때문에 이는 어려운 일이다. 이 속성의 이유는 주어진 관점에서는 표면 전체를 간과할 수 있기 때문이다. 또한 사람이 볼 수 없는 개체의 부분만 생략하는 것으로는 충분하지 않다. 표현을 위해 존재해야 하는 삼각형triangle의 수가 너무 많을 수도 있다.

표면 렌더링의 핵심은 세부 수준LOD에 있다. 즉, 보는 사람으로부터 멀리 떨어져 있거나 세부적으로 덜 매끄러운 표면 부분은 디테일하지 않게 즉 적은 삼각형으로 렌더링하고, 보는 사람과 가깝거나 더 세밀하고 거친 표면은 더욱 디테일하게 렌더링한다. 작은 개체는 전반적으로 세밀하게 인식되기 때문에 큰 개체만을 위한 처리 방식이 있다(Piegl과 Tiller 1997).

- 디지털 모형DMU, Digital Mock-Up: 기술 시스템의 복잡성이 증가함에 따라 DMU의 개념을 기반으로 설계 관련 분석들이 성공적으로 이뤄졌다. DMU는 전체 수명주기 동안 개별 구성 요소의 3D CAD 모델의 집합을 통해 제품을 3D 모델화할 수 있게 됐다. 이 집합체는 제품 또는 제품 구조 그리고 제품 설명에 기여하는 모든 활동들에 의해 수준이 향상되는 제품 공간 내 각 구성 요소의 위치와 방향에 따라 이뤄진다. 제품 설계 엔지니어, 제조 엔지니어 및 지원 엔지니어가 협력해 DMU를 만들고 관리한다. 제품 구조는 부품 목록 또는 제품 데이터 관리PDM에서 도출된다. DMU를 기반으로 부품 간 충돌, 탑재 가능성, 분해 등 다양한 분석을 수행할 수 있다. 외관에 추가되는 움직임, 강도 또는 열 반응과 같이 다양

한 측면의 통합은 가상 프로토타이핑으로 이어진다. 이는 3D 컴퓨터 그래픽 기술을 이용한 완성품의 컴퓨터 기반 표현이며 물리적 프로토타입을 가상 프로토타입으로 대체하기 위해 지원하는 제품에 대한 미래의 중요한 정보다. 디지털 프로토타이핑[DP, Digital Prototyping] 또는 가상 프로토타이핑[VP, Virtual Prototyping]이라고도 한다. 이 두 가지 정의는 물리적 프로토타입의 생산을 참조하지만 DMU 개념의 일부다. DMU를 사용하면 엔지니어가 물리적 모델을 만들 필요 없이 복잡한 제품을 설계, 구성하고 설계에 대한 검증을 할 수 있다. 기능적 능력을 입증하기 위해 다양한 유형의 분석을 수행할 수 있다. 따라서 VP라는 용어는 개별적인 요소를 설명하고 개발 시 제품을 통해 생성되고 분석되는 부분 모델을 위한 목적으로도 사용되고 있다. 이렇게 하면 실제 프로토타입의 제작과 테스트는 대부분 제거할 수 있기 때문에 시간과 비용이 절약된다. DMU 사용의 선구자는 항공 산업이다. 1990년대 초 Boeing은 이 방식으로 777 항공기의 개발 완성을 앞당기고 개발 시간을 크게 단축할 수 있었다. 기타 전형적인 DMU 응용 분야는 다음과 같다(Gausemeier와 Plass 2013).

○ 건물 공간 및 조립 분석: 건축 공간 분석은 가용한 공간을 최적으로 활용한다는 목표를 추구한다. 디지털 모형을 사용해 엔진실에 냉각액 용기를 설치할 수 있는지를 검사할 수 있다. 게다가 애니메이션은 조립과 분해를 위한 매우 직관적인 훈련 문서를 만드는 데 사용될 수 있다.

○ 충돌 조사: 이것들은 컴퓨터 지원 충돌 분석 시, 특히 볼륨-베어링 물체와 함께하는 복잡한 운동학적 시스템에서 시행된다. 이러한 분석에 대한 조사들은 접촉, 구성 요소 중첩(충돌) 및 간격 위반에 대한 것이다. 움직이는 부품의 충돌 분석에 사용할 수 있는 Dassault의 CATIA 환경에서 변속기의 DMU는 그림 3.3에 나타나 있다.

○ 판매 문서 작성: 현대에는 아직 제품이 완성되지 않아도 현실적인 제품 프레젠테이션을 하기 위한 노력은 마케팅과 판매 담당에 의해 추진된다. 그 기본은 3D CAD 모델이다. 3D CAD 모델은 색상, 질감, 반사 등의 속성이 할당된다. Ray-tracing 소프트웨어는 이후 제품을 올바른 빛에 비추고 사실적으로 보이는 제품의 이미지를 제공한다. 게다가 정적인 3D CAD 모델을 애니메이션화해 사실적인 제품 애니메이션을 통해 제품의 독특한 특징을 설명해준다.

그림 3.3 CATIA의 기어박스 디지털 모형화(Ashok Leyland 승인 자료)(URL9 2017)

- 컴퓨터 이용 엔지니어링CAE, Computer-Aided Engineering: 이 용어는 엔지니어링 아티팩트artefact의 분석을 말한다. 컴퓨터 이용 엔지니어링의 유한 요소 분석FEA, Finite Element Analysis, 계산 유체 역학CFD, Computational Fluid Dynamics, 내구성, 최적화, 제조 프로세스 분석이 포함된다. 이러한 많은 작업은 고도로 자동화되고 다양한 지식 기반 엔지니어링 방법론을 사용한다. 예를 들어 CAD 모델에서 FEA 메쉬를 자동으로 생성할 수 있다.

이러한 기술들은 새로운 제품 개발 과정을 가능하게 하고 있으며 지속적으로 개발 시간 단축, 제품 성숙도 향상, 전반적인 제품 품질이 향상되게 한다. 이러한 맥락에서 우리는 다음과 같은 것을 가지고 있다.

- CEConcurrent Engineering: 동시병행 엔지니어링은 설계 팀이 설계와 개발의 여러 단계를 통합해 연속적이 아닌 동시에 제품을 설계, 개발을 수행하는 방법이다. 동시병행 엔지니어링은 동시 또는 병행 엔지니어링을 말한다. 동시병행 엔지니어링은 도구 사용, 조립, 동선을 고려할 때 제품 개발 시간과 출시 시간을 단축시켜 생산성을 높이고 비용을 절감한다. 전반적으로 지식의 복잡성과 정보의 흐름을 관리하기 위한 새로운 정보 기술의 구축뿐만 아니라, 적절한 팀과 조직 구조를 가진 새로운 프로세스 모델의 도입을 필요로 한다.

- SE$^{Simultaneous\ Engineering}$: 동시병행 엔지니어링은 필요한 개발 작업의 병렬적 개시를 통해 제품 개발을 단축하는 방법이다. 따라서 동시병행 엔지니어링은 제품과 필요한 생산 공장의 공동 평행 개발을 말한다. 이 두 단계가 겹치면 신제품 아이디어의 시장 출시까지 전체 시간이 단축된다. 동시병행 엔지니어링에 모든 관련자들이 더 나은 정보를 이용해 제품 개발 가속화와 동시에 생산에 적합한 제품 개발을 할 수 있게 한다. 동시병행 엔지니어링^{SE}을 흔히 동시병행 엔지니어링^{CE}이라고 한다. 동시병행 엔지니어링은 목표한 다른 학문 분야와의 협력 그리고 참가자들의 병행 작업을 포함한다. OEM과 1차 공급업체도 동시병행 엔지니어링 프로세스 내에 참여해 전체 개발 속도를 높이고 최적화할 수 있다. 이 경우 데이터 보안 혹은 사이버 보안이 가장 중요하다.

이러한 방법은 본질적으로 매우 평행하며, 제조와 시장 출하 전반에 걸쳐 개념과 실현 가능성 연구부터 폐기와 재활용에 이르기까지 제품 생산 프로세스에 대해 설명한다. 제조와 제품 페이스리프트 그리고 재활용 측면조차도 반드시 매우 이른 단계에서 고려돼야 한다.

그림 3.4에서 보듯 전반적인 제품 생성 프로세스와 적절한 제어 메커니즘과 품질 게이트와 함께 엄격한 프로세스 계획에 대한 이해를 기반으로 설계 변화의 횟수를 현저히 낮추는 것을 목표로 한다.

개념 아이디어, 기하학, 설계 문서, 가이드라인, 비용 정보, 프로젝트 관리 데이터, 3D CAD 모델링, DMU, CAE 도구 및 다음과 같은 새로운 시각화 기법을 통해 수많은 정보를 관리할 필요가 있다.

- 가상현실^{VR}: 대부분의 기술과 마찬가지로 VR도 갑자기 등장하지 않았다. VR의 등장은 현실성이 높은 3D 모델을 시각화하기 위한 실시간 컴퓨터 그래픽 등 다른 기술의 성숙도와 밀접한 관련이 있다. 필요한 VR 기술은 사용자가 VR 작업을 지원하기 위해 사용하는 모든 하드웨어를 수용한다. 일반적으로 여기에는 HMD$^{Head-Mounted\ Display}$, HCD$^{Head-Coupled\ Display}$, 3D 마우스와 데이터 글러브, 헤드폰, 3D 트래커와 같은 3D 인터렉티브 장치가 포함된다. 3D 트래커는 일반적으로 3D 공간에서 물체의 위치와 방향을 모니터링하는 데 사용된다. 일반적으로 고정 송신기는 사용자의 머리에 부착된 모바일 검출기에 의해 수신되는 전자기 신호를 방사한

다. 이러한 신호가 검출기에 의해 수신되면 송신기와 수신기 사이의 상대적 위치와 방향을 알아내기 위해 디코딩된다. 그런 다음 이러한 신호는 3D 그래픽 환경으로 전송하기 위해 실시간 시스템으로 전달된다. 사용자의 시야 내 아이콘을 제어하기 위해 사용되는 신호를 처리하는 3D 마우스를 추적하는 데에도 동일한 원리가 사용된다. HMD는 사용자를 실제 세계와 격리시키고 가상 환경^{VE}에서 두 눈을 대체한다. 데이터 글러브는 사용자의 손가락 상태를 모니터링할 수 있다. 이는 글러브 핑거의 뒷면에 부착된 광섬유를 사용해 구현된다. 사용자의 손가락이 구부러질 때 광섬유의 광학 특성이 변화하며, 이를 측정하고 출력 신호로 변경시킬 수 있다.

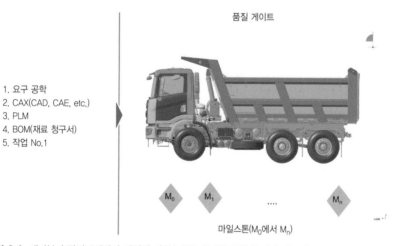

그림 3.4 개념부터 작업 1번까지 일련의 마일스톤을 정의한 자동차 개발 시스템. Ashok Leyland와 Bharat-Bentz의 트럭 개발 시스템 사례(Ashok Leyland 승인을 받은 트럭 모델)

VR 시스템은 특정한 요구를 충족시키기 위해 개발된 것이 아니다. 기술이 가능하기 때문에 개발됐다. 그러므로 실시간 컴퓨팅 통합을 통해 VR은 사용자가 각각의 애플리케이션 도메인의 가상 공간을 둘러보게 함으로써 이에 대한 더 깊은 통찰력을 얻을 수 있게 한다. VR은 시간 개념을 포함해 시뮬레이션, 분석, 복잡한 프로세스의 예상의 기초로 활용할 수 있다. 또한 기본 데이터베이스는 실제 프로세스 도메인 모델링을 위해 대량의 데이터를 효율적으로 저장하고 검색할 수 있는 기능을 제공한다. 데이터 자체는 렌더링된 3D 모델로 시각화할 수 있다(Möller 2000, 2016).

- 증강현실[AR]: 컴퓨터 지원 인식은 사용자의 환경과 디지털 정보를 실시간 으로 통합하는 것이다. AR은 완전히 인위적인 환경을 조성하는 VR과 달 리 기존 환경을 활용해 그 위에 새로운 정보를 덧씌워 가상의 측면을 중 심으로 실제 환경을 확장한다. 증강현실은 기계적, 열 그리고 음향적 속 성의 요구를 포함하는 고품질 설계를 생산하기 위해 상황에 따라 사용된 다. 가상 제품이라는 용어를 대중화한 것은 바로 이러한 높은 수준의 디 지털화다(Haas와 Sinha 2004; Grieb 2010; Eigner와 Stelzer 2013). 공통 부품의 재사용, 장황한 프로토타입 과정의 제거, 빠른 개발 주기, 적은 설계 결함 등과 같이 완전한 디지털 모델의 이점에는 설득력이 있다. AR 을 이용하면 원하는 대로 물리적 모형과 인위적으로 생성된 정보를 혼합 할 수 있다. 따라서 자동차 트렁크에 있는 특정 케이블의 경로 또는 실내 인테리어 연구에서의 동선과 같은 유지 보수 정보가 결합될 수 있다. AR 과 VR에서는 센서를 통해 머리의 위치와 시야 방향을 기록할 수 있다. 이를 통해 VR 장면의 공간적 방향이 결정된다.

엔지니어링 분야에서 새로운 도구와 방법의 필요성은 이 분야의 빠른 변화 속도에 의해 주도되고 있다.

- 개발 작업은 점점 더 엔지니어링 서비스를 제공하는 공급업체에 아웃소 싱되고 있다. 그 결과 복잡한 공급망을 관리해야 한다. OEM과 공급자 모두 규칙과 표준에 합의하고, 동일한 IT 인프라를 공유하고, 복잡한 결 과를 교환하고, 통합해야 한다. 공급업체가 동일한 IT 인프라를 보유하 고 있지 않을 경우, 효율적인 방법으로 제품 데이터와 정보를 교환할 수 있는 해결책을 찾을 필요가 있다.
- 개발 프로세스 자체가 점점 더 분산되고 있다. 오늘날 전 세계의 디자인 팀은 자동차의 구조와 시스템의 서로 다른 부분에 대한 작업을 한다. 제 품 데이터, 협업 그리고 생각과 아이디어까지도 효율적인 교환을 지원하 는 도구가 필요하다(Hass와 Sinha 2004).
- 개발 주기를 단축 압력은 효율적인 지식 공유의 필요성을 증가시킨다. 인터넷과 웹 기술은 팀, 사업부, 회사 간 기술적 지식을 공유하는 데 기 초적인 역할을 한다(Haas 2000; Haas와 Sinha 2004).

3.1.1 요구 공학

요구 공학RE, Requirements Engineering은 엔지니어가 문제의 맥락을 파악하고 그 맥락 안에서 고객의 필요와 요구 사항을 찾아내고 그러한 요구를 충족하는 사양을 제공하는 프로세스로 설명할 수 있다(Verner 외 2005). 이와 관련해 요구 공학 프로세스는 실제 문제의 맥락의 복잡성을 상당히 줄일 것을 요구하고 있다. 이러한 감소는 고객 조직 운영의 일부를 포함할 수 있으며, 그 결과 사업 필요와 요구 사항BNR, business needs and requirements 및 이해관계자 요구 사항SNR, stakeholder needs and requirements에 의해 정의된 일련의 요구 사항이 발생할 수 있다. 그런 다음 Faulconbridge와 Ryan(2014)에서 소개한 바와 같이 시스템 요구 사양으로 변환할 수 있다. 문헌에서 추정할 수 있듯이 대부분의 요구 공학 방법론은 다음을 좋아하는 엔지니어들에 의해 만들어졌다.

- 진단성
- 정확성
- 정밀성

Dorfmann과 Thayer(1990)가 기술한 바와 같이 요구 공학은 요구 사항 분석 및 문서화와 관련된 분야다. Kotonya와 Sommerville(1998)의 문서에서 요구 공학은 다음과 같은 체계적인 프로세스로 정의된다.

- 분석
- 문서화
- 유도
- 관리
- 이해

ISO/IEC 29148(ISO/EIT 2011) 표준에서는 시스템 취득자와 공급자의 프로세스로 엔지니어링된 시스템의 요구 사항과 수명주기 프로세스를 정의한다(3.4절 참조).

- 설명
- 검색
- 문서

- 검토
- 이해

따라서 요구 공학은 제품 개발, 정의, 문서화 및 요구 사항 관리의 핵심 프로세스로서, 제품 또는 프로세스의 특정 설계가 반드시 수행돼야 하는 물리적, 기능적 요구 사항을 문서화한다. 요구 공학과 관련된 분야는 시스템과 소프트웨어 엔지니어링이다. 이 용어는 1990년대에 Thayer와 Dorfmann(1997)의 IEEE Computer Society 튜토리얼과 요구 공학에 관한 컨퍼런스가 설립되면서 대중화됐다. Alan M. Davis는 요구 공학에 대한 광범위한 문헌들을 보유하고 있다 (Davis 2011).

요구 공학에 포함된 활동들은 개발되고 있는 시스템의 유형에 의존적이고 관련된 조직의 특정 형태의 가이드 관행에 따라 폭넓게 다양하다. 다음과 같은 활동들이 요구 공학에 포함될 수 있다(URL3 2017).

1. 요구 사항 유도: 사용자, 고객 및 기타 이해관계자로부터 시스템의 요구 사항을 수집 실시한다. 요구 사항 수집이라고도 한다.
2. 요구 사항 식별: 식별된 각 요구 사항에 대한 소프트웨어 요구 사항에 허용 기준이 수립됐는지 검토한다. 이러한 기준은 각 관련 수명주기 단계에서 정의된 검증과 확인$^{V \& V, \text{Verification \& Validation}}$, 계획 및 수행에 활용돼야 한다.
3. 요구 사항 분석 및 협의: 다양한 이해당사자들의 상반될 수 있는 가능성이 있는 요구 사항과 관련해 신제품에 만족할 수 있는 요구 사항 또는 조건을 결정하는 작업
4. 요구 사항 명세화: 요구 사항 문서에 요구 사항을 문서화한다.
5. 시스템 모델링: UML$^{\text{Unified Modeling Language}}$과 같은 표기법을 사용하는 새로운 시스템을 개발한다. UML 프로파일은 도메인별 분산 애플리케이션 모델링에 집중적으로 사용된다.
6. 요구 사항 검증: 문서화된 요구 사항과 모델이 지속적이고 이해관계자의 요구를 충족하는지 확인한다.
7. 요구 사항 관리: 시스템이 개발되고 사용됨에 따른 요건 변화를 관리한다.

요구 사항은 시간 순서대로 표현되며 이러한 활동에는 상당한 간섭이 있다.

3.1.2 다중파라미터 최적화 문제 설계

경쟁이 치열한 오늘날의 비즈니스 환경에서 대규모 엔지니어링^{LSE} 조직은 그들의 제품을 경쟁업체와 차별화할 수 있는 방법을 끊임없이 모색하고 있다. 전형적으로 이것은 혁신의 수준을 높이고(1장 참조), 그들의 제품에 추가적인 가치있는 특징과 기능성을 포함하며, 개발 주기 시간을 단축함으로써 달성된다. 이는 내재적 혁신을 확실히 할 수 있는 잘 통합된 제품 개발 프로세스와 시제품을 반복하는 횟수를 줄일 수 있는 최적화된 설계가 요구된다. 이것은 기본 확률론적 및 수학적 통계적 방법과 관련해 단일 차원 설정에서 예측 가능한 최적의 설계 메커니즘을 사용함으로써 달성된다. 설계와 관련해 가장 짧은 ROI(투자 수익) 시간이 가장 적합한 것으로 결정할 수 있는 것에 기반한 서로 다른 시나리오를 비교해야만 한다고 가정해보자. 두 엔지니어링 그룹이 서로 다른 위치에서 독립적으로 작업한 두 가지 설계의 경우 ROI는 [0,1]의 일정한 분포에서 난수를 사용해 증명할 수 있다. 예상되는 ROI에 대해 가정한 2개의 일정한 랜덤변수 [0,1]와 1/3의 비교 설정에 기반해 계산할 수 있다. v_1과 v_2가 설계의 평가를 나타낸다고 하자. 일정한 랜덤변수의 정의로,

$$\Pr[v_i < x] = x$$

이는 다음과 같다.

$$\Pr[v_i > x] = 1 - x$$

v_1과 v_2는 독립적인 결과로 간주되므로,

$$\Pr[\min(v_1, v_2) > x] = \Pr[v_1 > x \wedge v_2 > x] = (1-x)^2$$

음수가 아닌 무작위 변수에 대한 예상의 경우, 다음과 같은 식을 도출할 수 있다.

$$E[\min(x_1, x_2)] = \int_\infty^0 \Pr[\min(v_1, v_2) > x] dx$$

$$\int_0^1 (1-x)^2 dx = \int_0^1 (1 - 2x - x^2) dx = x - x^2 + \frac{1}{3}x^3 \big|_0^1 = \frac{1}{3}$$

결과적으로 현시점에서 질문은 더 잘할 수 있느냐와 어떻게 할 수 있느냐다. 다차원적 설정이 최적화된 메커니즘을 간단히 설명할 수 있을 것으로 보이지는 않는다. 다차원적 설정에서 최적 메커니즘은 실제로 구현되긴 어려워 보인다.

이와 비교해 제품 데이터 관리PDM, product data management는 일반적으로 여러 제품의 기술 사양, 엔지니어링 모델, 설계 도면, 재료 청구서BOM, bills of material 및 관련 문서를 포함한다. PDM은 일반적으로 제품 관련 데이터를 제어하고 전체 제품 수명주기를 포함하는 워크플로우를 구성한다. 이를 통해 중앙 저장소에 저장된 정보가 정확하고 최신 상태인지 확인하기 위해 버전 제어와 보안을 제공하며, 데이터 처리를 줄이고 운영을 더욱 효율적인 결과를 만들어낸다.

이와 관련해 PDM은 제품 정보를 관리 및 협업하기 위한 전략인 제품 수명주기 관리PLM, Product Life Cycle Management의 시작점이자 주요 구성 요소다(3.4절 참조). PLM은 개발 및 생산에서 판매 및 유지 관리에 이르는 전체 수명주기 동안 모든 제품 데이터와 프로세스를 관리하는 전반적이고, 전사적인 접근 방식이다. PLM에서 도출된 잠재적 이익은 수명주기 접근 방식과 그에 수반하는 전체론적 관점에 기초해 가치 사슬을 따라 모든 영역에서 볼 수 있다. 예를 들어 이 개념을 사용하면 제품이 더 빨리 시장에 출시될 수 있고, 서비스 단계의 제품은 더 나은 서비스 지원을 할 수 있으며, 제품 콘셉트 단계에서 폐기를 미리 예상할 수 있다. 요약하면 PLM의 잠재적 이익은 다음과 같은 4가지 영역으로 나눌 수 있다.

- 비즈니스 수행: 여기에는 데이터 및 정보의 가치뿐만 아니라 관리도 포함된다.
- 재정적 이점: 이익의 증가, 예를 들어 특히 제품의 조기 시장 출시와 그에 따른 판매 수치 증가, 또는 비용 절감을 통해 실현되는 것이 명백하다.
- 품질 이점: 제품 품질은 제품의 품질뿐만 아니라 고객 요구 사항 및 제품 성능의 적합성을 의미한다. 이는 PLM이 초기 단계에서 생산 오류를 감지할 뿐만 아니라 재작업 혹은 고객 불만도 감소시킨다는 것을 의미한다. 합리적인 비용-이익 비율로 제공과 고객에 의한 가치를 갖는 제품 변경 구현을 위해 사용할 수 있다.
- 시간적 이점: 효율적인 설계는 프로젝트 프로세싱 시간, 처리 시간, 문제 해결 시간, 시장 출시 시간 등의 단축으로 이어진다.

PLM은 기업의 여러 영역에 적용할 수 있지만 솔루션의 도입, 깊이 및 정교함은 도메인별로 다르다. PLM은 주로 제품 개발에 사용하기 위해 개발됐으며, 많은 PLM 기반 방법과 도구는 가치 사슬의 이 영역에 초점을 맞추고 있다. PLM 기능 모델은 핵심 데이터 관리, 제품 데이터 생성, 프로세스 관리, 프로세스 데이터 통합 관리로 구성된다(Schuh 2012).

PDM은 PLM의 표준 구성 요소인 반면, 데이터베이스 관리 시스템에 의해 유지되는 공통 데이터베이스를 사용하는 핵심 비즈니스 프로세스를 위한 통합 응용프로그램의 많은 기업 자원 계획^{ERP, Enterprise Resource Planning} 제품군에서도 전용 모듈로 제공된다.

통합된 비즈니스 활동 제품군은 다음을 포함한 많은 비즈니스 활동에서 데이터를 수집, 저장, 관리, 해석에 사용된다.

- 재무
- 재고 관리
- 제조
- 마케팅 및 판매
- 재료 관리
- 제품 계획
- 생산 계획
- 구매
- 서비스 제공
- 배송 및 결제

이를 통해 ERP는 회계, 제조, 구매, 판매 등 회사의 다양한 부서에 걸쳐 데이터를 공유할 수 있다. 따라서 ERP는 모든 비즈니스 기능 간의 정보 흐름을 촉진하고 외부 OEM과 1차 공급업체와의 연결을 관리한다.

3.2 자동차 모듈화 및 플랫폼

플랫폼의 이용과 플랫폼에 기반을 둔 제품군의 개발은 새로운 것이 아니며, 다른 산업 부문에서 세계적으로 널리 이용돼왔다. 플랫폼에 기반한 제품군의 생산은 1990년대 후반부터 21세기 초까지 급속히 증가하는 제품 포트폴리오에 대응하기 위해 자동차 분야에 성공적으로 적용된 전략이다. 이러한 제품 포트폴리오의 확대는 같은 분야의 다른 모델에 표준 플랫폼을 사용함으로써 가능했다(Lampón 외 2015). 이로 인해 설계 및 개발 프로세스의 효율성이 향상과 더 나은 표준화로 인해 더 큰 규모의 생산과 조달의 경제가 탄생했다(Becker와 Zirpoli 2003; Cusumano와 Nobeoka 1998; Muffatto 1999; Muffatto와 Roveda 1999; Wilhelm 1997).

프로세스 유연성과 효율성에 대한 가장 큰 변화는 동일 부문 내 서로 다른 모델에 단일 공통 플랫폼을 개발하기 위해 플랫폼들을 축소하고 표준화하며 거의 한 세기에 걸쳐 일어났다(Holweg 2008). 표준화의 주된 목적은 플랫폼의 수를 합리화하고 단일 플랫폼에 조립된 모델들 간에 공통의 구성 요소 및 시스템을 공유하는 것이었다(Patchong 외 2003). 이 표준화 전략은 엔지니어링 및 설계 프로세스의 단순화, 비용 및 개발 시간 단축, 제품 업데이트 능력 등 제품 개발의 측면에 초점을 맞췄다(Muffatto 1999; Suk 외 2007). 또한 구성 요소 구매와 관련한 절약과 같이 플랫폼당 공통 단위가 많아져 발생하는 규모의 경제의 장점을 목표로 삼았다(Korth 2003). 제조의 관점에서 플랫폼 표준화 전략은 공장 간의 유연성, 한 공장에서 다른 공장으로의 생산을 이전할 가능성(Robertson 과 Ulrich 1998; Smith와 Reinertsen 1998) 그리고 세계적인 차원에서 자원을 사용함으로써 비용 절감을 가능하게 했기 때문에 생산 프로세스의 세계화에 이점을 제공했다(Wilhelm 1997).

최근 몇 년 동안 플랫폼 전략이 검토됐으며 새로운 모듈형 플랫폼이 이 분야에서 채택됐고 앞으로도 계속될 것이다(Sehgal과 Gorai 2012; Global Automotive Modular Platform Sharing Market 2013-2023). 기술적 관점에서 모듈형 플랫폼은 단일 확장 가능 설계에 따라 다르게 구성되며, 구조적 치수의 변경을 허용한다. 이러한 자동차의 구조적 구성 요소인 플랫폼의 모듈화는 전통적인 표준 플랫폼과 마찬가지로 하나의 분야(동일한 크기) 내에서 여러 모델을 조립할 수 있을 뿐만 아니라, 다른 분야의 여러 모델(다양한 크기)도 가능하다는 것을 의미한다(Buiga 2012; Lamponn 외 2015). 모듈식 플랫폼 전략이 아직 완전히 구현되지는 않았지만, 몇몇 자동차 제조업체(예: Volkswagen, PSA Peugeot-Citroën, Nissan-Renault)의 예측에서는 제품 개발 비용과 보조 산업 분야에서 부품 조달에 관한 절약에 대해 언급하고 있다(Lampón 외 2015; Lampón과 Cabanelas 2014).

플랫폼 표준화 전략의 결과는 운영 유연성 향상이다. 모듈형 플랫폼 전략은 다른 부문의 공장이 동일한 모듈형 플랫폼을 공유할 수 있게 하므로 생산 네트워크에는 더 많은 수의 공장을 포함할 수 있다. 운영 네트워크 제조 유연성이라는 용어로 표현되는 제조 모빌리티는 국제 비즈니스 환경의 변동성에 대처하기 위해 공장 간에 생산량을 이동함으로써 네트워크의 전체 글로벌 생산량을 최적으로 활용할 수 있게 하는 능력이다(Lamponn 외 2015).

그림 3.5에는 CATIA 시스템 환경에서 엔진의 CAD 모델을 보여주고 있다.

그림 3.5 CATIA 시스템 환경에서 엔진의 모듈식 CAD 모델 모듈화 플랫폼. 모듈형 플랫폼의 기초 정의 (Courtsy Ashok-Leyland, URL9 2017)

3.3 가상 제품 개발

제품 데이터 관리PDM, Product Data Management 시스템은 엔지니어가 제품 개발 수명주기와 관련된 데이터와 프로세스를 관리하는 데 도움이 된다. 정교하고 자동화된 설계 도구(예: CAD 시스템)를 사용할 수 있게 되면서 설계 데이터의 양이 급격히 증가했다. PDM 시스템은 이러한 데이터를 관리하고 이미 다양한 형태로 존재하는 제품 데이터를 추적할 수 있는 기술을 제공한다. 따라서 PDM 시스템을 제품 개발 수명주기에 대한 메타 지식으로 볼 수 있다. 메타 지식은 제품 구조, 프로세스 및 액세스/변화 관리 규칙에 대한 지식의 형태로 이루어진다. PDM 시스템의 기본 기능은 다음을 포함한다(Biligic과 Rock 1997, Grives 2006, Eigner와 Stelzer 2013).

- 변화 관리: 수명주기 전반에 제품 데이터의 변경 사항을 정의하고 관리하는 기능이다. 변화 관리는 프로세스 지향적이며, 변경 사항 검토 및 승인 주기 내 이벤트를 정의한다.
- 분류: 부품을 구조, 기능 또는 제조 프로세스에 따라 분류할 수 있는 기능이다.
- 설계 배포 관리: 전자 보관소electronic vault의 체크인/체크아웃, 배포 수준 유지 관리, 접근 보안, 검토 및 승인 관리를 통해 설계 데이터를 제어하는 프로세스다. 이 기능은 CAD 파일, 기하학적 모델, 이미지, 문서 등 모든 형태의 디지털 제품 데이터의 관리를 포함한다.
- 영향 분석: 전반적인 제품 설계 수명주기상 디자인 변화의 영향을 발견하는 기능이다.
- 제품 구조 관리: 제품 데이터 수명주기 전반에 설계 선택 사항과 활동을 포함해 다양한 제품 구조의 버전을 정의, 생성, 관리, 수정 그리고 이를 보여주는 기능이다.
- 시스템 관리: 일반적으로 세분화된 작업 구조와 함께 프로젝트 지향 스케줄링 기술의 사용으로 인식돼 있지만, 시스템 설계의 한 부분(비용, 품질, 위험, 워크플로우 등)을 관리할 수 있어야 한다.

이와 같이 PDM은 자연스런 진화의 주기를 거치고 있다. 일반적인 엔지니어링 데이터 저장 및 검색 시스템으로 시작했지만, 오늘날 PDM 시스템은 CAD, CAM, CAE, MRP(자재 소요량 계획) 및 기타 엔지니어링 및 제조 제어 시스템의 조합에 의해 생성된 제품 데이터 및 문서를 관리하도록 설계됐기 때문에 여러 프로세스와 기술을 포함한다(Sendler와 Wawer 2011; Grieb 2010). 위에 나열된 PDM 시스템의 주요 기능과 관련해 그 외의 것들은 다음과 같다.

- 구성 관리, 제품 구조 관리 및 엔지니어링 변화 관리: 이 기능은 제품 구성과 BOMs의 생성과 관리에 초점을 맞추고 있다. 특징으로는 설계 분야를 기반한 이전 빌드 버전, 관리 효율성, 지속적인 제품의 다양한 일부 성정의 감독, 엔지니어링 변화 요구 관리 그리고 제품의 다양한 측면에 대한 정보 제공을 관리하고 저장하는 것을 포함한다.
- 프로그램 관리: PDM 기반 프로젝트 관리에는 실시간 자원 스케줄링 및 프로젝트 추적, 진행 상황 보고, 산출물의 상태 및 위치, 다양한 산출물을

작업하는 개인 식별 등이 포함된다. 이 기능은 여전히 진화하고 있으며 종종 타사 애플리케이션에 의해 지원된다.

- 워크플로우: 이는 프로세스와 구성 관리에서 모두 핵심 요소로, 작업들에 대한 결과를 다음 단계로 자동으로 전달하고 관련 개인에게 작업이 보류 중이거나(또는 다음 프로세스를 필요시 중단할 수 있다) 진행 중임을 알린다. 워크플로우 시스템에 정의된 작업은 연속적 또는 동시다발적일 수 있다. 두 경우 모두, 작업은 한 단계가 완료되고 단순하게 진행하거나, 조건부 요건에 기반할 수 있다. 반복적인 프로세스는 워크플로우 운영에 이상적이다. 그래픽 인터페이스가 있을 경우 워크플로우를 통해 사용자는 전체 엔지니어링 프로세스 내에서 자원과 산출물이 어디에 배치돼 있는지 볼 수 있다.

- 인터페이스 및 데이터 교환: 제품 개발 수명주기의 몇 가지 프로세스는 다양한 도구에 의해 지원된다. 이러한 도구는 다양한 요구 형태로 데이터를 생성한다.

- 저장소Vault: 이름에서 알 수 있듯이 저장소, 구성, 제어, 검색 및 제품 데이터 보호다. 데이터를 동일 위치에 둘 필요는 없다. 이에 대한 아이디어는 단지 필요한 곳이면 어디든지 정리하는 것이다. 핵심은 개인, 그룹/팀, 프로젝트, 감독자, 공공 등 조직이 정의한 다양한 파라미터에 의한 데이터 접근을 감독하는 것에 있다.

- 프로세스 관리, 프로세스 모델링 및 설계 제어: 이 기능은 제품 개발 수명주기 동안 제품 구성, 부품 정의, 데이터 관계 및 기타 제품 데이터의 생성 및 수정을 제어하기 위한 것이다. 제품 데이터 관리는 데이터 생성의 각 단계를 기록해 설계 의도를 추적하고 설계 변경을 역으로 추적하는 데 중요한 감사 추적성을 제공한다.

PDM 시스템이 직면한 가장 큰 과제 중 하나는 이러한 모든 데이터 형식을 ISO 10303, 제품 데이터 교환 표준STEP과 제품 데이터 기술을 위한 필수의 기본 표준을 통해 통합하고 시스템 통합과 미들웨어 기술과 같은 기술들을 통해 다양한 도구의 인터페이스 역할을 하는 것이다. 오늘날 다양한 엔지니어링 분야의 분포가 증가함에 따라 STEP이 없는 컴퓨터 보조 시스템의 통합을 위한 접근은 상상할 수 없다. 이러한 배경에 대해 STEP의 도입은 제품 데이터 모델의 추가 개발뿐만 아니라, 모든 기술 기업의 주요 과제다(Anderl와 Trippner 2000).

글로벌 제조업체가 직면해야 할 기술 변화의 속도가 빨라짐에 따라, 각 제조 현장의 특수성에 맞는 생산 프로세스와 자원에 대한 적절한 고려와 함께 제조 엔지니어링을 실시해야 한다. 특히 글로벌 제조 환경에서 ERP 시스템을 효율적으로 구현하기 위해 제품 데이터를 위한 PDM 통합은 성공의 중요한 열쇠 중 하나다. 이러한 제품 데이터 통합을 위해서는 EBOM^{Engineering Bills Of Material}을 MBOM^{Manufacturing Bills Of Material}으로 전환해야 하지만 MBOM 변환은 각 제조 현장의 특수성에 맞는 방식으로 이뤄져야만 한다. 이 프로세스에서는 통합과 변환에 적합한 방법론이 요구된다. 따라서 디지털 제조는 PDM과 ERP 사이의 데이터 통합을 위한 핵심 도구로 제안될 수 있다. 디지털 제조는 실제 제조에 대한 물리적 및 논리적 컴퓨터 모델링 및 시뮬레이션 기술을 보유한 기술로서 각 제조 현장의 특수성을 반영하는 프로세스와 자원 모델에 기반해 이에 맞게 EBOM에서 MBOM으로 변환하는 방법론을 제공한다. 각 제조사의 특수성을 반영하는 프로세스 및 자원 모델을 기반으로 한다. 또한 MBOM 검증 및 프로세스와 자원 모델 통합을 위한 방법론을 제공한다. 이러한 방법을 사용하면 MBOM과 각 제조 현장에 검증되고 적합한 프로세스 및 자원 데이터를 ERP 시스템으로 전송할 수 있다(Lee 외 2011).

그림 3.6에서는 Jupiter Tesselation^{JT} 교환 형식을 기반한 가상 제품 개발과 글로벌 협력 프로세스에 관해 보여주고 있다.

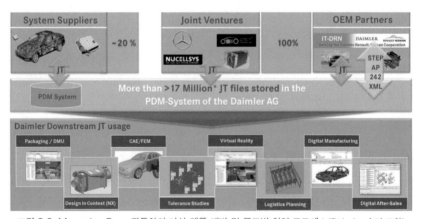

Big Picture 2016: JT 기반 글로벌 협업 프로세스

그림 3.6 Mercedes-Benz 자동차의 가상 제품 개발 및 글로벌 협업 프로세스(Daimler 승인 포함)

PDM 시스템은 다음을 위해 설계됐다.

- 텍스트, 그래픽, 도면과 같은 문서 및 제품에 대한 기타 정보 저장, 제어 및 관리
- 이러한 문서를 생성하고 사용하는 프로세스 시행 및 관리
- 엔지니어링 팀이 제품 및 프로세스에 대한 정보를 신속함과 일관성을 갖고 공유할 수 있도록 지원. 컴퓨터 보조 설계 및 제조$^{CAD/CAM}$ 및 FEM과 같은 기법의 통합을 전사적으로 일관성 있는 비즈니스 시스템에 통합할 수 있도록 허용

설계 데이터는 일반적으로 이러한 도구를 통해 관리되기 때문에 PDM 기술과의 통합도 중요하다.

기술과 방법의 결합은 협력적인 작업 프로세스, 공급업체 통합, 전사 애플리케이션 통합 그리고 확장된 기업의 요구 사항을 해결하는 수많은 다른 접근 방식을 촉진하는 PLM 계획의 필수적인 부분이다(Eigner와 Stelzer 2013; Seiffert 와 Rainer 2008). 변화 관리는 설계 변경을 시작하고 승인하기 위한 워크플로우를 정의한다. 워크플로우 자체는 PDM 인프라의 필수적인 부분이다. 일반적인 개발 프로젝트에서는 매일 수천 건의 변경 요청이 있다. 웹 회의 인프라를 구축한 상태에서, 중요한 배경 정보를 공유하고, 특정 변경 요청에 대한 이유를 전달하며, 의사 결정을 빠르게 하고 출시 기간을 단축할 수 있는 즉각적인 피드백을 얻음으로써 변화 관리를 지원한다. CAD 기반 PDM은 그림 3.7과 같다.

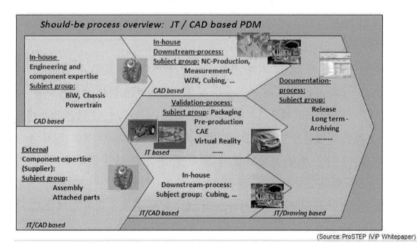

그림 3.7 JT/CAD 기반 PDM(ProstEP (URL7 2017))

현대 조직의 팀 지향적인 구조는 많은 결정들이 서로 다른 곳으로부터 통찰력과 승인을 필요로 한다는 것을 의미한다. 전자 회의 도구는 분산된 팀들이 쉽게 협업할 수 있게 해 궁극적으로 합의 시간 단축해 신제품 및 서비스 출시 기간 단축^{TTM, Time-To-Market}을 제공한다(Cusumano 2008). 점점 더 경쟁이 치열해지는 오늘날, TTM이 짧을수록 가장 높은 보상을 받을 수 있다. 더 나아가 존재 기반의 시각적 협력 도구를 통해 근로자는 현재 위치에 관계없이 동료와 즉시 함께하고 대화할 수 있다. 이렇게 하면 음성 메일과 이메일 교환의 낭비 없이 실시간으로 문제를 해결할 수 있다. 그 결과 실패 감소, 빠른 문제 해결 그리고 만족도가 증가했다.

- 생산성/효율성: 화상회의 및 시각적 협업 도구는 부서 회의실의 예정된 환경에서 데스크톱의 임시적이고 일정 수립 없는 형태의 작업 스타일로 변화하고 있다. 요구에 따른 콘퍼런스는 시각적 커뮤니케이션 및 데스크톱 기반 협업 도구을 정상적인 워크플로우 프로세스에 통합해 모든 지식 근로자에게 즉각적인 생산성 향상과 시간 절감을 제공한다. 그 결과 다양한 산업 분야에서 근로자의 생산성이 주요 관심사이므로 최종 결과에 즉각적인 영향을 미친다(Spath와 Kern 2003).

- 더 높은 영향과 집중: 화상회의는 특히 오디오 전용 회의와 비교했을 때, 조직이 미팅이나 콘퍼런스콜에 더 큰 영향을 미치는 데 도움을 줄 수 있다. 회의 중 더 큰 영향은 워크플로우상 중단을 최소화하면서 더 짧고 효과적인 회의가 이뤄진다는 것이다. 화상회의가 직접 사람이 참여하는 미팅보다 짧은 경향이 있어 낭비되는 시간을 최소화한다는 것은 연구 결과에서 알 수 있다(Prasad 2003).

- 경쟁 우위: 웹과 화상회의를 사용하면 경쟁 우위를 확보할 수 있다. 그 예로 전국의 채용자 또는 지원자가 실제로 참여하는 회사보다 웹 기반 비디오 콘퍼런스로 채용하는 회사가 더 짧은 시간 내에 더 많은 장소에서 더 많은 사람들을 인터뷰할 수 있고, 더 낮은 비용과 더 적은 일정 혼란으로 더 나은 채용 결정을 할 수 있게 된다. 고급 협업 도구를 사용하면 기업은 원격 근무자를 더 잘 지원하고 분산된 팀을 더 잘 조직할 수 있으므로 더 많은 직원들에게 원하는 더 많은 근무 장소에 대한 선택을 할 수 있게 한다.

- 분산된 팀의 관리 개선: 대규모 연구 개발 조직들은 전 세계에 위치한 전문 가와 자격을 갖춘 자원을 보유하고 있다. 웹 기반 화상 회의를 통해 기업 은 관리자, 부하 및 원격 동료 간의 즉흥적인 대면 회의를 허용함으로써 전 세계적으로 분산된 자원을 더욱 쉽게 배치하고 관리할 수 있다.

3.4 제품 수명주기 관리

제품 수명주기 관리는 오늘날의 자동차 시스템 및 소프트웨어 엔지니어링 프로 세스에서 중요한 작업이다(Eigner와 Stelzer 2013). 이는 한 제품에 대한 최초 개념 아이디어부터 생산 중단 및 폐기까지의 모든 과정이 그들의 수명주기에 걸 쳐 회사 제품 관리의 비즈니스 활동을 나타낸다. 최고 수준에서 제품 수명주기 관 리는 제품 수익을 늘리고 제품 관련 비용을 줄이며 제품 포트폴리오의 가치와 고 객 및 주주 모두를 위한 현재 및 미래 제품의 가치를 높이는 데 사용된다(Stark 2011, 2016). 따라서 제품 수명주기 관리는 일종의 디지털 보관소로 해석될 수 있으며, 제품 수명주기 동안 생성된 모든 정보를 매끄럽게 통합할 수 있다.

이 책에서 사용된 제품이라는 용어는 정체성을 변경하지 않고 다른 시간에 다른 장소에 소유, 거래 및 배포할 수 있는 물리적 유형의 제품을 의미한다. 하 지만 소프트웨어, 알고리즘 등과 같이 매우 무형의 것일 수도 있다. 따라서 제 품 수명주기 관리와 관련된 제품은 다른 명칭으로 참조될 수 있다(Saaksvuori와 Immonen 2008).

- 서비스가 아닌 무형 제품, 물리적이지 않은 제품
- 물리적, 유형적 제품
- 서비스

위에서 언급한 모든 종류의 제품은 제품 수명주기의 모든 단계에서 관리돼 야 한다. 이를 통해 제품이 사전 지정된 제품 사양에 적합하게 잘 동작함을 보장 할 수 있게 될 것이다. 그러나 수명주기 동안 제품을 관리하는 것은 쉽지 않다. 제품 개발 중에는 물리적으로 존재하지 않는다. 그리고 물리적인 유형의 제품 이 되면 고객이 회사가 통제하기 어려운 곳에서 사용하게 된다. 또한 회사의 제 품에 대한 책임은 제품 수명주기의 여러 단계에서 관리하기 어려운 경우가 많다. 한 시점에서는 마케팅 책임이 될 수 있다. 다른 경우에는 엔지니어링, 애프터 서비스 그리고 유지 관리에서 책임을 갖게 될 것이다. 서로 다른 목표, 작업 방법과 애플리케이션을 가질 수 있는 이러한 서로 다른 조직의 책임 내에 공통적으로 일관된 접근 방식을 유지하는 것은 어렵고 시간 소모적일 것이다. 따라서 제품에 대한 통제력을 상실하면 회사에 심각한 결과를 초래할 수 있다(Stark 2011, 2016).

3.4.1 수명주기 관리의 제어 상실

제품 수명주기 관리의 제어 상실은 여러 단계에서 발생할 수 있다. 제어 상실의 가장 빠른 가능성은 제품 시장 출시가 지연돼 프로젝트가 목표 비용이 초과되고 제품의 ROI에 큰 영향을 미치는 제품 개발 단계에서 발생할 수 있다. 제품의 5년 동안 누적 매출이 1억 달러라고 가정하자. 시장 출시가 지연되면 매달 160만 달러의 손실이 발생하는 결과를 초래한다.

고객이 제품 품질에 대한 불만족으로 인해 회사가 수명주기 제어를 잃는 경우 또는 제품 사용으로 인한 피해로 인해 회사 이미지가 손상되고 제품 문제에 대한 우려를 갖고 있는 고객의 손실이 발생할 수 있다. 또한 제품을 훨씬 더 빨리 출시한 회사의 매출 손실과 제품 사용으로 인한 리콜 비용 및 법적 책임으로 인한 이익 감소도 포함될 수 있다(Stark 2011). 이러한 경우 상품의 판매 수, 시장 지배력, 정가에 따라 다르기 때문에 금전적 손실은 정량화될 수 없다.

제품 수명주기의 제어 상실은 제품 제조 중 발생할 수도 있다. 2006년 Apple, Dell, Hitachi, Lenovo, Toshiba와 같은 컴퓨터 제조업체는 특정 상황에서 과열돼 안전 위험을 초래할 수 있는 Sony에서 만든 리튬 이온 배터리를 교체한다고 발표했다. 2013년 1월, JAL과 ANA Boeing 787에서 리튬 이온 배터리 문제가 발생한 후 FAA^{Federal Aviation Administration}는 787기를 모두 착륙하도록 지시했다. 배터리 및 격납 시스템이 재설계된 후 2013년 4월 지시는 철회됐다(Stark 2011, 2016).

제품 사용 중에도 제품 수명주기 제어 상실이 발생할 수도 있다. 2016년 스마트폰 제조업체 삼성은 새로운 Galaxy Note 7 제품에 심각한 문제가 있었다. 특정 상황에서 과열돼 안전 위험을 초래할 수 있으며 이로 인해 회사의 이미지가 손상되고 제품 문제를 우려하는 고객의 손실을 초래할 수 있었다. 한편 삼성은 구성 요소에서 완성품까지 배터리의 안전성을 보장하기 위해 상세한 배터리 검사 프로토콜을 개발했다.

제품이 시장에서 대량으로 판매될 때 제품 수명주기의 제어 상실이 발생할 수 있다. 2003년 10월, Nissan 자동차 회사는 엔진 결함으로 인해 150~160억 엔(138~148백만 달러)의 추정 비용으로 254만 대의 자동차를 리콜할 것이라고 밝혔다. 2009년 말과 2010년 초, 몇 달에 걸쳐 Toyota는 가속 페달과 바닥 매트에 대한 문제로 인해 8백만 대 이상의 자동차를 리콜한다고 발표했다. 비용은 20억 달러로 추산됐다. 2010년 1월, Honda는 경우에 따라 화재로 이어질 수 있는 스위치 결함을 수정하기 위해 60만 대 이상의 자동차를 리콜했다고 발표했다. 2010년 6월 GM은 가열된 워셔액 시스템으로 인한 열 사고로 100만 대 이상의 차량을 리콜했다. GM은 3억 4,100만 대의 차량에 영향을 미치는 84건의 리콜을 기록했다(Stark 2011, 2016).

유럽 최대의 자동차 그룹 Volkswagen의 이른바 디젤 게이트 스캔들에서 제품 수명주기에서 유례없는 제어 상실이 발견됐다. Volkswagen은 2015년 9월 20일 법적 배출 기준을 준수하기 위해 소프트웨어를 이용해 디젤 차량의 여러 모델을 대량으로 조작했음을 공개적으로 인정했다. 전 세계적으로 수백만 대의 차량이 영향을 받았으며, 수리 또는 환불을 위해 리콜될 것이다.

3.4.2 시스템 엔지니어링 접근법

시스템 엔지니어링 접근 방식은 엔지니어링 개념 및 절차가 제품의 개별적 또는 특별한 요구 사항에 어떻게 적용될 수 있는지 통찰력을 제공한다. 이것은 결국 시스템 엔지니어링에 대한 광범위한 정의를 가져왔으며, 각각 출처별 특정 관점을 반영하는 경향이 있기 때문에 각각 미묘하게 다르다. 다음은 Faulconbridge와 Ryan(2014) 내 제공된 관련 표준 및 문서에서 시스템 엔지니어링에 대해 더욱 수용적이고 권위 있는 정의의 일부다.

"시스템 엔지니어링은 모든 시스템 요소의 최적 균형을 달성하기 위한 목적을 위해 전체 시스템 개발 노력을 제어하는 관리 기능이다. 이는 운영상의 요구를 시스템 파라미터의 형식으로 변환하고 이러한 파라미터를 통합해 전체 시스템 효율성을 최적화하는 프로세스다 (DSMC 1990)."

"고객의 요구를 충족시키는 시스템, 인력, 제품 및 프로세스 솔루션이 통합되고 균형 잡힌 수명주기 집합체를 발전시키고 검증하기 위한 전반적인 기술 노력을 포괄하는 학제 간 접근 방식이다. 시스템 엔지니어링은 시스템 제품 및 프로세스에 대한 개발, 제조, 검증, 배포, 운영, 지원, 폐기 및 사용자 교육과 관련된 기술적 노력을 포함한다. 시스템 구성의 정의 및 관리는 시스템 정의를 업무 분류 체계로 변환하고 의사 결정을 관리하기 위한 정보 개발이다(EIA/IS-632-1998 1994)."

"시스템 엔지니어링은 효과성 측정에 따라 운영 요구를 가장 잘 충족시키는 시스템 구성의 형태로 변환하기 위한 과학적이고 엔지니어링 노력의 선택적인 적용이다. 이는 전체 시스템 정의 및 설계를 최적화하는 방식으로 모든 물리적, 기능적 그리고 기술적 프로그램 인터페이스의 호환성을 보장하기 위해 관련 기술 파라미터를 통합한다. 그리고 모든 엔지니어링 분야의 노력을 전체 엔지니어링 노력에 통합한다(SECMM-95-01 1995)."

"시스템 엔지니어링은 복잡한 시스템 문제를 해결하고 이해 관계자 요구 사항을 충족시키기 위한 학제적이고 포괄적인 접근 방식이다(Lake 1996)."

"시스템 엔지니어링은 학제 간 접근 방식이며 성공적인 시스템을 구현할 수 있는 수단이다. 개발 주기 초기에 고객 요구와 필요한 기능을 정의하고 요구 사항을 문서화한 다음 설계 통합과 시스템 검증을 수행하며 한편으로는 운영, 비용과 일정, 성능, 교육과 지원, 시험, 생산 그리고 폐기와 같은 모든 부분을 포함한 문제에 대해 고려한다. 시스템 엔지니어링은 모든 고객의 비즈니스 요구와 기술 요구를 고려해 사용자 요구에 맞는 고품질 제품을 제공할 것을 목표로 한다(Haskins 2006)."

위의 정의는 주로 이전 표준에서 나온 것이다. SITEC 15288, ANSI/EIA-632 및 IEEE-STD-1220과 같은 시스템 엔지니어링 표준은 시스템 엔지니어링에 대한 정의를 포함하지 않지만 더욱 일반적인 시스템 엔지니어링에 대해 언급한다. 국제 표준화의 핵심인 국제 표준화 기구International Organization for Standardization라고도 하는 국제표준기구ISO 및 국제전기기술위원회IEC는 특정 기술 활동 분야에 대응하기 위한 각각의 조직으로 구성된 기술위원회를 통해 국제 표준의 개발에 특화돼 있다. ISO 및 IEC는 상호 관심 분야에서 협력한다. 이와 관련해 ISO/IEC 15288은 엔지니어링 개발 프로세스 및 수명주기 단계를 포함하는 시스템 엔지니어링 표준이다. ISO/IEC 15288: 2002(E) 표준을 위한 초기 계획은 일반적인 시스템 엔지니어링 프로세스 프레임워크의 필요성이 인식된 1994년에 시작됐다. 2004년에 이 표준은 IEEE 15288로 채택됐고, 2008년 2월

1일에 업데이트됐다. ISO 15288 표준은 소프트웨어 및 시스템 엔지니어링 분야에서 ISO 표준 개발을 담당하는 ISO 위원회 ISO/IEC JTC1/SC7에 의해 관리된다. 또한 표준 ISO / IEC 15288은 수명주기 동안 제품을 관리하는 데 사용되는 수명주기 프로세스의 정의, 제어 및 개선을 지원하는 프로세스도 제공한다. 조직은 제품을 입수하고 공급할 때 이러한 수명주기 프로세스를 사용할 수 있다.

ISO/IEC 15288의 수명주기 단계, 시스템들의 엔지니어링-시스템 수명주기 프로세스는 엔지니어링된 제품의 특성, 목적, 사용 그리고 일반적인 환경에 따라 다양하다. 무한히 다양한 수명주기 모델에도 가장 중요한 단계는 그림 3.8과 같이 제품에 대한 비즈니스 요구의 개념화, 실현, 개선 및 최종 폐기이다. 그림 3.8에서 엔지니어링된 제품은 최종 폐기 단계의 일부인 운영 및 제품 지원 후에 단계적으로 폐기된다는 것을 알 수 있다. 또한 그림 3.8에서 시스템 엔지니어링 제품이 사용 단계에서 서비스 상태를 유지하고 있는 것을 알 수 있다. 사용하는 동안 엔지니어링된 제품은 변경되는 운영 요구 사항이나 외부 환경 제약 조건을 충족시키기 부족한 성능을 수정하기 위해 수정 및 업그레이드를 거칠 수 있다. 그림 3.8의 개선 단계와 같이 이를 통해 제품에 대한 지속적인 지원이 유지되거나 현재 성능 또는 신뢰성이 향상될 수 있다. 개념화 초기 단계에서 엔지니어링할 제품은 비즈니스 요구와 요구 사항에 따라 결정된 기술 사양으로 정의돼 시장에서 실현 가능하고 비용 효율적인 제품만 출시될 수 있도록 한다.

그림 3.8에 각 단계들은 그림 3.9와 같이 ANSI/EIA 632 모델의 영향을 반영하기 위해 변경될 수 있다(Valerdi와 Wheaton 2005). 그림 3.9에 나와 있는 각 단계는 수명주기 관리에 각각의 뚜렷한 목적과 기여를 하며 제품과 관련된 주요 수명주기 중 하나를 나타낸다. 이 단계에서는 또한 제품 수명주기 동안 제품의 주요 진행 상황과 성과 마일스톤을 설명한다. 제품 수명주기와 관련해 시스템 엔지니어링이 수행되는 시기에 대한 이해로 수명주기 모델의 기준점을 정의할 수 있다. 전체 조직에서 수명주기 단계에 걸친 시스템 엔지니어링 노력의 일반적인 분포는 표 3.1에 나와 있다. 각 단계에 대한 표준 편차를 기록하는 것은 중요하다(Valerdi와 Wheaton 2005).

개념 단계	활용 단계	발전 단계	최종 폐기 단계

그림 3.8 일반 제품 수명주기 모델의 단계

그림 3.9 ISO 15288 수명주기 단계

표 3.1 ISO 15288, 수명주기 단계 전반에 걸친 시스템 엔지니어링 노력

단계	개념	개발	동작 테스트 & 평가	운영 전환
% 노력	23	36	27	14
표준 편차	12	16	13	9

3.4.3 제품 수명주기 단계

3.4.2절에서 논의된 라이프 사이클 관리에 대한 시스템 엔지니어링 접근법과 다르게 이 절에서의 제품 수명주기 접근은 그림 3.10과 같이 각 고유한 제품의 수명주기를 관리하기 위한 비즈니스적 시도를 기반으로 하는 고유한 특성과 활동을 갖는 4단계를 기반으로 한다(URL4 2017).

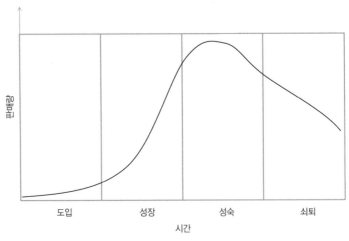

그림 3.10 제품 수명주기 단계

그림 3.10에서 제품을 시장에 출시한 후 수명주기 성장 단계에서 판매가 빠르게 증가함을 알 수 있다. 그림 3.10에서 수명주기 성장 단계에서 수명주기 성숙 단계로의 전환은 수명주기 성숙 단계에서 판매량 감소의 흐름과 동등한 판

매 수량 감소 추세에 대해 인지 가능한 제한된 수치를 보여주고 있다. 수명주기 포화 단계에서의 판매 회전율 감소는 시장 규모와 시장 침투가 더 이상 확장될 수 없음을 나타내며, 추가 기능이 포함된 개정된 제품 또는 시장 출시 후 새로운 성장을 가져올 수 있는 신제품의 시장 출시를 필요로 한다.

따라서 제품 수명주기 단계는 각각의 활동별 부합하는 수익을 다음과 같이 나타낸다.

- 출시 단계: 이 단계에서는 회사에서 신제품을 출시하는 데 비용이 많이 들 수 있다. 신제품 출시 시 시장 규모는 작고 이는 판매량도 낮다는 의미이다. 그러나 판매는 증가할 것이다. 반면 R&D, 소비자 테스트 그리고 제품 출시에 필요한 마케팅과 같은 활동 비용은 특히 제품이 경쟁 부문을 목표로 하는 경우에 높을 수 있다.

- 성장 단계: 이 단계는 일반적으로 판매 및 수익의 강한 성장을 특징으로 한다. 그리고 회사는 생산 규모의 경제상 이익을 얻기 시작하기 때문에 전체 이익뿐만 아니라 이윤도 증가하게 된다. 이를 통해 기업은 제품 수명주기 단계의 잠재력을 극대화하기 위해 판촉 활동에 더 많은 돈을 투자할 수 있다.

- 성숙 단계: 이 단계에서 제품이 확립된다. 그리고 제조업체의 목표는 그들이 구축한 시장 점유율을 유지하는 것이다. 대부분의 제품에서 가장 경쟁적인 시간일 것이며 비즈니스는 그들이 책임지고 있는 마케팅에 현명하게 투자해야 한다. 또한 경쟁 우위를 제공할 수 있는 생산 프로세스의 제품에 대한 수정 또는 개선을 고려해야 한다.

- 감소 단계: 이 단계가 감소 단계이듯 제품 시장이 축소되기 시작한다. 이러한 축소는 시장이 포화돼 있거나 소비자가 다른 유형의 제품으로 이동하고 있기 때문일 수 있다. 이 제품 수명주기 단계는 불가피할 수 있지만, 기업은 좀 더 저렴한 생산 방식과 저렴한 시장으로 이동해 약간의 수익을 올릴 수 있다.

3.4.4 소프트웨어 수명주기 프로세스

표준 ISO/IEC 12207: 2008은 소프트웨어 산업에서 사용할 수 있는 잘 정의된 용어를 기반으로 하는 소프트웨어 수명주기 프로세스에 대한 공통 프레임워크를 수립한다. 여기에는 소프트웨어 제품 또는 서비스를 획득하는 동안 그리고 소프트웨어 제품을 공급, 개발, 운영, 유지 보수 및 폐기하는 동안 적용되는 프로세스, 활동 및 작업이 포함된다. 소프트웨어에는 펌웨어의 소프트웨어 일부도 포함된다(URL5 2017).

표준 ISO/IEC 12207은 1995년 8월 1일 발표됐으며, 거대한 시스템의 일부인 소프트웨어와 독립 실행형 소프트웨어 제품 및 서비스에 대한 수명주기 프로세스, 활동 및 작업에 대해 포괄적으로 제공하는 최초의 국제 표준이었다. 이 국제 표준은 2002년 11월 ISO/IEC 15288에 포함됐고 시스템 수명주기 프로세스를 담당하게 됐다. 소프트웨어의 편재성은 소프트웨어와 소프트웨어의 설계 프로세스를 해당 시스템과 별도로 고려하지 말고 시스템 및 시스템 설계 프로세스의 필수 부분으로 간주해야 함을 의미한다. 2002년과 2004년 ISO/IEC 12207 개정안은 국제 표준에 프로세스 목적과 결과를 추가하고 ISO/IEC 15504-2(URL6 2017)의 요구 사항에 따라 프로세스 참조 모델을 수립했다. 수정된 ISO/IEC 12207의 개정안인 국제 표준은 시스템 및 소프트웨어 수명주기 프로세스와 응용프로그램에 대한 지침을 완벽하게 통합하기 위한 SC7 하모니 전략의 초기 단계다. 이 개정판은 ISO/IEC 12207: 1995를 두 가지 개정판과 통합하고 프로세스 정의를 위한 SC7 가이드 라인을 적용해 일관성과 향상된 활용성을 지원한다.

프로젝트 실행은 ISO/IEC 15228:2002의 병렬 개정안과 신중하게 통합돼 구조, 용어 그리고 적합한 조직 및 프로젝트 프로세스를 조정한다(URL6 2017).

이 국제 표준은 다음 상황 중 하나 이상에서 사용될 수 있다(URL6 2017).

- 조직: 원하는 프로세스 환경을 구축하기 위해서 이러한 프로세스는 방법, 절차, 기술, 도구 및 숙련된 인력의 인프라를 통해 지원될 수 있다. 조직은 환경을 사용해 수명주기 단계를 통해 프로젝트 및 진행 시스템을 수행하고 관리할 수 있다. 이 형태에서 국제 표준은 선언하고 수립한 수명주기 프로세스가 표준 내 조항과 일치하는지 평가하는 데 활용한다.
- 프로젝트: 제품 및 서비스를 제공하기 위해 확립된 수명주기 프로세스의 요소와 구조를 선택하기 위해 사용한다. 이 형태에서는 국제 표준은 선언 및 수립된 환경에 대한 프로젝트의 적합성 평가에 사용된다.
- 취득자 및 공급업체: 고려하는 프로세스와 활동의 계약을 수립하기 위해 활용한다. 계약을 통해 국제 표준 내 프로세스와 활동이 선택, 협상, 동

의 및 수행된다. 이 형태에서는 국제 표준은 계약 개발을 위한 지침으로 사용된다.

- 조직 및 평가자: 조직 프로세스 개선을 지원하는 데 사용될 수 있는 평가를 수행한다.

이 국제 표준에는 4가지 조항의 요구 사항이 포함돼 있다(URL6 2017).

- 조항 6: 시스템 수명주기 프로세스에 대한 요구 사항 정의
- 조항 7: 특정 소프트웨어 수명주기 프로세스에 대한 요구 사항 정의
- 부록 A의 조항: 이 국제 표준에 부합하기 위한 요구 사항 제공
- 부록 B의 조항: 평가 목적으로 사용될 수 있는 프로세스 참조 모델 제공

5개 유용한 부록은 이 개정에 의해 제안된 조화 전략에 대해서 지원한다(URL6 2017).

- 부록 C: 변경 사항에 대한 이력 및 근거를 확장하고 이 개정의 입력으로 사용된 국제 표준 중에서 높은 수준의 추적성을 제공
- 부록 D: 이 개정의 핵심인 ISO/IEC 15288 및 ISO/IEC 12207의 프로세스 조정에 대해 설명
- 부록 E: 사용성을 위한 프로젝트 관점의 예제를 제공해 ISO/IEC 12207의 프로세스, 활동 그리고 작업들을 어떻게 프로젝트와 조합해 특별한 관심으로 선정된 제품 특성의 목표에 초점을 맞추는지에 대한 방법을 설명
- 부록 F: 이 국제 표준의 일부 독자에게 유용한 프로세스 설명의 예 포함
- 부록 G: IEEE 사용자에 대한 지원을 제공하고 이 국제 표준과 IEE 표준과의 관계를 설명

본 국제 표준의 독자는 사용된 주요 개념을 이해하기 위해 5번 조항을 참조하는 것이 좋다.

향후 기술 보고서(ISO/IEC TR 24748)는 국제 표준과 ISO/IEC 15288: 2008의 관계를 설명할 것이다.

3.5 연습 문제

- 자동차 개발 과정이라는 용어는 무엇을 뜻하는가?
- 자동차 개발 프로세스의 특성을 설명하라.
- 개념화 단계라는 용어는 무엇을 뜻하는가?
- 개념화 단계의 특성을 기술하라.
- 프로젝트 단계라는 용어는 무엇을 뜻하는가?
- 프로젝트 단계의 특성을 설명하라.
- 검증 단계라는 용어는 무엇을 뜻하는가?
- 검증 단계의 특성을 설명하라.
- Stage-Gate 제어 개발 프로세스라는 용어는 무엇을 뜻하는가?
- 단계별 게이트 제어 개발 프로세스의 특성을 설명하라.
- 컴퓨터 보조 설계라는 용어는 무엇을 뜻하는가?
- 컴퓨터 보조 디자인의 특징에 대해 설명하라.
- 베지어 곡면이라는 용어는 무엇을 뜻하는가?
- 베지어 곡면의 특성을 설명하라.
- 이성적인 B-스플라인이라는 용어는 무엇을 뜻하는가?
- 합리적인 B-스플라인의 특성을 설명하라.
- 균일하지 않은 이성 B-스플라인이라는 용어는 무엇을 뜻하는가?
- 균일하지 않은 이성 B-스플라인의 특성을 기술하라.
- 디지털 모형화라는 용어는 무엇을 뜻하는가?
- 디지털 모형의 특징을 설명하라.
- 컴퓨터 보조 공학이라는 용어는 무엇을 뜻하는가?
- 컴퓨터 보조 공학의 특징을 설명하라.
- 동시 설계라는 용어는 무엇을 뜻하는가?
- 동시 설계의 특성을 설명하라.
- 동시병행 엔지니어링이라는 용어는 무엇을 뜻하는가?
- 동시병행 엔지니어링 개발 프로세스의 특성을 설명하라.
- 가상현실이라는 용어는 무엇을 뜻하는가?
- 가상현실 방법의 특징을 기술하라.
- 증강현실이라는 용어는 무엇을 뜻하는가?
- 증강현실 방식의 특성을 기술하라.

- 요구 공학이라는 용어는 무엇을 뜻하는가?
- 요구 공학 방법의 특성을 설명하라.
- 다중 파라미터 최적화 프로세스라는 용어는 무엇을 뜻하는가?
- 다중 파라미터 최적화 프로세스의 특성을 설명하라.
- 모듈화라는 용어는 무엇을 뜻하는가?
- 모듈화 프로세스의 특성을 설명하라.
- 플랫폼이라는 용어는 무엇을 뜻하는가?
- 플랫폼의 특성을 설명하라.
- 가상 제품 개발이라는 용어는 무엇을 뜻하는가?
- 가상 제품 개발 프로세스의 특성을 설명하라.
- 제품 데이터 관리라는 용어는 무엇을 뜻하는가?
- 제품 데이터 관리 시스템의 특성을 설명하라.
- CAD 파이프라인이라는 용어는 무엇을 뜻하는가?
- CAD 파이프라인의 특성을 설명하라.
- STEP 표준이라는 용어는 무엇을 뜻하는가?
- STEP 표준의 특성을 설명하라.
- 유한 요소 분석이라는 용어는 무엇을 뜻하는가?
- 유한 요소 분석의 특성을 기술하라.
- 시스템 통합이라는 용어는 무엇을 뜻하는가?
- 시스템 통합 아키텍처의 특성을 설명하라.
- 미들웨어란 무엇인가?
- 미들웨어의 특성을 설명하라.
- 제품 수명주기 관리라는 용어는 무엇을 뜻하는가?
- 제품 수명주기 관리의 특징에 관해 설명하라.
- 제품이라는 용어는 무엇을 뜻하는가?
- 제품의 특성을 설명하라.
- 무형의 상품이라는 용어는 무엇을 뜻하는가?
- 무형 제품의 특성을 설명하라.
- 물리적, 유형적 제품이라는 용어는 무엇을 뜻하는가?
- 물리적, 유형적 제품의 특성을 설명하라.
- 수명주기 관리에서 통제력 상실이라는 용어는 무엇을 뜻하는가?

- 라이프 사이클 관리에서 제어력 상실의 특성을 설명하라.
- 시스템 엔지니어링이라는 용어는 무엇을 뜻하는가?
- 시스템 엔지니어링의 특성을 설명하라.
- 이용 단계라는 용어의 의미는 무엇인가?
- 활용 단계의 특성을 설명하라.
- 진화 단계라는 용어는 무엇을 뜻하는가?
- 진화 단계의 특성을 설명하라.
- 최종 처분 단계라는 용어는 무엇을 뜻하는가?
- 최종 처분 단계의 특성을 기술하라.
- 제품 수명주기 단계라는 용어는 무엇을 뜻하는가?
- 제품 수명주기 단계의 특성을 설명하라.
- 소개 단계라는 용어는 무엇을 뜻하는가?
- 도입 단계의 특징을 설명하라.
- 성장 단계라는 용어는 무엇을 뜻하는가?
- 성장 단계의 특징을 설명하라.
- 성숙 단계라는 용어는 무엇을 뜻하는가?
- 성숙 단계의 특징을 설명하라.
- 하강 단계라는 용어는 무엇을 뜻하는가?
- 하강 단계의 특성을 설명하라.
- 소프트웨어 수명주기 프로세스라는 용어는 무엇을 뜻하는가?
- 소프트웨어 수명주기 프로세스의 특성을 설명하라.
- ISO/IEC 12207:2008이라는 용어는 무엇을 뜻하는가?
- ISO/IEC 12207:2008의 특성을 설명하라.
- 용어 조항은 무엇을 뜻하는가?
- 조항의 특성을 기술하라.

참고문헌 및 더 읽을거리

(Anderl and Trippner 2000) Anderl, R., Trippner, D. (Ed.): STEP Standard for the Exchange of Product Model Data (in German). Vieweg and Teubner

Publ., 2000

(Becker and Zirpoli 2003) Becker, C. M., Zirpoli, F.: Organizing new Product Development: Knowledge Hollowing-out and Knowledge Integration. – The Fiat Auto Case. International Journal of Operations and Production Management, Vol. 23, No. 9, pp. 1033–1063, 2003

(Bézier 1986) Bézier, P.: The Mathematical Basis of UNISURF CAD System. Butterworths Publ., 1986

(Bilgic and Rock 1997) Product Data Management: State of the Art and the Future. Proceedings of DETC'97 ASME Design Engineering Technical Conferences, 1997

(Buiga 2012) Buiga, A.: Investigating the role of MQB Platform in Volkswagen Group's Strategy and Automobile Industry. International Journal of Academic Research in Business and Social Sciences, Vol. 2, No. 9, pp. 391–399, 2012

(Colotla et al. 2003) Colotla, I., Shi, Y., Gregory, M.: Operation and Performance of International Manufacturing Networks. International Journal of Operations and Production Management, Vol. 23, No. 10, pp.1184–1206, 2003

(Cooper 2017). Cooper, R. G.: Stage-Gate: Roadmap for New Product Development. Published by Product Development Institute, 2017. Available from: http://www.prod-dev.com/stage-gate.php

(Cooper and Edgett 2005) Cooper, R. G., Edgett, S. J.: Lean, Rapid, and Profitable New Product Development. Published by Product Development Institute, 2005

(Cusumano 2008) Cusumano, M. A.: Managing software development in globally distributed teams. Communications of ACM, Vol 51, Issue 2, p 15–17, Feb 2008

(Cusumano and Nobeoka 1998): Cusumano, M., Nobeoka, K.: Thinking beyond Lean, The Free Press, New York, 1998

(Davis 2011) Davis, A. M.: Requirements Bibliography; http://www.reqbib. com/

(Dorfmann and Thayer 1990) Dorfmann, M., Thayer, R. H.: System and Software Requirements Engineering. IEEE Computer Society Press, 1990

(DSMC 1990) Defense Systems Management College: Systems Engineering Management Guide, Washington, DC, U.S. Government Printing Office, 1990

(EIA&IS/632/1998) Systems Engineering, Washington, D.C., Electronic Industries Association (EIA), 1994

(Eigner and Stelzer 2013) Eigner, M., Stelzer, R.; Product Lifecycle Management – A Guide for Product Development and Life Cycle Management (in German), 2nd ed, Springer, Berlin Heidelberg, 2009

(Faulconbridge and Ryan 2014) Faulconbridge, I., Ryan, M. J.: Systems Engineering Practice. Argos Press 2014

(Gausemeier and Plass 2013) Gausemeier, J., Plass, C.: Future-oriented company design - strategies, business processes and IT systems for the production of tomorrow (in German). Carl Hanser Publ. 2013

(Gulati et al. 2000) Gulati, R., Nohria, N., Zaheer, A.: Strategic Networks. Strategic Management Journal, Vol. 21, pp. 203–215, 2000

(Gusig and Kruse 2010) Gusig, L.-O., Kruse, A. (Eds): Vehicle Development in the Automotive Industry - Current Tools for Practical Use (in German). Carl Hanser Publ., 2010

(Grieb 2010) Grieb, P.: Digital Prototyping – Virtual Product Development in Mechanical Engineering (in German). Carl Hanser Publ., 2010

(Grieves 2006) Grieves, M.: Product Lifecycle Management. Tata McGraw-Hill, 2006

(Haas 2000) Haas, R.: Engineering Knowledge Management - Current status and future challenges. Proceed. ICE Conference, Toulouse, France, 2000

(Haas and Sinha 2004) Haas, R., Sinha, M.: Concurrent Engineering at Airbus – A Case Study. Internat. J. of Manufacturing Technology and Management (IJMTM) Vol 6, No 3, 2004.

(Haskins 2006) Haskins, C.: Systems Engineering Handbook – Version 3. International Council of Systems Engineering, 2006

(Holweg 2008) Holweg, M.: The Evolution of Competition in the Automotive Industry. In: Build to Order, pp. 13–34, Eds. Perry, G., Graves, S. Springer Publ., 2008

(ISO/IEC 29148 2011) ISO/IEC 29148 FDIS Systems and Software Engineering– Life Cycle Processes–Requirements Engineering, 2011

(Körber and Möller 2003) Körber, C., Möller, D. P. F.: Dynamic Depth Triangulation of Large NURBS Surfaces in Real-Time and its Application to Geoscience. In: Proceed. 4th Mathmod Conf., pp. 618–622. Eds.: I. Troch, F. Breitenecker, ARGESIM Report, Vol. 24, 2003

(Korth 2003) Korth, K.: Platform reductions versus demands for specialization. Automotive Design and Production, Vol. 115, No. 10, pp. 14–16. 2003

(Kotonya and Sommerville 1998) Kotonya, G., Sommerville, I.: Requirements Engineering. Wiley & Sons, 1998

(Lake 1996) Lake, J.: Unraveling the Systems Engineering Lexicon. Proceedings of the INCOSE Symposium, 1996

(Lampón et al. 2015). Lampón, J., Cabanelas, P., Benito, J. G.: The Impact of Implementation of a Modular Platform Strategy in Automobile Manufacturing Networks. Governance and Economics Research Network Working Paper B, 2015

(Lampón and Cabanelas, 2014) Lampón, J. F., Cabanelas, P.: La Estrategia de Platformas Modulares "Una Nueva Revolución en la Organización de la Producción en la Sector del Automóvil". University Business Review, Vol. 42, pp. 14–31, 2014

(Lee et al. 2011) Lee, C., Leem, C. S., Hwang, I.: PDM and ERP Integration Methodology using Digital Manufacturing to Support Global Manufacturing. Int J Adv Manuf Technol., Vol. 53, No. 1, pp. 399–409, 2011. doi:https://doi.org/10.1007/s00170-010-2833-x

(Miltenberg 2009) Miltenburg, J.: Setting Manufacturing Strategy for a Company's International Manufacturing Network. Internat. J. of Production Research, Vol. 47, No. 22, pp. 6179–6203, 2009

(Möller 2000) Möller, D. P. F.: Virtual Reality: A Methodology for Advanced Modeling and Simulation of Complex Dynamic Systems. In: 3rd Mathmod, pp. 505–508, Eds.: I. Troch, F. Breitenecker, ARGESIM Publ., 2000

(Möller 2004) Möller, D. P. F.: Virtual Reality Framework for Surface Reconstruction. In: Networked Simulation and Simulated Networks, pp. 428–430, Ed. G. Horton, SCS Publ. House, 2004

(Möller 2016). Möller, D. P. F.: Guide to Computing Fundamentals in Cyber-Physical Systems –Concepts, Design Methods, and Applications. Springer Publ. 2016

(Muffatto 1999) Muffatto, M.: Introducing a Platform Strategy in Product Development. Internat. J. of Production Economics, Vol. 60/61, pp. 145–153, 1999

(Muffatto and Roveda 1999) Muffatto, M., Rodeda, M.: Developing Product Platforms: Analysis of the Development Process. Technovation, Vol. 20, No. 11, pp. 617–630, 1999

(Prasad 2003) Prasad, C. S. K.: Global Virtual Teams: A Capability Centric Model – Degree of Virtualness in Capabilities and Predictors. Indian Institute of Science (IISc), 2003

(Patchong et al., 2003) Patchong, A., Lemoine, T., Kern, G.: Improving car body production at PSA Peugeot Citrroen. Interfaces, Vol. 33, No. 1, pp. 36–49, 2003

(Piegl and Tiller 1997) Piegl, L., Tiller, W.: The NURBS Book. Springer Publ. 1997

(Prautzsch et al. 2002) Prautzsch, H., Boehm, W., Paluszny, M.: Bézier and B-Spline Techniques. Springer Publ. 2002

(Robertson and Ulrich 1998) Roberston, D., Ulrich, K.: Planning for Product Platforms. In: Sloan Management Review, Vol. 39, Issue 4, pp 19ff, 1998

(Rogers 2001) Rogers, D. F.: Introduction to Nurbs. Morgan Kaufmann Publ. 2001

(Rudberga and Olhagerb 2003) Rudberga, M., Olhagerb, J.: Manufacturing Natworks and Supply Chains an Operations Strategy Perspective. Omega Vol. 31, pp. 29–39, 2003

(Saaksvuori and Immonen 2008) Saaksvuori, A., Immonen, A.: Product Lifecycle Management. Springer Publ. 2008

(Schoenberg 1967) Schoenberg, I. J.: On Spline Functions. In: Sischa, O. (Ed.) In-equalities, pp. 255–291. Academic Press 1967

(Schuh 2012) Schuh, G.: Innovation Management (in German) Ed. Schuh, G. Springer Publ. 22012

(Schumaker 1981) Schumaker, L. L.: Spline functions: Basis Theory, Wiley Publ., 1981

(SECMM-95-01) Systems Engineering Capability Maturity Model, Version 1.1, Carnegie Mellon University, Pittsburgh, P.A., Software Engineering Institute, 1995

(Sehgal and Gorai 2012) Sehgal, B., Gorai, P.: Platform Strategy will shape future of OEMs. White Paper Evalueserve, 2012

(Seiffert and Rainer 2008) Seiffert, U., Rainer, G. (Eds): Virtual product design for vehicle and drive in cars (in German) Vieweg and Teubner Publ., 2008

(Sendler and Waver 2011) Sendler, U., Waver, U.: From PDM to PLM (in German), Carl Hanser Publ., 2011

(Shi and Gregory 1998) Shi, Y., Gregory, M.: International Manufacturing Networks to Develop Global Competitive Capabilities. Journal of Operations Management, Vol. 16, pp. 195–214, 1998

(Sinha and Haas 2006) K. Sinha, K., Haas, R., An Architecture for Integrated Simulation Driven Design, Industrial Simulation Conference (ISC) 2006, Palermo, Italy

(Smith and Reinertsen 1998) Smith, P. G., Reinertsen, D. G.: Developing Products in Half the Time: New Rules, New Tools. John Wiley & Sons Inc., 1998

(Sörensen 2006) Sörensen, D.: The Automotive Development Process – A Real Options Analysis. Deutscher Universitäts Verlag, 2006

(Spath and Kern 2003) Spath, D., Kern, P. (Eds.): Office 21 - More performance in innovative work environments (in German). Egmont vgs Publ., 2003

(Stark 2011) Stark, J.: Product Lifecycle Management. Springer Publ., 2011

(Stark 2016). Stark, J.: Product Lifecycle Management, Volume 2. Springer Publ. 2016

(Suk et al., 2007) Suk, E., de Weck, O., Kim, I. Y., Chang, D.: Flexible Platform Components Design under Uncertainty. Journal of Intelligent Manufacturing, Vol. 18, No. 1, pp. 115–126, 2007

(Thayer and Dorfmann 1997) Thayer, R. H., Dorfmann, M.: Software Requirements Engineering. Wiley Publ., 1997

(Tiller 1983) Tiller, W.: Rational B-Splines for Curve and Surface Representation. IEEE Comput. Graph Appl. Vol. 3, pp. 61–69, 1983

(Valerdi and Wheaton 2005) Valerdi, R., Wheaton, M.: ANSI/EIA 632 As a Standard WBS for COSYSMO. Proceedings 5th Aviation, Technology, Integration, and Operations Conference (ATIO), Arlington, Virginia, 2005

(Vereecke and Van Dierdonck 1999) Vereecke, A., Van Dierdonck, R.: Design and Management of International Plant Networks. Research Report Gent Academia Press, 1999

(Verner et al. 2005) Verner, J. K., Cox, S., Bleistein, S., Cerpa, S.: Requirements Engineering and Software Project Success: An Industrial Survey in Australian and the U.S.. Australian Journal of Information Systems, Vol. 13, No. 1, 2005

(Wilhelm 1997) Wilhelm, B.: Platform and modular concept at Volkswagen – Their effect on the assembly process. In: Transforming Auto Assembly. Shimokawa, K., Jurgens, U., Fujimoto, T. (eds.), Springer Publ., 1997

(Woodward 1987) Woodward, C. D.: Blends in Geometric Modeling. In: Martin, R. R. (Ed.), Mathematical Methods of Surfaces II, pp 255–297. Oxford University Press, 1987

링크

(URL1 2017) http://www.stage-gate.com/resources_stage-gate.php

(URL2 2017) http://wirtschaftslexikon.gabler.de/Archiv/14455/simultaneous -engineering-v6.html

(URL3 2017) http://en.wikipedia.org/wiki/Requirements_engineering#cite_ note-5

(URL4 2017) http://productlifecyclestages.com/

(URL5 2017) http://www.iso.org/iso/catalogue_detail?csnumber¼43447

(URL6 2017) https://www.iso.org/obp/ui/#iso:std:iso-iec:12207:ed-2:v1:en

(URL7 2017) http://www.prostep.org/en/medialibrary/publications/?no_ cache=1

(URL8 2017) http://www.daimler.com

(URL9 2017) http://www.ashokleyland.com

4

자동차 전기전자공학과 소프트웨어

4장은 4.1절에서 자동차 분야의 메카트로닉 시스템에 관한 개요를 시작으로 한다. 4.2절은 차체, 섀시, 편의성, 운전자 보조 전자 장치, 전자 제어 장치ECU 및 엔터테인먼트/인포테인먼트 전자 장치 및 센서 기술을 고려해 자동차 전자 장치에 집중한다. 4.3절에서는 전기/전자 아키텍처와 버스 시스템 요구 사항에 대해 설계상 통제가 잘 적용된 접근법을 강조하며 이를 소개한다. 4.4절에서는 기능 안전 개념을 설명한다. 다음으로 4.5절에는 소프트웨어 콘텐츠 및 제품 복잡성, 모델 기반 소프트웨어 개발 및 HILHardware-In-the-Loop 테스트의 역할이 증대되는 것을 고려해 자동차 소프트웨어 엔지니어링에 중점을 둔다. 4.6절은 AUTOSARAUTomotive Open System Architecture 플랫폼 그리고 4.7절에서는 AUTOSAR 적응형 플랫폼에 관해 다룬다. 4.8절에서는 텔레매틱스와 인포테인먼트에 필수 요소인 GENIVI Alliance®를 소개한다. 4.9절에서는 첨단 주행 보조 시스템ADAS 에 대해(11장 참조), 4.10절에서는 미래의 트렌드에 관해 제공한다. 4.11절에는 자동차 전기전자 및 자동차 소프트웨어 엔지니어링에 관한 전반적인 질문이 있으며 마지막으로 참조와 더 읽을거리에 관한 제안이 이어진다.

4.1 자동차의 메카트로닉스 시스템

메카트로닉스(기계전자공학)는 통합되고 최적화된 제품 설계에서 시너지적으로 기계, 전기 그리고 소프트웨어 기술의 조합에 대한 학문적인 엔지니어링 개념이다.

이름 자체는 1960년대 일본에서 처음 사용됐다. 오늘날 메카트로닉스는 그림 4.1과 같이 다양한 응용분야에서 공학 분야로 널리 인정받고 있다.

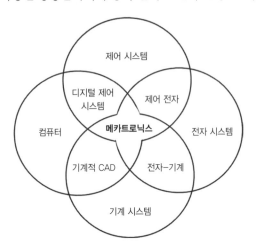

그림 4.1 메카트로닉스의 학문 분야

메카트로닉스는 혁신을 통해 제품을 업그레이드하고 차별화하는 데 있어 자동차 산업 시장에서 큰 잠재력을 갖고 있다.

파워 시트, 전자 거울, 자동 공조 제어 등과 같은 메카트로닉스 제품의 특징은 이러한 제품의 메모리 기능과 자동으로 동작하는 것을 용이하게 한다.

그러므로 메카트로닉스는 분석, 설계, 구현 그리고 안티락 브레이킹, 파워트레인 제어, 도어 잠금 장치, 서스펜션 등과 같은 전자기기와 임베디드 소프트웨어에 의해 제어되는 기계 시스템의 테스트를 다루는 자동차 시장의 다양한 혁신적 요구에 대한 엔지니어링적인 해답으로 볼 수 있다.

그림 4.1에서 볼 수 있듯 메카트로닉스 엔지니어의 작업을 크게 변화시킨 몇 가지 기본적 트렌드가 있다. 이들은 주로 임베디드 시스템 설계는 물론 네트워킹, 모델링, 시뮬레이션 및 제어 분야의 발전에 의해 주도된다. 오늘날 메카트로닉스의 세 가지 주요 트렌드는 소프트웨어 콘텐츠, 네트워크 시스템 및 지능형 제어의 증가다.

- 소프트웨어 콘텐츠의 빠른 증가: 차량 ECU에 내장된 소프트웨어가 기하 급수적으로 증가한다. 이는 기본 제어 메커니즘의 복잡성이 증가한 데 기인하지만 그림 4.2와 같이 하드웨어보다 소프트웨어의 발전 추세를 나타내기도 한다. 이것은 마이크로컨트롤러의 성능이 크게 향상됐기 때문에 가능하다. 소프트웨어 콘텐츠의 증가에 의한 이점은 소프트웨어 기반 알고리즘은 훨씬 쉽게 수정 가능하고, 최종 파라미터화를 수행할 수 있으며, 필요할 때 업데이트를 쉽게 제공할 수 있다는 것이다. 그림 4.2에서 볼 수 있듯이 소프트웨어 콘텐츠의 증가는 메카트로닉스에서 소프트웨어 엔지니어링의 역할을 증가시켰다(Schäuffele와 Zurawka 2016).

- 지능적 제어: 지능적 제어는 각각의 시스템의 수학적 모델을 기반으로 이전 제어 기술을 보완하는 적응형 그리고 지능형 학습 방법을 제공한다. 이러한 기술에는 퍼지 컨트롤러, 신경망 및 전문가 시스템 기반 제어에서 하이브리드 및 종합 제어 기술에 이르기까지 방대한 방법이 포함된다. 이러한 시스템은 복잡성은 계속 증가하기 때문에 지능형 제어는 메카트로닉스의 중요한 부분이다. 메카트로닉 시스템은 주로 운영체제 의존적이며, 외부 요소로 인해 매우 비선형적인 변화를 갖거나 다양한 사용자 사용 시나리오와 비표준 모델링 기술에 적응해야만 한다. 지능형 제어 방법론은 점점 더 중요성이 높아지고 있다.

- 사이버 물리 시스템: 오늘날의 자동차 시스템에는 사이버 물리 시스템에 의해 달성될 수 있는 커넥티비티의 추세가 증가하고 있다(5장 5.1절 참조) 이러한 시스템들은 기존 시스템에 새로운 기능을 추가해 내부 깊숙이 내장돼 있는 계산과 통신 기능의 사용 및 물리적인 자동차 시스템과 상호작용한다. 사이버 물리 시스템^{CPS}은 일반적으로 인터넷과 같은 개방형 네트워크 기술을 사용하는 네트워크화된 시스템이다. 사물 인터넷의 출현으로 센서가 네트워크화되기 시작했고 메카트로닉스 시스템은 상호 그리고 백엔드 시스템과 통신한다. 이와 관련해 컴퓨터와 통신은 대규모 시스템을 함께 유지하고 CPS 인프라 구성을 가능하게 하는 통합 범용 시스템이 됐다. 따라서 CPS는 하나의 패러다임 내에서 컴퓨팅, 네트워킹, 물리적 그리고 사이버 또는 가상 환경을 연결하는 최첨단의 복잡한 시스템 아키텍처를 갖추고 있으므로 보안 설계가 필요하다. CPS는 다음과 같은 서비스를 제공한다.

- 제어
- 정보 피드백
- 실시간 모니터링

대부분의 필수 동작들은 통합과 연산의 조합, 통신, 제어(3C)에 의해 물리적인 상호작용과 사이버 세계를 통합한다(Ning 2013; Möller 2016). 이러한 네트워크 시스템은 원격으로 쉽게 모니터링할 수 있다. 그러나 사이버 보안 위험에도 노출돼 있다(6장 참조).

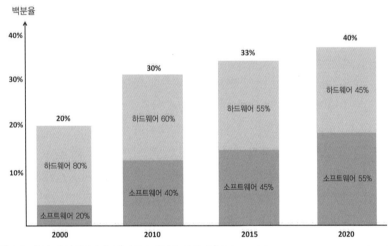

그림 4.2 차량 내 자동차 E/E 및 소프트웨어의 가치 비율(Mercer Management Consulting (2001) 및 URL33(2017) 참조)

4.2 자동차 전자 장치

자동차 전자 장치는 차량에 사용되는 모든 전기 시스템 또는 구성 요소를 처리한다. 이 시스템의 수는 최근 몇 년 동안 지속적으로 빠르게 증가했다. 한편으로 많은 센서와 작동기 그리고 새로운 특정 ECU(4.2.5절)들이 운전자와 승객이 좀더 안전하게 느끼게 하기 위해 개발됐다. 전자 제어 장치는 모듈식 장치이며 현대 차량에는 45~120개 이상의 내장형 ECU를 포함하고 있다. 다른 한편으로는, 엔터테인먼트 및 내비게이션 시스템은 여행을 더욱 편리하게 하기 위한 방법으로 차량에 포함됐다.

자동차 E/E 시스템 및 구성 요소는 다양한 자동차 E/E 응용 분야에 따라 나뉘진다.

- 바디 전자 장치
- 통신 및 엔터테인먼트 시스템
- 전력 제어
- 안전 제어

현재 대부분의 바디 전자 제품은 제품 수명주기의 성숙 또는 쇠퇴 시기에 진입했다. 전력 제어 범주의 경우 국내 총 수입^{GDI}은 여전히 증가하고 있다. 유럽 시장에서의 시장점유율은 2018년까지 약 40%로 증가할 것으로 예상된다. 안전 제어 범주와 관련해, 안전 운전을 위한 보조 시스템은 고급차에서 중형차로 이동함에 따라 빠른 개발 및 성장 단계를 겪고 있다. 이 기술에 대한 미래 대규모적인 적용은 기술의 성숙도와 비용 감소에 달려 있다. 그러나 의무적인 법 규정이 없기 때문에 여전히 중국과 같은 신흥 시장에서는 여전히 도입 시기 상태이다. 최근 OEM$^{Original Equipment Manufacturer}$은 새로운 통신 및 엔터테인먼트 시스템에 집중하고 있다.

내장된 차량 정보 시스템은 유럽과 미국이 새로운 차량에 비상 차량 정보 시스템을 장착하도록 요구함에 따라 급속히 발전하고 있다. 차량 정보 시스템은 향후 대중 시장에서 더 널리 채택될 것이다. 일반적으로 자동차 전자 장치는 다음과 같은 영역으로 나눌 수 있다.

- 바디 전자
- 섀시 전자
- 편의 전자
- 운전자 보조 및 첨단 운전자 보조 전자
- 전자 제어 장치
- 엔터테인먼트/인포테인먼트
- 센서 기술

차량 네트워크 내 높은 대역폭에 대한 필요성에 의해 자동차 전자 장치에 대한 향상된 컴퓨팅 성능 또한 요구되고 있다. 더 나아가 수많은 차량 제어 응용에 따른 방대한 수의 센서, 작동기, 모터가 적용되고 있다. 자동차 영역의 센서는 다음과 같은 가스를 측정하는 데 필수적이다.

- COx
- NOx

또한 다음을 측정한다.

- 속도
- 온도
- 타이어 압력
- 토크
- 진동
- 흔들림^{Yaw}
- 차량 효율 및 안전성 향상을 돕는 기타 파라미터

작동기에는 다음이 포함된다.

- 구동 펌프
- 엔진 제어 모듈^{ECM}로 제어되는 전동 모터 드라이브
- 팬
- 난방, 환기 및 공기 제어^{HVAC}
- 중계기
- 솔레노이드^{Solenoids}
- 선 루프
- 창 리프트

이 모든 것은 차량을 더 편안하게 만드는 데 필수적이다. 오늘날의 차량에 내장된 많은 전자 장치는 자동차 전자 부품으로 인해 추가된 하드웨어 무게와 낮은 연비로 인한 직접적인 관계를 기반으로 한편으로 전력의 소비를 증가시킨다. 한편, 이러한 구성 요소에 대한 더 많은 컴퓨팅 성능, 내장된 메모리 용량, 더 높은 대역폭 연결의 필요성은 각각 추가 전력 소비에 관련이 있다. 일반적으로 사용되는 매 전력 100W당 거의 0.1l/100km 또는 0.1l/62mile 정도 필요한 것으로 나타나 있다.

차량 중량 50kg이 증가할 때마다 약 연료의 0.15l/100km 또는 0.15l/62mile의 연료 소비가 증가한다. 따라서 편리, 효율, 안전성을 위해 지속적으로 증가하는 차량 전자 장치의 수준과 함께 자동차 제조사와 전자 부품 공급사들은 반드

시 차량 전자의 복잡성과 전력 요구 및 중량에 관한 상충되는 요구에 대해 대처해야만 한다.

차량 전자 장치의 더 뛰어난 컴퓨팅 및 네트워크 성능뿐만 아니라 자동차 전자 장치의 복잡도 증가와 동작하는 기능의 중요한 특성에 대처하기 위해 차량 바디 네트워크 내 안전과 보안의 강화가 주요 요구 내용이다.

- 안전: "상해를 입지 않은" 또는 "건강한"을 의미하는 라틴어 "salvus"에서 유래했다. 안전 연구와 안전한 차량과 장비를 설계하고 규정을 준수하는 관행은 모두 교통 충돌의 발생과 결과를 최소화한다는 목표에 도움이 된다.
- 보안: "주의하라"라는 의미의 라틴어 "securus"에서 유래했다. 따라서 위험으로부터 보호되거나 노출되지 않는 상태를 말한다. 차량의 경우, 자동차 산업의 모든 이해관계자가 사이버 공격의 위험을 완화할 수 있는 협업의 기회를 제공한다.

그럼에도 용어는 어떤 용어의 사용을 결정할 때 문맥에 따라 의미가 달라진다. 그러나 차량의 무선 통신이 널리 보급됨에 따라 사이버 공격을 위한 차량 네트워크의 무단 액세스를 방지하기 위해 자동차 영역의 보안에 대한 요구가 계속 증가하고 있다(6장 참조).

혁신적인 자동차 기능의 발전과 관련해 자동차 E/E의 하위 주제는 그림 4.3과 같이 요약할 수 있다.

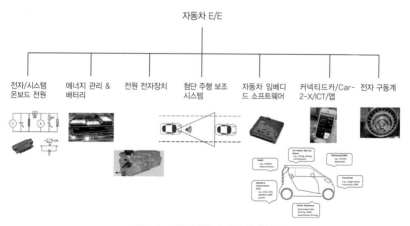

그림 4.3 자동차 E/E의 하위 주제 분류

4.2.1 바디 전자

바디 전자 장치는 다음과 같은 기능과 관련해 차량의 수용력을 위한 중요한 속성이다.

- 중앙 잠금
- 조명
- 윈도우 클리닝

고객은 이러한 모든 기능을 잘 알고 있다. 아쉽게도 잘 설계된 잠금 시스템으로 고객이 특정 차량 브랜드를 구매하는 데 설득력을 가질 수 없다. 그러나 제대로 설계되지 않은 브랜드는 고객이 해당 브랜드를 구매를 하지 않도록 할 것이다. 그러나 직관적이고 논리적이며 명확하게 구성된 바디 전자 시스템은 고객에게 고품질의 차량 브랜드라는 인식을 갖게 한다. 하지만 자동차 제조사의 입장에서는 증가하는 차량 요소들과 구성 수에 대해 더 높은 안전 표준에 대한 시스템을 개발하는 것은 더 어렵다. 따라서 바디 전자 장치의 물리적 하드웨어는 고객이 차량에 새로운 차원의 편안함, 효율성, 안전성 및 기타 기능을 찾고 있기 때문에 고객에게 매우 중요하다. 다음과 같은 다양한 기능을 위해 바디 전자 시스템이 개발되고 있다.

- 바디 제어 모듈[BCM]: BCM은 오늘날의 바디에서 다양한 자동차 전자 부품들을 모니터링하고 제어한다. BCM은 다음과 같은 여러 장치를 제어한다.
  - 에어컨
  - 중앙 잠금
  - 이모빌라이저 시스템
  - 전동 미러
  - 전동 윈도우

또한 BCM은 차량의 CAN[Controller Area Network] 또는 LIN[Local Interconnect Network] 버스를 통해 시스템 ECU와 통신한다(4.3.3절 참조). 주요 응용 분야는 도어 잠금, 차량 내부 램프 조광 및 기타 필수 기능과 같은 차량 내 기능을 수행하는 로드 드라이버 및 작동 중계기를 제어하는 것이다(URL1 2017).

- 전원 관리 모듈^{PMM}: 차량 내 PMM은 전자식 스위칭 전력을 데이터 수집 시스템과 ECU, 조명, 모터, 솔레노이드 등과 같은 차량 전자 장치 다양한 E/E 시스템에 제공하고, 스위치 입력, CAN 메시지(4.3.3절과 6.2.1절 참조) 그리고 논리적 기능의 조합을 통해 제어된다. PMM은 다음을 통해 연료 소비, 유지 보수 비용 및 수리를 감소시킨다.
  - 전력 사용량 또는 기타 파라미터를 기반으로 성능 저하 부하를 식별
  - 부하 우선/복원/감소/제한
  - 전기 부하 또는 하위 시스템의 전력 최적화

  따라서 Zhang과 Mi(2011)에서 설명한 것과 같이 차량 전원 관리의 기본 개념은 다음과 같다.

  - 제어 장치
  - 데이터 수집 장치
  - 구동 사이클 선택 장치
  - 연료 소비 및 성능 장치
  - 구동 사이클 장치 내 연료 수요
  - 모니터링 장치

- 파워 윈도우 및 도어 제어^{PWDC}: PWDC에는 차량 도어 내에 모든 부하를 구동하는 데 사용되는 차량 전자 장치를 포함하고 있다. 이는 LIN 버스(4.3.3절 참조)를 통해 대시보드와 연결돼 있다. 대시보드는 차량 도어 모듈 작동기와 연계된 차량 도어와 같은 차량 전자 시스템의 과거 추세와 현재 상태를 그래픽으로 표현해줄 수 있는 실시간 사용자 인터페이스이며 쉽게 읽을 수 있다. 표 4.1에서는 강화된 명령어 세트를 특징으로 산업 표준 8-bit 마이크로컨트롤러 코어를 기반으로 CAN 및 LIN 인터페이스와 함께 중간 수준의 적용을 위해 설계된 ST Micoroelectronic 마이크로컨트롤러인 ST72F561에 대해 보여주고 있다(ST Microelectronics 2013).

표 4.1 도어 모듈 작동기

작동기	
도어 잠금	1 DC 모터
미러 축 제어	2 DC 모터
미러 서리 제거	1 DC 모터
미러 접기	접지 저항 부하 1개
전구	접지 저항 부하 1개
윈도우 리프팅	1 DC 모터

ST Microelectronics Application Note AN2334(ST Microelectronics 2013)에 설명된 대로 도어 및 윈도우 잠금 코딩의 사용 사례에 대한 예는 표 4.2에 나와 있는 진리표를 통해 다음과 같은 각 기능이 실현된다.

- 전구
- 미러
- 차량 도어
- 윈도우

차량 도어는 운전자가 차량의 4개 윈도우를 모두 제어하고 다른 3개의 개별 윈도우에 있는 제어를 잠글 수 있는 기능과 같이 통합된 기능에 따라 여러 가지 방식으로 배선된다. 이 시스템에서 전원은 도어의 윈도우 스위치 패널로 들어와서 4개의 윈도우 스위치 각각의 중앙에 있는 접점에서 분배된다. 전원 접점의 한쪽에 2개의 접점은 차량 접지와 전기 모터에 연결돼 있다. 전원은 또한 잠금 스위치를 통해 다른 각 도어의 유사한 윈도우로 스위치로 흐른다.

표 4.2 창 및 도어 잠금 코딩

창				도어
좌측 올림	좌측 내림	우측 올림	우측 내림	잠김/열림
0	0	0	0	0
0	0	0	1	0
0	1	0	1	0
0	1	0	0	0
0	0	1	0	0
1	0	1	0	0
1	0	0	0	0

0	0	0	0	1
0	0	0	1	1
0	1	0	1	1
0	1	0	0	1
0	0	1	0	1
1	0	1	0	1
1	0	0	0	1

- RKE^{Remote Keyless Entry}: 차량 전자 원격 중앙 잠김은 차량에 접근을 제어하고 물리적인 접촉 없이 표준 차량 키의 기능을 수행하는 휴대용 장치에 의해 활성화된다. RKE에는 (i) 도어를 잠금을 키 없이 원격에서 해제하는 시스템^{RKE, remote keyless entry system}과 (ii) 엔진을 시동을 원격에서 켜는 시스템^{RKI, remote keyless ignition system}의 두 가지 기능을 포함하고 있다. 무선 도어 잠금 시스템^{The keyless entry system}은 원래 진입을 위해 미리 정해진 숫자 코드를 눌러야 하는 운전석 근처 또는 근처에 있는 키패드로 제어되는 잠금 장치였다. 이 시스템은 오늘날 숨겨진 터치 활성화 키패드로 발전했다(URL2 2017).

- 시트 편의^{SC}: 거칠거나 반동이 있는 주행으로 허리 통증을 악화시킬 수 있으므로 부드러운 승차감은 중요한 문제다. 따라서 SC는 다양한 운전자의 체형과 운전석 시트에 중점을 두고 시트에 팽창식 에어 챔버가 포함돼 승객의 개별적인 인체 구조에 적용을 가능하게 해 실제 정형외과적인 기능을 제공할 수 있다. 대부분 이러한 시트들은 정형외과 전문의에 의해 개발돼 장거리 운행 시 뛰어난 안락함과 건강을 고려한다.

- 스마트 미러 및 와이퍼^{SMW}: 스마트 미러에 관한 자세한 내용은 이 절의 PWDC를 참조하라. 비가 오면 스스로 작동하고 비가 더 많이 오거나 적게 오면 속도를 조절하는 스마트 와이퍼가 흔한 기능은 아니었다. 백미러 뒤와 앞 유리 내부에 장착된 모듈로 비를 감지할 수 있다. 여기에는 발광 다이오드^{LED}와 집광기 세트가 포함돼 있다. 날씨가 건조하면 LED 빛이 앞 유리에서 집광기로 반사된다. 빗방울이 모듈 앞에 떨어지면 일부 빛이 집광기로부터 굴절되고 이는 시스템으로 하여금 유리창을 닦도록 와이퍼 블레이드를 작동하게 한다.

- 선루프^{SHD}: SHD는 선루프 제어 모듈에 의해 제어된다. 모듈은 모든 부하 회로를 포함하며 선루프 구동기에 직접 연결돼 있다. 모듈은 인코딩을 통해 차량에 할당된다. 다음과 같은 구성 요소가 포함돼 있다.
  - 스텝 다운 기어 메커니즘이 탑재된 DC 모터
  - 2개의 위치 감지 홀 이펙트 센서
  - 전자 제어 스위치

2개의 홀 센서는 DC 모터 회전 수를 등록해 선루프의 위치를 결정한다. 적절한 종료 위치에 도달하면 구동 스위치가 꺼지고 켜진다. 구동 토크는 위치 센서에 의해 전송된 신호와 모터의 전력 소비로부터 지속적으로 계산된다. 특정 값 이상으로 증가하는 토크는 트래핑(물체가 끼인 상태)으로 해석된다. 안티 트래핑 보호를 위한 특성 데이터는 코딩 데이터 내에 정의된다. 데이터는 인코딩 과정 동안 제어 장치에 기록된다. 안티 트래핑 보호는 선루프가 >4 그리고 <200mm 사이일 때 가까운 방향에서 활성화된다. 이 기능은 일반적인 닫기, 자동 작동, 선루프 닫기 중에 활성화된다. 닫힘 및 고정 방향으로 스위치를 과도하게 눌러 고장이 발생하면 트래핑 방지 기능이 비활성화된다. 트래핑이 감지되고 선루프가 약 1초 동안 열린 경우 닫기 절차가 중단된다(URL3 2017).

4.2.2 섀시 전자

섀시 시스템에는 다음과 같은 다양한 매개 변수를 모니터링하고 능동적으로 제어되는 많은 서브 시스템이 있다.

- ABS^{Antilock Braking System}: 이 안전 시스템은 운전자의 조작과 관련된 차량의 타이어가 노면과 접지력을 유지해 제동, 휠 잠김 방지 그리고 제어되지 않고 측면으로 미끄러지는 것을 방지한다. ABS는 일반적으로 향상된 차량 제어 기능을 제공하며 건조하고 미끄러운 표면에서 정지 거리를 줄인다. 또한 미끄러운 자갈 또는 눈 덮인 표면에서도 ABS는 차량 제어를 향상시키면서 제동을 크게 증가시킬 수 있다. 일반적으로 ABS는 유압 브레이크 내에 중앙 ECU, 휠 속도 센서 그리고 2개의 유압 밸브를 포함하고 있다. ECU는 각 휠의 회전 속도를 지속적으로 모니터링한다. ECU가 휠이 다른 휠보다 훨씬 느리게 회전하는 것을 감지하면 ECU는 밸브

를 작동시켜 영향을 받는 휠의 브레이크에 대한 유압을 감소시켜 휠의
제동력을 줄이고, 이에 따라 휠은 더 빠르게 회전한다. ECU가 휠이 다
른 휠보다 훨씬 빠르게 회전하는 것을 감지하면 이 휠의 브레이크 유압
이 증가해 제동력이 다시 적용돼 휠 속도가 느려진다. 이 과정은 지속적
으로 반복된다. 그러므로 극한의 제동 불능 상황에서조차도 ABS가 장착
된 차량의 휠은 사실상 잠그는 것이 불가능하다. 최신 버전은 제동 중 휠
잠금을 방지할 뿐만 아니라 전후 브레이크 바이어스를 전자식으로 제어
한다. 특정 기능과 구현에 따라 이 기능은 EBD[Electronic Brake Force Distribution]
트랙션 컨트롤, EBA[Emergency Brake Assist] 또는 ESP[Electronic Safety Program]로
알려져 있다(URL4 2017).

- EBD[Electronic Brake Distribution]: 이 브레이크 기술은 도로 상황, 속도, 적재량
  등에 따라 각 차량 휠에 적용되는 힘의 양을 자동으로 변경한다. 차량 제
  어를 유지하면서 정지력을 최대화하기 위해 각 휠에 약간 또는 더 많은
  제동 압력을 가할 수 있다. 일반적으로 프론트엔드에서 대부분의 중량을
  차지하고 있고, EBD는 리어 브레이크가 제동을 발생시켜 스키드[skid]를
  일으키지 않도록 리어 브레이크에 적은 제동 압력을 분배한다. 일부 시
  스템에서는 중량 전달의 영향이 명확해지기 전 초기 제동 적용 시 EBD
  가 더 많은 제동 압력을 리어 브레이크에 분산시킨다.

- ESC[Electronic Stability Control]/ESP[Electronic Stability Program]: 이 전자 시스템은 트랙
  션의 손실을 감지하고 줄임으로써 차량의 안정성을 향상시킨다. ESP가
  스티어링 제어의 손실을 감지하면 자동으로 브레이크를 적용해 운전자
  가 가고자 하는 곳으로 차량을 조향하는 데 도움을 준다. 오버스티어링
  에 대응하기 위한 외부 앞타이어 또는 언더스티어링에 대응하기 위한 내
  부 뒷타이어와 같이 제동이 개별 휠에 자동으로 적용된다. 일부 ESP 시
  스템은 제어권이 회복될 때까지 엔진 출력을 줄인다. ESP는 차량의 코
  너링 성능을 향상시키지 않는 대신 제어 상실을 최소화하는 데 도움이 된
  다(URL6 2017)(4.2.5절 참조).

- TCS[Traction Control System]: TCS는 트랙션 손실을 방지하기 위한 ESP의 기능
  이다. 노면 상태와 관련해 스로틀 입력과 엔진 토크가 일치하지 않으면
  TCS가 활성화된다. 트랙션 컨트롤 시스템은 전자 유압식 브레이크 작동
  기와 ABS의 휠 속도 센서로 구분할 수 있다.

다른 유형의 자동차 섀시 전자 서브 시스템은 수동 안전 시스템^{PSS, Passive Safety} System이다. 이러한 시스템은 충돌이 발생하는 상황이거나 심각하거나 위험한 상황을 식별하고 충돌을 방지하기 위해 언제나 준비돼 있다.

이 시스템은 다음을 포함한다.

- ACS^{Airbag Control System}: 이 안전 시스템은 다른 물체에 영향을 주거나 급감속할 때 매우 빠르게 에어백을 팽창시키고 다시 수축시키도록 설계됐다. ACS의 목적은 충돌 사고 시 운전자와 승객에게 부드럽게 충격을 완화하고 제어해 운전자와 승객이 차량 내부 간 충격에 의해 큰 힘이 가해지지 않도록 하기 위함이다. 에어백은 차량 운전자가 스티어링 휠, 계기판 또는 A-B-C 구조 차체 필러 및 헤드라이너 그리고 윈드실드/윈드스크린 사이에서 충격 에너지를 흡수할 수 있는 표면을 제공한다(URL7 2017).
- HDC^{Hill Descent Control}: HDC 시스템은 운전자가 브레이크 페달을 밟을 필요 없이 거친 지형에서 부드럽고 제어된 내리막길 주행을 가능하게 한다. 차량이 하강하면 ABS 시스템이 각 휠의 속도를 제어한다. 운전자 개입 없이 차량이 가속될 경우 HDC는 자동으로 브레이크를 작동시켜 차량을 원하는 속도로 감속시킨다. HDC를 이용하면 지형이 미끄럽거나 험한 내리막길 주행도 원활하고 제어가 가능하며, 충분한 마찰력이 존재한다면 운전자는 제어력을 유지할 수 있다는 것에 대한 확신을 가질 수 있을 것이다(URL8 2017).

4.2.3 편의 전자

편의 전자 장치는 다음과 같은 운전자와 승객에게 편안한 승차감을 제공하는 자동차 전자 시스템이다.

- ACC^{Automatic Climate Control}: 외부 온도, 태양의 강도 그리고 운전자 또는 승객의 요청에 의한 실내 온도를 고려해 실내 온도와 환기를 조절한다.
- ESAM^{Electronic Seat Adjustment with Memory}: 사용자의 시트 위치를 추적하고 운전석 및 조수석에 대한 사용자의 개별 시트의 설정을 저장한다. 대부분 메모리 외부의 미러와 함께 사용할 수 있으며, 다른 운전자 또는 승객의 개별 시트 설정 메모리에서 가져올 수 있다.

- 자동 와이퍼(4.2.1절 참조): 비가 올 때 스스로 활성화되고 비가 많이 또는 적게 올 때 앞 유리의 물의 양을 감지해 와이퍼의 속도를 제어한다.
- 자동 헤드 램프-자동 빔 조정: 계기판에 내장된 광전압 센서를 통해 활성화된다. 센서 감도는 자동차 제조사 또는 운전자가 설정하며 새벽 또는 황혼의 조명 조건에 의해 활성화된다. 엔진을 끈 후 몇 분 뒤에 표시등이 꺼질 수 있다.
- AC$^{Automatic Cooling}$-온도 조절: 차량 내부의 온도를 일정하게 유지한다. AC는 외부 공기 온도 센서를 이용한 자동 제어 시스템에 의해 내부 온도를 조절해야 한다. 이러한 유형의 센서는 차량 내 하나 또는 그 이상의 공기 온도 센서가 될 수 있으며 이는 실제 운전자와 승객의 체온을 측정하는 적외선 센서, 차량 유리를 통해 안으로 들어오는 햇빛을 상쇄하는 선로드^{sunload} 센서, 하나 또는 그 이상의 전자 제어 모듈 그리고 난방, 환기 공기 흐름 제어 HVAC 등을 포함하고 있다.

제어기는 자신의 위치를 추적해 모터를 완전히 열고 완전히 닫힌 상태로 작동한 다음 모터 전기자의 회전수를 계산해 정확한 위치를 결정한다(AA1Car 2016).

4.2.4 운전자 보조 전자 장치

운전자 보조 시스템$^{DAS, Driver Assistance System}$은 운전 과정에서 운전자를 지원하고 안전과 좀 더 나은 주행을 위해 차량 시스템을 향상시키고자 개발된 자동차 전자 부품이다. 안전 기능은 운전자에게 잠재적 위험 상황을 경고하는 기술을 제공함으로써 충돌과 사고를 피하거나, 안전 장치를 구현하고 차량을 통제해 충돌을 회피함으로써 사실상 운전자를 구하게 된다. ADAS$^{Advanced Driver Assistance Systems}$는 최종적으로 완전히 자동화된 차량을 만드는 시스템 및 서브 시스템의 집합체다(4.9절 참조). ADAS의 이점은 운전자의 고충과 경제적 비용 그리고 환경오염을 상당히 감소시킬 수 있기 때문에 잠재적으로 주목할 만한 기술이다. 하지만 일반 차량을 운전하는 것이 자동화돼 주행하는 차량을 감시해야 하는 방향으로 변화하고 움직일 수 있기 때문에 잠재적인 문제점 또한 예상된다.

다양한 종류의 많은 DAS 자동차 전자 부품이 있다. 이들 가운데 일부는 차량에 내장돼 있거나 추가 패키지로 제공된다. DAS는 자동차 이미지화, 컴퓨터 비전, 이미지 프로세싱, 차량 내부 네트워크, LiDAR^{Light image Detection And Ranging} 그리고 레이더와 같은 다양한 데이터 소스로부터의 입력에 의존적이다. LiDAR는 레이저 빛을 대상에게 쏘고 이를 통해 거리를 측정하는 측량 기술이다. 미래 자율주행자동차는 회전식 레이저 빔을 사용하는 환경을 통해 장애물 감지 및 안전한 회피 탐색을 위해 LiDAR를 사용할 것이다.

DAS 그리고 ADAS는 2011년 ISO^{International Organization for Standards}에 의해 정의된 자동차 E/E 시스템의 기능 안전을 위한 ISO26262를 따르는 자동차 안전 시스템의 산업 품질 표준 채택률의 꾸준한 증가와 함께 자동차 전자 분야에서 빠르게 성장하고 있는 영역이다.

차세대 DAS는 Wi-Fi^{Wireless Fidelity} 데이터 네트워크 시스템을 활용한 V2V^{vehicle-to-vehicle}, V2I^{vehicle-to-infrastructure}를 이용해 향상된 가치를 제공하기 위해 점점 더 무선 네트워크 연결을 활용할 것이다(URL9 2017). V2V는 차량이 Wi-Fi를 통해 서로 통신할 수 있는 통신 기술이다. V2V는 MANET^{Mobile Ad Hoc Network}의 변형인 VANET^{Vehicular Ad Hoc Network}으로도 알려져 있다. 일반적으로 V2X^{vehicle-to-X}라고 하는 V2I 통신은 차량 사고를 피하거나 완화할 뿐만 아니라 광범위한 안전, 이동성 및 환경 혜택을 가능하게 하기 위해 차량과 도로 인프라 간에 중요한 안전 및 운영 데이터를 무선으로 교환하는 것이다.

Wi-Fi는 IEEE 802.11 표준을 기반으로 고속 인터넷 및 네트워크 연결을 제공하는 무선 네트워크 기술의 이름이다. 또한 무선 장비와 소프트웨어를 선도하는 기업들로 구성된 기관으로 모든 802.11 기반 제품의 상호 운용성을 인증하고 모든 802.11 기반 무선 근거리 네트워크 제품들에 글로벌 브랜드명으로 적용하는 용어다. 지난 30년 동안 DAS를 사용하는 과정이 있었음에도 음주 운전은 매년 수많은 사람들의 생명을 앗아갔다. 이로 인해 DADSS^{Driver Alcohol Detection System for Safety} 기능이 추가적인 DAS 수단으로 개발됐고, 이 기능은 사전에 정의된 양 이상으로 호흡 내 알콜 수치 상태 대비 혈중 알콜 농도^{BAC, Blood Alcohol Concentration}로 운전자가 중독된 상황을 자동으로 탐지하는 기술을 기반으로 해해당 상황에서 차량을 움직이지 못하도록 한다. DADSS에는 호흡 기반 시스템과 터치 기반 시스템 이렇게 두 가지 시스템이 적용 가능하다(DADSS 2016). DADSS는 자동차 제조업체, 안전 및 아동 옹호자, 미국 의회와 다른 정부 기관의 당파 지도자, 의료 공동체 구성원을 포함한 광범위한 조직의 지원을 받는다.

가장 많이 사용되는 DAS 및 ADAS 구성 요소는 다음과 같다.

- ACC^{Adaptive Cruise Control}: ACC는 지능적인 순항 제어 방식으로 앞 차량과 보조를 맞추기 위해 자동으로 속도가 느려지거나 빨라진다. 운전자는 주행 속도를 설정한다. ACC 레이더 센서는 전방의 속도를 측정하고, 차선의 차량을 모니터링하며, 따라가는 차량이 전방의 차량보다 몇 초 뒤를 유지하도록 명령한다. 차량 뒤에서 머무르는 시간은 전방 운전자의 크루즈 컨트롤 시스템 설정에 따라 다르다. 개요도는 그림 4.4에 나와 있다.

- AHA^{Adaptive High Beam Assist}: 지속적으로 자동으로 헤드 램프의 범위를 조절하는 방법을 통해 전방 다른 차량 앞에만 빔을 비추도록 하며, AHA는 언제나 최대 시야 범위를 도로 위 다른 차량에게 눈부심을 유발하지 않도록 보장한다. 빔의 범위는 교통 상황에 따라 65~300m 사이에서 달라질 수 있다.

- APA^{Automated Parking Assist}: 차량을 차선에서 주차 지점으로 이동시키는 조작 시스템이다. 주차 조작은 차량 주변의 물체를 감지하기 위해 다양한 센서 기반 방법을 사용해 실제 주변 환경을 고려해 스티어링 휠 각도 및 속도 제어를 통해 이뤄진다. 차량 근처에 장애물이 있을 때 반사되는 신호가 발생돼 가용 공간 내에서 충돌 없이 이동할 수 있다.

- 자동차 내비게이션 시스템^{Automotive Navigation System}(4.2.6절 참조), GPS^{Global Positioning System} 및 TMC^{Traffic Message Channel}: GPS는 사용자에게 위치 지정, 내비게이션 및 타이밍 서비스^{PNT}를 제공하는 미국이 소유한 기술이다. 공간, 제어 및 사용자 이 세 부분으로 구성된다. TMC는 차량 운전자에게 최신 교통 정보 및 여행 정보를 제공한다. ALERT C 코딩 프로토콜을 사용하면 기존 FM 라디오 방송 내 포함된 RDS^{Radio Data System} 통신 프로토콜 표준을 통해 메시지를 전송할 수 있다.

- 충돌 방지 시스템^{Collision Avoidance System, Pre-crash System}: 충돌이 임박한 경우, 시스템은 운전자에게 충돌이 임박했음을 조작 없이(예: 제동 또는 조향) 자율적으로 조치를 취한다. 제동에 의한 충돌 회피는 낮은 차량 속도, 예를 들어 50km/h(30mph) 미만에서 적절하고, 스티어링에 의한 충돌 회피는 높은 차량 속도에서 적합하다.

- CS^{Crosswind Stabilization}: 센서 기반 시스템은 교량을 가로지르거나 트럭을 추월할 때와 같이 측면 돌풍을 통해 차량에 작용하는 힘을 감지한다. CS 시스템 응답은 다음을 고려한다.

- 운전자의 조향 특성
- 차량 무게
- 차량 속도

좀 더 발전된 CS 기능은 차체 진동을 줄이기 위해 측면 바람의 강도에 따라 서스펜션 힘을 조절한다.

- DDD^{Driver Drowsiness Detection}: 이 시스템은 운전자의 졸음으로 인한 사고를 예방한다. 다양한 기술이 사용된다.
    - 파워 스티어링 시스템의 스티어링 입력을 사용해 스티어링 패턴을 모니터링한다.
    - 차선 모니터링 카메라 데이터를 사용해 차선에서 차량의 위치를 모니터링한다.
    - 카메라를 사용해 운전자의 얼굴과 눈 깜박임 데이터를 감지해 운전자의 눈/얼굴을 모니터링한다.
    - 신체 센서를 사용해 뇌 활동, 심박수, 피부 전도도 및 근육 활동과 같은 매개변수를 생리학적으로 측정한다.

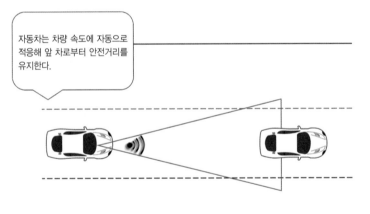

자동차는 차량 속도에 자동으로 적응해 앞 차로부터 안전거리를 유지한다.

그림 4.4 하단 차선의 왼쪽 차량이 안전한 거리에서 오른쪽 차량을 자동으로 따라가는 어댑티브 크루즈 컨트롤

- EVWS^{Electric Vehicle Warning Sounds for Hybrids and Electric Vehicles}: 이 시스템은 보행자에게 저속으로 주행하는 전기차가 있음을 보행자에게 경고하기 위해 설계됐다. 전기차는 전통적인 내연기관 차량보다 적은 소음을 발생시키

기 때문에 보행자, 시각장애인, 자전거 운전자 그리고 그 외 사람들이 전기차의 존재를 인지하기 더 어려워질 수 있어 경고음 장치가 필요하다. 경고음은 저속에서 운전자가 활성화시키는 전기 경고 시스템 또는 자동 시스템이다.

- EA^{Emergency Assist}: EA는 운전자 행동을 모니터링한다. 운전자가 더 이상 안전하게 차량을 운전할 수 없는 의학적으로 응급할 경우, 차량은 완전히 정차할 때까지 브레이크 및 조향을 제어한다.

- IA^{Intersection Assistance}: IA 시스템은 교차로/도로 분기점에서 교통량을 모니터링한다. 시스템이 위험 상황을 감지할 경우 시각 및 음향 경고를 활성화하고 자동으로 브레이크를 작동시켜 비상 제동을 시작하도록 운전자에게 안내한다.

- HDC^{Hill Descent Control}: HDC는 운전자가 브레이크 페달을 조작할 필요없이 거친 지형에서 부드럽고 제어된 언덕 하강을 할 수 있게 한다(4.2.2절 참조).

- LDW^{Lane Departure Warning}: 이 기능은 방향 지시등이 켜지지 않는 상태에서 차량이 차선을 벗어나기 시작할 때 운전자에게 경고하도록 설계돼 있다.

- PS^{Parking Sensor}: 주차 센서 시스템은 주차 중에 운전자에게 장애물을 경고하기 위해 설계됐다.

- TSR^{Traffic Sign Recognition}: 이 기능은 도로의 교통 표지를 인식하도록 설계됐다.

- VCS^{Vehicular Communication Systems}: VCS는 차량 간 네트워크이며 도로 주변 장치는 상호 안전 경고, 교통 정보 등의 상황을 제공하는 통신 노드다. 달리 말하면 지능형 교통 정보 시스템^{ITIS, intelligent transportation information systems}의 일부다.

- WWDW^{Wrong-Way Driving Warning}: 시각 경고와 함께 음향 경고를 발생시켜 잘못된 길로 인한 운전자로 인한 심각한 사고를 예방한다.

4.2.5 전자 제어 장치

전기 제어 장치^{ECU}는 기본적으로 소프트웨어가 ECU의 특정 기능을 기반으로 하는 특정 펌웨어인 하드웨어 및 소프트웨어로 구성된다. 하드웨어는 다음과 같은 ECU의 속성을 따르는 가장 중요한 하드웨어 부품인 마이크로컨트롤러와 함께 PCB^{Printed Circuit Board}에 다양한 전자 부품들로 구성된다.

- EPROM^{Erasable Programmable Read-Only Memory}: 전원 공급 장치를 껐다 켜면 저장된 데이터를 그대로 사용할 수 있다. 강한 자외선 빛에 노출되면 메모리가 지워질 수 있다.
- 플래시 메모리 칩: 솔리드 스테이트^{Solid-state} 메모리 매체
- 전자식 솔리드 스테이트 비휘발성 저장 매체: 전기적으로 지워지고 리프로그래밍할 수 있다.
- 기타 전자 하드웨어 구성 요소

소프트웨어(펌웨어)는 마이크로 컨트롤러에서 특정 기능을 실행하는 하위 레벨 또는 상위 레벨 코드 세트일 수 있다. ECU는 다음과 같은 특징이 있다.

- 아날로그 및/또는 디지털 입력 및 출력
- 통신 인터페이스 어댑터
- 통신 프로토콜
- 전원 장치 인터페이스/제어
- 저전력 및 고전력 신호에 대한 스위칭 매트릭스

ECU는 주요 기능에 따라 서로 다른 특정 이름을 갖는다. 차량에서 가장 까다로운 ECU 중 하나는 엔진 제어 모듈^{ECM}이다. 주요 ECM 기능은 센서에서 정보를 얻고 계산된 센서 정보로 특정 작동기를 실행하고 세팅을 조정하는 것이다. 이를 통해 운전자의 행동에 따라 차량을 운행할 수 있다. ECM에서 중요한 역할을 하는 연결 센서는 다음과 같다.

- 절대 압력 센서^{Absolute Pressure Sensor}
- 공기 온도 센서^{Air Temperature Sensor}
- 캠축 센서^{Camshaft Sensor}
- 크랭크축 센서^{Crankshaft Sensor}
- 엔진 냉각수 온도 센서^{Engine Coolant Temperature Sensor}
- 공회전 공기 제어기(센서가 아닌 작동기)
- 노크 센서^{Knock Sensor}
- 흡입 공기량 센서^{Mass Air Flow Sensor}

- 산소 센서^{Oxygen Sensor}
  - 지르코니아^{Zirconia} 산소 센서
  - 티타니아^{Titania} 산소 센서
- 스로틀 위치 센서^{Throttle Position Sensor}

다음 요소에 대해 실시간으로 측정/모니터링하는 많은 센서와 엔진 내 다양한 위치의 서로 다른 파라미터로 인해, ECM 제어 요구 사항은 가장 높은 실시간 제약 조건인 소위 "hard real-time requirement"라는 것이 적용된다. 센서는 다음 정보를 측정/모니터링한다.

- 엔진 속도
- 흐름
- 질소 산화물^{NOx} 수준
- 산소 수준
- 압력
- 온도

모든 센서 정보는 ECM으로 전달되며 이는 실제 제어를 수행하기 위한 논리 회로를 갖고 있다. ECM의 출력^{output}은 다양한 작동기로 연결돼 있으며 이에는 스로틀 밸브, 배기 가스 재순환^{EGR} 밸브, PWM 신호를 사용하고 인젝터에 주입하는 연료 분사 장치 등이 있다. 모든 차량의 자동차 전자 제품 중에서 일반적으로 32비트 마이크로 프로세서인 ECM의 컴퓨팅 성능이 가장 높다.

또 다른 중요한 ECU는 변속기 제어 모듈^{TCM}로 변속기 시스템을 모니터링/제어하며, 주로 변속 편의성 증대 및 변속 시 낮은 토크를 유지하며 기어 변속 기능을 수행한다. 자동 변속기는 작동을 위해 컨트롤을 사용한다. 많은 세미오토 변속기에는 완전 또는 세미오토 클러치가 있다. ECM 및 TCM은 동작을 위해 메시지, 센서 신호 및 제어 신호를 교환한다.

차량 제어 모듈^{VCM}은 차량의 여러 시스템을 모니터링/제어하기 위해 다양한 종류의 센서에 연결된다. VCM은 충돌 센서(가속도계) 및 다음을 감지하는 센서로부터 입력을 받아 전면 에어백이 전개돼야 할 힘을 결정한다.

- 안전 벨트 사용
- 좌석 위치

- 사용자 체중

또한 VCM은 다음 센서에서 입력을 받아 가장 안전한 주행 상황을 위해 전자식 주행 안정 제어ESC에 출력으로 제공한다.

- LAS^{Lateral Acceleration Sensors}: 주행 방향에 수직인 차량의 측면 가속을 감지한다. 코너링 시 원심력이 차량을 커브 구간 밖으로 밀어내는 경우 센서가 감지하게 된다. 측면 가속도 센서는 전자식 주행 안정 프로그램의 일부다.
- SWAS^{Steering Wheel Angle Sensors}: 스티어링 휠의 전체 범위를 통해 스티어링 휠 각도와 속도를 측정한다. 광학 및 자기 원리를 메카트로닉 구성 요소를 나타내는 고급 기반 소프트웨어와 병합한다. 전자식 주행 안전 제어 시스템의 중요한 부분이다.
- WSS^{Wheel Speed Sensors}: ABS, 마찰 제어, 안정성 제어에 필요한 휠 속도 정보를 제공한다.
- YRS^{Yaw-Rate Sensors}: 차량의 수직 축을 기준으로 차량의 각속도^{angular velocity}를 측정하는 자이로스코프 장치다.

VCM이 처리하는 주요 시스템은 다음과 같다.

- ACC^{Adaptive Cruise Control}: 앞 차량과 안전 거리를 유지하기 위해 차량 속도를 자동으로 조정한다. 4.2.4절을 참조하라.
- ACS^{Airbag Control System}: 충돌 유형 및 심각도를 기반으로 적절한 제동 시스템을 활성화하기 전에 충돌을 감지하고 평가하는 제어 시스템이다. 4.2.2절을 참조하라.
- EPS^{Electronic Power Steering}: 서보 시스템^{servo system}의 일부인 작동기와와 유압 실린더를 사용해 스티어링 휠의 조향력을 증가시켜 운전자가 조향하도록 도와준다. 기계적 연결이 없는 EPS를 "steer-by-wire"라고 한다. 이런 의미에서 와이어는 "thin-wire-rope"의 기계적인 제어 케이블이 아닌 전력과 데이터를 공급하는 전기 케이블을 의미한다(URL10 2017).
- 전자식 주행 안정 제어 또는 전자식 주행 안정 프로그램: 트랙션 손실을 감지하고 감소시킴으로써 차량 안정성을 향상시킨다(4.2.2절 참조).

4.2.6 엔터테인먼트/인포테인먼트 전자

엔터테인먼트/인포테인먼트 시스템은 하드웨어 및 소프트웨어 개발에 서로 다른 도구를 사용하는 제조업체별 설계된 자동차 전자 부품이다. 주로 OEM 혹은 서드파티 공급업체에서 개발한다. 엔터테인먼트/인포테인먼트 시스템의 주요 유형은 다음과 같다.

- 내비게이션 시스템: 전적으로 차량에 탑재돼 있거나 다른 곳에 위치하고 있으며 라디오 또는 기타 신호를 통해 차량과 통신하거나 다음 방법의 조합을 사용한다.
  - 텍스트 또는 그래픽 형식을 통해 사람이 읽을 수 있는 형식으로 표시되는 맵 포함
  - 센서, 맵 또는 외부 소스로부터의 정보를 통해 차량의 위치 확인
  - 문자 또는 음성으로 차량 운전자에게 제안된 길을 제공
  - 커넥티드카 또는 자율주행자동차로 직접 길 안내
  - 교통 상황에 대한 정보를 제공하고 대체 경로를 제안
- 차량 오디오 시스템: 차량 내 다음과 같은 엔터테인먼트 및 정보를 제공한다.
  - 내비게이션 시스템
  - Bluetooth® 전화 통합
  - 차량 라디오 또는 헤드유닛이 iPhone® 그리고 Android Auto™의 디스플레이와 컨트롤러가 가능하게 하는 CarPlay®와 Apple 표준과 같은 스마트폰 컨트롤러. 구글에 의해 개발된 스마트폰 표준은 대시보드의 헤드유닛을 통해 차량 내에서 동작할 수 있게 해준다. 대시보드에서 작동되는 이 시스템은 차량 오디오 시스템의 스티어링 휠 컨트롤과 간단한 음성 명령으로 전화를 걸거나 라디오 방송국을 선택하거나 MP3 플레이어 또는 기타 임베디드 장치에서 음악을 재생할 수 있다.
- 차량 내 인포테인먼트[vi]: 오디오 또는 비디오 엔터테인먼트를 제공하는 차량의 하드웨어 및 소프트웨어. 차량 내 엔터테인먼트는 라디오, 카세트 및/또는 CD 플레이어를 기반으로 하는 차량 오디오 시스템과 다음을 기반으로 하는 자동차 내비게이션 시스템에서 시작됐다.

○ Bluetooth® 및 USB 연결: Bluetooth®는 1990년대 Bluetooth® Special Interest Group에 의해 근거리상 시스템 간 라디오 주파수를 통해 데이터를 전송하기 위한 IEEE 802.15.1 표준과 관련해 산업 표준으로 개발됐다. Bluetooth®를 사용하면 지점 간point-to-point, 애드훅ad hoc 및 피코넷 연결을 구축할 수 있다. 범용 직렬 버스USB, Universal Serial Bus는 컴퓨터와 주변 장치를 연결하며 Compaq, Hewlett-Packard, Intel, Lucent, Microsoft, NEC 및 Philips가 개발한 산업 표준이다. 광범위한 PC 대 전화 상호 연결에 사용할 수 있는 유비쿼터스 링크를 제공한다.

○ 카푸터Carputer: 소형 크기, 저전력 요구 사항 및 일부 사용자 정의 구성 요소와 같은 특정 기능이 있는 컴퓨터를 말한다.

○ 차량 내 인터넷: 스마트폰 또는 태블릿을 랩톱 또는 모바일 핫스팟, 운전자가 인터넷에 접근할 수 있는 물리적 위치 또는 휴대 가능하거나 차량 내 포함된 다른 장치와 테더링을 통해 인터넷 연결을 해 제공한다.

○ 비디오 플레이어: 온라인 비디오를 보거나 로컬에 저장된 비디오 파일을 볼 수 있는 하드웨어 장치. 주목할 만한 브랜드는 Windows® Media Player 및 VLC 미디어 플레이어다.

○ Wi-Fi: 자동차 전자 장치들을 WLAN(무선 근거리 통신망)에 연결할 수 있는 기술이다. WLAN은 일반적으로 암호로 보호되지만 열려 있을 수 있으므로 해당 범위 내의 모든 장치가 WLAN 네트워크의 리소스에 액세스할 수 있다.

간단한 대시보드 버튼과 다이얼로 제어하면 IVI 시스템에는 스티어링 휠 오디오 컨트롤과 핸즈프리 음성 컨트롤이 포함될 수 있다.

4.2.7 센서 기술

센서는 자극에 응답해 측정 가능한 신호를 생성하는 장치다. 이는 어떤 측정돼야 할 물리량을 표시 가능하고 읽을 수 있으며 저장하거나 다른 어떤 양을 제어하는 데 사용하기 위해 신호로 변환할 수 있다. 센서는 모든 종류의 물체 또는 장치의 특별한 특성을 측정하는 데 사용된다. 응용 분야와 관련해 센서는 사용 유형에 따라 개발된다. 예를 들어 서로 다른 온도에서 전기 접점을 형성하는 2개의 서로 다른 도체로 구성된 전기 장치인 열전도 센서를 사용해 접점 중 하나에서 열 에너지(온도)를 감지하고 이에 멀티미터로 읽을 수 있는 동일한 출력 신호(예: 전압)를 생성할 수 있다.

센서는 측정하는 양의 특성에 따라 분류되며 전기, 기계, 광학 등과 같은 서로 다른 종류의 신호가 발생한다. 많은 센서들이 측정할 물리량과 유사한 전기 신호(일반적으로 전압)를 생성한다. 종종 전압은 측정량에 비례한다. 그런 다음 생성된 센서 전압 출력을 다음으로 설명할 수 있다.

$$V_{sensor} = K \cdot m$$

여기서 V_{sensor}는 센서에 의해 생성된 센서 전압 출력이고, K는 센서의 감도 상수이며, m은 측정량이다. 센서의 감도는 측정되고 있는 센서의 입력량이 변경될 때 센서의 출력이 얼마나 변하는지를 나타내는 중요한 특성이다. 기본적으로 선형적 특징은 센서의 출력 Δy와 센서의 입력 Δx의 기울기다.

$$\frac{\Delta y}{\Delta x}$$

일반적으로 센서의 정적인 특징은 다음과 같다.

- 고정확도: 실제 측정된 수량과 비교해 센서 출력의 정확성을 나타낸다.
- 고정밀: 동일한 조건에서 측정량의 각 측정값에 대해 동일한 판독 값을 제공하는 센서 시스템의 성능을 나타낸다. 높은 반복성과 밀접한 관련이 있으며 이는 모든 작동 및 환경 조건이 일정하게 유지될 때 센서 시스템이 연속 측정에 대해 동일한 응답을 생성함을 의미한다.
- 고분해능: 센서가 감지할 수 있는 센서 입력 신호의 가장 작은 변화를 나타낸다.
- 고감도: 센서 입력 신호 Δx의 측정의 변화가 증가한 것에 대해 센서 출력 Δy의 증가 변화 비율을 나타낸다. 예를 들어 온도 센서의 센서 출력 전압이 1℃ 온도 변화마다 1mV씩 변하면 감도는 1mV/℃이다. 이상적인 센서는 작동 범위에서 크고 가급적 일정한 감도를 가진다. 작동 범위는 센서 시스템으로 측정할 수 있는 측정의 최솟값과 최댓값을 나타내는 센서의 측정 범위를 나타낸다. 측정 범위를 벗어나면 센서는 더 이상 변화에 반응할 수 없는 포화 상태에 도달할 수 있다.

- 적은 노이즈 및 방해: 노이즈는 원하는 센서 신호의 레벨을 백그라운드 노이즈의 레벨과 비교하는 신호 대비 노이즈 비율$^{\text{S/N, Signal-to-Noise ratio}}$를 나타낸다. S/N은 다음 방정식에 설명한 바와 같이 평균 전력으로 P를 사용하는 신호 대비 노이즈 전력의 비율로 정의된다.

$$S/N = \frac{P_{\text{signal}}}{P_{\text{noise}}}$$

1:1보다 높은 S/N은 백그라운드 노이즈보다 높은 센서 신호를 나타낸다. 두 신호는 테스트 시 시스템에서 동일하거나 동등한 측정 지점에서 동일한 시스템 대역폭 내에서 측정해야 한다. 지금까지 센서 신호의 분산과 백그라운드 노이즈에 대해 알아봤다. 그리고 만약 신호가 평균적으로 제로이면 다음과 같은 방정식을 얻을 수 있다.

$$S/N = \frac{\sigma_{\text{signal}}^2}{\sigma_{\text{noise}}^2}$$

$$S/N = \frac{P_{\text{signal}}}{P_{\text{noise}}} = \left(\frac{A_{\text{signal}}}{A_{\text{noise}}}\right)^2$$

센서 신호와 백그라운드 노이즈가 동일한 임피던스에 걸쳐 측정되면, S/N은 A를 제곱평균제곱근으로 진폭 비율의 제곱을 계산해 얻을 수 있다. 외란^{Disturbance}이란 외부 또는 내부 영향과 관련해 측정 정밀도에 미치는 영향을 나타낸다. 외란은 측정되는 양의 실제 값과 센서에 의해 생성 된 실제 값 사이의 차이로 정의되는 측정 오류라고 소개할 수 있다. 따라서 측정 오차는 측정 오차로써 e_{ms}, 실제 부정확한 측정값으로 e_{rum}, 이상적인 실제 측정값을 e_{itm}로 해 다음과 같이 측정 시스템의 센서 출력의 실제 값에서 측정 시스템의 입력에서 이상적인 값을 뺀 값으로 정의될 수 있다.

$$e_{\text{ms}} = e_{\text{rum}} - e_{\text{itm}}$$

측정 오차는 다양한 내부 및 외부 소스로 인해 발생할 수 있으며 높은 정확도와 밀접한 관련이 있으므로 절대 및 상대 오류는 다음과 같이 정의할 수 있다.

$$\text{Absolute Error} = \text{Output} - \text{True Value}$$

$$\text{Relative Error} = \frac{\text{Output} - \text{True Error}}{\text{True Value}}$$

절대오차는 측정된 양과 동일한 단위를 갖는다. 상대오차는 단위가 없다.

- 적은 전력 소비: 최소화된 전원 요구
- 선형성: 센서 출력 신호는 센서 입력 신호와 함께 선형으로 변화됨을 나타낸다.

센서는 시스템 또는 프로세스를 계측 및 모니터링하고, 시간 및 공간을 통해 자산을 추적하고, 중요하다고 정의된 시스템 또는 프로세스의 변경을 감지하며, 정의된 범위 내에서 서로 주변 가까이 있는 시스템 또는 프로세스를 제어하는 데 사용된다. 그리고 효용성을 향상시키기 위해 서비스를 조정한다. 센서는 터치 감지 엘리베이터 버튼, 베이스를 만져서 어둡거나 밝게 하는 램프 등과 같은 일상적인 응용 분야에도 사용된다. 메카트로닉스 및 사용하기 쉬운 마이크로컨트롤러 플랫폼의 발전으로 센서의 사용은 기존의 측정 분야를 넘어서 다음과 같이 확장해 가고 있다.

- 흐름
- 압력
- 온도

또한 전위차계, 힘 감지 저항^{force-sensing resistors} 등과 같은 아날로그 센서가 여전히 널리 사용된다.

센서는 측정된 물리량에 거의 영향을 미치지 않도록 설계돼야 하며, 측정 오차를 줄이기 위해 센서를 매우 작게 제작하고 측정된 물리량에서 에너지를 덜 소비해야 한다.

센서는 나노 센서에서 마이크로 센서에 이르는 다양한 하드웨어 장치다. 이는 데이터 생성기 역할을 하며 모니터링할 데이터의 사전 혹은 사후 프로세서 역할을 한다. RFID^{radio-frequency identification} 센서의 경우 데이터 처리는 다른 센서 유형에 비해 덜 복잡하다(5.2.2절 참조). 센서의 연속적으로 생성된 아날로그 신호 x는 아날로그-디지털 변환기에 의해 비례하는 디지털적인 양으로 디지털화되며 추가 처리를 위해 마이크로컨트롤러로 전송된다. 센서는 전통적으로 다음 범주로 분류할 수 있다.

- 능동형 센서: 능동적인 환경 탐색을 통해 전원 및 감지 데이터의 지속적인 에너지 필요
- 내로우-빔Narrow-Beam 센서: 측정 방향에 대한 명확한 개념 확보
- 전방위 센서: 측정과 관련된 방향에 대한 개념이 없음
- 패시브 센서: 액티브 프로빙을 통해 실제로 환경을 조작하지 않고도 자가 전원 공급 및 데이터 감지

신기술의 출현과 함께 센서는 이제 마이크로패브리케이션microfabrication 기술을 이용해 만들어진 소형화된 기계 및 전자기계 부품, 장치 그리고 구조로 정의할 수 있는 기술인 MEMSmicroelectromechanical system과 같은 미세한 스케일로 제조된다. 크기는 치수 범위 중 하단의 1미크론 미만에서 수 밀리미터까지 다양하며 이산형 장치 또는 대규모 배열로 제작된다(Berlin과 Gabriel 1997). MEMS 장치는 비교적 단순한 구조에서 통합 마이크로 전자공학에 의해 제어되는 매우 복잡한 전자 기계 시스템까지 다양할 수 있다. 또한 MEMS는 센서와 작동기로 두 가지 다른 기능을 수행한다. 센서와 작동기 모두 하나의 신호를 다른 신호로 변환하는 변환기의 역할을 한다. 여기서 특정 관심사는 환경 정보를 디지털 신호로 또는 그 반대로 변환하는 변환기다. 따라서 MEMS 센서는 온도, 습도, 압력 등과 같은 환경 정보를 전기 신호로 변환할 수 있다. 또한 MEMS 작동기는 센서로 역방향 동작을 하고, 이에 전기 신호를 물리적 정보로 변환해 모터, 유압 피스톤, 릴레이 등과 같은 장치를 움직이거나 제어한다. 이러한 MEMS 부품은 높은 공명 주파수를 가지고 있어 더 높은 작동 주파수로 이어지게 되며(Poslad 2009) 이는 뒤에 나올 그림 4.5와 같이 요약될 수 있다(URL11 2017).

MEMS 기술은 자율주행용 커넥티드카와 차량에 더 많은 수의 센서를 사용할 수 있게 되겠지만, 이를 위해서는 많은 센서의 융합과 실시간 데이터 전송을 체계화하기 위해 정교한 네트워킹이 필요할 것이다.

4.2.7.1 센서 노드 및 네트워크

센서 노드는 센서, 작동기, 컴퓨팅 부품, 예를 들어 마이크로컨트롤러, 메모리 등 통신 시스템 및 배터리와 같은 전원을 통합한다. 센서 노드는 더 큰 센서 네트워크의 구성 요소가 될 수 있다. 센서 네트워크의 각 센서 노드는 처리, 센서 정보 수집, 네트워크 내 다른 연결된 노드와의 통신 등을 수행할 수 있다. 센서 노드들은 SDFSensor Data Fusion를 책임지고 있는 노드들에게 원시 데이터를 전달

한다. 이 SDF는 분산된 소스들로부터 감지된 데이터를 조합해 개별 소스에 비해 정보의 불확실성이 낮아지도록 한다. 센서 융합을 위한 데이터 소스가 반드시 동일한 센서에서 발생하도록 지정된 것은 아니다. 따라서 센서 데이터 융합 프로세스는 다음과 같을 수 있다.

MicroSensors	MicroActuators
MicroElectronics	MicroStructures

그림 4.5 MEMS 구성 요소

- 다이렉트 퓨전: 이기종 또는 동종 센서 출력들, 여러 측정이 함께 처리되는 알고리즘 또는 센서 출력 데이터의 과거 값을 기반으로 한다.
- 인다이렉트 퓨전: 환경 및 사람의 입력에 대한 선례와 같은 정보 소스를 사용한다.

원시 데이터는 센서의 컴퓨팅 기능 방식을 통해서도 처리할 수 있으며, 필요한 출력은 다른 센서 노드로 중계할 수 있다.

센서 네트워크는 일반적으로 무선 또는 유선 연결을 통해 많은 센서 또는 센서 노드를 상호 연결한다(Golatowski 외. 2003). 중앙 융합 시스템이 없는 분산형 센서 네트워크의 데이터 융합에서, 네트워크 토폴로지에 대한 전반적인 정보를 가진 단일 센서 노드는 없다. 따라서 중앙집중식 시스템에서 얻은 결과와 동일한 결과를 산출하는 데이터를 로컬로 처리하고 통합할 수 있는 알고리즘이 필요하다.

WSN[Wireless Sensor Network]은 CPS의 물리적 구성 요소의 환경에 구축할 수 있는 WNC[Wireless Network Connection]를 탑재한 다수의 센서 노드로 구성된다. SAN[Shared Sensor and Actuator Network]에서 리소스 스케줄링은 CPS 작동을 위한 중요한 기능이다.

센서 노드의 주요 구성 요소는 마이크로컨트롤러, 송수신기, 외부 메모리, 전원 공급장치 및 하나 이상의 센서들로 그림 4.6과 같이 전형적인 센서 노드 아키텍처를 구성한다. 그림 4.6에 나타낸 센서 노드의 마이크로컨트롤러 구성 요소는 특정 작업을 수행하고, 데이터를 처리하며, 센서 노드에 있는 다른 구성 요소의 기능을 제어한다. 마이크로컨트롤러는 저비용, 다른 장치와의 연결 유연성, 쉬운 프로그래밍 및 저전력 소비 때문에 주로 사용된다.

센서 노드의 송수신기[Transceiver]는 송신기 장치와 수신기 장치를 단일 장치로 결합한 것을 의미한다. 송신기의 작동 상태는 송신, 수신, 유휴 또는 절전이며 이는 몇몇 동작을 자동으로 수행하는 상태 기계state machine로 실현됨을 나타낸다. 상태 기계는 컴퓨터 프로그램과 순차 논리 회로 모두를 설계하기 위해 사용되는 계산적인 수학적 모델이며, 입력셋에 작용하고 출력셋을 계산한다. 그러므로 유한 상태 기계는 해당 처리의 상태를 나타내는 제한된 수의 상태를 가지고 있다. 그것의 작용은 그것의 내부 상태에 따라 달라지며, 모든 입력은 특정한 구문을 따른다.

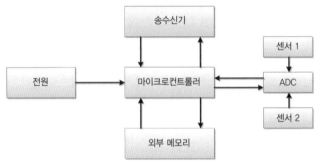

그림 4.6 센서 노드 아키텍처

센서 노드의 메모리 요구 사항은 적용 상황에 따라 다르다. 센서 노드에서 일반적으로 사용되는 두 가지 분류의 메모리가 있다.

- 응용프로그램 관련 또는 개인 데이터를 저장하는 사용자 메모리
- 장치를 프로그래밍하기 위한 프로그램 메모리

프로그램 메모리에는 장치의 식별 데이터도 포함될 수 있다.

무선 센서 노드 개발에서 중요한 문제는 센서 노드에 감지, 통신 및 데이터 처리를 위한 전원이 필요하기 때문에 시스템에 전력을 공급하기 위해 충분한 에너지를 사용할 수 있도록 하는 것이다. 필요한 에너지 중 더 많은 것이 다른 목적보다 데이터 통신에 사용된다. 예를 들어 100m(330ft.) 거리에서 1Kb를 전송하는 데 드는 에너지 비용은 초당 1억 개의 명령을 처리하는 프로세서가 3백만 개의 명령을 실행하는 것과 거의 같다(URL12 2017). 전원은 배터리 또는 커패시터에 저장된다. 충전식 및 비충전식 배터리는 센서 노드의 주요 전원 공급원이다.

무선 센서 노드는 일반적으로 매우 작은 전자 장치들이다. 0.5 – 2.0암페어 시간 및 1.2~3.7V 미만의 제한적인 전원만 장착할 수 있다(URL12 2017).

멀티 홉 토폴로지를 사용하면 센서 네트워크의 통신 에너지 효율을 높일 수 있다(Zhao와 Guibas 2004). N-홉 네트워크에서 전체 전송 거리는 Nd이며, 여기서 d는 평균 1홉의 거리다. 최소 수신 전력은 P_r이고, 송신 노드에서의 전력은 P_t이다. 따라서 동일한 거리에 걸친 단일 홉 전송 대비 N-홉 전송의 전력 이점 P_A는 RF 감쇠 계수와 $P_t \sim d^a P_r$을 나타내는 a와 함께 다음과 같이 설명할 수 있다(Poslad 2009).

$$P_A = \frac{P_t(Nd)}{NP_t(d)} = \frac{(Nd)^a P_r}{Nd^a P_r} = \frac{N^a d^a P_r}{Nd^a P_r} = N^{a-1}$$

센서 노드는 다음과 같은 다른 도메인에서도 중요한 역할을 한다.

- 제어 시스템
- SCADA[Supervisory Control and Data Acquisition] 시스템
- 감시 시스템

아날로그적 수량들을 디지털로 기록하려면 그림 4.7에 표시된 아날로그-디지털 변환기[ADC, Analog-to-Digital Converters]가 필요하다(Möller 2003). ADC의 작업은 아날로그 입력 변수 X를 비례하는 출력 숫자로 변환하는 것이다. 많은 경우에 시간 의존적 신호가 디지털화된다. 이러한 목적을 위해 변환할 입력 수량을 특정 시간에 샘플링해 확보돼야 한다. 이 작업은 그림 4.9와 같이 S/H[Sample and Hold] 회로로 수행된다. 매우 자주 비전기 신호를 디지털 방식으로 처리해야 한다. 그 후 실제 ADC 변환 전에, 비전기적 정보는 전압으로 변환될 필요가 있다. 센서는 출력에 해당하는 전압과 비전기적 입력을 매핑해 비전기적 정보를 탐지하는데 사용된다.

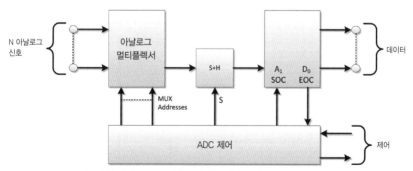

그림 4.7 아날로그-디지털 변환 시스템의 구성 요소(Möller 2003)

그림 4.7에는 아날로그 입력을 디지털 데이터로 변환하는 변환 시스템의 블록 구조가 나와 있다. ADC의 제어는 다음과 같은 이유로 효율적이다.

- 여러 입력 채널이 사용된다. 채널의 전환은 아날로그 멀티플렉서를 이용해 제어한다.
- 안정화 시간을 달성한 후 S/H 회로 스위치가 보류 상태가 된다. 따라서 안정된 아날로그 신호의 변환이 가능하다. 이것은 변환기 통합에 영향을 미치지 않는다.
- 아날로그-디지털 변환은 SOC[start-of-conversion] 모드에 의해 시작된다.
- 변환이 완료된 후 아날로그-디지털 변환기는 EOC[End-of-Conversion] 모드를 활성화한다.
- ADC는 변환된(디지털화된) 측정값을 데이터 처리 장치로 전송한다(그림 4.7에는 나타나 있지 않음).

ADC는 그림 4.8과 같이 다음과 관련해 공통적인 특징적인 전송 곡선을 가지고 있다.

- 연속 가로 좌표 풀 y
- 불연속적인 세로 좌표 풀 a

변수 Y의 간격은 해당 이진수 a에 매핑될 수 있다. n자리 이진수 $N = 2^n$ 내에서 간격이 구분된다. 대칭적인 간격은 그림 4.8과 같이 가로 좌푯값 $O, Y, 2Y....$ $iY....(N-1)Y$를 중심으로 배열된다. 따라서 입력 전압의 값은 변환된 이진수에 따른 평균이다.

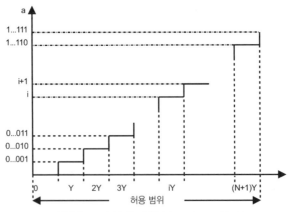

그림 4.8 ADC 분해능 특성(Möller 2003, 2016)

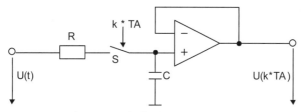

그림 4.9 ADC의 S/H 회로(Möller 2003, 2016)

아날로그-디지털 변환기의 변환 프로세스는 하나 이상의 클럭 사이클을 필요로 하므로 입력 신호 U_{in}은 변환 시간 내내 일정하게 유지돼야 하며, 이는 상단의 S/H 회로에 의해 달성된다. 이를 위해 홀드 신호가 변환기의 제어 로직에서 생성되며, 이를 통해 입력 신호 U_{in}이 유지돼야 하는지 또는 아날로그 입력 신호 U_{in}의 실제 과정을 따라야 하는지 여부를 정의할 수 있다. S/H 회로는 그림 4.9와 같이 전압 팔로워로 연결된 연산 증폭기와 누설 전류가 낮은 커패시터로 구성된다.

4.3 E/E 아키텍처 및 토폴로지

최근 몇 년 동안 차량의 전기 및 전자 부품 수가 지속적으로 빠르게 증가하고 있다. 한편으로는 많은 새로운 센서와 작동기와 새로운 ECU가 개발돼 더 안전함을 승객이 느낄 수 있게 됐다. 반면 엔터테인먼트 및 내비게이션 시스템을 통해 여행을 더욱 편안하게 하기 위한 방법을 차량 안에 탑재했다.

E/E 아키텍처는 하드웨어, 소프트웨어, 전기 시스템, 케이블 구성 및 토폴로지 레벨에서 모든 E/E 시스템 및 E/E 구성 요소의 일관된 차량 전체 아키텍처를 나타낸다. 이를 통해 안전하게 작동할 수 있는 모든 구성 요소에 전기 에너지를 안정적으로 공급할 수 있다. E/E 시스템 통신 네트워킹 및 제어를 위한 혁신적인 솔루션에는 E/E 시스템의 적절한 설계, 온보드 전기 구성 요소의 최적 통합 및 지능형 에너지 관리, 전체 E/E 시스템의 테스트 및 검증이 포함된다. 따라서 E/E 아키텍처 개발은 다음과 같은 제약 조건과 함께 수행돼야 한다.

- E/E 시스템 구성 요소 또는 모듈의 재사용을 통한 스케일링 효과를 목표로 차량 개발 모듈화

- 시스템/구성 요소 버스 시스템 설정 이전 E/E 아키텍처 개발의 목표와 함께 콘셉트 단계 내 E/E 아키텍처의 보호는 통신 목적을 위한 연결부다.

4.3.1 목적

E/E 시스템은 효율적이고 편안하며 안전한 차량 시스템 기능을 위해 이러한 시스템이 점점 중요해지고 있다. 그러나 차량에 적용되는 기술이 많을수록 E/E 아키텍처를 최적화하는 것은 더욱 중요하다. 브레이크 보조, 스키딩 제어^{skidding control}, 주차 보조 등과 같은 추가 기능이 내장되고 있어 ECU 수와 통신 연결의 수가 증가했다. 따라서 E/E 아키텍처 개발은 전체 E/E 시스템 및 서브 시스템 설계, 물리적 그리고 기능적 파티셔닝, 차량 내 서브 시스템의 물리적 레이아웃을 포함하는 엄밀한 선행 작업이다. 그러므로 E/E 시스템 개발은 자동차 시스템과 제품에서 훨씬 더 복잡한 기술을 설계 시 강력하고 비용 효율적인 방식으로 가장 중요하게 수립돼야 할 부분이다.

E/E, 네트워킹, 시스템 기능 및 관리에 대한 각각의 시스템 지식과 함께 E/E 시스템 및 제품을 성공적으로 개발하고 구현하기 위한 적절한 조건은 존재한다. 기능 그리고 이에 연계된 기능 체인을 시작으로 구성 요소, 데이터 버스 및 라인 연결의 설계가 있고 다음과 같은 중요한 경계 조건을 고려한다.

- 버스 부하
- 설치 공간
- 토폴로지

결과적으로 E/E 아키텍처의 설계는 자동차 분야의 핵심 요구 사항이다. 복잡성이 증가함에 따라 복합적 기능들 간 많은 통신 링크와 의존성은 E/E 아키텍처 설계 작업을 각각의 신호에 의해 통신하는 개별적 다수의 요소들로 구성된 독립적인 하위 작업들로 단순히 나누는 것을 방지한다. 이러한 구성 요소는 센서, 처리, 작동기 등일 수 있다.

따라서 E/E는 소비자 수요, 정부 규제, 증가된 E/E 콘텐츠 등과 같은 다양한 요구 사항 프로파일에 따라 빠르게 진화하는 분야다. 그러므로 데이터를 빠르고 안전하게 교환하려면 적절한 네트워킹 시스템이 필수적이다. 자동차 분야의 버스 시스템, CAN, LIN, FlexRay와 자동차 산업의 다양한 이더넷 파생품 그리고 산업에 의한 자동화 기술이 그 예다. 이러한 통신 시스템을 사용하면 가능한 최상의 인터프리터를 필요로 한다. 전체 시스템의 안전하고 완벽한 기능을 보장하기 위해 중요한 상황에서 모든 관련 데이터의 전송을 보장해야 한다.

4.3.2 아키텍처와 토폴로지

현대의 자동차 E/E 아키텍처는 설계자가 설계 결정의 영향을 정확하게 예측하기가 어려워질 정도로 복잡해지고 있다. 따라서 아키텍처를 분해하기 위해 아키텍처 참조 모델을 적용하는 것 외에도 설계 프로세스 중에 아키텍처를 통합하고 평가하기 위한 도메인별 도구가 필요하다. 하지만 의존성과 다른 비기능적 요구 사항을 참조하는 다양한 설계 목표는 다음과 같은 것을 고려하기 위해 중요하므로 E/E 시스템의 복잡성은 설계 목표의 최적화 역시도 복잡하게 한다.

- 적응성
- 비용
- 유지 보수성
- 성능
- 전력 소비
- 신뢰성
- 응답 시간
- 안전

센서와 작동기와 함께 메카트로닉 서브 시스템들을 기반으로 데이터/신호 무결성 측면에서 각 토폴로지를 정의해야 한다. 그러나 서브 시스템의 수 외에도 몇 가지 까다로운 문제를 고려해야 한다. 요구하는 토폴로지는 노드와 상호 연결된 노드를 나타내도록 구성된 구조로 이해될 수 있어야 한다. E/E 아키텍처별 기능을 내부에 통합한 차량에는 다양한 토폴로지가 사용되며, 이 차량에서 해당 구성 요소를 ECU에 할당할 수 있다.

ECU는 순차적으로 차량의 적절한 위치에 위치해야 하고 구성 요소의 요구 사항에 따라 해당 하드웨어를 할당해야 한다. 따라서 ECU는 다음과 같은 토폴로지 구조에 할당돼야 한다.

- 별형 토폴로지^{Star Topology}: 모든 ECU가 연결되는 중앙 허브가 있다. 각 ECU에는 자체 라인이 있다. 중앙 허브에 장애가 발생하면 전체 통신이 중단된다.
- 버스 토폴로지^{Bus Topology}: ECU는 짧은 분기 라인을 통해 메인 라인에 연결된다. 모든 통신은이 메인 라인을 통해 흐른다. 이 메인 라인이 중단되면 정상적으로 작동하는 두 개의 세그먼트가 형성된다. 이 토폴로지는 선형 버스 토폴로지^{linear bus topology}라고도 한다. 선형 버스 토폴로지의 장점은 다음과 같다.
  - 버스 토폴로지는 저렴하다.
  - 이 토폴로지에 필요한 케이블 길이는 다른 네트워크 중 가장 짧다.
  - 버스 네트워크를 쉽게 구성하고 확장할 수 있다.
  - 선형 버스 네트워크는 주로 소규모 네트워크에서 사용된다.

  선형 버스 토폴로지의 단점은 다음과 같다.
  - 중앙 케이블에 대한 의존성은 단점이 된다. 메인 케이블에 문제가 발생하면 전체 네트워크가 중단된다.
  - 개별 스테이션에서 오류를 감지하고 해결하기가 어렵다.
  - 버스 네트워크의 효율성은 연결된 장치 수가 증가함에 따라 줄어든다.
  - 중앙 케이블 길이와 연결할 수 있는 노드 수가 제한된다.
  - 유지 보수 비용은 시간이 지남에 따라 더 높아질 수 있다.
  - 트래픽이 많은 네트워크에는 적합하지 않다.
  - 신호를 덤프하려면 종단점이 필요하며, 종단 저항을 사용해야 한다.
  - 모든 컴퓨터가 소스에서 전송된 신호를 수신하기 때문에 일반적으로 보안 수준이 낮다.
- 링 토폴로지^{Ring Topology}: ECU 간의 지점 간 연결로 링 토폴로지 형태를 나타낸다. 모든 연결은 닫힌 체인으로 배열된다. 통신은 한 방향으로만 수행할 수 있다. 회선의 일부에 문제가 생기면 전체 시스템이 더 이상 작동하지 않는다.

그림 4.10은 Moritz 외(2011)에 의해 도입된 추상적인 E/E 아키텍처 설계의 사례다. 검은 중심점이 있는 회색 원은 센서를 나타내고 흰색 중심점이 있는 회색 원은 작동기를 나타내며 회색 원 자체는 ECU, 점선은 디지털 버스 시스템을 나타낸다.

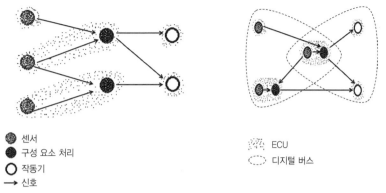

센서
구성 요소 처리
작동기
신호

ECU
디지털 버스

그림 4.10 E/E 아키텍처 설계의 사례(Moritz 외 2011)(자세한 내용은 본문 참조)

그림 4.10과 같이 주어진 기능의 E/E 아키텍처에는 디지털 버스에 할당된 해당 ECU와 함께 여러 프로세싱 컴포넌트, 센서 및 작동기가 포함돼 있으며, 여기서 중간 ECU는 선택된 버스 사이의 게이트웨이 역할을 한다. 화살표는 신호 흐름 방향을 나타낸다. 인트라 버스 토폴로지Intrabus Topology는 그림 4.10에 나와 있지 않다.

결과 아키텍처는 최소화해야 할 두 가지 목표에 따라 평가된다(Moritz 외. 2011). 첫 번째는 비용이며 케이블과 ECU 비용에 따라 결정된다. 결국 케이블은 ECU 간 라우팅되고 적용된 통신 구조와 ECU의 위치에 의존적이다. 두 번째 목표는 ECU의 복잡도로 이는 ECU에 할당된 서로 다른 기능의 평균적인 수에 의해 정의된다. ECU 복잡성이 감소함에 따라 하나의 ECU 고장에 의해 영향을 받는 기능의 수로 인해 차량의 신뢰성이 증가한다.

E/E 아키텍처 설계의 최적화는 고전적인 표준 방법이 실패하거나 거의 적용할 수 없는 문제의 분류에서 주로 사용되는 진화 알고리즘 방법을 기반으로 할 수 있다(Yu와 Gen 2010). 최적화 절차를 효율적으로 하려면 진화 알고리즘EA을 테스트 중인 솔루션에 맞게 적용해야 한다. 따라서 (1) 임베디드 로컬 휴리스틱 (2) 적절한 솔루션 표시 (3) 상응하는 변경된 연산자를 통해 진화 알고리즘에 대해 솔루션별 지식이 필요하다. 로컬 휴리스틱을 사용하면 진화 알고리즘의 검색 공간 크기가 줄어들지만 모집단에서 사용 가능한 다양한 솔루션이 손실될 수 있다(Grosan과 Abraham 2007).

Moritz 외(2011)에 설명된 바와 같이 EA 최적화 결정은 다음과 같다.

- 작업 1: ECU에 구성 요소 할당

- 작업 2: ECU의 물리적 배치
- 작업 3: 디지털 버스에 ECU 할당

로컬 휴리스틱에 의한 결정들은 다음과 같다.

- 각 ECU에 대한 지능적인 반도체 선택(단, 해당 ECU의 처리 구성 요소의 메모리 요구 사항을 충족하는 가장 저렴한 것을 선택)
- 버스 유형 선택(버스를 통해 라우팅돼야 하는 신호의 데이터 속도 요구 사항을 충족하는 가장 저렴한 유형을 선택)
- 인트라 버스 토폴로지(케이블 비용이 최소인 것을 선택)

앞서 언급한 바와 연관돼 진화 알고리즘에 의해 반드시 최적화돼야 하는 작업의 수는 작업들을 동시에 최적화하는 설계로 감소됐다. 구성 요소를 ECU에 할당하는 것은 구성 요소를 클러스터로 분할하는 것에 해당하며, 따라서 클러스터의 수는 최소화해야 할 요인이다. 계층적인 파티셔닝의 E/E 아키텍처 결과는 그림 4.11에 나타나 있다(Moritz 외 2011).

그림 4.11에서 작은 회색 원은 센서 또는 구성 요소를 나타내고, 작은 흰색 원은 작동기를 나타낸다. 화살표는 센서, 구성 요소 및 작동기에서 ECU로, ECU에서 버스 시스템, 버스 1 및 버스 2로, 버스 시스템에서 차량(자동차)으로 데이터 흐름을 나타낸다.

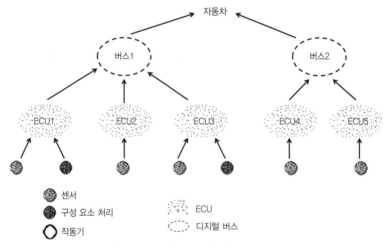

그림 4.11 계층적 파티셔닝 후 E/E 아키텍처 설계 사례(Moritz 외 2011)

4.3.3 버스 시스템과 ISO 표준

4.2.5절에서 소개된 바와 같이 현대의 차량은 특정 차량 기능을 제공하는 다양한 종류의 많은 수의 ECU를 갖고 있다. 이러한 ECU 그룹 중 하나는 독립형이거나 차량의 E/E 다기능적 구성 요소에 분산돼 있을 수 있다. 차량의 넓은 범위를 제어/모니터링하기 위해 주로 하나 또는 그 이상의 버스에 연결돼 있다. ECU의 다른 그룹에서는 인포테인먼트 전자, 내비게이션 시스템 그 외 여러가지 외부 인터페이스를 갖고 있다.

차량 버스 시스템 내에서 ECU는 특화된 내부 통신 네트워크를 통해 상호 연결돼 있다. 다양한 요구 사항들로 인한 설계적 문제를 만족하기 위해 커페시턴스, 실시간 동작 그리고 비용, 일부 버스 시스템들이 개발되고 있다. 현재 차량에 사용되는 가장 중요한 버스 시스템은 다음과 같다.

- CAN^{Controller Area Network}: 마이크로컨트롤러 그리고 기타 장치와 같은 자동차 전자 부품을 상호 연결해 호스트 컴퓨터 없이 적용 분야에서 서로 통신하기 위한 저렴한 저속 직렬 버스 프로토콜이다. 1986년 Robert Bosch GmbH에서 발명했고 신뢰성과 같은 안전에 중점을 뒀다. 버스 노드는 모두 동일한 공유 버스 라인에 연결돼 있다. CAN 버스는 그림 4.12와 같이 0 신호가 열성 1 신호보다 우세하도록 배선돼 있다.

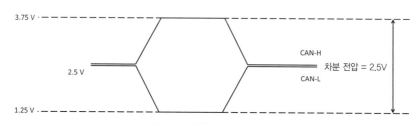

그림 4.12 CAN 버스 출력 신호

이러한 우세하고 열세한 신호들은 충돌 회피 프로토콜^{CSMA/MA}과 함께 통신 감지 다중 접속을 위해 사용된다. CSMA/CA 프로토콜은 내부 구조와 기술 기반과 무관하게 컴퓨터 시스템의 통신 기능을 특성화 및 표준화한 OSI^{Open System Interconnection} 모델 내 데이터 링크 계층(layer2)에서 동작한다. 이에 대한 목표는 표준 프로토콜과 다양한 통신 시스템의 상호 운용성이다. 이 모델은 통신 시스템을 7개의 계층으로 나눈다. 버스를 통해 데이터를 전송할 수 있는 노드를 결정하기 위해 우선순위 해결을 이용한 중재 방식이 사용된다. 낮은 신호는 그것의 ID이다(따라서 버스 중재 중에 우성 신호 0을 더 보낼수록 우선순위가 높아진다). 이 체계를 사용하면 CAN 버스가 실시간으로 통신할 수 있다. 원래 암호화 또는 인증과 같은 보안을 강화할 수 있는 기본 제공 기능은 없었다. 이러한 독자적인 아키텍처로 인해 차량은 사이버 공격에 취약했고 원격에서 해킹되고 해킹의 결과로 차량이 움직일 수 없게 된다. 예를 들어 사이버 공격을 위한 침투 지점은 무선 TPS^Tire Pressure Sensor 또는 차량의 엔터테인먼트/인포테인먼트 시스템을 통해 CAN 버스에 물리적으로 직접 접근하는 것이 될 수 있다. 이러한 문제의 해결책은 CAN 버스 방화벽이다. 이는 외부 접근 가능한 ECU를 ECU에서 송신되는 메시지를 필터링하는 방식으로 공유 버스로부터 분리하고 공격 메시지가 전달되지 않고 차량이 공격받지 않도록 한다.

그리고 인가되지 않은 ECU가 연결되지 않는 것을 확인할 수도 있다. 더 자세한 내용은 6.2.1절과 6.3.2절에서 설명한다.

- LIN^Local Interconnect Network: 16개 노드로 구성된 차량의 구성 요소 간 통신에 사용되는 브로드캐스팅 직렬 네트워크 프로토콜이다. 1990년대 후반, LIN 컨소시엄은 다음과 같은 Volcano Automotive Group과 Motorola의 네트워킹 기술과 함께 Audi Group, BMW, Mercedes-Benz, Volvo, VW Group 등 약 5개 자동차 회사에 의해 설립됐다. 완전히 구현된 첫 번째 LIN 규격은 2002년 11월에 발표됐다. 현재 LIN 응용 분야에서 LIN의 저비용 효율성과 단순 센서를 결합해 소규모 네트워크를 만든다. 이러한 서브시스템은 차량 내 CAN과 같은 백본 네트워크를 통해 연결할 수 있다.

- FlexRay: 온보드 컴퓨팅을 제어하는 자동차 네트워크 통신 프로토콜은 National Instruments의 네트워킹 기술을 보유한 주요 자동차 업체와 Tier 1 공급업체의 컨소시엄에 의해 개발된 결정론적이고 오류에 강한 고속 버스 시스템이다. drive-by-wire, steer-by-wire 그리고 brake-by-wire 응용 분야에 필요한 필수 요구 사항을 지원한다. 컨소시엄은 2009년에 해체됐다. 그러나 FlexRay 표준은 현재 ISO 표준 셋인 ISO 17458-1-17458-5이다.

- EtherCAT^Ethernet for Control Automation Technology: 실시간 이더넷으로 Beckoff Automation에 의해 시작됐고 IEC^International Electrotechnical Commission 표

준 61158 프로토콜로 발표됐다. EtherCAT은 자동화 기술 중 하드 그리고 소프트 실시간 요구 사항에 적합하다. EthernetCAT Technology Group에는 전 세계에 3,905명의 회원이 있다.

- MOST 버스: 자동차 산업에 의해 최적화돼 차량 내부 또는 외부의 응용 분야에 사용되는 고속 멀티미디어 네트워크 기술이다.

표준 다중 마스터 직렬 CAN 버스(ISO 11898-1:2003)는 원래 물리적 계층을 위한 링크 계층 프로토콜로 지정됐는데, 예를 들어 지배적 및 열성적 상태의 사용을 통해 비트 레벨에서 다중 접속이 가능한 매체를 사용하도록 주장했다. ECU의 복잡성은 간단한 I/O 장치에서 CAN 인터페이스와 정교한 소프트웨어를 갖춘 임베디드 컴퓨터까지 다양하다. ECU는 표준 컴퓨터가 USB 또는 이더넷 포트를 통해 CAN 네트워크의 장치와 통신할 수 있도록 하는 게이트웨이가 될 수도 있다. 모든 ECU 노드는 꼬임쌍선 버스, CAN High^{CAN-H} 및 CAN Low $^{CAN-L}$를 통해 서로 연결된다. CAN-H 와이어의 신호가 2.5에서 3.75V가 되면 CAN-L 와이어의 해당 신호가 그림 4.12와 같이 2.5에서 1.25V가 된다.

ISO 11898-2인 CAN 네트워크는 각 끝 120Ω 저항으로 종결된 선형 버스를 사용하는 고속 CAN이라고 한다. 전압, 전류, 도체 수와 같은 물리적 층의 전기적 측면은 ISO$^{International Organization for Standardization}$에 의해 ISO 11898-2:2003으로 지정돼 있다. 그러나 커넥터 유형 및 번호, 색상, 레이블 및 핀 배치와 같은 물리적 계층의 기계적인 측면도 공식적으로 지정해야 한다. 결과적으로 자동차 ECU는 일반적으로 다양한 종류의 케이블을 가진 특정 커넥터를 가지게 되는데 그중 두 개는 CAN 버스 라인이다. CAN 버스의 가장 일반적인 기계식 커넥터는 다음과 같은 핀 아웃$^{pin-out}$이 있는 9핀 D-sub 타입의 커넥터다.

- 핀 2: CAN-L(CAN−)
- 핀 3: GND(접지)
- 핀 7: CAN-H(CAN$_+$)
- 핀 9: CAN V$_+$(전원)

CAN은 기존 멀티와이어 룸^{loom}의 대안으로 자동차 구성 요소가 단일 또는 이중 와이어로 연결된 데이터 버스와 최대 1Mbps 속도로 통신하기 위해 개별 센서, ECU 그리고 시스템에 연결하기 위한 직렬 버스 프로토콜이다. 마이크로컨트롤러 및 기타 장치(작동기, 센서 등)가 호스트 컴퓨터 없이 적용된 곳에서 서로 통신할 수 있도록 설계됐다. CAN 시스템은 단일 명령 스테이션을 사용해 진단 시스템을 제어하고 다음과 같은 다양한 정보를 수신할 수 있다.

- 브레이크 및 변속기 온도
- 배출 수준
- 연료 효율
- 타이어 압력

CAN 버스 시스템은 다음과 같은 특징이 있다.

- 모든 메시지가 브로드캐스트된다.
- 모든 노드가 메시지를 브로드캐스트할 수 있다.
- 각 메시지는 소스^{Source} 또는 메시지 내용을 식별하는 ID^{Identification}를 갖고 있다.
- 각 수신기는 메시지를 처리 또는 무시하기 위한 결정을 한다.

자동차에 적용 시 직렬 통신^{CAN}에 대한 4가지 응용 분야가 있으며 서로 다른 요구 사항과 목표가 적용된다.

- 엔진, 변속기, 서스펜션 및 브레이크 제어를 위한 ECU 연결: 데이터 전송 속도는 초당 200킬로비트(kbps)에서 1메가비트(Mbps)에 이르는 실시간 응용 분야의 일반적인 범위에 있다.
- 이동 통신: 차량 라디오, 차량 전화, 내비게이션 장치 등과 같은 구성 요소를 인체공학적으로 설계된 중앙 제어 장치와 연결한다.
- 차체 및 편의 전자 장치의 네트워킹 구성 요소: 공기 흐름 제어, 에어컨, 중앙 잠금 장치 및 시트 그리고 거울 조정과 같은 다양한 응용 분야가 있다.

구성 요소와 배선의 비용에 특히 주의를 기울여야 한다. 일반적인 데이터 속도는 약 50kbps이다.

- OBD$^{Onboard diagnostics}$: 차량의 결함 코드를 읽고 재설정할 수 있는 ECU에 대한 유선 통신 연결. 오류 코드는 일반적으로 문자와 4개의 숫자로 구성된 진단 고장 코드라고도 한다. 따라서 각 코드에는 B32XX와 같이 총 5개의 문자가 있다. 첫 번째 문자 B는 에어백, 공조 제어, 조명 등과 같은 바디 시스템의 식별을 나타낸다. 두 번째 문자 (3)은 제조업체별 코드를

나타내고 세 번째 문자 (2)는 2차 공기 주입 시스템을 나타낸다. 네 번째와 다섯 번째 문자 XX는 ECU가 고장으로 식별한 실제 요소를 나타낸다. OBD 커넥터가 CAN 버스에 연결되면 연결된 모든 구성 요소를 모니터링할 수 있다.

그림 4.13에 나타난 CAN 시스템 버스 데이터 메시지 구조는 표준 버전과 확장 버전 모두 동일하다.

그림 4.13에서 각 필드의 의미는 다음과 같다.

- SF[Start Field]: 데이터 프로토콜의 시작을 표시한다. 3.75V(사용 된 시스템에 따라 다름)의 비트가 CAN-H 라인을 통해 전송되고, 1.25V의 비트가 CAN-L 라인을 통해 전송된다. 즉, 차동 전압은 2.5V이다.

- 메시지 식별자: 데이터 프로토콜의 우선순위를 정의한다. 두 개의 CAN 노드가 동시에 CAN 버스로 메시지를 전송하려고 하면 우선순위가 가장 높은 (가장 낮은 중재 ID) 노드가 버스 연결이 된다. 사용되는 표준에 따라, 프레임 길이는 그림 4.13에 표시된 것처럼 11비트 중재 ID를 사용하는 표준과 29비트 중재 ID를 사용하는 확장의 두 가지 형식이 될 수 있다.

- 제어 또는 검사 필드: 데이터 필드에 포함된 정보 항목 수를 표시한다. 이 필드를 통해 모든 수신자는 자신에게 전송된 모든 정보를 수신했는지 확인할 수 있다.

- 데이터 필드: 다른 CAN 노드로 전송되는 정보가 존재한다.

- CRC[Cyclic Redundancy Check or Safety Field]: 15비트 순환 중복 검사 코드와 열성 경계 신호 비트를 포함한다. CRC 필드는 전송 오류 감지에 사용된다.

- ACK[Acknowledge Field or Confirmation Field]: 수신기는 데이터 프로토콜이 올바르게 수신됐다는 신호를 송신기로 보낸다. 오류가 감지되면 수신기는 즉시 송신기에 알린다. 그런 다음 송신기는 데이터 프로토콜을 다시 보낸다.

- EF[End Field]: 데이터 프로토콜의 끝을 표시한다. 반복 전송을 유발하는 오류를 나타낼 수 있는 마지막 가능성이다.

SF	Message Identifier	Control	Data	CRC	ACK	EF
1bit	11 or 29 bits	6 bits	upto 64 bits	16 bits	2 bits	7 bits

그림 4.13 CAN 버스 데이터 메시지 구조

CAN, LIN 및 FlexRay는 주로 제어 시스템에 사용되는 반면, MOST^Media Oriented Systems Transport는 텔레매틱 애플리케이션에 사용된다. 특정 기능과 관련된 버스 시스템 개요는 표 4.3에 나와 있다.

또한 차량의 지능적이고 고도로 통합된 작동기 및 센서 노드는 적절한 시스템 네트워크를 통해 통신한다. 대부분의 바디 전자에 적용된 것들은 CAN 또는 LIN 통신 인터페이스를 사용한다. 대기 시간, 대역폭 그리고 비용과 같은 적용 요구 사항은 특정 인터페이스의 선택에 영향을 준다. 실제 통신 물리 계층은 EMC^electromagnetic compatibility, EMI^electromagnetic interference, EDM^electromagnetic discharge 표준과 같이 대부분 전기, 전자적 요구 사항에 의해 동작하기 때문에 장치 영역의 부문에서 무시할 수 없다.

일반적으로 CAN 물리 계층 또는 LIN은 각각의 응용에 따른 요구로 인해 통합된다. CAN 및 LIN 프로토콜 외에도 SENT^Single-Edge Nibble Transmission 또는 PSI5^Peripheral Sensor Interface 5와 같은 파워트레인 또는 섀시 도메인과 같은 다른 통신 인터페이스는 네트워크 비용을 더욱 감소시키기 위한 활용에 관심을 받고 있다. 예를 들어 LIN 대신 PSI5를 사용하면 배선 및 커넥터 핀 수가 3개(LIN, VBAT(배터리 전압), GND(접지))에서 2개(공급^supply, GND)로 줄어든다. PSI5가 공급선 상에서 데이터를 수정해야 하지만 하네스와 커넥터 측면의 절약량은 E/E 측에서 더 높은 요구 사항을 설명하기에 충분할 수 있다.

표 4.3 버스 시스템 개요

	CAN	LIN	FlexRay	MOST
응용 분야	Soft real-time 시스템	저수준 통신 시스템	Hard real-time 시스템	멀티미디어, 텔레매틱스
대역폭	500kMit/s	19.6kMit/s	10kMit/s	24.8kMit/s
버스 접근	CSMA/CA	Polling	TDMA/FTDMA	TDM/CSMA
제어	멀티 마스터	싱글 마스터	멀티 마스터	타이밍 마스터
프레임당 데이터 바이트	0-8	0-8	0-254	0-60
물리 계층	전기적(이중 꼬임 쌍선)	전기적(단일 연결)	광학적, 전기적	주로 광학적
중복 채널	미지원	미지원	2개 채널	미지원

저렴한 프로토콜의 지속적인 개발에도 CAN 및 LIN 기반 노드에 대한 전반적인 추세는 자동차 센서 및 작동기 네트워크, 특히 차체 전자 응용 분야에서 수년 동안 관찰됐다. 전략 분석에 따르면 2018년에는 CAN 노드 수가 2×10^9개를

넘어설 것으로 예상되며 LIN 노드 수는 1×10^9개를 넘어설 것으로 예상된다. 이와 관련해 차량당 평균 노드 수는 약 20개의 CAN 노드와 약 10개의 LIN 노드다. 예상되는 시장 성장률은 연간 13% 성장률인 CAN 노드에 비해 LIN 노드는 연간 17% 성장률로 더 높다. 이는 간단한 기능이 LIN 노드에서 점점 더 구현되고 있음을 보여준다.

일반적으로 컴퓨터 기술 계열에서 사용되는 LAN과 도심 지역 네트워크인 이더넷은 더 높은 비트 전송률과 더 먼거리 연결을 지원할 수 있도록 개선되고 있고, 도메인 네트워크 백본을 형성하기 위한 선택적인 프로토콜이 될 것이다. 또한 Bosch는 CAN FD$^{\text{CAN with Flexible Data-Rate}}$라는 새로운 초고속 CAN 버스를 개발했다. CAN FD는 전통적인 고속 CAN과 FlexRay 사이에 포지셔닝하고 있으며 매우 높은 대역폭을 제공한다. 많은 차세대 ECU에는 CAN FD 인터페이스가 있다. FlexRay와 LIN은 차량 서브 도메인 내에서 지능형 노드에 대한 연결을 제공할 것이다. 그러나 강력한 도메인 컨트롤러를 포함하려면 고도로 상호 연결된 아키텍처를 적절히 지원해야 한다. 1996년 이후 미국에서 판매된 모든 차량에는 차량 ECU에 접근하기 위한 OBD$^{\text{OnBoard Diagnostics}}$ 커넥터가 있어야 한다. 온보드 진단은 차량의 자가 진단 및 리포팅 기능을 말한다.

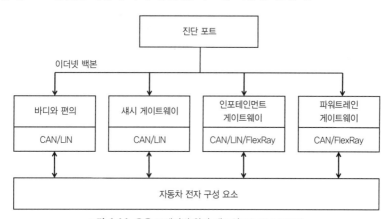

그림 4.14 응용 도메인별 차량 네트워크(URL1 2013)

그림 4.14에서는 관련 도메인 컨트롤러와 함께 각 응용 도메인으로 구분된 차량 네트워크의 예를 보여주고 있다. 이러한 도메인 컨트롤러에는 실시간 성능 및 수많은 통신 주변 장치와 함께 상당한 양의 처리 능력이 필요로 한다.

일반적으로 E/E 프로그래밍 가능한 안전 관련 제품에 적용되는 IEC 61508 표준은 자동차 전자 제품 개발 요구 사항에 일부에만 적합하다. 그 결과 자동차 산업에서 이 표준은 현재 FDIS$^{Final\ Draft\ International\ Standard}$로 발표된 ISO 26262에 의해 대체됐다. ISO/DIS 26262는 차량용 안전 관련 E/E 부품의 전체 제품 수명주기^{PLC}를 설명한다. 이와 관련해 PLC는 처음부터 엔지니어링 설계 및 제조된 부품의 서비스 및 폐기에 이르기까지 자동차 전자 부품의 전체 수명주기를 관리하는 프로세스다. 2011년 11월 최종 버전에서 국제 표준으로 발표됐다.

이 표준을 구현하면 콘셉트 단계에서부터 폐기 단계까지 전체 제품 수명주기를 포괄하는 자동차 전자 제품 개발 프로세스의 수정 및 다양한 혁신이 이뤄지게 된다. 또한 자동차 기능 안전 표준(ISO 26262)에 따라 개발된 안전 보장 솔루션을 포함하고 있으며 최소한 ASIL$^{Automotive\ Safety\ Integrity\ Level}$ B 등급의 특정 안전 기능을 목표로 한다. 안전 무결성 수준^{SIL}은 안전 기능에 의해 제공되는 상대적인 위험 감소 수준으로 정의되거나 위험 감소의 목표 수준을 특정한다. 표 4.4에서와 같이 IEC 61508에 기반한 유럽 기능 안전 표준은 가장 신뢰할 수 있는 SIL 4와 가장 신뢰할 수 없는 SIL 1을 총 4단계의 SIL로 정의했다(URL 14 2017).

표 4.4에 나와 있는 하드웨어 안전 무결성에 대한 SIL 요구 사항은 저수요 장치 작동의 PFD$^{Probability\ of\ Failure\ on\ Demand}$ 및 RRF$^{Risk\ Reduction\ Factor}$ 기능으로 표시되는 장치의 확률 분석을 기반으로 한다.

PFD는 시스템이 필요한 안전 기능을 수행하지 않을 가능성을 나타내는 안전 기능의 효과를 측정한 것이다. 표 4.4에 표시된 것처럼 SIL-3 시스템의 프로세스가 종료되지 않을 가능성은 1000에서 1 또는 0.1%보다 낮다. 안전 기능의 가용성이 99.9%보다 나은 셈이다. 다른 의미로는 이를 통해 1000개의 요소에 의한 위험의 감소를 고려하는 데 도움이 될 수 있다(URL15 2017). 1 채널 시스템의 PFD는 Markov 모델을 사용해 계산할 수 있다.

지정된 SIL을 달성하려면 하드웨어 장치가 위험 장애의 최대 가능성과 최소 안전 장애 비율의 목표를 충족해야 한다. 따라서 SIL은 개발 프로세스 및 안전 수명주기 관리와 같은 정성적 요소와 조합된 여러 정량적 요소를 기반으로 결정된다.

표 4.4 IEC 61508에 정의된 SIL(상세 정보는 내용 참조)

SIL	PFD	PFD(power)	RRF
1	0.1 – 0.01	$10^{-1} - 10^{-2}$	10 – 100
2	0.01 – 0.001	$10^{-2} - 10^{-3}$	100 – 1000
3	0.001 – 0.0001	$10^{-3} - 10^{-4}$	1000 – 10,000
4	0.0001 – 0.00001	$10^{-4} - 10^{-5}$	10,000 – 100,000

4.4 기능 안전

기능 안전은 동작 오류, 하드웨어 고장 그리고 환경 변화의 안전 관리를 포함해 입력에 대해 CPS와 구성 요소가 정확하게 동작하는 전반적인 차량 시스템의 안전 중 일부 또는 그에 대한 구성 요소다. 기능 안전은 시스템, 서브 시스템 또는 구성 요소의 기능을 전체 시스템 기능의 일부로 반드시 취급해야 하기 때문에 본질적으로 엔드 투 엔드end-to-end의 범위를 갖는다. 이 의미는 기능 안전 표준은 전기, 전자 그리고 프로그래밍 가능한 전자(E/E/PE) 시스템에 집중하는 반면, 엔드 투 엔드 범위는 실질적인 기능 안전 방법이 작동기, 컨트롤러 또는 모니터와 같은 시스템의 비E/E/PE 부품으로까지도 확장돼야만 한다는 것이다. 그러므로 기능 안전의 목표는 위험을 허용 가능 수준으로 낮추고 부정적인 영향을 줄이는 것이다. 하지만 위험이 전혀 없는 것은 없다. 기능 안전은 해당 이벤트가 발생할 가능성과 발생할 위험도, 다른 말로 발생할 수 있는 피해의 정도를 측정하는 것이다. 그러므로 기능 안전은 모든 특정 안전 기능이 수행되고 각 안전 기능에 요구되는 성능 수준을 만족했을 때 달성된다. 이는 일반적으로 최소 다음과 같은 단계들을 포함하는 프로세스에 의해 달성된다(URL1 2013; URL13 2017).

- 필요한 안전 기능 식별: 위험 및 안전 기능을 알고 있거나 식별해야 함을 의미한다.
- 안전 기능에 의해 요구되는 위험 감소 평가: SIL, 성능 수준PL 또는 기타 정량화 평가가 포함된다. SIL은 시스템의 구성 요소 또는 일부가 아니라 안전 관련 시스템의 엔드 투 엔드 안전 기능에 적용된다.
- 자동차 안전 무결성 수준: 자동차 산업을 위한 IEC 61508에서 사용되는 SIL을 개정한 ISO 26262의 도로 차량-기능 안전에 의해 정의된 위험 분류 체계다. 이 분류는 ISO 26262 표준을 준수하는 데 필요한 안전 요구 사항을 정의하는 데 도움이 된다. ASIL은 심각성, 노출 및 차량 작동 시나리오상 제어 가능성을 보고 잠재적 위험에 대한 위험 분석을 수행해 수립된다. 해당 위험에 대한 안전 목표에는 ASIL 요구 사항이 포함된다. 표준에 의해 식별된 4가지 ASIL이 있다. ASIL A는 SIL-1과 유사하며 ASIL B/C는 SIL-2와 유사하며 ASIL D는 SIL-3과 유사하다. SIL-4와 비슷한 ASL은 없다. ASIL D는 제품에 대한 최고의 무결성 요구

사항을 나타내며 ASIL A는 가장 낮다. 그러나 ISO 26262는 ASIL과 SIL의 규범적 또는 정보를 위한 매핑을 제공하지 않는다. ASIL은 위험에 대한 정성적인 측정이다. SIL은 안전 기능의 유형에 따라 위험 고장의 확률 또는 빈도로써 정량적으로 정의된다. 따라서 IEC 61508에서는 더 높은 위험의 적용 대상은 위험한 고장에 대해 더 높은 강건성을 요구한다.

일반적으로 IEC 61508-1:2010에는 E/E/PE 시스템을 사용해 안전 기능을 수행할 때 고려해야 할 사항을 포함한다. 이 표준의 주요 목표는 제품 또는 애플리케이션을 담당하는 기술위원회가 제품 및 애플리케이션 국제 표준을 쉽게 개발할 수 있도록 하는 것이다. 이는 제품과 애플리케이션을 포함한 관련 요소 전체에 대해 완전히 고려할 수 있게 하며 이로 인해 제품 사용자와 애플리케이션의 특정 요구를 만족시킬 수 있다. 이 표준의 두 번째 목표는 제품 또는 애플리케이션 국제 표준이 존재하지 않는 곳에서 E/E/PE 안전 관련 시스템을 개발할 수 있도록 하는 것이다. 또한 IEC 61508-3:2010은 안전 관련 시스템의 일부를 구성하거나 IEC 61508-1 및 IEC 61508-2의 범위 내에서 안전 관련 시스템을 개발하는 데 사용되는 모든 소프트웨어에 적용되며 다음 항목을 제공한다.

- IEC 61508-1 및 IEC 61508-2의 범위 내에서 안전 관련 시스템을 개발 및 구성하는 데 사용되는 지원 도구에 적용되는 특정 요구 사항
- 소프트웨어 안전 기능 및 소프트웨어 시스템 기능의 지정에 대한 요구 사항
- 안전 관련 소프트웨어의 설계 및 개발 중에 적용될 안전 수명주기 단계 및 활동에 대한 요구 사항을 수립한다. 이러한 요구 사항에는 다음이 포함된다.
- 소프트웨어의 결함 및 고장을 피하고 제어하기 위해 요구되는 시스템 기능에 대해 등급이 매겨진 측정 및 기술의 적용
- E/E/PE 시스템 통합을 수행하는 조직에 전달될 시스템 안전 검증의 소프트웨어 측면에서 정보 요구 사항 제공
- E/E/PE 안전 관련 시스템의 운영 및 유지 보수를 위해 사용자가 필요로 하는 소프트웨어에 관한 정보 및 절차의 준비 요건 제공
- 안전 관련 소프트웨어 수정 작업을 수행하는 조직이 충족해야 할 요구 사항 제공

- IEC 61508-1와 IEC 61508-2를 결합해 개발 및 설계 도구, 언어 번역기, 테스트 및 디버깅 도구와 구성 관리 도구와 같은 지원 도구 요구 사항 제공

두 번째 발행본은 1998년에 출판된 첫 번째 발행본을 취소하고 이를 대체했다. 이 발행본은 기술적 개정판으로 구성됐다. 이 보고서는 철저한 검토를 거쳐 다양한 개정 단계에서 접수된 많은 의견을 통합한다(URL16 2017).

- 안전 기능이 설계 의도에 따라 작동하는지 확인: 여기에는 잘못된 수행자의 입력 및 고장 모드 조건이 포함된다. 또한 인증된 기능 안전 표준을 준수하기 위한 프로세스를 수행하는 자격을 갖춘 유능한 엔지니어가 설계 및 수명주기를 관리하도록 하는 것도 포함된다. 유럽에서 이 표준은 IEC EN 61508이며, IEC EN 61508 또는 ISO 13849와 같은 일부 다른 표준에서 파생된 산업별 표준 중 하나다.

- 시스템이 할당된 SIL(ASIL, PL 또는 agPL$^{Agricultural Performance Level}$)을 충족하는지 확인: 이는 적절한 테스트와 함께 MTBF$^{Mean Time Between Failures}$(평균 무고장 시간)와 SFF$^{Safe Failure Fraction}$(안전 고장 비율)를 결정함으로써 달성할 수 있다. 임계 또는 위험 상태는 고장 모드 및 영향 분석$^{FMEA, Failure Mode and Effects Analysis}$ 또는 고장, 모드 및 영향 및 시험 대상 시스템의 임계 분석$^{FMECA, Failure, Mode and Effects and Critical Analysis}$에서 식별된다.

  - 평균 무고장 시간$^{MTBF, Mean Time Between Failure}$: 다음 방정식에 따라 시스템의 고장 간 산술적 평균 시간으로 계산될 수 있는 시스템 동작 시 내재된 고장 간 예측 경과 시간

$$MTBF = \frac{(\text{고장 시작 시간} - \text{복구 운영 시작 시간})}{\text{고장 횟수}}$$

  - 평균 위험 고장 시간$^{MTTFd, Mean Time to Dangerous Failure}$: MTTF$_d$-값은 주로 시스템 제조업체에 의해 제공돼야 한다. 제조업체가 필요한 값을 제공할 수 없는 경우 ISO 13849-1 표에서 가져오거나 B$_{10d}$-값(구성 요소의 10%가 위험한 고장을 가질 때까지의 평균 사이클 수)을 사용해 계산할 수 있다. MTTF$_d$를 계산하려면 구성 요소가 실행할 연간 평균 사이클 수를 아는 것도 중요하다.

$B_{10d} = 2 \cdot 10^6$의 결과는 $MTTF_d = 1{,}141$년이 되며, 이는 $MTTF_d = $ high 수준에 부합한다.

$$MTTF_d = \frac{B_{10d}}{0.1 \cdot n_{op}}$$

$$n_{op} = \frac{d_{op} \cdot h_{op} \cdot 3600}{t_{cycle}}$$

$n_{op} = $ 연간 주기 수
$d_{op} = $ 연간 운영 일
$h_{op} = $ 일일 운영 시간
$t_{cycle} = $ 주기 시간(초)

○ 안전 고장 비율^{SFF, Safe Failure Fraction}: 안전한 상태로 향하는 내재적인 경향을 고려한다. SFF는 안전 고장 비율과 탐지된 위험 고장의 비율을 전체 고장 비율로 나눈 값이다.

$$SFF = \frac{\sum \lambda_S + \sum \lambda_{DD}}{\sum \lambda_S + \sum \lambda_D}$$

고려해야 할 유일한 고장 유형은 안전 기능에 어느 정도 영향을 미칠 수 있는 고장 유형이라는 것을 아는 게 중요하다.

λ_S: 안전 고장 비율
$(\sum \lambda_S + \sum \lambda_D)$: 전체 고장 비율
λ_{DD}: 탐지된 위험 고장 비율
λ_D: 위험 고장 비율

○ 고장 모드 및 영향 분석^{FMEA, Failure Mode and Effects Analysis}: 고장 모드와 그 원인과 영향을 식별하기 위해 가능한 많은 구성품, 조립품 및 하위 시스템을 검토하는 시스템 신뢰성 연구의 첫 번째 단계다. 각 구성 요소에 대해 고장 모드와 시스템의 나머지 부분에 대한 고장 모드의 결과 영향은 특정 FMEA 워크시트에 기록된다. FMEA는 정성적 분석이 될 수 있지만 수학적 고장률 모델이 통계적 고장 모드 비율 데이터베이스(URL17 2017)와 결합될 때 정량적 기준으로 사용될 수 있다. 가능한 오류 발생 원인을 조기에 처리함으로써 정교한 오류 수정

대신 오류 회피 전략을 추구할 수 있다. 따라서 FMEA는 특히 제품과 프로세스의 새로운 개발과 변화에 적합하다. 위험 평가를 통해 중요한 구성 요소를 찾아내고 오류 예방에 우선순위를 설정할 수 있다.

○ 고장 모드 그리고 효과 및 중요도 분석[FMECA, Failure Mode and Effects and Criticality Analysis]: 확장된 FMEA는 중요도 분석이 수행됨을 의미한다. 각 고장 모드에 대해 해당 고장을 감지하고 문제에 대해 보고하는 시스템의 능력을 분석한다. FMECA 매트릭스의 각 행에는 다음 중 하나가 입력된다.

- 정상: 시스템은 설계자에게 안전 상태를 올바르게 표시한다.
- 비정상: 시스템은 설계 조치가 필요한 오작동을 올바르게 표시한다.
- 부정확: 이 시스템은 오작동 시 안전 상태를 잘못 표시하거나 존재하지 않는 오작동을 설계자에게 경고한다(오탐).

고장 모드 중요도 평가는 정성적 또는 정량적일 수 있다. 정성적 평가를 위해, 사고 확률 코드나 번호를 할당하고 매트릭스에 입력한다. 예를 들어 MIL-STD-882는 5가지 확률 수준을 사용한다.

레벨	설명
A	자주(Frequent)
B	주로(Probably)
C	때때로(Occasional)
D	아주 적은(Remote)
E	아주 드물게(Improbably)

중요도 수치는 다음과 같이 계산된다.

$$C_m = \lambda_p \frac{\alpha}{\beta \cdot t}$$

그리고

$$C_\tau = \sum_{n=1}^{N} (C_m)_n$$

λ_p = 기본 고장 비율
α = 고장 유형 비율
β = 조건부 확률
t = 미션 단계 지속 시간

- 기능적 안전 검사 수행: 적절한 안전 수명주기 관리 기법이 관련 수명주기 단계에서 일관되고 철저하게 적용됐다는 증거를 검토하고 평가한다.

안전성과 기능 안전성은 차량 사이버 물리 시스템 전체와 이에 대한 상호작용하는 환경을 고려하지 않고 결정할 수 없다. 기능 안전성은 본질적으로 엔드투 엔드 범위 안에 있다.

4.5 자동차 소프트웨어 공학

자동차 산업은 속도, 비용 효율성 및 혁신적인 능력이 자동차 제조사의 미래를 보장하는 결정적인 요소인 글로벌 경쟁에 직면해 있다. 혁신적인 드라이브 콘셉트, 자동차 IT 및 운전자 보조 시스템과 같은 자동차 제조업체의 현재 도전 과제는 정보 기술 및 E/E와 관련해 자동차 소프트웨어 엔지니어링에 대한 요구를 증가시킨다. 이러한 추세는 보조 및 파일럿 서비스를 위한 차량 네트워크에 의해 강화되고 있다.

오늘날 핵심 과제는 차량의 대부분의 기능을 전자적으로 제어하고 모니터링하는 것이다. 소프트웨어에 의해 제어되는 차량 기능의 현실화는 설계 프로세스 내에서 유일하게 벗어난 단계다. 하지만 개인 컴퓨터와 통신 시스템과 같이 차량 소프트웨어와 다른 소프트웨어 간 주요 차이점은 안정성을 위한 필수 요구사항에 있다. 복잡한 ECU 네트워크에서 차량 소프트웨어는 전체 차량 수명주기 동안 각별한 안정성을 갖고 있어야만 한다. 그러므로 차량 개발에서 높은 안정성과 기능적 안전 요구 사항, 상대적으로 긴 제품 수명주기, 소프트웨어 기능의 복잡성, 제한된 비용, 짧은 혁신 주기로 인한 개발 시간 단축 그리고 차량 변경의 다양성의 증가와 같은 핵심 경계 조건이 반드시 고려돼야 한다. 모터 제어 장치의 소프트웨어 기능의 수가 3자리 범위에 도달했다.

하지만 주행 미끄러짐 제어 또는 자동 공조 제어 등과 같은 기능처럼 강력한 소프트웨어 기능은 반드시 내부적인 상호작용 그리고 섀시 또는 바디 영역 내에 기능을 위한 수많은 인터페이스를 갖고 있는 차량 내에 구현돼야 한다. 대표적인 것이 특정 값, 특정 곡선 그리고 키 필드처럼 많은 파라미터의 수다. 이는 각 시스템 또는 엔진, 기어박스, 차량 조정 등 구성 요소의 방해를 받지 않는 기능을 위한 소프트웨어 기능 조정에 사용된다(Schäuffele와 Zurawka 2016).

자동차 소프트웨어 엔지니어링의 또 다른 필수 요구 사항은 ECU가 차량 내 네트워크에 의해 상호 연결돼 있어야 한다는 것이다. ECU는 CAN, LIN, FlexRay 및 MOST와 같은 표준화된 버스 시스템을 통해 통신한다. PC 연결에서 잘 알려진 이더넷과 대조적으로 CAN 및 LIN 버스 시스템은 속도가 느리다. 차량에서 정보는 밀리 세컨 내에 처리돼야 한다. 그러나 연결된 ECU의 수가 증가하면서 더욱 정교하게 구조화해야 하고 이로 인해 차량 네트워크는 특정 E/E 아키텍처 설계를 필요로 하게 됐다. 이러한 네트워크의 복잡성을 극복하기 위해 차량 ECU는 파워트레인, 섀시, 바디/인테리어, 인포테인먼트 등과 같은 도메인으로 분할돼야 하고 각 도메인마다 다양한 요구 사항을 갖게 된다. 예를 들어 파워트레인 도메인에는 매우 정확한 타이밍과 폐 루프 제어 및 실시간 동작이 필요하지만 인포테인먼트에는 최적의 정보 표시를 필요로 한다.

4.5.1 소프트웨어 콘텐츠 및 제품 복잡성 증가

오늘날의 E/E 시스템은 운전자 보조 기능, 차량 역학 제어, 능동/수동 안전 시스템 기능과 소프트웨어 콘텐츠를 통해 임베디드된 추가적인 기능을 포함해 현대의 차량에서 많은 기능들을 수행하고 있다. 자동차 소프트웨어에는 다음과 같은 몇 가지 주요 요구 사항을 갖고 있다.

- 기능 안전: 잠김 방지 제동, ESC 등의 기능에는 소프트웨어 개발 프로세스와 소프트웨어 기능 자체에 높은 요구를 갖는 "fail-safe"의 동작을 필요로 한다.
- 리소스 사용 최소화: 추가 컴퓨팅 성능과 메모리 용량은 필요량이 계속 증가함에 따라 최소화해야 한다.
- 실시간 동작: 외부 사고에 대해 정의된 신속한 대응에는 최적화된 운영체제와 특정 소프트웨어 콘텐츠 설계가 필요하다.
- 안정성: 자동차 소프트웨어는 전체 차량 수명주기에 걸쳐 복잡하고 다면적인 ECU 네트워크 내에서 특별히 신뢰할 수 있어야 한다.

이러한 요구 사항은 ECU 소프트웨어 기능의 복잡성을 증가시키고 따라서 코드 라인의 수와 연관돼 제품 복잡성을 증가시킨다.

자동차 소프트웨어 개발 및 시험에 사용되는 방법, 표준 및 프로세스는 다음과 같다.

- 애자일 소프트웨어 개발: 자체 조직화된 교차 기능 개발 팀의 공동 작업을 통해 요구 사항과 솔루션이 진화하는 소프트웨어 개발 원칙
- Automotive SPICE®: 소프트웨어 프로세스 평가를 위한 ISO 15504에서 파생된 산업별 표준으로, 2005년 Special Interest Group Automotive에서 발행했다. 자체 공정기준모델PRM과 공정평가모델PAM의 두 가지 차원이 있다.
- AUTOSAR: 2003년에 설립된 전 세계 개발 파트너십(4.6절 참조)
- 자동화 및 제조 시스템 표준화 협회의 진단 표준ASAM, Association for Standardization of Automation and Manufacturing: 많은 응용프로그램, 예제, 평가 및 시뮬레이션에 대한 데이터 모델, 인터페이스 및 구문 사양에 관한 표준을 제공한다.
- HIL: 시뮬레이션을 사용해 복잡한 실시간 시스템을 개발하고 테스트하는 데 사용되는 기술(4.5.3절 참조)
- 모델 기반 개발: 복잡한 제어 시스템 개발과 관련된 문제를 해결하는 모델 기반 방법(4.5.2절 참조)
- 안전 표준: ISO 26262 및 IEC 61508 준수
- 최첨단 요구 공학

네트워크 연결에 사용되는 표준은 다음과 같다.

- CAN(4.3.3절 참조)
- 이더넷(4.3.3절 참조)
- FlexRay(4.3.3절 참조)
- LIN(4.3.3절 참조)
- MOST(4.3.3절 참조)

소프트웨어 응용프로그램의 복잡성이 증가함에 따라 고품질 소프트웨어 코드를 효율적으로 개발해야 한다. 따라서 설계, 개발, 소프트웨어 유지 보수에 대한 연구 및 기술의 응용이 될 수 있는 소프트웨어 공학은 매우 중요해졌다. 이와 관련해 애자일 소프트웨어 개발은 자체적으로 상호 기능적인 팀을 구성하는 협업을 통해 요구 사항과 솔루션이 발전하는 일련의 소프트웨어 개발을 위한 원칙을 설명한다. 적응력 있는 계획, 발전적인 개발, 조기 전달 및 지속적인 개선

을 지향하며 변화에 대한 신속하고 유연한 대응을 장려한다. 이러한 원칙은 많은 소프트웨어 개발 방법의 정의와 지속적인 발전을 지원하고 있다.

애자일 소프트웨어 개발^{ASD, Agile Software Development}의 12가지 원칙은 신속한 변화를 위한 매니페스토를 보완하기 위해 Agile Alliance에 의해 정의됐다(7.2장 참조). 내용은 다음과 같다(Holtz 및 Möller 2017).

- 최우선순위는 가치 있는 소프트웨어를 조기에 지속적으로 제공함으로써 고객을 만족시키는 것이다.
- 개발 후반에도 변화하는 요구 사항을 반영한다. 애자일 프로세스는 고객의 경쟁 우위를 위해 변화를 활용한다.
- 더 짧은 기간을 선호하며 몇 주에서 몇 달까지 작동하는 소프트웨어를 자주 제공해야 한다.
- 비즈니스 담당자와 개발자는 프로젝트 전반에서 매일 함께 협력해야 한다.
- 동기를 갖고 있는 개인들을 중심으로 프로젝트를 구축한다. 그들에게 필요한 환경과 지원을 제공하고 작업을 완료한다는 것을 신뢰한다.
- 정보를 개발 팀에게 전달하는 가장 능률적이고 효과적인 방법은 대면하고 대화하는 것이다.
- 동작하는 소프트웨어는 진행의 주요 척도다.
- 애자일 프로세스는 지속 가능한 개발을 촉진한다. 스폰서, 개발자 그리고 사용자는 지속적인 페이스를 유지할 수 있어야 한다.
- 기술적 우수성과 우수한 디자인에 대한 지속적인 관심은 민첩성을 향상시킨다.
- 수행하지 않은 작업량을 극대화하는 기술인 단순성이 필수적이다.
- 최고의 아키텍처, 요구 사항 및 디자인은 자체적으로 구성된 팀에서 나온다.
- 팀은 정기적으로 효과적인 방법을 반영한 다음 그에 따라 행동을 조절한다.

잘 알려진 ASD 방법은 다음을 포함한다(Holtz 및 Möller 2017).

- 애자일 모델링
- 애자일 통합 프로세스^{AUP}

- 동적 시스템 개발 방법^{DSDM}
- 필수 통합 프로세스^{EssUP}
- 익스트림 프로그래밍^{XP}
- 기능 중심 개발^{FDD}
- 개방형 통합 프로세스^{OpenUP}
- 스크럼
- 속도 추적

Automotive SPICE는 프로세스를 개선하고 평가하기 위해 ECU 개발에서 확립한 프레임워크다. 산업별 표준은 소프트웨어 프로세스 평가를 위해 ISO/IEC 15504를 기반으로 2005년에 개발됐으며 자동차 부문의 요구 사항에 맞게 조정됐다. Automotive SPICE® V3.0은 VDA Automotive Systems 2015 콘퍼런스에서 새로운 표준으로 공개됐다. 이 개정판으로 독일 자동차 산업협회가 의뢰한 워킹 그룹 13은 Automotive SPICE가 새로운 ISO/IEC 12207 및 ISO 15504-5와 조화가 이뤄지게 했다. 따라서 버전 3.0에서는 이전 엔지니어링 프로세스가 시스템 및 소프트웨어 프로세스로 구분됐으며 모델에 많은 개선이 있었다. 독일 자동차 제조업체인 Audi, BMW, Daimler 및 Volkswagen은 소프트웨어 이니셔티브의 각 구성원이 평가하는 최소 16개 프로세스(Hersteller Initiative Software 또는 HIS Scope)를 합의했다. 평가에서 고려해야 할 프로세스의 최소 요구 사항인 자동차 SPICE의 HIS 범위는 프로세스 개선의 출발점 및 평가의 초점에서 다른 산업 분야에서 활용되기도 한다.

ASAM MCD-2^{Association for Standardization of Automation and Measurement Systems}는 차량 진단에 대한 데이터 지향 사양을 허용한다. 표준은 차량 수명주기 전반인 개발부터 테스팅, 생산, 서비스 및 애프터서비스에 이르기까지 필요한 ECU의 진단 기능 설명을 위한 데이터 모델을 정의한다. 이 표준은 개발 프로세스에서 파트너, 예를 들어 OEM과 1차 공급업체 또는 협력 프로젝트의 OEM 간에 진단 정보를 쉽게 교환할 수 있도록 한다. ASAM MCD-2에 관한 자세한 내용은 다음과 같다.

- 요청 및 응답, 진단 고장 코드, 파라미터 및 기타 데이터를 통한 진단 통신
- 다양한 진단 프로토콜에 대한 통신 파라미터
- ECU 메모리 프로그래밍

- ECU 변경 코딩
- 기능 중심 진단

이 표준은 특정 제조사, 버스 또는 프로토콜에서 독립적이며 모든 사양 요소에 대해 잘 정의된 의미를 갖는 데이터 모델 및 설명 형식을 정의한다. ODX를 사용하면 진단 데이터를 중앙 위치에 저장하고 단일 소스에서 모든 관련 당사자에게 데이터를 효율적으로 배포할 수 있다. ODX 데이터는 기계를 읽을 수 있는 XML[Extended Markup Language] 형식으로 직렬화된다. 따라서 표준은 진단 통신 설계, ECU 커널 및 애플리케이션 소프트웨어 개발, 진단 테스터 구성 및 차량용 진단 문서 생성과 같은 ECU의 모든 개발 단계에 걸쳐 진단 데이터의 완전한 재사용을 가능하게 한다. 데이터는 하나의 소스에서 시작되므로 ODX는 불일치, 오류 및 반복적인 노력을 방지한다(URL18 2017).

4.5.2 모델 기반 개발

자동차 시스템 운영, 특히 안전 기능의 복잡성으로 인해 제품 개발 프로세스에서 안전 성능을 예측하기가 매우 어려워지며, 이는 그림 4.15에 표시된 모델 기반 개발 방식으로 지원될 수 있다. 이 접근법은 차량 시스템의 모델과 해당 제어 알고리즘에 중점을 두고 있다. 차량 시스템의 모든 관련 요구 사항과 기능을 만족하기 위해 많은 노력을 기울여야 하며 전반적으로 폐쇄 제어 루프 시스템 기능을 검증하기 위해 광범위한 시뮬레이션이 수행된다. 기존의 비모델 기반 개발 시나리오에서 컨트롤러의 파라미터는 선택한 대상 아키텍처에 대한 제어 알고리즘을 구현하는 C 코드에 대한 변수와 상수를 정의한다. 모델 기반 개발에서 이 단계가 자동화된다. 컨트롤러의 동적 모델은 대상 C 코드를 직접 생성하는 자동 코드 생성기[auto-code generator]라고 하는 소프트웨어에 입력을 제공한다.

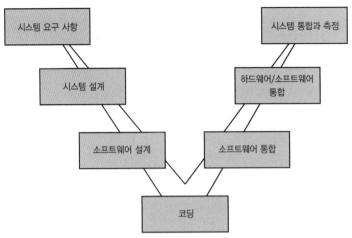

그림 4.15 모델 기반 설계 프로세스

　　자동 코드 생성기가 광범위하게 테스트되기 때문에 결과 코드의 품질이 우수하고 버퍼오버플로우 및 수동 생성 코드에서 흔히 발견되는 기타 표준 프로그래밍 오류와 같은 것을 최소화한다.

- 알고리즘 설계: MATLAB/Simulink, ASCET^{Advanced Simulation and Control Engineering Tool} 및 LabVIEW와 같은 툴을 사용한 시뮬레이션이다.
  - MATLAB/Simulink: MATLAB은 수치 계산을 위한 핵심 제품이다. 거의 모든 산업과 과학에서 계산 및 데이터 평가에 사용된다. Simulink는 동적 시스템 모델링을 위한 준 표준이다.
  - ASCET: ASCET은 모델 기반 응용 프로그램 소프트웨어를 성공적으로 개발하고 C 코드를 생성하는 데 필요한 소프트웨어 도구를 제공한다. ASCET이 모델링에 사용하는 표기법을 통해 엔지니어는 애플리케이션 소프트웨어 설계를 빠르고 효과적으로 달성할 수 있다. 정적 분석과 테스트의 조합을 통해 개발 수명주기 초기에 설계를 효율적으로 검증할 수 있다. 또한 도구를 통해 AUTOSAR 기반 ECU 소프트웨어에 대한 모델 기반 개발, 검증, 측정과 교정을 제공한다.
  - LabVIEW: 엔지니어가 설계에서 테스트, 소규모 시스템에서 대규모 시스템으로 확장하는 것을 지원하는 그래픽 프로그래밍 플랫폼이다. 엔지니어가 짧은 시간 내에 광범위한 애플리케이션을 구축하는 데 필요한 모든 도구를 통합한 LabVIEW는 문제 해결, 생산성 향상 및

지속적인 혁신을위한 개발 환경이다.

- 모델링 및 시뮬레이션, 자동 코드 생성: 자동 코드 생성 기술의 결과로 이러한 모델들의 다양한 응용이 가능해져 자동 임베디드 코드 생성 프로세스에 대한 입력으로 사용할 수 있다. 이 모델에서 생성된 코드는 매우 효율적이고, 가독성이 좋으며, 테스트 가능하고 안전에 중요한 응용 분야에 사용하기에 적합하다.
- 포팅^{Porting} 최적화를 통한 신속한 프로토타이핑: 수치 분석 결과를 검증하고 개발 주기를 단축하는 데 도움이 되는 방법으로, 각 최적화 주기에 대해 일반적으로 비용을 참조하는 최적화 파라미터를 선택해야 한다.
- Model-in-the-Loop 테스트: in-the-loop 테스트의 첫 번째 대표 사례다. 이 테스트를 위해서는 개발할 ECU 환경 모델이 필요하다. 예를 들어 센서와 작동기를 완전히 모델링할 필요는 없으므로 입력 및 출력 동작을 직접 구현할 수 있어 환경 모델의 추상화 수준이 높다.

모델 기반 개발은 복잡한 엔지니어링 문제에 대한 솔루션을 효율적으로 개발하기 위해 입증된 접근 방식이다. 시스템 구성 요소의 수학적 모델과 주변 환경과의 상호작용을 사용해 복잡한 시스템을 개발하는 방법이다. 이 모델들은 개발 프로세스에서 시스템 시뮬레이션, 안정성 분석 및 ECU에 특화된 제어 알고리즘 설계를 포함해 많은 응용 분야를 갖고 있다. 모델 기반 개발을 위한 몇 가지 상용 소프트웨어 툴은 높은 신뢰성의 사양, 설계 및 검증을 지원한다. 자동차 응용 분야 내 광범위한 시스템 설계를 위한 ECU 모델이고, 결과 모델은 모델의 구성 및 검증을 지원하기에 충분한 정보가 있다고 가정할 때 필요한 만큼 상세할 수 있다. 높은 신뢰도의 ECU 모델을 위한 하나의 중요한 애플리케이션은 시뮬레이션이다. 높은 신뢰도를 갖는 차량의 ECU 모델을 개발해 차량 시스템 시뮬레이션에 통합한다. 차량과 해당 ECU를 결합한 시스템 레벨 시뮬레이션을 통해 제어 시스템 설계를 철저히 테스트하고 필요에 따라 신속하게 변경 및 개선할 수 있다.

모델 기반 개발은 ISO 26262 기능 안전 표준을 자동차 영역의 E/E 시스템용 소프트웨어 개발에 적용하기 위해 고려한다. ISO 26262는 더 넓은 IEC 61508 안전 표준을 채택한 것이다. ISO 26262는 관리, 개발, 생산, 운영, 서비스 및 폐기를 포함해 자동차 안전 수명주기를 제공하며 이러한 수명주기 단계에서 필요한 활동을 할 수 있도록 지원한다. 또한 요구 사항 명세, 설계, 구현,

통합, 검증, 검토 및 구성과 같은 활동을 포함해 전체 개발 프로세스의 기능적 안전 측면을 다룬다. ISO 26262는 ASIL 위험 등급을 결정하기 위한 자동차별 위험 기반 접근 방식도 제공한다. ASIL을 사용해 허용 가능한 잔여 위험을 달성하기 위한 항목의 필수 안전 요구 사항을 지정하고 충분하고 수용 가능한 안전 수준을 달성하기 위한 검증 및 확인 조치에 대한 요구 사항을 제공한다.

그러나 오늘날의 소프트웨어 개발은 총 차량 개발 시간 단축에 대한 요건과 소프트웨어의 개발 시간 연장, 더욱 엄격한 안전 요건, 특히 기능 수 증가와 상호작용 증가로 인한 복잡성 증가의 균형을 맞추는 데 큰 어려움을 겪고 있다. 이러한 문제를 해결하기 위해 자동차 제조사와 공급사는 소프트웨어 개발에서 수작업 코딩에서 모델 기반 개발로의 패러다임 변화를 주도하고 있다. 이 영역에서의 개발이 두 가지 강력한 힘에 의해 주도되기 때문에 모델 기반 개발 프로세스는 특히 자동차 소프트웨어에 매력적이다. 그 중 하나는 새로운 기능들을 이전 시스템 버전 내 상당량 존재하는 기존 레거시 기능에 반복적으로 통합하는 자동차 제어 시스템의 진화적인 개발이고, 다른 하나는 빠르게 변화하는 하드웨어 생산에 따른 리엔지니어링/유지보수의 양을 감소시키기 위한 플랫폼-독립적 개발이다. 결과적으로 초기 단계의 개발 프로세스에서 모델 기반 접근 방식을 사용해 자동차 시스템의 기능 기반에서 코드 기반 엔지니어링으로 관점을 전환할 수 있게 됐다. 모델 기반 개발의 비용과 이점에 대한 주요 실험적인 조사는 수행되지 않았음에도 여러 자동차 제조업체와 공급업체가 모델 기반 개발을 사용한다. 따라서 모델 기반 개발의 비용과 이점을 최적화하기 위한 기준을 먼저 식별해 요구 사항 엔지니어링 및 E/E 아키텍처 설계와 같은 개발 단계에서 추가 모델 기반 개발의 가능성을 결정해야 한다.

4.5.3 Hardware-In-the-Loop 테스트

오늘날의 차량에서 ECU의 기능과 공간적 분배(4.2.5절 참조)는 DAS(4.2.4절 참조), ADAS(4.9절 및 11장 참조) 및 그 외 필수 차량 시스템과 같이 다방면에서 혁신을 가져왔다. 다양한 테스트는 이러한 복잡한 실시간 네트워크 차량 시스템의 신뢰성을 보장해 잠재적 오작동을 방지한다. 복잡성과 실시간 동작에 대한 HIL^Hardware-In-the-Loop 시험 시스템은 이러한 복잡한 실시간 차량 시스템의 개발 및 시험에 사용되며, 차량 시스템 또는 구성 요소의 품질 보증을 하기 위한 방법으로 개발됐고 자동차 부문에서는 테스트 가능성을 개선하기 위한 수단으로 도입됐다. 그러므로 이는 개발과 조기 시운전 시 차량 ECU 또는 기계적 구성 요소 그리고 시스템을 안전하게 테스트하는 방법이며, 각 동적 시스템의 수학적 표현을 추가한 테스트하에서 차량 ECU 또는 기계적 구성 요소의 복잡성을 위한 효과적인 플랫폼을 제공한다. 수학적 표현은 차량 시스템 시뮬레이션을 의미한다. 자동차 분야에서 HIL은 테스트를 위한 두 가지 주요 형태로 적용된다.

- 구성 요소 또는 모듈 테스트 베드라고 하는 HIL 시뮬레이터에 ECU 적용
- 통합 테스트 베드라고 하는 하나 또는 여러 개의 결합된 HIL 시뮬레이터에 여러 ECU를 적용

HIL 테스트를 수행할 때 초기 단계에서 수동으로 수행된 테스트는 HIL 테스트 장비로 수행된 자동 테스트 시퀀스로 대체된다(4.5.3.1절 참조). HIL에는 시뮬레이션된 센서/작동기 환경에서 테스트하기 위해 차량에서 실제 하드웨어 구성 요소의 전기적 에뮬레이션을 포함된다. 이러한 전기적 에뮬레이션은 테스트 중인 실제 차량 시스템과 차량 시스템 모델 표현 간의 인터페이스 역할을 한다. 따라서 HIL 테스트의 범위는 주로 제어 소프트웨어의 논리적 기능 오류를 설정하는 데 있다. 따라서 각각의 전기적으로 에뮬레이션된 차량 구성 요소의 값은 시스템 시뮬레이션에 의해 제어되고 테스트 중인 임베디드 시스템 모델이 읽어 들인다.

HIL의 전체 테스트 범위는 크게 세 가지 범주로 나눌 수 있다.

- 컴포넌트 테스트: 단일 ECU 기능을 처리한다. 이 테스트는 주로 ECU의 기능 사양을 나타낸다.
- 통합 테스트: ECU는 네트워크에서 테스트된다. 주로 테스트 ECU 간의 통신에 집중한다. 전역 기능이 테스트되며 하위 기능이 여러 ECU에 구현돼 배포된다.
- ECU에 구현된 기능의 진단 테스트: 결함이 있거나 무시할 수 없는 조건을 생성함으로써 ECU 또는 ECU의 상호 연결 장치가 이러한 상태를 감지하고 설계 사양에 따라 응답하는지 테스트할 수 있다.

ECU를 HIL 환경에 순수하게 연결하는 것 외에도 사용 가능한 기계적인 구성 요소를 위한 변경도 있다. 이 경우 기계 장치의 일부가 제어 루프에 통합된다.

이 접근 방식은 종종 전자 조향 시스템과 함께 사용되며, 여기에서 조향 로드의 일부가 HIL 환경에 실제 기계 장치와 결합된다.

차량 테스트와 대조적으로 HIL 테스트 시설의 ECU는 가상 시뮬레이션 환경에 완전히 내장돼 있다. 이 시뮬레이션 환경의 거의 모든 파라미터가 변경될 수 있다. 즉, 차량이 현재 위치한 테스트 상황은 운전 테스트에서와 같이 실제 외부 조건에 의존하지 않지만 특정할 수는 있다. 또한 차량 특성은 시뮬레이션 환경의 일부이므로 중량, 모터화 및 기타 필수 기능과 같은 가상 차량 매개변수를 변경해 간단히 확인할 수 있는 HIL 테스트 결과에 영향을 미침으로써 결정될 수 있다. HIL 테스트 시스템이 선택된 HIL 테스트 시스템에 의존하는 ECU 장치 코딩의 변경을 허용하는 경우에도, 다른 장비들의 변경에 대해 큰 노력 없이 동일한 HIL 테스트 설정으로 테스트할 수 있다.

HIL 테스트의 예로, 차량 안티락 브레이킹 시스템(4.2.2절 참조)을 개발하기 위한 플랫폼에는 시스템 시뮬레이션을 위해 다음 각 서브 시스템에 대한 수학적 표현이 내장돼 있어야 한다.

- 브레이크 시스템의 유압 구성 요소의 역학
- 도로 특성
- 서스펜션, 휠, 타이어, 롤, 피치^{pitch} 및 요^{yaw}와 같은 차량 역학

각 전기적으로 에뮬레이트된 차량 구성 요소의 값은 시스템 시뮬레이션에 의해 제어되며 테스트 중인 임베디드 시스템 모델에서 읽어들인다.

4.5.3.1 HIL 테스트 시스템 아키텍처

NI$^{National Instruments}$의 화이트 페이퍼(URL19 2017)에 설명된 대로 HIL 테스트 시스템은 다음 3가지 주요 구성 요소로 구성된다.

- 실시간 프로세서: HIL 테스트 시스템의 핵심이다. 하드웨어 I/O 통신, 데이터 로깅, 자극 생성 및 모델 실행과 같은 대부분의 HIL 테스트 시스템 구성 요소의 결정적인 실행을 제공한다. 일반적으로 테스트의 일부로 존재하지 않는 시스템 부품들에 대한 정확한 시뮬레이션을 제공하려면 실시간 시스템이 필요하다.
- I/O 인터페이스: 테스트 중인 장치와 상호작용하는 아날로그, 디지털 및 버스 신호다. 이들은 자극 신호를 생성하고, 로깅 및 분석을 위한 데이터를

획득하며, 테스트 중인 ECU와 모델에 의해 시뮬레이션되는 가상 환경 간의 센서/작동기 상호작용을 제공하는 데 사용된다.

- 운영자 인터페이스: 실시간 프로세서와 통신해 테스트 명령 및 시각화를 제공한다. 주로 구성 요소는 구성 관리, 테스트 자동화, 분석 및 리포팅 작업을 제공한다.

많은 HIL 테스트 시스템은 하드웨어 결함 주입fault insertion을 사용해 ECU와 주변 시스템 간에 신호 결함을 생성하고 이러한 조건에서 장치의 동작을 테스트, 특성화 또는 검증한다. 이를 달성하기 위해 그림 4.16과 같이 I/O 인터페이스와 ECU 사이에 삽입 된 결함 주입 장치FIU, Fault Insertion Unit는 HIL 테스트 시스템이 짧은 작동 시간과 같은 정상적인 작동과 접지 측 단락 또는 개방 회로 제약 등과 같은 결함 조건 사이에서 인터페이스 신호를 전환할 수 있도록 한다.

일부 차량 시스템은 서로 네트워크로 연결돼 기능을 조합한 다양한 ECU를 사용한다. 초기에 이러한 각각의 ECU는 독립적으로 테스트할 수 있을지라도, 그림 4.17에서와 같이 전체 차량 시뮬레이터와 같은 시스템의 통합 HIL 테스트 시스템이 더욱 완벽한 가상 테스트를 제공하기 위해 주로 사용된다.

최신 멀티코어 처리 능력에도 일부 차량 시스템은 단일 HIL 환경에서 사용할 수 있는 것보다 더 많은 처리 능력을 요구한다. 이 과제를 해결하기 위해 분산 처리 기법을 사용해 이러한 시스템의 성능 요구 사항을 충족한다. 매우 높은 채널 카운트 시스템에서는 단순한 추가 처리 능력 이상의 필요성이 있으며, 추가 I/O도 필요하다. 이와는 대조적으로, 프로세서가 많이 필요한 대형 모델을 사용하는 시스템은 추가 처리 능력에만 추가적인 실시간 프로세서를 사용하는 경우가 많으며, 이러한 프로세서는 더 큰 효율성을 위해 단일 작업에만 전용으로 사용돼야 한다. 시뮬레이터 작업이 어떻게 분산되느냐에 따라 실시간 프로세서 간에 공유 트리거 및 타이밍 신호를 제공하고, 그림 4.18과 같이 응집적으로 작동할 수 있도록 결정론적 데이터 미러링을 제공할 필요가 있을 수 있다.

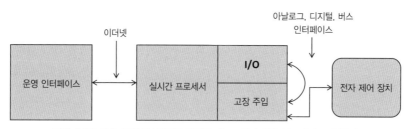

그림 4.16 신호 고장 시 ECU의 동작을 테스트하기 위한 하드웨어 고장 주입

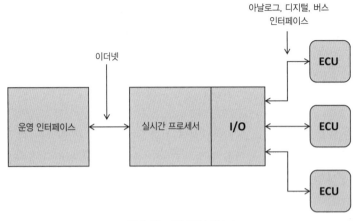

그림 4.17 여러 ECU 테스트

높은 채널 카운트 시스템을 위한 배선을 구현하고 유지 보수하는 것은 비용적, 시간 소모적인 과제가 될 수 있다. 이러한 시스템은 ECU와 HIL 테스트 시스템 사이에 수백에서 수천 개의 신호를 연결해야 할 수 있으며, 종종 공간 요구 사항을 보상하기 위해 수 미터까지 확장된다.

다행히도 결정론적 분산 I/O 기술은 이러한 배선 복잡성을 완화시키고 ECU에 모듈 연결을 제공해 효율적인 시스템 구성 변경을 가능하게 한다. I/O 인터페이스로 계측된 하나 이상의 실시간 처리 설비가 포함된 단일 랙으로 모든 연결을 다시 라우팅하는 대신, 결정론적 분산 I/O를 사용해 시스템 가상 부품의 정확한 시뮬레이션에 필요한 고속 결정론을 희생시키지 않고 각 ECU에 근접하게 위치한 모듈식 I/O 인터페이스를 제공할 수 있다. 이 접근 방식은 단일 버스 케이블을 사용해 추가적인 거리를 실시간 처리 섀시에 연결하는 것에 비해 ECU와 I/O 인터페이스를 근거리(미터 미만으로 확장함)로 연결하는 것을 가능하게 해 HIL 테스트 시스템 배선의 비용과 복잡도를 크게 낮춘다. 또한 HIL 테스트 시스템은 이 접근 방식의 모듈화 특성을 통해 ECU 중 하나를 제외한 모든 것을 시뮬레이션하는 다중 ECU 테스트 시스템에서 ECU 중 어느 것도 시뮬레이션되지 않는 완전한 시스템 통합 HIL 테스트 시스템으로 쉽게 점진적으로 확장할 수 있다. 이 접근 방식을 기반으로 한 아키텍처는 그림 4.19에 나와 있다.

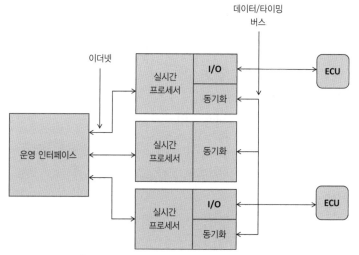

그림 4.18 추가적인 처리 성능을 위한 다중 실시간 프로세서

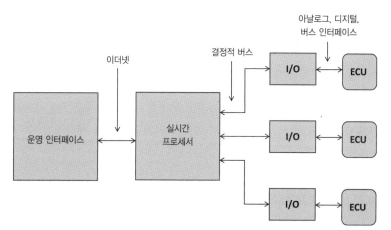

그림 4.19 결정론적 분산 I/O 인터페이스는 ECU와 I/O 인터페이스 간의 연결을 로컬로 만들 수 있기 때문에 HIL 테스트 시스템 배선 비용 및 복잡성 감소

HIL 테스트 시스템에 적합한 아키텍처가 선택됐을 때 HIL 테스트 시스템을 만들기 위한 첫 번째 단계는 차량 개발 요구 사항을 가장 잘 충족하는 구성 요소를 선택하는 것이다. NI^{National Instruments}는 HIL 테스트 시스템 구현을 위한 다양한 실시간 처리와 I/O 옵션을 제공한다. 모두 개방형 산업 표준에 기반을 두고 있기 때문에, 사용자는 NI가 항상 HIL 테스트 시스템에 대한 최신 PC 기술을 제공하고 항상 미래의 테스트 시스템 요구 사항을 충족한다는 것을 보장받

을 수 있다. NI HIL 플랫폼은 개방적이고 확장 가능하며, 이는 변화하는 시스템 요구 사항에 적응할 수 있다는 것을 의미한다. 그것의 모듈형 구조 때문에 NI HIL 플랫폼은 추가적인 기능성으로 쉽게 업그레이드될 수 있으며, 이것은 미래의 입증 시험 시스템에 도움을 주고 가장 까다로운 임베디드 소프트웨어 테스트 애플리케이션의 요건을 충족시킨다.

시장에서 가장 광범위한 I/O 외에도 NI는 다음과 관련해,

- 실시간 처리
- 아날로그/디지털 I/O
- 결함 삽입
- 버스 인터페이스
- 기기 등급 및 RF I/O 비전/모션

다음과 같은 소프트웨어 툴을 제공한다.

- HIL 테스트 자동화
- 사후 처리 및 보고서 생성 수행
- 테스트 결과를 요구 사항에 매핑

이 도구는 소프트웨어 개발 프로세스 초기에 광범위한 테스트를 수행하는 데 도움이 되므로 전체 개발 비용은 줄이면서 제품 품질을 향상시킬 수 있다 (URL19 2017).

4.5.3.2 HIL 테스트 시스템

dSPACE는 기존 HIL 시스템을 쉽게 업데이트할 수 있는 방법을 제공하는 HIL Simulator Full-Size 및 HIL Simulator Mid-Size와 같은 ECU 테스트를 위한 광범위한 HIL과 HIL 전용 하드웨어 및 관련 소프트웨어를 제공한다. Simulator Full-Size는 굉장히 다용도적인 HIL이며 고객별 요구 사항을 충족할 수 있는 광범위한 적응 및 구성 가능성을 제공한다. 하나 또는 여러 개의 랙으로 구성되며 높이는 최대 41 유닛이며 표준 프로세서 및 I/O 카드를 사용하므로 쉽게 조정할 수 있다. dSPACE Simulator Full-Size는 완전한 가상 차량을 시뮬레이션할 수 있을 정도의 모든 응용프로그램에 사용할 수 있다. 장비의 모습은 그림 4.20에 나와 있다.

그림 4.20 dSPACE Full-Size HIL

dSPACE Full-Size HIL의 일반적인 응용 분야는 다음과 같다.

- 배터리 관리 시스템
- ECU에 대한 포괄적 인 폐-루프 테스트, 배포/승인 테스트
- 하이브리드 또는 전기 파워트레인 그리고 전기 조향 시스템을 위한 전기 모터 시뮬레이션
- 엔진, 파워트레인, 섀시 및 바디
- 기계식 테스트 벤치
- 네트워크로 연결된 ECU
- 레이싱 응용(포뮬러원, 랠리)
- 높은 시스템 유연성 또는 높은 전류와 같은 특수 요구 사항 응용
- 트럭 응용

dSPACE Simulator Mid-Size는 통합된 dSPACE I/O 보드를 통해 I/O 신호를 생성하고 측정한다. 기능 범위는 부하 및 고장 시뮬레이션으로 보완된다. dSPACE Simulator Mid-Size HIL의 일반적인 응용 분야는 다음과 같다.

- 자동화된 테스트
- 전기 구동 응용(DS5202 전기 모터 HIL 솔루션 또는 DS5203 FPGA 보드와 결합)
- 엔진, 변속기, 차량 역학 및 바디 전자 부품 HIL
- 기능 통합 테스트, 릴리스 테스트 및 ECU 진단 테스트
- 개방형 루프 또는 폐-루프 환경
- 현실적인 단위 테스트
- 실시간 시뮬레이션

표준 dSPACE Simulator Mid-Size는 HIL I/O 보드에 연결된 모든 ECU 출력 핀에서 전기적 고장 시뮬레이션을 지원한다. 하드웨어 확장을 통해 ECU 입력에서 전기적 고장을 시뮬레이션할 수 있다. 호스트 PC는 RS232 인터페이스를 통해 두 가지 유형의 고장 시뮬레이션을 제어한다.

- 단선 시뮬레이션(개방 회로)
- DS793/DS794 FIU에 의한 ECU 입력 옵션
- 부하/FIU당 ECU 출력
- ControlDesk® 고장 시뮬레이션과 함께 원격 제어 및 AutomationDesk 로 자동화
- 일반 고장 수준을 통한 ECU 핀 간의 교차 배선 단락 시뮬레이션
- 단락 시뮬레이션: ECU 핀에서 접지 또는 배터리 전압까지
- 다중 장애의 동시 활성화(자동 복귀 모드)

또 다른 HIL 시뮬레이션 환경은 소형 시스템에서 대형 시스템에 이르기까지 강력한 고속 처리 능력을 제공하는 주요 dSPACE HIL 시뮬레이터인 ScaleXIO 이다.

전반적으로 소프트웨어로 구성돼 변화하는 요구 사항에 쉽고 간단하게 적응할 수 있다. SCALEXIO는 HIL Simulator Full-Size 및 HIL Simulator Mid-Size와 같이 다른 dSPACE HIL 시스템과 결합해 기존 HIL 시스템을 쉽게 업데이트할 수 있다.

dSPACE SCALEXIO는 필요한 크기로 확장할 수 있고 소프트웨어로 완전히 구성할 수 있는 매우 유연한 채널을 제공하는 다용도적인 기술이다. 적용 범위는 전기 구동 ECU 테스트를 포함한 모든 테스트 영역을 포함한다. SCALEXIO

멀티 프로세싱 기능과 관련해 시뮬레이터를 기존 SCALEXIO 기반 또는 DS100x 프로세서 보드 기반 시스템과 결합해 기존 테스트 설정을 확장해 증가하는 프로젝트 요구를 충족시킬 수 있다. 주요 이점은 다음과 같다.

- 구성 요소 테스트 시스템과 네트워크 시스템은 동일한 표준화된 하드웨어 구성 요소와 연결로 구축되므로 특정 테스트 작업에 맞게 쉽게 크기를 조정할 수 있다.
- 채널의 그래픽 기반 설정
- I/O 구성, 모델링 및 코드 생성을 분리해 다양한 워크플로우 및 사용자 역할 지원
- 기능적 모형 인터페이스$^{FMI, \text{Functional Mock-up Interface}}$ 지원
- 최소한의 구성 노력으로 단일 시스템에서 다양한 ECU 변경 및 유형 테스트
- 실제 ECU 프로토타입을 아직 사용할 수 없는 경우 HIL 테스트에 V-ECU(가상 ECU) 사용

또한 SCALEXIO에는 여러 구성 요소로 구성된 FIU가 포함돼 있다.

- I/O 채널의 온보드 FRU$^{\text{Fail Routing Unit}}$는 I/O 채널을 고장 레일로 전환해 고장 시뮬레이션을 준비한다. FRU는 MultiCompact 및 HighFlex 보드의 각 채널에 사용할 수 있으며 릴레이를 사용해 중앙 고장 시뮬레이션 장치의 기능을 각 채널에 제공한다.
- 속성에 따라 채널은 고전류(최대 80A) 또는 저용량(최대 1A) 고장 레일에 의해 고장 시뮬레이션 시스템에 연결된다. 최적화된 신호 품질을 위한 저용량 고장 레일은 신호 생성 채널과 버스 채널을 중앙 FIU에 연결한다. 고전류 고장 레일은 신호 측정 채널을 중앙 FIU에 연결한다.
- 중앙 FIU는 DS2642 FIU 및 전원 스위치 보드 또는 DS2680 I/O 장치에 있다. 중앙 FIU는 반도체 스위치를 사용해 고장을 전환한다. 빠른 스위칭(펄스 스위칭)으로 느슨한 접점을 시뮬레이션하거나 정확한 시간 동안 고장을 주입할 수 있다.
- 고장 레일 세그먼트 스위치는 고장 시뮬레이션을 위해 선택된 세그먼트를 고장 레일로 전환하는 데 사용된다. 이렇게 하면 입력/출력 수가 많거나 여러 캐비닛에 분산돼 있는 대규모 시뮬레이션 시스템에서도 신호 손

상을 방지하기 위해 전도 용량을 최소화할 수 있다.

HighFlex I/O 보드의 예가 포함된 SCALEXIO FIU 개념은 그림 4.21에 나와 있다. SCALEXIO FIU의 사용 가능한 고장 유형이 표 4.5에 나열돼 있다.

dSPACE 툴 체인은 또한 다음 응용 분야를 다루는 가상 테스트 드라이브를 통해 신속한 프로토타이핑 및 ECU 검증을 가능하게 한다.

- 신속한 제어 프로토타이핑
  - 상용차에 대한 예측 가능한 구동계 제어
  - 레이더 및 카메라 데이터를 기반으로 한 자동 응급 제동
  - 자동 앞 유리 와이퍼 제어 및 레인 센서

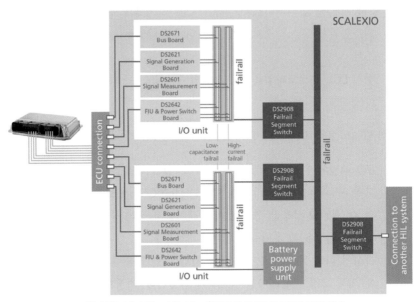

그림 4.21 HighFlex I/O 보드 선택을 통한 SCALEXIO FIU 개념

표 4.5 SCALEXIO 고장 유형

고장 유형	단일 신호 상 고장	복수 신호 상 고장
회로 개방	1채널	모든 채널[a]
접지 또는 U_{BAT}에 대한 단락	2채널	최대 10개 채널[a,b]
채널 간 단락	2채널	최대 10개 채널[a,b]
펄스 스위칭 실패	√	

[a] "FRU 릴레이에 의한 활성화" 옵션이 필요하며 전류 상승 없이 I/O 채널에서만 가능
[b] 고장 레일의 전류용량에 의존적

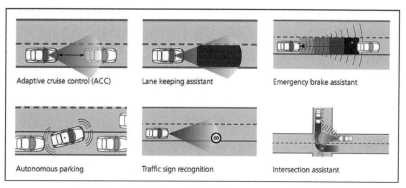

| Adaptive cruise control (ACC) | Lane keeping assistant | Emergency brake assistant |
| Autonomous parking | Traffic sign recognition | Intersection assistant |

그림 4.22 가상 검증 및 HIL 시뮬레이션에 대한 dSPACE 실제 예

- 가상 검증 및 HIL 시뮬레이션
  - 어댑티브 크루즈 컨트롤
  - 차선 유지 보조
  - 보행자 감지
  - 교통 표지 인식
  - 교차로/교차 흐름 보조

이러한 사용 사례는 dSPACE(URL20 2017)의 허가하에 사용되는 그림 4.22에서 설명돼 있다.

4.6 AUTOSAR

자동차 산업의 전기/전자[E/E] 아키텍처 환경은 과거에는 독점적인 솔루션 형태가 돼, 자동차 회사와 Tier 1 공급업체 간의 애플리케이션의 교체를 좀처럼 허용하지 않았다. E/E 컴포넌트 및 시스템의 복잡성과 기능성이 지속적으로 기하급수적인 증가를 하고 있고 이에 따라 독점 솔루션의 추가 확산은 점점 더 많은 자원을 소비하고 통제하기 어렵게 됐다. 그 결과 소위 AUTOSAR[AUTOmotive Open System ARchitecture]라고 부르는 새로운 자동차 E/E 아키텍처의 복잡성을 관리하기 위한 업계 전반의 계획이 이뤄졌다. AUTOSAR는 자동차 ECU를 위한 표준화된 소프트웨어 아키텍처를 만들고 설립하기 위해 2003년 중반에 결성된 여러 주요 산업의 세계적인 공동 이니셔티브다. 미래 차량 애플리케이션이 구현될 수 있는 플랫폼의 역할을 하며 기능 영역 간의 장벽을 최소화하는 역할도 한다. 개발 목표에는 초기부터 엔지니어링 설계와 제조를 거쳐 제조된 제품의 서비스 및 폐기까지 제품의 수명주기 전반에 걸쳐 다양한 차량 및 플랫폼 변종에 대한 확장성, 소프트웨어의 이전 가능성, 가용성 및 안전 요구 사항의 고려, 다양한 파트너 간의 협업, 천연 자원의 지속 가능한 활용, 전체 제품 수명주기 동안 유지 보수성, 전체 프로세스 관리 등이 포함된다. AUTOSAR는 혁신적인 차량 애플리케이션과 현대의 자동차 E/E 아키텍처의 등장으로 인해 이를 만족할 수 있도록 관리하고 승객 및 강화된 법적 요건을 충족하기 위해 기술적으로 돌파구가 필요한 상황이됐다. 이러한 요구는 다음과 같은 요구 사항이 자주 충돌하는 차량 제조사 및 주요 1차 공급업체에게 중요하다.

- 운전자 보조 및 다이나믹 드라이브 측면: 주요 항목에는 심각한 차량의 역학적인 상태 감지 및 억제와 밀집도가 높은 교통 환경에서 내비게이션이 포함된다.
- 법률의 시행: 주요 항목에는 환경 측면과 안전 요구 사항이 포함된다.
- 승객 편의 및 서비스 요구 사항: 편의 및 엔터테인먼트 기능 영역

업계 전반의 이러한 요구 사항을 인식한 주요 OEM 및 1차 공급업체는 이를 해결하기 위한 협력을 결정했다. 이들의 공통 목표는 기본 기능에 대해 업계에서 협업하기 위한 개발의 기반을 구축하는 동시에 혁신적인 기능에 대한 경쟁을 지속적으로 장려하는 플랫폼을 제공하는 것이다. 이를 위해(URL21 2017), 목표를 가진 모든 차량 도메인을 포함해 AUTOSAR라는 개발 파트너십이 형성됐다.

- 다양한 파트너 간의 협업
- 오픈 아키텍처 정의
- 신뢰성이 높은 시스템 개발
- 다양한 차량 및 플랫폼 변형에 대한 확장성
- 자동차 ECU의 기본 소프트웨어 기능 표준화
- 다른 기능 영역의 지원
- 적용 가능한 자동차 국제 표준 및 최신 기술 지원
- 소프트웨어의 이동성

AUTOSAR 표준은 미래 차량 애플리케이션이 내장될 플랫폼의 역할을 하며 기능 영역 간의 현재 장벽을 최소화하는 역할도 한다. 따라서 관련 하드웨어와 거의 독립적으로 시스템의 다른 제어 노드에 기능 및 기능 네트워크를 매핑할 수 있을 것이다. AUTOSAR의 기술적 목표는 다음과 같다.

- ECU의 개별 요구 사항 및 작업에 따라 소프트웨어를 조정할 수 있는 자동차 소프트웨어 요소의 모듈성
- 기능의 재사용성으로 제품 품질과 신뢰성을 향상시키고 제품군 전반에 걸쳐 회사 브랜드 이미지를 강화
- 공통 소프트웨어 모듈을 다양한 차량 플랫폼에 적용할 수 있는 기능 확장 및 유사한 기능을 갖는 소프트웨어의 확산을 방지
- 차량의 전자 아키텍처 전체에서 사용 가능한 자원의 사용을 최적화하는 기능의 전달성

이는 그림 4.23과 같이 여러 계층의 표준화된 인터페이스를 기반으로 모든 차량 도메인의 자동차 시스템을 위한 공통 소프트웨어 인프라를 제공하는 데 도움이 된다. 이 공통 인프라에는 다음 요소가 포함된다.

- 전자 제어 장치[ECU]: 물리적 하드웨어
- 런타임 환경[RTE]: 운영체제 및 통신 서비스를 포함한 소프트웨어 구성 요소와 기본 소프트웨어 간의 모든 통신은 RTE 계층을 통해 수행된다.
- 메인 소프트웨어는 다음과 같은 조합이다.
  - 기본 소프트웨어: AUTOSAR 인프라의 전반적인 기능(소프트웨어 구성 요소 및 ECU의 RTE)을 제공하는 일부 일반 유틸리티를 제공하기 위해 RTE를 기반으로 구축. 기본 소프트웨어는 소프트웨어의 기능적인 부분을 실행하는 데 필수적이지만 기능적인 작업 자체를 수행하지는 않는다.
  - 소프트웨어 구성 요소: 소프트웨어 시스템을 위한 빌딩 블록(맞춤형 제조 또는 제품 구입), 각각 전용 기능 세트를 지원하고 구현하며, 소프트웨어 애플리케이션의 전반적인 기능을 제공한다. 소프트웨어 구성 요소는 AUTOSAR 시스템의 기본 구성 요소다. 소프트웨어 구성 요소의 유형은 다음과 같다.
    - 애플리케이션 소프트웨어 구성 요소

- 작동기/센서 소프트웨어 구성 요소
- 보완 소프트웨어: 제조업체 및 모델별 소프트웨어

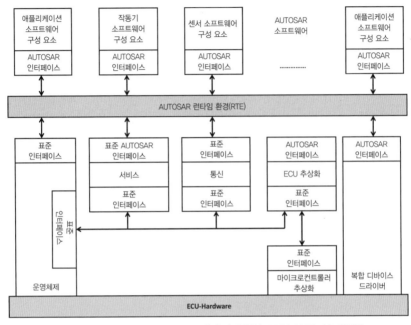

그림 4.23 AUTOSAR ECU 소프트웨어 아키텍처(URL21 2017 이후 수정됨)

AUTOSAR RTE는 AUTOSAR ECU 아키텍처의 중앙 연결 요소다. 모든 종류의 AUTOSAR 소프트웨어 구성 요소 간의 상호작용을 가능하게 하는 인터페이스를 실현한다. 각 ECU 구성 요소에는 자체 맞춤형 RTE 구현이 있다. 각 구성 요소의 위치에 따라 이전 가상 상호작용을 실제 상호작용 구현에 매핑할 수 있다. 하나의 ECU에 매핑된 구성 요소는 ECU 내부 메커니즘[intra-ECU mechanism]을 통해 통신한다. RTE 소스 코드가 생성되므로 연결된 AUTOSAR 구성 요소에 필요한 통신 경로를 구현하도록 생성기를 통해 조정할 수 있다. 따라서 RTE는 특정 통신 토폴로지의 정적 구현이라고 볼 수 있다.

ECU 추상화 계층은 실제 ECU 하드웨어 아키텍처와 독립적으로 기본 ECU의 전기적인 값에 접근할 수 있는 AUTOSAR 소프트웨어 구성 요소를 위한 통합 인터페이스를 제공한다.

ECU 추상화 자체는 마이크로컨트롤러 추상화 계층에 밀접하게 연결돼 마이크로 컨트롤러의 실제 물리적 신호에 대한 접근을 제공한다. 마이크로컨트롤러 추상화 계층은 각 표준 마이크로컨트롤러에서 이용할 수 있는 하드웨어 별 구성 요소로 마이크로컨트롤러의 레지스터에 직접 접속하지 않고도 하드웨어 정보에 접근할 수 있는 기본 소프트웨어를 제공한다. 그중에서도 MCAL은 디지털 I/O, 아날로그/디지털 컨버터, 플래시, EEPROM$^{\text{electrically erasable programmable read-only memory}}$ 등에 대한 액세스를 제공한다.

따라서 자동차 제조업체와 공급사 간의 기능 인터페이스 표준화와 서로 다른 소프트웨어 계층 간의 인터페이스 표준화는 AUTOSAR의 기술적 목표를 달성하기 위한 기본이다. AUTOSAR는 인터페이스에 대한 표준 설명 형식과 AUTOSAR 소프트웨어 구성 요소의 통합에 필요한 그 외 측면들을 제공한다. 주요 ECU 자동차 소프트웨어 요소는 다음과 같다.

- 운영체제: 작업 스케줄러(이벤트, 정기적으로 진행 등)
- 애플리케이션: 진단, 교정과 같은 일반적인 파워 트레인 기능 지원
- 네트워크: 통신, 데이터 전송, OEM 네트워크 전략(Ford Network Operating System, General Motor Local Area Network 등) 및 데이터 전송

AUTOSAR에서 제안한 몇 가지 주요 도전 과제 및 솔루션과 함께 이에 따른 이점이 표 4.6에 나열돼 있다(Heinecke 외 2003).

표 4.6 AUTOSAR 의 과제, 솔루션, 이점

과제	솔루션	이점
비경쟁적 기능을 OEM별 환경에 맞게 조정해야 함	표준 인터페이스	OEM 및 공급업체 내부 및 공급업체 간 인터페이스 급증 감소/회피
다른 구성 요소의 인터페이스 제공에 많은 노력이 필요하기 때문에 매우 작은 혁신은 합리적인 노력으로 구현될 수 없음		일반 인터페이스 카탈로그를 사용해 하드웨어 독립 소프트웨어 기능 구현 용이
모델로부터 생성된 기본 소프트웨어와 코드 간의 명확한 인터페이스 누락		모델 기반 개발을 단순화하고 표준화된 AUTOSAR 코드 생성 도구에 사용 가능하게 함
		OEM 전반에 걸친 모듈의 재사용 가능성
		서로 다른 공급업체의 구성 요소 교환성
구성 요소의 배치 및 최적화에 낭비되는 노력, 고객이 인식할 수 있는 가치를 추가하지 않음	기본 소프트웨어 코어	향상된 소프트웨어 품질
		경쟁적 가치가 있는 기능에 집중

하드웨어(μC, 회로 등)가 노후화되면 기존 소프트웨어 적용에 엄청난 노력이 발생함	마이크로컨트롤러 추상화	더 높은 소프트웨어/기능/애플리케이션의 적용 없이 하드웨어의 일부를 교환할 수 있음
마이크로컨트롤러 성능에 대한 확장된 요구는 ECU 간 기능 재배치 시 재설계, 큰 노력과 같은 업그레이드를 필요로 함		
ECU 간 기능 재배치 시 큰 노력	런타임 환경	기능의 캡슐화는 통신 기술의 독립성을 만든다.
기능 재사용 시 큰 노력		표준화된 메커니즘을 통한 더 쉬운 커뮤니케이션
		기능의 파티셔닝 및 재연결성 가능
애드혹 모드에서 작동/기능 요구 사항의 추적 가능성 누락으로 인해 미숙한 프로세스	소프트웨어 구성 요소 템플릿	사양 개선(형식 및 내용)
호환 가능한 툴 부족(공급업체, OEM)	교환 형식	원활한 툴 체인을 위한 기회
OEM이 블랙박스를 구입해 ECU에서 새로운 기능을 확장/통합할 수 없음(예: 타이어 가드 기능 통합)	여러 공급업체의 소프트웨어 간 기술적 통합	서로 다른 소프트웨어 구성 요소의 통합 프로세스를 완화해 하드웨어 비용 최적화
소프트웨어 구성 요소의 사용/구매 지침 부족	적합성 테스트 프로세스	타사 소프트웨어 구성 요소 통합
불분명한 법적 상황	라이선스 계약	공급업체와 OEM 간의 공통된 이해

4.7 AUTOSAR Adaptive Platform

가까운 시일 내에 컴퓨팅 집약적인 차량 애플리케이션에 사용되는 차량의 멀티코어 프로세서를 통해 도메인 컨트롤러가 강화될 것이다. 또한 자율주행 비전에는 더욱 정교한 디자인을 구현하는 도메인 컨트롤러가 필요하다.

차세대 AUTOSAR인 Adaptive AUTOSAR는 이러한 설계의 기반이 되는 소프트웨어다.

AUTOSAR Adaptive Platform은 더욱 유연한 E/E 아키텍처를 구상하는 소프트웨어 엔지니어를 지원하도록 설계됐다.

이러한 이유로 AUTOSAR Adaptive Platform은 좀 더 복잡한 차량 시스템을 위한 소프트웨어 프레임워크를 제공한다.

AUTOSAR 개발 파트너십 대변인 Stefan Rathgerber는 "엔지니어들은 특히 커넥티비티와 고도로 자동화되는 자율주행 분야에서 새로운 애플리케이션에 최적으로 표준화된 프레임워크를 제공하기 위한 이더넷 네트워킹 기술로 인해 증대된 대역폭을 지원받게 될 것이다"라고 공언했다(URL22 2017). 따라서 이더넷 연결을 사용해 기존 그리고 적응형 애플리케이션을 밀접하게 결합할 수 있다. 그러므로 새로운 표준은 ADAS에 먼저 적용될 것이다. 그러나 Rathgeber 는 "고도로 자동화된 주행 시스템은 신뢰할 수 있어야 하며 안전 장치 작동 기능이 있어야 한다"고 설명했다. 이는 높은 데이터 처리 용량, 서비스 지향 통신 및 무선 업데이트와 같은 기능을 통해 달성할 수 있다.

무인 자동차는 새로운 플랫폼의 장점이 궁극적으로 가장 큰 이점을 제공받는 곳으로 가능한 한 많은 제조업체, 공급업체 및 개발자가 새로운 플랫폼에 액세스할 수 있게 함으로써 자율주행 차량으로 가는 길을 가능하게 한다. 또한 더 높은 연결성과 그래픽 컴퓨팅 파워로 인해 표준 운영체제로 더욱 밀접하게 통합됨으로써 인포테인먼트 시스템 개발을 지원할 수 있다.

개발위원회의 목표 중 하나는 POSIX 인터페이스와 멀티코어 마이크로프로세서를 사용하는 미들웨어를 포함하고 복잡한 운영체제를 지원하는 다이내믹한 시스템을 만드는 것이다. 주요 통신 방식은 서비스 지향 통신 및 IP/이더넷을 기반으로 한다. 그림 4.24와 같이 플랫폼은 AUTOSAR가 아닌 시스템과 상호작용하면서 적응형 소프트웨어 배포를 지원할 수 있다.

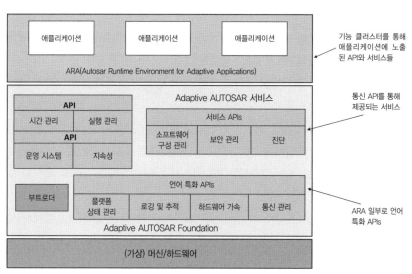

그림 4.24 Adaptive AUTOSAR 플랫폼

4.8 GENIVI

AUTOSAR과 비교해 비영리 GENIVI Alliance는 지정된 오픈 소스 IVI 소프트웨어의 광범위한 채택을 추진하기 위해 노력하고 있다. 따라서 GENIVI는 자동차 제조업체에게 다음과 같은 오늘날의 과제를 해결하기 위한 4가지 고유한 접근 방식을 제공한다.

1. 정의: 고객의 최신 요구에 맞는 IVI 시스템을 유연하게 정의할 수 있다
2. 파트너: 공급망 전반에서 비즈니스 모델 진화 및 네트워킹을 지원한다.
3. 활용: 표준, 오픈 소스 아키텍처, 도구 및 소프트웨어 구성 요소를 제공한다.
4. 재사용: 로열티 비용 없이 컴포넌트 재사용 및 솔루션 재배포 가능하다.

자동차 제조업체와 공급사는 고객에게 IVI 기능을 개발하고 제공하는 데 있어 적어도 세 가지 중요한 문제에 직면한다.

- 소비자 반응: 소비자는 스마트폰 및 태블릿과 같은 소비자 전자기기와 동일하거나 유사한 IVI 기능을 원한다. 일반적으로 대부분의 차량용 소프트웨어의 경우 2~5년 주기로 시장에 출시되는 것에 비해 최신 기능을 갖춘 새로운 장치는 8~18개월 주기로 시장에서 출시된다. 이 결과로 소비자들은 소비자의 요청 시부터 차량 내 가용한 상태까지 시간을 자동차 제조사가 고려하도록 하는 새로운 경쟁 방식을 도입하게 했다.
  - GENIVI의 개방형 소프트웨어 접근 방식은 가전제품과 자동차 개발 주기를 더 잘 조화시킨다.
  - GENIVI의 개별 소프트웨어 구성 요소와 재사용 가능한 플랫폼은 자동차 제조 업체와 그 공급업체에게 신속한 프로토타이핑을 수행하고 소비자 요청을 충족하는 IVI 시스템을 신속하게 개발하고 제공할 수 있는 도구를 제공한다.
- 복잡성과 비용: 소비자 기능 요청은 일반적인 IVI 시스템의 소프트웨어 양을 수백만 개 이상의 코드로 만들어버린다. 따라서 자동차 회사들은 소프트웨어 개발, 검증 및 유지 보수에 대한 증가하는 복잡성과 비용을 처리해야 한다. 많은 자동차 회사들이 역사적인 블랙박스 접근 방식에서 벗어나 레거시 코드의 재사용을 극대화해 비용을 절감하고 다양한 모델의 요구에 따라 여러 하드웨어 플랫폼에 소프트웨어 플랫폼을 배치하는

등 설계와 개발 과정에 대한 소유권을 더 많이 취하고 있다.

- ◦ GENIVI의 기술 자료 및 개방형 접근 방식은 자동차 회사의 선호도에 따라 광범위한 공급업체 모델을 제안한다.
- ◦ 자동차 제조사는 제한된 통합 형태로 낮은 성능에서부터 높은 성능에 이르기까지 다양한 자동차 보드에서 동작하는 단일 재사용 가능한 소프트웨어 플랫폼을 출시할 수 있다.

- 고객 소유권: 자동차 회사들은 그들의 고객 관계를 지속 가능하게 유지하기를 열망하고 있다. Apple과 Google 등 대형 기술사들이 자동차 시장에 진출하면서 자동차 업체와 운전자 관계에 있어 제한적이던 사용자 경험, 브랜드, 데이터 사용 등에 대한 수요를 적용하고 있다. 자동차 회사들은 그들만의 비즈니스 모델을 갖고 있다. 어떤 회사는 단일 1차 공급업체를 선호하는 반면, 다른 회사는 전체 시스템의 특정 부분에 대한 소유권을 갖는 여러 공급업체를 선호한다.
  - ◦ GENIVI의 접근 방식은 자동차 산업에서 자체 비즈니스 모델을 추진함으로써 자동차 회사들이 대형 기술 전문 회사들로부터 독립성을 유지할 수 있도록 한다.
  - ◦ GENIVI의 유연한 아키텍처와 픽스$^{Pick-and-Mix}$ 모델은 여러 공급사로부터 선호하는 동급 최강의 소프트웨어를 자동차 회사에 포함시킬 수 있는 자유를 제공한다.

GENIVI의 기술 제공에는 다음과 같이 것들이 구성된다.

- 유연한 기술 아키텍처
- 개별 소프트웨어 구성 요소
- 사전 통합되고 재사용 가능한 IVI 플랫폼
- 표준 인터페이스/애플리케이션 프로그래밍 인터페이스^{API}

모든 자동차 회사들이 직면해 있는 IVI에 관련한 과제를 해결하는 데 필수적인 것들이다. 따라서 GENIVI 기술은 새로운 세대의 IVI 솔루션의 최전선에 있다. 많은 GENIVI 사용 사례 중 하나로 BMW는 기존의 IVI 소프트웨어 개발 방식에서 이와 같은 현대적인 방식으로 변경했는데, 이는 완성된 인포테인먼트 제품인 소위 엔트리 미디어 및 내비게이션 시스템(EMNS)을 최초로 제공하는 자동차 회사다. EMNS는 2013년 가을 조립 라인에 포함돼 현재 GENIVI Linux

플랫폼을 기반으로 한 MINI와 1, 3, 5 BMW 시리즈 제품 라인에 들어가 있다. 그 이후 다른 자동차 제조업체는 GENIVI 솔루션을 갖춘 제품을 선택해 전 세계 4개 대륙의 도로에서 차량을 생산했다. 게다가 몇몇 자동차 제조사들은 향후 2년 동안 GENIVI가 장착된 시스템을 차량에 포함할 것이다.

4.9 사례: 첨단 주행 조보 시스템

첨단 운전자 보조 시스템ADAS, Advanced Driver Assistance Systems은 주행의 안전과 더 나은 주행 조건을 강화해 주행 중인 운전자를 지원한다(11장 참조). 따라서 안전 기능은 지능형 안전 장치를 내장하고 위험한 운전 또는 교통 상황에서 차량을 제어함으로써 충돌이나 사고를 회피하도록 구현된다. 이와 관련해 ADS 개발 프로세스는 주행의 편의와 기능적 제한이 포함해 요구하는 안전 기능 측면에서 기능 요구 사항의 정의 및 명세화와 함께 시작됐다. ADAS의 주요 기능은 다음을 제공해 운전자의 처리 성능을 향상시키는 것이다.

- 사용 안내
- 실시간 조언
- 경고

운전자 지원의 이러한 유형은 다음과 같은 다른 종류의 모드에서 작동한다 (Rosengren 1995).

- 자문 모드
- 자동 모드
- 반자동 모드

그들 모두는 운전 작업에 대한 결과가 다르므로 차량 및 교통 안전에 영향을 미친다. 따라서 ADAS의 목적은 운전자 오류를 줄이거나 없애 차량 주행 효율을 향상시키는 것이다. 따라서 ADAS의 이점은 다음과 같은 이유로 인해 인간의 고통, 경제적 비용 및 공해가 현저히 감소하기 때문에 높다.

- ADAS를 사용하는 운전자는 안전하고 효율적이다.

- 주행 안전성이 크게 향상된다.
- 시야, 날씨 및 환경적 제약에 관계없이 고성능 주행이 가능하다.
- 일반 고속도로, 특히 전용 차선에서 더 많은 차량을 수용할 것이다.
- 안전 운전의 다른 필수 기능

이와 관련해 ADAS는 다음과 같은 높은 수준을 요구하는 안전에 중요한 시스템이다.

- 내결함성: 시스템이 구성 요소 중 하나 또는 일부가 고장났을 때, 완전히 고장나지 않고 감소된 수준에서 의도된 작동을 계속할 수 있도록 한다.
- 실시간 동작: 보장된 시간 내에 완료되기 위해 작업을 실행하는 실시간 시스템
- 신뢰성: 시스템 또는 구성 요소가 지정된 시간 동안 명시된 조건에서 필요한 기능을 수행할 수 있는 능력
- 보안: 위험에 대한 저항 또는 보호 수준

기능 및 안전 요구 사항은 안전한 시스템 기능의 정확한 작동을 정의하기 위해 시스템 사양으로 명시할 수 있다. 그러므로 시스템 사양서는 시스템 아키텍처의 최상위 설계에 대한 기초를 나타내며, 다음에 대한 상세 모듈 설계가 뒤따른다.

- 작동기
- 컨트롤러
- 운전자 인터페이스
- HMI^Human-Machine Interface
- 센서
- 기타 필수 구성 요소

각종 하드웨어·소프트웨어 모듈 구현 후에는 개별 모듈을 통합해 전반적인 시스템 기능성과 안전성을 하나로 묶어 시스템을 진행하게 된다. ADAS는 여러 데이터 소스로부터의 입력에 의존적이기 때문에 각 통합 단계에서 한 단계별 출력이 설계 요구 사항을 충족하는지 여부를 결정하기 위한 검증을 수행한다. 단, V2V 또는 V2I라고 하는 다른 차량 및 V2X^Vehicle-to-X 시스템과 같은 기본 차량 플랫폼과는 별개의 다른 소스에서 추가 입력이 가능하다.

일반적으로 ADAS(11장 참조)는 ISO 26262와 같은 차량 안전 시스템의 업계 표준과 이미지 센서 품질을 위한 IEEE 2020와 URL23(2017)에 보고된 바와 같이 차량 정보 API와 같은 통신 프로토콜 개발 기술 특화 표준으로 인해 가장 빠르게 성장하는 부문 중 하나다. 일반적으로 API는 소프트웨어 기반 애플리케이션을 구축하기 위한 루틴, 프로토콜 및 도구의 집합으로, 소프트웨어 애플리케이션 프로그램이 상호작용해야 하는 방법을 명시한다.

ADAS 설계는 개발된 ADAS 모델을 테스트, 시뮬레이션 및 검증에 사용할 수 있는 방식으로 ADAS 동작을 추상화하는 이른바 MIL^{Model-In-the-Loop} 테스트와 시뮬레이션을 통해 수행할 수 있다. 모델 정의를 위해 Simulink와 같은 산업 표준을 사용하면 엔지니어가 데스크톱 환경 내에서 모델을 테스트하고 정교하게 다듬어 복잡한 시스템을 효율적으로 개발할 수 있다(URL24 2017, URL25 2017). 코드는 이후 나머지 하드웨어 구성 요소, 차량 동력학, 실시간 환경의 시뮬레이션에 의해 검증된 SIL^{Software-In-the-Loop} 시뮬레이션과 함께 사용될 수 있다. 마지막으로 하드웨어는 실시간^{HIL} 시뮬레이션에 의해 시험될 수 있다(4.5.3절 참조).

4.9.1 ADAS 기능

다음의 항목과 함께 ADAS는 다양한 기능을 수행할 수 있다.

- 고급 기능
- HMI
- 정보 배포
- 센서 및 작동기
- 시스템 소프트웨어 및 하드웨어

또한 세계 여러 지역의 많은 유사한 시스템이 종종 약간 다른 이름으로 존재한다(11장 참조). ADASE2 클러스터(URL26 2017) 웹사이트에 언급된 시스템 기능과 일부 추가 기능은 알파벳순으로 다음에 나열돼 있다.

- ACC/SaG^{ACC/Stop and Go and Foresight}: 정지 및 이동 교통 상황에서 근거리에서 차량 전방의 교통량을 감지해 차량의 종방향의 제어가 일부 수행되도록 한다. ACC 시스템까지 확장해, 근거리 영역의 탐지는 전방 차량의 더 먼 교통 상황에 반응할 때 근거리 영역에서 이동하는 다른 차량에 반응

하기 위해 필요하다. 따라서 교통 체증상 끝단에 있는 근거리 통신은 운전자가 이를 볼 수 있게 되기 전 상황에서 차량의 종방향 제어에 포함될 수 있다.

- AP^{Automatic Parking}: 스티어링 및 엔진 제어를 인계해 자동으로 운전자가 조작과 함께 주차 공간에 진입하는 운전자를 지원한다.

- AD^{Autonomous Driving}: 모든 상황에서 알고리즘을 통해 주행이 안전하게 제어되도록 한다.

- AEB^{Autonomous Emergency Braking}: 다른 차량 또는 보행자와의 충돌을 피하는 시스템이다.

- BSD^{Blind Spot Detection}: 센서는 차량 뒤와 옆의 도로 영역을 모니터링하고, 간격이 없는데 운전자가 출차하려고 할 때 경고해 운전자의 부담을 줄이고 위험한 상황을 피한다.

- IHC^{Intelligent Headlight Control}: 도로의 최적의 조명 상태를 보장한다. 향상된 시야로 야간 운전이 훨씬 안전하고 편안해진다. 이 시스템은 비디오 카메라를 사용해 주변 밝기를 측정하고 전방 및 다가오는 차량과의 거리를 추정한다. 이 데이터는 다양한 조명 기능을 구현하는 데 사용된다. 하이빔 활성화 기능을 통해 드라이버는 수동으로 켜고 끌 필요없이 가능한 자주 하이빔 조명을 사용할 수 있다. 이 기능으로 다른 차량이 감지되지 않으면 하이빔 조명이 활성화된다. 그러나 차량이 감지되면 하이빔 조명이 다시 꺼진다. 적응형 하이빔 제어 기능을 사용하면 로우 빔과 하이빔 레벨 사이에서 하이빔 범위를 가변 조정할 수 있다. 전조등은 거리를 지속적으로 반응하기 때문에 전방과 다가오는 차량 간 영역은 더 잘 비춰진다.

연속적인 하이빔 제어 기능을 통해 운전자는 지속적으로 하이빔 헤드라이트로 주행할 수 있다. 카메라가 다른 차량을 감지하면 필요한 경우 헤드라이트가 독립적으로 수평 또는 수직으로 기울어진다. 이 과정에서 다른 도로 운전자를 가릴 수 있는 빛의 형태(원뿔)가 생성된다. 하이빔 조명의 빛 분포는 사실상 변화가 없는 반면, 운전자의 시야 범위는 상당히 증가한다.

- IS^{Intersection Support}: 탐지와 해석을 매우 어렵게 하는 시스템에 의해 지원돼야 하는 매니폴드^{manifold} 시나리오로 인해 접근 정지 신호, 교통 신호,

교차로 흐름 그리고 IS 시스템을 복잡하게 하는 그외 다른 처리와 같은 명확한 작업이 지원되는 것을 보장한다.

- LCA^{Lane Change Assistant}: 위험한 차선 변경 전과 중간에 운전자에게 경고를 표시한다. 스티어링 휠의 햅틱 피드백뿐만 아니라 음향 및 시각 경고 시스템을 통해 운전자는 차선 변경 궤적에 따라 지원을 받는다. 이를 위해서는 차량 주변의 다른 모든 차량 및 차선 감지가 필요하다. LCA는 LDW 및 BSD와 같은 여러 결합된 시스템으로 구성된다. 빠르게 접근하는 차량의 경우 LCA 시스템의 기능적 제한은 분명히 있다.

- LDW^{Lane Departure Warning}: Continental사가 개발한 이 운전자 보조 시스템은 차량이 탈선하기 전에 운전자에게 음향 또는 햅틱 경고를 경고한다. 독일 연방 교육 연구부를 대신해 수행된 연구에 따르면 LDW는 URL27(2017)에서 보고된 바와 같이 탈선으로 발생하는 사고의 약 절반을 예방할 수 있었다. 그림 4.25에는 URL27(2017)의 사례를 기반으로 LDW 시스템 기능이 묘사돼 있다.

- LKA^{Lane Keeping Assistant}: 조향에 부드럽게 개입해 대응한다. 이는 운전자가 언제든 무효화시킬 수 있다. 이는 매초마다 계산되는 경우 추가 반응 시간을 줄일 수 있다.

- LHW^{Local Hazard Warning}: 위험 요소가 차량 전방 쪽에서 너무 멀리 발생해 운전자가 볼 수 없는 경우, LHW 시스템은 위험 정보를 전달해 운전자에게 경고한다. 예를 들어 도로에서 멀리 벗어난 사고는 애드혹 네트워크를 사용해 장거리로 전달된다.

- NFCW^{Near-Field Collision Warning}: 사각지대와 같이 근거리에서 차량을 감지한다(BSD 참조). 감지 영역은 근거리에서 차량과 매우 가깝다. 운전자 경고는 음향적, 촉각적 또는 광학적일 수 있다.

- NVP^{Night Vision Plus}: 운전자에게 전방 도로의 실제 이미지를 제공하고 취약한 도로 사용자 그리고 도로 위/옆의 장애물에 대한 도로 경로의 유용한 정보를 제공한다. 시스템이 보행자를 식별하면 야간 투시경 이미지에서 명확하게 강조돼 표시된다. NVP는 운전자의 주의를 잠재적 위험에 집중시켜 운전자가 적절한 조치를 취할 수 있도록 한다.

- OCW^{Obstacle and Collision Warning}: 다른 차량 또는 장애물과 같은 충돌 가능성이 감지되면 운전자에게 경고한다. 경고는 청각적이거나 시각적일 수 있

다. 회피와 같은 복잡한 시나리오와 충돌 경고가 포함될 수 있으며, 이는 운동학적 피드백을 주기 위한 매우 짧은 제동을 한다.

- 군집 주행Platoonig: 공간을 절약하기 위해 트럭과 같은 차량이 한 대의 차량을 따라가며 통신 수단을 통해 전자적으로 연결되도록 보장한다.

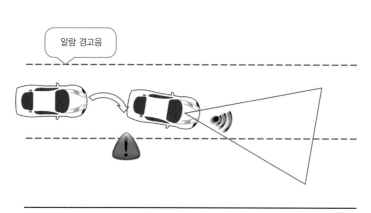

그림 4.25 차량의 차선 유지를 감지하는 LDW 운전자 보조 시스템(URL27 2017)

- PCCMSPre-crash Collision and Mitigation System: 사고가 발생하기 전에 안전벨트의 프리텐셔너에 작동하고 시스템이 피할 수 없는 다가오는 충돌을 감지하면 자동으로 브레이크를 시작해 사고로 인한 피해 감소를 보장한다.
- RVSRear View System: 많은 새로운 차량 모델은 운전자가 차량의 즉각적인 환경을 거의 볼 수 없다. 공기 역학 및 보행자 보호 문제가 차량 외관에 더 큰 영향을 미치면서 측면 및 후면 창의 크기가 줄어들어 자동차를 안전하고 정확하게 조작하는 것이 거의 불가능해졌다. RVS 시스템은 차량이 후진할 때 운전자를 지원한다. 카메라 이미지는 라디오 또는 라디오 내비게이션 시스템을 통해 표시되며 차량 뒤의 영역을 보여준다.
- RDPRoad Departure Protection: Continental사의 RDP는 현재 측면 가이드 ADAS에 의해 완전히 보호되지 않는 도로 이탈 충돌을 피한다. Continental의 기본 시스템은 미래 지향적인 모노 카메라를 사용해 도로 경계를 감지하고, 기존 ESC 센서를 통해 운전자의 조향 각도와 차량 경로를 모니터링하고, 섀시 모션 센서를 사용해 차량이 도로 경계를 지나고 있는지 확인한다. 그런 다음 기존 ESC 시스템을 사용해 개별 휠 브레이크를 작동해 운전자를 경고하고 동시에 안전상의 이유로 차량 속

도를 줄이면서 도로에서 차량을 자동으로 조향한다. 이 적극적인 개입은 차량이 도로에서 이탈하는 것을 감지할 때 신호를 받게 된다. 이 시스템은 운전자가 어떤 이유로든 도로를 벗어나려고 하는 경우에 대한 운전자 의도 인식 기능과 함께 설계됐다(URL28 2017). 그림 4.26에서 URL28(2017)에 제시된 예에 기초해 LDW 시스템 기능을 나타낸다.

운전자는 항상 현재 속도 제한에 유의해야 한다. 도로 표지판 인식으로 현재 적용되는 도로 표지판이 시야에 들어온다. 비디오 카메라가 속도 제한의 시작 또는 끝을 알리는 도로 표지판과 도로가 젖었을 때 미끄러움 등의 특수 지침을 식별하면 이 기능은 표지판을 운전석에서 기호 형태로 표시한다. 가변 메시지 표지판의 속도 제한뿐만 아니라 추월 제한과 그러한 제한의 종료도 감지할 수 있다. 운전자가 제한 속도를 준수하지 않으면 예를 들어 음향 신호로 경고할 수 있다. 앞으로도 제한 속도 외에 다른 도로 표지판을 감지할 수 있을 것이다.

- RDA^Rural Drive Assistance: 고속도로용으로 개발된 시스템은 고속도로 시스템의 일부 시스템 기능을 확장해 시골 도로에서도 작동한다.
- TSR^Traffic Sign Recognition: 운전자에게 현재 속도 제한을 상기시키기 위해 계기판에 디스플레이가 있다. 이는 차선 이탈 경고 시스템에도 사용되는 동일한 카메라를 여러 번 사용해 이뤄진다. 고성능 소프트웨어와 함께 사용하면 제한 속도 표시도 인식할 수 있다. 속도 제한 표지판이 지정되지 않은 도로에도 대비하기 위해 온보드 내비게이션의 디지털화된 속도 제한 정보가 통합될 것이다.

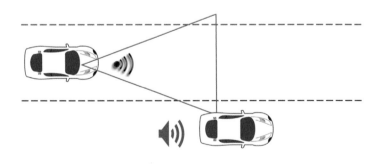

그림 4.26 차량의 차선 유지 행동을 감지하는 RDP 운전자 지원 시스템(URL28 2017)

ADAS의 이전 알파벳 기능 목록은 경우에 따라 연구 로드맵과 관련이 있다는 점에 대해 언급돼야 한다. 장애물 및 충돌 회피, 군집 주행 및 자율주행은 꾸준히 연구되고 있으며, 앞서 언급된 고급 기능에 필요한 센서의 개발과 관련해 가까운 미래에는 사용되기 위해 개발될 것이다. 또한 ADAS와 보행자 보호 시스템PPS, Pedestrian Protection System은 교통 안전 향상을 목표로 활발한 연구 분야가 됐다. 이와 관련해 PPS의 주요 과제는 안정적인 온보드 보행자 감지 시스템의 개발이다.

다음과 관련해 보행자의 외관이 다양하기 때문에 이러한 종류의 보호 시스템에 필요한 강건함에 대처하는 것은 매우 어렵다(Gironimo 외 2009).

- 가로 세로 비율
- 다양한 크기
- 다양한 종류의 의류
- 동적 형태
- 구조화되지 않은 환경

따라서 이 연구 분야에서 발생하는 문제는 공개된 벤치마킹이 부족하고 제안된 방법을 많이 재구현하기 어렵기 때문에 접근 방식을 비교하기 어렵다. 따라서 다양한 접근 방식을 조사하기 위한 좀 더 편리한 전략은 이미지에서 보행자를 감지하는 문제를 각각의 책임이 있는 처리 단계들로 나누는 것이다. 그런 다음, 비교 관점을 고려해 각 처리 단계에 대해 서로 다른 제안된 방법을 분석하고 분류할 수 있다.

4.9.2 ADAS 센서 유형

센서는 특정 범위에서 동작하는 특정 응용 분야를 위해 설계됐다. 설계 범위는 일반적으로 응용 분야에 관련해 결정되고, 안전하고 정확한 측정을 보장한다. 측정 범위를 초과하면 센서가 영구적으로 손상되거나 파손될 수 있기 때문이다. 더욱 일반적으로 센서는 다음으로부터 수신된 자극에 응답해 측정 가능한 신호를 생성하는 장치다.

- 부품
- 물체

- 시스템

센서의 특성은 출력 대비 입력 신호의 높은 정확성을 기반으로 매핑에 중요한 정적 또는 동적 특성으로 분류할 수 있다. 정적 특성은 모든 일시적인 영향이 최종 또는 정상 상태로 안정화된 후에 측정되는 특성이다. 반대로 동적 특성은 센서의 일시적인 특성을 나타낸다.

ADAS에는 상황 평가하고 행동의 결정을 정확하게 결정하기 위해 비전 및 범위 센서와 같은 다양한 유형의 센서가 필요하다. OEM 및 1차 공급업체가 점차 통합하고 있는 ADAS의 일반적인 센서 기술은 다음과 같다.

- 적외선 카메라
- 라이다^{LiDAR}
- 레이더
- 초음파
- 비디오

시장 분석가에 따르면 전방 감시 카메라의 사용은 2014년 3천만 대에서 2019년에는 거의 1억 대로 증가할 것으로 예상한다. 그러나 레이더 및 최근에는 LiDAR 기술을 기반으로 하는 범위 센서는 향후 2년 내에 차량에서 훨씬 더 많이 사용할 수 있을 것으로 예상된다. 더 나아가 ADAS 응용 분야 내 지속적인 기술과 통합 개발은 설계 대체안들을 증가시킬 것이다. 따라서 OEM 및 1차 공급업체는 시스템을 지속적으로 평가해 최신 기술과 최신 발전 사항들을 설계에 통합 할 방법과 시기를 결정해야 한다. 센서 신호를 올바르게 사용하려면 각 센서의 작동 및 센서가 생성하는 신호의 특성을 명확하게 이해해야 한다. 이 지식과 관련해 엔지니어는 센서에서 데이터를 수집하기 위해 올바른 접근 방식을 사용해야 한다.

매니폴드 ADAS(4.9.1절 참조)를 살펴보면 카메라, 레이더 및 초음파와 같은 전통적인 기술과 같은 다양한 유형의 센서가 있고, 이는 물체를 안정적으로 인지하는 능력에 대한 기상 조건에 대한 민감한 ADAS 응용 분야의 흐름에서는 다양한 제한 사항을 나타낸다. ADAS를 위한 고급 센서 기술인 LiDAR은 대량 생산 시에도 비용이 많이 들고 차량 애플리케이션에 필요한 견고성이 부족할 수 있다.

기존의 고정 빔 LiDAR는 경쟁 스캐닝 제품보다 강력하다. 그러나 거리 범위에 대한 주요 제한 사항을 수반한다. 주요 자동차 감지 및 거리 측정 기술의 비교는 표 4.7에 나와 있다(URL29 2017). ADAS 센서 작동과 이들이 생성하는 신호의 특성에 대한 각각의 지식을 얻기 위해 가장 중요한 사항은 다음 절에서 자세히 설명한다.

표 4.7 주요 자동차 탐지 및 거리 측정 기술의 비교

	초음파	카메라	카메라	레이더	라이더	레이저
조명 조건의 영향	없음	높음		없음	낮음에서 중간까지	
기상 조건의 영향	높음			낮음	중간	
시야 유형 범위	짧고 넓음		멀고 좁음		짧고 넓음	멀고 넓음
움직이는 부품 설계 여부	가능					불가능
보행자 감지	제한적	가능		제한적	가능	
정지 물체 감지	가능			제한적	가능	

4.9.2.1 레이더 센서

레이더는 무선 감지 및 범위의 약어다. 레이더 시스템은 무선 주파수^{RF} 스펙트럼의 초고주파^{UHF} 또는 마이크로파 영역에서 동작하며 차량과 같은 물체의 위치 그리고/또는 움직임을 감지하는 데 사용된다. 레이더 파는 정의된 간격으로 전송된다. 전송된 파와 에코 사이의 지연은 사용된 디스플레이에서 각 방위 방향에 대한 방사상 위치를 결정한다. 공간의 특정 객체에서 에코 지연이 클수록 디스플레이 중앙에서 멀어진다. 차량의 레이더 시스템은 잠재적 충돌 또는 위험한 상황을 감지를 책임진다. 능동 감지 기능은 사고를 방지하기 위해 운전자에게 경고/경보하거나 차량의 제동 및 기타 제어 장치에 개입하는 데 사용할 수 있다. 실제 구현 시에 차량 레이더 시스템은 차량 주변의 장애물과 차량과 관련된 속도를 감지하기 위한 하나 이상의 레이더 센서를 포함하고 있다. 처리 장치는 센서에서 발생하는 검출 신호를 바탕으로 충돌을 피하거나 부수적인 피해를 줄이기 위해 필요한 적절한 조치를 결정한다.

차량 레이더 시스템을 의사 결정 장치로 사용하면 다음과 같은 이점이 있다.

- 잠재적 위험에 대해 운전자에게 경고
- 운전자의 차량 주차 지원

- 위험한 상황에서 차량 제어에 개입해 충돌 방지
- 어댑티브 크루즈 컨트롤과 같은 차량의 부분 제어권 인계

차량 레이더 시스템의 주요 성능 파라미터는 다음과 같다.

- 각도 분해능
- 각도 각도
- 감지 범위
- 범위 정밀도
- 속도 감지 범위
- 속도 정밀도

위에서 언급한 특성과 관련해 차량 레이더 시스템은 3가지 하위 카테고리로 나눌 수 있다.

- 단거리
- 중간 범위
- 장거리

단거리 레이더의 주요 기능은 범위 정확도이며, 중거리 및 장거리 레이더 시스템의 경우 주요 성능 기능은 감지 범위이다. 단거리 및 중거리 레이더 시스템(수십 미터 범위)은 BSD, PCCMS 및 LDW와 같은 여러 ADAS 애플리케이션을 가능하게 한다. 또한 도시 교통에서 SaG 애플리케이션을 구현하는 데 사용될 수도 있다. 장거리 레이더(수백 미터)는 일반적으로 ACC 시스템에 사용된다. 이 시스템은 ~120mph의 비교적 빠른 속도에서도 충분한 정확도와 분석력을 제공할 수 있다(URL30 2017). ADAS의 일반적인 레이더 응용 분야는 그림 4.27에 나와 있다.

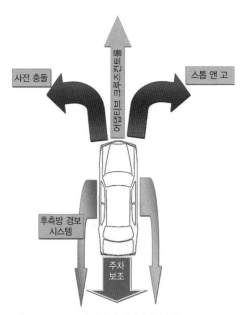

그림 4.27 ADAS의 레이더 센서 응용 분야(URL30 2017)

4.9.2.2 LiDAR 센서

LiDAR은 넓은 범위에서 위치 인지, 프로파일 및 범위 응용 분야에 적용할 수 있다. LiDAR 시스템은 요구되는 거리 범위에서 빛(펄스 또는 연속)을 전송할 수 있는 레이저와 반사된 신호 분석을 위한 고속, 낮은 노이즈를 갖는 수신기로 구성된다. 송출된 빛은 대상과 상호작용을 한다. 이 빛의 백분율은 표적의 반사력에 따라 수신기로 반사된다. 전송된 신호의 변경된 속성은 차량 주변의 모든 물체에 대해 명확한 3D 스냅샷을 제공해 대상의 일부 속성을 결정할 수 있게 한다. LiDAR은 측량 기능과 함께 빛이 완전히 없는 경우에도 물체 검출에 관한 한 성능이 향상됐다. ACC, BSD, PCCMS, PPS 등이 포함된 LiDAR의 기능은 다른 센서의 기능에 비해 우수할 뿐만 아니라 훨씬 일관성과 신뢰성이 높다.

LiDAR은 기존 기술과 함께 자율주행차 센서 제품군의 중심 요소가 돼 견고한 센싱 이중화를 보장하고 전반적인 시스템 신뢰성을 높일 것으로 기대된다. 자동차 LiDAR 센서 시장은 Bosch, Continental, Denso, Hella, First Sensor, LeddarTech, Novariant, Phantom Intelligence, Quanergy, Teledyne Optech, Valeo 그리고 Velodyne Lidar를 포함하며 큰 규모다.

4.9.2.3 레이저 센서

레이저 광선은 위상 관계(일관성)가 고정돼 레이저 센서의 중요한 특징이 되는 동일한 파장의 광파로 구성된다. 그 결과 작은 발산 각도로 인해 큰 범위와 위상학적 매핑을 실현할 수 있는데, 이 두 가지 모두 충돌 회피 또는 특정 표적까지 좁혀지는 능력에 관한 신뢰할 수 있는 차량 지침과 측정을 보장하기 위해 장거리 측정에 높은 신뢰성을 제공하는 센서를 구축하는 데 필요하다. 이런 점에서 사각지대는 비용적인 충돌을 일으킬 수 있다. 레이저 센서 시스템이 수행하는 ADAS 기능은 LDW, LHW, NFCW, OCW, PCCMS이다.

대상 식별 모드로 레이저가 탑재됐을 때 안개 먼지와 같은 기상 조건은 레이저 센서에 문제를 일으키지 않는다. 이 모드에서 센서는 비교를 수행하고, 먼지 또는 안개 침투와 동일한 다른 모든 반사와 마지막 표적을 구별할 수 있으며, 노면을 식별하는 능력을 갖고 있다.

4.9.2.4 카메라 센서

전방 카메라 센서는 전방 카메라의 이미지를 사용해 차선 이탈 경고[LDW], 장애물 및 충돌 경고[OCW], 교통 표지 인식[TSR] 및 거리 측정과 같은 작업을 수행하는 ADAS 머신 비전 시스템에서 사용된다. 출력은 운전자에게 경고하거나 조향 또는 제동과 같은 특정 차량 기능을 직접 제어할 수 있다.

후면 카메라 시스템은 후방 카메라의 이미지를 사용해 자동 주차[AP, Automated Parking], 물체 감지 및 거리 측정과 같은 작업을 수행한다. 출력은 운전자에게 경고하거나 특정 차량 기능을 직접 제어할 수 있다.

서라운드 뷰 카메라 시스템은 ADAS 기술로, 그림 4.28에서 볼 수 있듯이 차량의 360° 주변을 위에서 아래로 볼 수 있도록 해 운전자가 차량을 안전하게 주차하도록 도와준다(URL31 2017).

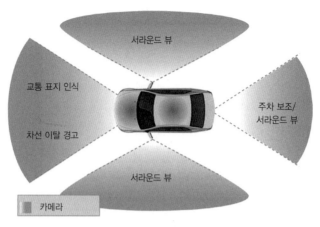

그림 4.28 ADAS에서 카메라 센서 적용(URL31 2017)

4.9.2.5 비전 센서

비전 센서는 카메라를 사용해 전방 도로의 흰색 선과 장애물을 감지한다. DENSO의 새로운 센서 설계는 나란히 배치된 카메라 한 쌍을 사용해 대상 물체까지의 거리를 더욱 정확하게 측정할 수 있고, 자율 비상 제동[AEB], 차선 이탈 경고[LDW], 헤드라이트를 자동으로 전환하는 하이 빔 시스템인 지능형 헤드라이트 시스템[IHS], 더 좋은 야간 시야를 위해 하이 빔에서 로우 빔으로 자동 전환하는 하이 빔 시스템의 활성화를 강화한다.

소형차들은 장치를 설치할 공간이 제한돼 있다. 따라서 좀 더 쉬운 설치를 위해 비전 센서가 작아야 한다. 일반적으로 스테레오 카메라에서는 두 카메라 렌즈 사이의 거리(기본선)가 길수록 표적까지의 측정 가능한 거리가 길어지는데, 이는 최대 측정 가능한 거리를 연장하기 위해 카메라 본체가 더 커야 한다는 것을 의미한다. 더 높은 정확도의 렌즈 왜곡 보정과 스테레오 매칭 기술의 조합은 새로운 센서의 기준 길이는 반이고 측정 가능한 최대 거리는 길어지도록 할 수 있다. 또한 그림 4.29에 나타난 새로운 DENSO 비전 센서는 ECU에 통합되고 제어된다(URL32 2017).

4.9.2.6 초음파 센서

초음파 센서는 자율주행, 후측방 경보 시스템 등 초음파 범위 자동차 응용 분야에 사용되며, 센서에 의해 전달되는 초음파가 가깝거나 근처에 있는 물체에 의해 반사된다. 시스템은 반사파, 즉 에코를 수신하고 물체의 에코 진폭을 임곗값과 비교해 물체를 탐지한다. 시스템에 더 가까운 물체에 대한 에코는 시스템에서 더 멀리 있는 물체에 대한 에코보다 더 강하다. 그러므로 시간과 함께 임곗값이 달라지는 것은 흔한 일이다.

초음파 센서는 차량의 앞·뒤 범퍼와 윙 미러에 장착돼 초음파를 전달하고 주변 물체에 반사된 초음파를 수신한다. 초음파의 TOF$^{Time\ Of\ Flight}$는 차량 주차, 주차 지점 식별 또는 운전자의 사각지대에 있는 물체 탐지를 돕기 위해 물체와의 거리를 계산하는 데 사용된다. 전면과 후면 범퍼에는 최대 4개의 센서(변환기)가 설치되고, 윙 미러에는 각각 1개의 센서(변환기)가 설치된다.

그림 4.29 DENSO 비전 센서

센서에서 발생하는 초음파는 반송파 주파수에서 일련의 사인파 펄스로 음압 수준^{SPL}이 특징이며, 다음과 같이 표현할 수 있다.

$$SPL = 20\log_{10} \cdot \left(\frac{P_{RMS}}{P_{ref}} \right)$$

여기서 P_{RMS}는 RMS이고, 음압 P_{ref}는 기준 음압이다.

물체에서 변환기에 의해 생성되는 초음파의 SPL은 물체로부터 물체의 거리(변환기)에 따라 달라진다. 특히 압력은 거리에 반비례한다.

$$p \sim \frac{1}{d}$$

여기서 p는 음파의 압력이고, d는 센서(변환기)로부터 물체의 거리다.

추적은 차선 변경 감지 또는 사각지대 감시 시스템과 같은 초음파 센서를 기반으로 한 운전자 지원 시스템의 맥락에서 특정 관심 영역이다.

초음파 센서 사양에 따라 센서(변환기)에서 임의 거리 x의 SPL은 거리 법칙을 사용해 계산할 수 있다(URL32 2017).

4.9.3 ADAS 센서 제품군의 장단점

오늘날의 ADAS(4.9.1절 및 11장 참조)는 각 응용 분야에 가장 적합한 성능을 달성하기 위해 특성을 결합해 다양한 센서 유형의 조합을 활용한다.

따라서 표 4.8은 ADAS에 사용되는 여러 유형의 센서에 대한 몇 가지 장점과 단점을 보여준다(URL32 2017).

표 **4.8** ADS 센서 유형의 장점과 단점

센서 유형	장점	단점	ADAS 애플리케이션
카메라	차선 감지 좋음	교통신호의 명암차가 좋지 않음	AP
	어두움/야간 조건에서 사용 가능		LDW
			OCW
			RVS
			PCCMS
			TSR
레이저	거리/속도 탐지 좋음	차선 탐지 열악	LDW
			LHW
	작음 물체 감지 가능	차량 또는 보행자 탐지 열악	NFCW
			OCW
			PCCMS
라이더	장애물 탐지 좋음	차량/보행자 탐지 열악	ACC
			BSD
	거리/속도 탐지 좋음	레이더 보다 좁은 범위	PCCMS
			PPS
레이더	정확한 속도 탐지	차선 탐지 열악	ACC
	거리 탐지 좋음	차량/보행자 탐지 열악	BSD
			LDW
	반사 환경 내 사용 가능	빔 차단	PCCMS
		큰 크기	SaG
	짧고 긴 범위 탐지에 사용 가능		
	장애물에 전파가 영향을 받지 않음		

초음파	넓은 각도 범위	도로 위 반사체에 의해 쉽게 오동작	ASP
	짧은 범위 탐지		BSD
		각도 위치 없음	
		반사파 상쇄 없음	
비전	차선 탐지 좋음	데이터 처리를 위한 복잡한 전자 시스템 필요	LCA
			LDW
	차량/보행자 탐지 좋음	장애물 탐지 열악	LKA
			RDP
	실제 이미지 표현 작은 크기	속도/거리 탐지 열악	RSR
			RVS
			TSR

4.10 트렌드

자동차 산업은 지난 수십 년 동안 성장해왔으며 앞으로 더 많은 예측을 할 수 있는 활발한 분야다. 또한 중요한 해외 시설 건설과 거대 다국적 자동차 제조사 간의 합병으로 인해 1990년대 후반 동안 자동차 산업의 세계화가 크게 가속화됐다. 전 세계 자동차 판매량은 2020년까지 매년 1억 대를 돌파할 것으로 예상된다.

현재 확인할 수 있는 몇 가지 주요 트렌드가 있다.

- 브랜드 충성도의 변화: 브랜드를 사랑하는 고객들은 시장에서의 과잉 선택으로 인해 구매 결정을 재고하고 있다. 고객에게 인상을 남기는 것은 그 어느 때보다 어려워졌다.

- 고객 수요의 변화: 많은 고객들은 더 친환경적이고, 연료 효율적이며, 지속 가능한 자동차를 구입하는 경향이 있다. 전기차와 대체 연료의 시장 출시로 자동차 회사들은 디자인과 스타일이 주요 의사 결정 요소가 되던 시대는 지났다는 것을 인식했다. 폭스바겐의 배출가스 사기 사건 이후 고객들의 주의가 더해졌다.

- 이동성의 변화: 유일하게 중요한 목표는 차량을 사용할 때의 효율적이고 저렴한 이동성이다. 자동차 산업에 도전하는 트렌드는 자율주행차뿐만

이 아니다. 이동성에 대한 관점은 우리가 자동차로 무엇을 할 수 있는지, 차량을 소유하는 상태에 대한 생각, 여성 구매자들의 수가 증가하고 있다는 것이다.

- 리소스 부족: 최근 성장 수치에 따르면 2016년 전기차 판매량이 크게 늘었다. 이는 생산량이 2015년 5만대에서 2020년 50만대로 늘어날 것으로 예상되는 Tesla Motors가 전망한 성장률과 대략적으로 비슷한 수준이다. Tesla가 전망치를 충족할 수 있고 현재 전기차 시장 점유율이 그대로 유지된다고 가정하면, 각 전기차가 연간 약 15배럴의 석유를 교체할 경우에 다음 석유 파동은 순수 내연기관 엔진에 기반한 시나리오보다 훨씬 늦게 발생할 것이다.

- 기술적 진보: 세계 자동차 산업은 지난 20년 동안 차량의 디지털화로 많은 변화를 목격했다. 모바일 장치를 차량에 연결하는 것으로 많은 옵션이 발생했다. 예를 들어 연료가 얼마나 남았는지, 브레이크의 상태, 유지보수가 필요한 시기, 기타 기능 등을 확인할 수 있다. 모바일 기기는 렌터카에서 차량 키로 사용하거나 개인 설정을 적용하기 위해 사용할 수도 있다. 따라서 커넥티드카는 애플리케이션 개발자들을 위한 큰 차세대 플랫폼이다. 2020년에는 신차 판매량의 약 15%가 완전 자율주행차일 수 있으며, 특히 Bytons 전기차는 네 바퀴가 달린 스마트 기기라는 바이턴스 SUV 사업 개념에 의해 이 분야의 중국에서의 활동을 고려할 경우 더욱 그러할 것으로 추정된다(URL1 2018).

외부 세계와 차량을 연결하고 온보드 경험을 강화하는 데 초점을 맞춘 커넥티드카(5.3절 참조)의 개념은 통신과 정보학을 결합해 다음과 같은 다양한 서비스를 제공한다.

- 자동 주차/주차 관리
- 자동 통행료 처리
- 실시간 트래픽 업데이트
- 온보드 엔터테인먼트
- 사고 발생 시 도로변 지원
- 스마트 경로 안내 및 추적

따라서 커넥티드카를 뛰어넘는 다음 단계는 무인자동차라고도 부르는 자율주행차가 될 것이며, 장기적으로 차량 운행과 주행 경험에 혁명을 일으킬 것이다. 자율주행차로 가는 경로에서 가장 중요한 발전은 차량을 더 안전하게 만들고 있는 ADAS이다. ADAS의 점진적 도입은 이미 도로 안전을 향상시키고 있다. 따라서 ADAS의 특징은 자율주행차 개발에 필수적인 진화 단계를 의미하지만 자율주행차 개발과 시장 출시는 많은 자동차 세대를 아우르는 진화 단계다. ADAS는 본질적으로 자율주행 차량의 요건 중 하나인 자동 제어의 서로 다른 필수적인 측면과 특징을 완벽히 갖추고 있다. 이는 증가하는 시스템 통합 수준을 가진 독립적인 서브시스템을 통해 성취하고, 궁극적으로 스스로 운전할 수 있는 차량을 만들어낸다.

서로 다른 종류의 ADAS는 커넥티드카와 자율주행차 이면의 원동력이며, 다음과 같은 특징으로 요약할 수 있다.

- 정보 및 경고 시스템
- 기능별 자동화 시스템
- 복합 기능 자동화 시스템
- 제한된 자율주행 자동화 시스템
- 완전 자율주행 자동화 시스템

차량이 교통 표지판과 신호등뿐만 아니라 도로 인프라 설치물과 통신하기 시작하면서 보안이 주요 관심사가 되고 있다. 따라서 커넥티드카 그리고 자율주행 차량은 악의적인 침입(즉, 차량 해킹)으로부터 보호가 필요할 것이며, 이는 6장에 자세히 설명돼 있다. 그런 점에서 자동차 부품과 시스템의 설계와 제조는 물론 차량 자체도 독일 산업 4.0 플랫폼에서 도입한 것처럼 설계를 통한 보안이라 할 수 있는 새로운 설계 및 제조 패러다임을 따를 필요가 있다(URL2 2018).

4.11 연습 문제

- 메카트로닉스라는 용어는 무엇을 의미하는가?
- 메카트로닉 시스템의 특성에 대해 설명하라.
- 지능적 통제라는 용어는 무엇을 의미하는가?

- 인텔리전트 컨트롤의 특성을 설명하라.
- 사이버 물리 시스템은 무엇을 의미하는가?
- 사이버 물리 시스템의 특성을 설명하라.
- 자동차 전자제품은 무엇을 의미하는가?
- 자동차 전자제품의 특징에 대해 설명하라.
- 바디 일렉트로닉스라는 용어는 무엇을 의미하는가?
- 차체 전자 장치의 특성을 설명하라.
- 섀시 전자 장치라는 용어는 무엇을 의미하는가?
- 섀시 전자 장치의 특징을 설명하라.
- 편의 전자공학이라는 용어는 무엇을 의미하는가?
- 편의 전자 장치의 특징을 설명하라.
- 운전자 지원 전자 장치라는 용어는 무엇을 의미하는가?
- 운전자 지원 전자 장치의 특성을 설명하라.
- 전자 컨트롤 유닛이라는 용어는 무엇을 의미하는가?
- 전자 컨트롤 유닛의 특성을 설명하라.
- 엔터테인먼트/인포테인먼트 전자 제품이라는 용어는 무엇을 의미하는가?
- 엔터테인먼트/인포테인먼트 전자 장치의 특성에 대해 설명하라.
- 수동 안전 전자라는 용어는 무엇을 의미하는가?
- 수동 안전 전자 장치의 특성을 설명하라.
- 버스 시스템이라는 용어는 무엇을 의미하는가?
- 버스 시스템의 특성을 설명하라.
- 엔터테인먼트 전자제품이라는 용어는 무엇을 의미하는가?
- 엔터테인먼트 전자 장치의 특성을 설명하라.
- 인포테인먼트 전자 장치라는 용어는 무엇을 의미하는가?
- 인포테인먼트 전자 장치의 특성을 설명하라.
- 센서 기술이라는 용어는 무엇을 의미하는가?
- 센서 기술의 특성을 설명하라.
- 신호 대 노이즈 비율이라는 용어는 무엇을 의미하는가?
- 신호 대 노이즈 비율을 수학적으로 설명하라.
- 활성 센서라는 용어는 무엇을 의미하는가?
- 액티브 센서의 특성을 설명하라.

- 마이크로 전자기계 시스템이라는 용어는 무엇을 의미하는가?
- 마이크로 전자기계 시스템의 특성을 설명하라.
- 센서 노드라는 용어는 무엇을 의미하는가?
- 센서 노드의 특성을 설명하라.
- 센서 데이터 융합이라는 용어는 무엇을 의미하는가?
- 센서 데이터 융합의 특성을 설명하라.
- 센서 네트워크라는 용어는 무엇을 의미하는가?
- 센서 네트워크의 특성을 설명하라.
- 아날로그-디지털 변환이라는 용어는 무엇을 의미하는가?
- 아날로그-디지털 변환 프로세스를 설명하라.
- ADC 분해능 특성이라는 용어는 무엇을 의미하는가?
- ADC 분해능의 특성을 설명하라.
- 버스 시스템이라는 용어는 무엇을 의미하는가?
- 버스 시스템의 특성을 설명하라.
- CAN 버스 시스템이라는 용어는 무엇을 의미하는가?
- CAN 버스 시스템의 특성을 설명하라.
- LIN 버스 시스템이라는 용어는 무엇을 의미하는가?
- LIN 버스 시스템의 특성을 설명하라.
- FlexRay 버스 시스템이라는 용어는 무엇을 의미하는가?
- FlexRay 버스 시스템의 특성을 설명하라.
- 기능 안전이라는 용어는 무엇을 의미하는가?
- 기능 안전의 특징을 설명하라.
- 안전 고장 비율이라는 용어는 무엇을 의미하는가?
- 안전 고장 비율의 특성을 설명하라.
- 고장 모드와 효과 및 중요도 분석[FMECA]이라는 용어는 무엇을 의미하는가?
- 고장 모드의 특성과 영향 및 임계 분석을 설명하라.
- 애자일 소프트웨어 개발이라는 용어는 무엇을 의미하는가?
- 애자일 소프트웨어 개발의 특징을 설명하라.
- Automotive SPICE라는 용어는 무엇을 의미하는가?
- Automotive SPICE의 특성을 설명하라.
- ASAM이라는 용어는 무엇을 의미하는가?

- ASAM의 특성을 설명하라.
- 모델 기반 개발이라는 용어는 무엇을 의미하는가?
- 모델 기반 개발의 특징을 설명하라.
- 신속한 시제품 제작rapid prototyping이라는 용어는 무엇을 의미하는가?
- 신속한 시제품 제작rapid prototyping의 특성을 설명하라.
- Model-in-the-loop 테스트라는 용어는 무엇을 의미하는가?
- Model-in-the-loop 테스트의 특성을 설명하라.
- Hardware-in-the-loop 테스트라는 용어는 무엇을 의미하는가?
- Hardware-in-the-loop 테스트의 특성을 설명하라.
- AUTOSAR라는 용어는 무엇을 의미하는가?
- AUTOSAR의 특성을 설명하라.
- 적응형 AUTOSAR 플랫폼이라는 용어는 무엇을 의미하는가?
- 적응형 AUTOSAR 플랫폼의 특성을 설명하라.
- GENIVI라는 용어는 무엇을 의미하는가?
- GENIVI의 특성을 설명하라.
- 첨단 주행 보조 시스템이라는 용어는 무엇을 의미하는가?
- 첨단 주행 보조 시스템의 특성을 설명하라.
- ADASAdvanced Driver Assistance System라는 용어는 무엇을 의미하는가?
- 첨단 주행 보조 시스템 기능의 특성을 설명하라.
- 첨단 주행 보조 시스템 센서라는 용어는 무엇을 의미하는가?
- 첨단 주행 보조 시스템 센서의 특성을 설명하라.
- OEMOriginal Equipment Manufacturer이라는 용어는 무엇을 의미하는가?
- OEM의 특성을 설명하라.
- Tier 1 공급업체라는 용어는 무엇을 의미하는가?
- Tier 1 공급업체의 특성을 설명하라.
- 커넥티드카라는 용어는 무엇을 의미하는가?
- 커넥티드카의 특성을 설명하라.
- 자율주행차라는 용어는 무엇을 의미하는가?
- 자율주행차의 특성을 설명하라.
- 커넥티드카 게이트웨이라는 용어는 무엇을 의미하는가?
- 연결된 차량 게이트웨이의 특성을 설명하라.

참고문헌 및 더 읽을거리

(AA1Car 2016) Troubleshoot Automatic Climate Control Systems. 2016 http://www.aa1car.com/ library/automatic_climate_control.htm

(Barr 2004) Barr, D.: Supervisory Control and Data Acquisition (SCADA) Systems. NCS Technical Information Bulletin 04-1, 2004

(Bechmann et al. 2015) Bechmann, R., Scherk, M., Heimann, R., Schäfer, R.: Trend Analysis: Connected Car 2015. MBtech Consulting GmbH, 2015. Available from: https://www.yumpu.com/en/document/view/10955202/ trend-analysis-connected-car-2015-mbtech-group

(Berlin and Gabriel 1997) Berlin, A. A., Gabriel, K. J.: Distributed MEMS: New Challenges for Computation. In: IEEE Computational Science and Engineering, Vol. 4, No. 1, pp. 12–16, 1997 (Biddlecombe 2005) Biddle combe, E.: BBC News 17.11.2005

(Chaouchi 2010) Chaouchi, H.: The Internet of Things – Connecting Objects to the Web. J. Wiley Publ., 2010

(DADSS 2016) Inventing a world without drunk driving; www.dadss.org

(Gironimo et al. 2009) Gironimo, D., Lopez, A. M., Sappa, A. D., Graf, T.: Survey of Pedestrian Detection for Advanced Driver Assist Systems. In: IEEE Transactions on Pattern Analysis and Machine Intelligence, Vol. 32, Issue 7, pp. 1239-1258, 2009

(Golatowski et al. 2003) Golatowski, F., Blumenthal, J., Handy, M., Haase, M., Burchardt, H., Timmermann, D.: Service-Oriented Software Architecture for Sensor Networks. In: Proc. of Internat. Workshop on Mobile Computing (IMC), pp. 93-98, 2003

(Grosan and Abraham 2007) Grosan, C., Abraham, A.: Hybrid Evolutionary Algorithms: Methodologies, Architectures, and Reviews. In: Hybrid Evolutionary Algorithms, Studies in Computational Intelligence, Springer Publ. 2007

(Heinecke et al. 2003) Heinecke, H., Schnelle, K.-P-, Fennel. H., Bortolazzi, J., Lundh, L., Leflour, J., Mate, J.-L., Nishikawa, K., Scharnhorst, T.: AUTomotive Open System ARchitecture An Industry-Wide Initiative to Manage the Complexity of Emerging Automotive E/EArchitectures. Convergence Transportation Electronics Association, 2004

(Holtz and Möller 2017) Holtz, S., Möller, D. P. F.: Agile Software Development Use Case Example: Interface Renewal for Automated Loading of Tank Trucks. In: Proceed. IEEE/EIT Conference 2017, pp.115-120

(Mercer Management Consulting 2001) Mercer Management Consulting and Hypovereinsbank. Study – Automotive Technology 2010 (in German), Munich, 2001

(Möller 2003) Möller D. P. F.: Computer Structures – Fundamentals of Computer Science (in German), Springer Publ. 2003

(Möller 2016) Möller, D. P. F.: Guide to Computing Fundamentals in Cyber-Physical Systems Concepts, Design Methods, and Applications. Springer Publ., 2016

(Moonen et al. 2005) Moonen, A., von den Berg, R., Bekoooij, M., Bhullar, H., van Meerbergen, J.: A Multi-Core Architecture for In-Car Digital Entertainment. http://www.es.ele.tue.nl/epicurus/publications/gspx05. pdf

(Moritz et al. 2011) Moritz, R., Ulrich, T., Thiele, L.: Evolutionary Exploration of E/EArchitectures in Automotive Design, pp. 361-365. In: Operations Research Proceedings, 2011, Eds.: Klatte, D., Lüth, H.-J., Schmedders, K., Springer Publ., 2011

(Ning 2013) Ning, H.: Unit and Ubiquitous Internet of Things, CRC Press, 2013

(Pala and Inanc 2007) Pala, Z., Inanc, N.: Smart Parking Applications Using RFID Technology. In: RFID Eurasia. 1st Annual Conference, 2007 DOI: https://doi.org/10.1109/RFIDEURASIA. 2007.4368108

(Poslad 2009) Poslad, S.: Ubiquitous Computing – Smart Devices, Environments and Interactions. John Wiley and Sons Publ., 2009

(Rosengren 1995) Rosengren, L. G.: Driver assistance and co-operative driving. In: Proceedings of the First World Congress on Advanced Transport Telematics and Intelligent Vehicle Highway Systems, pp. 1613-1622, Artech House Publ., 1995

(Schäuffele and Zurawka 2016) Schäuffele, J., Zurawka, T.: Automotive Software Engineering: Efficient Use of Basics, Processes, Methods and Tools (in German), Springer Publ. 2016

(ST Microelectronics 2013) Complete car door module – AN 2334 Application Note. ST Microelectronics, 2013

(Vembo 2016) Vembo, D.: Connected Cars – Architecture, Challenges and Way Forward. Whitepaper Sasken Communication Technologies Pvt. Ltd. 2016. Available from: https:// www.sasken.com/sites/default/files/ files/white_paper/Sasken-Whitepaper-Connected%20Cars%20 Challenges.pdf

(Vemuri 2012) Vemuri, A. T.: Using a fixed threshold in ultrasonic distance-ranging automotive applications. In: Analog Applications Journal, Vol 30, pp. 19-23. 2012

(Yu and Gen 2010) Yu, X., Gen, M.: Introduction to Evolutionary Algorithms. Springer Publ. 2010

(Zhang and Mi 2011) Zhang, X., Mi, C.: Vehicle Power Management – Modeling, Control and Optimization. Springer Publ. 2011

(Zhao and Guibas 2004) Zhao F., Guibas, L.: Wireless Sensor Networks: An Information Processing Approach. Morgan Kaufmann Publ. 2004

링크

(URL1 2013) https://www.nxp.com/docs/en/white-paper/BODYDELECTRWP. pdf

(URL1 2017) https://en.wikipedia.org/wiki/Body_control_module

(URL2 2017) https://en.wikipedia.org/wiki/Remote_keyless_system

(URL3 2017) http://www.meeknet.co.uk/e38/E38_Sunroof_Description.pdf

(URL4 2017) https://en.wikipedia.org/wiki/Anti-lock_braking_system

(URL5 2017) https://en.wikipedia.org/wiki/Electronic_brakeforce_ distribution

(URL6 2017) https://en.wikipedia.org/wiki/Electronic_stability_control

(URL7 2017) https://en.wikipedia.org/wiki/Airbag

(URL8 2017) https://en.wikipedia.org/wiki/Hill_Descent_Control_system

(URL9 2017) https://en.wikipedia.org/wiki/Advanced_driver_assistance_ systems

(URL10 2017) https://en.wikipedia.org/wiki/Power_steering

(URL11 2017) https://www.mems-exchange.org/MEMS/what-is.html

(URL12 2017) http://en.wikipedia.org/wiki/Sensor_node

(URL13 2017) https://community.nxp.com/docs/DOC-335306

(URL14 2017) https://en.wikipedia.org/wiki/Safety_integrity_level

(URL15 2017) https://www.powerspex.nl/en/wat-is/sil/

(URL16 2017) https://webstore.iec.ch/publication/5517

(URL17 2017) https://en.wikipedia.org/wiki/Failure_mode_and_effects_ analysis

(URL18 2017) https://wiki.asam.net/display/STANDARDS/ASAM+MCD-2+D

(URL19 2017) http://www.ni.com/white-paper/10343/en/

(URL20 2017) www.dSPACE.org

(URL21 2017) www.autosar.org

(URL22 2017) https://www.autosar.org/standards/adaptive-platform/

(URL23 2017) en.m.wikipedia.org/wiki/Advanced_driver_assistance_ systems

(URL24 2017) https://in.mathworks.com/solutions/automotive/advanced- driver-assistance-systems.html

(URL25 2017) www.add2.co.uk/application/model-in-the-loop-testing- application

(URL26 2017) https://trimis.ec.europa.eu/project/advanced-driver-assistance-systems-europe-thematic-network-cluster-project

(URL27 2017) http://www.continentalautomotive.com/www/automotive_de_en/themes/passenger_cars/chassis_safety/adas/ldw_en.html

(URL28 2017) http://www.continentalautomotive.com/www/automotive_de_en/themes/passenger_cars/chassis_safety/adas/rdp_en.html

(URL29 2017) http://leddartech.com/app/uploads/dlm_uploads/2016/02/Solution-Overview-Leddar-for-automotive-ADAS.pdf

(URL30 2017) http://www.sabertek.com/automotive-radar.html

(URL31 2017) http://www.ti.com/lsds/ti/applications/automotive/adas/overview.page

(URL32 2017) https://www.utwente.nl/en/et/aida/education/Rapport_MP.pdf

(URL33 2017) https://www.mckinsey.com/industries/automotive-and-assembly/our-insights/facing-digital-disruption-in-mobility-as-a-traditional-auto-player

(URL1 2018) https://t3n.de/news/byton-chef-breitfeld-zukunft-autoindustrie-1062843/ (in German)

(URL2 2018) https://www.plattform-i40.de/I40/Navigation/DE/Industrie40/Handlungsfelder/Sicherheit/sicherheit.html

5
커넥티드카

5장에서는 커넥티드카의 발전에 필수적인 핵심 기술을 소개한다. 5.1절에서는 사이버 물리 시스템CPS, Cyber-Physical Systems을 소개하고 컴퓨팅 및 네트워킹 기술을 통합하는 엔지니어링 시스템을 설명한다. CPS의 사이버 부분은 물리적 프로세스, 물리적 구성 요소와의 상호작용에 깊이 연관돼 있다. 5.2절에서는 모든 것들과 언제 어디서나 통신하는 기능과 관련해 사물인터넷의 개념과 물체 또는 구성 요소들이 무선으로 연결될 수 있게 하는 핵심 객체 라디오-주파수 식별 기술RFID, Radio-Frequency Identification을 설명한다. 5.3절은 기술 성숙도 수준, 추진 요인 및 커넥티드카의 비즈니스 모델을 고려해 커넥티드카의 텔레매틱스, 인포테인먼트 및 커넥티드카의 발전에 중점을 둔다. 5.4절은 커넥티드카와 관련한 플랫폼과 아키텍처 그리고 커넥티드카 연관 플랫폼 그리고 클라우드에서의 커넥티드카에 관해 알아본다. 5.5절에서는 국가 고속도로 교통 안전국NHTSA, the National Highway Traffic Safety Administration이 발행한 자율주행자동차의 시험 및 전개에 관한 해당 지침과 관련해 자율주행차를 소개한다. 5.6절에서는 텔레매틱 및 인포테인먼트 구성 요소에 필수적인 GENIVI Alliance®를 소개한다. 5.7절에서는 완전 자율주행자동차를 위한 디지털맵을 제공하는 BMW ConnectedDrive Store, Mercedes COMAND® Online 및 HERE와 같이 커넥티드카의 발전에 필수적인 특정 테마에 대한 몇 가지 사례 연구를 소개한다. 5.8절에서는 학습한 지식을 검증하기 위한 포괄적인 질문이 포함돼 있으며 마지막으로 참고와 더 읽을거리에 관한 제안이 소개된다.

5.1 사이버 물리 시스템

디바이스의 제어를 위해 컴퓨터는 완전히 캡슐화하고, 네트워크로 연결된 컴퓨터를 통한 물리 프로세스와의 상호작용으로 인한 임베디드 시스템과 물리 시스템의 통합은 엔지니어링 시스템, 차세대 사이버 물리 시스템의 등장을 이끌었다. CPS는 복잡하고 여러 분야와 관련 있으며, 물리적인 요소 특성으로 인식되는 차세대 엔지니어링 시스템이다(Möller 2016). CPS는 컴퓨팅, 네트워킹 기술, 사이버 부분을 통합하며 새로운 기능을 물리 시스템, 물리 구성 요소에 적용하는 물리적 프로세스 내 깊숙히 내재돼 상호작용하고 있다. 이 책에서 물리적 구성 요소라는 용어는 전자 제어 장치[ECU, Electronic Control Unit] 등과 같은 자동차 E/E 구성 요소를 의미한다.

5.1.1 사이버 물리 시스템 소개

2006년 미국 NSF[National Science Foundation]는 CPS를 미래의 유망한 연구 테마 중 하나로 선정했다. 이듬해 미국 대통령의 과학기술자문위원회[PCAST, US President's Council of Advisors on Science and Technology]의 권고에 따라 NSF는 사이버 물리 시스템이라는 이름의 연구 프로그램을 설립했으며, 이로 인해 약 65개의 프로젝트에 자금이 투자되고 있다. 2010년 PCAST의 후속 보고서에서 CPS에 대한 추가 연구 필요성이 확인됐고, 관련 NSF 프로그램은 처음에 2013년까지 연장됐다. 미국, CPS-VO[Cyber-Physical Systems Virtual Organization]라는 특별 관심 기관이 설립돼 학계, 정부 및 산업 분야의 CPS 전문가들 간의 협력을 촉진했다.

2012년 '정보 통신 기술[ICT]'을 주제로 한 독일 공학한림원[atactech]에 의해 독일 연방교육연구부[BMBF]의 자금을 지원받아 진행된 연구가 공개됐다. 이는 최근 추세와 사물인터넷을 연계하고 CPS의 미래의 기술 경향에 따른 도전 과제와 기회를 다루고 있다(Geisberger와 Broy 2012).

더 나아가 유럽 연합의 공동 기술 계획인 ARTEMIS^{Advanced Research and Technology} for Embedded Intelligence Systems는 유럽 국가와 산업 간의 공공-민간 파트너십을 통해 차세대 엔지니어링 시스템에 대한 연구 개발 노력에 투자했다. ARTEMIS는 모든 시스템, 기계 그리고 사물들이 똑똑하고 물리적으로 인식되며, 사이버 물리 공간에 존재하고 그 주변의 디지털화와 서비스 그리고 상호/환경 간 통신을 활용하는 디지털화의 비전을 지원한다. 또한 유럽위원회는 CPS를 Horizon 2020 프로그램(URL1 2017)에서 고급 컴퓨팅 연구 및 혁신 주제로 다룬다.

이러한 연구와 프로그램에 따르면 CPS는 산업과 사회에 필수적인 역할을 하며 관련된 분야와 CPS가 적용될 수 있는 광범위한 활동 영역을 연결할 것이다. CPS는 다음과 같이 구성돼 있다.

- 사이버 구성 요소: 차세대 임베디드 디바이스, 정보 처리 및 분산 환경과 무선 통신을 나타낸다.
- 인터페이스: 통신 네트워크 및 상호 연결된 센서, 작동기, 아날로그-디지털 변환기^{ADC, Analog-to-Digital Converters}와 디지털-아날로그 변환기^{DAC, Digital-to-Analog Converters}와 같은 기타 구성 요소를 다룬다. ADC와 DAC는 연속 아날로그 신호를 분리된 디지털 신호로 또는 그 반대로 변환하는 역할을 한다. 나아가 상호 연결된 디바이스들은 물리적인 구성 요소와 사이버 구성 요소를 연결하고 센서, 센서 노드, 센서 네트워크와 작동기의 에너지 또는 정보의 형태를 전기적 신호 그리고 그 반대로 각각 변환한다.
- 물리적 구성 요소: 여기서는 차량 전기/전자 구성 요소 및 아키텍처를 나타낸다.

5.1.1.1 무선 센서 네트워크

무선 센서 네트워크^{WSN, Wireless Sensor Network}는 공간적으로 분산된 자율 센서로 구성돼 네트워크를 통해 측정된 데이터를 중요 위치로 전송하기 위해 물리적 혹은 환경 상태를 모니터링한다. 오늘날의 최신 WSN은 양방향이므로 센서 활동을 제어할 수 있다. 따라서 WSN 또한 유비쿼터스 통신 네트워크로 도입돼 IoT 패러다임에 따라 언제 어디서나 관련 원격 정보 및 작업에 접근할 수 있다 (5.2절 참조).

WSN은 산업 프로세스 모니터링 및 제어 및 기계 상태 모니터링과 같은 많은 산업 및 소비자 응용 분야에서 사용된다. 다양한 응용 배경을 대비한다면 여러 네트워크 기능 및 서비스 조합이 필요하므로 인프라, 네트워크 범위, 사용된 주파수 범위, 대역폭 그리고 전력 소비에 따라 폭넓게 다양한 WSN이 발생한다. 센서 응용프로그램의 목표가 다르더라도 WSN의 주요 작업은 대상 도메인에서 데이터를 감지 및 수집하고 데이터를 처리하며 기본 응용프로그램이 있는 특정 사이트로 정보를 다시 전송하는 것이다. 이 작업을 효율적으로 수행하려면 센서 노드와 데이터 싱크 사이의 경로를 설정하기 위한 에너지 효율적인 라우팅 프로토콜을 개발해야 한다.

WSN은 수백에서 수천에 이르는 노드로 구성되며, 각 노드는 하나 또는 그 이상의 센서에 연결된다. 각각의 센서 네트워크 노드는 일반적으로 그림 4.6과 같이 여러 부분으로 구성된다. WSN의 토폴로지는 모니터링 및 보안 응용프로그램을 위한 간단한 별형 네트워크 토폴로지 기반에서부터 고급 멀티 홉, 무선 메시 네트워크에 이르기까지 다양할 수 있으며, 네트워크의 홉 간 전파 기술이 라우팅 또는 플러딩될 수 있다(Dargie와 Poellabauer 2010; Sohraby 외 2007).

Sohraby 외(2007)에 설명된 WSN에 따르면 WSN 라우팅 프로토콜 설계의 기초로 간주되는 다음 사항이 고려돼야 한다.

- 패킷 손실 및 지연 가능성
- 네트워크 노드의 전력 및 자원 제한
- 무선 채널의 시변 품질

이러한 설계 요구 사항을 해결하기 위해 WSN에 대한 몇 가지 라우팅 전략을 사용할 수 있다.

- 데이터 중심 접근 방식: 네트워크 내에서 Interest를 전파한다. 이 접근 방식은 속성 기반 이름 지정을 사용하므로 소스 노드는 개별 센서 노드가 아닌 현상에 대한 속성을 쿼리한다. 센서 노드에 작업을 할당하고 특정 속성에 관련한 쿼리를 표시함으로써 Interest 유포가 이뤄진다. 센서 노드에 Interest를 전달하기 위해 다음과 같은 다양한 전략을 사용할 수 있다.
  - 애니캐스팅Anycasting
  - 속성 기반 멀티캐스팅Multicasting
  - 브로드캐스팅Broadcasting
  - 지오캐스팅Geocasting

- 플랫 네트워크 아키텍처: 인프라 유지를 위해 오버헤드를 최소화하는 것과 장애 허용을 위해 잠재적인 다양한 경로의 발견하는 것을 포함한다.
- 위치-주소$^{Location-to-address}$ 센서 노드: 네트워크의 지리학적 범위 내 노드의 위치가 소스 노드에 의해 발행된 쿼리와 연관이 있는 응용에서 위치 기반 라우팅은 유용하다. 이러한 쿼리는 Interest가 발생하는 현상의 특정 영역 또는 네트워크 환경 내 특정 위치에 근접 지점을 지정할 수 있다.
- 네트워크 구조: 에너지 효율성, 안정성 및 확장성을 달성하기 위해 네트워크에 구조를 적용한다. 네트워크 노드는 더 높은 잔류 에너지를 가진 노드가 클러스터 헤드의 역할을 하는 곳에서 클러스터들로 구성된다. 클러스터 헤드는 클러스터 내 활동 조정 및 클러스터 간 정보 전달을 책임진다. 클러스터링은 에너지 소비를 줄이고 네트워크 수명을 연장하기 위한 잠재력을 갖고 있다.

Sohraby 외(2007)에는 WSN에서 데이터를 유포하기 위해 제안된 여러 라우팅 알고리즘이 설명돼 있다. 또한 이러한 알고리즘의 설계 절충 및 성능에 대해서도 설명하고 있다.

일반적으로 라우팅 알고리즘은 다음과 같은 다양한 네트워크 분석 및 그래프 이론적인 개념과 또한 운영 연구를 기반으로 하며 다음을 포함한다.

- 최대 흐름
- 최소 스팬 문제
- 최단 경로

라우팅은 동적 프로그래밍 및 피드백 제어 이론에서 최적의 제어 문제와 밀접한 관련이 있다. 최단 경로 라우팅 체계는 주어진 노드에서 대상 노드까지의 최단 경로를 찾는다. 링크 길이 대신 비용이 각 링크와 연관된 경우 이러한 알고리즘은 최소 비용 경로를 계산할 수도 있다. 중앙 집중 알고리즘은 주어진 노드에서 다른 모든 노드까지의 최단 경로를 찾는다. 분산된 경우 모든 노드에서 지정된 노드까지의 최단 경로를 찾는다. 최단 경로 라우팅을 위한 잘 정의된 특정 알고리즘이 있다.

- 벨맨-포드$^{Bellman-Ford}$ 알고리즘: 네트워크를 통한 홉 수가 가장 적은 최단 경로를 결정하기 위해 메시 네트워크에서 라우팅하는 데 사용되는 라우팅 알고리즘. 거리 측정법은 측정된 홉 수를 기반으로 한다.

- 데이크스트라^{Dijkstra} 알고리즘: 도로 네트워크와 같은 그래프에서 노드 간 최단 경로를 찾으며, 다항식 복잡성이 있다.

경쟁적인 게임 이론 개념을 기반으로 한 라우팅 체계도 Lewis(2004)에 설명된 대로 개발됐다.

더 나아가 대규모 통신 네트워크에는 노드의 주기(원형 경로)가 포함돼 있다. 공유된 자원인 노드는 다양한 경로를 따라 전달되는 여러 메시지를 처리할 수 있다. 이에 따라 특정 주기의 모든 노드가 풀-버퍼^{Full buffer} 상태고 서로에 대해 대기하는 상태인 상황에서는 통신망이 Deadlock(교착 상태)에 취약하며, 이후 다음 사용 가능한 버퍼 공간을 확보할 수 있는 노드가 없기 때문에 해당 주기 내 모든 전송은 중지된다.

Livelock은 메시지가 네트워크를 통해 지속적으로 전송되고 대상에 도달하지 않는 상태다. Livelock은 메시지가 최종 목적지에 더 가깝게 라우팅돼야 한다는 점을 고려하지 않고 필요한 링크가 정체될 때 대체 링크로 메시지를 라우팅하는 일부 라우팅 체계상의 결함이다. Lewis(2004)에 설명된 대로 Deadlock 및 Livelock 방지 기능이 있는 라우팅을 하기 위한 많은 라우팅 체계가 있다.

Flooding은 Sohraby 외(2007)에 설명된 것처럼 유무선 애드혹 네트워크에서 경로 검색 및 정보 유포에 자주 사용되는 일반적인 기술이다. 라우팅 전략은 간단하며 비용이 많이 드는 네트워크 토폴로지 유지 관리 및 복잡한 경로 검색 알고리즘에 의존하지 않는다. Flooding은 데이터 또는 제어 패킷을 수신하는 각 노드가 모든 인접 노드로 패킷을 보내는 반응적 접근법을 사용한다. 전송 후 패킷은 가능한 모든 경로를 따라가고, 네트워크 연결이 끊어지지 않는 한 패킷은 결국 목적지에 도달한다. 더 나아가 네트워크 토폴로지가 변경되면 전송된 패킷이 새로운 경로를 따라간다.

네트워크에서 패킷이 무한정 순환되는 것을 방지하기 위해, 일반적으로 홉 카운트 필드가 패킷에 포함된다. 초기에 홉 수는 대략 네트워크 직경으로 설정된다. 패킷이 네트워크를 통과할 때 홉 수는 통과하는 각 홉마다 하나씩 감소한다. 홉 수가 0에 도달하면 패킷은 단순히 폐기된다. 유사한 효과를 TTL^{Time-to-Live}를 사용해 달성할 수 있는데, 이는 패킷이 네트워크 내에서 생존할 수 있는 시간 단위의 숫자를 기록하는 것이다. 이 시간이 만료되면 패킷이 더 이상 전달되지 않는다. 데이터 패킷을 고유하게 식별하고, 강제로 각 네트워크 노드에서 이미 전달된 모든 패킷을 삭제하도록 함으로써 Flooding을 더욱 향상시킬 수 있다. 그러나 이러한 전략은 어떤 데이터 패킷이 이미 전달됐는지 추적하기 위해 최소한 최근 트래픽 기록을 유지해야 한다.

5.1.1.2 공유 센서, 작동기 네트워크 그리고 제어 시스템

공유 센서 및 작동기 네트워크^{SANs}에서 리소스 스케줄링은 CPS 운용에 있어 중요한 기능이다. 이와 관련해 특정 동작을 수행하기 위해 어떤 작동기가 스케줄링돼야 하고 또는 어떻게 동작을 적합하게 제어할 것인지를 결정하기 위한 작동 조정은 필수다. 제어 작업을 특정 작동기에 할당하는 동안 다음과 같은 다양한 파라미터를 고려해야 한다.

- 작동기 기능
- 각 작동기의 에너지 소비
- 물리적 시스템 요구 사항
- 실시간 기능
- 작업 완료 시간

작동기 스케줄링과 관련해 CPS와 대부분의 사이버 시스템 사이에 중요한 차이점은 작동기 운용의 가역성 또는 선점성이다. 롤백 작업과 선점은 데이터베이스나 버스 접근 프로토콜과 같은 대부분의 사이버 시스템에서 사용할 수 있지만 일반적으로 작동기에 의해 실행되는 물리적 작업은 되돌릴 수 없다(Gunes 외 2014). 잘못된 데이터를 기반으로 작동을 수행하는 경우 Yan 외(2012)에 자세히 설명된 것처럼 활동을 롤백하는 것이 불가능하지는 않지만 많은 경우에서 어려움이 있다. 또한 비가역성 문제는 여러 작업이 공유 플랫폼에서 관리되는 경우 실시간 스케줄링에 영향을 준다. 공유 작업 리소스 접근을 선점하거나 롤백할 수 없는 경우 우선순위가 낮은 프로세스로 인해 중요한 실시간 작업이 차단될 수 있다(Gunes 외 2014; Springer 외 2014).

최첨단 시간 연속적, 동적 제어 시스템의 기반이 되는 제어 시스템의 제어 법칙과 이론은 CPS 설계에 중요한 역할을 한다(Gunes 외 2014). 일반적으로 제어 정책은 시스템 인프라와 완전히 분리돼 있으며 시스템 프로토타입을 개발한 후에 구현된다(Erdem 외 2010). 이러한 접근 방식은 복잡하고 역동적인 특성으로 인해 CPS에서 기대하는 요구를 실현하기 어렵다. 이러한 요구를 충족하고 복잡한 제어 법칙을 수행하기 위해 물리적 시스템 자체와 해당 제어 법칙과의 종속

관계를 잘 정의하고 모델링해야 한다(Zhou와 Baras 2013).

피드백 루프가 무선 센서 및 WSAN(작동기 네트워크)을 통해 폐쇄되는 경우, 제어 설계를 적용해 제어 시스템을 시변 지연과 같은 네트워크 불확실성에 둔 감하게 만들 수 있다(Koutsoukos 외 2008). 피드백 루프 내에 센서 데이터 융합SDF, Sensor Data Fusion을 통합하는 정확도-인식 활용 제어Fidelity-aware utilization control 는 무선 사이버 물리 감시 시스템WCPSS에 적용해 시스템 정확도를 최적화하고, 노이즈 및 기타 특성과 같은 환경의 변화가 있을 때 마이크로컨트롤러 사용의 목적을 제어하도록 한다(Chen 외 2011). CPS 설계에서 제어 이론의 중요성은 많은 연구에 의해 해결됐다(Gunes 외 2014; Lee와 Seshia 2011; Radhakisan과 Gill 2013; Rajkumar 외 2010).

시스템의 피드백 제어가 공유 네트워크를 통해 차단되는 경우, 제어 입력/출력이 다음과 같은 상호연결된 시스템 구성 요소를 통해 전달되는 곳에서 제어 시스템을 네트워크 제어 시스템NCS, Network Control System이라고 한다(Gupta와 Chow 2010).

- 작동기
- 제어기
- 센서

다른 유형의 제어 시스템으로는 소위 감독 제어 및 데이터 수집SCADA, Supervisory Control And Data Acquisition 시스템(Barr 2004)으로 프로세스를 모니터링하고 제어하는 데 사용되는 제어 시스템이다. SCADA 시스템은 로컬 및 원격 위치의 센서에서 실시간으로 데이터를 수집하고 장비/조건을 제어하고 필요한 조치를 취하기 위해 중앙 컴퓨터로 데이터를 전송한다(URL2 2017). CPS는 SCADA와 같은 레거시 제어 시스템의 기대치를 훨씬 뛰어넘는 요구 사항을 수반한다(Gunes 외 2014). 복잡성과 관련해 CPS는 산업에 도입된 기존의 엔지니어링 시스템을 뛰어넘어 적절한 시스템과 소프트웨어 엔지니어링 분야의 훨씬 더 밀접한 네트워킹을 필요로 한다. 따라서 CPS 설계에는 고유한 문제와 실시간 기능과 같은 복잡한 기능, 안정성 및 성능 요구 사항과 관련해 상당한 이론이 필요하다(5.1.3.4절 참조).

컴퓨팅, 임베디드 네트워킹과 정보 통신 기술ICT, Information and Communication Technologies를 위한 네트워킹 및 센싱 비용의 절감은 모든 산업과 응용 분야의 기본적인 경제 동기이다. 게다가 컴퓨팅 성능의 기하급수적인 성장으로 합리적인 가격에서 매우 정교한 컴퓨터를 시장에 출시하고 있다. 동일한 추세로 센싱과 작동 기술이 크게 향상되고 있다. 따라서 컴퓨터와 통신은 대규모 시스템을 함께 유지하는 범용 시스템 통합 역할을 하고 있고, 이로 인해 각 CPS 구성 요소와 인프라의 구성이 가능하다. 따라서 CPS는 하나의 패러다임 내에서 컴퓨팅과 네트워킹을 물리적, 사이버 환경 또는 가상 환경과 연결하는 고급 기술과 복잡한 시스템 아키텍처를 갖고 있다. 이로 인해 다음과 같은 서비스를 제공한다.

- 제어
- 정보 피드백
- 실시간 모니터링

그 밖에 CPS 특성은 연산, 통신 그리고 제어(3C로 일컫는)의 통합 및 협업을 통해 물리적 구성 요소와 사이버 구성 요소의 상호작용을 병합하는 데 필수적이다(Ning 2013).

5.1.1.3 기술 혁신

기술 혁신의 배경과 관련해 CPS와 IoT는 많은 유사성이 있다고 설명할 수 있다(5.2절 참조). 둘 다 작동, 컴퓨팅, 감지, 정보 전송 및 상호작용 기술을 사용해 사이버 및 물리적 구성 요소를 통합한다. 그러나 약간의 차이가 있을 수 있는데, IoT는 사물과 네트워크의 연결을 강조하는 반면 CPS는 계산적 그리고 물리적 요소에 대한 정보의 통합을 강조한다(Li 외 2011).

CPS는 다음과 같은 상황적인 적절성과 인간공학적 문제를 갖고 있다.

- 작동기, 작동기 노드 그리고 작동기 네트워크를 통한 동작 수행
- 네트워크 시스템의 동작을 채택한 알고리즘
- 인간과 기계 간 인터페이스HMI
- 상호 운용성 표준(5.1.3.3절 참조).
- CPS 애플리케이션 상호연결을 위한 온토폴로지(5.1.3.1절 참조).
- 센서, 센서 노드 및 센서 네트워크를 통한 센싱

임베디드 시스템과 CPS의 비교는 물리적 프로세스를 모니터링하고 제어하기 위해 물리적 구성 요소와 상호작용하는 방법을 전달하는 목적과 함께 컴퓨

팅 및 네트워킹과 물리적 프로세스 및 가상 프로세스의 통합을 보여준다. 따라서 CPS에는 다음과 같은 많은 이점이 있다.

- 개별적 기계들이 함께 작동해 새로운 기능을 제공하는 복잡한 시스템 구성
- 시스템을 좀 더 안전하고 효율적으로 만듦
- 이러한 시스템 구축 및 운영하는 비용 절감

이러한 시스템을 설계하려면 하드웨어, 소프트웨어, 네트워크 그리고 물리적 및 사이버 프로세스의 역학에 대한 이해가 필요하며(Pellizzoni 2015), 이를 통해 복잡한 역학 및 높은 안정성을 갖춘 새로운 진보된 시스템을 만들 수 있다. 그러므로 기술적 진보의 통합에 의해 임베디드 시스템은 CPS로 진보하고 최종적으로 Geisberger와 Broy(2012) 보고서를 기반으로 그림 5.2에 나타난 것과 같이 IoE, 데이터 및 서비스에 집중하는 네트워킹 임베디드 컴퓨팅 시스템NECS, Networked Embedded Computing System을 만들었다. 그림 5.1은 임베디드 컴퓨팅 시스템에서 네트워크 임베디드 시스템을 통해 CPS로, 최종적으로 IoE, 데이터 및 서비스로의 기술 발전을 나타내고 있다(Geisberger와 Broy 2015).

지난 20년 동안 업계의 디지털화를 주도하는 기술 혁신의 변화가 시작됐다. 이 변경은 선택의 문제가 아니다. 계속될 근본적이고 장기적인 기술 및 경제적 추세에 의해 주도하게 될 것이다. 그러므로 CPS의 과제는 이러한 기술 및 경제 원동력을 산업 및 제품 제조를 변화시키는 활동으로 전환하는 것이다(Möller 2016).

시스템 수준에서 CPS는 유비쿼터스 정보 네트워크를 통해 통신하는 물리적 개체와 해당 가상 개체를 매핑해 알고리즘과 서비스뿐만 아니라 서비스와 서비스 공급자의 동적 통합, 특히 정보 교환이 경계를 넘을 것이다.

사이버 수준에서는 임의적이고 변경 가능한 정보 네트워크, 3D 모델 및 시뮬레이션 모델, 문서, 관계, 작업 조건 등에서 수집된 데이터는 언제 어디서나 유비쿼터스 또는 클라우드 컴퓨팅을 통해 사용할 수 있다(Möller 2016).

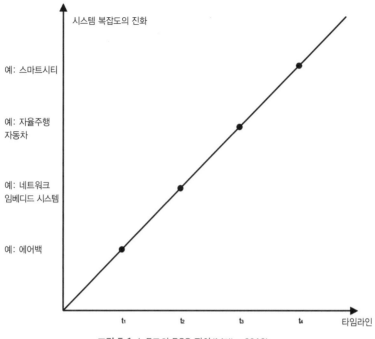

그림 5.1 IoE로의 ECS 진화(Möller 2016)

유비쿼터스 컴퓨팅은 동시에 어느 곳에서나 존재한다. 이 의미는 모든 곳에서 일상생활에서 보이지 않게 컴퓨터를 탑재한다는 것이다. 환경에서 보이지 않는 작은 컴퓨팅 디바이스는 유비쿼터스 컴퓨팅을 도입해야 하므로 다양한 환경에 자동화 디바이스, 가정용 디바이스, 모바일 디바이스, 개인 디바이스, 보안 디바이스, 자동차 그리고 웨어러블 장치와 같은 일상적인 사물/물체에 내장된 보이지 않는 컴퓨터를 포함해 이기종 디바이스들을 위한 완전히 새로운 컴퓨팅 환경 패러다임을 창출해야 한다.

클라우드 컴퓨팅은 컴퓨팅 자원의 유용성과 소비에 대한 상징이다. 여기에는 중앙 집중식 데이터 스토리지 및 컴퓨터 서비스 또는 리소스에 대한 온라인 접근을 허용하는 원격 서버 및 소프트웨어 네트워크의 분산된 그룹이 포함된다.

일반적인 CPS의 주요 통합은 소프트웨어 및 네트워킹과 물리적 프로세스의 역학관계의 통합 내에서 그림 5.2의 CPS 개념 모델에서 나타난 것과 같이 추상화와 모델링, 설계 그리고 분석 기술을 제공하는 것으로 볼 수 있다.

그림 5.2에서 수학적 추상화에 강한 기반을 두고 기술에 집중하는 엔지니어링 분야로써 CPS가 주로 고려돼야 한다는 것을 알 수 있다. 기술적 과제로는 절

차적 인식론을 제공하는 알고리즘, 프로그램과 관련한 컴퓨터 과학의 진화의 추상적 개념과 함께 미분방정식, 확률적 프로세스 등과 같은 물리 프로세스 모델링을 위해 진화하는 추상적 개념들을 결합하는 것이다.

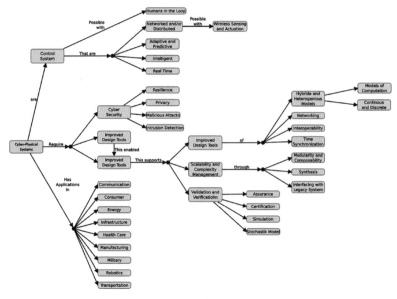

그림 5.2 CPS 개념도(Möller 2016)

전자의 추상적 개념은 시간이 지남에 따라 시스템 상태의 동적 진화에 중점을 두는 반면, 후자는 데이터 변환을 위한 프로세스에 중점을 두고 있다. 컴퓨터 과학은 핵심 물리적 속성, 특히 담론 영역에 물리적 세계의 역학을 포함시키는 데 필요한 시간의 흐름을 추상화한다(URL3 2017).

따라서 CPS는 다음과 같은 기본 특성을 갖는다.

- 정보 이론에 관한 역량
- 컴퓨터 과학에 관한 공식적인 방법
- 센서 네트워크와 관련된 정보 처리
- 소프트웨어 엔지니어링과 관련된 미들웨어
- 네트워킹과 관련한 실시간 통신
- 제어 엔지니어링과 관련한 성능

5.1.2 사이버 물리 시스템 설계 권장 사항

현재의 산업 경험은 컴퓨터와 물리적 시스템을 결합하는 방법에 대한 제한된 지식만 제공한다. 따라서 이러한 제한된 지식(방법 및 도구)을 기반으로 시스템을 계속 설계하는 것은 효율적이지 않다. 안전하지 않고 예측할 수 없는 시스템에 대한 위험은 예측할 수 있다. 이러한 단점은 이종 시스템은 다양한 유형의 물리적 시스템과 다양한 모델의 연산 및 통신으로 구성돼 있기 때문에 CPS 설계에서 매우 중요하다.

따라서 CPS 설계의 이질성은 설계 자동화에 적합하지 않은 시스템별 설계 흐름을 유발한다. 설계 복잡도가 증가하고, 효율적이고 전문화된 설계 자동화 도구가 없는 것은 설계 생산성을 제한하고 시장 출시 지연 가능성을 높게 만든다. 이 의미는 Möller(2016)의 문서에서 설명한 것과 같이 CPS의 민첩한 설계를 위해 설계 흐름의 추상화 단계를 재정렬하고 새로운 인프라를 구축해야 한다는 것이다. CPS 설계 시 해결해야 할 문제들에는 저수준에서 아키텍처 세부 사항을 추상화하고 설계자에게 기본 시스템 구성요소를 더욱 효과적이고 투명하게 하기 위해 스택 기반 프로세스의 일부로 적용 될 수 있는 단계별 추상화가 있다. 따라서 모든 추상화 수준의 구성 요소는 예측 가능하고 신뢰할 수 있어야 한다. 현재까지 이는 가용한 시스템 구성 요소의 기능과 수를 쿼리할 수 있고 사이버와 물리적 부품 간 코드 이식성을 위해 소프트웨어가 개발된다면 기술적으로 실현 가능하다. 기술적으로 실현 가능하지 않다면, 다음 단계의 추상화는 강건하게 주요 구성 요소 분석을 통해 보완돼야 한다. 그러나 추상화는 본질적인 특징들을 직접적으로 대표하지 않으므로 사이버 영역이 물리적 요구 사항을 충족시킬지 여부를 예측하기가 어렵다는 것을 의미한다(Pellizzoni 2015).

성공적인 시스템이 기술적으로 실현 가능해 예측할 수 있고 안정적인 구성 요소를 구현할 수 있다고 가정할 때 이러한 원칙들을 준수한다. 대화형 네트워크 트래픽의 증가하고 있는 요구들로 인해 무선 연결을 예측 가능하고 안정적으로 만드는 것이 훨씬 어렵다. 이로 인해 무선 연결과 같은 신뢰할 수 없는 매개체에서 지연 보장을 지원하는 방법에 대한 근본적인 의문이 제기될 수 있는 지연이 발생할 수 있다. 고급 자동차에는 와이어링 하네스를 만들기 위해 1,500m 이상의 배선으로 연결된 150개 이상의 센서와 100개 이상의 스위치가 있기 때문에 이는 자동차 제조업체에게 중요한 문제다. 이는 매우 비싸고, 무겁고, 복잡하며 하네스에서 다양하고 전자 기계적인 고장을 초래할 수 있다. 따라서 자동차 엔지니어링은 무선 매개체에서 지연을 극복하는 방법에 대한 근본적인 질문을 해결하려고 노력한다. 한 가지 가능한 옵션은 강력한 코딩 및 능동적인 프로토콜을 사용해 한 단계 높은 수준으로 올라가 문제를 상쇄하는 것이다. 또 다른 명백한 근본적인 질문은 소프트웨어 엔지니어링 시스템을 예측 가능하고 신뢰할 수 있게 만드는 것에 대한 기술적 실현 가능 여부다. 컴퓨터 아키텍처 및 프로그래밍 언어의 기초에서, 소프트웨어는 간단한 프로그래밍 언어로 표현되는 것에 제한되기 때문에 본질적으로 완벽하게 예측 가능하고 신뢰할 수 있다. C와 같이 동시성이 없는 명령형 프로그래밍 언어와 관련해 설계자는 컴퓨터를 100% 신뢰성을 갖고 지정한 대로 정확히 수행하도록 할 수 있다. 간단한 프로그램에서 특히 CPS와 같은 소프트웨어 엔지니어링 시스템으로 확장할 때 문제가 발생한다. 프로그램은 CPS에 필수적 행동에 대한 측면에서 이를 표현할 수 없기 때문에 사실 가장 간단한 C 프로그램조차도 CPS의 환경에서는 예측 가능하고 신뢰할 수 없다. 프로그램이 CPS와 의미론적으로 정확히 일치해 완벽하게 실행될 수 있으나 그래도 여전히 CPS에 필요한 동작을 제공은 할 수 없다. 예를 들어 타이밍 기한을 놓칠 수 있다. 타이밍이 C의 의미론에 있지 않기 때문에 프로그램이 기한을 놓친 것인지는 실제로 프로그램이 올바르게 실행됐는지 여부를 결정하는 것과는 관련이 없다. 그러나 시스템이 올바르게 수행됐는지 확인하는 것이 매우 중요하다(Lee 2008). 따라서 CPS 설계에는 그림 5.2와 같이 본질적 복잡성 측면에서 채택된 시스템과 소프트웨어 엔지니어링 방식이 필요하다.

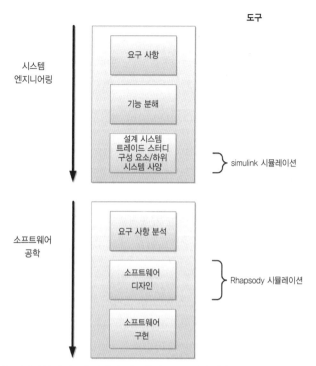

그림 5.3 사이버 물리 시스템 설계 시 시스템 및 소프트웨어 엔지니어링 접근법(Möller 2016)

시스템 엔지니어링 방식은 다음과 같은 특징을 가질 수 있다.

- 대규모의 복잡한 프로젝트는 관리하기 어렵고 초기 단계의 실수로 인해 실행 단계에서 큰 문제가 발생할 수 있기 때문에 계획, 조정 및 구현에는 시스템 엔지니어링 접근 방식이 필수적이다.
- 현재 시스템 엔지니어링 프레임워크는 엔지니어링 시스템과 실제 세상과의 깊은 상호 의존성을 고려한 개념화 및 설계를 지원하지 않는다. 따라서 오늘날과 미래의 많은 애플리케이션 도메인의 복잡성을 처리할 수 있는 매우 효율적인 CPS의 개발, 구현 및 운영을 위한 새로운 사이버 물리 시스템 엔지니어링 프레임워크[CPSEF]가 필요하다. 시스템 엔지니어링에서 주요 프로젝트 내 복잡한 기술적 시스템을 개발하고 구현하기 위한 학제적인 접근이 요구된다.
- 복잡하고 신뢰할 수 있는 CPS 엔지니어링을 완벽히 다루는 것은 비즈니스 모델을 계획, 구현 및 유지하는 데 있어 중요하다.

- CPS의 소프트웨어 집약적 임베디드 컴퓨팅 시스템과 세계적인 통신 네트워크GCNs, Global Communication Network의 지속적인 통합은 제품과 서비스를 위한 비즈니스 잠재력 내 큰 변화의 노력과 함께 ICT의 기술적 프로세스상 다가오는 큰 도약으로 고려되고 있다.

소프트웨어 엔지니어링 방식은 다음과 같이 정의할 수 있다.

- 소프트웨어 생산의 모든 측면에 대해 고려한 접근
- 소프트웨어의 체계적이고 정량화 가능한 설계, 개발, 운영 및 유지 보수를 위한 접근
- 실제 기계에서 신뢰할 수 있고 효율적으로 작동하는 소프트웨어를 경제적으로 얻기 위해 적절한 엔지니어링 원칙 사용

IEEEInstitute of Electrical and Electronic Engineers 컴퓨터 학회 및 ACMAssociation for Computing Machinery은 소프트웨어 엔지니어링 분야에 대한 지침을 발표하고 있는 미국의 주요 소프트웨어 엔지니어링 전문 기관이다. 2004 버전은 해당 분야의 정의와 실무 소프트웨어 엔지니어에게 기대하는 IEEE 지식을 설명해 소프트웨어 엔지니어를 가이드한다.

현재 CPS는 다음과 관련해 더욱 효율적이고 효과적인 아키텍처 설계 환경을 요구하는 다양한 과제를 제시한다.

- 병렬 및 분산 개발의 결과로 일반적으로 다른 도구와 방법을 사용하는 CPS의 복잡성
- 특정 과제에 대한 다양한 알고리즘
- 기존 및 미래의 지적 재산을 재사용의 요구
- 전자 및 소프트웨어 콘텐츠의 혼재
- 개발 주기 동안 요구 사항 변경 관리 필요성 증가
- 비용과 시간이 소요되는 통합과 테스트의 요구

특정 제약 조건과 관련해 SysMLSystems Modeling Language 및 UMLUnified Modeling LanguageTM(URL4 2017)은 아키텍처 프레임워크로 설계됐으며 기능적, 물리적 그리고 소프트웨어 아키텍처에 대한 별도의 관점과 함께 수많은 산업 분야에서 검증됐다. 그리고 다음과 같은 다양한 외부 구성 요소를 통합하는 랩소디에 의해 확장됐다.

- 코드: C, C++, Java 또는 Ada®
- 도구: Simulink, Statemate 및 SDL Suite

CPS 설계에서 매우 중요한 고유 특성은 인터페이스다. CPS 인터페이스는 사이버 및 물리적 부분의 모든 요소를 상속하고 계산적인 시스템과 물리적 시스템 간의 간격을 연결하는 새로운 요소를 추가한다. 사이버와 물리적 세계 간의 상호작용을 모델링하기 위해서 P2C$^{Physical-to-Cyber}$와 C2P$^{Cyber-to-Physical}$ 커넥터의 두 가지 방향의 커넥터 유형이 필수적이다. 따라서 간단한 센서를 P2C 커넥터로 모델링할 수 있고, 간단한 작동기는 C2P 커넥터로 모델링할 수 있다. 아키텍처 설계 및 분석을 위한 도구 지원을 제공하는 데 있어 주요 어려움 중 하나는 이러한 기능을 응용프로그램 도메인에 맞게 조정해야 할 필요성이 있다는 것이다.

5.1.3 사이버 물리 시스템 요구 사항

CPS 요구 사항을 수집하고 분석하려면 설계에 대한 통제된 접근 방식을 강조하기 위한 사이버 물리적 및 시스템의 행동 측면 간의 범위와 상호작용에 섬세한 관점이 필요하다. 여기에는 그림 5.3과 같이 시스템 엔지니어링 관점에서의 기능적 분해, 추상화 및 공식 분석이 포함된다. 디자인의 복잡성을 유지하기 위해 CPS 개발에 정형적, 비정형적인 접근 방식을 혼합해 사용해야 한다. CPS 설계의 비정형적인 수준에서 목표와 가능한 시나리오는 시스템 분석 수준에서 SysML 및 UML을 통해 할당된다. 정형적 분석 수준에서 할당된 작업은 설계 공간 탐색과 시스템 분석 수준에서의 세부적인 시뮬레이션 분석이다. 필요한 수학적 기초와 통합 과학의 부족으로 인해 시뮬레이션 분석은 필수적이다.

5.1.3.1 요구 사항 특성

CPS에서 다양한 데이터 소스의 의미는 용어와 관계를 나타내는 온톨로지에 의해 파악되고 이는 공유 가능하고 재사용 가능한 지식 스토리지를 구축하고 상호작용을 지원하는 중요한 방법이다(Zhai 외 2007). 그러므로 온톨로지는 실제 조사 중인 CPS의 실객체들의 추상적 표현으로 정의될 수 있으며, 이는 온톨로지는 지식 기반으로 표현되는 필수 도메인 개념, 속성 및 이들 간의 관계를 정의하는 도메인별 모델을 구성한다. 따라서 온톨로지(O)는 개념(C), 속성(P) 및 관계(R)의 정의 내에서 도메인 지식을 구성한다.

$$O = (C, P, R)$$

다른 말로 온톨로지(O)는 C는 도메인에 필수적 개념 집합이고, P는 도메인에 필수적 개념 속성 집합이며 그리고 R은 C의 개념 내 관계를 정의하는 이항 의미 관계 집합의 3가지 개념의 조합이다. 기본 관계의 집합 A는 다음 해석과 함께 $R_b = \{\approx, \uparrow, \nabla\}$로 정의된다(Zhai 외 2007).

- 임의의 두 가지 온톨로지 개념에서 $c_i, c_j \in C$, $\approx$는 동등한 관계를 나타내며 $c_i \approx c_j$를 의미한다. c_i와 c_j라는 두 개념이 온톨로지에서 동등한 것으로 선언되면 개념 c_i의 인스턴스도 c_j의 인스턴스로 추론될 수 있으며 그 반대도 마찬가지다.
- $\uparrow$는 일반화 표기법이다. 온톨로지가 $c_i \uparrow c_j$를 지정하는 경우 c_j는 c_i와 관련된 모든 속성 설명자를 금지한다. 온톨로지를 지정하는 동안 c_j에 대해 이들을 반복할 필요는 없다.
- $c_i \nabla c_j$는 c_i에 c_j가 있음을 의미한다. 온톨로지의 개념이 다른 개념의 집합으로 지정된 경우 ∇를 사용해 표현할 수 있다.

5.1.3.2 요구 공학

요구 공학은 요구 사항 정의, 문서화 및 유지 보수 프로세스로 설명할 수 있으며, 이는 시스템의 특정 설계가 수행할 수 있어야 하는 물리적 및 기능적 요구 사항으로 문서화된다. 요구 공학과 관련된 분야는 Möller(2016)에 설명된 시스템 및 소프트웨어 공학이다. 요구 공학에 포함된 활동은 개발 중인 시스템의 유형과 관련 조직의 특정 형식 지침의 관행에 따라 크게 다르다. 여기에는 다음과 같은 사항이 포함될 수 있다(URL5 2017).

- 요구 사항 도출: 사용자, 고객 및 기타 이해관계자로부터 시스템 요구 사항을 수집 실시하는 것을 말한다. 때로는 요구 사항 수집이라고 한다.
- 요구 사항 식별: 성공적이고 효율적인 작업을 위한 미래 방향을 제안하기 위해 요구 사항을 분석, 도출, 정교화, 구조화, 명확화, 협의, 문서화 및 수정하는 것과 관련 있다.
- 요구 사항 분석 및 협의: 다양한 이해관계자간 상충될 수 있는 요구 사항과 관련해 신제품에 대한 요구 사항 또는 조건을 결정하는 작업을 말한다.
- 요구 사항 사양: 요구 사항 문서에 요구 사항을 문서화한다.

- 시스템 모델링: 다음과 같은 표기법을 사용해 시스템 모델을 개발한다.
  - UML®
  - UML 프로파일 요구 사항 유효성 검증: 문서화된 요구 사항을 확인하고, 모델이 일관적이고 이해관계자의 요구를 충족하는지 확인한다.
- 요구 사항 관리: 시스템을 개발하고 사용할 때 요구 사항에 대한 변경 사항을 관리한다.

UML은 시스템 설계를 시각화하는 표준 방법을 제공하도록 설계된 범용 모델링 언어다. UML은 행동들이 수행되는 순서를 설명한다. 취해진 모든 행동들은 프로세스를 설명한다. UML 활동 다이어그램은 노드와 에지로 구성된다. 특정 이벤트는 노드에서 발생한다. 에지는 노드를 연결한다. 토큰은 전체 활동 다이어그램에 분산돼 있다.

프로젝트 정보가 여러 문서에 분산돼 있으면 완전성, 일관성, 요구 사항 간의 관계, 설계, 엔지니어링 분석, 검증 및 검증 정보를 평가하기가 어렵다. 또한 변경에 따른 영향 평가를 지원하는 데 필요한 종단간 추적성을 수립하기 어렵다.

문서 중심의 한계를 해결하기 위해 고급 시스템 엔지니어링 프로세스는 데이터 중심 접근 방식으로 전환하고 있으며, 이를 통해 모든 시스템 엔지니어링 팀 구성원은 모든 프로젝트 혹은 관련 데이터에 액세스할 수 있다. 따라서 데이터 중심 접근은 요구 사항 관리와 시스템 엔지니어링 도구로써 쉽게 CPS 설계 목적을 위해 사용할 수 있는 Cradle® 소프트웨어 도구의 중요한 부분이다. Cradle®은 전체 프로젝트 수명주기를 대규모로 확장 가능하고 통합된 다중 사용자 소프트웨어 제품 하나로 통합한다. 그림 5.4의 Baker(2015)와 Möller(2016)에서 설명한 것처럼 캡처할 데이터를 식별한다. 그림 5.4에 사용된 임무라는 용어는 용어 사용 사례와 동의어다.

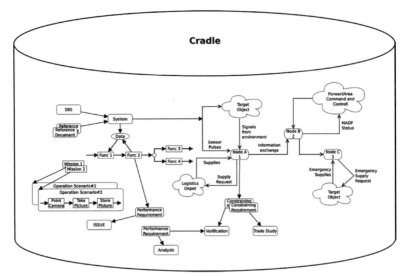

그림 5.4 Cradle® 소프트웨어 도구의 데이터 중심 접근법을 위한 프로젝트 데이터 스토리지(Möller 2016)

Cradle 소프트웨어 도구를 사용해 시스템 개발 및 수정을 위한 요구 사항 정의 및 관리 활동을 관리할 수 있다. 그림 5.5와 같이 Cradle은 요구 사항 정의 및 관리 활동을 8단계로 그룹화한다.

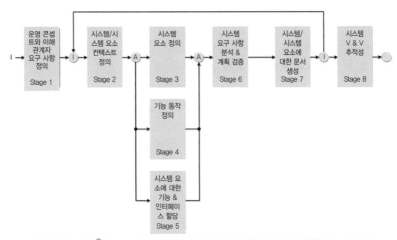

그림 5.5 Cradle® 소프트웨어 도구의 8단계 요구 사항 정의 및 관리 활동(Möller 2016)

5.1.3.3 상호 운용성 요구 사항

상호 운용성은 상호 운용을 의미하는 시스템이 함께 작동하는 능력을 설명한다. 이 용어는 초창기에 ICT 및 시스템 엔지니어링 서비스에 대한 완벽한 정보 교환을 허용한다는 의미로 정의됐다. 시스템 성능에 미치는 영향과 관련해 사회적, 정치적 그리고 조직적 요소에 적용된 더욱 일반적인 정의가 있다. 좀 더 기술적인 관점에서는, 상호 운용성은 개별 시스템 구성 요소가 기술적으로 다르고 다른 소프트웨어 시스템에 의해 관리될 때 시스템에 대한 일관된 서비스를 구축하는 작업이다. 상호 운용성은 다음과 같이 소개될 수 있다(URL6 2017).

- 구문적 상호 운용성: 지정된 데이터 형식 및 통신 프로토콜과 관련해 통신하고 데이터를 교환할 수 있는 둘 이상의 시스템이 있는 경우 필요한 조건이다. XML^{Extensible Markup Language} 또는 SQL^{Structure Query Language} 표준은 구문적 상호 운용성을 위한 도구다.
- 의미론적 상호 운용성: 수직적인 통합에 중요한 시스템의 최종 사용자에 의해 정의된 유용한 결과를 얻기 위해 의미 있고 정확하게 교환된 정보를 자동으로 해석하는 기능. 의미론적인 상호 운용성을 달성하려면 둘 이상의 시스템이 공통 정보 교환 참조 모델을 참조해야 한다.

상호 운용성은 공개 표준과 구별돼야 한다. 공개된 표준은 공급업체, 학술적 연구자 그리고 기타 개발과 관련한 이해관계자를 포함한 여러 사람들의 대표를 포함하는 개인적인 그룹에 의해 정의된다. 제안된 공통 프로토콜의 기술적 및 경제적 장점, 단점 및 실현 가능성이 논의되고 고려된다. 모든 회원의 의혹과 제한이 해결된 후, 공통 문서는 공통 표준으로 승인된다. 이 문서는 이후 일반인에게 공개되고 이후부터 공개된 표준이 된다. 이 책은 일반적으로 공개되며 모든 참가자들에게 무료로 또는 명목상의 비용으로 제공되고 추가 부담은 없다. 다양한 공급업체와 개인이 표준 문서를 사용해 공통 프로토콜을 구현하는 제품을 만들 수 있고, 따라서 이들은 표준화된 특징을 기반으로 하는 여러 제품 중 하나를 선택하는 특정 고객들을 위한 특별한 책임 또는 이점 없는 설계를 할 수 있어 상호 운영적이다(URL6 2017).

5.1.3.4 실시간 요구 사항

실시간 시스템은 작업을 완료해 적절한 시간에 서비스를 제공하기 위해 필요하며, 이에 관련된 입력에 대해 시스템이 응답하기 위해 소요한 시간이 충분히 짧고 수용 가능한 타임라인 안에서 이뤄져야 함을 의미한다.

실시간 시스템에는 디지털 제어, 명령 및 제어, 신호 처리 등이 포함된다. 컴퓨터에 대한 옥스포드 사전에서는 실시간 시스템의 정의를 다음과 같이 제공하고 있다.

> 출력이 발생하는 모든 시스템은 중요하다. 이는 일반적으로 입력은 물리적 세계의 어떤 움직임에 해당하기 때문이며, 출력은 같은 움직임과 반드시 관련돼야 한다. 입력 시간에서 출력 시간까지 지연은 허용 가능한 타임라인에서 충분히 짧아야 한다.

예측 가능하고 신뢰할 수 있는 컴퓨팅 시스템 프로젝트는 다음과 같은 정의를 제공한다(Randell 외 1995).

> 실시간 시스템은 환경에 의해 정해진 시간 간격 내에서 환경으로부터의 작은 자극(물리적 시간의 변화 포함)에 반응하기 위해 필요한 시스템이다.

다행히도 시스템 응답이 제 시간 내 발생하지 않으면 일반적으로 재앙은 아니다. 이러한 유형의 시스템은 응답 실패가 잘못된 응답만큼 나쁘다고 간주될 수 있는 시스템과는 구별될 수 있다. 응답 시간이 중요하지만 이런 측면에서 필수적이 않은 다른 시스템과 실시간 시스템을 구분한다. 결과적으로 "실시간 시스템의 정확성은 계산의 논리적 결과뿐만 아니라 결과가 생성되는 시간에 달려 있다".

실시간 컴퓨터 시스템 설계 분야의 실무자들은 종종 하드 및 소프트 실시간 시스템을 구분한다(Burns와 Wellings 2001; Liu 2000).

- HRTS^{Hard Real-Time Systems}: 지정된 마감 시간 내에 응답이 이뤄져야 하는 시스템
- SRTS^{Soft Real-Time Systems}: 응답 시간이 중요한 시스템이지만 마감 시간을 놓친 경우에도 시스템은 여전히 올바르게 작동하는 시스템. 소프트 실시간 시스템은 명시적인 마감 시간이 없는 대화형 시스템과 구별될 수 있다(Burns와 Wellings 2001).

소프트라는 용어의 사용은 단일 유형의 요구 사항을 의미하지 않으며, 다음과 같은 여러 다른 속성을 포함한다.

- 마감 시간을 가끔 놓칠 수 있음: 일반적으로 정의된 간격 내에 누락된 횟수의 상한
- 서비스가 늦게 제공될 수 있음: 일반적으로 지체 제한이 높은 경우

언급한 바와 같이 실시간 임베디드 제어 시스템은 군사 분야에서의 통신, 명령 및 제어 그리고 항공기, 자동차, 자율 로봇, 화학 공장, 의료 장비, 배전 시스템 등과 관련해 프로세스 제어와 복잡한 응용 분야를 위해 사용될 수 있다. 실시간 시스템의 신뢰성 요구 사항은 중요한 작업 마감 시간을 매우 높은 확률로 충족해야 할 필요성으로 해석할 수 있다. 따라서 다음과 같은 질문에 대한 답변이 필요하다. "어떻게 프로세서 영구, 일시적 또는 소프트웨어 오류에도 마감 시간을 지속적으로 만족하도록 작업을 스케줄링할 수 있는가?"(Chen 외 2011)

5.1.4 사이버 물리 제어 시스템

제어는 CPS와 같은 엔지니어링 시스템의 통제적인 영향을 의미하며, 이는 관측된 전달 특성 요소에 일치하는 속성을 갖는다. 또한 CPS 기반 제어 시스템에서는 시스템의 출력은 기준 입력(설정 값)의 설정에 따른 일방적인 영향뿐만 아니라 교란의 발생에 따라서도 의존적이다. 기준 입력은 대상 시스템의 동작을 결정하기 위해 물리적 법칙 그리고 연결 혹은 타이밍에 따른 출력 전달 특성을 위한 제어 입력으로서 역할을 한다. 시스템의 출력은 기준 입력(피드백 누락)에 영향을 미치지 않지만, 시스템의 출력은 원하는 목표 값과 외부 교란으로 인해 달라질 수 있다. 그러므로 CPS 기반 제어 시스템은 연속적으로 연결된 전달 블록 기반 특성들로 구성된 개방형-루프 시스템이 될 수 있다. 그림 5.6에서는 이러한 개념의 제어 원리를 보여준다.

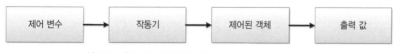

그림 5.6 제어 시스템의 블록 다이어그램 구조(Möller 2016)

실제로 교란은 자주 다른 시간과 다른 수준의 강도로 발생한다. 기준 입력에 대한 제어 시스템의 출력을 현저히 대체할 수 있는 잠재력을 갖고 있다. 이러한

배경에서 각각의 전달 블록에 의한 시스템의 출력을 캡처하는 것이 유용하다.

기준 입력에 따른 시스템 출력의 편차의 경우, 시스템상 교란의 영향은 피드백 제어의 원리를 통해 보상할 수 있다. 간단한 개방형 루프 제어 시스템을 사용하면 예측 가능한 교란에 대처할 수 없다. 이에 따라 간단한 경우에 요구되는 시스템 특성은 시스템 출력을 관찰하기 위한 전달 특성과 기준 입력을 비교해 그들 사이 식별된 에러를 계산하고, 시스템 출력을 기준 입력에 부합되도록 하는 것이 필요하다. 이 원리는 선택된 시스템의 특정 모델에 따라 유동성을 갖는 시스템의 출력이 교란의 영향에 대해 상대적으로 둔감한 상황에서 기준 입력에 부합되도록하는 폐쇄형 루프 제어 시스템이다.

두 신호 사이에 차이가 있는 경우 피드백 루프의 합산점은 컨트롤러 입력으로 전달되는 오류 신호를 생성한다. 제어기는 제어 전략과 관련해 오류에 대해 조치를 취하고 기준 입력을 추적하도록 시스템을 조작한다. 더 나아가 이 폐쇄형 루프 피드백은 시스템의 출력이 현재 교란 입력과 관련해 기준 입력을 따르도록 한다. 그러므로 폐쇄형 루프 제어에는 개방형 루프 제어보다 많은 전달 요소가 포함된다. 폐쇄형 루프 제어의 전달 요소는 다음과 같다(Möller 2016).

- 플랜트 또는 프로세스: 제어할 시스템
- 시스템 출력: 제어할 특정 시스템 측면
- 기준 입력: 시스템 출력에 필요한 수량
- 작동기: 플랜트 또는 프로세스에 대한 입력을 제어하는 데 사용되는 장치
- 제어기: 시스템 출력이 기준 입력을 따르도록 작동기 또는 플랜트에 입력을 생성하는 데 사용되는 장치. 따라서 제어기에는 원하는 출력이 원하는 기준 입력을 추적하도록 제어 전략이 포함돼 있다.
- 교란: 시스템의 출력이 기준 입력과 관련해 예상 출력과 다를 수 있는 환경에 의해 부과된 설비로의 바람직하지 않은 추가 입력

지금까지 이러한 전달 요소는 개방형 루프 제어 시스템에서 동일하다. 폐쇄형 루프 제어 시스템에는 다음과 같은 추가적인 전달 요소가 있다.

- 센서: 시스템 출력을 측정하는 장치
- 에러 감지기: 측정된 시스템 출력과 기준 입력의 차이를 결정

따라서 폐루프 컨트롤러는 센서와 에러 감지기를 사용해 기준 입력과 시스템 출력 간의 잠재적 차이를 지속적으로 탐지하고 비교한다. 에러 감지기의 에러 결과 값은 컨트롤러의 입력으로 읽어 들인 후 작동기가 폐쇄형 루프, 사이버 물리 제어 시스템의 플랜트를 조작하기 위한 설정을 계산한다. 컨트롤러는 에러 탐지기의 피드백을 사용해 선택한 제어 방법에 따라 시스템의 출력을 기준 값으로 되돌린다. 작동기는 에러 탐지기 출력과 제어기 전달 기능을 기반으로 요구 사항과 관련해 플랜트의 입력을 수정한다.

그림 5.7에서는 폐쇄형 루프 제어 시스템의 블록 다이어그램이 나타나 있으며, 이는 앞서 설명한 전달 요소를 참조하는 개념을 포함하고 있다. 파라미터와 기호들은 표 5.1에 요약돼 있다(Möller 2016).

그림 5.7의 블록 다이어그램은 시스템의 수학적 모델과 일치하는 방식으로 특정 기본 수학적 연산을 블록과 심볼의 상호 연결을 통해 나타내며 제어 시스템의 구조를 표현하고 있다.

블록 사이의 상호 연결선은 입력 및 상태 변수와 같은 시스템 동작을 설명하는 변수를 나타낸다. 초기 에너지가 없는 고정된 선형 시스템의 경우 출력 $y(t)$는 다음 식에 의해 주어지고,

$$y(t) = G(t) \cdot u(t)$$

여기서 $G(t)$는 블록 전달함수이고 $u(t)$는 입력이다.

따라서 블록 다이어그램은 단순히 대수 방정식의 그림 형식의 그래프 표현일 뿐이므로 등가 전달함수를 계산해 블록을 결합해 다이어그램을 단순화할 수 있다.

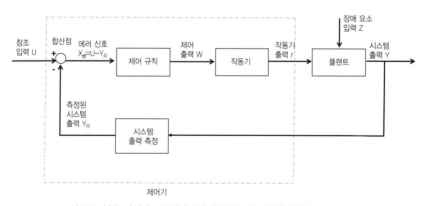

그림 5.7 블록 다이어그램 형태에서 제어 루프의 폐쇄형 동작(Möller 2016)

표 5.1 폐쇄형 루프 제어 시스템 기호의 종류

기호	종류
$u(t)$	참조 입력 또는 설정 값
$x_d(t)$	에러 탐지 또는 제어 편차
$y(t)$	제어 출력 또는 교정 입력
$r(t)$	작동기 출력
$z(t)$	장애 요소 입력
$x(t)$	시스템 출력 또는 제어 값
$x_R(t)$	측정된 시스템 출력 또는 측정된 제어 값

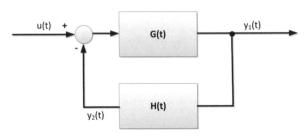

그림 5.8 피드백 루프(Möller 2016)

합산점에서 출력으로의 순방향 경로와 시스템의 출력에서 합산점(폐쇄형 루프)으로의 피드백 경로를 갖는 피드백 시스템의 블록 다이어그램은 그림 5.8에 나타나 있다.

블록 다이어그램은 가장 간단한 형태의 피드백 제어 시스템을 보여준다. 제어 시스템의 입력 및 출력 변환은 각각 $u(t)$과 $y_1(t)$이다.

전달함수는 순방향 루프 이득 또는 순방향 전달함수 그리고 피드백 루프 이득 또는 피드백 전달함수로 도입됐다.

순방향 및 피드백 전달함수 $G(t)$와 $H(t)$의 관점에서 피드백 시스템 모델을 제공한다. 때에 따라 폐쇄형 루프 이득 또는 페루프 전달함수를 결정해야 할 필요가 있다.

$$F(t) = \frac{y_1(t)}{u(t)}$$

$$H(t) = \frac{y_2(t)}{y_1(t)}$$

이 함수는 폐루프 시스템의 블록 대수 방정식에서 비율에 대한 해를 구해 도출할 수 있다.

$$\frac{y_1(t)}{u(t)}$$

블록 다이어그램 구조는 다음 방정식에 해당한다.

$$v(t) = u(t) - y_2(t)$$
$$y_1(t) = G(t) \cdot v(t)$$
$$y_2(t) = H(t) \cdot y_1(t)$$

이러한 방정식을 결합해 $v(t)$ 및 $y_2(t)$ 수식을 제거하고,

$$y_1(t) = G(t) \cdot [u(t) - H(t) \cdot y_1(t)]$$

다시 정렬하면,

$$[1 + G(t) \cdot H(t)]y_1(t) = G(t) \cdot u(t)$$

따라서

$$F(t) = \frac{y_1(t)}{u(t)}$$

폐쇄형 루프 이득 또는 폐쇄형 루프 전달함수는

$$F(t) = \frac{G(t)}{1 + G(t) \cdot H(t)}$$

이 된다.

합산점에서 피드백 신호의 부호가 음수임을 명확히 알 수 있다. 합산점의 부호가 양수이면 폐쇄형 루프 게인 또는 폐쇄형 루프 전달함수가 음수가 된다. 특히 $H(t) = 1$과 같은 피드백 전달 기능이 단일이라고 가정하면, 단순한 상황이 발생한다. 이러한 제어 시스템을 단일 피드백 시스템이라고 하며, 다음과 같이 산출된다.

$$F(t) = \frac{G(t)}{1 - G(t)}$$

실제로 사이버 물리 제어 시스템을 설계할 때 특정 피드백 전달 기능이 사용된다. 폐쇄형 루프 전달함수 특성은 Möller(2016)에 의해 설명될 수 있다.

- 과도 동작 또는 정적 특성 곡선
- 수학적 방법

사이버 물리 폐쇄형 루프 제어 시스템 전달 기능의 동적인 동작에 대한 각 피드백 법칙의 수학적 표기법은 특정 제어기 블록의 선택된 특성에 따라 다르다. 실제로 다음 요소들이 중요하다.

- 비례 제어Proportional Control
- 적분 제어Integral Control
- 미분 제어Derivative Control

5.1.4.1 비례 제어

비례 제어(P 피드백)는 가장 직접적인 피드백으로 Möler(2016)에서와 같이 입력(또는 시스템 에러) $x_d = u - x_R$에 의해 제어기의 출력이 직접적으로 변화하게 된다.

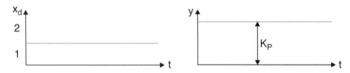

그림 5.9 이상적인 비례 제어의 단위 단계: 왼쪽은 단계 입력, 오른쪽은 이득 계수를 곱한 단계 입력

$$y(t) = K_P \cdot x_d(t)$$

K_P는 비례 제어의 이득 계수다. K_P를 높이면 제어 시스템의 폐루프 이득이 증가하므로 제어 시스템 응답 속도를 높이고 오류의 크기를 줄이는 데 사용할 수 있다. 비례 피드백이 있는 사이버 물리 제어 시스템을 시스템 제로 오더 또는 메모리 요소가 없는 시스템이라고 한다. 그림 5.9의 그래프는 고정 이득 K_P를 입력으로 해 단계 응답을 사용하는 비례 제어의 응답을 보여준다.

그러나 비례 제어만으로는 K_P를 높이면 시스템이 더 민감해질뿐만 아니라 시스템을 불안정하게 만드는 경향이 있기 때문에 충분하지 않다. 결과적으로 K_P를 증가시킬 수 있는 양이 제한될 수 있다. 그리고 이 한계는 원하는 응답을 얻기에 충분하지 않을 수 있다. 실제로 K_P를 조정하려고 할 때 상충되는 요구 사항이 발생될 수 있다. 한편으로 가능한 안정 상태 오류를 줄이기 위한 의도이기도 하다. 그러나 K_P를 증가시켜 시도하면 응답이 진동되고 안정화 시간의 연장을 발생시킬 수도 있다. 반면 입력 신호의 변화에 대한 응답은 가능한 한 빨라야하나 오버 슈트 또는 진동이 거의 없어야 한다. K_P를 높이면 빠른 제어 시스템 응답을 얻을 수 있지만 증가하면 제어 시스템이 불안정해질 수 있다.

제어 시스템 이득과 관련해 상충되는 요구 사항을 해결하려면 다음을 갖춘 P 제어기를 필요로 한다.

- 제어 시스템 오류를 줄이기 위한 높은 K_P값
- 빠른 응답을 보장하기 위한 높은 K_P값
- 동적 응답이 과도하게 오버 슈트되지 않고 진동 경향이 충분히 빠르게 감쇠될 수 있도록 충분히 낮은 K_P값

이러한 요구 사항을 만족하기 위해 P 제어기는 적분 제어, 미분 또는 적분 및 미분 제어와 같은 하나 또는 두 개의 다른 제어 조건을 추가해 확장해야 한다.

5.1.4.2 적분 제어

제어기에 적분 제어 부품을 추가하는 주된 목적은 정상 상태 오류를 제거하는 것이다. 적분 제어기는 일반적으로 비례 및 미분 제어와 함께 사용되며 응답 속도와 불안정성이 문제가 되지 않는 경우 사용된다.

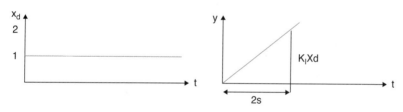

그림 5.10 이상적인 적분 제어기의 단위 단계

출력 신호 x와 입력 x_d의 시간 적분이 비례하는 적분 제어 의존성이 존재한다. 제어 편차 e와 시스템 출력 또는 작동 변수 y의 시간 적분은 재설정 시간 T_N과 함께 작동한다. 재설정 시간을 적분 계수 또는 적분 시정 상수라고 한다. 이는 시간 $t = 0$에서 $T_N = 2s$의 재설정 시간 동안 2초 후 출력 값 y가 상수 입력 x_d 값에 도달했음을 의미한다. 적분 제어기의 경우 작동기 변수 r은 초깃값을 제외하고 제어 편차의 시간 적분에 비례한다(Möller 2016).

$$y(t) = 1/T_N \cdot \int_{t_0}^{t_1} x_{\mathrm{d}}(t)dt$$

적분 제어 요소에 대한 입력이 0이면 출력 값은 변경되지 않는다. 0이 아닌 상수 입력값을 선택하면 적분 제어기 출력은 일정하게 증가한다. 적분 제어기에는 비례 제어기와 같은 정상 상태 오류가 없다. 적분 제어기는 비례 제어기에 비해 상대적으로 느리다. 그러나 너무 큰 재설정 시간 T_N(비례 계수 $K_I = 1/T_N$)을 선택하면 제어 변수의 오버 슈트가 발생하고, 제어기가 매우 불안정해진다. 기술적으로 적분 제어기의 디지털 버전은 시간 간격에 대한 합계로 구현된다. 그림 5.10의 그래프는 $K_I = 1/T_N$ 및 $x_{\mathrm{d}} = 1$인 시간 $T_N = 1$에서 단위 단계 응답에 대한 적분 제어기의 응답을 보여준다.

5.1.4.3 미분 제어

제어기에서 미분 제어를 사용해 사이버 물리 제어 시스템의 일시적인 응답 속도를 높인다. 미분 동작에는 항상 비례 제어가 수반된다. 적분 제어는 필요한 경우에만 사용된다. 미분 동작을 제어기에 포함하면 미분 제어 이득 계수의 위상 지연을 줄여 폐쇄 루프 제어 시스템에 위상 리드를 추가함으로써 사이버 물리 제어 시스템에 안정화 효과가 있다.

미분 제어기의 경우 출력 u는 입력 신호 x_{d}의 시간 미분에 비례한다. 따라서 작동 변수 y는 다음 수식과 같이 제어 편차 x_{d}의 변화율에 비례한다(Möller 2016).

$$y(t) = T_V \frac{dx_{\mathrm{d}}}{dt}$$

시스템의 출력(제어 변수)이 갑작스럽게 변경되는 경우 작동 변수 y가 즉시 증가한 후 원래 값으로 돌아간다. 이상적으로 미분 제어기는 본래 스파이크 아래 전체 면적과 함께 그래프가 무한히 높고, 얇은 스파이크를 갖는 단계 응답인 디랙 펄스Dirac pulse를 따르며 물리적으로 이상적인 질량 포인트 또는 포인트 전하의 밀도를 나타낸다.

미분은 설정 포인트를 제거하기 때문에 실제로는 순수 미분 제어기를 실현할 수 없다. 따라서 시스템 출력(제어 변수) x의 갑작스러운 변화에 신속하게 대응하기 위해 미분 제어기를 비례 제어기 또는 적분 제어기와 조합해 사용한다.

기술적으로 미분 제어기의 디지털 버전은 시간 간격에 따른 미분을 통해 구현된다. 상수 T_V를 미분 동작 시간이라고 한다. 그림 5.11의 그래프는 $K_D = T_V = 1$의 이득 계수에 대한 미분 제어기의 단위 단계 응답을 보여준다.

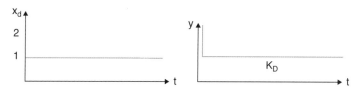

그림 5.11 이상적인 미분 제어기의 단위 단계: 왼쪽 단계 입력, 오른쪽 K_I 및 $x_d = 1$을 사용하는 시간에서 단계 입력 응답

5.1.4.4 비례, 적분, 미분 제어

앞서 언급했듯이 이러한 제어는 사이버 물리 제어 시스템^{CPCS}의 응답을 제어하는 데 널리 사용된다. 미분 동작은 응답 속도를 높이는 데 사용되며 통합 부분은 유량 또는 작동기 위치에서 발생하는 정상 상태 오류를 방지한다.

PID$^{Proportional-Integral-Derivative}$ 제어기의 통합 행위는 일반적으로 제어기가 시스템의 출력을 명시적 작동 범위에서 유지하려고 할 때 그리고 시스템 출력의 변화는 부하의 변화로 인해 발생하는 경우에만 사용된다.

PID 제어기에 대한 입력이 크게 변경된 경우 제어기의 적분 부품은 일반적으로 시스템의 출력이 명시적 작동 범위에 가까워질 때까지 꺼지거나 억제된다.

적분 부품이 억제되지 않으면 PID 제어기에 대한 입력의 큰 변화로 인해 사이버 물리 제어 시스템의 응답에 큰 진동이 중첩된다. 따라서 진동 응답은 다른 두 제어 요소인 비례 및 미분과 상호작용한다. 그 결과로 안정 시간이 매우 긴 사이버 물리 제어 시스템의 주기적인 반응이 된다.

적분 제어 사용에 대한 일반적인 제약은 사이버 물리 제어 시스템 전략에서 허용할 수 없는 정상 상태 오류가 있는 경우에만 사용해야 한다는 것이다. 사용한 적분 동작의 기여도 꾸준한 반응을 진동시키지 않고 정상 상태 오류를 제거하기에 충분해야 한다. 정상 상태 오류가 존재하지 않거나 허용될 수 있는 경우 비례 적분 미분 제어기로 충분할 것이다.

PID 제어기는 비례, 적분 및 미분의 세 가지 제어 법칙을 모두 조합한다. PID 제어기에 대한 입력은 그림 5.12와 같이 제어기들의 3개의 병렬 입력 포트에 연결된 오류 신호 x_d이다. 비례, 적분 및 미분 제어기 요소의 출력 신호는 합산 지점으로 병합된다. 합산점의 출력은 비례, 적분 및 미분 제어기 출력의 가중치

합이다. 3개의 출력은 동일한 양의 부호를 가지며, 합산 지점의 합산 입력 가중치 인자는 1의 값을 갖는 것으로 가정한다. 그림 5.12에서 상수 K_d는 적분 요소의 재설정 시간을 나타낸다. T_V는 미분 요소의 미분 동작 시간을 나타낸다 (Möller 2016).

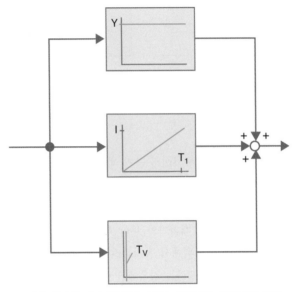

그림 5.12 PID 제어기의 블록 다이어그램(자세한 내용은 본문 참조)

그림 5.12에서 다음 방정식을 도출할 수 있다.

$$y(t) = K_P \cdot x_\mathrm{d} + K_1 \int_{t_0}^{t_1} x_\mathrm{d}(\tau)d\tau + K_D \cdot \frac{dx_\mathrm{d}}{dt} + x_\mathrm{d}(0)$$

여기서 $x_\mathrm{d}(0)$는 초깃값이고, K_P는 비례 항의 이득 계수이며, $K_d = 1/T_N$은 재설정 시간으로 T_N을 사용하는 적분 제어기 이득 계수이다. T_V는 미분 제어기 이득 계수이다. K_P를 제외하고 경계 조건 $x_\mathrm{d}(0) = (0)$에 대해 다음과 같다.

$$y(t) = K_P \left(x_\mathrm{d} + \frac{T_1}{K_P} \cdot \int_{t_0}^{t_1} x_\mathrm{d}(\tau)d\tau + \frac{K_D}{K_P} \cdot \frac{dx_\mathrm{d}}{dt} \right)$$

$$\frac{K_P}{T_1} = T_N$$

$$\frac{K_D}{K_P} = T_V$$

정리하면 다음과 같다.

$$y(t) = K_P \left(x_\mathrm{d} + \frac{1}{T_N} \cdot \int\limits_{t_0}^{t_1} x_\mathrm{d}(\tau)d\tau + T_V \cdot \frac{dx_\mathrm{d}}{dt} \right)$$

라플라스 변환$^{\text{Laplase Transform}}$을 사용해 위의 방정식은 주파수 영역을 나타내는 복소수로 다음과 같이 작성할 수 있다.

$$G(s) = K_P \left(1 + \frac{1}{s \cdot T_N} + s \cdot T_V \right)$$

여러 계산의 경우 위의 덧셈 연산을 다음 곱셈 연산으로 다시 작성하는 것이 더 적합할 수 있다.

$$G(s) = K_P \cdot \frac{(1 + s \cdot T_1) \cdot (1 + s \cdot T_2)}{s \cdot T_N}$$

계수 산출은 다음과 같다.

$$T_1 = \frac{T_N}{2} \left(1 + \sqrt{1 - \frac{4T_V}{T_N}} \right)$$

$$T_2 = \frac{T_N}{2} \left(1 - \sqrt{1 - \frac{4T_V}{T_N}} \right)$$

$T_N > 4 \cdot T_V$, $T_N > 5 \cdot T_V$에서 다음의 관계를 발견할 수 있다.

$$T_1 = T_N$$

$$T_2 = T_V$$

위의 방정식에서 PID 제어기는 s-평면의 원점에 두 개의 제로 요소와 하나의 극을 가지고 있다는 것을 알 수 있다. 그림 5.13에서 나타난 것과 같이, PID 제어기의 이득 계수, K_P, T_N 그리고 T_V는 하위 보조변수 T_U 가로 좌표와 함께 단계 응답의 변곡점에서 접선과, 상단 보조변수 T_g로써 단계 응답의 5τ 값과 함께 접선의 교차점을 이용해 계산할 수 있다.

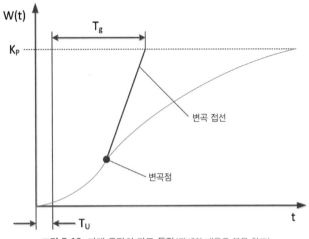

그림 5.13 단계 응답의 과도 동작(자세한 내용은 본문 참조)

그림 5.13에서 가로 좌표 시간 t에 표시된 T_U 및 T_g에 해당하는 값을 읽을 수 있다. PID 제어기가 보조변수 O_{max}의 지수를 오버 슈트하도록 한다. T_{95}의 최대 오버 슈트 높이는 PID 제어기의 기본값을 설명한다.

$$K_P = \frac{T_{95}}{O_{max}} \cdot \frac{T_g}{T_U}$$

PID 제어기가 오버 슈트를 허용하지 않는다고 가정하면 위에 소개된 보조변수와 관련해 다음 방정식이 생성된다.

$$K_P = \frac{T_{60}}{O_{60}} \cdot \frac{T_g}{T_U}$$
$$T_N = T_g$$
$$2 \cdot T_V = T_U$$

이상적 PID 제어기의 병렬 연결이 이상적인 PID 제어기로 소개됐다. 이는 다음과 같은 개별 전달함수들을 추가해 나타낸다.

$$g(t) = K_P + \frac{K_P}{T_N} \cdot t + K_P \cdot T_v \cdot \delta(t)$$

위에 주어진 이상적인 PID 제어기의 전달함수 $g(t)$는 그림 5.14와 같이 설명할 수 있다.

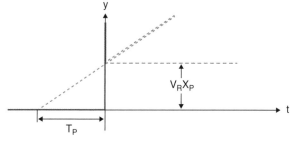

그림 5.14 이상적인 PID 제어기의 전달함수(Möller 2016)

제어기를 설계할 때 시뮬레이션 프로그램은 제어기 설계를 최적화하는 데 자주 사용된다. 이는 업계 표준 소프트웨어 패키지인 MATLAB® Simulink를 기반으로 수행할 수 있다(Chaturvedi 2010).

5.1.5 사이버 물리 자동차 추적

자동차 추적을 위한 CPS를 분석하고 설계하기 위해 설계 중인 시스템이 제어, 관찰, 식별 가능한 것으로 가정할 수 있는지 여부에 대한 사전 지식이 필요하다. 제어 가능성, 관찰 가능성 및 식별 가능성은 CPS의 중요한 특성이다. 선형 시스템의 분석과 관련해 시스템 입력 u가 시스템을 어떤 초기 상태에서 임의의 상태로 유한한 시간 내에 전달하는 데 사용될 수 있는 경우 선형 시스템은 상태 제어 가능하다고 말할 수 있다.

또한 초기 상태 $x(t_0)$가 주어진 출력 $y(t)$와 $t_0 \leq t \leq t_1$ 그리고 임의의 $t_1 > t_0$에 대해 고유하게 결정될 수 있다면, 선형 시스템은 관찰 가능하다 말할 수 있다.

시스템의 수학적 모델이 상태 표기법으로 작성될 수 있는 경우 제어 가능성, 관찰 가능성 및 식별 가능성의 분석 방법을 사용해 모델 예측을 수행할 수 있다.

차량은 호수나 강을 가로지르는 대형 교량, 길고 큰 터널, 도시 고가 교량 등 인간이 만든 수많은 기반 시설뿐만 아니라 복잡한 교통 환경에 있는 다양한 자동차, 사람, 물품 등을 포함하는 전체 교통 체계의 중요한 부분이다. 특히 도시 교통 제어 시스템에서는 복잡한 관리 및 제어 시스템뿐만 아니라 많은 디지털 장치 및 정보 시스템을 사용할 수 있다. 이를 통해 도로 인프라 CPS, 자동차 도로 조정 CPS, 교통 통제 CPS 및 사이버 물리 자동차 추적 시스템을 각각 개발할 수 있다. 이러한 응용프로그램의 기능은 표 5.2에 나와 있다(Jianjun 외 2013).

표 5.2 사이버 물리 수송 시스템의 기능과 제약

	물리적 교통 프로세스	정보 기술 프로세스	기능
도로 인프라 CPS	교량, 암거, 터널, 노상, 경사면, 도로변 등과 같은 주요 교통 인프라의 프로세스 변경 기술	광범위하고 신뢰할 수 있는 상호 연결된 깊이 인식, 예측, 경고 및 모니터링에서 유비쿼터스 센싱	도로 시설물 실시간 모니터링 및 교통 기상 환경 탐지
차량 도로 조정 CPS	도로에서 달리는 자동차 대 자동차와 자동차 대 도로의 시너지 관계 프로세스 및 통신 프로세스	무선, 고속, 고신뢰성, 보안 통신, 자동 운전	효율적인 접근을 통해 차량의 안전을 보장하기 위한 고속 정보 교환
교통 제어 CPS	도로 교통 시스템 프로세스 및 교통 통제 프로세스	교통 통제 시스템 모델 설명, 교통 시스템 제어 및 교통 흐름 제어 명령 최적화 계산	더욱 안전하고 효율적인 동적 도로 교통 제어
차량 추적 CPS	도로, 통신 및 교통 통제 프로세스에서 달리는 자동차 대 트럭과 트럭 대 도로의 관계	무선, 고속, 고신뢰성, 깊은 통찰의 안전한 통신	효율적인 접근을 통해 차량의 실시간 모니터링을 보장하는 고속 정보 교환

5.1.5.1 자동차 추적

효율적이고 안전한 도로 수송을 이루는 것은 사이버 물리 수송 시스템에 대한 연구를 수행하는 그 동기 가운데 하나다. 이는 정보와 사이버 물리 자동차 추적 시스템의 필수 요구 사항과 관련한 정보와 기타 기능을 보유하고 있기 때문에, 공공과 민간 부문에서 최근 몇 년 동안 자동차 규모의 성장으로 인해 매우 중요한 이슈이기 때문이다. 공공 및 민간 수송은 점점 더 많은 승객과 화물을 수송해야 하는 문제에 직면해 있다. 이 과정에서 반드시 화물을 여러 번 식별해야 한다. 현재 대부분의 응용 분야에서 바코드 시스템은 화물 및 화물을 적재한 각각의 자동차를 식별하는 데 사용된다. 그러나 이러한 바코드 시스템에는 몇 가지 단점이 있다. 반복적인 고장 발생으로 인해 화물 수송이 마지막이 아닌 트럭에서 종료돼 이로 인한 자원 낭비가 발생하게 된다. 따라서 트럭의 온보드 장치와 같이 임베디드 CPS가 있는 유비쿼터스 컴퓨팅의 집합은 물리적 환경과 강력하게 연결된 대규모 분산 사이버 물리 컴퓨팅 시스템을 가능하게 하는 중요한 이정표다. 그러므로 무선 통신의 구성 요소인 RFID 칩은 운송 및 물류 영역 내 화물 수송의 프로세스 최적화와 같이 세계 경제에서의 운송 및 물류에 큰 관심을 받고 있다.

최근 출시된 인터넷 프로토콜 v6 및 저전력 무선 개인 영역 네트워크[6LoWPAN]가 등장하면서(Mulligan 2007), RFID 시스템의 통합과 유사하게 인터넷을 센서 네트워크에 대한 지원 인프라로 사용할 수 있게 돼 CPS와 IoT의 융합이 현실화됐다. 이는 또한 추적 및 주문형 배송이 가능해 화물 및 트럭의 위치를 지속적으로 추적해 화물을 올바른 목적지로 운송될 수 있게 할 수 있다. 이러한 의미에서 추적한다는 것은 RFID 리더가 RFID 태그가 달린 자동차의 움직임을 모니터링하는 데 사용됨을 의미한다. 자동차라는 용어와 관련해 화물 또는 승객을 운송하는 데 사용되는 모든 모바일 수단을 자동차라고 한다. 따라서 다양한 종류의 팔레트, 지게차 및 기타 적재 장치와 다양한 승용차 및 화물 트럭이 이 범주에 속한다.

수송 및 물류 분야의 RFID 추적 응용프로그램은 일반적으로 태그가 있는 화물 및 해당 이동에 대한 최신 정보를 수집해 효과적인 시간 관리를 할 수 있게 하기 위해 구현된다. 이러한 이유로 도난 또는 분실된 화물뿐만 아니라 잘못 또는 현저하게 지연된 화물도 감지해야 한다. 이 문제는 시간과 비용, 즉 화물 추적을 위한 독립형 시스템 개발에 큰 영향을 미치기 때문에 과소평가해서는 안 된다. 따라서 RFID는 이 분야에서 성공을 이끄는 데 발판이 될 수 있다.

다른 기술의 검증 없이 RFID는 가시선의 확보를 필요로 하지 않는다고 할 수 있다. 더욱이 RFID 태그는 다른 품목과의 물리적 상호작용과 같은 환경적 영향에 대해 강한 면이 있다. 또한 RFID는 다중 객체 인식을 지원하므로 여러 태그를 동시에 읽을 수 있다. 그러나 RFID 장점의 목록을 확장할 수는 있지만 이 기술을 자동차 추적에 사용할 때 명심해야 할 몇 가지 단점이 있다. 실패한 RFID 구현의 위험을 줄이려면 사전에 포괄적인 요구 사항 분석을 수행해야 한다.

5.1.5.2 RFID 기반 자동차 추적

자동차 추적 시스템은 일반적으로 다음과 같은 차량 관리 기능을 위해 차량 운영업체가 사용한다.

- 차량 파견
- 차량 경로
- 차량 추적

이러한 활동은 확장된 데이터 보안 방식이 필요한 온보드 장치의 정보를 기반으로 운송 프로세스를 모니터링, 제어 및 계획하는 데 필요하다. 도시 교통 기관은 상업용 차량 운영 업체와 함께 서비스 중인 버스의 스케줄 준수 모니터링,

라인 끝의 버스 목적지 표시 변경(또는 버스 경로를 따라 다른 위치 설정), 승객에 대한 사전 녹음 알림을 수행하는 등 다양한 목적으로 이 기술을 사용한다.

앞서 언급한 바와 같이 자동차 추적 시스템은 또한 차량 도난을 방지하기 위해 국가 보험 범죄국NICB, National Insurance Crime Bureau이 권장하는 자동차 보호에 대한 계층적 접근 방식에 통합된 부분으로 이해될 수 있다. 이 접근 방식에는 특정 자동차와 관련된 위험 요소를 기반으로 하는 최소 4개의 보안 계층을 필요로 한다. 자동차 추적 시스템은 이러한 계층 중 하나이며 경찰이 도난당한 자동차를 찾는 데 매우 효과적인 것으로 NICB가 설명하고 있다. RFID 기반 자동차 추적에 대한 요구 사항 조사 시 추가적으로 고려하기 위한 여러 RFID 자동차 추적 응용 사례가 식별됐다.

- 도로 시스템에서 RFID 차량 추적 구현
- 물류 및 공급망 관리의 일부로 태그가 지정된 도로 장치 추적

그림 5.15는 일반적인 RFID 시스템 구조와 다른 시스템 구성 요소와의 상호작용을 보여주는 두 가지 사용 사례를 간략하게 보여주고 있다(Deriyenko 2012).

첫 번째 추적 응용 사례는 물류와 공급망 내 화물에 속한다. 여기서 화물 항목은 일반적으로 비즈니스 워크플로우 프로세스를 통과할 때 여러 단계에서 추적된다. 투명성을 높이기 위해 화물이 접근하고 각 단계를 떠날 때마다 추적을 수행할 수 있다.

RFID 시스템을 도로 시스템에 통합할 수 있는 몇 가지 방법이 있다. 첫 번째 사례는 핀란드 철도 사업자가 화물 수송칸에 RFID 추적을 구현한 것이다(Wessel 2011). 철도를 따라 리더기를 설치해 특정 시점에 더욱 정확한 열차 위치에 대한 정보 생성이 가능해졌다. 도로 시스템과 함께 RFID 추적을 사용하는 또 다른 예는 독일과 같은 유료 도로의 자동 결제 사례로, 톨게이트에서 교통 체증 및 인건비 절감과 같은 몇 가지 문제를 극복할 수 있었다(Xiao 외 2008). 이 시스템은 일반적으로 움직이는 차량의 앞 유리 또는 범퍼에 고정된 RFID 칩과 톨게이트에 위치한 RFID 리더기를 기반으로 하는 온보드 장치로 구성된다. 시스템이 효과적으로 작동하려면 각 칩(태그)이 해당 지불 계정과 연결돼 있어야 한다. 날이 화창한 상황에서 태그가 붙은 차량이 톨게이트로 진입하고 리더기에 지나갈 때 태그를 식별하기 위한 정보 제공을 요청한다. 리더기가 이러한 정

보를 읽은 후, 연결된 계정에서 비용이 청구된다. 도로 시스템에서 RFID를 사용하는 다른 예는 주차장과 주유소를 관리하는 것이다(Pala와 Inanc 2007; Mathis 2012). 이 접근법은 통행료 징수에 사용된 것과 매우 유사하다.

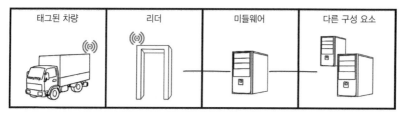

그림 5.15 RFID 기반 자동차 추적 시스템(Deriyenko 2012)

5.1.5.3 요구 사항 분석

RFID 기반 자동차 추적 시스템의 요구 사항 분석은 본질적으로 가장 관련성이 높은 시스템 제약 조건 측면과 다른 한편으로는 RFID 판독기, RFID 태그 및 RFID 미들웨어를 포함하는 시스템 설계 수행에 필요한 필수 지식을 식별하는 것이다. 그러나 RFID 기반 자동차 추적 시스템은 데이터를 수집할 뿐만 아니라 특정 비즈니스 운영 규칙에 따라 데이터를 사전 처리해야 한다. 이러한 배경에서 요구 사항 분석 시 가용한 연구 프로젝트 및 관심 분야에 공개된 연구 논문을 분석한다. 이 가운데 다음과 같은 요건들이 식별됐다(Deriyenko 2012).

- 데이터 정리: 가장 순수한 형태로 수집된 데이터는 사용자에게 친숙하지 않으며 사용자에게 큰 가치가 없다. 이러한 이유로, 대부분의 경우 특정 비즈니스 요구에 따라 사전 처리가 필요하다. 미들웨어(그림 5.15 참조)는 상호 연결 버스의 일부일뿐만 아니라 데이터 정리, 중복 삭제, 배열, 선택한 세부 수준에 따라 데이터 정렬 및 기타 전처리 작업, 향후 비즈니스적 사용을 위한 데이터 준비 등과 같은 중추적 기능을 수행해야 한다.
- 높은 처리량: RFID 구성 요소의 구현은 초기에는 시스템 처리 능력을 높이는 것을 목표로 한다. 따라서 특정 기간 내에 많은 수의 차량을 추적하는 성공적인 작업은 자동차 추적의 가장 중요한 요구 사항 중 하나다. 분명히 요구 사항과 기타 구체적인 지표의 중요성은 특정 비즈니스 운영 요구 사항과 특히 가용한 재정적인 자원과 같이 반드시 고려돼야 할 제약 사항에 의존적이다.

- 통합: RFID 기반 자동차 추적 시스템의 주요 목표는 운송 및 물류 분야의 이해 당사자들에게 제때 편리한 형태로 가치 있고 완전하며 신뢰할 수 있는 정보를 제공하는 것이다. RFID 태그와 리더기로 구성된 자동차 추적 시스템을 만들면 특정 양의 데이터가 또는 경우에 따라 상당한 양의 데이터가 생성된다. 이 데이터의 수집 및 독립형 스토리지는 의미가 없다. 사용자가 사용할 수 있는 경우에만 유용할 뿐이다. 이는 RFID 기반 자동차 추적 시스템이 가용한 데이터 제공을 위해 다른 엔터프라이즈 정보 시스템 요소들과 통합돼야 한다는 명백한 요구 사항을 도출한다(미들웨어의 지원과 함께).

- 실시간 수행: 대량의 데이터를 신속하게 처리하는 것 외에도 RFID 기반 자동차 추적 시스템에는 사용자에게 데이터를 제공할 수 있는 방법이 있어야 한다. 대부분의 경우 자동차 추적을 통해 수집된 소급 데이터는 비즈니스 운영에 명백한 가치를 갖고 있다. 그러나 그 중요성은 실시간 운영 데이터의 중요성과 비교할 수 없다. 짧은 시간 내에 리더기로부터 받은 정보를 업데이트하는 것은 자동차 추적을 위한 필수 요구 사항이다. 그러나 비즈니스 운영의 특성에 따라 업데이트 속도가 변동적일 수 있다. 통행료 징수에 대한 사용 사례를 고려해볼 때, 지불을 처리하기 위해 자동차의 데이터 처리에 큰 지연이 없어야 한다. 물류 및 공급망 관리 활동에 대해서도 마찬가지다. 사용자는 차량 이동에 대한 최신 정보에 접근할 수 있어야 한다. 그렇지 않으면 전체 시스템의 장점이 사라진다. 따라서 전체 RFID 기반 자동차 추적 시스템은 짧은 응답 시간을 보장해야 한다. 그러나 그림 5.15와 이 요건과 관련해, 본 문서에서 고려하는 것보다 더 큰 의미를 갖는 다른 엔터프라이즈 시스템 구성 요소는 이러한 요구를 충족하도록 조정돼야 한다.

- 신뢰성: 시스템의 신뢰성은 무선 주파수 간섭, 기술 인프라, 리더기와 태그의 설정과 배치 등 여러 가지 영향 요인에 따라 달라진다. 일반적으로 추적하는 동안 발생할 수 있는 문제는 크게 오탐false positive과 미탐false negative의 두 그룹으로 나눌 수 있다. 오탐은 그 이름에서 유래했다. 이 시스템은 항목이 존재하는 반면, 실제로 항목이 없거나 고려돼서는 안 되는 것으로 가정해 오탐으로 인식하게 된다. 이는 여러 이유로 발생할 수 있다. 한편으로는 동일하거나 또는 서로 다른 리더기에 의해 두 번 스캔

될 수 있는 상황이 발생할 수 있다. 문헌에 언급된 그 문제에 대한 해결책 중 하나는 태그가 첫 번째 숫자가 리더기가 요청한 숫자와 일치할 때만 응답하도록 하는 것이다. 그러나 이 솔루션을 사용하면 전체 시스템에 더 많은 문제점이 생기게 된다. 다른 측면에서 리더기 동작 범위가 겹치는 경우 리더기의 신호 충돌을 피하는 것이 중요하다. 시스템이 리더기의 수신 범위를 벗어난 태그를 스캔하는 것에 대한 또 다른 문제가 발생한다. 그러므로 태그 및 리더기 위치는 두 디바이스 간 기술적 지침과 환경적 특성에 따라 올바르게 제어돼야 한다.

그럼에도 언급된 문제 중 일부는 일정 수준의 데이터 사전 처리로 해결할 수 있다. 그러나 일반적으로 RFID 기반 자동차 추적 시스템은 효과적인 충돌 방지 솔루션을 사용하고 요구하는 알고리즘 및 기타 적절한 접근 방식을 사용해 실시간 브로드캐스팅에 대한 오탐의 양을 줄이는 기능을 포함해야 한다.

미탐의 범주에 속하는 가장 자주 언급되는 문제 중 하나는 금속이나 물의 존재인데, 이는 태그 가독성에 영향을 미치며 오탐과 미탐에 대한 문제가 될 수 있다. 이유는 간단하다. 태그가 있는 화물 적재 시 물병을 운반하는 팔레트를 포함할 수 있다. 또한 차량을 잘못 추적하면 많은 불편을 겪을 수 있으며 추가적인 비즈니스 운영 비용이 발생할 수 있다.

금속을 안테나로 사용하거나 안테나의 임피던스를 변경하는 등의 이러한 문제를 해결하기 위한 몇 가지 합리적인 해결책이 있을 수 있다. 어떠한 사용 방식과 관계없이 RFID 기반 자동차 추적 시스템은 태그를 읽을 수 없는 금속 및 물과 같은 장애 상황을 극복할 수 있어야 한다.

또한 RFID 기반 차량 추적 시스템은 일부 구성 요소가 누락됐는지 감지할 수 있어야 한다. 이 의미는 적절한 사용자 알림 알고리즘이 있어야 한다는 것이다. 앞에서 언급한 것과 같이, 리더는 태그 식별 번호의 첫 번째 숫자를 사용해 요청을 수행할 수 있다. 이론적으로 이러한 접근 방식은 필요한 태그의 부재 또는 실패를 밝히는 데 도움이 될 수 있다. 그러나 모든 태그 식별은 시스템에 저장돼야 하므로 RFID 기반 자동차 추적의 모든 경우에서 이 솔루션을 적용할 수 있는 것은 아니다.

예를 들어 RFID 기반 시스템은 적재 팔레트가 없거나 태그를 읽을 수 없는지 감지하는 데 도움이 된다. 그러나 명백한 이유로 예를 들어 통행료 징수의 경우에는 이것이 실현 불가능하다. 그러나 후자의 상황에서 자동차가 검문소를 통과하지 않고 갈 수 없고 이로 인해 태그의 부재 또는 고장은 식별될 것이기 때문에 태그 누락 기능이 필요하지 않다. 어쨌든 앞서 언급한 요구 사항은 선택 사항일 수 있으며 태그 모니터링뿐만 아니라 리더기와 미들웨어에도 적용된다.

5.2 사물인터넷

인터넷은 표준 전송 제어 프로토콜/인터넷 프로토콜^{TCP/IP}을 사용해 매일 수십억 명의 전 세계 사용자에게 서비스를 제공하는 상호 연결된 컴퓨터 네트워크의 글로벌 시스템이다. 이는 사설, 공공, 학술, 비즈니스 그리고 정부에 이르기까지 지역에서부터 전 세계적인 범위의 네트워크이다. 1970년경 ARPANET^{Advanced Research Projects Agency Network}에서 시작된 인터넷은 1980년대에 사용 가능해졌다. 1990년까지 초기 통신 프레임워크에서 가장 많이 사용되는 네트워크로 성장했다.

인터넷은 더욱 중요해지고 있으며 현재 실제와 가상 세계의 융합 내 사물인터넷^{IoT}에 의해 큰 성장을 경험하고 있다. IoT는 물체 또는 사물을 상호 연결하는 것이 목적인 자체 구성 무선 센서 네트워크라고 설명할 수 있다. IoT로 인해 어느 곳에나 컴퓨터를 내장해 자동으로 작동하도록 프로그래밍해 어디서나 사용할 수 있게 함으로써 유비쿼터스 컴퓨팅으로 한 걸음 더 다가가고 있다. CPS는 인터넷에 연결된 실제(물리적) 및 가상(사이버) 구성 요소를 기반으로 자체 구성 기능을 갖춘 동적 글로벌 네트워크 인프라를 형성하며 표준이며 상호 운용 가능한 통신 프로토콜 인 IPv6을 기반으로 한다. IPv6은 인터넷을 통해 트래픽을 라우팅하는 최신 버전이다. 이는 IPv4(버전 4)를 대체하기 위해 IETF^{Internet Engineering Task Force}에 의해 IPv4의 주소 부족 문제를 극복하기 위해 개발됐다. IPv6^{Internet Protocol, version 6}는 128비트 주소를 사용해 이론적으로 식별 및 주소지정을 위해 2,128개 주소에 접근할 수 있다. 또한 IPv6는 더 큰 주소 공간 외에도 다른 기술적 이점을 제공한다. 특히 인터넷을 통한 경로 집계를 용이하게 하는 계층적 주소 할당 방법을 허용해 라우팅 테이블의 확장을 제한한다. 멀티 캐스트 주소 지정의 사용이 확장되고 단순화됐으며 서비스 제공을 위해 추가적으로 최적화를 제공한다. 프로토콜의 설계에서 장치 이동성, 보안 및 구성이 고려됐다. 인터넷 프로토콜 버전 6의 주소는 4개의 16진수로 구성된 8개의 그룹으로 표시되며 그룹은 콜론으로 구분된다. IoT의 사물, 객체 또는 실체는 통신 체인에 참여하는 현실 세계에서 가능한 모든 아이템이다. 따라서 IoT의 초기 주요 목표는 데이터 전송에 의해 특화된 통신 기능을 결합하는 것이었다.

IoT의 핵심 목표는 객체, 사물 또는 개체들의 무선 연결을 가능하게 하는 무선 주파수 식별[RFID] 기술이다. 객체, 사물 또는 실체는 통신 체인에 참여하는 현실 세계에서 가능한 모든 아이템이다. 따라서 IoT의 초기 주요 목표는 데이터 전송에 의해 특화된 통신 기능을 결합하는 것이었다. 따라서 IoT는 인터넷상에서 무선 계층으로써 RFID 또는 센서 무선 기술을 위한 글로벌 인프라를 구축하는 것으로 생각할 수 있다. 이러한 상호 연결된 컴퓨터 네트워크는 소포에서 면도날, 타이어에 이르기까지 수백만 가지를 지속적으로 추적하고 책임지는 상호 연결된 객체의 무선 네트워크와 통신한다. 이러한 객체에는 자체 IP 주소가 있고 복잡한 자동차 시스템에 내장돼 있으며 센서를 사용해 주어진 환경 내 정보를 얻거나 작동기를 사용해 차량 내 사람의 존재에 반응하는 에어컨 밸브와 상호작용한다.

정보 및 통신 네트워크 형태의 성장은 모바일 장치의 광범위한 사용에 의해 입증되고 있다. 전 세계적으로 연결된 모바일 장치의 수는 2005년 중반에 2×10^9개를 초과했으며 2015년에는 약 25×10^9개였다.

표 5.3에서는 IoT는 사람들이 장치에 연결되는 것보다 더 많은 장치가 서로 연결돼 있는 시점을 나타내고 있다. IoT는 연결 상태를 유지하는 것은 수백만 명의 사람들에게 일상 생활의 24/7 패러다임 내 필수 불가결한 요소가 됐기 때문에 오늘날의 세계에 영향을 미치며 일상 생활을 포함한 모든 것을 변화시킬 것이다.

또한 무선 기술로 인해 언제 어디서나 IoT와 상호작용할 수 있기 때문에 IoT는 세계 경제에서 중요한 개념이 됐다. 이를 통해 자동차 분야에서 높은 수준의 혁신과 사회 및 비즈니스에 큰 영향을 미치는 새로운 유비쿼터 기반 제품 및 서비스의 기회를 만들어가고 있다.

표 5.3 제3의 컴퓨팅 물결에서 세계 인구와 관련한 커넥티드 디바이스(Möller 2016)

	년도				증가
	2003	2010	2015	2020	
세계 인구	6.3×10^9	6.8×10^9	7.2×10^9	7.6×10^9	+20,635%
커넥티드 디바이스	500×10^6	12.5×10^9	25×10^9	50×10^9	$+10^2$
1인당 커넥티드 디바이스	0.0793%	1.8382%	3.4722%	6.5789%	+82,962%

5.2.1 사물인터넷 지원 기술

인터넷의 가용성과 소프트웨어 및 통신 서비스의 발전으로 모든 객체 혹은 사물을 모든 객체 혹은 사물과 언제 어디서나 미디어상에서 연결할 수 있는 기능과 함께 IoT 패러다임의 전 세계 보급화를 가속화하고 있다. 특히 모든 객체 혹은 사물이 인터넷에 연결된 소형 컴퓨터 혹은 마이크로 칩의 일부일 수 있다는 기본 아이디어는 모든 예상을 뛰어넘고 있다. IoT의 지원 기술은 다음과 같다.

- 소형화
- 나노 기술
- RFID
- 센서 및 작동기
- 스마트 구성 요소

또한 네트워크 컴퓨팅에서 가장 작은 패키지 혹은 장치에서 사용할 수 있는 처리 능력의 증가는 IoT 패러다임의 근본적인 성공 요인이다. 다른 기술 중에서도 RFID와 센서가 점점 더 많이 사용되고 있으며 실제 환경을 IoT 네트워크 서비스에 연결 가능하게 하고 있다.

구성 요소 기반의 IoT 응용프로그램은 실제 상태에 따라 실시간으로 모니터링되는 반면, IoT는 자동으로 반응한다. 그 결과로 고유하게 보이거나 보이지 않는 식별 코드 혹은 센서 혹은 작동기에 장착된 태그가 없는 객체 혹은 사물 그리고 좀 더 스마트한 스마트 객체 또는 사물이 됐다. 이 새로운 스마트 객체는 다음과 같은 많은 문제를 분명히 제기할 것이다(Chaouchi 2010).

- 주소 지정, 식별 및 명명
- 운송 모델 선택
- 연결된 객체 혹은 사물의 통신 모델
- 객체 혹은 사물의 기술 연결
- 경제적 영향과 통신 가치 사슬의 진화
- 객체 혹은 사물 간의 상호 운용성
- 인터넷과 같은 기존 패러다임과 가능한 상호작용
- 보안과 프라이버시

대부분의 인터넷 서비스는 개인 간 상호작용을 만족시키도록 설계됐다. 반면 IoT 서비스는 연결된 구성 요소들의 쉬운 배치와 추적에 의존적이며, 연결된 구성 요소라 함은 모든 것이 언제 어디서나 연결된 세상의 새로운 차원으로 확장을 의미한다. 즉 IoT 서비스로 인해 모든 것이 연결되는 결과를 낳는다. 요약하면 IoT의 특성은 다음과 같다.

- 연결: 네트워크와 IoT 전반적으로 새로운 동적 네트워크를 다양화하고 만들고 있다. IoT는 현실화되고 있는 탄탄한 기술 발전과 네트워크 유비쿼터스 비전에 기반을 두고 있다.
- 연결성: IoT에서 데이터 트래픽 생성 및 처리. 연결 구성 요소는 무선 또는 유선일 수 있다. 또한 IoT는 이기종의 구성 요소 간 연결을 허용한다.
- 임베딩: 스마트폰과 같은 다양한 추가 도구와 일상 용품에 있는 근거리 모바일 송수신기는 사람과 차량과 같은 사람과 사물 혹은 구성 요소와 차량 대 차량[V2V], 차량 대 인프라[V2I], 차량 대 사물[V2X] 등과 사물과 구성 요소 그 자체 간 새로운 통신 형태를 가능하게 한다.

2005 UN 보고서 명시된 바에 따르면 오늘날 2000년대에 우리는 인터넷의 사용자가 수십억에 달하고 사람들이 트래픽의 생성자 및 수신자로 소수자가 될 수 있는 새로운 유비쿼터스 시대로 나아가고 있다(Biddlecombe 2015).

IoT의 결과 로드맵은 그림 5.16(URL7 2017)에 나타나 있다. IoT의 일반적인 관점은 사이버 물리 시스템의 결합과 함께 다음과 같은 응용 분야로 볼 수 있다.

- 스마트 도시: 도시를 더욱 효율적이고 기술적으로 발전시키고, 녹색이며 사회 포용적으로 만들기 위한 전반적인 발전적 설계를 위한 포괄적 개념이다. 이러한 개념에는 기술, 경제 및 사회 혁신, 진행되고 있는 진보적인 디지털화, 도시 생활의 기초로 스마트 그리드와 같은 혁신적인 에너지 부문이 포함된다. 그러나 똑똑한 도시가 제대로 작동하려면 이동성과 운송은 필수적이다. 따라서 공유 개념, 교통 관리 시스템, 스마트 파킹 앱 및 e-모빌리티는 도시를 접근 가능하고 지속 가능하게 유지하면서 이동성을 유지하는 스마트 도시의 필수 기능에 속한다. 스마트 도시는 다음과 같이 주요 속성과 관련해 특성화될 수 있다.

○ 디지털 도시

○ 그린 도시

○ 지식 도시

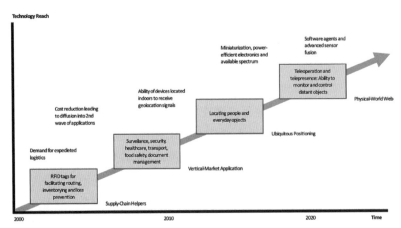

그림 5.16 사물인터넷 로드맵(Möller 2016)(출처: SRI Consulting Business Intelligence)

- 스마트 가로등: 다양한 목적으로 데이터를 사용할 수 있는 인텔리전스 및 센서로 에너지 효율성을 위해 설계된 LED^{Light-Emitting Diode} 기술로 주로 조명이 켜져 있는 시간과 장소를 제어하고 무선 네트워킹을 통합한 공간 내 사람들을 추적하고 가스 누출 감지기 및 지진 모니터와 같은 카메라 및 환경 센서를 지원해 스마트 도시의 도시 지역에서 더욱 안전하게 생활할 수 있다. 예를 들면 다음과 같다.
  ○ 네트워크상 모든 가로등에 포함된 에너지를 절약을 위한 적응형 조명
  ○ 통신 기능(오디오 및 시각적 디스플레이)
  ○ 디지털 도로 표지판
  ○ 비상 대응 센터
- 스마트 모빌리티: 도로 사용자가 지능적으로 사용할 수 있고 앞서 언급한 모든 기능을 넘어 스마트 시티의 일부로 해석할 수 있는 에너지 효율적이고 편안하며 비용 효율적인 모빌리티를 보장한다.
  ○ 오염 감소
  ○ 교통 혼잡 감소
  ○ 여행 비용 절감
  ○ 안전성 향상

◦ 이동 속도 향상
- 스마트 교통 신호등: 기존 교통 신호등과 여러 센서 및 인공지능을 결합해 차량 및 보행자 통행의 경로를 지능적으로 설정하며 명확한 교통 흐름을 발생시키는 자연스러운 교통 흐름을 고려한 차량 교통 제어 시스템. 센서, 작동기와 통신 기술과 함께 도로 교차 트래픽상 자동차의 도착 시간을 실제 속도 모니터링을 통해 계산할 수 있다. 이 계산에 기초해, 자동차가 신호등의 적색 상태에서 녹색 상태로 변할 때 신호등에 도달하도록 한다고 가정해볼 수 있다. 이를 위해 CPS 신호등은 특정 교통 흐름을 발생시키는 실제 교통 흐름을 고려해야 한다(Möller 외 2015).

5.2.2 RFID 및 WSN 기술

오늘날의 IoT 패러다임에서 많은 사물 혹은 객체가 하나의 또는 다양한 형태로 네트워크의 일부가 될 것이다. 사용되는 정보 및 통신 시스템이 환경에 보이지 않게 내장돼야 하므로, RFID와 WSN 기술이 이 새로운 접근 방식을 충족시킬 수 있다.

RFID 기술은 운영 효율성을 제공하고 주문형 유통 물류 처리의 투명성을 향상시킨다. RFID 시스템에는 트랜스폰더라고 하는 마이크로 전자 장치와 리더기가 통합돼 있다. 트랜스폰더는 일반적으로 태그로 알려져 있으며 식별할 사물 혹은 객체에 부착된다. 태그는 다양한 형태와 기능적 특성으로 제공되며 능동형 및 수동형 태그로 분류된다.

- 수동형 태그: 읽기/쓰기 범위가 대부분의 능동형 태그보다 짧다. 신호의 브로드캐스팅을 위한 온보드된 전원을 가지고 있지 않다.
- 능동형 태그: 읽기/쓰기 범위가 대부분의 수동 태그보다 길다. 신호를 브로드캐스팅하기 위한 자체 전원을 가지고 있다.

그림 5.17에 표시된 것과 같은 수동 태그는 비교적 저렴하다. 그들은 전원이 포함돼 있지 않기 때문에 몇 센트에서 몇 달러 정도다. 리더기의 무선 신호에서 전력을 끌어와 유도 결합 또는 전자기 캡처를 사용해 태그의 안테나에 전류를 유도한다. 이 전력은 칩 동작과 브로드캐스팅에 모두 사용된다. 이러한 태그는 본질적으로 리더기로부터 오는 전파를 반사시켜 브로드캐스팅하는 것으로, 때

로는 후방 산란^{backscatter}으로 알려진 현상이다. 그러나 신호 범위는 일반적으로 10피트 미만으로 매우 낮다. 세미 수동형 태그는 능동형과 수동형 중간 형태로써, 칩의 대기 작동을 위해 배터리를 사용하지만 능동적 방송 중에 리더기로부터 에너지를 끌어온다(Cisco 2008).

식료품 산업에 적용할 수 있는 저렴한 태그의 가격은 20~35센트이고, 최신 태그 개발은 약 5센트 정도의 비용이 발생하는 것으로 예상된다(Kärkkäinen 2003). 그러나 태그는 다음과 같은 많은 요인에 따라 몇 달러가 소요될 수 있다.

- 데이터 용량
- 형태
- 동작 주파수
- 범위
- 성능 요건
- 마이크로 칩의 유무
- 읽기/쓰기 메모리

수동형 RFID 태그는 RFID 리더기에 브로드캐스트하는 방식과 RFID 리더기의 유도 또는 전자기장으로부터 전력을 받는 방식에 따라 다르다. 일반적으로 두 가지 기본 방법으로 수행된다.

- 근거리에서의 부하 변조 및 유도 결합: RFID 리더기는 수동 RFID 태그가 전력 및 브로드캐스팅에 모두에 사용하는 단거리, 교류 자기장을 제공한다. 유도 (근거리) 결합을 통해 자기장은 RFID 태그의 안테나 코일에 전압을 유도해 태그에 전력을 공급한다. 태그는 정보를 RFID 리더기로 브로드캐스트한다. 태그가 RFID 리더기의 자기장에서 에너지를 끌어올 때마다 RFID 리더기 자체가 안테나 리드에서 해당 전압 강하를 감지한다. Tag는 부하 변조를 수행하기 위해 부하 저항을 켜고 끄는 방식으로 이진 정보를 리더기에 통신할 수 있다. 태그가 부하 변조를 수행하면 RFID 리더기는 이 동작을 리더기의 안테나에서 신호 전압의 진폭 변조로 감지한다.
- 원거리 필드의 후방 산란 변조 및 전자기 결합: RFID 리더기는 수동형 RFID 태그가 전력 및 브로드캐스팅 모두에 사용하는 중간 범위 전자기장을 제공한다. 수동 RFID 태그는 전자기 결합(원거리)을 통해 RFID 리더기의

전자기장에서 에너지를 끌어온다. 그러나 들어오는 전자기장에 포함된 에너지는 수동형 태그 안테나에 의해 부분적으로 RFID 리더기로 반사된다. 이 반사의 정확한 특성은 안테나에 연결된 부하에 따라 다르다. 태그는 반사된 전자기파에 진폭 변조를 적용하기 위해 안테나와 병렬로 배치되는 부하의 크기를 변경해 후방 산란 변조를 통해 정보 페이로드를 RFID 리더기로 다시 브로드캐스트할 수 있다.

후방 산란 변조 및 전자기 결합을 사용하는 태그는 일반적으로 유도된 결합 태그보다 더 긴 범위로 브로드캐스팅한다(Cisco 2008).

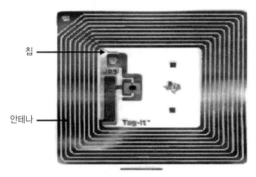

그림 5.17 수동형 태그(Cisco 2008)

능동형 태그는 일반적으로 폐쇄형 루프 시스템에서 고가의 자산을 실시간으로 추적하는 데 사용되며 이로 인해 일반적으로 능동형 태그의 높은 비용을 정당화한다. 능동형 RFID 태그는 수동형 RFID 태그보다 물리적으로 더 크다. 능동형 태그는 이것이 부착된 자산으로부터 발생하는 정보를 저장하기 위해 능동형 태크를 활성화하는 RAM^{Random Access Memory}를 포함하고 있다. 이 메모리로 인해 능동형 RFID를 수동형 RFID보다 선호한다. 능동형 RFID 태그 기술은 일반적으로 높은 송수신기의 출력, 최적화된 안테나 및 안정적인 온보드 전원 소스로 인해 매우 높은 인식률과 리더기의 신뢰성을 보여준다. 활성 RFID 태그의 비용은 메모리 용량, 필요한 배터리 수명 및 온보드 온도 센서, 동작 감지, 원격 측정 인터페이스 등과 같은 부가 가치 기능이 포함되는지 여부에 따라 크게 다르다. 태그 하우징의 내구성은 가격에 영향을 미치며 더 높은 비용으로 더 높은 내구성 또는 특정 태그 응용을 위한 특화된 하우징 사용이 가능하다. 이러한 특성의 대부분의 전자 부품과 마찬가지로 기술 발전, 생산 효율성 및 제품 상품화가 모두 시장 가격에 영향을 미치기 때문에 능동형 태그의 가격은 하락할 것으로 예상된다(Cisco 2008).

무선 주파수 식별은 이제 사물 혹은 객체 및 기타를 추적하는 데 널리 사용된다. 따라서 RFID 시스템 아키텍처는 간단한 RFID 태그와 무선 네트워크 RFID 리더기 인프라의 분명한 이분법으로 표시된다. 이 아키텍처는 잘 정의된 경계 내에서 물리적 사물 혹은 객체의 추적을 최적으로 지원하지만 좀 더 도전적인 애플리케이션 시나리오에 필요한 감지 기능 및 배치의 유연성을 제한한다.

수동형 태그와 비교할 때 활성화 태그가 더욱 가격이 높다. 일반적으로 각각 20 달러 이상이며 최대 100피트 이상의 더 긴 읽기/쓰기 범위를 제공한다. 그들은 더 큰 기능을 제공하며 배터리 수명은 최대 1년이다(Zaheruddin과 Mandaviwalla 2005).

오늘날 사용되는 RFID와 바코드를 비교하면 RFID의 장점이 상당히 강조된다. RFID는 인식하기 위해 태그와 리더기 사이에 가시선이 필요하지 않으며, 비금속 재료를 통해 태그를 읽을 수 있으며 약 60개의 태그를 동시에 읽을 수 있다(Kärkkäinen 2003).

RFID 시스템에는 다음이 포함된다.

- 품목을 식별할 수 있는 트랜스폰더(태그)
- 태그를 조사하고 응답할 수 있는 안테나 및 리더기/라이터기
- RFID 장비를 제어하고 데이터를 관리하며 엔터프라이즈 응용프로그램과 인터페이스하는 소프트웨어

표 5.4는 고주파 및 저주파 태그의 특성에 대한 대략적인 수치를 제공한다. 정확한 값은 태그 유형(능동형 또는 수동형), 무선 잡음 또는 환경 내 전파 흡수 물질 존재, 안테나의 크기 및 이득^{gain}, 리더기 유형과 같은 요인의 조합에 따라 달라진다(Zaheruddin과 Mandaviwalla 2005).

마이크로 전자 부품의 발전과 지능형 기능의 관련 소형화와 함께 무선 센서는 필요한 분산된 위치에서 구현될 수 있다. 이러한 맥락에서 특히 중요한 것은 직접 네트워크의 외부 통신이다. 통신은 종종 장치 자체의 사용자 인터페이스를 통해 이루어지므로 더욱 고급 기술을 필요로 한다. 이것은 최근 네트워크 센서인 WSN의 개발로 달성됐다. 지능형 센서 노드는 컴퓨터 네트워크에 무선으로 연결된다. 현재 및 계획된 WSN의 응용 분야는 생산 제어의 조기 경보 시스템에서부터 소위 스마트 더스트까지 다양하다.

표 5.4 능동형과 수동형 태그의 특성

태그 주파수	일반적 태그 유형	추정치		
		범위	전송속도	전력소비
Low	수동형	<1.0 m	1 – 2 kb/s	20 μW
High		1.5 m	10 – 20 kb/s	200 μW
Ultrahigh		10 – 30 m	40 – 120 kb/s	0.25 – 1.0 W
	능동형	20 – 100 m*		

스마트 더스트는 Weiser(1991)가 제안한 유비쿼터스 컴퓨팅 패러다임을 위한 3가지 형태의 장치 중 하나에 속하며 Poslad(2009)에서 소개된 유용한 유비쿼터스 장치로 고려될 수 있다. 따라서 스마트 더스트는 밀리미터에서 마이크로미터, 나노미터에 이르는 많은 작은 마이크로 전자 기계 시스템MEMS으로 구성된 시스템이다(4.2.7절 참조). 물리적 또는 화학적 양을 감지하거나 스마트 의류에 통합된 센서(센서, 작동기, 컴퓨터, 전원 등을 옷감에 통합해 전체가 쌍방형 통신 네트워크의 일부임)를 예로 들 수 있다. 스마트 더스트는 일반적으로 컴퓨터 네트워크에서 무선으로 작동하며 IoT 패러다임을 통해 도입된 스마트 더스트 구성 요소를 감지하기 위해 RFID를 사용하는 등의 작업을 수행하기 위해 특정 영역에 분산된다. 초소형 스마트 더스트 통신 장치의 안테나 크기는 수밀리미터에서 센티미터까지이며 전자기 장애 및 마이크로파 노출에 의한 파괴에 취약할 수 있다.

5.3 커넥티드카의 텔레매틱스, 인포테인먼트 그리고 발전

텔레매틱스는 무선 구성 요소 및 기술을 사용해 네트워크 내에서 실시간으로 데이터를 전송하는 것을 말한다. 자동차에서 사용되는 텔레매틱 구성 요소는 일반적으로 자동차 사용 시, 유지 보수 요구 사항 또는 자동차 서비스 시 데이터 수집 및 전송을 위해 사용된다. 또한 텔레매틱스는 UBIUsage-Based Insurance 프리미엄 비즈니스와 PAYDPay As You Drive, PHYDPay How You Drive로 알려진 프로그램 그리고 자동차 보험 및 텔레매틱스 기능을 위한 플랫폼으로써 역할을 제공할 수 있다. 인포테인먼트는 "인포메이션"과 "엔터테인먼트"라는 용어를 조합한 단어이며 정보와 엔터테인먼트의 조합을 제공하는 미디어 유형을 나타낸다. 이와 관련해 이 용어는 또한 운전자 또는 승객 경험을 향상시키기 위해 차량에 내장되거나 추가되는 하드웨어/소프트웨어 제품 및 시스템을 지칭한다.

자동차 산업은 변화하고 있다. 자동차 제조업체는 커넥티드카 및 자율주행자동차의 혁신적인 영역에 초점을 맞추고 있으며, 새로운 비즈니스 모델의 개발뿐만 아니라 기술만이 아닌 사용자 요구에 맞게 차량을 설계하기 위한 새로운 기술 솔루션이 필요하다. 따라서 커넥티드카 설계의 도전 과제는 완전 자율주행차량, ADAS 및 예측 지능을 위해 개발 중인 모든 새로운 기술을 사용해 IoT, 자율주행, 커넥티드카 그리고 예측 지능에 관한 완전히 새로운 패러다임을 활용하는 것이다. 궁극적으로 이 모든 것은 자동차 제조업체, 서비스 제공업체 및 1차 공급업체를 위한 새로운 비즈니스 모델에 포함돼야 한다.

5.3.1 텔레매틱스

무선 기술 및 전산 시스템에 적용되는 통신 및 정보학(텔레매틱스)은 다음과 같은 오늘날 자동차의 고급 텔레매틱 개념의 기초다.

- **첨단 주행 보조 시스템**[ADAS]: 운전 과정에서 운전자를 지원하고 안전과 더 나은 주행과 관련해 차량 시스템을 향상시키기 위해 개발된 자동차 전자 부품(4.9절 및 11장 참조).
- **핸즈프리 휴대폰 인터페이스**[HFCPI]: 운전자가 핸즈프리 휴대폰 통화, 핸즈프리 통화 중 문자메시지/브라우징을 시작하고 핸즈프리 휴대폰으로 핸즈프리 통화를 종료할 수 있다. 또한 핸즈프리 인터페이스를 사용하려면 드라이버가 Bluetooth® 연결을 활성화하고 휴대폰을 페어링하며 음성 명령이 인식되지 않는 경우 수동으로 다이얼해야 한다(Fitch 외 2013).
- **차량 비상 경고 시스템**: 차량 간[V2V], 도로와 차량[R2V], 차량과 도로[V2R] 간 실시간 전용 단거리 통신 시스템의 국제 조화 및 표준화를 위해 특별히 개발된 텔레매틱스 개념. 차량의 즉각적인 방향 주행 인식은 차량 비상 경고 시스템[EWSV, Emergency Warning System for Vehicles]이 장착된 주변 차량으로 실시간 전송돼 위험 경고 신호를 수신하며 해당 지역을 여행할 수 있다.
- **위성 항법**: GPS 및 전자식 매핑 도구를 사용해 운전자가 위치를 찾고 경로를 계획하고 여행을 탐색할 수 있는 텔레매틱 개념이다.
- **무선 차량 안전 통신**[WVSC]: 차량 안전 및 도로 안전의 텔레매틱스 개념. 이는

자동차 또는 다른 자동차 내 전자 하위 시스템이며, 자동차용으로 특별히 설계된 무선 통신 채널인 근거리 통신 단거리 무선 연결을 기반으로 도로 위험 그리고 자동차의 위치 및 속도와 같은 안전 정보를 교환하기 위한 목적이다. 여기에는 임시 애드혹 WLAN이 포함될 수 있다. WVSC 무선 근거리 통신망^{WLAN}은 IEEE 802.11p 표준을 기반으로 하며 Wi-Fi® 등록 상표로 판매된다. Wi-Fi는 IEEE 802.11 표준을 기반으로 하는 무선 LAN 제품의 상호 운용성을 인증하는 비영리 국제 협회의 이름이다. V2V, R2V/V2R, 차량 대 홈^{V2H} 및 차량 대 기업^{V2E}은 차량과 다른 객체 간의 차량 정보 기술의 새로운 통신 기능이다. 일반적으로 이 통신을 V2X 통신이라고도 한다. 여기서 X는 차량, 인프라 또는 기타 사물들을 나타낼 수 있다.

- V2V: 움직이는 차량 사이의 직접적인 정보 교환. V2V 통신은 사고를 피하고 위험한 운전 조작을 방지하기 위한 차량 운전자 및 승객의 조기 경보 시스템이다. 또 다른 목표는 교통 상황 및 수막 현상의 위험이 있는 폭우 또는 얼음 도로와 같은 불리한 기상 조건에 대한 조기에 빠른 정보 교환을 통해 교통 흐름을 최적화하는 것이다.

- R2V/V2R: 자동차가 인프라 장치와 통신하거나 그 반대로 통신한다. 교통 통제 시스템, 스마트 신호등 시스템, 무료 주차 장소 찾기 및 자동 주차는 R2V/V2R에 속한다. 위에 언급한 사례 외에도 경찰, 소방서 및 의료 구조 긴급 차량이 응급 상황인 차량에 접근하기 위해 즉시 통로를 확보하고자 접근하는 경우 정체 및 사고에 대한 정보를 조기 경보와 함께 전달할 수 있다.

- V2H: 자동차와 가전 제품 간의 통신. 예를 들어 자동차 운전자 또는 승객은 V2H를 사용해 커피 머신이 집에서 꺼져 있는지, 화장실 창문이 닫혀 있는지, 입구 문이 잠겨 있는지 또는 기타 가능한 응용 가능한 상황에 대해 요청한다.

- V2E: 개인 및 상업적으로 운영되는 자동차와 인프라 간의 통신을 나타낸다. 여기에는 무료 주차 가능한 주차장과 자동차의 통신이 포함된다. 그런 다음 자동차를 탐색한다(Johanning과 Mildner 2015).

이와 관련해 자동차 환경^{WAVE}을 위한 무선 액세스라 하는 802.11p는 지능형 교통 시스템^{ITS}의 응용을 위한 텔레매틱 개념을 나타내고 강화하는 주요 표준이다.

지능형 교통 시스템은 인프라, 자동차, 사용자, 교통 관리, 이동 수단 관리 그리고 그 외 다른 운송 방식과 인터페이스를 위해 도로 운송 분야에 정보와 통신 기술을 적용한다. 이와 관련해 텔레매틱스라는 용어는 다음을 포함하는 학술적 응용 분야를 나타낸다.

- 다음과 같은 컴퓨터 과학 응용 분야
  - 인터넷 유용성
  - 멀티미디어 유용성
- 다음을 기반으로 하는 엔지니어링 응용 분야
  - 계측 기술
  - 센서 기술(4.2.7절 참조)
  - 무선 통신 네트워크
- 도로 안전
- 도로 운송
- 통신
- 자동차 기술

텔레매틱스 개념의 적용 시 다음 중 하나가 포함될 수 있다(URL8 2017).

- GNSS^{Global Navigation Satellite System} 기술: 자동차 내비게이션 시스템 내 컴퓨터 및 이동 통신 기술과 통합돼 주로 도로 위 위치와 관련된 위치 데이터를 위해 위성 내비게이션 장치를 사용
- 통신 및 정보 처리학의 통합 사용: 자동차 및 이동 중인 자동차 제어에 적용
- 기술 기능: 원격 객체에 대한 제어력 발휘와 함께 통신 기기를 통한 정보 수신, 송신 및 저장
- 이러한 시스템의 사용: 도로 차량과 관련해 차량 텔레매틱스라고도 부름

자동차 텔레매틱스는 운송 및 물류 비즈니스의 효율성을 향상시키는 데 도움이 될 수 있다.

분야별 응용은 다음과 같다.

- 컨테이너 추적: 휴대전화 또는 위성 통신을 통해 위치를 전달하는 배터리 구동 GPS 장치 등을 사용해 GPS로 화물 컨테이너를 추적할 수 있다. 이 접근 방식의 이점에는 보안 강화와 위치의 정확한 정보를 기반으로 컨테

이너 운송 일정을 조정할 수 있는 가능성을 포함하고 있다.

- 차량 관리: 버스, 자동차, 트럭, 항공기, 기차 및 선박과 같은 자동차를 기반으로 운송 프로세스를 제어, 모니터링 및 계획하는 데 필요한 활동이 포함된다. 차량 관리에는 다음과 같은 운송 시스템의 현재 상태에 관한 데이터를 기반으로 하는 다양한 관리 기능이 포함된다.
  - 교통 상황과 관련한 동적 차량 스케줄링을 통해 대체 경로를 이용해 혼잡한 경로 회피
  - 차량 운전자의 근무 시간
  - 차량 연료 관리
  - 차량 상태 및 안전 관리
  - 주행 거리계 정보에 따른 자동차 정비
  - 자동차 텔레매틱스(추적과 진단)

위험 물질의 운송과 관련해 선적된 선적의 유형 및 상태에 관한 정보는 사고 발생 시 적절한 조치를 취하는 데 큰 도움이 될 수 있다.

차량 관리는 운송 및 물류 업무에 의존하는 운송 회사가 효율성과 생산성을 개선하고 전체 운송 비용을 줄이며 정부 법률 및 관리 의무를 100% 준수해 차량 투자와 관련된 위험을 제거하거나 최소화할 수 있도록 한다. 관리 의무는 개인이 다른 사람에게 해가 예상되는 경우 조치를 취해 합리적인 관리 표준을 준수해야 한다.

가장 어려운 차량 관리 작업은 차량 예약이다. 여기에는 어떤 차량이 어느 승하차장에 접근해야 하는지, 어느 시점에 어떤 운송 지점 또는 어떤 정비소에 접근해야 하는지를 결정하는 것이 포함된다. 일정 생성은 자동차 운수업체의 이익에 상당한 영향을 미친다. 따라서 수익과 차량 이동 비용 간의 차이가 최소화되도록 일정을 수립해야 한다(Goel 2008).

- GPS 추적: 통상 10~20m 전후까지 정확하며, 유럽우주국ESA, European Space Agency은 위치 데이터의 신뢰성과 정확성을 보고해 GPS를 보완하는 EGNOS European Geostationary Navigation Overlay Service와 GLONASSGlobal Navigation Satellite System, Galileo 시스템을 개발했다. EGNOS 기술은 1.5m(4피트)까지 정확하다.
- 차량 추적: 차량 또는 차량의 위치, 움직임, 상태 및 행동을 모니터링한다.

이는 GPS/GNSS 수신기와 일반적으로 GPS GSM GPRS 모뎀 또는 각 차량에 설치된 SMS^{Short Message Service} 송신기로 구성된 전자 장치와 GPS/GNSS 수신기의 조합을 통해 사용자가 송신하는 응급 상황 통신이나 장치와 PC 또는 웹 기반 소프트웨어가 함께 동작해 구성된다. GPRS^{General Packet Radio Service}는 2G 셀룰러 통신 시스템, GSM^{Global System for Mobile Communications} 및 3G 시스템 사용자가 사용할 수 있는 패킷 지향 모바일 데이터 서비스다. 2G 시스템에서는 GPRS는 56~114kbit/s의 데이터 속도를 제공한다. 데이터는 컴퓨터 매핑 소프트웨어의 시각적 표시와 함께 관리용 리포팅 도구를 통해 정보로 변환된다. 차량 추적은 대체 또는 보완적인 내비게이션의 수단으로서 모션 센서의 데이터를 사용해 시간 또는 예측에 따른 위치 변화를 추정해 주행거리 측정에도 적용될 수 있다. 이는 이전 결정 또는 고정된 위치 그리고 경과한 시간과 경로를 기반으로 추정된 또는 알려진 속도를 기반으로 한 위치를 진행시키는 방식을 이용해 현재 위치를 계산하는 프로세스다.

- 트레일러 추적: PC 또는 웹 기반 소프트웨어를 통해 사용할 수 있도록 트레일러에 장착된 위치 장치 및 이동 통신 네트워크 또는 정지 위성 통신을 통해 위치 데이터를 송신하는 방법을 이용해 차량 트레일러 장치의 이동 및 위치를 추적한다. 트레일러 추적 시스템을 실행하려면 다음과 같은 네 가지 필수 구성 요소가 필요하다.
  - 백엔드 서버 및 데이터베이스
  - 통신 네트워크
  - 추적 장치
  - 사용자 인터페이스 소프트웨어

신선식품이나 냉동식품 등을 납품하는 냉동 저장 화물 트레일러는 화물 컨테이너 내부의 온도에 대해 시간 순서대로 나열된 일련의 데이터 지점인 시간 연속적 데이터를 수집하기 위해 점점 더 텔레매틱스와 통합되고 있으며, 경보를 발생시키거나 사업 목적상 감사 추적을 기록하고 있다. 콜드 체인을 보장하기 위해 RFID 기술(5.2.2절 참조)을 통합하는 점점 더 정교해진 센서의 배치가 사용되고 있다.

AEMP^{Association of Equipment Management Professionals}는 업계 최초의 텔레매틱스 표준을 개발했다. 2008년 AEMP는 중장비 산업의 주요 건설 장비 제조업체와 텔

레매틱스 공급업체를 모아 업계 최초의 텔레매틱스 표준 개발에 대해 논의했다. 이러한 표준을 지원하기 위해 산업계와의 계약에 따라 AEMP는 표준 개발 소위원회를 구성해 표준을 개발했다. 이 그룹은 텔레매틱스 데이터 제공을 위한 업계 최초의 표준을 개발했다(URL8 2017). AEMP의 텔레매틱스 데이터 표준은 최종 사용자가 주요 텔레매틱스 데이터를 차량 관리 리포팅 시스템에 통합할 수 있도록 개발됐다. 따라서 이 표준은 주로 이러한 데이터 요소를 많은 중대형 건설 계약자가 사용하는 것과 같은 엔터프라이즈 소프트웨어 시스템으로 쉽게 가져올 수 있도록 하기 위한 것이다. 표준 이전에는 최종 사용자는 다양한 기계 브랜드와 텔레매틱스가 장착된 장비와 구형 장비 혼합으로 구성된 복합적인 차량 환경에서 이러한 데이터를 통합해 그들의 리포팅 시스템에 입력하기 위한 몇 가지 옵션만을 갖고 있었다. 기계 소유자가 사용할 수 있는 옵션 중 하나는 여러 웹사이트를 방문해 각 제조업체의 텔레매틱스 인터페이스에서 데이터를 수동으로 검색한 다음 해당 데이터를 수동으로 차량 관리 프로그램의 데이터베이스에 입력하는 것이다. 이 옵션은 번거롭고 노동 집약적이었다.

두 번째 옵션은 최종 사용자가 각 텔레매틱스 공급자의 데이터를 자신의 데이터베이스에 통합하기 위해 응용프로그래밍 인터페이스^{API} 또는 프로그램을 개발하는 것이다. 이 옵션은 각 텔레매틱스 제공업체가 데이터 액세스 및 검색 절차가 다르기 때문에 비용이 많이 든다. 데이터 형식은 공급자마다 다르다(URL8 2017).

복합적인 차량 통합을 위한 세 번째 옵션은 공장에서 설치된 다양한 텔레매틱스 장치를 제3자의 텔레매틱스 제공업체의 장치로 교체하는 것이다. 비록 이것이 고유한 통합 방식을 요구하는 여러 데이터 제공업체로 인한 문제를 해결했지만, 이것은 단연코 가장 비싼 옵션이었다. 비용 외에도 건설 장비에 사용할 수 있는 많은 타사 장치는 장비의 전자 제어 모듈$^{ECM, Electronic Control Modules}$ 또는 컴퓨터에서 직접 데이터에 액세스할 수 없으므로 그들이 제공할 수 있는 데이터의 조건으로 볼 때 OEM이 설치한 장치보다 더 제한적이다. 경우에 따라 이러한 장치는 추가 데이터를 제공하기 위해 점점 더 많은 애드온 센서를 적용할 수 있을지라도 위치 및 엔진 구동 시간에 제한적이다(URL8 2017).

AEMP 텔레매틱스 표준은 네 번째 옵션을 제공한다. 표준은 대부분의 차량 관리 보고서를 구동하는 핵심 데이터 요소에 초점을 맞추고, 이러한 데이터 요소를 표준화된 XML 형식으로 제공하고 문서가 검색되는 수단을 표준화함으로써 최종 사용자가 제3자 소프트웨어 애플리케이션을 통합하고 표준에 참가한 어떤 텔레매틱스 제공업체들의 데이터를 가져올 수 있는 하나의 API를 사용할 수 있도록 한다. 하나의 API로 참여하는 텔레매틱스 제공업체로부터 데이터를 검색할 수 있기 때문에 이전에 필요한 각 제공업체의 고유한 API와 달리 통합 개발 비용이 크게 절감된다.

새로운 데이터 필드 외에도 AEM/AEMP 텔레매틱스 API 표준은 다른 시스템 및 프로세스와 더욱 쉽게 사용하고 통합할 수 있도록 데이터 액세스 방법을 변경했다. 여기에는 다양한 장치가 혼합된 장비의 텔레매틱스 정보를 최종 사용자 비즈니스 엔터프라이즈 시스템으로 전송할 수 있는 표준화된 통신 프로토콜이 포함돼 있어 최종 사용자가 자체 비즈니스 소프트웨어를 사용해 여러 텔레매틱스 제공업체 애플리케이션을 통한 작업이 필요없이 다양한 장치가 혼재된 장비로부터 자산 데이터를 수집 및 분석할 수 있다(URL8 2017).

AEM/AEMP 텔레매틱스 표준은 ISO[International Organization for Standardization]에 의해 승인됐으며 『ISO/TS 15143-3:2016, Earth-Moving Machinery and Mobile Road Construction Machinery—Worksite Data Exchange—Part 3: Telematics Data』로 발행됐다.

5.3.1.1 카셰어링

텔레매틱스 기술은 다음과 같은 자동차 렌탈 모델인 카셰어링과 같은 새로운 서비스를 가능하게 했다.

- 자발적인 요구에 따른 고객의 예약 결정
- 고객 이동성 지원
- 여러 기간 사용
- 카셰어링 지점에 사전에 결정된 고객 도착
- 단기 사용
- 확률적인 고객 도착
- 일정하지 않은 사용량

자동차 공유는 가끔 자동차를 사용하는 고객뿐만 아니라 일상적으로 사용하는 것과 다른 유형으로 가끔 차량을 사용하는 고객에게도 매력적이다.

카셰어링은 오늘날의 공유 경제 흐름을 따른다(Meyer와 Shaheen 2017). 고객은 장비, 서비스 및 기술과 같은 리소스를 전통적인 렌탈보다 훨씬 저렴한 비용에 다른 이와 공유할 수 있다. 렌탈 기업은 상업적인 비즈니스 모델을 사용하고 있다. 또한 회사, 공공기관, 협력기관 또는 라이드셰어링 같은 임시적인 그룹으로 구성될 수도 있다. 카셰어링과 관련해 텔레매틱스 지원 컴퓨터로 인해 고객 사용량을 추적하고 PAYD^Pay As You Drive 기반으로 고객에게 청구할 수 있는 새로운 비즈니스 모델이 가능하다. 더 나아가 일부 카셰어링 시스템은 고객에게 지점 기반 차량 또는 예측할 수 없는 카셰어링 서비스 중 유휴 차량의 위치를 보여준다. 다른 경우는 텔레매틱스 기능을 사용해 운송 매체의 차량 클럽에 도달하는 것을 확인하기 위해 사전 정의된 지오펜스 영역 내에서 차량 사용을 모니터링하고 보고한다. 내연기관 차량의 카셰어링 모델은 전기차^e-car 카셰어링 모델과 관련해 몇 가지 다른 측면을 갖는다.

오늘날 전기차의 배터리 용량이 제한돼 있고 각 충전소에서 배터리 충전 시간이 비교적 길기 때문에 전기 자동차 공유 모델의 주요 걱정거리는 주행 거리다. 가까운 미래에 필요한 인프라를 구현하면 e-카셰어링도 성공적인 비즈니스 모델이 될 것이다. 그동안 이상적인 운영 전략을 결정하기 위해 많은 연구가 이뤄져야 한다.

5.3.1.2 차량 보험

텔레매틱스 차량 보험의 기본 아이디어는 사람이 운전하는 동안 운전자의 행동을 직접 모니터링하는 것이다. 이 정보는 신체적 피해 혹은 교통 사고로 인한 신체적 상해와 발생할 수 있는 법적 책임으로 인한 재정적 보호를 제공하는 자동차 보험사로 전송된다. 보험사는 운전자가 사고를 당할 위험성을 평가하고 그에 따라 PAYD 및 PHYD로 알려진 UBI^Usage-Based Insurances 보험료를 청구한다. 비용은 사용된 차량 유형에 따라 시간, 거리, 행동 및 장소에 따라 측정된다. 따라서 배상 청구가 발생할 성향에 따른 위험이 낮게 계산되고 운전을 안전하게 하는 운전자보다 책임감 없이 운전하는 운전자의 보험료가 더 높게 부과될 수 있다. 텔레매틱스를 이용해 직접적인 고객과의 상호작용을 통해 고객의 참여가 향상돼 고객에게 또 다른 혜택을 제공할 수 있다. 추적 및 모니터링을 위해 자동차 내 장치로 스마트폰을 사용하는 것은 보험 텔레매틱스와 자동차 전자 응용 분야에서 큰 관심을 끌고 있다.

5.3.1.3 스마트 발권

스마트 발권은 스마트 모빌리티 접근 방식을 지원하는 사용량 의존적 요금 청구 양식에 의해 특징지어진다. 이것은 운송의 수단의 배포와 사용을 보증하고 가용성을 보장한다. 현금 없는 거래와 관련된 위험은 식별 장치를 사용해 완화된다. 따라서 전체 이동 사이클을 다루는 프로세스 지향 절차가 달성될 수 있다. 이는 여행자의 경로 선택 및 선택된 운송 수단과 무관하지만 여행자가 특별한 요청을 하지 않는 한 운송 경로를 제공하는 제공업체에 따라 다르다.

스마트 발권 시스템을 구현하려면 지능형 사용 기반 청구가 필요하며, 다음 두 가지 요소로 구성될 수 있다.

- 사용자 식별
- 협동 일관 지향적Intermodal-oriented 주문 승인 및 지불 시스템

또한 스마트 발권 시스템은 이전에 알려지지 않은 고객을 명확하게 식별하기 위해 최소한의 데이터 기록을 필요로 한다. 이를 통해 신규 고객은 사용자 관련 운송 주문을 예약하고 정산할 수 있다. 기존 고객의 경우 운송 수단 및 주 사용 노선 및 서비스와 관련된 선호도가 고객의 프로필에 저장된다. 이러한 선호도는 운전자 분류, 창문 또는 통로, 휴식 공간, 넓은 칸, 선호 공간 및 기타 희망 사항이 될 수 있다.

스마트 발권은 프로세스 및 개인 관련 요금을 간단한 방법으로 구현하는 데 사용될 수 있다(Belay 2016).

- 보너스 프로그램
- 할인
- 특별 시즌 티켓 가격
- 구독 가격
- 사용자 관련 제안

5.3.1.4 M2M 텔레매틱스

M2MMachine-to-Machine 데이터 모듈은 정교하며 다음과 같은 다양한 특징 및 기능을 제공한다.

- 임베디드 자바

- 기계 식별 모듈 또는 M2M 식별 모듈로 알려진 최적화된 임베디드 M2M 스마트 카드
- 유연한 랜드 그리드 배열LGA 표면 실장
- GNSS 기술

IoT를 강화하기 위해서 글로벌 내비게이션 위성 시스템, 단거리, 2G, 3G 및 4G 통신 모듈은 M2M 통신을 용이하게 하는 기술이다.

운송 부문의 일부인 몇 가지 텔레매틱스 장치가 있다.

- 전자 통행료 시스템
- 인포테인먼트 시스템
- 내비게이션
- 도난 차량 회수
- 자동차 진단

이러한 구성 요소는 실시간 업데이트로 주차, 통행료 및 차량 정보 수신을 지원한다. 또한 자동차 임대, 차량 관리 및 관련 부문과 같은 다양한 산업 분야에서도 M2M을 채택하고 있다. 차량에 내장된 텔레매틱스에 대한 수요가 증가로 인해 장치 가격이 하락하고 회사가 이를 수용할 수 있는 저렴한 가격이 될 것으로 예상된다. 그러나 인식의 부족과 비용 민감성은 이 분야에서 문제를 야기할 수 있다. 전 세계적으로 자동차 제조업체는 차량에 M2M 기술을 내장하기 위해 노력하고 있다. 자동차 산업에서 M2M 텔레매틱스 애플리케이션의 적용을 통해 도로 사고 및 피해의 수를 줄이는 데 도움이 될 것이라고 보고 있다. 유사 제품을 적용하는 것은 자동차 분야에서 자동차의 디지털화를 제공할 것이다.

또한 오늘날의 자동차는 운전자를 지원하는 컴퓨터 시스템 및 기타 자동차 전자 기기가 통합돼 있다. M2M 텔레매틱스는 차량에 엔진 성능, 온도, 연료 등에 대한 모든 필수 정보와 함께 완전히 탑재된 센서 기술을 제공한다. IoT/M2M 솔루션을 통해 2025년까지 모든 새로운 자동차가 인터넷을 지원할 것으로 예상된다. 커넥티드 장치에 대한 수요 증가, 인식 제고 및 스마트 장치들의 보급은 시장에서 IoT 및 M2M 솔루션의 성장을 이끄는 요소 중 일부다(Gulati 2015a, b).

각 서비스와 관련된 텔레매틱스 시장 부문은 그림 5.18에 요약돼 있다.

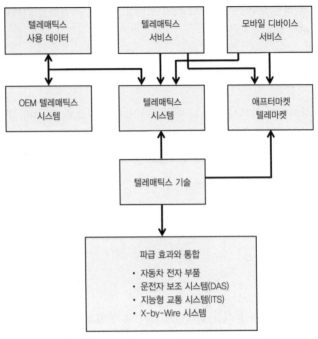

텔레매틱스
사용 데이터

텔레매틱스
서비스

모바일 디바이스
서비스

OEM 텔레매틱스
시스템

텔레매틱스
시스템

애프터마켓
텔레마켓

텔레매틱스 기술

파급 효과와 통합
· 자동차 전자 부품
· 운전자 보조 시스템(DAS)
· 지능형 교통 시스템(ITS)
· X-by-Wire 시스템

그림 5.18 텔레매틱스 시장 부문, 수정(Juliussen 2003)

5.3.2 인포테인먼트

자동차 내 인포테인먼트[IVI, In-Vehicle Infotainment]라는 시스템은 자동차 사용자에게 엔터테인먼트 및 정보 콘텐츠를 제공한다. 인포테인먼트를 통해 제공되는 콘텐츠는 정보를 제공하면서도 소비자의 관심을 끌고 유지하기에 충분히 흥미 있게 설계됐다. 이러한 맥락에서 인포테인먼트는 인터넷, 라디오, 텔레비전 등과 같은 전통적인 미디어를 통해 제공되는 다양한 콘텐츠를 뜻한다.

IVI 시스템은 종종 블루투스 기술이나 스마트폰을 사용한다. 블루투스는 무선 근거리 라디오 기술로 인터넷 사용 장치와 인터넷 간 통신을 단순화한다. 또한 인터넷 장치와 다른 컴퓨터 간의 데이터 동기화를 단순화하는 것을 목표로 한다. 마스터 블루투스 장치는 블루투스 기술을 사용하는 애드훅 컴퓨터 네트워크인 피코넷[piconet]에서 최대 7개의 장치와 통신할 수 있다. 장치는 서로 협의된 설정에 따라 역할을 전환할 수 있으며 슬레이브는 마스터가 될 수 있다. 블루투스 핵심 사양은 그림 5.19와 같이 두 개 또는 그 이상의 피코넷의 연결이 두 개 또는 그 이상의 피코넷으로 구성된 애드훅 컴퓨터 네트워크 형태의 스캐터넷scatternet을 구성하는 기능을 제공한다. 이는 특정 장치가 동시에 하나의 피코넷의 마스터와 다른 피코넷의 슬레이브 역할을 할 수 있다. 마스터는 어떤 슬레이브 장치를 지정할 것인지 선택한다. 일반적으로 라운드 로빈 방식으로 한 장치에서 다른 장치로 빠르게 전환된다. 주소를 지정할 슬레이브를 선택하는 것은 마스터이기 때문에 슬레이브는 각 수신 슬롯에서 (이론적으로) 수신 대기해야 하므로 마스터가 되는 것이 슬레이브보다 더 부하가 적다.

각각의 IVI 시스템이 다르겠지만 IVI 시스템으로 수행할 수 있는 일반적인 작업에는 오디오 콘텐츠 관리 및 재생, 운전을 위한 내비게이션 활용, 영화나 게임, 소셜 네트워킹과 같은 뒷좌석의 엔터테인먼트 제공, SMS 문자 메시지 수신 및 전송, 전화 걸기, 교통 상황, 스포츠 경기 결과 및 일기 예보와 같은 인터넷 또는 스마트폰 기반의 사용 가능 콘텐츠의 접근을 포함한다.

소셜 네트워킹과 관련해 여러 소셜미디어 웹사이트 및 임베디드의 웹 2.0 인터넷 기반 이용 가능한 애플리케이션을 사용하면 가상 커뮤니티와 네트워크에서 텍스트 게시물 또는 댓글, 디지털 사진 또는 비디오 게시물과 같은 사용자 생성 콘텐츠를 생성, 교환 및 공유할 수 있다.

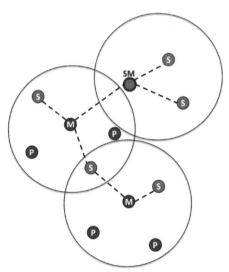

그림 5.19 마스터(M)가 어두운 회색 점으로 표시되고 슬레이브(S)가 밝은 회색 점으로 표시되며 피코넷(P)이 회색 점으로 표시돼 있다(URL9 2017).

또한 많은 자동차들은 이제 자동차의 데이터를 저장하거나 소셜미디어 서비스를 차량의 온보드 장치에 다운로드할 수 있는 각 자동차 제조사의 클라우드와 지속적으로 연결된다(5.4.2절 참조). Google 및 Facebook 외에도 뉴스 및 날씨 서비스가 포함된다. 이와 관련해 실시간 교통 정보를 제공하는 Google 지도를 자동차의 온보드 장치에 직접 통합할 수도 있다. 이는 교통 혼잡 정보와 같은 라디오보다 최신 정보가 포함된 트래픽 메시지 채널[TMC, Traffic Message Channel] 기능의 추가 개발에 해당한다.

5.3.3 커넥티드카의 진화

커넥티드카 기술은 1990년대 중반에 기술 중심 텔레매틱스 개념에 중점을 두고 처음 등장했다. 자동차는 연료의 의존만큼이나 데이터를 처리하는 컴퓨터 시스템과 함께 움직이고 있기 때문에 오늘날의 커넥티드카 기술은 사람들이 여행하는 방식을 급속히 변화시킬 잠재성을 갖고 있다. 이를 통해 다음과 같은 큰 변화가 발생할 수 있다.

- 교통 사고 감소
- 온실 가스 배출량 감소
- 통근 및 화물 운송 속도 향상

경제와 라이프 스타일에 대한 영향은 매우 인상적이며 정부, 자동차 제조사, OEM 및 1차 공급업체로부터 강력한 지원과 의지가 있다. 따라서 전 세계의 자동차 제조사들은 현재 인터넷을 자동차 세상으로 끌어들여 특정 인터페이스를 이용해 인터넷에서 정보의 교환이 가능하게 하는 새로운 자동차 기능을 개발, 제시, 생산 및 마케팅하고 있다. 차량과 인터넷 간의 연결은 전체 자동차 산업, 인터넷 서비스 제공업체 및 이러한 기능을 사용하는 고객에게 각종 개발에 수반되는 도전 과제, 기회 및 위험과 함께 새로운 가능성을 열어준다. Siebenpfeiffer(2014)는 안전, 자동차 IT 및 개념 측면을 다루는 커넥티드카에 대한 자세한 개요를 제공했다.

일부 자동차 제조업체는 전반적인 미션을 확대하고 커넥티드카를 통해 실제 모빌리티 제공업체가 되기 위해 차량 생산 그 다음을 진행하고 있다. 이러한 미션의 변화는 차량 내 서비스에 대한 전략적 동기와 자동차 제조사의 전반적인 비즈니스 모델에 명백히 영향을 미친다. 컴퓨팅 성능이 엔드포인트의 보안을 움직이는 공격 목표로 만들고 있기 때문에 디지털화의 패러다임은 이러한 도전 과제, 기회 그리고 개발의 위험을 상승시키고 있다. 모바일 컴퓨터 및 기타 자동차 장치에 대한 엔드포인트 보안은 위험 지점으로 식별된다. 최신 차량에는 서로 연결돼 있으며 해당 차량에 서비스를 제공하는 모든 비즈니스 네트워크에 연결된 20~200개의 움직이는 엔드포인트가 있다. 이를 통해 커넥티드카는 인터넷을 통해 자신과 주변 환경 간에 정보를 교환할 수 있으며, 차량 자체에 내장된 송신기/수신기 유닛 또는 스마트폰 혹은 서드파티 시스템을 통해 차량이 인터넷 연결을 할 수 있도록 제공하고 있다. 이는 자동차를 적절한 작동 및 표시 개념을 통해 차량 내 데이터와 서비스를 사용할 수 있는 통신 허브로 변환한다.

차량 연결 서비스에서 사용자가 기대하는 최소한의 기능은 다음과 같다.

- 운전자 안전
- 내비게이션
- 보안

추가적으로 연결성을 향상시키는 애플리케이션이 필요할 수 있지만 요구되지는 않는다. 더 나아가 자동차 내에서 콘텐츠를 렌더링하기 위한 클라우드 애플리케이션(5.4.2절 참조) 및 HTML5 엔진은 적합한 서비스로 알려져 있다. HTML5는 주로 인터넷에서 전자 문서의 텍스트 및 기타 내용을 표시하고 연결하기 위한 컴퓨터 언어인 Hypertext Markup Language의 다섯 번째 버전이다.

차량 내 서비스에 대한 요구 사항은 주로 세 가지 특징을 갖는다.

- 개인화
- 모빌리티와의 관련성
- 차량 브랜드 고유성

Bechmann 외(2015)에 따르면 응답자의 95%는 증가하는 모빌리티 관련 정보에 대한 수요가 커넥티드카 개발을 이끄는 주요 요인으로 생각한다. 향상된 내비게이션 또는 교통 정보와 같은 서비스는 이러한 기능을 사용하므로 관련성이 높으며 콘텐츠의 품질과 적시성이 주요 성공 요인이 된다. 이러한 서비스에 대한 평균 이상으로 지출할 의향이 있다. 이는 B2B[Business-to-Business] 부문에서 새로운 텔레매틱스 기능에 대한 높은 잠재성을 반영하고 있다.

이러한 추세는 이동성 서비스, 사람들을 한곳에서 다른 곳으로 운송하고 여행 중 그리고 후에 사람들을 지원하는 완전히 새로운 시장을 나타내고 있다.

탐색 및 교통 정보 외에도 시스템은 다음과 같은 다양한 다른 기능을 제공한다.

- 드라이버 웰니스 모니터링 위자드Driver Wellnes Monitoring wizard: 피로 센서 및 기타 기능
- 엔터테인먼트 기능: 비디오 스트리밍, Wi-Fi 핫스팟 및 기타 기능
- 모빌리티 관리: 현재 대용량 교통 정보, 가스 소비 최적화 및 기타 기능
- 안전 기능: 위험 경고, 응급 기능 및 기타 기능
- 차량 관리: 원격 제어, 유지 보수 정보 및 기타 기능

자동화의 각 단계에서 완전 자율주행까지 이러한 차량 비즈니스 모델이 더욱 중요해질 것이다. 새로운 모빌리티 개념에는 유연한 이동성을 제공하기 위해 차량을 연계해 사용하는 것이 포함된다. 그러나 차량 개인화는 특히 젊은 운전자에게 중요한 요소다. 새로운 기술 적용에 열정적인 젊은 고객들은 개인화 서비스 그리고 소셜미디어 지원의 개인화 사용자 프로파일과 같은 가상 환경의 확장 및 스포츠 기능을 갖춘 자동차를 원한 것이다.

따라서 Bechmann 외(2015)가 발표한 것과 같이 자동차 제조사는 그들의 브랜드에 맞는 시장에 서비스를 제공하고 있다. 자동차 OEM은 자신과 경쟁업체 간의 전략적 차별화를 달성하고 고객 충성도를 얻는 궁극적인 목표와 함께 최첨단 이미지를 위한 자동차 커넥티비티를 추구하고 있다. 이전에 언급한 바와 같이 제공되는 서비스는 차량 주변에 대한 정보를 통한 안전 강화, 편리한 서비스, 개별화된 고객별 서비스 지점에 대한 연결 개선까지 다양하다.

응답자들이 고객에게 매우 중요한 기능으로써 생각하는 기능인 인포테인먼트는 가능한 편의 서비스 중 하나다. 인터넷 사용의 자유는 그다지 중요하지 않은 것으로 보이며, 대부분의 응답자는 기본 기능으로 생각한다. 두 경우에서 지불 의향은 스마트폰이나 대개 미디어 서비스 가치와 비용의 균형에서 보여지는 수준에 비해 높지 않다. 그러나 서비스가 특정 위치 또는 모빌리티와 관련될 때 소비자 정보는 흥미로워진다.

차량 커넥티비티에 대한 수요는 높으며, 초기에 OEM과 1차 공급업체가 시장에서 전략적 위치를 잡기 위해 기술을 사용할 것이다. 다양한 사업자가 제공하는 새로운 애플리케이션에 의해 수익성이 높은 비즈니스 모델이 예상된다(2.3절 참

조). 예상되는 가치 창출 잠재력은 엄청나다. 2015년 커넥티드카의 전체 시장은 약 320억€였다. 2020년까지 약 1,150억€로 상당한 성장이 예상된다. 안전과 자율주행의 기능 영역에 대한 시장 규모는 약 830억€로 증가하고 있으며 이는 시장의 2/3를 차지한다(2.4절 참조). 자동차 시장의 「Bundesverband Digitale Wirtschaft」 논문 중 '미래 공급업체를 위한 커넥티드카 기회 그리고 위험'에 보고된 바와 같이 320억€의 시장 잠재력에 따라 요구하는 기능 또는 경험을 제공해야 할 분야는 다음과 같다.

- 엔터테인먼트
- 홈 통합(5.3.1절 참조)
- 모빌리티
- 웰빙

그러나 커넥티비티의 결정은 커넥티드카 서비스에 대한 가치 제안과 지원 비즈니스 모델을 결정하는 데 중요한 요소다. 차량 내 서비스에 대한 커넥티비티 서비스 동향에는 다음 사항이 포함된다.

- 임베디드 솔루션: 커넥티비티와 애플리케이션은 차량 내 직접 구현되며 플랫폼에 따라 다르다.
- 원격 솔루션: 스마트폰에 존재하는 애플리케이션
  - 스마트폰 애플리케이션을 제어하는 차량 내 원격 스킨이며, 커넥티비티는 USB(범용 직렬 버스) 또는 Bluetooth®를 통해 이루어진다.
  - 차량의 원격 터미널 클라이언트(예: VNC$^{Virtual Network Computing}$)는 스마트폰의 HMI를 복제한다. 커넥티비티는 USB 또는 Bluetooth®를 통해 이루어진다.
- 테더링 솔루션: 애플리케이션은 차량에만 있다. 스마트폰은 클라우드 연결을 제공한다. 커넥티비티는 USB 또는 Bluetooth®를 통해 이뤄진다.

커넥티드카의 첫 번째 개발 단계에는 기술 통합 및 인프라 개발이 포함된다. 상당 수준의 자체 주행 기능을 기반으로 다음과 같은 다양한 사용자 그룹을 위한 새로운 자동차용 응용프로그램을 도입하는 다양한 시장 참가자가 등장할 것이다.

- 플랫폼 제공업체

- 소프트웨어 개발자
- 통신 사업자

자동차 OEM은 시스템을 이러한 애플리케이션에 개방할 것인지 또는 자체 소유 애플리케이션을 계속 선호할 것인지 결정해야 한다. 이러한 추세에 따라 커넥티드카는 여러 단계를 거쳐 시장에서 진화할 것이다.

고급스럽고 트렌디한 도심 자동차, 특히 전기차e-vehicles와 같은 대체 구동장치 개념과 관련된 차량들이 기술과 혁신의 선두에 설 것이다. 자동차 커넥티비티는 이러한 기능을 갖춘 분류에 속하는 자동차의 약 80% 정도의 고급 차량에서 곧 표준이 될 것이다. 이 자동차에는 자체 송수신기가 장착된다. 그와 동시에 약 33%의 커넥티비티 기능을 갖는 도시 차량은 특히 젊은 도시 구매자들에게 어필할 것이다.

이 분류에서 커넥티비티는 사용자 자신의 스마트폰에 의해 제공될 것이다. 이 대상 그룹에 관한 OEM 업체들의 과제는 이러한 사용자들이 인터넷 커뮤니티에서 받아온 익숙한 속도와 품질 수준으로 매력적인 서비스를 제공하는 것이다.

젊고 기술적 관심을 갖고 있으나 지불 의사가 적은 고객의 부류는 낮은 비용과 유연한 솔루션을 요구한다. 애프터마켓 커넥티비티 솔루션의 시장 잠재력은 기존 차량의 20% 정도에 달하며 이는 확실히 흥미롭다. 이용 가능한 자동차로부터 데이터를 검색하기 위한 인터페이스의 수가 제한돼 있기 때문에, 이러한 애프터마켓 솔루션에서 제공되는 기능의 범위는 자동차 자체의 데이터 없이 주로 수행하는 서비스를 제공하는 것으로 제한될 것이다.

추가 애플리케이션의 개발은 자동 라이프사이클 외부에서 이뤄지며 개별적인 비즈니스 모델에 의해 주도되기 때문에 애플리케이션 중심의 애프터마켓은 향후 몇 년 동안 엄청난 탄력을 받을 것이다. 따라서 애프터마켓 기능은 일반적으로 OEM 대리점이나 자동차 용품 전문가에 의해 운영되는 장소에 직접 설치되기 때문에, 제3자 공급업체에게 고객을 빼앗기지 않도록 애프터마켓 부문에서 고객 충성도를 유지해야 하는 것에 대한 압박을 받을 것이다(Bechmann 외 2015).

앞서 언급한 내용을 통해 커넥티드카의 실현에 관련된 기술이 현재 자동차, 소프트웨어 및 통신 산업과 그 OEM 및 Tier 1 공급업체에 존재함을 알 수 있다. 그러나 가치 창출 네트워크 개발과 관련된 주된 문제는 전체 가치 사슬에 대한 공유된 이해의 개발과 관련된 개별 파트너 간의 역량 격차를 해소하는 것이다. 특히 손해배상 청구가 자동차 보안을 중요한 이슈로 만드는 사이버 공격의 결과일 경우, 이는 커넥티드카와 관련된 사고 위험과 손해배상 청구에 큰 영향을 미친다(6장 참조).

특히 자동차 OEM과 관련한 또 다른 주요 문제점은 소비재와 통신 산업의 짧은 수명주기와 정반대되는 긴 자동차 제품 수명주기다. 이를 위해서는 쉽고 매끄러운 데이터 통합을 위한 광범위한 인터페이스 표준화와 특히 미들웨어 사용에 중점을 둔 유연한 아키텍처를 필요로 한다. 따라서 문제는 자동차의 수명주기 전체에 걸쳐 서로 다른 자동차 분류에 적합한 기술이 사용되도록 하는 것이다. Bechmann 외(2015)에서 제시된 권장 조치는 다음과 같다.

- 모든 서비스 제공업체
  - 모든 가치 창출 파트너의 혁신, 제품 생성 및 업데이트 주기에서 프로세스 분리
  - 안전 및 보안 표준 정의
  - 표준 및 인터페이스 정의
  - 고품질 모빌리티 서비스를 시작점으로 해 전략적 서비스 포트폴리오 정의
  - 잠재적 파트너를 위한 협력 전략 및 협업 모델 개발 및 수립
  - 유연한 아키텍처 개요 수립
- 자동차 제조업체
  - 커넥티드카에 제공되는 옵션 범위에서 고유한 판매 제안USP, Unique Selling Propositions을 통해 브랜드화 달성
  - 애프터마켓 부문에서 고객 충성도 보장
  - 높은 수준의 혁신 보장
  - 다양한 목표 그룹을 위한 제품 가치 및 플랫폼 전략 계획
  - 독점 브랜드와 관련된 특정 서비스와 일반적으로 개방형 서비스 간에 시스템 확장
- 서비스 및 플랫폼 제공업체
  - 지능형 데이터 네트워킹을 위한 핵심 역량 개발
  - 수익을 창출할 수 있는 잠재력을 갖춘 전략적 서비스들의 포트폴리오 개발
  - 애프터마켓 서비스 공급자, 인프라 운영자, OEM 등과 같은 다운스

트림 서비스 공급자와 함께 가능한 수익원 검토

- 통신 인프라 제공업체
  - 자동차, 애플리케이션 그리고 인프라 요소들로부터 실시간 데이터를 수집하기 위한 인프라 구축
  - 광범위한 고성능 인프라 개발
- 공급업체
  - 자동차 제조업체를 위한 혁신 개발
  - 애프터마켓 솔루션 공급

5.3.3.1 기술 성숙도 및 추진 요인

자동차 제조업체는 해당 브랜드로 판매되는 커넥티드카를 기반으로 모든 서비스를 제어한다. 콘텐츠 및 응용프로그램은 제조업체의 특정 포털을 통해서만 액세스할 수 있는 자동차 OEM이 운영하는 서버에서 호스팅된다. 제조업체와 파트너가 직접 개발하지 않은 모든 서비스는 OEM 조직 내에서 인증 및 검토 프로세스를 거친다. 자동차 제조업체의 주요 관심사인 시스템 보안(6장 참조)은 여전히 통제 대상이다. 그러나 자동차 OEM은 인터넷의 빠른 개발 속도, 짧은 업데이트 주기 그리고 사용 중인 많은 다른 사용자 프로필과 응용프로그램을 따라잡기 힘들다.

2015년 이후 서비스 제공업체가 운영하는 플랫폼의 운전자들은 많은 응용프로그램을 사용할 수 있었다. 이는 인터넷으로부터 다른 정보들을 결합하는 지능적인 방법을 의미하며, 따라서 사용자들의 자동차에 높은 부가가치를 창출한다. 이러한 애플리케이션은 다음을 기반으로 한다.

- 자동차 클라우드 서비스 시스템: Automotive Cloud Service System 즉, ACSS는 차세대 자동차 소프트웨어 플랫폼을 위한 서비스 지향 아키텍처 SOA, Service-Oriented Architecture 이다. 기존 IT 모델에 비해 지속적인 운영비 지출이 발생하며 인터넷을 통해 구성성, 적응성, 확장성이 뛰어난 IT 서비스를 제공하고 소싱하기 위한 컴퓨팅 모델이다. ACSS는 새롭고 확장된 채널을 용이하게 하고 클라이언트 데이터에 대한 액세스를 향상시켜 더 나은 제품 및 서비스를 제공할 수 있다. 그러나 자동차용 새로운 클라우드 기능의 설계를 선도하는 자동차 회사들은 클라우드가 미래의 드라이버의 요구에 부합하도록 하기 위해 데이터 보안이나 문제의 소지가 있

는 다운타임 이벤트와 관련된 우려를 계속해서 해결할 것이다.

- **높은 대역폭**: 2011년 독일 바덴바덴의 자동차 전자 VDI Wissen forum 에서 일부 업체들은 차량 내 데이터와 높은 대역폭을 필요로 하는 통신을 구현하기 위한 표준으로 이더넷을 적용하겠다고 발표했다. 이더넷의 물리계층은 혁신적인 자동차 환경을 구성하기 위한 핵심 요소다. 이를 통해 OEM 및 공급사에서는 안전이 중요한 자동차 환경 내 EMC 문제 없이 매우 저렴한 비용으로 이더넷 기반 데이터 버스 시스템을 구현할 수 있다.
- **HTML5**: 주로 인터넷에서 텍스트 및 기타 전자 문서 내용을 표시하고 연결하기 위한 컴퓨터 언어인 HTML의 다섯 번째 버전이다. HTML을 사용하면 커넥티드카를 사용자가 요구하는 모든 구성 요소 기능으로 개별화할 수 있다.

데이터를 제공하고 다양한 장치에서 사용할 수 있는 클라우드는 데이터를 쉽고 원활하게 자동차로 전송한다. 그러나 차량 내 시스템 보안의 책임과 보장은 6장에 상세히 기술된 바와 같이 해결되지 않은 이슈다.

커넥티드카 실현에 포함된 기술은 현재 주로 자동차, 소프트웨어, 통신 분야에 존재한다. 조치가 필요한 가장 큰 분야는 전반적인 가치 사슬의 이해에 대한 공유를 수립하는 것과 함께 가치 창출 네트워크의 개발과 각 기업 간 역량의 격차를 해소하는 것이다. 사고 위험과 관련된 손해배상 청구는 시스템 보안을 특히 중요하게 만든다.

앞서 언급한 바와 같이 특히 자동차 OEM의 주요 과제는 소비재 및 통신 산업에서 발견되는 짧은 수명주기와 정반대인 긴 제품 개발이다. 이는 쉽고 원활한 데이터 통합 및 유지 보수를 위해 광범위한 인터페이스 표준화와 관련해 유연한 아키텍처를 실현할 필요성이 크다는 것을 의미한다. 이러한 요인은 차량의 전체 생명주기에 걸쳐 다양한 유형의 차량에서 기술을 효율적으로 사용할 수 있도록 한다.

운전 중인 운전자가 사용해야 하는 새로운 자동차 내 서비스의 경우, 입력 및 출력 장치를 사용할 때 최대한의 용이성과 편의성에 중점을 둔다. 스마트폰, 태블릿 및 애프터마켓 내비게이션 시스템 솔루션의 광범위한 사용을 통해 터치 스크린은 선호하는 인터페이스로 자리매김했다. 음성 명령 기능과 마찬가지로 터치 스크린은 사용자에게 친숙하며 운전자의 주의를 산만하게 할 확률이 낮다.

텔레매틱스 개념 내 텔레매틱스 성숙도와 추진력 외에도 유럽연합은 유럽 공통 긴급 전화번호인 112를 기반으로 자동차 내 상호 운용 가능하고 조화된 긴급 통화eCall 서비스 계획의 이행을 의무화했다. 시장에 출시된 모든 새로운 자동차에는 2018년 4월부터 사고가 발생할 경우 자동 긴급 호출이 가능하도록 기술이 갖춰져 있어야 한다. 이 규정은 자동차과 375Mbit/s 이상의 초고속 무선 통신 네트워크 간의 일관되고 안정적인 연결을 보장하기 위해 자동차 운전석에 내장된 가입자 식별 모듈SIM이나 스마트폰과 같은 기술 솔루션을 필요로 한다. 백업 카메라 및 기타 안전 지향 기능에 대한 의무화에 대해 미국에서도 비슷한 논의가 진행되고 있다. 따라서 자동 긴급 호출 기능은 자동차 커넥티비티를 추진하는 주요 요인이다. 하지만 eCall 시스템의 성능이 사고의 원인을 명확히 규명하는 것과 같은 다른 서비스를 만족할 수 있다거나, SIM 카드에 저장된 데이터를 경찰 또는 보험사에 제출해야 하는지는 아직 의문이다. 더 나아가 OEM에 의한 위험 경고 기능과 자동차 진단 역시 잠재적인 추진 요소로 간주된다. 서비스 및 보증 목적으로 OEM이 차량에 직접 접근하는 것은 특히 동력장치 기술 부문에서 대안으로 중요하다. 콘텐츠 측면에서 지속적으로 트래픽의 양이 증가하는 것은 HDTRIHigh-Definition Traffic Real-time Information 및 FCDFloating Car Data 텔레매틱스 기술과 같은 이동 관련 정보 역시 중요하다는 것을 의미한다.

교통 안전 표준의 개발은 커넥티드카의 범위 내에서 강화될 것이다. 새로운 표준의 구속력이 어떻게 될지에 대해서는 전문가의 의견이 나뉘어져 있으며, 일부는 문제가 법과 더 큰 그룹에 의해 규제될 것이라고 믿기 때문에 이러한 기능이 자체적으로 조절될 가능성이 높다고 생각한다(Bechmann 외 2015).

5.3.3.2 커넥티드카 비즈니스 모델

지속 가능하고 매력적인 비즈니스 모델을 개발하고 확립하는 것은 자동차 사용자가 서비스 및 애플리케이션에 대한 비용을 기꺼이 지불할 것이라는 가정에 기초한다. 따라서 디지털 솔루션은 소비자에게 중요한 역할을 한다. 이러한 새로운 제품들이 시장에 소개됨에 따라 새로운 서비스 모델의 개발과 이와 관련 내부 운영의 변화는 이러한 솔루션의 성공과 수익성에 대한 기술 투자만큼이나 중요할 것이다. 이런 점에서 커넥티드카는 자동차 제조사들이 선도적으로 투자하는 분야다. 분야를 다양화하면 커넥티드카는 다음과 같은 서비스를 제공한다.

- 응급 상황
- 멀티미디어

- 내비게이션
- 보안
- 진단

이 모든 것들이 사용자의 가정 또는 사무실에서 사용되는 구성 요소 또는 시스템을 포함하도록 더욱 포괄적이고 확장됐다. 따라서 자동차 OEM은 고객에게 커넥티드카 변환의 경험을 제공하기 위해 비즈니스를 변화시킬 방법을 고려해야 한다. 그러므로 커넥티드카의 주요 목표는 고객에게 새롭고 흥미로운 디지털 기능을 제공하고, 자동차 사용 및 상호작용 방식을 바꾸는 것이다. 더 나아가 커넥티드카의 일부로서 커넥티드 서비스는 다음과 같이 고객과의 상호작용을 개선, 확장 및 재정의할 수 있고 수익의 혁신을 다시 논의할 수 있는 무수한 기회도 열어준다.

- 커넥티드 서비스의 올바른 가격 및 패키지 조합을 제공해 고객 경험 향상 및 차별화 강화
- 차량과 방식 간 사람의 이동을 가능하게 해 기존의 차량 대 운전자 관계를 넘어 새로운 수익 흐름을 창출할 수 있도록 커넥티드 서비스 및 기능의 유형 확장
- 점점 더 붐비는 공간에서 사람들이 어떻게 이동해야 하는지를 지원하는 등 새로운 디지털 특성을 통합한 고객에 대한 가치 재정의(Gymesi와 Berman 2011)

따라서 자동차 커넥티비티에 필요한 기술 투자를 위해서는 자동차 제조업체가 훨씬 더 복잡한 네트워크를 통해 기업 전체뿐만 아니라 새로운 파트너, 공급업체 및 고객과 협력해야 한다. 또한 이러한 파트너 중 상당수는 기존 자동차 산업 밖에 있으며 통신, 소프트웨어 및 콘텐츠 제공업체와 전통적으로 혁신 주기가 더 빠른 다른 전자제품 제조업체를 포함한다. 자동차 산업 내에서 사업의 일부만 수행하는 회사와 이러한 복잡한 제휴를 관리하는 것은 어려운 일이다. 다양한 파트너의 서비스가 추가됨에 따라 자동차 제조업체는 새로운 파트너와 효율적이고 일관되게 제휴를 맺고 끊으며 협력 관계를 구축해야 한다. 원래 장비 제조업체들은 자동차 개발과 ICT 개발의 이중적이고 매우 다른 일정을 조정해야 한다. 짧은 기간 내에 설치된 기반에 커넥티비티 솔루션을 혁신하고 배치하는 기능은 자동차 제조업체에게 중요한 운영 능력 및 성공 요인이 될 것이다.

다양한 다른 사업들과 마찬가지로 자동차 회사들도 새롭게 부상하는 모빌리티 서비스 비즈니스 모델에 자신들의 권리 주장을 어떻게 할지 결정하고 있다. 혼잡, 인구 증가 그리고 오염은 고객들이 차량의 한계를 고려함으로 더 큰 도시 교통 데이터, 스마트폰, 유비쿼터스 통신들은 새롭고 흥미진진한 디지털 제품의 기회를 제공한다. 이들 중 일부는 공유 경제 및 다중 모델 모빌리티 및 혁신적인 운송 기술에 대해 Meyer와 Shaheen(2017)에 자세히 설명돼 있다. 대부분의 고객은 차량에 대한 접근을 포기하고 싶지 않기 때문에 자동차 제조업체는 자동차와 기타 운송 수단을 적절히 조합해 강력하고 통합된 새로운 제품을 제공해야 한다.

디지털 솔루션은 차량과 차량 외부 모두에서 필요하다(Gyimesi와 Berman 2011). 따라서 일부 자동차 제조업체는 차량 생산을 넘어 모빌리티 공급자가 되기 위한 전반적인 미션을 확대하고 있다. 이러한 변화는 자동차 내 서비스와 전체 자동차 제조업체의 비즈니스 모델에 대한 전략적 동기에 영향을 미친다. 예를 들어 푸조의 전략적 위치는 텔레매틱스가 핵심 서비스의 코어 부분이므로 차량 수명 동안 이러한 서비스를 무료로 제공했다. 반면 Volvo는 커넥티드카 서비스를 코어 서비스를 향상 및 강화하는 방법으로 보고 소비자가 첫 번째 커넥티드카 서비스에 대한 선불 비용을 지불해야 한다고 생각한다. 이러한 전략적 결정은 제공되는 서비스의 유형, 채택된 커넥티비티 수단 및 구축된 비즈니스 모델에 영향을 미쳤다.

Apple은 2001년 단순한 휴대용 미디어 플레이어 제공에서 2003년 디바이스를 온라인 디지털 뮤직 스토어와 통합하면서 완벽한 음악 경험을 제공해 스스로를 재정의했다. 이 가치 제안은 Apple이 2007년에 iPhone®을 출시한 후 App Store가 시작되면서 더욱 발전했다. "불가능"을 예상하며 "만약"이라는 질문을 고려하는 것은 미션의 전략적 정의와 사용된 관련 비즈니스 모델에 대한 혁신을 촉진할 수 있다. 이러한 전략적 원칙은 서비스를 제공하기 위한 가치 제안, 적절한 비즈니스 모델 및 가치 사슬의 창조를 형성하며 동일한 브랜드, 지역 또는 모델별로 다를 수 있다(GSMA 2012).

5.4 플랫폼과 아키텍처

커넥티드카는 잠재적으로 모든 차량이 모듈 형태로 확장 가능하고 개방적이며 안전한 연결 플랫폼을 통해 연결된 다른 차량과 네트워크를 구성해 교통 환경을 나타내는 고급 기술이다. 이러한 종류의 플랫폼은 클라우드 기반으로 서로 다른 텔레매틱스 서비스를 운영할 수 있다. 따라서 커넥티드카 패러다임과 인프라, 특히 자동차 제조사, OEM 및 1차 공급업체 간 독립적인 데이터 교환을 위해서는 플랫폼의 상호 운용성과 확장성은 필수적이다. 더 나아가 또한 이러한 플랫폼은 빅데이터를 처리하고 보강해 이를 가치 있는 지식으로 변환하고 V2X와 관련된 중요한 문제와 자동차, 장치 그리고 시스템으로부터 조합된 데이터를 통해 운전자에게 더 뛰어난 안전, 서비스 그리고 편의성을 제공하는 혁신적인 솔루션을 가능하게 한다.

따라서 커넥티드카에 사용되는 다중 처리 시스템은 새로운 비즈니스 모델뿐만 아니라 더 나은 모빌리티 서비스 개발을 위한 주요 원동력이 된다. 커넥티드카 플랫폼은 서버 기반, 개방형, 모듈형, 보안 및 확장성이 뛰어난 인프라에서부터 텔레매틱스 서비스를 기반으로 운영할 수 있는 개방형, 모듈형, 안전 및 확장성이 뛰어난 클라우드 기반 인프라에 이르기까지 다양하다. 이를 통해 빠른 서비스 개발과 다양한 장치와 비즈니스 애플리케이션의 쉬운 통합 그리고 기존 IT 시스템과의 정교한 통합이 가능하다. 또한 차량 내 디지털 엔터테인먼트를 위해 멀티 코어 아키텍처를 필요로 하는 임베디드 IVI의 고급 기능과 기술은 모듈 형태로 확장 가능하고 개방적이며 안전한 플랫폼의 일부다. 오늘날 IVI의 대상 기능은 지상파 수신, 디지털 수신 및 압축 오디오, 핸즈프리 음성, 음성 발신 그리고 USB 미디어 재생, 싱글이나 듀얼 미디어 사운드와 같은 서로 다른 사용자 모드에 이르기까지 다양하다. 가까운 미래에는 근거리 통신, 무선 스트리밍 등과 같은 새로운 기능이 중요해질 것이다. 주요 과제는 설계 시 알려지지 않은 향후 기능을 위해 플랫폼을 개방해야 한다는 것이다.

또 다른 과제는 특히 가전제품과 자동차 산업 간 동시에 활성화된 기능들을 고려해 그 차이를 통합해야 하는 전통적인 가전제품(Moonen 외 2005)과 같은 분야에서부터 하드웨어와 소프트웨어 재사용 극대화를 통해 설계의 노력을 줄이는 것이다. 이러한 기능에는 HRT^{Hard Real-Time}, SRT^{Soft Real-Time} 그리고 BE^{Best Effort}와 같은 시간적 제약 조건이 있다. HRT의 경우 데드라인을 지키지 못하는 것이 허용되지 않는다. SRT의 경우 일부 데드라인을 지키지 못할 수 있지만 손실 비율은 낮아야 한다. 서비스 접근과 같은 BE 기능에는 데드라인이 없다. 따라서 커넥티드카 플랫폼과 아키텍처는 유연하고 업그레이드 가능해야 하며 실시간으로 동작해야 한다.

이들은 주로 다음과 같은 상호 연결된 구성 요소 및 서비스로 구성된다.

- 외부 장치에 대한 B2B 인터페이스
- 중앙 플랫폼 서비스
- 장치 게이트웨이
- 전 세계 운영
- 24/7 서비스 관리

다음과 같은 기능을 제공하는 모듈형 SOA를 통해 이를 실현할 수 있다.

- 글로벌: 보안상의 이유로 인증된 데이터 센터를 기반으로 호스팅 및 운영
- 높은 가용성: 커넥티드카 플랫폼의 다중 중복성 및 안정성으로 안정적이고 안전한 운영
- 확장성: 커넥티드카 플랫폼의 클러스터 기능과 관련한 수평 및 수직 확장성
- 보안: 1등급 커넥티드카 아키텍처

5.4.1 커넥티드카 아키텍처와 과제

오늘날의 자동차 아키텍처는 4세대 3.9G 무선 표준인 LTE$^{\text{Long-Term Evolution}}$와 같은 고급 통신 기술의 결과로 텔레매틱스, 인포테인먼트, 진단으로 구성된다. 확장은 LTE-Advanced 또는 4G라고 하며 LTE와 호환된다. LTE 4.5에서는 수신 상황에 따라 375Mbit/s 이상이 이전 표준보다 훨씬 빠른 다운로드 속도가 가능하다. 다음 단계는 5G 통신 네트워크 표준이다.

LTE 통신 기술 표준과 관련해 V2V 및 V2I(V2R이라고도 함)를 통한 주행과 이를 V2X라 총칭하는 미래는 모빌리티의 잠금을 해제하는 열쇠로 이들 간의 원활한 정보 교환을 가능하게 한다.

차량 대 차량은 각 차량이 다른 노드로 메시지를 전송, 수신 및 재전송할 수 있는 노드인 메시 네트워크다. 결과적으로 네트워크는 세 가지 표준을 기반으로 한다.

- IEEE 1609: WAVE 표준으로 네트워크의 아키텍처와 절차를 정의한다.
- SAE J2735 및 SAE J2945: 메시지 패킷에 포함된 정보를 정의한다. 이 데이터에는 위치, 이동 방향, 속도 및 제동과 같은 차량 센서 정보가 포함된다.
- IEEE 802.11p: 자동차 관련 전용 단거리 통신^{DSRC}에 대한 물리적 표준을 정의한다.

V2I$^{Vehicle-To-Infrastructure}$를 통해 차량은 신호등, 교통 관리 시스템 및 기타 고정 인프라 구성 요소와 통신할 수 있으며, 이는 메시 네트워크의 노드가 된다. 이를 통해 차량은 신호등 및 도로변 장치^{RSU}의 동작 시간에 관련된 정보를 받거나 교차로의 사각 지대에 운전자에게 잠재적 위험을 경고할 수 있다. 또한 미래에 V2I는 무료 주차 공간 내 주차를 가능하게 하고 무료 주차 장소를 식별하고 알려줄 것이다.

따라서 V2V와 V2I 통신은 향후 안전하고 지능적인 모빌리티를 위한 핵심 기술 아키텍처로 간주돼 실제 대도시 현장 시험에서 V2X 애플리케이션을 테스트할 수 있다. 이러한 애플리케이션에는 교통과 시험 관리를 위해 차량, RSU 및 인프라 시설들을 포함한다. 또한 추가 서비스에 대한 접근을 제공하기 위해 제3의 업체들이 포함돼 있다. 결과적으로 이러한 시스템은 신뢰성 있고 효율적인 정보 교환을 위해 일반적으로 수용되고 있는 각 구성 요소의 아키텍처 및 정교한 통신 네트워크를 필요로 한다.

V2X와 관련해 다음과 같은 진보적인 사용 사례가 가능하다.

- 커넥티드 인포테인먼트
- 실시간 진단
- 실시간 추적

이와 관련해 현대의 커넥티드카 소프트웨어 아키텍처는 다음 세 가지 주요 구성 요소로 구성된다.

- CCG$^{Connected Car Gateway}$: 차량이 외부 환경과 통신하기 위한 진입점. CCG에는 4G 연결, 핫스팟, 클라우드 연결, V2V 통신, 원격 차량 제어 기능, FOTA$^{Firmware updates Over The Air}$, 원격 진단, 예측 유지 보수, eCall 및 충돌 알림과 같은 고급 기능이 포함돼 있어 매우 복잡한 아키텍처를 구성한다.
- 클라우드 기반 서버^{CBS}: 일반적으로 지리적으로 분산된 대규모 호스팅 보안 데이터 센터에 적용되는 용어. 애플리케이션을 호스팅하는 새로운 방

법으로서 유틸리티 기반의 다양한 전산 서비스를 제공할 뿐만 아니라 차량의 데이터에 대한 실시간 분석을 수행해 실시간 통찰력을 생성한다.

- 스마트폰의 애플리케이션: 사용자가 무선 네트워크를 통해 차량과 상호작용할 수 있는 직관적인 사용자 인터페이스를 제공해 차량 상태 파악부터 난방, 환기 및 공조 제어HVAC, Heating, Ventilation and Air Control, 주차장 내 차량 위치 확인 등 차량의 일부 제어까지 다양한 조작을 수행할 수 있도록 한다.

커넥티비티와 관련해 CCG는 LTE와 같은 장거리 연결 모뎀, Wi-Fi와 같은 단거리 연결 모뎀 그리고 GPS와 같은 위치 추적 시스템으로 구성된다. 고급 커넥티비티 기능은 실시간으로 인터넷으로부터 데이터의 송수신을 위해 필요하다. 작게는 2G/2.5G 모뎀은 100kbps 미만의 데이터 전송 속도를 제공하며 LTE는 Mbps 단위로 데이터 전송 속도를 제공한다. 모뎀 통합은 Telit 또는 Sierra Wireless와 같은 공급업체의 전용 모듈 또는 Qualcomm과 같은 공급업체가 제공하는 SoCSystem on a Chip의 일부로 제공되는 내장 모뎀을 사용해 이룰 수 있다.

eCall 서비스는 PSAPPublic Safety Access Point에 긴급 경보를 제공해 최단 시간 내에 피해자에게 도움을 제공할 수 있다. 대부분의 경우 위치, 탑승자 수, 속도, 방향 등 사고에 대한 정보를 전달한다. 따라서 차량 긴급 데이터 세트VEDS, Vehicle Emergency Data Sets는 정보를 받는 사람이 사고의 심각성을 평가하고 필요한 도움을 제공하는 데 도움을 줄 수 있다. EU는 2018년 4월까지 모든 승용차에 eCall 시스템을 장착해야 하는 규정을 통과시켰다. eCall 시스템은 심각한 사고가 발생하면 유럽의 긴급 전화번호 112로 자동으로 전화를 건다.

eCall의 글로벌 표준은 3GPP TS 26.267, TS 26.268의 일부로 eCall 요구사항을 표준화하는 3GPP와 함께 부상하고 있다. 차량 탑승자와 음성 통화가 이뤄지도록 하기 위해 콜 센터로 자동 전화와 함께 VEDS가 전송된다.

미국에서 Net GEN 9-1-1의 비전은 PSAP가 VEDS를 자동으로 수신하고 처리할 수 있게 하는 것이다. 미국은 GM의 OnStar®, Ford의 SYNC 911 Assist®, Lexus의 Link® 등 일부 텔레매틱스 서비스 제공업체들이 유사한 서비스를 제공하고 있으며 각각 콜 센터로 데이터를 전송하기 위해 독자적인 방법을 사용하고 있지만 아직 eCall에 대한 표준 프로토콜을 채택하지 않고 있다.

CGC 애플리케이션 프레임워크를 통해 소프트웨어 개발 키트SDK를 구현할 수 있으며, 제3의 업체가 장치에 다운로드될 수 있는 애플리케이션 개발이 가능하다. 이를 통해 개발 환경을 사용해 사용 기반 보험, 예방 진단 및 위치 기반 서비스와 같은 CCG 박스에서 제공되는 데이터를 사용해 다양한 서비스를 제공할 수 있다. 이 프레임워크는 앱 개발자의 모든 하드웨어 관련 복잡한 사항들을 추상화한다. 아울러 프로그래밍을 쉽게 하기 위해 Java/HTLM5/JS 기반 API를 제공한다(URL11 2017).

오늘날 점점 더 많은 차량이 네트워크에 연결됨에 따라 침입자가 내부 차량 네트워크에 접근하고 악의적인 활동을 수행할 가능성은 실질적인 위협이다(6장 참조). 이 악명 높은 Jeep® 해킹은 "구식old school" 기술을 사용해 자동차를 설계해 누군가가 물리적으로 위협을 할 수 있었을 때 발생했다. 한 단일 지점에서 실패는 암호 신뢰 체인 붕괴를 발생시킨다. 인터넷에 연결된 커넥티드카 유닛은 한 계층의 붕괴가 전체 시스템을 손상시키지 않도록 여러 보안 계층을 구현해야 한다. 소프트웨어 보안 문제는 펌웨어가 공장에서 플래싱이 되는 시점부터 다운로드된 애플리케이션의 무결성 검증과 펌웨어가 플래싱될 정비소까지 모든 방식으로 다양한 단계에서 처리돼야 한다.

5.4.2 커넥티드카 참조 플랫폼

Qualcomm Technologies는 Qualcomm® CCRPConnected Car Reference Platform를 발표하며 차세대 커넥티드카에 고급화되고 및 복잡한 커넥티비티의 채택을 가속화했다. 그들은 4G LTE, Wi-Fi, Bluetooth®, V2X 통신의 최근 발전으로 인해 더욱 증가하고 가능해진 자동차 적용 사례들과 속도를 맞춰 나가고 있다. 또한 이 플랫폼은 무선 상호 공존, 미래 대비, 많은 차량 내 하드웨어 아키텍처에 대한 지원 등의 과제를 충족시키기 위해 설계됐다.

CCRP는 Qualcomm SnapdragonTM X12와 X5 LTE modems, quad-constellation Global Navigation Satellite System과 2D/3D Dead ReckoningDR 위치 솔루션, V2X, Bluetooth®, Bluetooth® LE를 위한 단거리 통신DSRC 전용 Qualcomm® VIVETM Wi-Fi technology 그리고 소프트웨어 정의 라디오Software-defined radio를 이용한 아날로그와 디지털 튜너 지원 방송 관련 기능을 포함해 Qualcomm Technologies의 자동차 제품과 기술 포트폴리오를 기반으로 만들어졌다. 추가로 이 플랫폼에는 A2B®Automotive Audio Bus 및 CANController Area Network과 함께 OPEN Alliance BroadRReachOABR 기가비트

이더넷과 같은 차량 내 네트워킹 기능이 있다.

CCRP 설계에 포함된 고급 기능은 다음과 같다.

- 미래 대비: 자동차 제조사에게 DSRC에서 하이브리드/셀룰러 V2X, 4G LTE에서 5G 등 마이그레이션 경로를 제공해 수명주기를 통해 차량의 커넥티비티 하드웨어 및 소프트웨어를 업그레이드할 수 있다.
- OEM 및 제3의 업체 애플리케이션 지원: 최적화된 애플리케이션 개발 및 실행을 위해 안전한 프레임워크 제공
- 확장성: 기본 텔레매틱스 제어기^{TCU}에서 차량 내 여러 ECU를 연결하는 통합 무선 게이트웨이에 이르기까지 무선 소프트웨어 업그레이드, 데이터 수집 및 분석과 같은 중요한 기능을 지원하는 공통 프레임워크를 사용한다.
- 무선 상호공존: Wi-Fi, Bluetooth®와 같은 동일한 주파수대를 사용해 여러 무선 기술을 동시 운용 관리한다.

CCRP는 자동차 제조사와 그 공급업체가 Qualcomm Technologies 로드맵에 기반해 모듈 및 솔루션을 사용해 커넥티비티 설계를 탐색, 시제품화 및 상용화할 수 있도록 한다.

5.4.3 클라우드의 커넥티드카

클라우드 컴퓨팅은 여러 산업에서 사용되고 있으며 커넥티드카와 관련해 자동차 산업도 예외는 아니다. 클라우드 컴퓨팅에는 일반적으로 IT 리소스를 동적으로 제공하고 지불 모델에 따라 사용 요금을 청구하는 기술 및 비즈니스 모델이 포함된다. 기업은 자체 기업 데이터 센터에서 IT 리소스를 운영하는 대신 서비스 기반 비즈니스 모델 형태로 제공되는 클라우드 컴퓨팅을 사용하고 있다. 이 모델은 회사가 고객을 위해 가치를 창출하고 회사에 대한 수익을 보장하는 방법인 비즈니스 모델을 어떻게 하느냐에 따라 인터넷 또는 인트라넷에서 사용 가능하다. 따라서 기업은 클라우드 컴퓨팅을 IT 리소스로 배치하고 장기적인 IT 자본 지출을 줄일 수 있다. 다양한 유형의 IT 리소스가 서비스 기반 방식으로 유연하게 구축되므로 이에 따라 EaaS$^{Everything as a Service}$로 일컬으며, 클라우드 서비스는 4가지 등급으로 나뉜다.

- BPaaS$^{Business Process as a Service}$: 고객은 모든 비즈니스 프로세스를 클라우

드 공급자에게 아웃소싱하고 비즈니스 프로세스 기술을 통해 이를 구현할 수 있다. 따라서 공급자는 고객이 비즈니스 프로세스를 지원하는 데 필요한 IT 기반 서비스가 아닌 모든 IT 리소스를 제공한다. 따라서 BPaaS는 IT 리소스에서 더 많은 것을 추상화하고 고객의 비즈니스 프로세스에 중점을 둔다.

- IaaS^{Infrastructure as a Service}: 물리적 또는 가상 서버 제공이 가능할 때 제공된다. 클라우드는 서버를 관리하고 연결을 보장한다.
- PaaS^{Platform as a Service}: 우수한 수준의 기능이 제공되므로 전체 데이터베이스, 프로세스 엔진, 웹 서비스 및 기타 기능을 포함해 고객별 애플리케이션을 운영할 수 있다. 일반적으로 사람이 직접 사용하지 않지만 다른 응용프로그램에 통합된 애플리케이션 기능은 이 서비스 클래스에 속한다.
- SaaS^{Software as a Service}: 완전한 사용자 정의 가능한 소프트웨어 응용프로그램을 제공한다. 사용자는 네트워크, 공유 하드웨어 및 플랫폼 IT 리소스를 통해 이러한 응용프로그램에 접근하지만 이에 대해 서로 알리거나 상호작용은 없다. 클라우드 서비스는 CRM^{Customer Relationship Management}(고객 관계 관리) 또는 ERP^{Enterprise Resource Planning}와 같은 많은 비즈니스 부문을 지원할 수 있다.

이러한 클라우드 기반 서비스를 자동차 소비자에게 제공하기 위해 새로운 자동차는 차량 외부 연결과 인터넷, 양방향 데이터, 차량과 클라우드 간의 정보 전송, 확장성이 높은 데이터 스토리지에 대한 신뢰성 있는 접근 그리고 처리와 분석 기능과 같은 필수 작업에 혁신적인 클라우드 기반 기술을 점점 더 의존하게 될 것이다.

커넥티드카 및 스마트 모빌리티의 경우 클라우드 기반 시스템은 참조 아키텍처로 이상적이다. 이러한 사례에서 아키텍처의 가장 낮은 수준은 스마트 디바이스 또는 기상 예측소로부터 온 정보, 클라우드로 전달되는 정보 그리고 클라우드에서 중요한 정보로 처리되는 정도와 같이 서로 다른 정보의 소스로 인해 특정을 짓게 된다. 이 정보는 사용자 장치에 전달돼 예를 들어 사용자의 스마트폰 앱 또는 브라우저에서 사용될 수 있다. 이와 관련해 클라우드 플랫폼은 애플리케이션 개발 및 운영을 위한 클라우드 애플리케이션 컨테이너 및 서비스를 제공한다. 이 계층은 PaaS이다. PaaS는 IaaS와 비교해 서버에서 실행되는 플랫폼을 정의한다. 응용프로그램을 개발하고 테스트한 후에는 다른 서비스에 맞게 조정해야 한다. 이를 위해 PaaS는 다양한 구성 요소 배포를 위한 서비스를 제공해야 한다.

오늘날 커넥티드카와 통합 클라우드 기술은 이미 최첨단 기술이다. Ford는 2008년 Windows® Azure로 시작해 2014년 IaaS와 PaaS에 지속적으로 사용되는 주요 클라우드 플랫폼인 Microsoft Azure로 이름을 바꾼 Microsoft® 클라우드 플랫폼을 기반으로 하는 Ford Service Delivery Network를 만들어 커넥티드카 서비스 기능의 확장을 발표했다.

클라우드 서비스의 장점은 새로운 애플리케이션, 자원 및 서비스에 대한 확장성과 접근 가능성이다. Microsoft는 Azure 서비스를 11가지 주요 제품 유형으로 분류한다(URL12 2017).

- 분석: 빅데이터 분석, Data Lake 머신러닝 그리고 데이터웨어 하우징뿐만 아니라 분산 분석과 스토리지를 제공한다.
- 컴퓨팅: 가상 머신, 컨테이너, 배치 처리 및 원격 애플리케이션 접근을 제공한다.
- 데이터 스토리지: 범주에는 비정형 및 캐시된 클라우드 스토리지뿐만 아니라 SQL, non-SQL[NoSQL]과 같은 서비스로서 데이터베이스가 포함된다.
- 개발: 서비스는 애플리케이션 개발자가 코드를 공유하고 애플리케이션을 테스트하며 잠재적 문제를 추적할 수 있도록 도와준다. Azure는 JavaScript, Python, .NET 및 Node.js를 포함한 다양한 응용프로그래밍 언어를 지원한다.
- 하이브리드 통합: 서버 백업, 사이트 복구와 프라이빗 및 퍼블릭 클라우드 연결을 위한 서비스다.
- 자격 증명 및 액세스 관리[IAM]: 인증된 사용자만 Azure 서비스를 사용할 수 있게 하고 암호화 키 및 기타 기밀 정보를 보호한다.
- 사물인터넷: 사용자가 센서 및 기타 장치에서 IoT 데이터를 수집, 모니터링 및 분석할 수 있도록 도와준다(5.2절 참조).
- 관리 및 보안: 클라우드 관리자가 Azure 배포를 관리하고 작업을 예약 및 실행하며 자동화를 만들 수 있다. 이 제품 그룹에는 클라우드 보안 위협을 식별하고 대응하는 기능도 포함돼 있다.
- 미디어 및 콘텐츠 전송 네트워크: 주문형 스트리밍, 인코딩 및 미디어 재생 및 인덱싱이 포함된다.
- 네트워킹: 트래픽 관리, 로드밸런싱 및 DNS[Domain Name System] 호스팅 서비

스뿐만 아니라 가상 네트워크, 전용 연결 및 게이트웨이를 포함한다.

- 웹 및 모바일: 웹 및 모바일 애플리케이션 개발 및 배포를 지원하고 API 관리, 알림 및 보고 기능도 제공한다.

Azure 서비스의 전체 목록은 끊임없이 변경된다.

대부분의 클라우드 기반 서비스는 Apple의 iPhone 또는 Motorola Droid와 같이 차량이 스마트폰에 연결 가능할 때 제공된다. 그 이유는 이러한 장치가 원격 서버에서 차량으로 전송되는 정보를 얻는 데 필요한 무선 데이터 연결을 제공하기 때문이다. 이 방식은 스마트폰과 차량 사용자 인터페이스를 연결해 상호작용을 더욱 안전하게 하기 위함이다. 이러한 데이터 스트림을 통해 오늘날의 자동차 제조사와 OEM 및 1차 공급업체의 선도적인 텔레매틱스 시스템은 차량 승객에게 다양한 기능을 제공한다.

커넥티드카 클라우드 플랫폼은 Microsoft와 같은 기술력을 갖춘 대기업으로부터 제공되는 것만은 아니다. 예를 들어 Airbiquity는 기존 및 최근 사용 사례에 대해 자동차 시스템, 커넥티비티 장치, 통신 네트워크, 콘텐츠 제공자 및 백 오피스 IT 시스템에 이르기까지 전체 스펙트럼을 통합하는 개방형 플랫폼 아키텍처인 커넥티드카 클라우드 플랫폼을 가지고 있다. 이 플랫폼은 Choreo라고 부르며, 자동차 OEM들은 혁신적인 커넥티드카 소프트웨어를 고객을 위해 전 세계적으로 배포, 관리 및 동적으로 업데이트할 수 있도록 한다. 그것은 8개의 자동차 브랜드와 전 세계 6백만 대 이상의 자동차에 서비스를 제공한다. 또한 Choreo는 원격 차량 모니터링, 지오펜싱geofencing, 자동 충돌 알림 등 운전자의 안전과 편의 기능을 제공한다.

더 많은 자동차 회사들이 새로운 클라우드 기반 애플리케이션, 리소스, 서비스를 출시함에 따라 클라우드 기술이 현재와 미래에 커넥티드카 소프트웨어에 원동력을 공급하기 위한 가장 좋은 방법이라는 것이 점점 더 명확해질 것이다 (URL13 2017). 그 이유는 다음과 같다.

- 자동차 제조사들은 경쟁적으로 차별화된 기능과 서비스를 기존 그리고 잠재 고객에게 제공하기 위해 더 빠른 소프트웨어 배포의 달성을 원할 경우 반드시 전반적으로 클라우드 기술을 수용해야 한다. 클라우드 기술은 커넥티드카의 소프트웨어 기능과 서비스를 동적으로 효율적인 설정, 확장, 관리 및 업데이트하는 데 유일하게 적합한 기술이다. 일례로 Nissan은

이러한 잠재력을 보고 클라우드 기술을 이용해 NissanConnectSM을 모바일 앱 인포테인먼트 프로그램과 함께 50개국 이상 및 20종 이상의 모델에 16개월만에 배포해 기회를 잡았다. 이러한 종류의 소프트웨어 배포 속도는 클라우드 기반 기술과 서비스 제공 기능을 도입하기 전에는 들어본 적이 없었다.

소비자들 역시 가치를 창출할 수 있는 기회가 많을 것이기 때문에 자동차 제조사들만이 커넥티드카 클라우드 기술의 직접적인 혜택을 받는 것은 아니다. 커넥티드카는 구매 후 소비자의 운전 경험을 향상시키는 데 사용할 수 있는 차량과 운전자에 대한 가치 있는 정보를 지속적으로 제공할 수 있는 능력을 가지고 있다. 자동차 제조사는 차량 및 개별 소비자 주행 습관과 선호도에 대해 더 많이 알게 됨으로써 자동차 딜러, 온라인 서비스 공급업체, 오일 교환을 위한 소매상, 사고 수리, 주차, 음식, 음료 그 외 편의를 위한 아이템과 같이 고도로 개인화되고 관련성이 높은 주행 중심 서비스와 홍보를 만들 수 있다(URL13 2017).

커넥티드 내비게이션, 소셜미디어, 음악 스트리밍, 차량 내 Wi-Fi 등 커넥티드 인포테인먼트 시스템과 함께 자동차 애플리케이션 프레임워크가 등장함에 따라 더욱 발전된 차량 연결 플랫폼과 클라우드 기능이 요구되고 있다. 이로 인해 기존 텔레매틱스 플랫폼의 기능을 훨씬 능가하는 기능을 갖춘 고급 클라우드 기반 커넥티드카 플랫폼이 등장했고 광대역 셀룰러 연결도 요구돼 초기에는 3G이지만 지금은 점점 4G가 증가하고 있고 5G 기반 서비스를 갖추고 있다. 또한 OTA는 빠르게 차량 수명주기 관리의 핵심 도구이자 분석 및 빅데이터 접근 방식을 가능하게 하고 있다. 마지막으로 2015 ABI 기술 분석 보고서 AN-1999에 보고된 바와 같이, 커넥티드카의 에너지, 교통, 스마트 홈과 같은 다른 커넥티드 산업과 통신, 상호작용 및 관계 형성 증가에 따라 클라우드는 자동차가 더 넓은 사물인터넷과 연결할 수 있게 하는 핵심 기술로 빠르게 자리 잡아 가고 있다(URL14 2017). 이 보고서는 또한 일반적인 커넥티드카 클라우드 애플리케이션, 이점, 한계, 제약, 솔루션, 주요 기업 및 애플리케이션과 서비스별 향후 예측에 대해 논의했다.

더욱 발전된 차량 커넥티비티 플랫폼과 클라우드 기능의 등장으로 자동차 제조사는 ADAS, V2X, 5G 커넥티비티, AI, AR[Augmented Reality], 무인 자동차, 전기화 그리고 카셰어링, 라이드셰어링과 같은 MaaS[Mobility as a Service] 패러다임과 새로운 비즈니스 모델을 강하게 하는 IoT와 같은 변화하는 기술들에 더 많은 관심

320

을 기울여야만 한다. 이는 카셰어링과 라이드셰어링과 같은 새로운 비즈니스 모델을 가능하게 한다. Apple CarPlay1과 Android Auto와 같은 제3자 플랫폼은 점점 더 업계를 지배하고 있다.

다음 혁신 단계는 교통 관리, 자동 주차, 날씨 및 HD(고화질) 지도 서비스를 위한 차량에서 클라우드 간 센서 데이터 크라우드소싱과 라이프사이클 및 사이버 보안 관리를 위한 클라우드에서 차량 간 OTA 업데이트가 될 것이다(6장 참조). 따라서 상업적인 커넥티드카 기술은 애프터마켓 차량 텔레매틱스에서 임베디드 커넥티비티, 능동적 안전, ADAS, 군집주행, 자율주행자동차로 진화할 것이다.

5.5 자율주행차

한편 혁신적인 회사들은 자율주행차 또는 무인 운전이라고도 부르는 100% 자율주행차를 가능하게 하는 기술을 만들기 위해 열심히 노력하고 있다. 더욱 일반적인 관점에서 자율주행은 스마트 모빌리티에서 가장 진보된 기술 개발로 볼 수 있다. 자율주행이란 사람의 개입 없이 독립적이고 목적성 있는 차량 주행을 의미한다.

자율주행은 기술적, 법적, 사회적 측면을 신중하게 고려해야 한다. 완전 자율주행을 위한 과정에는 국가 고속도로 교통 안전국NHTSA 자율주행차 시험 및 주행에 대한 지침(NHTSA 2016)에 게시된 바와 같이 차량 기능, 부분 자동화, 고도 자동화 및 완전 자동화 차량 기능에 이르기까지 몇 가지 단계가 필요하다. 각 단계는 다음과 같다.

- 레벨 0: 운전자가 모든 작업을 수행한다.
- 레벨 1: 차량의 자동 시스템이 때로는 운전자 주행의 특정 측면을 보조할 수 있다.
- 레벨 2: 자동화된 시스템은 실제로 주행의 일부를 처리할 수 있지만 사람은 운전 환경을 계속 모니터링하고 나머지 운전 기능을 수행한다.
- 레벨 3: 자동화된 시스템은 실제로 경우에 따라 주행의 일부를 수행하고 운전 환경을 모니터링할 수 있지만, 자동화 시스템이 요청할 경우 운전자는 다시 제어할 준비가 돼 있어야 한다.

- 레벨 4: 자동화된 시스템은 사람이 제어권을 가져올 필요없이 교통을 독립적으로 구동하고 모니터링할 수 있다. 그러나 자동화 시스템은 특정 환경 및 특정 조건에서만 작동할 수 있다.
- 레벨 5: 차량의 자동 시스템은 운전자가 수행할 수 있는 모든 주행을 모든 조건에서 수행할 수 있다.

NHTSA 분류에서 볼 수 있듯이 주로 운전자 또는 자동화 시스템이 주행 환경을 모니터링하는지 여부에 따라 레벨 0~2와 3~5 사이에 차이가 있다. 따라서 원격 및 온보드 하드웨어 및 소프트웨어의 조합으로 구축된 자동화된 차량은 운전자가 주행 환경에 대해 능동적 모니터링 유무에 따라 운전 기능을 수행하는 객체로서 특징을 가질 수 있다. 따라서 레벨 2의 부분적인 자동화의 경우 운전자는 차량을 계속 모니터링해야 한다. 레벨 3과 4의 고도로 자동화된 차량에서 차량은 특정 기간 동안 특정 조건하에서 제어된다. 완전 자동화 수행인 레벨 5에서는 차량이 영구적으로 제어하고 자율주행을 한다. 자율주행차량을 향한 첫 단계는 다음과 같은 기존 차량 안전 및 편의 기능에서 볼 수 있다.

- 자동 제동: 자동 제동의 목적은 매년 많은 수의 치명적인 차량 사고를 예방할 수 있는 가능성과 함께 차량을 더 빨리 정지시키는 데 도움이 된다.
- 차선 이탈 경고LDW, Lane Departure Warning: 4.2.4절, 4.9.1절과 11장 참조
- 자율 주차: 4.9.1절, 10장 참조

이러한 기능이 진정한 자율성을 향해 계속 발전함에 따라 차량 제어를 담당하는 자율주행차량에 내장된 지능형 알고리즘으로 인해 스티어링 휠과 페달이 필요하지 않을 것이라고 예측해볼 수 있다. 자율주행차량에는 360도 시야 내에서 주변 환경을 감지할 수 있는 완전히 통합된 센서 시스템이 있다. 이 통합 센서 시스템에는 다음을 포함해 최대 12개의 차량 통합 센서가 있다.

- 카메라(4.9.2.4절 참조)
- 레이저 센서(4.9.2.3절 참조)
- 라이더LiDAR 센서(4.9.2.2절 참조)
- 레이더 센서(4.9.2.1절 참조)
- 초음파 센서(4.2.6절 참조)
- 비전 센서(4.9.2.5절 참조)

감지된 센서 정보는 데이터 버스를 통해 중앙 제어 장치로 전송되며, 데이터 위치 명령에 따라 다음 주행 시스템을 활성화하는 명령을 내린다.

- 가속
- 제동
- 조향

완전 자율주행차량은 다음과 같은 핵심 기술을 포함해 다양한 기술을 통합함으로 실현될 것이다(Johanning과 Mildner 2015).

- 능동과 수동적 안전
- 능동적 운전 시스템
  - 브레이크
  - 드라이브 시스템
  - 조향
- 클라우드 차량
  - 빅데이터
  - 고장 서비스
  - 차량 정비/수리
  - 차량 관리
- 모바일 장치와의 통신
- 데이터 보안
- 지능형 알고리즘
  - 행동 및 반응 로직: 연료 공급, 내비게이션, 차량 운행
  - 특정 상황의 인식: 사고, 혼잡, 공사 구간, 우회
  - 교통 표지판 탐지
- 내비게이션
- 센서
  - 차량 내부: 카메라, 라이더, 레이더, 음파탐지기
  - 차량 외부
- V2 원격지
  - V2E^{Vehicle-to-Enterprise}

- ○ V2H[Vehicle-to-Home]
- V2V[Vehicle-to-Vehicle] 통신
- V2I[Vehicle-to-Infrastructure] 통신
  - ○ 근거리: 고정된 장치, 시 공공 서비스 및 구조 서비스, 신호 시스템, 교통 관리 시스템
  - ○ 원거리: 상업용 교통 서비스, 교통 상황

앞서 언급한 자율주행 핵심 기술 외에도 정부는 다음과 같은 기존 및 새로운 스마트 공공 인프라로 기술 적용과 통합을 위한 지침으로 법적 요구 사항과 프레임워크 조건을 설정하는 데 점점 더 많은 참여를 해야 할 것이다.

- 스마트 도로: 차량과 모바일 장치에 대한 많은 기술 발전에도, 특히 도로 안전에 관해 차량의 운전 개선에 도움이 될 변화는 거의 없어 보인다. 따라서 도로를 스마트 도로로 전환하는 데 필요한 기술은 다음과 같이 요약할 수 있다.
  - ○ 감응차선[Induction priority lanes]: 전기차 운전자는 이동 중에도 자동차 배터리를 충전할 수 있다.
  - ○ 상호작용 조명[Interactive lighting]: 모션 센서는 차량이 접근하는 도로의 특정 부분에만 조명을 비출 수 있다.
  - ○ 반사점[Reflective dots]: 차량이 표시된 위치를 통과할 때 내장된 광전지 또는 압전 패널에 의해 전력을 공급받는 LED 조명, 센서, 마이크로프로세서 그리고 무선 통신 기능의 통합을 통해 개발됐다.
  - ○ 도로 안전 장치: 도로에서 심각한 부상과 치명적인 충돌을 줄이고자 집중적으로 전략적인 교통 단속 수행 장치이다.
- 스마트 교통 신호: 특정 교통 주기에서 발생하는 트래픽 흐름을 고려한다. 이것은 도시 생활의 질에 놀라운 영향을 미칠 것이다. 센서, 작동기 및 통신 기술을 사용해 차량의 실제 속도를 모니터링하고 신호등과 교차로에서 차량의 도착 시간을 계산한다. 이 계산을 기반으로 차량이 적색 신호 상태에서 녹색으로 변경되면 차량이 신호등에 도달한다고 가정해볼 수 있다(Möller 외 2015).
- 스마트 대중교통 시스템: 도심 전체의 버스 또는 지하철 정류장으로부터 실시간 출발 정보에 접근할 수 있다. 온라인 이동 계획 앱을 사용하면 사용자는 하루의 전체 일정 정보와 그 밖의 필수 기능을 다운로드할 수 있다.

그리 멀지 않은 미래에 자동차 제조사는 정부가 후원하는 정책 및 인프라 계획을 준수하고 이에 참여해야 하는 압력이 점점 커지고 있으며 상황에 따라 현재 필요한 경우도 있다.

이는 필요한 기술이지만 기하급수적으로 많은 돈, 기술 그리고 시간이 사용돼야 오늘날 우리가 알고 있는 커넥티드카에서 미래의 자율주행차로 갈 수 있다(Airbiquity 2016).

이와 관련해 커넥티드 트럭도 디지털화된 차량으로 전환할 수 있다. 이러한 디지털화의 노력의 일환으로는 오픈 소스 플랫폼과 운송업체, 화물 적재, 운송 관리자 그리고 운전자에서부터 수령자까지 공급망 내 관련된 모든 이해관계자의 실시간 네트워크가 있다. 예를 들어 공차 운행 횟수를 줄이고 운행 관련 정보의 활용과 트럭 위치, 운행 시간 등의 수집 데이터를 기반으로 잠재적으로 더 낮은 운송 비용 구성으로부터 운송업체와 같은 관련 모든 사용자들은 이익을 얻을 수 있다. 그러나 이는 완전히 네트워크로 연결된 트럭을 의미하며, 이는 군집 주행 적용의 기초가 되기도 하며, 네트워크로 연결된 트럭은 차량 사이의 매우 짧은 거리(10~12m, 32~39피트)로 서로 밀접하게 따라다니며, 이는 또한 도로에서 차지하는 공간이 줄어든다는 것을 의미한다.

사용된 기술은 무선 연결을 위한 자동차 표준을 기반으로 한다. 차량은 서로 200m 반경 내에서 통신할 수 있으며, 정교한 인프라가 없어도 트럭 군집 주행에 충분하다. 기술 개발 외에도 필요한 법적 프레임워크를 조정해야 한다. 현재 고속도로에서 트럭의 법적 최소 거리는 50m(164피트)이다. 트럭 군집 주행은 교통 안전을 향상시킬 수 있다. 또한 트럭이 일정한 속도로 서로 가까이서 주행하기 때문에 군집 주행으로 인해 비용을 절약할 수 있다. 기술의 다음 큰 단계는 무인, 자율주행 트럭 또는 '오토파일럿'이 차량을 제어하는 자율주행차다. 그러나 실제 트래픽은 복잡하다. 자동차 산업은 지금까지 표면적으로 큰 문제없이 도로에서 자율주행 프로토타입을 실험하고 있다. 그러나 도심 교통은 훨씬 더 어렵다. 반자동 기능은 이제 어느 곳에서나 사용할 수 있다.

일반적으로 자율주행에 관한 우려 섞인 목소리도 있다. 엔지니어와 자동차 제조업체는 오늘날 자율주행으로의 전환이 실질적인 문제라는 데 동의한다. 이는 자율주행차와 운전자가 운전하는 차량이 모두 도로에 있는 시기 동안에 이뤄져야만 한다.

이러한 전환을 일부 차량이 서로 통신할 수 있고 일부 차량은 통신할 수 없는 혼합 교통이라고 한다. 이는 비자율주행에서 자율주행으로 전환되는 것은 상당히 긴 시간 동안 혼합된 교통이라는 특징을 가질 수 있다는 것을 의미한다.

본질적으로 다음과 같은 중요한 윤리적 질문에 답해야 한다.

- 자동차 제조사의 소프트웨어 엔지니어가 삶과 죽음을 결정할 수 있는가?
- 자동차 제조사와 소프트웨어 엔지니어에게 자동차가 놀고 있는 아이를 향해 갈지 아니면 아이 옆 다른 사람을 향해 갈지 결정해야만 하는 지능형 알고리즘에 대해 개발, 구현 그리고 실행하는 것을 허용해야 하는가?

지능형 알고리즘을 갖춘 차량의 컴퓨터가 자동차 제조사와 프로그래머에 의해 탑재된 기술을 기반으로 삶과 죽음을 결정할 수 있는지 여부는 어려운 윤리적 문제다. 결국 개인 운전자는 항상 어려운 결정을 내려야 하며 책임을 져야 한다. 문제는 내장된 소프트웨어가 부정하지 않고 그로 인해 위험하지 않다는 것을 운전자가 어떻게 믿을 수 있느냐는 것이다. Volkswagen 디젤 배출가스 파문은 소프트웨어 알고리즘을 이용해 차량 구매자와 등록 사무소를 모두 속인 채 법적 지침을 어기고 법적 요건을 어떻게 우회할 수 있는지를 보여주는 사례다. 자율주행차에서 그러한 사기가 발생하지 않도록 누가 보증할 것인가?

자율주행에 대한 현재의 논쟁에도 만장일치의 의견은 운전자가 자율주행의 경우 항상 최종 의사 결정자이며 차량을 책임지는 사람이라는 것은 확실하다. 그러나 제52차 샌타클래라 법률 검토 1145에 보고된 바와 같이 자율주행에는 몇 가지 법적 문제가 있다(Beiker 2012). 교통 소송에 대한 전통적인 접근 방식은 사고의 원인이 인적 또는 기술적 실패, 환경 조건 또는 이들의 조합에 원인이 있음을 가정한다. 자율주행차량의 경우 고려 사항이 더 복잡해진다. 차량이 교통을 통해 스스로를 경로 탐색함에 따라 좁은 범위의 상황에서 사고의 원인이 될 수 있는 필수적인 중요한 결정을 내린다. 하지만 이러한 경우에서는 타이어 손상과 같은 식의 반드시 기술적 실패로 분류할 수 없다. 이것은 논쟁의 여지없이 인공지능이 생사의 결과를 가지고 인간을 대신하는 새로운 상황을 보여준다. 법원, 규제 기관 및 대중이 로봇 자동차와 관련된 사고에 어떻게 대응할지는 불분명하다. 자율주행차로의 전환으로 인해 교통 관련 사망자가 전체적으로 훨씬 적다는 것을 알 수 있더라도 과잉 반응은 명백히 위험하다. 이러한 문제를 완화하려면 최소한 연구 및 교육이 필요하다.

자율주행차량을 위해 법원과 대중을 위한 준비 방법의 예는 다음과 같다.

- 자율성이 제한된 광범위한 베타테스트
- 자율주행차를 위한 필수 데이터 기록
- 모의 재판 및 집중 그룹
- 통계적 비교가 가능한 시험 차량 커뮤니티
- 자율주행차에 대한 특별 보험 정책

5.6 GENIVI Alliance

비영리 산업 연합인 GENIVI는 IVI 오픈 소스 개발 플랫폼을 채택하고 요구 사항 및 구현 표준을 설정하며 인증 프로그램을 제공하기 위해 노력하고 있다. GENIVI는 인포테인먼트 애플리케이션을 보편적으로 이용할 수 있도록 엔터테인먼트 및 정보 특징과 기능을 제공한다. GENIVI Alliance는 2009년 독일 하노버에서 개최된 CeBIT 박람회에서 다양한 산업계 8명의 설립 멤버들과 함께 소개됐다.

- 자동차 제조사: BMW, PSA Peugeot Citroen, General Motors
- 1차 공급업체: Delphi, Magneti-Marelli, Visteon
- 운영체제 공급사: Wind River
- 실리콘 공급사: Intel

GENIVI Alliance의 목표는 Linux® 및 IVI 시스템에 필요한 차별화되지 않은 기능을 구현한 오픈 소스 소프트웨어를 기반으로 공통 소프트웨어 플랫폼을 정의하는 것이었다.

자동차 산업 내에서 IVI 공급 및 유지 보수는 많은 자동차 제조사에게 어려운 과제다. IVI 기능 및 애플리케이션에는 일반적으로 다음을 포함한다.

- 연결 및 외부 통신
- 모바일 장치 및 인터넷 연결
- 엔터테인먼트, 라디오 및 미디어 플레이어
- 탐색 및 위치 기반 서비스

이러한 기능 중 일부는 자동차 애플리케이션에 고유하지만 대부분 비자동차 소비자 부문의 영향을 받는다. 따라서 오픈 소스 소프트웨어 개발 모델을 채택하고 관련 산업 간 기술 혁신의 이전을 가능하게 하는 것은 논리적인 결과였다. 그러므로 IVI 시스템과 원활하게 상호작용할 수 있는 최신 기능이 풍부한 스마트폰의 개발과 함께 혁신적인 인포테인먼트 시스템이 오늘날 자동차 구매 결정에서 점점 더 큰 역할을 하고 있다. 결과적으로 GENIVI Alliance는 다음과 같은 IVI 스택의 사전 경쟁 구성 요소 개발 및 제공에 집중한다.

- Linux 기반 핵심 서비스
- 미들웨어
- 개방형 응용 계층 인터페이스

역사적으로 자동차 산업과 관련해 자동차 제조업체는 전체 IVI 스택에서 경쟁했다. 그러나 많은 부분이 고객의 관점과 차별화되지 않는다. 따라서 GENIVI Alliance의 논리는 IVI 스택의 어느 영역이 차별화되지 않는지 파악하고 OEM이 솔루션 스택의 상위 레벨에서 비자동차 사업에서 계속 경쟁할 수 있는 수준의 표준화를 도출하는 것이었다.

IVI 제품 개발 중에 OEM 또는 1차 공급업체는 GENIVI가 주도하는 차별화되지 않는 미들웨어 위에 나머지 솔루션을 구현한다. 이러한 접근 방식을 통해 전통적으로 폐쇄된 자동차 산업에서 일하기가 어려운 개발자들이 서로 소통하고 함께 작업할 수 있다. 한편 GENIVI는 180개 이상의 자동차 산업 기업에서 자동차 전자 사업, 특히 인포테인먼트 사업에 오픈 소스 소프트웨어의 보급을 추진하고 있다.

GENEVI Alliance 회원들은 오픈 소스 개발 프로젝트에서 코드를 생산하고 유지하며, 동시에 기술 워크그룹에서 협력해 상업적 구현의 생산 단순화를 목표로 기술 요구 사항과 인터페이스를 결합한다. 앞서 말한 바와 같이 GENIVI는 재사용 가능한 오픈 소스 플랫폼을 제공해 산업 전반에 더 빠른 혁신과 소프트웨어 개발 비용을 절감할 수 있는 경쟁 환경을 제공한다. Linux는 플랫폼의 기본이며, GENIVI 구성원이 정의하고 구현하는 모든 소프트웨어 구성 요소는 GENIVI 저장소의 Linux 재단을 통해 운영된다.

GENIVI 회원은 또한 기존의 오픈 소스 프로젝트에 직접 참여해 자동차 관점과 요구 사항을 도입한다. 150개가 넘는 소프트웨어 프로젝트가 소위 GENIVI 베이스라인을 구성하며, 1차 공급사와 OEM은 OEM의 시스템 요구 사항을 충족하기 위해 오픈 소스 및 비공개 소스 코드를 추가한다. 코드가 존재하지 않는 경우 GENIVI는 필요한 소프트웨어를 개발하기 위해 새로운 오픈 소스 프로젝트를 후원하고 시작한다. GENIVI 베이스라인은 조직이 제품 개발 및 상업 활동에 사용할 수 있는 재사용 가능한 플랫폼 역할을 한다.

이러한 협회가 시작된 지 9년이 지난 오늘날, 자동차 회사들과 공급업체들은 IVI를 위한 오픈 소스 미들웨어 플랫폼을 채택하는 것을 포함해 GENIVI의 오픈 소스 접근법의 이점을 얻고 있다. 예를 들어 Bosch Car Multimedia는 자동차 고유 장비 사업에 사용되는 엔터테인먼트, 내비게이션, 텔레매틱스 및 운전자 지원 기능을 위한 스마트 통합 솔루션을 개발한다. 좀 더 구체적으로 커넥티드카의 인포테인먼트에 대한 Bosch의 요구 사항에는 다음과 같은 필수 기능이 포함됐다.

- 애플리케이션 프레임워크
- 클라우드 접근
- 관련 보안 및 개인 정보 요구 사항 관련한 단일 기능의 빠른 업데이트
- 스마트폰 통합

그러나 품질, 안전성, 비용, 변경 관리성 및 출시 시간에 대한 전통적인 요구 사항은 여전히 유효하다. 위의 요건에 근거해, 커넥티드카가 가능하도록 하는 소프트웨어의 제공을 위한 새로운 접근법이 요구됐다. Bosch가 개발한 IVI 시스템에는 MirrorLink®와 Apple CarPlay는 물론 통합된 Bluetooth® 핸즈프리 키트가 포함돼 있다. 유럽에서 방송되는 오디오 스트리밍과 디지털 오디오는 음악을 차량으로 송신한다. 추가 기능으로는 7인치(0.1778m) 터치스크린, 스티어링 휠 컨트롤, 음성 컨트롤 등이 있다.

5.7 사례 연구

다음 절에서는 V2X 기술과 관련해 자동차 회사와 통신 회사가 협업 중인 일부 선별적인 응용 사례에 대한 통찰을 제공한다. 이 사례에는 차량 연결 허용하고, 교통 체증을 줄일 수 있는 잠재력을 가지고 주변 조건이나 위험에 대해 운전자에게 경고하거나 알림 기능을 제공하며, 사고를 예방하고 생명을 구하기 위한

사례가 있다.

선택된 사례 연구는 멀지 않은 미래에 차량이 어떻게 우리와 대화할 뿐만 아니라 차량 간 그리고 도로와 소통할 수 있는지를 보여준다.

5.7.1 BMW ConnectedDrive Store

BMW는 ConnectedDrive Store를 개발하고 테스트해 사용자가 BMW 차량에 대한 모든 가능한 서비스와 차량 IT 기능을 구매할 수 있도록 한다. BMW는 ConnectedDrive Store에서 쿠키를 사용해 저장된 설정에서 운전자의 데이터, 연락처 및 장소를 사용해 운전자와 승객에게 BMW 차량으로 운전할 수 있는 최상의 서비스를 제공한다. 쿠키는 개인 페이지 설정 및 자격 증명과 같은 정보가 포함된 사용자 컴퓨터 또는 모바일 장치에 웹사이트로 인해 저장되는 작은 파일이다.

BMW ConnectedDrive는 차량, 운전자, 승객 및 외부와의 지능형 네트워크의 중심을 형성한다. 디지털 서비스, 스마트 앱 및 지원 시스템은 더욱 편안하고 즐거움과 보안을 강화한다. 여기에는 모바일 오피스 접근, 소셜 네트워크 접속, 또는 집에서 인터넷을 통해 구글 맵에서 차량으로 경로를 전달하는 등 다양한 차량 IT 기능이 포함된다. 일반적으로 BMW ConnectedDrive Store에서 제공하는 디지털 서비스는 다음과 같은 중요한 모든 것과 운전자를 연결한다.

- Send to car: 스마트폰 앱 또는 웹의 어떤 대상을 통해 데이터가 차량 및 통합 내비게이션 시스템으로 완벽하게 전송된다. 저장된 회의 그리고 원하는 도착 시간 등 스마트폰 캘린더에 저장된 데이터도 현재 교통 상황에 따라 출발 권고는 물론 BMW ConnectedDrive 서비스로 자동 전송된다.
- Time to leave: BMW ConnectedDrive 서비스는 iPhone 또는 Apple Watch를 통해 원하는 시간에 다음 목적지에 도달하기 위한 이상적인 출발 시간을 사용자에게 알려준다. 시스템은 운전자의 위치에 따라 실시간 교통 데이터에 기초해 제안된 출발 시간을 계산한다.
- Last mile route: BMW ConnectedDrive의 Last mile route 기능을 통해 약속 시간에 맞춰 편안한 도착이 가능하다. 목적지에 도착한 후, 운전자는 주차된 차량에서 최종 회의 장소까지 iPhone을 또는 Apple Watch와 조합해 경로를 안내한다.

- Personal learned destination: BMW ConnectedDrive 서비스 앱은 운전자의 사용 패턴을 통해 학습되며 자주 방문하는 목적지를 개인 이동 계획에 자동으로 추가할 수 있다. 따라서 한 번의 클릭으로 모든 것이 차량의 통합 내비게이션 시스템으로 전달될 수 있으므로 더 이상 수동 입력이 필요하지 않다.

- Remote services: BMW ConnectedDrive 서비스 앱의 원격 기능을 사용하면 차량 잠금 또는 잠금 해제와 같은 먼 거리에서 차량의 다양한 기능을 제어할 수 있다. 이것은 긴급 상황이 발생할 경우 완벽한 지원 서비스다. 운전자가 차량으로 해외 여행을 하면서 차 키를 차량 내 두고 점심 식사를 위해 식당에 갔다고 가정한다. 그 사이 차량은 잠겼고 차량으로 돌아온 후 운전자는 문제를 발견했다. 그는 스마트폰 덕분에 뮌헨의 BMW ConnectedDrive 서비스에 전화를 걸어 도움을 요청한다. 서비스 직원은 BMW에 내장된 SIM 카드를 통해 ConnectedDrive로 차량을 차단 해제할 수 있다. 운전자는 차량에 접근해 여행을 계속할 수 있다.

- BMW ConnectedDrive 서비스 앱은 고객 포털을 통해 연료 수준 및 잠재적 주행 거리 또는 창문과 문 상태와 같은 차량 정보를 검색할 수 있는 기능도 제공한다. 또한 프로그램 가능한 온도 조절 및 충전 타이머는 BMW가 월요일부터 금요일까지 매 주행을 위해 완벽하게 사전 준비되고 완충될 수 있게 해준다. 차량의 현재 위치는 BMW ConnectedDrive 서비스 앱의 지도에서 쉽게 확인할 수 있다. 또한 운전자가 가까이 있는 경우 경적을 원격으로 활성화하거나 전조등을 깜박여 차량을 찾을 수도 있다. 따라서 운전자는 항상 멀리서도 차량 위치를 알 수 있으며 스마트폰 또는 스마트 워치에서 모든 정보를 한눈에 볼 수 있다. 이 기능을 사용하려면 BMW ConnectedDrive 서비스 고객 포털(www.bmw-connecteddrive.com)에서 원격 서비스를 한 번 활성화해야 한다.

또한 BMW ConnectedDrive Store는 다음과 같은 디지털 서비스를 제공한다.

- 커넥티드 홈
- 운전 프로파일
- 모바일 오피스(자세한 내용은 위를 참조)
- 음악 및 엔터테인먼트

- 좋은 여행, 편안한 도착
- 주차 정보
- 검색, 찾기, 발견
- 고도로 자동화된 주행: BMW Active Assist는 안전성과 안락함 및 효율성을 높이기 위해 일부 고도로 자동화된 주행을 가능하게 하는 기술이다. 즉, 특정 상황에서 차량이 완전히 또는 부분적으로 운전 기능을 수행한다. 따라서 BMW Active Assist에는 총 4개의 레이저 스캐너가 있어 다른 물체까지의 정확한 거리를 측정하고 차량의 전체 환경뿐만 아니라 크기와 속도를 감지한다. 레이저 스캐너는 차량의 앞, 뒤, 왼쪽 및 오른쪽에 위치해 있다. 따라서 차량은 통과할 수 있고 장애물이 없는 영역의 시야를 확보한다. BMW Active Assist의 다음 주요 목표는 국경을 넘어 운전하거나 도로 공사 현장을 통과하는 주행과 같은 유럽 고속도로의 모든 해결 과제에 대해 고도로 자동화된 운전을 가능하게 하는 것이다. 이 고속도로 주행 기능은 2020년까지 순차적으로 BMW 차량에서 가능하게 될 예정이다.
- 지능형 응급 전화: 에어백 전개 시 지능형 응급 전화 서비스는 사고에 대한 데이터를 전송하고 운전자의 휴대전화에 관계없이 차량에 설치된 통신 장치를 통해 BMW 콜 센터로 자동 긴급 비상 전화를 건다. 이 서비스는 국내외에서 동작한다. 특별히 훈련을 받은 직원이 가능하면 사고자의 모국어로 발신자와 통화하고 구조 담당자에게 알린다.
- 실시간 교통 정보: 운전자에게 현재 교통 상황을 실시간으로 제공한다. 또한 시스템은 예상 지연을 계산하고 새로운 경로에 대한 권고를 표시한다.따라서 운전자는 계획된 경로 및 대체 가능한 경로의 교통 상황에 대해 항상 정확하게 정보를 받고 정체 및 차단된 경로에 대처하고 회피할 수 있다.

BMW ConnectedDrive Store에서 제공하는 기타 서비스는 다음과 같다 (Johanning과 Mildner 2015).

- 컨시어지 서비스: BMW ConnectedDrive 서비스는 'i' 키를 이용한 서비스 정보 콜Information Call과 버튼에 툴 기호가 있는 브레이크다운 콜Break Down Call, 사고 발생 시 자동으로 도움을 요청하는 비상 통화eCall 기능을

제공한다. 콜 센터 관련 추가 기능으로 관심 있거나 또는 그 밖의 이유로 위치를 찾는 POI^{Point Of Interest}도 컨시어지 서비스의 일부다. POI와 관련해 가장 가까운 레스토랑, 호텔, 주유소, 병원, 약국 등을 찾을 수 있으며, 현재 위치와 가까운 주차 공간으로의 경로 안내가 가능하다.

- 온라인 엔터테인먼트: 이 서비스는 BMW 협력업체로부터 직접 주문해 음악을 차량으로 온라인 다운로드할 수 있는 기능을 제공한다. 다운로드한 음악은 차량의 하드디스크에도 저장될 수 있다.
- 원격 서비스: 여기에는 앱으로 원격으로 작동하는 모든 차량 관련 IT 기능이 포함된다.

5.7.2 Mercedes COMAND Online

Mercedes Cockpit Management 및 Data System(COMAND 또는 COMAND Online)은 자동차 산업 분야에서 최초 완전 통합 텔레매틱스 시스템인 Mercedes의 통신 및 내비게이션 시스템 브랜드 이름이다. COMAND Online은 차량의 인터넷 연결, 인포테인먼트, 멀티미디어, 음성 인식 및 전화 통신을 위한 솔루션을 제공한다. 실제 버전은 커넥티드카에 대해 많은 것을 포함해 기본이 되고 있는 New Telematics Generation^{NTG} 4.5다. 일반적으로 Mercedes COMAND Online은 오디오(휴대폰, 라디오, CD/DVD, 선택 사양인 TV 수신으로부터 음악 스트리밍), 전화 및 탐색 기능을 결합한다. 또한 인터넷 브라우저 및 다양한 인터넷 서비스를 제공한다(URL15 2017, URL16 2017).

- Facebook 클라이언트: 일례로 핀월이나 뉴스를 한눈에 볼 수 있다. COMAND Online은 미리 작성된 텍스트 블록이나 사용자 설정 텍스트를 사용해 특정 상태 메시지를 보낼 수도 있다.
- Google 로컬 검색: Google 실시간 교통 정보, Google 지도 및 Google Street ViewTM에 접근할 수 있다.
- 주차 정보
- 날씨 지도: 독일과 유럽용이다.

전체 인터넷 연결은 Bluetooth® 연결 스마트폰을 통해 실행된다. Mercedes-Benz는 내구성 좋은 내장형 SIM 카드 옵션을 선택했다. 그러나 사용자는

Bluetooth®(SAP 프로파일)가 있는 전화 모듈 옵션을 사용해 별도의 SIM 카드를 차량에 삽입하고 브로드캐스트 트래픽을 실행하게 할 수 있다. 다른 자동차 제조업체와 마찬가지로 긴급 통화 기능도 장비의 일부다. 에어백 또는 벨트 텐셔너를 작동시킨 후 Mercedes 긴급 콜 센터는 COMAND Online 휴대전화 또는 전화 모듈을 통해 탑승자와 음성 연결을 시도하고 차량의 GPS 위치를 전송한다. 운전자는 또한 긴급 상황을 수동으로 처리할 수 있다.

USB 포트는 암레스트에 표준 기능으로 장착돼 있다. 특별 옵션 장비인 SPLITVIEW를 사용하면 운전자와 조수석 승객이 COMAND Online 디스플레이에서 다른 매체를 동시에 사용할 수 있다. 예를 들어 차량 운전자는 자신의 관점에서 제어 및 디스플레이 시스템에 대한 정보를 가지며 승객은 동일한 화면에서 영화를 볼 수 있다.

Mercedes COMAND Online은 다음과 같은 기능도 제공한다.

- 인터넷 및 앱
  - ○ HRS 호텔 검색기 및 교차 거래 정보: 현재 도로의 교통법, 최고 속도, 통행료/유료 도로 등에 대한 정보를 제공한다.
  - ○ 뉴스 속보: 경제 또는 국내 화제와 같은 이슈별로 일반적인 선택을 제공한다. 운전자가 특히 관심 있는 메시지를 찾을 경우 메일을 통해 메시지를 전송하거나 큰 소리로 읽어 줄 수도 있다.
  - ○ 주식 시장 정보
- 인터넷 브라우저: 웹 브라우저는 도로 안전상의 이유로 차량이 정차된 경우에만 작동하지만 엔진이 작동 중이어야 한다. 운행 중에는 날씨 표시 또는 Google 지역 검색 기능과 같은 특정 Mercedes 앱만 작동한다(예외: 승객은 SPLITVIEW를 통해 인터넷을 검색할 수 있다).
- 웹 라디오: 인터넷을 통해 라디오를 수신하고 FM 대역을 통해 수신할 수 있는 라디오 방송국과 관련 없이 동작하기 위해 현재 위치에서 더 많은 음악, 스포츠, 팟캐스트 등을 운전하는 동안 검색할 수 있을 뿐만 아니라 더 많은 음악을 검색할 수 있다. 운전자가 선호하는 스테이션을 검색한다.
- 내비게이션: 내비게이션 시스템의 사용자 인터페이스가 동작한다. 드라이버를 확실하게 안내한다. 운전자는 다른 지도 표현(2D, 3D 등)을 선택하고 전환할 수 있으며 실제 방향을 포함해 화면에 표시할 정보를 지정할 수 있다. 대체 경로는 언제든지 결정할 수 있다. 도착 시간 목적지까

지 거리와 같은 간단한 경로 정보를 표시할 수 있으며 음성 명령을 통해 읽을 수도 있다. 고속도로 출구의 경우 분할 화면 위저드가 있다. 왼쪽은 경로를 계속 표시한다. 오른쪽에는 출구를 표현한 별도의 창이 표시된다. 여전히 Navteq의 TMC Pro 정보를 기반으로 교통사고에 대한 경로 계산과 결정 기능이 제공된다. Mercedes-Benz는 TomTom LIVE를 내장해 교통량 계산을 대체했다.

- 음성 제어 및 전화 통신(핸즈프리): 음성 제어 시스템을 사용해 LINGUA TRONIC, 오디오, 전화 및 내비게이션 기능을 제어할 수 있다. 라디오나 CD에서 방송국 또는 다음 트랙을 음성으로 변경할 수 있다. 내비게이션의 목적지는 음성으로 입력할 수 있으며 이동 시간 및 도착 시간과 같은 경로 정보를 읽을 수 있다. 그러나 교통 정보는 음성 명령으로 호출할 수 없다. Mercedes COMAND Online 컨트롤러를 통해 활성화해야 한다.

- 라디오, CD 및 오디오 스트리밍: 운전자의 스마트폰에 있는 오디오 스트리밍 및 음악 재생은 Mercedes COMAND Online을 통해 가능하다. 이를 위해서는 스마트폰을 Mercedes COMAND Online에 연결해야 Bluetooth® 오디오 장치로 별도로 음악을 다시 재생할 수 있다. 이를 위해 스마트폰은 블루투스 오디오 장치로서 음악을 별도로 다시 재생하기 위해 반드시 Mercedes COMAND Online에 연결돼야 한다.

- 안전 보조: Mercedes는 수동 그리고 능동형 안전에 있어 선도적이었다. 예를 들어 DISTRONIC PLUS(Mercedes의 ACC 기능)는 차량의 안전 수준을 자동으로 유지해 필요한 경우 차량이 제동을 걸고 운전자가 스티어링 휠을 건드리지 않아도 자동으로 차량을 따라간다.

- 차선 이탈 경고LDW 및 차선 변경 보조LCA: 두 기능 역시 포함돼 있다.

또한 Mercedes Intelligent Drive 시스템은 모든 범위의 고급 운전 보조 기능을 입증하고 국토 횡단과 도심 교통 모두에서 이미 고도의 자동화가 가능함을 보여준다. 그러나 자율주행이 가능하고 광범위하게 활용되기 이전 광범위한 준비가 필요하다. 요구되는 정밀도를 가진 기존 자료가 없기 때문에 HD 맵의 제작이 이에 포함된다(URL17 2017). HD 매핑 기술은 항공 이미지와 항공 LiDAR 데이터, 모바일(구동) LiDAR 데이터를 통합해 절대범위 7cm 미만의 정확도와 함께 자율주행차에 특별히 초점을 맞춘 표준화된 고정밀 3D 기반 맵을 만든다. Mercedes는 경로를 따라 도로를 스캔하고 이미지 데이터를 수집하는 스테레오 카메라와 함께 고정밀 지도를 내장했다. 정밀도가 높은 GPS 정보와 위치 데이터를 결합해 기존 맵 대신 세상의 3D 모델에 더 가깝게 고도로 정밀한 도로의 표현을 생성한다. 정확도를 높이기 위해 경로를 여러 번 주행해 필요한 수준의 데이터를 제공하지만 차량이 특정 시간 동안 동일한 도로로 주행하지 않을 것이기 때문에 기록된 데이터가 반드시 필요한 수준으로 최신이 될 수는 없을 것이다. 맵의 정확도를 높이기 위한 실제 개발 개념은 자체 학습 알고리즘을 통해 완성됐다. 초기 목표는 차량이 자체 고정밀 맵을 작성하도록 하는 것이었다. 테스트 차량에는 필요한 센서와 컴퓨터 장비가 장착됐다. 주행하며 도로와 그 주변 환경을 초정밀하게 표현하면 이를 통해 데이터를 수집했다(URL15 2017).

5.7.3 HERE: 완전 자율주행을 위한 디지털맵

자율주행은 자신의 위치를 정확하게 결정할 수 있어야 한다. 따라서 이를 돕기 위해 인터넷을 통해 업데이트되고 활용 가능한 초정밀 맵이 작성됐다. 이로 인해 완전 자율주행이 다양한 상황과 여행 시 높은 수준의 지원을 제공하거나, 교통 체증 및 외 예상치 못한 상황에서 추가 지원 기능으로 도입될 수 있다. 그러나 과거 연장선상에서 보면 이전 무사고 주행을 목표로 했던 안전 혁신의 모든 것에 최고 정점이며 이는 여전히 미래의 비전이다.

자율주행 시 차량은 앞선 차량을 완만히 구부러진 도로에서도 따라가게 하며 도로의 속도 제한을 감지하고 속도가 초과되지 않도록 한다. 그러나 자율주행에 있어 아직 해결되지 않은 문제는 자율주행과 비자율주행차량이 동일한 도로의 인프라를 동시에 공유하는 혼잡한 교통 상황이다.

몇 년 전 일부 자동차 제조사들은 자율주행차는 센서가 추가적인 처리를 한다고 가정할 때 턴바이턴$^{turn-by-turn}$ 내비게이션과 앱에서 사용할 수 있는 오늘날의 저화질 지도를 사용해 차량의 위치를 스스로 찾을 수 있을 것이라 추정했다. 그들은 명확한 도로 표시를 통해 시각 센서가 자율주행차를 차선 내에서 안전하게 유지하고 정지 신호와 출구를 나타내는 실선 또는 점선을 발견할 수 있다고 가정했다. 그러나 문제는 도로 표시가 눈에 덮이거나 마모돼 사라질 수 있기 때문에 자율주행차량은 모든 환경에서 안전하게 작동해야 한다는 것이다.

최신 LiDAR는 이러한 조건에서 필요한 만큼 정확하지 않을 수 있다(4.9.2.2절 참조). LiDAR는 대상을 레이저로 쏘고 광원으로 빛이 되돌아오는 데 걸리는 시간을 측정해 거리를 계산한다. 레이더[Radar]는 동일하지만 전파를 기반으로 한다(4.9.2.1절 참조). 자율주행차에서 LiDAR 및 레이더의 유효 범위는 약 50m(164ft)이지만 비가 오거나 전방 차량으로 인해 물체가 가려질 때 크게 줄어들 수 있다. 고속도로 속도로 주행하는 최첨단 차량조차도 약 1.5초 간격으로 전방의 물체를 감지할 수 있다.

따라서 자율주행차는 최대한 많은 센서를 사용할 수 있지만 초정밀 HD 맵이 없으면 정확한 위치를 파악할 수 있는 능력이 없다(URL18 2016). 예를 들어 자율주행차는 전문 운전자의 조작 영역 수준으로 스티어링 휠을 돌리는 순간을 정확히 알 수 없다. 디지털 주행 명령은 매우 정밀해야 한다. 게다가 맵 데이터 외에도 자율주행차 내 다양한 센서는 자율주행에 필수적인 주변 환경에 대한 중요한 정보를 제공한다. 또 다른 예는 자율주행차를 도로의 반대편에 위치시킬 수 있는 몇 미터의 오류다. 상용 GPS 시스템은 약 5m(16ft)까지만 정확하지만 도시 지역에서는 50m(164ft)까지 잘못될 수 있으며 터널에서는 완전히 동작하지 않을 수 있다.

하지만 HD 맵은 다양한 센서와 함께 동작하며 센티미터 수준으로 차량을 위치시킬 수 있는 소위 지역화 계층[localization layer]이라고 하는 기능을 포함하고 있다.

독일 자동차 회사들, 즉 Audi, BMW 그리고 Daimler의 컨소시엄이 소유하고 개인과 회사에 지도 데이터와 관련 서비스를 제공하는 회사인 HERE는 HD 맵을 위한 여러 계층의 실험을 하고 있다. 실험 중 하나는 차량과 매핑돼 찍힌 이미지로부터 다리, 도로 표지판 그리고 가드레일과 같은 특징을 추출하고 차량이 소유한 카메라를 통해 보는 것과 비교하는 것이다. 자율주행차를 오랫동안 테스트해 온 Google은 HERE와 비슷한 방식으로 지역화 계층을 구축한다. HERE에는 인공지능[AI]을 사용해 카메라 및 LiDAR 기술로부터 특징을 식별해 수십억 개의 3D 점을 수집하고 차선 수와 폭까지 노면을 모델링하는 시스템을 시험하고 있다. 이제 자율주행차를 도로에 10~20cm의 정확도로 위치시킬 수 있다. HERE는 도로의 경사 및 곡면, 차선 표시, 표지판과 같은 것이 무엇을 의미하는지 도로변 사물과 같은 중요한 세부 사항을 포착한다. HERE의 AI 시스템은 사진에서 도로 표지판과 신호등을 식별할 수 있다. 그런 다음 인간은 결과를 수정 및 최적화하고 오류를 확인한다. 현재 지도가 완전히 최신 상태가 아니라고 가정하면 다음 작업은 가능한 한 정확하게 지도를 유지하는 것이다. 그러나 차량 센서는 존재하는 불일치 부분을 처리할 수 있을 정도로 견고해야 한다. 부분적인 해결책은 내비게이션을 위해 수백만 명이 사용하는 스마트폰과 커넥티드카 시스템의 디지털 추적을 활용하는 것이다.

HERE는 지속적인 HD 맵 개발을 위해 차량의 위치, 속도 및 방향으로 구성된 약 20억 개의 개별 데이터를 매일 수신한다. 이 데이터는 도로 환경에 대한 실시간 데이터 및 차선 수 및 그 폭까지 도로 표면을 모델링하는 기초 역할을 한다. 도로 경사와 곡면, 차선 표시, 표지판이 무엇을 의미하는 지를 포함해 표지판 등의 도로변 물체들의 중요한 세부 사항을 수집한다. 이 기술은 1999년 HERE에서 특허를 취득했고 Electronic Horizon이라 부른다. 예를 들어 이를 통해 차량의 크루즈 컨트롤을 조정할 수 있도록 하거나 경사와 도로의 곡면, 교통 신호 그리고 차선 정보와 같은 지도 내 포함된 도로 속성을 기반으로 더 좋은 연비 효율을 낼 수 있도록 한다.

한편 HERE의 Electronic Horizon은 차량의 ADAS가 운전자의 개입 없이 더욱 지능적이고 정보에 기반한 결정을 내릴 수 있도록 클라우드에서 자세한 도로 네트워크 정보를 처리하고 표시하는 임베디드 소프트웨어 솔루션이다. 이 소프트웨어는 상세한 도로 특성을 갖는 맵 정보를 차량이 실행 가능한 데이터로 변환한다. 이 정보는 차량과 운전자 모두에게 연관된 예측 정보와 함께 제공되며 이를 통해 주행 결정을 보조하고 차량 기능을 향상시킬 수 있어 차량 온보드 센서가 인지할 수 있는 것 이상으로 차량의 인식을 확장시키는 데 활용된다. HERE의 Electronic Horizon을 통해 지도는 차량 내 ADAS 및 고도로 자동화된 주행 솔루션을 위한 추가 센서 역할을 할 수 있다(URL19 2017).

이러한 실시간 업데이트는 예를 들어 새로운 포트홀이 발생한 도로를 따라 주행할 경우 차량에 미리 전송될 수 있다. 센서가 차량의 즉각적인 주변 환경에 대한 정보를 알려주는 반면, 실시간 맵 데이터의 사전 경고는 차량이 도로 변화에 대해 적시에 대응할 수 있게 해준다.

또한 HERE는 SENSORIS라고 부르는 범용 데이터 포맷의 설계와 관련해 차량 대 클라우드 데이터에 대한 글로벌 표준을 제정하기 위한 노력의 중요한 진전을 발표했다. 이는 커넥티드카에 의해 수집된 차량 센서 데이터가 처리와 분석을 위해 어떻게 클라우드로 전송돼야 하는지에 대해 최초의 공개 사양을 발표한 2015년 6월 HERE에서 시작됐다. HERE는 이제 지능형 전송 시스템을 위한 유럽 공공-민간 파트너십인 ERTICO-ITS Europe에 범용 데이터 형식

SENSORIS의 설계를 제출했다. ERTICO-ITS Europe은 SENSORIS를 혁신 플랫폼으로 계속 사용해 자동차 산업 전반에서 널리 사용되는 표준 인터페이스 사양으로 발전시키기로 합의했다. 차량 내부 센서와 전용 클라우드 그리고 클라우드 간 정보 교환을 위한 표준화된 인터페이스를 정의하는 것은 광범위한 접근, 전달 그리고 차량 센서 데이터의 처리가 가능하게 되고 모든 사업자 간 손쉽게 차량 센서 데이터를 교환할 수 있게 하며 모빌리티 서비스와 자율주행에 핵심인 풍부한 위치 기반 서비스를 가능하게 한다. 현재까지 11개의 주요 자동차 제조사와 공급업체가 ERTICO의 협조하에 SENSORIS Innovation Platform에 합류했다. AISIN AW, Robert Bosch, Continental, Daimler, Elektrobit, HARMAN, HERE, LG Electronics, NavInfo, PIONEER 및 TomTom이 해당 업체들이다. 더 많은 조직이 곧 이 플랫폼에 참여할 것으로 예상된다.

또한 HERE는 커넥티드카의 온보드 센서에서 생성된 실시간 데이터를 활용해 도로 환경을 실시간으로 묘사하는 Open Location Platform에 대한 개요를 설명했다. 운전자는 교통 상황, 잠재적인 도로 위험, 교통 표지판 및 도로 주차에 관한 정보를 제공하는 4가지 서비스를 통해 도로에 대해 높은 수준의 시야를 확보할 수 있다. 목표는 운전자가 더욱 정확한 운전 결정을 내릴 수 있도록 좀 더 정확하고 시기 적절한 정보를 제공받는 것이다. HERE는 2017년 상반기까지 자동차 산업 내외의 모든 고객에게 서비스를 상업적으로 제공할 계획이다.

서비스는 다음과 같다.

- HERE 실시간 트래픽: 차세대 HERE의 실시간 트래픽 서비스인 HERE 실시간 트래픽은 새로운 데이터 스트림으로 강화된 실시간 트래픽 정보를 제공한다. 이를 통해 향상된 커버리지 및 위치 정확도의 하드 브레이킹 경고, 교통 정체 주의jam tail warnings의 표시와 더욱 정확하고 상세한 데이터(하위 간선 도로에도 해당)를 통한 교통 흐름에 대해 높은 수준의 품질과 낮은 지연율을 갖는 정보를 제공한다.
- HERE 위험 경고: 미끄러운 도로 및 가시성 감소 등의 기상 이변 및 사고와 같은 잠재적 위험에 대한 고품질의 실시간 정보를 제공하는 서비스. 이 서비스는 실시간의 풍부한 센서 데이터에 의해 제공되므로 위험의 유효성은 경쟁 서비스보다 품질이 우수하고 신뢰할 수 있다.
- HERE 도로 표지판: 영구 및 임시 속도 제한을 포함해 거의 실시간 교통 표지판 정보를 제공하는 서비스로 운전자 및 어댑티브 크루즈 컨트롤과 같

은 커넥티드 ADAS가 장착된 차량에 유용하다.

- HERE 거리 주차: 각 도로 주변 주차 허용 또는 불가한 도로, 각 도로별 주차 가능 여부 예측과 주차 시간 추정 및 운전자 데이터 기록을 기반한 일별 특정 시간 그리고 유료, 무료 또는 낮은 주차 비용을 포함한 도로 정보를 운전자에게 제공하는 서비스

HERE는 이 4가지 서비스를 모든 자동차 제조업체, 지방 자치 단체, 도로 기관, 스마트폰 제조사 또는 앱 개발자에게 라이선스를 부여할 계획이다. 커넥티비티 및 차량 센서 기술이 산업 전반에 걸쳐 널리 보급됨에 따라 HERE는 다른 자동차 제조사도 차량 데이터를 제공할 수 있도록 할 예정이다. 이 서비스를 제공하기 위해 Audi, BMW 및 Mercedes-Benz 차량에서 사용하려는 HERE 데이터는 운전자의 프라이버시를 보장하기 위해 개인 식별자 없이 익명화 처리될 것이다(URL18 2016; URL20 2017).

5.8 연습 문제

- 사이버 물리 시스템이란 용어는 무엇을 뜻하는가?
- 사이버 물리 시스템의 특성을 설명하라.
- 사이버 구성 요소라는 용어는 무엇을 뜻하는가?
- 사이버 구성 요소의 특성을 설명하라.
- 물리적 구성 요소라는 용어는 무엇을 뜻하는가?
- 물리적 구성 요소의 특성을 설명하라.
- 무선 센서 네트워크라는 용어는 무엇을 뜻하는가?
- 무선 센서 네트워크의 특성을 설명하라.
- 플랫 네트워크 아키텍처라는 용어는 무엇을 뜻하는가?
- 플랫 네트워크 아키텍처의 특성을 설명하라.
- Bellman-Ford 알고리즘이라는 용어는 무엇을 뜻하는가?
- Bellman-Ford 알고리즘의 특성을 설명하라.
- Dijkstra 알고리즘이라는 용어는 무엇을 뜻하는가?
- Dijkstra 알고리즘의 특성을 설명하라.

- 공유 센서 네트워크라는 용어는 무엇을 뜻하는가?
- 공유 센서 네트워크의 특성을 설명하라.
- 휴먼-머신 인터페이스라는 용어는 무엇을 뜻하는가?
- 휴먼-머신 인터페이스의 특성을 설명하라.
- 사이버 물리 시스템 로드맵이라는 용어는 무엇을 뜻하는가?
- 사이버 물리 시스템 로드맵의 특성을 설명하라.
- 사이버 물리 시스템 설계 권장 사항이라는 용어는 무엇을 뜻하는가?
- 사이버 물리 시스템 설계 권장 사항의 특성을 설명하라.
- 요구 사항 특성이라는 용어는 무엇을 뜻하는가?
- 요구 사항 특성의 특성을 설명하라.
- 요구 사항 엔지니어링이라는 용어는 무엇을 뜻하는가?
- 요구 공학의 특성을 설명하라.
- 상호 운용성 요구 사항이라는 용어는 무엇을 뜻하는가?
- 상호 운용성 요구 사항의 특성을 설명하라.
- 실시간 요구 사항이라는 용어는 무엇을 뜻하는가?
- 실시간 요구 사항의 특성을 설명하라.
- 용어 제어 시스템이라는 용어는 무엇을 뜻하는가?
- 제어 시스템의 특성을 설명하라.
- 비례 제어라는 용어는 무엇을 뜻하는가?
- 비례 제어의 특성을 설명하라.
- 적분 제어라는 용어는 무엇을 뜻하는가?
- 적분 제어의 특성을 설명하라.
- 미분 제어라는 용어의 의미는 무엇인가?
- 미분 제어의 특성을 설명하라.
- 비례, 적분 및 미분 제어라는 용어는 무엇을 뜻하는가?
- 비례, 적분 및 미분 제어의 특성을 설명하라.
- 차량 추적이라는 용어는 무엇을 뜻하는가?
- 차량 추적의 특성을 설명하라.
- 차량 관리라는 용어는 무엇을 뜻하는가?
- 차량 관리의 특성을 설명하라.
- Internet of Things라는 용어는 무엇을 뜻하는가?

- 사물인터넷의 특성을 설명하라.
- 인터넷 프로토콜 버전 6라는 용어는 무엇을 뜻하는가?
- 이 다양한 주소의 기회를 설명하라.
- RFID라는 용어는 무엇을 뜻하는가?
- RFID의 특성을 설명하라.
- 텔레매틱스라는 용어는 무엇을 뜻하는가?
- 텔레매틱스의 특성을 설명하라.
- 카셰어링이라는 용어는 무엇을 뜻하는가?
- 자동차 공유의 특성을 설명하라.
- 차량 보험이라는 용어는 무엇을 뜻하는가?
- 차량 보험의 특성을 설명하라.
- 스마트 티켓팅이란 무엇인가?
- 스마트 티켓팅의 특징을 설명하라.
- M2M 텔레매틱스라는 용어는 무엇을 뜻하는가?
- M2M 텔레매틱스의 특성을 설명하라.
- 인포테인먼트라는 용어는 무엇을 뜻하는가?
- 인포테인먼트의 특성을 설명하라.
- 커넥티드카라는 용어는 무엇을 뜻하는가?
- 커넥티드카의 특성을 설명하라.
- 자동차 클라우드 시스템이라는 용어는 무엇을 뜻하는가?
- 자동차 클라우드 서비스 시스템의 특성을 설명하라.
- HTML5라는 용어는 무엇을 뜻하는가?
- HTML5의 특징을 설명하라.
- 커넥티드카에서 비즈니스 모델이라는 용어는 무엇을 뜻하는가?
- 커넥티드카의 비즈니스 모델 특성을 설명하라.
- 커넥티드카 플랫폼이라는 용어는 무엇을 뜻하는가?
- 커넥티드카 플랫폼의 특징을 설명하라.
- 커넥티드카 아키텍처라는 용어는 무엇을 뜻하는가?
- 커넥티드카 아키텍처의 특징을 설명하라.
- 커넥티드카 게이트웨이라는 용어는 무엇을 뜻하는가?
- 커넥티드카 클라우드 기반 서비스의 특징을 설명하라.

- 커넥티드카 참조 플랫폼이라는 용어는 무엇을 뜻하는가?
- 커넥티드카 참조 플랫폼의 특성을 설명하라.
- OEM이라는 용어는 무엇을 뜻하는가?
- OEM의 특성을 설명하라.
- Tier 1이라는 용어는 무엇을 뜻하는가?
- Tier 1의 특성을 설명하라.
- 클라우드에서 커넥티드카라는 용어는 무엇을 뜻하는가?
- 클라우드에서 커넥티드카의 특성을 설명하라.
- BPaaS라는 용어는 무엇을 뜻하는가?
- BPaaS의 특성을 설명하라.
- IaaS라는 용어는 무엇을 뜻하는가?
- IaaS의 특성을 설명하라.
- PaaS라는 용어는 무엇을 뜻하는가?
- PaaS의 특성을 설명하라.
- SaaS라는 용어는 무엇을 뜻하는가?
- SaaS의 특성을 설명하라.
- 자율주행차량이라는 용어는 무엇을 뜻하는가?
- 자율주행차량의 특성을 설명하라.
- 고도로 자동화된 운전이라는 용어는 무엇을 뜻하는가?
- 고도로 자동화된 주행의 특성을 설명하라.
- eCall이라는 용어는 무엇을 뜻하는가?
- eCall의 특성을 설명하라.
- 지능형 드라이브라는 용어는 무엇을 뜻하는가?
- 지능형 드라이브의 특성을 설명하라.
- LiDAR 센서라는 용어는 무엇을 뜻하는가?
- LiDAR 센서의 특성을 설명하라.
- 레이저 센서라는 용어는 무엇을 뜻하는가?
- 레이저 센서의 특성을 설명하라.
- 레이더 센서라는 용어는 무엇을 뜻하는가?
- 레이더 센서의 특성을 설명하라.
- 카메라 센서라는 용어는 무엇을 뜻하는가?

- 카메라 센서의 특성을 설명하라.
- GENIVI Alliance라는 용어는 무엇을 뜻하는가?
- GENIVI Alliance의 특성을 설명하라.
- BMW ConnectedDrive Store라는 용어는 무엇을 뜻하는가?
- BMW ConnectedDrive Store의 특징을 설명하라.
- Mercedes COMAND Online라는 용어는 무엇을 뜻하는가?
- Mercedes COMAND Online의 특성을 설명하라.
- HERE라는 용어는 무엇을 뜻하는가?
- HERE에서 특성을 설명하라.
- 디지털맵이라는 용어는 무엇을 뜻하는가?
- 디지털맵의 특성을 설명하라.

참고문헌 및 더 읽을거리

(Abelson and Sussmann 1996) Abelson, H., Sussmann, G. J.: Structure and Interpretation of Computer Programs. MIT Press, 1966

(Airbiquity 2016). Connected Car Evolution: What's Next? Airbiquity Company Info, 2016

(Baheti and Gill) Baheti, R., Gill, H.: Cyber-physical systems: In: The Impact of Control Technology, IEEE, pp. 161–166, 2011.

(Baker 2015). Baker, L.: Model-Based Systems Engineering Process with Functional Model Analysis. Presentation AlaSim 2015

(Barr 2004) Barr, D.: Supervisory Control And Data Acquisition (SCADA) Systems. NCS Technical Information Bulletin 04-1, 2004

(Bechmann et al. 2015). Bechmann, R., Scherk, M., Heimann, R., Schäfer, R.: Trend Analysis: Connected Car 2015. MBtech Consulting GmbH, 2015. Available from: https://www.yumpu.com/en/document/view/10955202/ trend-analysis-connected-car-015-mbtech-group

(Beiker 2012) Beiker, S.A.: Legal Aspects of Autonomous Driving. Santa Clara Law Review, Vol. 52, No. 4, 2012

(Belay 2016). Belay, S.: Smart Ticketing. In: Smart Mobility, Ed. B. Flügge, Chapter 10 (in German). Springer Publ., 2016

(Biddlecombe 2005) Biddlecombe, E.: BBC News 17.11.2005

(Burns and Wellings 2001) Burns, A., Wellings, A.: Real-Time Systems and Programming Languages. Addision Wesley Publ. 2001

(Chaouchi 2010) Chaouchi, H.: The Internet of Things – Connecting Objects to the Web. J. Wiley Publ. 2010

(Chaturvedi 2010) Chaturvedi, D. K.: Modeling and Simulation of Systems Using MATLAB and Simulink. CRC Press 2010

(Chen et al. 2011) Chen, M., Gonzalez, S., Vasilakos, A., Cao, H., Leung, V.: Body Area Networks: A Survey. ACM/Springer Mobile Networks and Applications, Vol. 16, No. 2, pp. 171–193, 2011

(Cisco 2008) WiFi Location Based Services 4.1. Design Guide, Cisco Systems Inc. 2008, Text Part OL-1161201

(Dargie and Poellabauer 2010) Dargie, W., Poellabauer, C.: Fundamentals of Wireless Sensor Networks: Theory and Practice, John Wiley Publ., 2010

(Deriyenko 2012) Deriyenko, T.: RFID Application in Vehicle Tracking. Project Work in IT IS Class Internet of Things, TU Clausthal, 2012

(Erdem et al. 2010) Erdem, E. Y., Chen, Y. M., Mohebbi, M., Darling, R. B., Bohringer, K. F., Suh, J, W., Kovacs, G. T. A.: Thermally Actuated Omnidirectional Walking Microrobot. In: Journal of Microelectromechanical Systems, Vol. 19, No. 3, pp. 433–442, 2010

(Fitch et al. 2013) Fitch, G. M., Soccolich, S. A., Guo, F., McClafferty, J., Fang, Y., Olson, R. I., Perez, M. A., Hanowsky, R. J., Hanky, J., M., Dingus, T. A.: The Impact of Hand-Held and Hands-Free Cell Phone Use on Driving Performance and Safety-Critical Event Risk. Final Report DOT HS811-757, 2013

(Geisberger and Broy 2012) Geisberger, E., Broy, M.: Integrated Research Agenda Cyber-Physical Systems (in German), Springer Publ. 2012

(Geisberger and Broy 2015). Geisberger, E., Broy, M.: Living in a networked world – Integrated research agenda Cyber-Physical Systems (agenda CPS). Herbert Utz Verlag, Munich, 2015

(Goel 2008) Goel, A.: Fleet Telematics. Springer Publ. 2008

(Golatowski et al. 2003) Golatowski, F., Blumenthal, J., Handy, M., Haase, M., Burchardt, H., Timmermann, D.: Service-Oriented Software Architecture for Sensor Networks. In: Proc. Intern. Workshop Mobile Comp. (IMC), pp. 93–98, 2003

(GSMA 2012) Connected Cars: Business Model Innovation. GSM Connected Living Programme: Automotive, 2012. Available from: https://www.gsma.com/iot/wp-content/uploads/2012/05/GSMA-Connected-Cars-Business-Model-Innovation1.pdf

(Gulati 2015a) Gulati, A.: Telematics Redefining Automotive Industry. Auto Tech Review No.1, 2015

(Gulati 2015b) Gulati, A.: All new cars to be internet-enabled by 2025. The Financial Express, March 2015

(Gunes et al. 2014) Gunes, V., Peter, S., Givargisi, T., Vahid, F.: A Survey on Concepts, Applications, and Challenges in Cyber-Physical Systems. In: Transact. on Internet and Information Systems, Vol. 8, No. 12, pp. 4242–4268, 2014

(Gupta and Chow 2010): Gupta, R. A., Chow, M.-Y.: Networked Control System: Overview and Research Trends. In: IEEE Transactions on Industrial Electronics, Vol. 57, No. 7, pp. 2527–2535, 2010.

(Gyimęsi and Berman 2011) Gyimesi, K., Berman, S.: Digital Transformation in the Automotive Industry. IBM Executive Summary Automotive: GBE03409-USEN-00, 2011

(Jianjun et al. 2013) Jianjun, S., Xu, W., Jizhen, G., Yangzhou, C.: The Analysis of Traffic Control Cyber-Physical Systems. In: Procedia – Social and Behavioral Sciences, Vol. 96, pp. 2487–2496, 2013

(Johanning and Mildner 2015). Johanning, V., Mildner, R.: Car IT Compact - The car of the future - networked and autonomous (in German). Springer Publ. 2015

(Juliussen 2003) Juliussen, E.: The Future of Automotive Telematics. In: Business Briefing: Global Automotive Manufacturing and Technology, pp. 1–4. 2003. https://people.cs.clemson.edu/~johnmc/courses/cpsc875/resources/infotainment/auto.pdf

(Kärkkäinen 2003) Kärkkäinen, M.: Increasing Efficiency in the Supply Chain for Short Shelf Life Goods. In: Internat. Journal of Retail and Distribution Management, Vol. 31, No. 10, pp. 529–536, 2003

(Koutsoukos et al. 2008) Koutsoukos, X., Kottenstette, N., Hall, J., Panos, A., Sztipanovits, J.: Passivity-Based Control Design for Cyber-Physical Systems. In: Proc. International Workshop on Cyber-Physical Systems – Challenges and Applications (CPS-CA), 2008.

(Lee 2008) Cyber Physical Systems: Design Challenges. In: Proc. 11th IEEE International Symposium on Object Oriented Real-Time Distributed Computing, pp. 363–369, 2008.

(Lee and Seshia 2011) Lee, E. A., Seshia, S. A.: Introduction to Embedded Systems – A Cyber-Physical Systems Approach. LeeSeshia.org, 2011

(Lewis 2004) Lewis, F. E.: Wireless Sensor Networks. In: Smart Environments: Technologies, Protocols, and Applications, pp.1–18. Eds.: Clark, D. J., Das, S. K., John Wily Publ. 2004

(Li et al. 2011) Li, W., Jagtap, P., Zavala, L., Joshi, A., Finin, T.: CARE-CPS: Context-Aware Trust Evaluation for Wireless Networks in Cyber-Physical System using Policies. In: Proceed. IEEE International Symposium on Policies for Distributed Systems and Networks (POLICY), pp. 171–172, 2011

(Liu 2000) Liu, J. W. S.: Real-Time Systems. Prentice Hall Publ. 2000

(Mathis 2012) Mathis, R.: Neste Oil Launches Automatic Vehicle Identification at Fueling Stations, 2012. Available from: https://www. secureidnews.com/news-item/neste-oil-launchesautomated-vehicle-identification-at-fueling-stations/

(Meyer and Shaheen 2017) Meyer, G., Shaheen, S. (Eds.): Disrupting Mobility - Impacts of Sharing Economy and Innovative Transportation on Cities. Springer Publ. 2017

(Mo et al. 2014) Mo, L., Cao, X., Chen, J., Sun, Y.: Collaborative Estimation and Actuation for Wireless Sensor and Actuator Networks. In: Proc. 19th World Congress International Federation of Automatic Control, pp. 5544–5549, 2014

(Möller et al. 2015) Möller, D. P. F., Fidencio, A. X., do Cota, E., Jehle, I. A., Vakilzadian, H.: Cyber-Physical Smart Traffic Light System. In: Proceed. IEEE/EIT Conference, pp. 546–551, 2015, DOI: https://doi.org/10.1109/EIT.2015

(Möller 2016) Möller, D. P. F.: Guide to Computing Fundamentals in Cyber-Physical Systems –Concepts, Design Methods, and Applications. Springer Publ., 2016

(Moonen et al. 2005) Moonen, A., von den Berg, R., Bekoooij, M., Bhullar, H., van Meerbergen, J.: A Multi-Core Architecture for In-Car Digital Entertainment. http://www.es.ele.tue.nl/epicurus/publications/gspx05.pdf

(Mulligan 2007) Mulligan, G.: The 6LoWPAN Architecture. In: EmNets Proceed. 4th Workshop on Embedded Networked Systems, pp. 78–83, ACM, 2007

(NHTSA 2016) Federal Automated Vehicle Policy – Accelerating the Next Revolution in Roadway Safety. U.S. DoT HHTSA, 2016

(Ning 2013) Ning, H.: Unit and Ubiquitous Internet of Things. CRC Press, 2013

(Pala and Inanc 2007) Pala, Z., Inanc, N.: Smart Parking Applications Using RFID Technology. In: RFID Eurasia 1st Annual Conference, 2007. DOI: https://doi.org/10.1109/RFIDEURASIA.2007.4368108

(PCAST 2007) PCAST: Leadership under Challenge: Information Technology R&D in a Competitive World. PCAST by Executive Order 13226, Published 2007

(Pellizzoni 2015) Pellizzoni, R.: Cyber-Physical Systems. Available from: https://ece.uwaterloo.ca/~rpellizz/ECE720T5-2014.php

(Poslad 2009) Poslad, S.: Ubiquitous Computing – Smart Devices, Environments and Interactions.John Wiley and Sons Publ., 2009

(Radhakisan and Gill 2013) Radhakisan, B., Gill, H.: Cyber-Physical Systems. The Impact of Control Theory, IEEE, pp.161–166, 2011

(Rajkumar et al. 2010) Rajkumar, I. L., Sha, L., Stankovic, J.: Cyber-Physical Systems: The Next Computing Revolution. In: Proc. 47th IEEE/ACM Design Automation Conf., pp. 731–736, 2010.

(Randell et al. 1995) Randell, B., Laprie, J. C., Kopetz, H., Littewoods, E.: Predictably Dependent Computing Systems. Springer Publ. 2007

(Rauch et al. 2014) Rauch, S., Aeberhard, M., Ardelt, M., Kämpchen, N.: Autonomous driving on the motorway – A potential study for future driver assistance systems (in German). http://mediatum.ub.tum.de/doc/1142101/1142101.pdf

(Siebenpfeiffer 2014) Siebenpfeiffer, W. (Ed.): Networked Automobile - Safety, Car IT, Concepts (in German). Springer Publ. 2014

(Sohraby et al. 2007) Sohraby, K., Minoli, D., Znati, T. F.: Wireless Sensor Networks: Technology, Protocols and Application. John Wiley Publ. 2007

(Springer et al. 2014) Springer, T., Peter, S., Givargis, T.: Resource Synchronization in Hierarchically Scheduled Real-Time Systems using Preemptive Critical Sections. In: Proc. IEEE Workshop on Software Technologies for Future Embedded and Ubiquitous Systems (SEUS), 2014

(ST Microelectronics 2013) Complete car door module – AN 2334 Application Note. ST Microelectronics, 2013

(Vembo 2016). Vembo, D.: Connected Cars – Architecture, Challenges and Way Forward. Whitepaper Sasken Communication Technologies Pvt. Ltd. 2016. Available from: https://www.sasken.com/sites/default/files/files/white_paper/Sasken-Whitepaper-Connected%20Cars%20Challenges.pdf

(Weiser 1991) Weiser M.: The Computer for the 21st Century. In: Scientific American, pp. 94–100, 1991

(Wessel 2011) Wessel, R.: Finnish Railroad Streamlines Operations. RFID Journal online. July 14th 2011. Available from: http://www.rfidjournal.com/articles/view?8594

(Xiao et al. 2008) Xiao, Z., Guan, Q., Zheng, Z.: The Research and Development of the Highways Electronic Toll Collection System. In: International Workshop on Knowledge Discovery and Data Mining, pp. 359–362, 2008

(Yan et al. 2012) Yan, L., Chakrabarty, K., Ho, T.-Y.: A cyber-physical synthesis approach for error recovery in digital microfluidic biochips. In: Proc. IEEE Design, Automation and Test in Europe, Conference and Exhibition (DATE), 2012

(Zaheruddin and Mandaviwalla 2005) Zaheraheruddin, A., Mandaviwalla, M.: Integrating the Supply Chain with RFID: A Technical and Business

Analysis, In: Communications of the Association for Information Systems, Volume 15, 2005, pp. 393–427

(Zhai et al. 2007) Zhai, J., Zhou, Z., Shi, Z., Shen, L.: An Integrated Information Platform for Intelligent Transportation Systems Based on Ontology. In: IFIP Vol. 254, Research and Practical Issues of Enterprise Information Systems, pp. 787–796. Eds.: Xu, I., Tjoa, A., Chaudhary, S., Springer Publ. 2007

(Zhang and Mi 2011) Zhang, X., Mi, C.: Vehicle Power Management – Modeling, Control and Optimization. Springer Publ. 2011

(Zhao and Guibas 2004) Zhao F., Guibas, L.: Wireless Sensor Networks: An Information Processing Approach. Morgan Kaufmann Publ. 2004

(Zhou and Baras 2013) Zhou, Y., Baras, J. S.: CPS Modeling Integration Hub and Design Space Exploration with Application to Microrobotics. In: Control of Cyber-Physical Systems, Lecture Notes in Control and Information Sciences, Vol. 449, pp. 23–42, 2013

링크

(URL1 2017) http://ec.europa.eu/programmes/horizon2020/

(URL2 2017) https://www.mems-exchange.org/MEMS/what-is.html

(URL3 2017) http://CyberPhysicalSystems.org

(URL4 2017) https://de.wikipedia.org/wiki/Systems_Modeling_Language

(URL5 2017) http://en.wikipedia.org/wiki/Requirements_engineering#cite_note-5

(URL6 2017) http://en.wikipedia.org/wiki/Interoperability

(URL7 2017) http://en.wikipedia.org/wiki/Internet_of_Things

(URL8 2017) https://en.wikipedia.org/wiki/Telematics

(URL9 2017) https://en.wikipedia.org/wiki/Scatternet

(URL10 2017) https://www.bvdw.org/themen/publikationen/detail/artikel/diskussionspapier-connectedcars-chancen-und-risiken-fuer-die-kuenftigen-anbieter-im-automobilmarkt/ (in German)

(URL11 2017) www.sasken.com

(URL12 2017) http://searchcloudcomputing.techtarget.com/definition/Windows-Azure

(URL13 2017) https://www.airbiquity.com/product-offerings/choreo-platform

(URL14 2017) https://www.abiresearch.com/market-research/product/1022093-connected-vehiclecloud-platforms/

(URL15 2017) http://www.computerbild.de/artikel/cb-Tests-Connected-Car-Mercedes-Benz-Connectivity-Test-11358656.html

(URL 16 2017) http://www.mercedes-benz.de/content/germany/mpc/mpc_germany/website/de/home_mpc/passengercars/home/new_cars/models/cclass/w205/facts/interactive_manual.html

(URL17 2017) https://www.mercedes-benz.com/en/mercedes-benz/next/connectivity/high-precisionmaps-for-self-driving-cars/

(URL18 2016) https://globenewswire.com/news-release/2016/09/26/874541/10165310/en/HEREunveils-next-generation-real-time-data-services-for-automotive-industry.html

(URL19 2017) https://here.com/en/products-services/products/here-electronic-horizon

(URL20 2017) https://here.com/en/innovation/sensoris

6
자동차 사이버 보안

사이버 보안은 사이버 공격에 의한 침입, 손상 또는 비인가 접근으로부터 컴퓨터, 데이터, 네트워크 및 프로그램을 보호하기 위해 고안된 기술, 프로세스, 경험의 실체다. 따라서 6장은 6.1절에서 자동차 사이버 보안 이슈에 대한 개요를 10개의 하위 절로 세분화하며 시작한다. 각 절에서는 보안 도전 과제들의 다양성, 침입, 위협 그리고 통신 방해, 민감한 정보 또는 기록 유출 의도를 갖는 악의적인 사이버 공격 그리고 시스템의 기능 손상, 발생 가능성과 결과로써 위험 수준의 식별에 대한 차량 사이버와 물리 구성 요소의 취약점 규모 및 복잡도에 관해 중점적으로 다룬다.

따라서 인공지능, 심층 신경망^{DNN}, 딥러닝^{DL}, 제어 이론, 유행 이론, 게임 이론, 그래프 이론 그리고 스피어 피싱과 같이 공격 시나리오의 다양한 종류와 관련한 사이버 보안의 중요성에 기반해 차량 사이버 물리 시스템의 사이버 보안에 관한 이론을 소개한다.

6.2절에서는 자동차 사이버 물리 시스템^{CPSs} 내 정보 기술^{IT} 보안과 자동차 사이버 물리 시스템이 제어 영역 네트워크^{CAN} 시스템 버스와 연결돼 있는 다른 디지털 시스템과 상호작용하는 과정에서 안전하게 하기 위한 조치 방안에 대해 소개한다. 또한 오늘날 공격 분류에 대한 특징들을 설명한다.

다음 단계인 6.3절에서는 자동차 공격 지점과 취약점 해킹에 대해 집중하며 자동차의 공격 침투 포인트의 분석과 관련한 위험에 관해 정리한다. 자동차 보안은 다양한 방법론과 기능 보안 테스팅, 퍼징, 모의 침투 테스팅 등과 같은 시스템화돼 수행하는 보안 테스팅 도구들에 의존적이다.

6.4절에서는 모든 시스템의 무결성, 기밀성 그리고 가용성을 훼손하려는 시도 행위를 탐지하는 침입 탐지와 성공적으로 탐지된 침입을 차단하기 위한 행위인 침입 차단에 대해 다룬다. 다양한 침입 유형의 종류를 탐지 방법을 설명하며 차단을 위한 많은 정적, 동적 그리고 하이브리드hybrid한 방법들을 포함한다.

6.5절에서는 무선 모바일, 센서 네트워크, 플랫폼 보안, 클라우드 컴퓨팅 그리고 데이터 보안 및 기능적 안전까지 보안과 기능 안전에 관해 설명한다.

6.6절에서는 자동차 해킹의 몇 가지 사례를 포함하고 있다. 6.7절은 자동차 사이버 보안을 주제로 이에 관한 포괄적인 질문들을 다루며, 마지막으로 참고와 더 읽을거리에 관한 제안을 소개한다.

6.1 사이버 보안 소개

컴퓨터 기술과 인터넷의 급속한 발전은 오늘날의 생활에 큰 영향을 주며, 무선 연결 기술들을 통해 일상적인 업무를 더 편리하게 만들고 있다. 하지만 정보 기술과 통신ICT, Information Technology and Communication를 활용한 새로운 유형의 사이버 범죄의 출현으로 인해 이러한 발전의 부정적인 영향 또한 존재한다. ICT가 범죄를 저지르기 위한 도구로써 사용되는 경우가 증가함에 따라 보안은 디지털화의 지속적 수용과 사이버 공격으로부터 방어하기 위한 일부로써 중요한 요소다. 사이버 범죄는 컴퓨터, 네트워크, 스마트 하드웨어 디바이스 등이 보조적인 역할을 수행하거나 범죄 대상 자체가 되는 환경에서 이를 이용해 손쉽게 발생할 수 있다(Gordon와 Ford 2006).

운전자 보조 시스템들을 탑재하고 안전과 오늘날 자동차 내 시스템을 제어하기 위해 사용되고 있는 사이버 물리 시스템은 정교한 소프트웨어에 의존해 특정 기능을 수행한다(5장과 5.1절 참조, Möller 2016). 이 시스템들은 사용되고 있는 통신, 컴퓨팅 그리고 사이버와 물리적 요소들에 대해 이중 역할을 수행하는 인프라 내 제어를 통합하면서 빠르게 발전하고 복잡도가 증가하고 있다. 규모와 복잡도로 인해 기능 수행에 필수적인 자동차 요소들의 사이버와 물리적 디바이스들은 보안적 측면의 다양한 도전, 침입 위협 그리고 악의적인 사이버 공격에 대해 취약하다. 이러한 공격들의 목표의 예는 다음과 같다.

- 내장된 사이버 물리 시스템 기능의 손상
- 서비스 거부
- 통신 장애
- 민감한 정보 또는 기록의 유출
- 그 외

더 나아가 전 세계적으로 인터넷의 가용성은 사이버 범죄자들이 세계적으로 어떠한 곳에서도 언제나 어느 장소에서든 사이버와 물리적 시스템 요소들을 공격할 수 있게 해준다. 그 결과 이러한 사이버 범죄 공격과 관련한 보안 과제는 사이버 공격으로부터 이를 탐지하고, 차단하며 복구하기 위한 효과적인 기술들을 필요로 하고 있다. 사이버 공격과 관련한 자동차 사이버 보안의 주요 목적은 다음과 같다.

- 탐지
- 억제
- 회피

이는 이미 알려졌거나 알려지지 않은 잠재적인 사이버 공격을 포함한다. 따라서 사이버 보안은 기술, 프로세스 그리고 네트워크, 컴퓨터, 프로그램과 데이터를 사이버 공격, 손상 또는 비인가 접근으로부터 보호하기 위해 개발된 기술의 핵심이다.

전통적인 보안 접근 방법은 가장 중요한 시스템 요소들에 대부분의 자원을 집중하고 알려진 가장 큰 위협들로부터 이를 보호하는 것이었다. 이는 필연적으로 덜 중요한 시스템 또는 시스템 요소들을 덜 위험하다 알려진 위험들과 관련한 공격으로부터 보호되지 않고 취약하게 두게 된다. 이러한 접근법은 자동차 제조사 기능 전반에 걸쳐 광범위하게 내부적인 변화를 필요로 하는 커넥티스카, 모빌리티 서비스와 같은 새로운 패러다임을 창출하고 강화하기 위해 자동차 회사들이 자동차 사이버 물리 시스템^{CPS}으로써 디지털화하는 현재의 변화에 부족하다. 따라서 사이버 보안은 자동차 ICT에서 가장 중요한 이슈 중 하나이며 이는 언제든 적시 적소에 전달되는 메시지를 어떠한 방해나 악의적 공격 없이 이를 인증하는 것이 기본이다. 자동차 사이버 물리 시스템ACPs은 센서, 작동기, 제어 처리 요소 그리고 통신 디바이스를 포함한 무선 네트워크 요소들의 집합으로 구성된 물리적인 것들과 컴퓨터 알고리즘과 간의 정교한 통합을 기반으로 설계된 시스템이다. 따라서 이러한 스마트하고 고신뢰성을 가진 자동차 CPS를 이용하기 위해 반드시 잠재적인 보안 문제를 야기할 수도 있는 시스템의 발생 가능한 취약점을 신중히 고려해야 한다. 실제로 자동차 CPS의 보안에 대한 우려에는 사이버 공격을 통한 다음과 같은 악의적 시도를 포함한다.

- 간섭
- 결함
- 장애
- 실패

이러한 유형의 공격은 서비스 거부, 데이터 유출 그리고 다양한 유형의 피해를 유발할 수 있는 기능 수행에 필수적인 시스템 또는 시스템 요소들의 큰 그룹 단위로 영향을 준다.

일반적인 관점에서 사이버 보안 또한 위험 분석을 다루고 있다. 즉, 비인가된 침입에 따른 위험이 식별되면 위험의 발생 가능성(확률)과 위험 발생 시 이에 따른 결과(영향)를 결정하기 위한 분석을 수행한다. 이를 흔히 위험 정량화라고 한다. 현대의 자동차는 그 복잡성으로 인해 사이버 공격의 대상이 될 수 있다. 고급형으로 분류되는 자동차는 일반적으로 다음을 포함하고 있다.

- 100개 이상의 전자 제어 유닛ECUs, Electronic Control Units 탑재
- 2마일 이상의 케이블
- 1억 줄의 소프트웨어 코드
- 5개 이상의 차량 내 네트워크

표 6.1 발생 가능성과 결과 함수에 의한 위험 수준

결과	발생 가능성		
	매우 높은 발생 가능성	가능	거의 불가능
높음	높음	높음	중간
중간	높음	중간	낮음
낮음	중간	낮음	낮음

이는 ICT 보안 요구 사항을 획기적으로 증가시켰다. 그러므로 위험의 수준은 가능성과 결과의 함수로 계산될 필요가 있다. 표 6.1은 가능성과 결과와 관련해 위험 수준의 식별을 나타내고 있다.

적합한 가이드라인을 정의하기 위해 자동차 사이버 보안은 잘 정의된 위험 분석 전략이 필요하다. 자동차 사이버 보안은 취약하며, 위험은 위협과 같지 않다. 위험의 유형과 양은 다음과 같은 요소에 의존적이다.

- 사이버 공격자의 동기
- 내부, 로컬 및 원격 공격
- 보안이 손상됐을 때 위험의 규모
- 시스템 보안의 취약점
- 그 외

취약점은 사이버 공격자가 시스템의 정보를 조작할 수 있게 하는 약점이다. 자동차 사이버 보안과 관련해 취약점은 다음을 포함한다.

- 운전자와 승객의 생명에 대한 위험
- 실시간 동작 기능에 대한 위험
- 컴퓨터 처리 성능의 제한
- 자동차 외부 연결에 대한 제한
- 예측 불가능한 공격 시나리오와 위협
- 다양한 공급업체의 수많은 구성 요소/부품

자동차 산업은 다음과 같은 추세에 의한 디지털화의 선두에 서 있다.

- 서비스 분야 등 새로운 성장 시장의 출현
- 연비 증대에 대한 요구 증가
- 커넥티비티와 그에 따른 보안에 관한 새로운 기회
- 소비자 행동의 급변
- 그 외

경쟁력을 유지하고 이러한 추세에 능동적으로 대처하기 위해서는 자동차 제조사들은 특히 자동차 사이버 물리 시스템에 대한 혁신을 받아들여야 한다. 디지털화는 자동차 산업을 미래로 이끄는 데 핵심적인 역할을 하고 있다. 자동차 산업 생태계 전반에 디지털화는 다음 사항에 초점을 맞추고 있다.

- 프로세스의 진화
  - 최적의 수용 계획 및 생산
  - 제품 개발 시간과 비용 감소
- 제품의 진화
  - 소프트웨어의 복잡도와 역할의 증대
  - 커넥티드카 서비스 제공 지향
- 새로운 소비자와 OEM 관계
  - 고객 참여도 향상 및 높은 유지력
  - 분석과 비즈니스 인텔리전스를 통한 높아진 생산성
- 기존 비즈니스 모델에 포함된 새로운 모빌리티 솔루션
  - 전체적인 고객 경험에 초점을 맞춘 새로운 서비스 형태
  - 클라우드 접근을 통한 새로운 서비스와 비즈니스 모델
- 공급망 관리
  - 차량 구성 요소 추적성 개선과 보증 또는 리콜 비용 절감
  - 공급망 가시성 향상과 위험 감소

자동차 제조사들은 새로운 고객을 위해 새로운 능력과 유연성 있는 포트폴리오를 개발해야 한다는 것과 그들이 사용하는 모델의 변화에 대한 필요성을 인식하고 있다. 따라서 커넥티드카와 모빌리티 서비스와 같은 새로운 특징을 강화하고 창출하기 위해 자동차 제조사 운영 전반에 걸친 광범위한 디지털화가 요구되고 있다. 하지만 디지털화의 추세가 지속되는 것으로 인해 생성되는 데이터의 크기가 기하급수적으로 증가하고 있다. 진정한 가치는 정보 자체에서 보다 데이터를 이용해 그릴 수 있는 비즈니스적인 통찰력으로부터 발생한다. 그러므로 이러한 데이터는 사이버 범죄자에게도 역시 흥미로운 것이다. 이러한 상황은 제조사에게 다음과 같이 많은 난관을 발생시킬 수 있는 침입 지점들에 대한 증가를 어떻게 방어할 것인가에 대한 답변을 요구하고 있다.

- 컴퓨터화된 자동차의 성능에 대비해 증가하는 사이버 공격 내 높은 내구성과 장기적인 자동차 생명주기
- 전통적인 ICT 기반 시스템에 대비해 제한된 자동차 외부 커넥티비티와 관련한 자동차 전자 기기의 상태 모니터링의 어려움

- 예측할 수 없는 사이버 공격 시나리오와 위협
- 운전자와 승객의 생명에 대한 예측할 수 없는 위험
- 전통적인 ICT 기반 시스템들 대비해 제한된 자동차 외부 커넥티비티와 관련한 보안 소프트웨어 업데이트의 어려움

그러므로 자동차 분야에서 필수적인 기능들을 위한 CPS의 사용 증가와 함께 사이버 보안 이슈는 반드시 설계에서 중요하게 다뤄져야 한다. 자동차 설계와 생산을 위한 새로운 패러다임이 요구되고 있으며 이는 설계를 통한 보안이라 명시할 수 있다(독일 인더스트리 4.0 플랫폼 참조(URL1 2018)). 사이버 보안의 결과로 인한 이상과 취약점을 탐지, 식별 그리고 해결해 자동차의 필수적인 시스템들을 보호해야 하기 때문에 사이버 보안은 포괄적인 도전이고, 학제적인 성격을 갖고 있으며 오늘날 자동차 산업에서 중요한 문제이다. 자동차의 필수적인 시스템의 정상적인 동작이 방해를 받지 않고 유지되기 위기 위해 침입 방법을 식별하는 것이 특히 중요하다. 사이버 보안은 다음과 관련해 차량 기능의 다양성을 담당하는 CPS 전반에 걸친 통합된 노력이 필요하다.

- 애플리케이션 보안
- 컴퓨팅 보안
- 데이터 보안
- 침입 보안
- 네트워크 보안

그럼에도 사이버 공격은 더욱 정교해지고 수초만에 확산할 수 있는 능력을 갖고 있다. 사이버 보안에서 가장 문제가 되는 측면 중 하나는 보안 위험이 빠르고 지속적으로 성장한다는 것이다. 그러므로 다양한 사이버 공격의 유형을 탐지하고 분류하고 방어하기 위한 적합한 도구를 제공하는 것은 필수적이다. 사이버 보안 전문가들은 위협 환경이 너무 복잡해질 수 있기 때문에 자동차 CPS 정보를 보안을 위한 전통적인 접근 방식으로는 관리가 어려워질 수 있다고 주장한다.

오늘날 자동차 전자 제어 시스템ECU에 대한 이상과 취약성의 대부분은 네트워크 기반 접근성으로 인한 원격 사이버 공격에 취약해졌기 때문이다. 접근성은 ECU에 사이버 공격이 가능하도록 하며, 다음과 같은 통신 네트워크 채널과 관련한 취약점의 새로운 분류를 만들어낸다.

- 간섭
- 교체
- 정보 제거

따라서 가장 기본적인 수준에서 사이버 공격은 대상 시스템에 접근하기 위해 어떤 형태나 방법을 필요로 하며 이를 위해 일반적으로 다양한 형태의 익스플로잇exploit을 사용한다. 익스플로잇 단계의 영향은 다음과 같은 데이터 침해를 포함할 수 있다.

- 결함 있는 시스템 동작
- 서비스 거부DoS
- 데이터 시스템 파괴
- 데이터 공개
- 데이터 유출
- 정보 삭제 또는 손상
- 데이터의 수정
- 비인가된 데이터 접근
- 그 외

이는 CPS가 필수 기능의 동작을 위해 지원하는 기능을 실패하게 할 수 있다. 이러한 취약성의 유형은 자동차 CPS 전자 제어 장치ECU의 사이버 물리 요소들이 통합되는 방식을 이용해 유추할 수 있다. 이 취약한 영역 내에서 사이버 요소들은 컴퓨터 연산과 제어의 지원을 제공하고, 다양한 소스들로부터 받아들이는 데이터의 통합과 분석을 용이하게 하며, 각각의 자동차 시스템들의 전반적이 동작을 위해 데이터를 제어한다. 이와 대조적으로 사이버 공격의 접근 단계는 다음 두 가지 형태로 분류될 수 있다.

- 사용자의 행위 또는 에러 발생을 필요로 하는 공격
- 공격을 용이하게 하기 위해 특정 사용자의 행위도 없이 자동으로 실행되는 공격

모든 사이버 공격은 표 6.2에서 설명한 바와 같이 영향도에 연관돼 생명주기를 갖는다. 표 6.2는 사이버 공격자는 무엇을, 언제, 어디서 하며 또한 "사이버 공격자는 무엇을 했는가?", "사이버 공격자는 현재 여전히 활동 중인가?" 등과

같은 질문들을 만드는 것을 이해하는 데 도움을 줄 수 있다.

원격 네트워크 접근은 자동차 사이버 물리 시스템의 다양한 물리적으로 분산되거나, 동시 협업하는 기기 간 매우 생산적인 상호작용을 용이하게 하며 또한 사이버 구성 요소의 필수 부분인 효율적인 전체 차량 시스템 관리를 역시 용이하게 한다. 그러나 이러한 접근성을 통해 사이버 공격 역시 쉽게 시작할 수 있도록 한다.

사이버 공격은 시스템의 사이버 부분에만 치명적인 영향을 미칠 뿐만 아니라, 물리적 인프라가 보안과 관련해 취약하기 때문에 사이버 물리 시스템의 물리적 부분에 대해서도 장애의 원인이 될 수 있다. 일부 취약점은 많은 구성 요소로 이뤄져 있는 센서 노드로 구성된 자동차 사이버 물리 시스템의 인프라 내에 존재한다. 센서 노드 내 각 구성 요소는 물리적으로 데이터를 수집하는 대상이다. 사이버 공격자는 시스템에 중요한 데이터의 전송을 방해하거나 모니터링 갭을 생성해 센서 노드를 제거하거나 파괴할 수 있다. 하지만 자동차 내 사이버 물리 시스템의 주요 보안 영역은 사이버 영역이다.

표 6.3과 같이 사이버 보안 위험의 분류와 범주는 최근 Johnson(2016)에 의해 정리됐다.

표 6.2 일반적인 사이버 공격 생명주기(Johnson 2016)

공격 단계	설명
데이터 유출	공격자가 해킹한 데이터를 유출
설치	공격자가 악성 소프트웨어를 대상 시스템 또는 네트워크에 설치
측면 이동	공격자가 다른 시스템 또는 네트워크상 접근 포인트로부터 이동
지속적 유지	공격자는 향후 손상된 시스템 또는 네트워크 혹은 지속적으로 접근 가능하게 하는 설치된 백도어의 상태를 유지 관리
인증 획득	공격자는 루트 또는 관리자 권한을 획득
침투 또는 접근	공격자는 대상 시스템 또는 네트워크로 접근
정찰	공격자는 대상 범위와 공격 계획 수립

표 6.3 공통 사이버 보안 위험의 분류와 범주(Johnson 2016)

사이버 보안 위험 분류	일반 카테고리
네트워크와 웹 기반 앱 공격	코드 주입, 크로스사이트 스크립팅, 중간자 공격, 스니핑, Wi-Fi 침투
악성 코드 공격	애드웨어, 공격 소프트웨어, 범죄용 소프트웨어, 스파이웨어
사회공학적 공격	대면, 파킹, 피싱, 소셜미디어
해킹 공격	접근 제어 위반, 클라우드 측면 채널 공격, 도메인 네임 서버 리다이렉트, 패스워드 해킹

서비스 거부 공격(DoS)	(D)DoS 플루딩, 호스테이지 테이킹(인질극), 삭제와 덮어쓰기
발전된 지속적 공격	봇넷, 클라우드넷, 산업적 웜, 멀넷, 루트킷

6.1.1 사이버 보안과 취약성

사이버 기술이 발전함에 따라 사이버 공격의 증가를 가능하게 하는 많은 도구가 등장했다. 이는 사이버 공격자가 그들의 전략을 강화했음을 의미한다. 따라서 자동차와 같은 분산된 환경에서 데이터 처리를 연구할 때 주요 관심사는 의도적인 사이버 범죄자의 위협에 대한 취약성을 모델링하는 방법에 대한 문제를 다루는 것이다. 대부분의 전통적인 IT 솔루션은 모든 요소들이 잘 통제돼 있어 프로토콜을 적합하게 준수하고 있고, 여기 단 하나의 예외는 공격자는 모든 중간 데이터 처리 기록을 저장할 수 있다는 일반적인 가정을 따른다. 이런 가정은 실제론 공격자의 능력을 과소평가하는 것이고, 이로 인해 자유롭게 행동하는 공격자들에 대한 방어를 어렵게 만든다.

다른 새로운 기술 분야와 같이 대부분의 노력을 사이버 물리 시스템에 네트워크화되고 낮은 성능을 갖고 있는 센서 노드와 같은 현존하는 기술 솔루션에 매핑하는 것에 집중하는 것으로 보인다. 그러나 이제부터는 다음과 같은 개념을 기반으로 자동차 사이버 물리 시스템의 사이버 보안을 위한 견고한 이론적 기초가 도입돼야 한다.

- 인공지능과 심층 신경망
- 통제 이론
- 전염 이론
- 게임 이론
- 그래프 이론

이러한 개념들의 목적은 그림 6.1에서와 같이 보안에 대한 전반적인 관점을 제공해 사이버와 물리적 요소 모두를 고려한 공격자의 위협을 회피하기 위함이다.

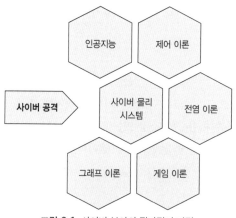

그림 6.1 사이버 보안의 전반적인 관점

6.1.2 인공지능

인공지능이라는 용어는 1956년 존 매카시^{John McCarthy}에 의해 만들어졌고, 지능형 기계^{intelligent machines}를 만들기 위한 과학 및 공학으로써 정의됐다. 보편적으로 사람이 더 잘하는 것들을 기계가 할 수 있도록 만드는 것에 대한 연구라고 볼 수 있다. 컴퓨터 과학에서 이상적인 지능형 기계는 환경을 인식하고 임의의 목표에 대한 성공 기회를 최대화하는 행동을 취하는 유연하고 논리적인 에이전트로 소개되고 있다. 더 나아가 인공지능이라는 용어는 기계가 최신 기술을 사용해 학습 및 문제 해결과 같은 인간의 지능적인 행동과 직접적으로 연관된 인지 기능을 능숙하게 수행 또는 모방할 때 적용될 가능성이 높다고 볼 수 있다.

요약하면, 인공지능을 다음과 같이 이해해볼 수 있다.

- 지능형 행동 능력을 갖는 기계와 소프트웨어를 만드는 방법에 대한 연구를 하는 학술 분야
- 기계 혹은 소프트웨어에 의한 대체
- 지능형 에이전트의 연구와 설계, 즉 지능형 에이전트는 환경을 인식하고 임의의 목표에 대한 성공 기회를 최대화하는 행동을 취하는 시스템

사이버 공격의 흐름 및 범위를 고려하면 특히 적대적인 위협이 지능형 에이전트에 의해 발생했을 때 시간적으로 사이버 공격 분석과 적절한 대응을 위해 인간이 대응하는 것은 단순히 생각해봐도 충분해 보이지 않는다. 이러한 사이버

공격에 대항하는 것은 인공지능에 의해 제공되는 방법들을 통해 가능할 수 있다.

6.1.2.1 인공 신경망

인공 신경망ANNs, Artificial Neural Networks은 그림 6.2에 화살표들이 인공 뉴런의 출력에서 다른 뉴런으로 입력되는 것을 나타내는 것처럼, 노드 그룹과 상호 연결된 많은 입력에 의존해 함수의 추정 또는 근사치를 구하기 위해 사용된다. 이는 생물학적 신경망으로부터 영감을 받은 모델이다.

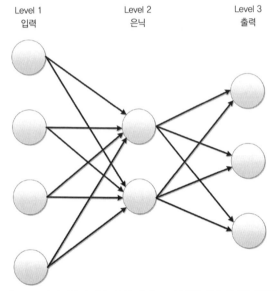

그림 6.2 3가지 계층인 입력, 은닉, 출력으로 구성된 인공 신경망 아키텍처

인공 신경망은 일반적으로 다음을 기반으로 한다.

- 아키텍처 바디Architecture Body: 네트워크 및 토폴로지 관계와 관련된 변수를 지정한다.
- 활동 규칙Activity Rules: 뉴런의 활동이 서로 반응해 어떻게 변하는지 정의하는 지역 규칙을 나타낸다.
- 학습 규칙Learning Rules: 시간에 따른 인공 신경망의 가중치 $w_{i,j}$; $i,j = 1,...,$ m, n의 변화 방식을 명시한다. 일반적으로 학습 규칙은 인공 뉴런의 활동에 따라 다르다. 또한 그림 6.3에 표시된 것처럼 학습 단계에서 제공하는 목푯값과 가중치의 현재 값 $w_{i,j}$에 따라 달라질 수 있다.

그림 6.2에서는 ANN은 그림 6.3과 같이 처리 유닛(node)으로 구성된 대규모 병렬 분산 개체로 사이버 공간에서 비정상적 행위를 모니터링하는 데 사용할 수 있는 경험적 지식을 저장하는 능력을 갖고 있다. 노드^{node}는 숨겨진 적의 위협에도 효과적이다. ANN의 비정상적 행위 모니터링을 설명하는 일반적인 순서도는 그림 6.4에 나와 있다.

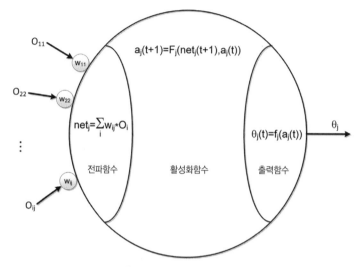

그림 6.3 인공 신경망의 노드 구조

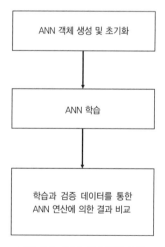

그림 6.4 ANN 처리 작업 흐름

6.1.2.2 진화 알고리즘

진화 알고리즘은 다음과 같은 생물학적 진화에서 영감을 얻은 메커니즘을 사용하는 일반 모집단 기반 메타휴리스틱 최적화 알고리즘을 나타낸다.

- 돌연변이
- 재조합
- 복제
- 선택

최적화 문제를 위한 후보 솔루션은 모집단 내 개별적 역할을 수행하고 적합도함수는 솔루션의 품질을 결정한다. 예를 들어 다음과 같은 간단한 MATLAB 프로그램에서 확률 p로 교차 또는 변이 수행이 필요하다.

```
%Operator M is carried out with probability p
If rand < p
Operator M
End
```

표 6.4와 같이 $rand \sim U(0,1)$은 균일 분포에 사용된다. 다음과 같이 $\xi \sim U(0,1)$로 표시되는 $(0,1)$ 범위의 균일 분포 난수의 밀도함수는 다음과 같다.

$$p(\xi) = \begin{cases} 1 & 0 < \xi < 1 \\ 0 & \text{아니라면} \end{cases}$$

선택 솔루션은 현재 솔루션에 의해 무작위로 선택되고 그중 하나를 선택할 수 있는지 결정한다.

표 6.4 랜덤 숫자와 관련된 일반적인 함수

분포함수	C/C++	Java	MATLAB
일반적 분포 $N(0,1)$	rand_max	nextGaussian	randn
1과 정수 n 사이 랜덤 치환	./.	./.	randperm
무한 반복	ceil	ceil	ceil
균일 분포 $U(0,1)$	(float)rand()	math.random	rand

6.1.2.3 퍼지 집합

퍼지 집합은 소속도의 연속성을 가진 객체 분류다. 이러한 집합은 소속함수가 특징이다. 따라서 퍼지 집합은 0과 1 사이의 소속도를 각 개체에 할당한다. 이와 관련해 집합은 소속도 일부 정의에 속하는 개체의 모음이다. 따라서 X의 퍼지 집합 A는 멤버십함수 $\mu A(x)$로 특징지어지며, A의 x 소속도를 표현하기 위해 X의 각 지점, [0,1] 범위 내 실수, $\mu A(x)$의 값을 x로 연계한다. 따라서 $\mu A(x)$의 값이 단일성에 가까울수록 A에서 x의 소속도가 높아진다. 보완성, 볼록성, 포함성, 교차성, 관계성, 결합성 등의 개념은 이러한 집합으로 확장되며, 퍼지 집합의 맥락에서 이러한 개념의 다양한 특성이 확립됐다.

예를 들어 각 소속함수 $\mu A(x)$와 $\mu B(x)$와 함께 두 퍼지 집합 A와 B의 합집합은 다음과 같이 소속함수가 A와 B와 연관된 퍼지 집합 C이며 $C = A \cup B$로 표현한다.

$$\mu C(x) = \max(\mu A(x), \mu B(x)), \quad x \in X$$

∪는 연관성을 갖고 있음을 알아야 한다.

$$A \cup (B \cup C) = (A \cup B) \cup C$$

6.1.2.4 유전 알고리즘

유전 알고리즘$^{GA, \, Genetic \, Algorithm}$은 자연 선택과 유전학에 대한 진화론적 아이디어를 기반으로 하는 적응형 휴리스틱 탐색 알고리즘이다. 따라서 이는 최적화 문제를 해결하는 데 사용되는 무작위 검색의 지능적인 이용을 의미한다. 무작위 유전 알고리즘은 결코 무작위가 아니다. 검색 공간 내에서 더 나은 성능의 영역으로 검색을 유도하기 위해 기록 정보를 활용한다. 유전 알고리즘은 다음과 같은 특성을 사용해 개별적 집단 내에서 염색체의 유전적 구조와 행동의 유사성을 기반으로 한다.

- 각 연속적인 세대는 환경에 더 적합해진다.
- 모집단의 개인들은 자원 및 짝을 두고 경쟁한다.
- 각 경쟁에서 가장 성공한 개인은 성적이 좋지 않은 개인에 비해 더 많은 자손을 낳는다.
- 좋은 개인의 유전자는 모집단 전체에 전파되고, 때로는 두 부모가 어느 한쪽 부모보다 더 나은 자손을 낳기도 한다.

초기 모집단이 무작위로 생성된 후 유전 알고리즘은 세 가지 연산을 진화시킨다.

- 선택: 적자 생존과 동일
- 교차: 개인 간의 교배를 의미한다.
- 돌연변이: 무작위 수정을 적용한다.

따라서 이 기계 학습 접근 방식은 악의적 사이버 공격의 분류를 위한 규칙을 생성하고 특정 유형의 사이버 공격을 방어하기 위한 특정 규칙을 개발하는 데 사용할 수 있는 자연 선택 프로세스를 모방한다.

6.1.2.5 지능형 에이전트

에이전트 이론은 에이전트가 무엇인지에 대한 질문과 에이전트의 속성을 표현하고 추론하기 위한 수학적 형식 사용과 관련된다. 에이전트 아키텍처는 에이전트 이론에 지정된 속성을 충족하는 소프트웨어(또는 하드웨어) 설계 문제와 관련된 에이전트의 소프트웨어 엔지니어링 모델로 생각할 수 있다. 더욱 일반적으로 에이전트는 그림 6.5에 나타난 것처럼 센서를 통해 환경을 인식하고 작용기 effector를 통해 환경에 작용하는 주체로 적용될 수 있다.

그러므로 지능형 에이전트는 환경을 이해하고 스스로 동작하며 다른 에이전트를 중심으로 전체적으로 동작하는 내부 의사 결정 시스템을 갖춘 표준 경계 및 인터페이스와 함께 자율 인지 주체로 볼 수 있다. 따라서 지능형 소프트웨어 에이전트는 사용자의 이익을 위해 독립적으로 동작한다. 예를 들어 무인 항공기 제어, 동적 차량 경로 설정, 화물 교통의 경로 최적화 등과 같은 다양한 응용 분야에서 사용된다.

그림 6.5 에이전트의 환경과의 상호작용

소프트웨어 에이전트 유형에는 기본적으로 세 가지가 있다.

- 자율 에이전트^{Autonomous Agent}: 리더 또는 전반적인 계획의 영향을 받지 않고 환경 내에서 행동하는 방법에 대해 자체적으로 선택하는 주체다.
- 협력 에이전트^{Cooperating agent}: 계획 에이전트 혹은 그 외 에이전트와 함께 협력을 통해 실행될 계획의 활동을 수행하는 것에 포함돼 있다.
- 학습 에이전트^{Learning Agent}: 각 반복 단계에서 독립적으로 행동을 평가하고 다음 단계에서 다르게 행동한다.

이러한 에이전트 속성은 개별적으로 또는 조합해 발생할 수 있다. 이와 관련해 스마트 에이전트는 최고 수준의 지능형 에이전트다.

멀티에이전트 시스템의 경우, 자율 모바일 에이전트 그룹은 통합되고 지능적인 방식으로 서로 협력해 개별 에이전트가 해결할 수 없는 악의적 사이버 공격에 대한 방어와 같은 예상치 못한 이벤트 발생 시 적절한 대응을 계획하고 구현한다.

6.1.2.6 인공지능 방법론

인공지능 방법론은 표 6.5에 나와 있는 것처럼 특정 기능과 관련해 침입 탐지 및 방지에 필요한 사이버 공격을 탐지, 평가 및 대응하는 데 도움이 된다(Dilek 외 2015).

침입 탐지 및 방지 시스템은 네트워크 또는 시스템 활동을 모니터링해 비정상적이거나 악의적인 활동 또는 정책 위반을 모니터링하는 소프트웨어의 일부이다. 즉, 가능한 악의적 침입을 식별하고 이를 방지하려고 시도한다. 이러한 이유로 여기에는 4가지 기능을 포함하고 있다.

- 분석: 심각한 사이버 공격에 대해 효율적인 보안을 제공할 수 있다.
- 사이버 공격자 탐지: 악의적 사이버 공격이 진행되는 동안(또는 그 직후) 실시간으로 발생되는 시스템 동작의 변경 시도를 탐지한다.
- 실시간 모니터링: 오탐 경보를 최소화하면서 사이버 공격이 진행 중인지 (또는 그 직후) 확인한다.
- 대응: 사이버 공격자의 시도를 방지하는 것과 관련해 대응하고 사전 결정된 관리 수준에 대한 보고서를 생성한다.

표 6.5 침입 탐지 및 방지에 적합한 인공지능 기술의 장점

기술	특징
진화 알고리즘	개미 집단 최적화
	학습 분류 시스템
퍼지 집합	환경과의 상호 운용성
	보간 추론 역학의 강건성
유전 알고리즘	환경에 대한 적응성
	유연하고 강력한 글로벌 검색
	동시에 여러 스키마 평가 가능한 병렬 처리
	복잡한 문제에 최적의 솔루션
	강건성
지능형 에이전트	환경 및 사용자 선호도에 대한 적응성
	협동: 인간 사용자가 실수를 하거나 불확실한 정보를 제공하거나 중요한 정보를 생략할 수 있다는 인식. 따라서 에이전트는 고려 없이 지시를 수락해서는 안 되며 사용자와의 불일치를 확인
	유용성: 항상 모순되는 목표를 가지고 자신의 작업을 수행하려고 시도
	유동성
	목표 달성의 합리성
신경망	생물학적 뉴런을 모방한 직관성
	생물학적 신경망의 추상화된 침입성
	사례를 통한 학습
	비선형성, 복잡한 비선형함수의 처리
	정보 처리에서의 병렬화
	불완전한 데이터에 대한 복원력
	학습 모델의 다목적성과 유연성

원하는 방법의 요구되는 특성은 가능한 모든 형태의 악의적 사이버 공격을 예상하는 것이다. 인공지능 침입 감지 및 방지 시스템 기능은 다음을 탐지하는 능력이 있다.

- 버퍼 오버플로우: 사이버 공격이 프로세스 제어를 얻거나 다른 프로세스의 버퍼를 오버플로우해 다른 프로세스를 충돌시킨다.
- 서비스 거부[DoS]: 네트워크 리소스에 대한 합법적인 트래픽 또는 요청이 시스템에서 처리되거나 응답되지 않도록 하는 사이버 공격이다. 이 사이버 공격은 일반적으로 엄청난 양의 데이터를 네트워크로 전송한다. 데이터 처리가 너무 많아 정상적인 서비스를 제공할 수 없게 되며, 사이버 물리 시스템에 접근한 후 사이버 공격자는 항상 다음과 같은 방법으로 추가적

인 침입을 할 수 있다(Wang 외 2010).

- ○ 과부하로 인해 셧다운이 발생할 때까지 사이버 물리 제어기 또는 전체 센서 네트워크에 트래픽 발생
- ○ 서비스의 비정상 종료 또는 악의적인 행위를 유발하는 사이버 물리 제어기 또는 시스템 네트워크에 유효하지 않은 데이터 전송
- ○ 승인된 개체에 의한 네트워크 리소스 접근성을 제거하는 결과를 낳는 트래픽 차단
- 웜 탐지: 자가 복제 프로그램은 감염된 파일을 사용하지 않고 전파된다. 웜은 일반적으로 컴퓨터의 네트워크 구성 요소 서비스 또는 이메일을 통해 전파된다.

분산형 무선 통신 네트워크나 센서 노드의 경우 지능형 에이전트를 통한 침입 탐지 및 예방이 모바일 에이전트와 조합된다.

이는 공격자의 사이버 공격의 일부로 의심스러운 사이버 활동을 모니터링하기 위한 모빌리티 기능을 추가해 더 나은 침입 탐지 및 예방을 가능하게 한다 (6.4절 참조).

침입은 쉽게 공격받을 수 있는 사이버 물리 시스템의 취약성을 식별할 것이다. 따라서 취약성은 차량 사이버 물리적 시스템의 취약점 또는 결함이다. 발견된 취약성 관리를 지원하는 CVE^Common Vulnerabilities and Exposures 데이터베이스에 많은 취약점이 문서화돼 있고, 이로 인해 다음과 같이 침입 탐지 및 예방 시스템에 적용되는 다양한 기능과 관련한 성능이 향상된다.

- 분류
- 통계 분석을 통한 이상 활동 식별
- 침입자에 대한 정보를 기록하기 위한 트랩 설치 및 수행
- 감사 추적 관리 및 정책 또는 정상 행위 위반자에 대한 강조
- 완화
- 사용자 및 시스템 활동 모니터링
- 시스템 활동에서 알려진 공격 패턴 인식
- 교정

CVE는 미국 국토안보부^DHS 컴퓨터 비상 대응팀^US-CERT 사이버 보안 및 통신 사무소^CS&C가 후원하는 연구개발센터를 운영하는 비영리 조직인 MITRE

Corporation에서 유지 관리된다(URL1 2016). 이는 공개적으로 알려진 취약점의 공통 이름을 목록화한다. 이러한 취약점 중 일부는 플랫폼, 운영체제, 애플리케이션 또는 시스템에 특정된다. 그러나 일부는 일반적이며 모든 시스템에 적용할 수 있다. 현재 CVE 시스템에서 5만 개 이상의 취약점이 식별돼 있다. CVE의 사용은 ITU International Telecommunication Union, NIST National Institute of Standards and Technology 및 기타 기관에 의해 표준화됐다.

일부 공급업체는 접근 방식과 적용 범위가 다양한 알려진 취약성에 대해 구성 요소 또는 시스템을 테스트하는 도구를 제공한다. 각 취약성에 대해 도구는 해커가 시스템에 침입하거나 시스템의 작동을 중지하거나 바람직하지 않은 방식으로 시스템 기능을 조작할 수 있으므로 취약점을 이용하기 위한 테스트를 구현할 수 있다. 자동차 제조업체는 모든 사이버 물리 시스템, 네트워크 인프라 장치, 게이트웨이, OS 및 기타 통합 구성 요소를 테스트하기 위해 자동차 네트워크 환경에서 작동하도록 이러한 도구 중 일부를 수정해야 할 필요가 있을 수 있다. 차량들이 점점 더 연결성이 높아짐에 따라 차량 내부에서부터 모바일 차량 네트워크를 통해 IT 백엔드 인프라에 이르기까지 전체적인 보안 관점을 취하는 것이 중요하다(IXIA 2014).

사이버 범죄에 대응하기 위한 인공지능 기술의 응용에 대한 최근 발표된 리뷰에서는(Dilek 외 2015) 침입과 그 외 위협에 대해 높은 취약성을 갖는 사이버 인프라의 다양한 종류에 대한 사이버 공격의 침입 탐지 및 예방에 적용된 인공지능 기술에 관한 공개된 연구 논문의 개요를 제공한다.

6.1.2.7 심층 신경망 및 딥러닝

사이버 공격에 대한 새로운 침입 탐지 및 방어 시스템 접근 방식은 차량 네트워크의 보안을 강화하기 위해 심층 신경망 DNN을 기반으로 한다. DNN은 차량에 대한 악의적인 공격을 식별하기 위해 정상 및 공격 데이터를 구분하는 각 클래스의 비개연성에서 추출된 확률 기반 특징 벡터를 통해 훈련될 수 있다. 이 기술은 딥러닝의 최근 발전에 적용해 탐지 정확도를 향상시키는 심층 신뢰망 DBN의 비지도 사전 훈련을 통해 각각의 파라미터를 초기화한다. 실제로 많은 변동 요인이 관찰 가능한 모든 데이터 조각에 영향을 미칠 수 있기 때문에 원시 데이터에서 높은 수준의 추상적인 특징을 추출하는 것은 어려울 수 있다.

원래 문제를 해결하는 것만큼 표현을 얻는 것이 어려울 때, 표현 학습은 언뜻

보기에 도움이 되지 않는 것처럼 보인다. 이와 관련해 DL은 다른 단순한 표현들을 적용해 표현을 학습함으로써 핵심 문제를 해결한다. DL을 사용하면 단순한 개념에서 복잡한 개념을 구축할 수 있다. 데이터에 대한 올바른 표현을 학습한다는 아이디어는 DL은 하나의 관점이고 또 다른 관점은 깊이를 통해 컴퓨터가 다단계 컴퓨터 프로그램을 학습할 수 있다는 것이다. 표현의 각 계층은 다른 명령 세트를 병렬로 실행한 후의 컴퓨터 메모리의 상태로 생각해볼 수 있다. 따라서 DL은 여러 추상화 계층과 함께 데이터 표현을 학습하기 위한 여러 프로세싱 계층으로 구성된다. 이전 계층 내 표현으로부터 각 계층의 표현을 계산하기 위해 사용되는 내부 파라미터를 시스템이 어떻게 변경하는지를 표현하기 위한 역전파 알고리즘을 이용해 데이터셋의 복잡한 구조를 발견한다. 이와 관련해 역전파 알고리즘은 다중 스택 아키텍처의 가중치와 관련한 실제 함수의 기울기를 계산한다.

한편 DL은 사용 가능한 학습 데이터의 양이 증가함에 따라 더욱 유용하다. 따라서 DL은 시간이 지남에 따라 증가하는 정확도와 함께 점점 더 복잡해진 응용 분야를 해결해가고 있으며, 상업적인 응용 분야에서도 성공적으로 사용되고 있다. 하지만 최근까지 오직 전문가만 사용할 수 있거나 기술적인 것보다 예술에 가까운 것처럼 주로 취급돼 왔다(Goodfellow 외 2016). DL은 풍부한 구조의 고차원 데이터를 이해할 수 있도록 기계 학습을 확장할 수 있다. 따라서 DL은 풍부한 고차원 분포에서 입력을 가져와서 중요한 시스템의 알고리즘을 실행하는 데 필요한 CPU 시간과 같은 범주의 레이블로 요약할 수 있다.

DL 분류 알고리즘이 대부분의 입력을 버리고 단일 출력 또는 단일 출력 값에 대한 확률 분포를 생성한다고 가정하면 DL은 중요한 시스템에서 가능한 침입의 특성을 보여주는 이상 행위를 인식할 수 있다.

이와 관련해 흥미로운 연구 방향 중 하나는 개체 간의 관계를 포착하기 위해 분산 표현을 훈련할 수 있는 방법을 결정하는 것이다. 이러한 관계를 통해 객체에 대한 사실과 객체가 서로 상호작용하는 방식을 공식화할 수 있다. 예를 들어 수학에서 이진 관계는 정렬된 객체 쌍의 집합이다. 이 집합에 있는 쌍은 관계가 있다고 말하고 집합에 없는 쌍은 관계가 없다고 한다(Goodfellow 외 2016). 이와 관련해 DL 기반 침입 탐지 시스템에 의해 식별된 중요한 사이버 물리 시스템 실행의 이상 타임 스탬프는 정상 타임 스탬프와 관계가 없으며 정상 타임 스탬프 집합에 포함되지 않으므로 결과 연관 추론을 통해 침입자의 사이버 공격 상황을 탐지한다.

연관 추론은 인간의 가장 필수적인 지적 능력 중 하나임에 틀림 없다. 그것은 우리 스스로를 반영할 수 있는 방법이다. 우리 자신에 대한 지식이 발전함에 따라, 문자 그대로 자신의 발전을 구경하는 스스로를 발견하게 된다. 연관 추론의 기본 개념은 모든 것이 연결되고 네트워크화돼 있지만 이를 실제 이렇게 믿는 것은 쉽지 않은데 이유는 모든 것은 마치 분리되고, 혼돈스러운 상태로 보이기 때문이다. 이에 대한 이유는 간단하다. 보통 인간은 그들의 뇌의 연관성과 연결고리가 어떻게 작용하는지 모르기 때문이다. 그러나 모든 것을 어떤 것과 연관시키면 이전에는 불가능하다고 생각했던 수준을 만들고 생각할 수 있다.

존 로크[John Locke]는 그의 에세이 『인간 지성론』에서 논리라는 처리는 마음과 생각이 어떤 물체를 인식하기 위해 해당 물체를 인식할 수 있는 상태로 만들려고 발생시키는 여러 신호들의 본질에 대해 검토하는 것이라고 말하고 있다.

이와 관련해 DL 및 연관 추론은 성공적인 사이버 보안 시스템을 개발하기 위한 방법으로서 이해될 수 있으며, 이를 위해 발췌문과 결론들을 정형화시키는 데 잘 정의된 구문과 의미가 요구된다.

6.1.3 제어 이론

사이버 물리 시스템(6.5.1절 참조).은 향상된 센싱, 네트워킹 및 계산 기능을 통해 전례 없는 방식으로 사이버 공간과 물리적 공간을 연결할 수 있다. 그러나 이러한 커넥티비티의 선택들은 공격자 또한 잠재적으로 악의적인 사이버 공격을 수행할 수 있는 풍부한 기회를 제공했다. 따라서 제어 이론은 데이터 불완전성 및 제어 시스템 성능에 대한 영향과 관련해 사이버 물리 시스템의 분석 및 설계에 중요한 역할을 한다(Möller 2016).

데이터 불완전성은 다음을 포함한다고 가정할 수 있다.

* 지연
* 패킷 드롭
* 양자화

이는 전송된 데이터가 이미 사이버 공격자들에 의해 조작됐을 수 있기 때문에 센서가 수집하거나 제어기가 계산한 실제 데이터가 아닐 가능성을 특징화하는 데 부적절하다. 이로 인해 사이버 물리 시스템의 보안 제어와 관련된 의문이 제기됐다. 따라서 전통적인 보안은 시스템 이상이 특정 유형의 악의적인 사이버 공격이라는 가정하에 시스템 이상을 식별하고 전략을 설계하는 것을 목표로 한다. 양성이거나 무작위적인 것은 적합하지 않다. 정교한 사이버 공격자는 사이버 물리 제어 시스템의 취약성을 악용해 무작위적이지 않은 시스템 이상을 유발하는 전략을 명확하게 설계할 수 있다.

따라서 다음과 같은 좀 더 형식적인 방법을 선택할 수 있다.

- 공유 프로세서로 제어
- 중요한 구성 요소의 개인 정보
- 시간 제약을 통한 검사 및 검증

제어 시스템의 센서는 미리 지정된 모든 타임 스탬프에서 측정값을 전송한다. 그런 다음 제어기는 성공적으로 수신된 센서 측정값을 사용해 제어 입력을 계산한다. 사이버 물리 시스템을 제어할 때 수신된 센서 데이터는 물리적 시스템 동작과 일치해야 한다. 그렇지 않으면 적의 사이버 공격은 탐지되고 그 후 제거된다. 따라서 사이버 공격자의 과제는 사이버 물리 시스템의 물리적 부분과 일치하는 데이터를 전송하면서 제어 성능을 저하시키는 것이다. 이와 대조적으로 방어자의 과제는 수신된 데이터가 사용 중인 사이버 물리 시스템의 물리적 부분과 일치하는지 확인하는 것이다.

탐지할 수 없는 사이버 공격자로 인해 은밀성과 성능 저하 간 균형이 존재한다고 가정하자. 그러므로 대답해야 할 질문은 어떻게 은밀성을 정량화하느냐다. 다른 말로 주어진 은밀성의 수준에 대한 성능 저하란 무엇인가? 사이버 공격자가 사용할 수 있는 옵션은 다음과 같다.

- 사이버 물리적 시스템 구조를 통한 은밀성
- 노이즈의 통계적 특성을 통한 은밀성

성능 메트릭을 평균 추정 오차 공분산이라고 하자. 사이버 공격이 없는 경우 오차 공분산은 $p(k)$이다. 사이버 공격이 있는 경우 오차 공분산은 $\bar{p}(k)$이다.

사이버 공격자가 탐지되지 않고 침입을 강화하려고 하면 다음과 같은 오차 공분산을 얻게 된다(Gupta 2016).

$$\bar{p}(k) = \lim_{k \to \infty} \sup \frac{1}{k+1} \sum_{n=0}^{k} \bar{p}(n)$$

이 방정식과 관련해 다음 두 가지 사용 사례 중 하나를 결정하기 위해 수신한 데이터의 평가를 위한 관찰자 알고리즘을 제어 시스템에 포함할 수 있다.

UC_0: 사이버 공격이 감지되지 않음

UC_1: 사이버 공격이 감지됨

은밀성은 다음과 같이 측정할 수 있다.

$$p(\text{Decide } UC_i | UC_i) \to 0$$

그리고 오탐의 가능성은 다음과 같이 설명할 수 있다.

$$p(\text{Decide } UC_i | UC_0)$$

사이버 공격은 특성과 함께 침입 탐지가 존재하지 않는 경우 은밀하다고 한다.

$$p(\text{Decide } UC_i | UC_0) < p(\text{Decide } UC_i | UC_1)$$

사이버 공격은 $0 < \delta < 0.5$에 대해 ε-surreptitious라고 한다(Gupta 2016).

$$p(\text{Decide } H_i | H_1) > 1 - \delta$$
$$p(\text{Decide } H_i | H_0) \leq O\left(e^{-k \times \varepsilon}\right)$$

따라서 누락된 탐지의 주어진 확률 p에 대해 측정 횟수 k가 증가함에 따라 속도 $k \times \varepsilon$로 인해 잘못된 경보의 확률이 기하급수적으로 감소될 수 없다.

6.1.4 전염 이론

전염병 모델링은 그 기본 원리와 관련해 수행될 수 있다.

- 기본 번식률(R_0): 감염이 전체적으로 취약한 개체군에 유입된 후 2차 감염 건수를 세어 질병의 전염 잠재력을 측정한다.

  기본 번식률은 다음과 같은 몇 가지 요인에 의해 영향을 받는다.

  ○ 전염성 지속 기간

  ○ 접촉 시 감염될 확률

◦ 숙주 개체군 내 접촉 비율

전염이 취약한 개체군에서 발생하기 위해서는 R_0이 1 미만이어야 한다. 즉, 전염 사례가 증가하는 중이다.

- 유효 번식률: 취약 및 취약하지 않은 숙주로 구성된 개체군 내 감염 사례 당 평균 2차 감염 사례의 추정이다. 전염이 취약한 숙주 개체군의 비율로 감소되는 일반적 감염률에 의해 생성되는 2차 감염의 수로 적용된다.
- 집단 면역: 개체군의 상당 부분이 백신을 접종했을 때 발생하며, 이를 통해 보호받지 못한 개인에 대해 보호를 제공하게 된다. 집단 면역 임계치는 공동체 내 안정화를 위해 감염병에 대한 면역을 필요로 하는 개체군의 일부이다. 만약 임계치에 도달한다면, 각각의 경우는 하나의 새로운 사례로 이어질 것이고 감염은 인구 내에서 안정될 것이다.
- 전염병: 주어진 기간 내 기준치 또는 예상된 수준을 초과해 집단 내에서 질병 발생 빈도가 증가하는 것은 다음 3가지 주요 목적을 위한 수학적 접근법이다.
   ◦ 전염병을 통제하고 막기 위한 메커니즘을 결정하고 그 과정에 미치는 영향을 연구한다.
   ◦ 전염병의 최종 규모와 안정 상태로의 수렴 시간을 포함한 향후 유행 진로를 예측한다.
   ◦ 전염병을 확산시키는 메커니즘과 다양한 매개변수가 전염병의 진로에 어떤 영향을 미치는지 이해한다.

따라서 전염병 모델은 관심 개체군의 특성과 확산 메커니즘에 대한 일련의 가정으로 구성된다. 관심 개체군과 관련된 가정은 대개 Daley와 Gani(1999)에 의해 소개된 다음 범주에 속한다.

- 개체군의 일반 구조: 개체군은 동일한 방식으로 감염에 대한 개별 반응과 감염 확산과 같이 동질적일 수 있다. 몇 가지 다른 점이 있을 수 있다.
   ◦ 동질적 개체군
   ◦ 상호작용하는 계층
   ◦ 완전히 이질적인 개체군
- 인구(개체군) 역학: 개인의 집합은 개방적이거나 폐쇄적일 수 있다. 폐쇄형 집합에서 개인 수는 시간이 지남에 따라 변하지 않으므로 새로운 개체는

없다.

- ○ 출생
- ○ 죽음
- ○ (타국으로) 이민Emigrations
- ○ 이민Immigrations
- 개인의 질병 상태: 개인은 다음과 같을 수 있다.
  - ○ 증상이 없는 보균자
  - ○ 배양
  - ○ 전염성
  - ○ 면역
  - ○ 완치
  - ○ 감염에 취약

1927년에 Kermack과 McKendrick(1927)은 고정된 N개 개체군과 3가지 중요한 상태인 SIRsusceptible-infected-recovered로 결정론적 전염 모델을 수립했다. 그 결과 다양한 전염 이론의 기준이 됐다. 따라서 그들의 주요 결과는 전염 임계치를 작은 감염들로부터 전염을 분리하기 위한 중요한 값으로 취급한다. 결정론적 SIR 모델에서 x는 취약한 일부, y는 감염된 일부, z는 회복된 일부라고 하면 다음을 통해 방정식의 결과를 도출할 수 있다.

$$\frac{dx}{dt} = -\beta \cdot x \cdot y; \quad \frac{dy}{dt} = \beta \cdot x \cdot y - \gamma \cdot y; \quad \frac{dz}{dt} = \gamma \cdot y; \quad \frac{1}{x}\frac{dx}{dt} = -\frac{\beta}{\gamma}\frac{dz}{dt}$$

여기서 β는 쌍방향 감염률을 나타내고 γ은 완치율을 나타낸다. 이 방정식 시스템의 경우 다음과 같은 다른 경우를 고려할 수 있다.

- 생존 및 전체 크기: 감염이 더 이상 확산되지 않는다고 가정할 때, 감염되지 않은 취약한 일부는 x_∞이고, 궁극적으로 완치된 개별 일부는 $z_\infty = x_0 + y_0 - x_\infty$이며, z_∞은 방정식의 고유한 근이다.

$$N - z_\infty = x_0 + y_0 - z_\infty = x_0 e^{-z_\infty \frac{\beta}{\gamma}}$$

x_0, y_0는 취약 및 감염된 노드의 초기 부분이다.
- 임곗값 정리: 다음의 경우에서만 대규모 감염이 발생한다.

$$\frac{dy}{dt}\Big|_{t=0} > 0$$

이는 $x_0 > \gamma \cdot \beta$와 같다.

- 두 번째 임곗값 정리: x_0이 작은 값으로 $\gamma \cdot \beta$를 초과하는 경우 최종적으로 개체군 내 남아 있는 취약 부분은 다음으로 추정되며,

$$x_\infty = \frac{\gamma}{\beta} - \rho$$

$z_\infty \approx 2\rho$이다.

주요 발병 여부는 전염병 초기에 발생되는 취약한 일부와 같은 초기 상태에 따라 달라진다. 초기 조건에서의 확산의 의존성은 SIR 모델의 고유 특징이다. susceptible-infected[SI]와 susceptible-infected-susceptible[SIS] 모델에서는 안정 상태가 초기 조건에 따라 달라지지 않는다.

컴퓨터 네트워크에서는 전염 모델링이 주로 다음 영역에 적용된다.

- 분산 네트워크에서의 전염병 알고리즘 및 정보 보급(Chakrabarti 2007; Eugster 외 2004)
- 컴퓨터 바이러스 및 웜 전파 모델링(Kephart와 White 1993)
- 오류 및 고장 전파

오늘날 바이러스와 웜은 다른 방법으로 퍼지고 다른 보안 취약점을 이용한다. 컴퓨터 바이러스는 다른 시스템이나 파일에 자신을 복제하고 복사할 수 있는 작은 프로그램으로 정의된다. 웜은 퍼지기 위해 사용자 개입을 필요로 하지 않는다. 대부분의 웜은 감염된 호스트 컴퓨터를 파괴하지 않지만 일부는 파괴한다. 파괴적인 웜 전파 모델은 감염된 컴퓨터가 충돌할 때까지 매 1만 번의 스캔 후에 하드 디스크의 임의 지점에서 데이터를 기록하는 웜을 기반으로 파생된다. 웜 검색은 악성 코드의 가장 성공적인 유형 중 하나다. 이 웜은 빠르며 자동으로 퍼져 나간다. 그러나 그것들은 또한 탐지하고 멈추기 쉬워서 인터넷에는 더 은닉적인 유형의 악성 코드가 존재한다. 새로운 웜 유형은 소셜 네트워크를 사용해 퍼진다. 정보와 데이터의 교환을 위한 새로운 웹 애플리케이션의 도입으로 사이버 보안 사고의 수가 증가했다.

정보 전파를 위한 전염병 알고리즘은 컴퓨터 간 통신 프로토콜인 가십gossip

전파라고도 한다. 이러한 전염 알고리즘은 간단하고 전개하기 쉬우며, 수학적 도구는 시스템 동작을 예측할 수 있게 해준다. 일반적으로 SI에 의해 모델링된 정보는 영구적으로 배포되거나, 각 노드가 일정 시간 동안 정보를 배포한 다음, SIR 모델에 따라 중단된다(Eugster 외 2004). 가십 알고리즘을 사용하는 신뢰할 수 없는 네트워크는 SIS 모델로 모델링할 수 있다.

전염병 전파에 대한 전염 역학 모델은 각 컴퓨터가 다음 상태 중 하나라고 가정해 웜 전파의 특징화에 사용할 수 있다.

- 면역
- 감염
- 취약

면역 컴퓨터는 웜에 의해 감염될 수 없다. 취약한 컴퓨터는 웜에 감염된 후 감염된 컴퓨터가 된다. 사이버 침입 공격인 확산 메커니즘은 어떻게 감염이 전파되는지 정확한 결정을 한다.

6.1.5 게임 이론

게임 이론은 최소 2명 또는 3명의 플레이어와 상호작용을 통한 의사 결정 시나리오를 연구하기 위한 수학적인 방법론이다. 상호작용 시나리오는 다음을 포함한다.

- 참가자
- 게임이라고 하는 일련의 가능한 효용적 보상
- 각 참가자가 취할 수 있는 일련의 합리적 행동

실제 게임에서는 각 플레이어가 지식이나 기대 또는 다른 플레이어의 행동에 따라 합리적인 행동의 코스를 선택함으로써 가능한 최선의 목표를 추구하기 위해 노력한다. 게임 이론에서, 게임 이데올로기적 모델들은 실용적 기능이 될 수 있는 소위 의도적 모델인 실제 상황의 다양한 계층의 이해를 촉진하는 추상적인 개념인 것으로 연구된다.

정의 6.1

일련의 가능한 행동 중 주어진 어떤 한 쌍의 행동 i와 j, A, i와 j의 효용함수를 나타내는 $u(i)$와 $u(j)$는 의사 결정자가 j보다 i를 더 선호하는 경우에만 $u(i) > u(j)$를 고수할 수 있다.

유틸리티 함수는 일반적인 것을 표현하기 위해 사용되지만 선호도의 양은 표현할 수 없다. 따라서 플레이어는 의사 결정자가 j보다 i를 얼마나 더 선호하는지 알 수 없다. 이러한 특성에 기초해 의사 결정자의 선호도는 복수의 다른 효용함수로 표현될 수 있다.

사이버 보안과 관련해서는 방어자 D와 공격자 A를 포함한 시스템을 가정할 수 있다. 복수의 공격자에 의해 사이버 공격이 개시되는 경우, 이를 반드시 $A_1, ..., A_m$로 표기해야 한다. 사이버 공격자는 더욱 일반적인 관점에서 똑똑한 내부자와 순진한 공격자로 분류할 수 있다. 내부자 위협은 조직 내 개인이 다음과 같은 측면에서 공격받은 시스템에 부정적인 영향을 미치기 위해 자신의 승인된 접근을 오용할 때 발생한다(Nurse 외 2014).

- 가용성
- 기밀성
- 무결성

그러므로 내부자 위협은 모든 것들이 민감한 데이터에 접근, 저장, 공유하기 위해 사용될 수 있는 장치인 오늘날의 사물인터넷 세계에서는 계속 증가하고 있는 문제다. 깊은 지식을 갖은 내부자는 보안 실행과 모니터링 정책을 소유하고 있으며, 이러한 사이버 공격이 실행될 경우 조직이 심각한 상황에 처하게 된다. 그러므로 내부자를 식별하는 것은 다음과 관련해 국제적 연구의 중요한 도전이자 일부이다.

- 의심스럽고 악의적인 내부자 활동에 대한 이상 징후 감지
- 행동 요인의 식별
- 사이버 공격 내 특징signature 인지

그러나 영리한 사이버 범죄자들은 발각되는 것을 두려워하며, 따라서 최적의 공격 결정을 내리려고 노력한다. 예를 들면 그들의 전략은 확률 분포에 따라 두

가지 선택 중에서 무작위로 선택하는 혼합 전략을 선택함으로써 달라질 수 있으며, 이는 Jin 외에서 소개한 효용함수가 되며 다음과 같이 나타낼 수 있다.

$$u_A = \begin{cases} 1, & \text{공격자가 탐지되지 않는 사이버 공격 수행} \\ -\beta_A, & \text{공격자가 탐지된 사이버 공격 수행} \\ 0, & \text{공격자가 공격 수행을 자제} \end{cases}$$

여기서 U_A는 사이버 공격자 효용함수이고 β_A는 미리 결정된 내부자 선호 매개변수다. 내부자가 발각되는 것을 두려워하기 때문에 $\beta_A > 0$으로 추정할 수 있다.

순진한 사이버 공격자는 적발될 염려 없이 사이버 공격을 감행함으로써 맹목적으로 시스템에 중대한 피해를 줄 수 있다. 이 경우 순진한 사이버 공격자는 방어자가 취약하다는 것을 깨닫고, 시스템 공격을 시작할 수 있으며, 항상 성공할 것이다. 순진한 사이버 공격자가 기술적으로 더 정교하다면 침입 탐지를 위해 이상 탐지를 선택해야 한다. 따라서 방어자 D는 이상 탐지 기법을 이용해 들어오는 상대의 위협을 탐지할 뿐만 아니라 탐지율과 오탐 사이에서 적절한 균형 (트레이드오프)을 이뤄야 한다.

$\gamma \in [0,1]$을 γ값이 더 높고 오탐율이 더 작은 트레이드오프 매개변수로 설정하면, 검출률은 작아진다. 공격자의 공격의 탐지 확률이 $(1-\gamma)$가 되도록 γ을 정상화하는 것은 $\gamma = 0$일 때 모든 사이버 범죄 공격이 탐지된다는 것을 의미하지만 많은 수의 오탐이 발생될 것이다. $\gamma = 1$일 때는 사이버 공격이 감지되지 않으며, 오탐이 발생하지 않는다. 따라서 방어자 D는 (1) 최대한 많은 공격을 탐지하는 것과 (2) 오탐의 수를 줄이는 두 가지 목표를 가지고 있다. 각 사이버 공격자 $(1 \le i \le m)$에 대해 A_i의 사이버 공격으로 인한 방어자 D의 손실은 $I_A(i) \in [0,1]$이 되며 이는 A_i와 관련된 방어자의 손실을 초래하고 다음과 같이 나타낼 수 있다(Jin 외 2012).

$$I_A(i) = \begin{cases} 1, & A_i \text{가 탐지되지 않는 공격 수행} \\ b, & A_i \text{가 탐지된 공격 수행} \\ 0, & A_i \text{가 공격 수행 자제} \end{cases}$$

여기서 $I_A(i)$는 A_i의 사이버 공격에 의한 D의 손실이고, b는 탐지된 사이버 공격을 말하며, $b \ge 0$은 탐지된 사이버 공격에 의한 방어자의 피해 복구에 드는 잠재적 비용을 나타낸다. $b \ge 1$의 경우, 탐지되지 않은 상대의 사이버 공격은 훨씬 더 큰 피해로 이어진다. 다른 측면에서는 방어자가 쉽게 탐지 노력을 포기할 수 있다(Jin 외 2012). 트레이드오프 매개변수 γ의 정의에 따르면 A_i가 공격을 선택했을 경우, 방어자의 예상 손실은 $E[I_A(i)] = \gamma + (1 - \gamma)b$가 되고 A_i가 공격을 포기하면 $I_A(i) = 0$이 된다.

스마트하고 순진한 사이버 공격자와 방어자들에 대한 의도적 관점 외에도, 게임의 분류법은 일반적으로 게임 이론이 두 부류로 나눌 수 있다는 것을 보여준다.

- 협조적 게임: 두 명의 플레이어가 구체적인 약속이나 그들 사이의 관계에 따라 서로 유대를 형성할 수 있다.
- 비협조적 게임: 플레이어는 두 가지 모델에 기초해 독립적으로 의사 결정을 할 수 있다.
  - 전략적 게임: 한 플레이어의 각 결정이 한 명 또는 모든 플레이어의 영향을 받는 의사 결정 환경에서 플레이어의 전략적 상호의존성을 의미한다. 이러한 모델은 플레이어의 일련의 전략, 가능 행동 그리고 각 플레이어 승리의 확률을 반영한 보상 기능과 같은 속성으로 구성된다.
  - 전개형 게임: 게임 트리라고 부르는 좀 더 포괄적인 형태를 지정해 각 노드에서 플레이어가 하는 게임 순서 및 선택을 정확히 명시한다.

나아가 사이버 공격자와 방어자로 대표되는 플레이어 간의 상호작용은 불완전한 정보를 가진 비협조적인 논제로서 역동적인 게임으로 모델링할 수 있으며, 이는 다단계 공격의 불확실성과 특수성을 고려한다. 이 시나리오의 모델은 공격자가 리더, 수비수는 팔로워가 되는 특수 게임 트리를 따라 접근하는 것이다. 따라서 다목적 최적화 방법은 각 의사 결정 노드에서 상대편의 최선의 행동을 예측하는 데 사용된다. 또한 방어자는 계속해서 상대방의 행동을 추적하고, 탐지된 사이버 공격 발생 이후 상대편의 행동에 대한 지식을 업데이트하며, 자신의 지식을 활용해 상대편의 향후 행동에 대한 예측을 업데이트한다(Luo 외 2010).

완벽한 정보에 대한 가정은 실제로는 참이 아니고 확률적인 게임 모델로 확장돼야만 한다. 이를 통해 플레이어는 오류 즉 주어진 시점에서 실제 상태 그리고 플레이어의 인식이 잠재적으로 다를 수 있기 때문에 이에 대한 가능성과 함께 특정 순간 시스템의 실제 상태를 알고 있음으로써 더욱 현실적인 시나리오를 포착할 수 있게 한다.

불완전한 정보의 제약을 가정할 때, 방어자의 감각이 불완전하다고 가정하는 확률적인 게임의 내쉬 균형Nash equilibrium까지 도달하기 위한 최선의 전략을 방어자가 계산할 수 있다고 가정하며 다른 플레이어의 전략 선택을 고려한 최선의 전략을 계산할 수 있다. 내쉬 균형에서는 어떤 선수도 일방적으로 다른 전략으로 전환을 통해 보상을 향상시킬 수 없다. 이는 방어자는 그의 감각의 실패 확률과 플레이어의 목적은 정반대라는 것을, 즉 균형의 존재를 의미하는 제로섬$^{zero-sum}$ 게임이라는 것을 내포하고 있다(Shiva 외 2010).

정의 6.2

내쉬 균형은 게임 내 모든 플레이어에 대한 행동 프로필을 나타내며, 단일 플레이어인 I는 다른 플레이어인 j가 a_j를 고수할 때 a_i와 다른 액션을 선택해 더 높은 보상을 얻을 수 없다.

Sastry 외(1994)에서는 불완전한 정보와 함께 내쉬 평형 다인 확률적 게임의 분산 학습에 관해 소개했고 여기에서 각 플레이 이후 개인에 대한 보상은 랜덤 변수가 된다. 랜덤 보상의 분포에 대해서는 알려진 것이 없다. 최적의 전략을 배우기 위해 게임을 반복한다. 주된 관심사는 (점근적으로) 학습 균형 전략에 있는데, 이는 내쉬 균형이라는 의미에서 보상의 예상된 값에 관한 것이다. 플레이 후 개발된 분산 학습 알고리즘을 위해 각 플레이어는 현재의 행동이나 움직임과 그의 성과만을 바탕으로 전략을 업데이트한다. 다른 선수의 존재와 관련한 정보를 갖고 있는 플레이어는 없다. 그래서 게임은 불완전한 정보로 진행된다.

6.1.6 그래프 이론

그래프 이론은 매우 일찍이 쾨니히스베르크에 있는 일곱 개의 다리 각각을 정확히 한 번 건너는 길을 찾으라는 요청을 Leonhard Euler(1707~1783)가 받았을 때 적용된 적이 있다. 오늘날 그래프 이론은 하부 구조의 계층 구조를 탐지하기 위한 네트워크에서 커뮤니티를 찾는 데 사용된다. 일반적으로 그래프 이론은 객체 간의 쌍방향 관계를 모형화하는 데 사용되는 수학적 표기법이다. 이 맥락에서 그래프 $G = (V, E)$는 정점 (또는 노드) 쌍 V이고, 엣지의 집합 E는 $|V| = m$ 그리고 $|E| = n$과 같이 유한하다고 가정한다. $m = 5$일 때 $V(G) = \{v_1; v_2;...; v_m\}$이고 $n = 6$일 때 $E(G) = \{c_1; c_2;...; c_n\}$ 의 가정과 관련한 그래프는 그림 6.6과 같다.

그림 6.6에서는 복잡한 네트워크의 위상적 속성을 설계하기 위한 그래프가 사용되는 것을 알 수 있다. 예를 들어 네트워크의 동적 성능 측정을 형상화하거나 최적화하기 위해 노드들은 노드 간 프로그램 상태와 제어와 데이터 의존성을 표현하는 방향성을 갖는 엣지를 나타낸다.

복잡한 네트워크 설계를 연구하는 것은 이론적으로 부정 행위 탐지 및 네트워크 침입 탐지를 제어하는 것과 관련해 사이버 보안과 밀접한 관계를 갖고 있다. 둘 다 침입 탐지를 나타내는 행동 이상을 탐지하기 위한 그래프의 정규성을 계산하는 방법을 필요로 한다. 침입 탐지 시스템은 네트워크 통신과 호스트에서의 악의적인 행동을 탐지하는 데 널리 이용돼왔다. 그러므로 침입 탐지 및 그 관리는 분산 침입 탐지 솔루션에 중요한 기능으로, 분산 네트워크 시스템 환경 내에 위치한 여러 호스트에서 생성된 경고를 수집하고 종합하거나 다른 유형의 데이터를 통합해 처리할 수 있다. 방어자는 네트워크로 들어오는 경로를 찾아 적들이 이를 이용하는 것을 막을 수 있어야 하는 반면 적들은 보호되지 않은 하나의 경로만 찾으면 되기 때문에 침입으로부터 복잡한 네트워크를 방어하는 것은 매우 어렵다. 따라서 공격 그래프는 네트워크 방어자에게 중요한 방법이며, 적들이 대상 네트워크에 접근하기 위해 이용할 수 있는 경로를 나타낸다. 그런 다음 방어자는 취약점을 보안 조치하기 위해 공격자에게 많은 접근과 작업을 허용하는 취약점 및 설정 오류를 패치하는 데 노력을 집중할 수 있다.

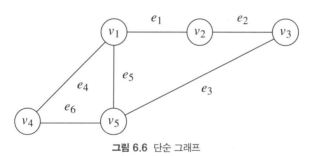

그림 6.6 단순 그래프

상태에 해당하는 6개 노드 그리고 취약점 인스턴스에 해당하는 엣지가 있는 단순한 네트워크를 가정해보자. 노드는 그림 6.7과 같이 방화벽에 의해 분류된다.

공격자는 노드 A에서 탐지되지 않은 상태로 침입할 수 있으며 노드 B, C 및 D를 직접 손상시킬 수 있다. 공격자가 방화벽을 통과하지 못하고 노드 E와 F를 손상시켜 노드 F에 악성 코드를 내장해 공격 절차를 완료할 수 없다고 가정하면, 공격 그래프는 중요한 노드 *F*의 감염을 피할 수 있다. 이는 그림 6.8의 도달 가능성 매트릭스에서 그림 6.7에 묘사된 단순한 네트워크에 대해 보여진다. 여기서 행은 노드의 소스 인터페이스를 나타내고, 열은 대상 인터페이스의 대상 포트를 나타내고, 각 셀은 소스가 대상에 도달할 수 있는지 여부를 나타낸다.

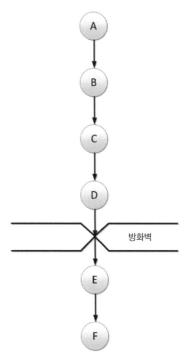

그림 6.7 방화벽이 있는 네트워크의 간단한 예

따라서 일반적으로 공격 그래프 작업 흐름은 다음과 같은 부분으로 구성된다.

- 상관관계 수준
- 경고 개선을 위한 사이버 공격 그래프 구성 및 시각화
- 정보 수집

그림 6.7의 예는 통합 데이터 모델에 기초한 공격 그래프의 자동 취약성 추출 및 생성을 이용한다. 그들은 의도적으로 설계된 네트워크의 전형적인 구조를 식별해 보안/취약성 분석을 이들 네트워크에 대해 특별히 최적화할 수 있도록 한다. 따라서 신중하게 설계된 네트워크가 유리하거나 불리한 보안/취약성 속성을 가지고 있는지 여부를 판단할 수 있으며, 이러한 특성에 기초한 대응 전략을

개발할 수 있다. 어느 정도 강화가 되면 신중한 설계 방법을 네트워크 엔지니어가 보안 개선이나 취약성 감소를 위해 가용 자원 할당에 활용할 수 있다. 그러나 설계 방법은 네트워크의 동적 성능에 대한 다른 지표에 추가적으로 설계에 대한 성능 지표가 보안 혹은 취약성 조치를 포함하도록 확장돼야 한다. 이런 이유로 공격 그래프의 취약성 및 시스템 정보를 사용해 들어오는 침입 탐지 경고의 우선순위를 지정하고 태그를 지정할 수 있다. 따라서 공격 그래프는 상관관계 프로세스 중에 잠재적 사이버 공격의 가능성을 정량화함으로써 달성할 수 있는 네트워크 환경에서 중요한 자원을 보호하기 위해 상관관계 결과를 선택하고 최적화하는 데 사용된다.

노드 내 공유된 의존성에 의한 확률론적 부정확한 컴퓨팅 문제에 대해서는 공격 그래프 노드를 기반으로 한 보안 리스크 분석 방법론과 공통 취약성 점수화 시스템을 통해 사이버 공격 확률을 신속하게 계산할 수 있다. 이러한 맥락에서 의존성은 개체 간 관계의 공통적인 특징이기 때문에 사용되는 방법은 일련의 이벤트에 대한 의존성 그래프다. 객체 간의 관계는 노드와 엣지를 객체와 링크에 각각 연관지어 그래프로 모델링할 수 있다. 따라서 의존성은 객체 B에 대한 객체 A의 의존도가 A를 결정하는 B의 확률 p라는 것을 의미하는 이 그래프의 설명을 바탕으로 측정된다. 객체 B에 대해 객체 A의 의존도 추정은 결정 요인의 수준을 설명하는 $Dep(A \leftarrow B)$가 된다. A에서 B로 향하는 방향성을 갖는 엣지상 사이버 공격의 경우 사이버 공격자 A가 B에게 악성 코드를 주입하기 때문에 A는 B에 의존하는 것이다.

	B	C	D	E	F
A	x	x	x		
B	x	x	x		
C	x	x	x		
D	x	x	x		
E				x	x
F				x	x

그림 6.8 도달성 매트릭스(자세한 내용은 본문 참조)

종속성 그래프 방법으로는 각 경로에 대한 종속성 값의 합계를 계산해 의존도 $Dep(A \leftarrow B)$를 계산함으로써 A의 B에 대한 의존도를 측정할 수 있다.

6.1.7 사이버 보안의 중요성

세상은 디지털화를 통한 상호 연결이 더욱 증가하면서 지난 10년 동안 디지털 기술의 사용이 눈에 띄게 증가했다. 이로 인해 사용자들은 반드시 디지털 연결 보안에 더 큰 관심을 가져야만 한다. 하지만 가장 최근 디지털 기술의 흐름은 다르다. 이는 빠르고 지속적으로 보안 위험의 확산을 동반하게 됐다. 매주 기관들의 컴퓨터 또는 네트워크를 장악한 악의적인 홍보와 당황스러운 폭로와 함께 사이버 공격에 대한 헤드라인 기사가 뉴스 1면에 등장한다. 이에 따라 어떻게 이러한 이슈들로부터 기관들을 보호할 수 있는지에 대한 의문을 제기하게 된다.

최선의 보호는 계획과 절차를 개발 및 구현해 침입 탐지와 취약점을 차단하고 제거하는 것을 강화하는 것이다. 이러한 절차의 유형들에 대한 필요성을 입증하는 방안은 사이버 보안 감사를 수행하는 것이다. 더 나은 방안은 더욱 효과적으로 감사 프로세스 수행을 할 수 있을 잠재적인 감사 업체에 명확한 제안을 전달하는 것이다.

사이버 보안의 전통적인 접근법은 가장 중요한 시스템 혹은 요소에 집중하고 이를 가장 잘 알려진 위협으로부터 보호하며 일부 덜 중요한 시스템 요소는 방어하지 않고 덜 심각한 위험에 노출하는 것이다. 이러한 접근 방법은 현재 확대되고 있는 디지털 네트워크 시스템 환경에는 적합하지 않다. 그 이유는 사이버 보안 전문가들은 전통적인 접근법을 통해 사이버 물리 시스템 정보를 안전하게 하는 것으로는 제대로 관리하기 어렵게 될 것이라고 믿고 있으며 이유는 가능한 위협 환경은 극도로 복잡해졌기 때문이다. 이와 관련해 사이버 물리 시스템(6.5.1절 참조)은 원격 접근을 가능하게 하도록 취약하게 만들 수 있는 네트워크 기반 접근성으로 인해 사이버 공격에 취약한 것으로 식별됐다. 그러므로 사이버와 물리 요소들을 사이버 물리 시스템 안에서 통합하는 것은 다음과 같은 새로운 취약점의 분류를 만들어낼 수 있게 한다.

- 간섭
- 교체
- 통신 채널로부터 정보 제거

이는 다음과 같은 행위에 의해 사이버 공격으로 인한 악의적 행위에 따른 사이버 물리 시스템 동작에 영향을 미치게 된다.

- 캡처
- 중단
- 결함 생성
- 실패

이러한 취약성의 원인은 사이버와 물리 요소가 센서와 통신 네트워크 내 통합되는 방식에서 추적할 수 있다. 센서 네트워크는 많은 작은 요소로 구성돼 있으며, 각각 물리적인 캡처 대상이다. 통신 네트워크는 디지털 기술에 대한 접근을 허용하는 동시에 정보 교환을 구조화하는 상호 연결된 장치들의 시스템이다. 스마트폰, 태블릿, 가젯 그리고 그 외 스마트 기기들을 극단적인 일상에서 사용을 고려할 때 더욱 필수가 되고 있다. 오늘날 새로운 디지털 기술을 사용하는 것은 더 많은 양의 정보와 인터넷을 통해 더 빠른 속도로 쉽게 더 높은 품질의 정보에 접근하는 것이다. 하지만 이런 사이버 기반 인프라의 취약점은 센서와 통신 네트워크의 공격을 통해 사이버 범죄에 이용되고 있어 큰 문제다. 그러므로 사이버 보안은 중요한 영역이자 매우 복잡한 공급망의 상황과 사이버 기반 운영 인프라에서 악용될 수 있는 가장 취약한 영역이다. 그러한 영역에서 사이버 요소들은 다음을 제공한다.

- 컴퓨팅
- 제어 소프트웨어
- 처리
- 센싱 지원

이 요소들은 다양한 스마트한 소스들과 소셜미디어의 협력 그리고 사이버 물리 시스템 전반적인 운영으로부터 얻은 빅데이터의 분석을 용이하게 한다. 그러므로 중요한 시스템 노드에서 하나의 성공적인 사이버 공격은 완화 조치되지 않을 경우 결과적으로 상당한 수의 중요한 운영 능력에 다음과 같은 영향을 줄 수 있는 잠재력을 갖게 된다(6.1절 참조).

- 운영 결함
- 사이버 영역 내 일반적인 공격인 서비스 거부(DoS)
- 파괴 및 유출
- 정보 손상

- 그 외

이로 인해 서비스 거부를 유발하는 사이버 공격은 지속적으로 대상 시스템을 불필요하게 바쁘게 하거나, 정상 운영 시스템 서비스를 지연 또는 거부되도록 하는 인공 메커니즘을 만들어 발생시킬 수 있으며, 이러한 공격은 침입 방식이 식별된다면 피할 수 있고 이를 방어하기 위한 조치를 취할 수 있다. 그러므로 애초에 소프트웨어는 적절한 보안 수준에서 설계하는 것이 필요하고 일부 사이버 물리 시스템들은 복구 능력에 대해 사용되기 전 검사를 받는 것이 필요하다. 다른 한편으로 많은 솔루션에서는 악성 프로그램 또는 악성 코드의 존재를 식별하기 위해 프로그램 실행의 형태와 프로그램 코드 내 패턴과 특징들을 분석하는 것이 가능하며 이를 통해 시스템 관리자는 이를 비활성화하는 데 도움을 준다.

침입 탐지(그리고 차단)를 위해 사용되는 기술들은 다음과 같이 분류할 수 있다(Zeltser 2015).

- 행위 탐지: 프로그램의 실행을 관찰하고 다음과 같은 의심되는 행위를 찾아 멀웨어를 탐지하는 시도를 한다.
  ○ 악성 코드의 언패킹
  ○ 호스트 파일 수정
  ○ 키 입력 관찰
  이러한 침입에 대한 탐지를 통해 안티바이러스 도구를 활성화하고 보호된 시스템 내 이전 탐지되지 않은 악성 코드의 존재를 탐지하게 한다. 따라서 행위 탐지는 안티바이러스 도구를 사용해 침입 방지 기술을 만든다.
- 클라우드 기반 탐지: 보호된 시스템으로부터 데이터를 수집해 멀웨어를 탐지하고 제공자의 인프라에서 이를 분석한다. 이는 일반적으로 파일과 엔드포인트상 실행되는 것에 대한 상세 정보를 캡처하고 이를 처리하기 위해 클라우드 엔진으로 전달하는 작업을 한다. 나아가 다양한 시스템으로부터 연관된 데이터를 통해 제공자의 클라우드 엔진은 멀웨어 특징과 행위와 관련된 패턴을 제공할 수 있다. 따라서 클라우드 기반 엔진은 침입 탐지와 차단에 관련한 클라우드 커뮤니티 멤버들의 지식과 경험을 통해 안티바이러스 도구의 개인 사용자들에게 이점을 제공한다.
- 휴리스틱 기반 탐지: 정확한 시그니처의 매칭 없이 파일을 정적으로 시험

해 의심되는 특징들을 판단해 멀웨어를 탐지한다. 그러므로 안티바이러스 도구는 시험 대상 파일 내 희귀한 명령 또는 정크 코드의 존재 여부를 찾게 될 것이다. 안티바이러스 도구는 또한 운영 중인 시스템의 큰 속도 저하 없이 파일이 실행되면 무엇을 하는지에 대해 추적하기 위해 파일을 에뮬레이팅하기도 한다. 단 하나의 의심스러운 속성을 갖는 파일은 악성 코드로 식별하기 충분하지 않을 것이다. 하지만 사전에 정의한 위험 수준을 초과하는 몇몇 특징들을 찾는다면 안티바이러스 도구는 이 파일을 악성 코드로 분류한다.

- 시그니처 기반 탐지: 시험됐던 파일의 핵심 요소를 이용해 알려진 멀웨어의 고정된 핑거프린트를 생성한다. 시그니처는 파일 내 바이트의 연속으로 나타낼 수 있다. 또한 파일 또는 해당 영역의 암호화 해시가 시그니처가 될 수도 있다. 이 멀웨어 탐지 방법은 안티바이러스 도구가 만들어진 이래 필수 요소가 됐다. 중요도는 감속하고 있지만 현재까지 많은 안티바이러스 도구의 일부로 남아 있다. 시그니처 기반 탐지의 주요 한계점은 시그니처가 아직 개발되지 않은 악성 파일들을 식별하는 것이 불가능하다. 따라서 현대 사이버 공격은 지속적으로 악성 코드를 변형해 파일의 시그니처를 변경하는 것을 통해 악의적인 기능을 유지하고 있다.

일반적으로 하나의 접근 방법에 의존하는 것은 더 이상 유효한 선택은 아니기 때문에 안티바이러스 업체들은 반드시 다양한 계층을 그들의 도구에 통합해야만 멀웨어 샘플의 증가 추세를 따라잡을 수 있다. 악성 파일은 다음과 같은 다른 프로그램/파일이 하는 모든 것을 할 수 있다.

- 저장된 파일 삭제
- 실행 중인 프로그램 종료
- 컴퓨터 화면에 메시지 작성
- 그 외

게다가 악성 파일은 바로 아무 행위도 하지 않을 수 있다. 악성 파일은 어떤 이벤트가 트리거되기 전까지 휴면 상태로 탐지되지 않은 상태로 존재할 수 있다. 사용되는 트리거는 다음과 같은 것들이 될 수 있으며, 이들의 조합 또는 임의의 상황이 될 수도 있다.

- 조건
- 카운트
- 날짜
- 이벤트
- 시간
- 시간 간격

사실 악성 파일은 극적인 무언가와 함께 어떤 경우 매시간 서로 다른 위협을 가할 수도, 혹은 아무것도 하지 않을 수도 있다. 악성 파일(코드)는 사용자와 동일한 방식으로 무엇이든 접근할 수 있다. 사용자는 일반적으로 그들의 프로그램 코드와 데이터 파일을 읽기, 쓰기, 수정, 추가와 삭제를 하며 완벽하게 제어할 수 있다. 하지만 악성 파일(코드)는 사용자의 승인 또는 심지어 어떠한 지식 없이 동일한 행위를 할 수 있다. 표 6.6에서 나타난 바와 같이 사이버 공격을 위해 사용되는 악성 파일(코드)에는 다양한 종류가 존재한다.

바이러스라는 용어는 이에 영향을 받은 시스템이 마치 생물학적으로 감염된 시스템과 같이 반응하기 때문에 생겨났다. 이는 바이러스 스스로 주변 구성 요소 또는 시스템의 프로그램 코드를 감염시키고, 공존 또는 이들을 파괴하는 방식으로 다른 건강한 구성 요소/시스템들을 감염시킨다는 것을 의미한다. 감염은 대개 기하학적인 속도로 확산되고, 최종적으로 모든 시스템을 감염하고 연결된 다른 시스템까지 퍼지게 된다.

바이러스가 활성화되는 일반적인 수단은 이메일에 첨부되는 것이다. 이 방식에서는 공격자가 이메일의 수신자로 하여금 첨부된 파일을 열어보도록 유도한다. 바이러스가 첨부된 파일을 열면 활성화된 바이러스는 의도된 작업을 실행할 수 있게 된다. 바이러스는 실행 가능한 첨부파일 내 내재된 실행 가능한 코드일 수 있으나 다른 파일의 유형에서 역시 동일하게 위험하다. 예를 들어 그래픽, 사진 이미지와 같은 대상은 에디터에 의해 실행되는 코드를 포함할 수 있기 때문에 이는 바이러스를 전달하는 역할을 할 수 있게 된다. 일반적으로 사용자로 하여금 그들이 수신한 파일을 열어보도록 하는 것이 자동으로 열리게 하는 것보다는 더 안전하다.

표 6.6 악성 파일(코드)의 유형

파일/코드 유형	특징
로직 폭탄	시간, 날짜, 숫자, 간격 또는 이런 것들의 조합과 같이 특정 조건이 발생하면 트리거된다.
래빗(Rabbit)	컴퓨팅 리소스 고갈과 연관해 제한 없이 자가 증식하는 바이러스 또는 웜
시간 폭탄	특정 시간이 되면 동작
트랩 도어(Trap door)	기능에 대해 비인가된 접근 허용
트로이 목마(Trojan horse)	사용자의 로그인 및 비밀번호를 요청하고 로그인 처리를 위해 시스템의 나머지 부분에 식별 정보를 전달하는 로그인 스크립트다.
바이러스	일시적 또는 상주 바이러스로 알려져 있다. 일시적 바이러스는 호스트의 생명을 따른다. 상주 바이러스는 스스로 메모리 속에 위치한다. 그런 다음 활성 상태를 유지하거나 독립 실행형 프로그램으로 활성화될 수 있다.
웜	네트워크를 통해 자체 복사본을 전파하고 네트워크를 통해 작동한다. 이에 비해 바이러스는 어떤 매체를 통해 퍼지지만 이는 보통 복사된 프로그램이나 데이터 파일을 사용한다.

가장 단순한 사례로 바이러스는 첫 번째 실행 명령 이전에 실행 가능한 프로그램 파일에 자신의 복사본을 주입한다. 그리고 모든 바이러스의 명령어들이 최초로 실행되게 된다. 바이러스의 마지막 명령어 실행 후 제어 흐름은 자연스럽게 첫 번째 프로그램 명령을 실행하기 위해 넘어간다. 이러한 상황은 그림 6.9와 같이 나타낼 수 있다(Pfleeger 외 2015). 이러한 첨부 유형은 단순하면서 효과적이라고할 수 있다. 사이버 공격자는 바이러스가 감염시킬 프로그램에 대해 알 필요가 없고, 첨부된 프로그램은 단지 바이러스를 옮기기 위한 역할만을 제공하는 경우가 많다. 바이러스는 의도한 작업을 수행하고 원래 프로그램으로 제어 흐름을 넘긴다.

사이버 공격자가 탐지되는 것을 방지하기 원한다고 가정해보자. 그는 디스크상 파일 목록을 구성하는 프로그램을 스스로 감염시킬 수 있도록 준비한다. 만약 바이러스가 목록 프로그램이 파일 목록을 생성한 후에 제어권을 다시 획득한다면, 바이러스는 파일 목록으로부터 바이러스 항목을 삭제하고 저장 공간의 계산을 조작해 바이러스가 존재하지 않게 보이도록 할 수 있다. 이를 그림 6.10에 보이는 바와 같이 주변 바이러스surrounding virus라고 부른다(Pfleeger 외 2015).

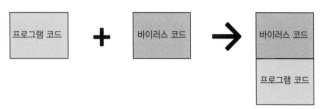

그림 6.9 프로그램 코드에 추가된 바이러스

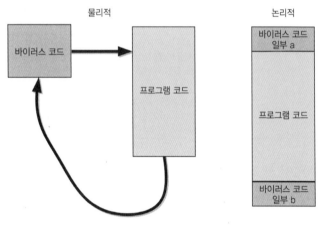

그림 6.10 프로그램 코드 주변 바이러스

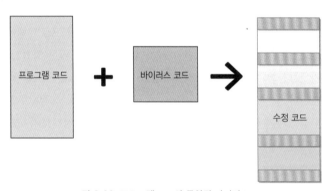

그림 6.11 프로그램 코드와 통합된 바이러스

마지막으로 바이러스가 몇몇 공격 대상의 코드로 통합되며 그들을 대체하게 되면 세 번째 상황이 발생한다. 그림 6.11에 나타난 바와 같이 사이버 공격자는 어떤 부분에 바이러스 일부를 주입할 수 있는지 알기 위해 반드시 대상 원본 프로그램의 정확한 구조에 대해 알아야만 하는 상황이 된다(Pfleeger 외 2015). 마침내 바이러스 공격 대상 전체를 대체하게 되며, 대상을 모방하거나 예상하는 효과를 무시하고 오직 바이러스의 효과만 수행하게 된다. 이 경우 사용자는 원래 프로그램의 손상에 대해 가장 잘 인지할 것이다.

바이러스 전파를 차단하기 위한 유일한 방법은 감염된 소스와 실행 코드를 공유하지 않는 것이다. 그럼에도 다음을 포함해 합리적으로 컴퓨터 접촉을 위한 안전한 커뮤니티를 구축하기 위해서는 다음과 같은 몇 가지 기법들이 있다(Pfleeger 외 2015).

- 신뢰할 수 있고 운영이 원활한 제조사로부터 구입한 상용 소프트웨어만 사용: 높은 명성을 갖고 있는 기업조차도 단 한 번의 좋지 않은 사건으로 인해 심각한 피해를 입을 수 있다. 따라서 그들의 제품이 바이러스로부터 자유롭게 하고, 문제의 원인이 되는 코드를 바로 패치하기 위해 많은 어려운 단계를 거친다. 유사하게 소프트웨어 유통 회사들도 그들이 취급하는 제품에 대해 신중하다.

- 고립된 컴퓨터에서 모든 새로운 소프트웨어 테스트: 새로운 소프트웨어를 처음 테스트할 때 하드디스크가 없고, 네트워크에 연결되지 않았으며, 부트 디스크가 지워진 컴퓨터에서 한다. 소프트웨어를 실행시키고 예상치 못한 행위를 관찰한다. 의심되는 프로그램을 실행하기 전 최신 업데이트가 된 바이러스 스캐너의 복사본이 있는 컴퓨터를 테스트한다. 프로그램이 이러한 테스트를 통과한 것에 한해서만 조금 덜 고립된 컴퓨터에 설치해야 한다.

- 첨부된 파일이 안전하다는 것이 확인됐을 경우에만 열람: 알 수 없는 출처로부터의 첨부파일은 안전에 의심이 된다. 또한 알려진 출처로부터 온 첨부 파일이지만 특이한 메시지는 신뢰할 수 없다.

- 복구 시스템 이미지 생성과 안전한 저장: 이 클린 버전 이미지는 손상된 시스템 파일을 안전한 복사본들로 덮어씌우기 때문에 시큐어 리부팅을 할 수 있게 해준다. 이러한 안전상 이유로 안전 부팅 이미지의 여분의 복사본은 도움이 된다.

- 실행 가능 시스템 파일의 백업 복사본을 만들고 유지: 바이러스가 발생한 경우 감염된 파일은 클린 백업 복사본을 통해 삭제하고 재설치한다(안전한 오프라인 위치 저장).

- 바이러스 탐지(바이러스 스캐너)를 정기적으로 사용하고 매일 업데이트: 사용 가

능한 많은 바이러스 탐지 소프트웨어들은 탐지와 바이러스로부터 감염을 탐지와 제거할 수 있다. 여러 개의 스캐너는 하나보다 낫다. 각 스캐너는 다른 스캐너가 놓치는 것을 탐지할 수 있기 때문이다. 스캐너는 바이러스의 시그니처를 검색한다. 새로운 바이러스들이 발견되면 스캐너는 지속적으로 갱신된다. 새로운 바이러스의 시그니처 또는 새로운 스캐너의 버전은 정기적으로 배포되고 있다. 바이러스 탐지를 위한 시그니처 파일은 최신 상태를 유지해야 한다.

더 높은 기술적 디바이스가 대중에 도입됨으로써, 보안에 대한 요구가 더 높아진다. 이러한 이유로 다음과 같은 다양한 보안 체계가 제안됐다.

- 이상 탐지Anomaly detection
- 확률적 종속성 그래프Probabilistic dependence graph
- 스마트 추적 방화벽Smart tracking firewall

이상 탐지는 비정상 행위 또는 데이터를 탐지하는 방법이다. 주로 시스템 내 정상 활동 프로파일 외 이상 활동을 기반으로 하는 침입 방식 탐지에 초점을 맞춘다. 이 과제에 대응하기 위한 몇몇 가능한 접근 방식들이 존재한다. 첫 번째 접근법은 내부자 사이버 공격의 행위와 무엇이 허용된 행위이고 사이버 공격이 무엇인지에 대한 명확한 모델을 사용하는 새로운 이상 탐지 방법의 설계에 초점을 맞춰 그로 인해 많은 수의 오탐 알림을 피하는 것이다. 정상 행위는 쉽고 즉시 변할 수 있기 때문에 오탐은 일반적으로 실제 정상이고 승인된 행위에 의해 발생할 수 있다(Dilek 외 2015). 기타 제한 사항은 다음과 같은 특성과 관련 있다.

- 이상 탐지는 반드시 정상 패턴을 특징화하고 정상 행위 모델을 만들 수 있어야 한다. 정상 시스템 활동에 대해 광범위한 훈련 세트들이 필요하다. 시스템 정상 패턴 내 어떠한 변화가 있을 시 반드시 지식 기반에 대한 업데이트가 필요하다.
- 만약 침입 탐지와 방지가 합법적 활동에 대해 악성 활동이라고 부정확하게 분류할 경우, 활동을 멈추거나 변경하려는 시도를 할 것이기 때문에 그 결과가 매우 부적합할 수 있다.
- 아무리 효율적인 침입 탐지라도 사이버 공격자가 시스템이 어떻게 동작하는지 알 수 있는 경우 이를 비활성화시킬 수 있다.

- 다른 환경 내에서는 서로 다른 사이트의 정보를 통합하는 이슈가 있다.
- 또 다른 문제는 실제로 법적 규제, 보안 요구 사항 혹은 서비스 수준 계약을 만족할 수 있는 침입 탐지를 제공하는 것이 포함된다. 하지만 우선 사항은 사이버 물리 시스템의 정상 동작에 지장 없게 하기 위해 침입 방법을 반드시 식별해야 한다.

이상 탐지의 두 번째 접근 방법은 기존 이상 탐지 기술을 수정하지 않고 그 위에 새로운 게임 이론 기술을 올려 내부 침입자의 약점 특히 탐지의 두려움을 이용하는 것이다(6.1.5절 참조). 하지만 사이버 범죄자들은 위험한 데이터를 위장하고 네트워크 보호 방식들을 극복하기 위해 언제나 새로운 아이디어를 갖고 있다. 그런 측면에서 그들은 트래픽을 일반적이게 보이도록 하고 보안 제어를 통과할 수 있는 방식을 이용해 익스플로잇exploit을 전달하거나 또는 다른 악성 콘텐츠를 취약한 지점으로 전달하기 위한 진보된 우회 방법을 사용한다. 대부분의 보안 솔루션을 쉽게 극복하도록 해주는 다중 로그 레벨이 사용되기 때문이다.

종속성 그래프(6.1.6절 참조)는 여러 노드가 서로에 대한 종속성을 나타내는 방향성 그래프다. 주어진 노드 S 세트와 $(a, b) \in R$이고 $R \subseteq S \times S$의 전이 관계에 대해 종속성 a를 모델링하려면 b를 먼저 평가해야 한다. 따라서 종속성 그래프는 T의 전이 폐쇄 R과 $T \subseteq R$ 조건과 함께 $G = (S, T)$가 된다. 시스템의 오류 탐지 및 위치 파악은 보안 기능을 보장하기 위해 신뢰성을 측정할 수 있는 방법이다. 그러나 어떤 경우에는 악의적 공격 또는 자연적으로 발생하는 사건으로 인해 오류 이벤트 탐지를 위한 오류 이벤트 진단 시스템이 장착되지 않을 수 있다. 이러한 문제를 해결하기 위해 시스템 및 통계 가설 테스트의 정보를 공간적으로 연관시키는 확률적 그래픽 접근 방식을 사용할 수 있다. GMRF^{Gaussian Markov Random Field}는 시스템의 랜덤변수를 모델링하고 해당 종속성을 연구하는 데 사용할 수 있다. 의존성 그래프는 서로 인접 사이트 간 엣지를 넣어 최소 인접 시스템에 의해 유도되는 MRF^{Markov Random Field}를 이용해 연결하는 것을 나타낸다. 그런 다음 가우시안 랜덤변수를 사용해 악의적인 침입으로 인한 오류 진단을 추정할 수 있다(Landrum 외 2014).

스마트 추적 방화벽은 메시 토폴로지로 구성된 노드로 구성된 통신 네트워크인 보안 무선 메시 네트워크에 침투하는 악의적인 노드의 침입을 방지하기 위한 보안 방법이다. 또한 무선 애드혹 네트워크의 한 형태다. 네트워크의 메시 노드는 이전에 침입한 노드를 찾아 블랙리스트 또는 그레이리스트에 배치할 수 있다. 클라이언트가 블랙리스트에 올린 노드는 정보를 보내거나 받는 방식으로 클라이언트와 통신할 수 없다. 메시 노드는 인접 노드가 블랙리스트 노드에 대한 경고를 보낼 때 악성 노드를 그레이리스트에 넣을 수 있다(Landrum 외 2014).

전자 메일 메시지에 첨부 파일을 통해 바이러스를 활성화하는 일반적인 수단 외에도 스피어 피싱 공격은 특히 남을 속이기 위한 실제 새로운 사이버 공격 형태다. 이는 친구나 동료가 보낸 메시지처럼 수신자에게 보내는 메일이다. 이를테면 수신자가 현재 작업 중인 주제 분야를 가리키며, 메일은 단순히 해당 주제와 관련해 흥미로울 수 있는 연구 또는 발행물의 이름을 가리킬 수 있다.

수신된 이메일에는 인터넷의 특정 페이지에 대한 링크나 첨부된 PDF 문서가 포함돼 있지 않으며 마지막 짧은 인사말만 포함돼 있다. 이러한 사이버 공격 유형에서는 공격자는 공격받는 사람의 개인적 이메일 주소뿐만 아니라 많은 사람들이 스스로 포기하고 있는 상세 정보 및 소셜 네트워크에서 쉽게 찾아낼 수 있는 직업 설정 정보도 알고 있다. 이러한 방식으로 사이버 공격자는 친구나 동료의 신원을 확인하는 데 성공해 메일이 완전히 무해한 것처럼 보이게 해, 공격을 인식하는 것이 거의 불가능하게 된다. 메일에는 링크와 파일이 포함돼 있지 않으므로 수신자는 메일에 언급된 메모를 Google로 검색할 수 있다. 이러한 방식으로 공격받는 사람은 공격자가 스파이 소프트웨어를 설치해 준비된 페이지에 접속하고 공격자는 공격받은 사람의 정보 없이 감염된 컴퓨터로부터 데이터를 검색하게 된다. 종종 피해를 입은 사람은 몇 달 후 자신의 컴퓨터가 해킹을 당했다는 사실을 알게 된다.

6.1.8 자동차 IT와 사이버 보안

현재 자동차 산업은 자동차 제조사들이 자동차를 이전보다 더 안전하게 만드는 혁신적인 기술들을 선도하고 있으며 이로 인해 유례없는 큰 변화를 겪고 있다.

이 외에도 자동차 산업은 전통적인 자동차 제조사의 비즈니스에서 디지털 전자 부품 제조업체의 비즈니스로의 급진적인 변화를 겪고 있으며 새로운 기능을 강화하고 창조해 나가고 있다. 소위 디지털화로 부르며 이는 자동차 산업 내 비즈니스를 재정의할 뿐만 아니라 자동차 산업의 경계를 확대하고 있다. 경쟁은 세계적이고 디지털 기술은 새로운 기회를 통해 나아갈 수 있는 자원을 제공한다. 이 현상에 대한 원인은 다음과 같은 요구 사항들을 갖는 디지털 서비스의 효과적인 전달을 위해서이다.

- 제품 중심 접근에서 생태계 중심으로의 전환
- 서로 다른 산업 간 원활한 통합으로 경쟁과 협업의 공존 또는 협력

그러므로 자동차 제조사는 자동차 제품에 추가적으로 다양한 이해관계자와의 협조를 해야만 이 커넥티드카 생태계를 구축할 수 있다. 이해관계자에는 다음 대상이 포함된다.

- 디바이스/부품 또는 시스템 제조사
- 보험사
- 서비스 사업자
- 통신 사업자
- 그 외

더 나아가 모빌리티, 상호작용 그리고 정보 접근을 위한 새로운 기능을 사용해 제품 및 서비스, 정보 및 고객 기대치 모두를 재구성할 수 있다. 또한 스마트폰, 태블릿, RSU 등 스마트 기기를 통해 커넥티드카가 서로 연결된다. 가까운 장래에 다음과 같은 혁신적인 차량 서비스가 제공될 것으로 예상된다.

- 어댑티브 크루즈 컨트롤
- 자율주행
- 충돌 회피 시스템

이러한 커넥티드카에 요구는 소위 V2X^{Vehicle-to-X} 통신 기능이며 다음과 같은 것들이 있다.

- V2I^{Vehicle-to-Infrastructure}: 자동차와 도로 위 인프라가 안전과 운영 데이터를 교환하는 것이다. 이러한 접근에서 무선 통신은 차량과 인프라 간 발생하며 스마트 교통 신호, RSU 등이 있다(6.5.3절 참조).
- V2M^{Vehicle-to-Mobile}: 유일하게 무선과 이동통신 네트워크를 통합해 지능형 운송 시스템 애플리케이션의 개발을 위한 AGORA 다목적 프레임워크와 같이 지능형 교통 시스템 응용 분야를 촉진한다(Salahuddin과 AI-Fuqaha 2013).
- V2V^{Vehicle-to-Vehicle}: 자동차 간 통신을 가능하게 한다. V2V는 VANET^{Vehicular},

MANET^Mobile Ad Hoc NETwork으로도 알려져 있으며, 운전자가 사각지대 및 사고 회피 그리고 다른 위험한 상황을 극복할 수 있도록 돕는다.

ITS^Intelligent Transportation System의 중요한 모든 구성 요소들은 다음과 연관된 다양한 이슈와 문제를 야기한다.

- IoT가 커넥티드카에 영향을 주고 악성 데이터 접근을 탐지 및 방어하는 방법
- 기능 안전과 보안이 어떻게 점점 더 얽히게 되는지 그리고 협력을 위해 신뢰가 필요한 상황에서 각 분야 간 통신을 안전하게 하기 위해 자동차 제조사와 1차 공급업체를 위한 미래 협력적 개발의 의미
- 집단 소송을 지속하는 소송 당사자의 관점에서 사이버 위험
- 전반적인 생명주기에 걸친 데이터 프라이버시와 보안상 규정의 핵심 개발
- 발전된 네트워크 내 보안 솔루션과 취약점과 사고 처리를 포함한 암호화 방법
- 적합하게 자동차 텔레매틱스와 인포테인먼트 시스템을 보안하는 전략

차량의 디지털화와 관련 보안 문제를 나타내는 다이어그램은 그림 6.12에 나와 있다.

앞서 언급한 이슈와 관련해 자동차 산업 역시 사이버 보안의 영역 내에서 새로운 과제에 직면해 있다. 자동차 협회 회원들과 세계적인 자동차 제조사 협회는 잠재적인 사이버 보안 문제를 해결하기 위해 선제적으로 협업해 자동차 산업이 지속적으로 현대적이고 강건한 보안 선택들을 통합하는 안전한 차량을 생산할 수 있을 것이라고 믿고 있다. 그러나 사이버 공격을 방어하려면 여러 이해관계자 간의 공동 협력이 필요한 경우가 많다. 사이버 위협 동향과 관련 파트너의 보안 수준에 대한 신뢰성이 요구되는 사이버 공격을 방어하기 위한 서드파티의 입증된 기술을 공유하는 것을 포함해 자동차 생태계 전반에 걸쳐 파트너십을 구축하는 것에는 이점이 있다.

『자동차 사이버 보안 모범 사례에 대한 프레임워크^Framework for Automotive Cyber-security Best Practices』의 내용에 따르면(URL2 2016),

"…사고 대응 계획은 자동차 생태계에 영향을 주는 사이버 보안 사고에 대응을 지원하기 위해 사용되는 프로세스를 문서화한다. 강화된 인식과 역량 개발 및 자동차 제조사, 공급

사, 사이버 보안 연구자 그리고 정부기관 간 통신 프로토콜을 수립하는 포괄적인 대응 계획은 발견된 취약점을 조치하고 제품 보안을 강화하기 위한 협조적 지원 내 산업 이해관계자들을 지원할 수 있다.

앞으로 다루게 될 모범 사례들은 대응 팀을 활성화하기 위한 프로세스를 포함한 사고 대응 계획을 다루며, 내부 지휘 계통에 전파 그리고 사이버 공격을 평가하고 대응하기 위한 대응 활동을 촉발하는 것을 목표로 한다. 많은 유형의 사이버 사고를 다루고 사고 대응 조치를 지원하기 위해 필요할 수 있는 내부 자원과 외부 자원을 적절하게 고려한다.

또한 사이버 보안 사고로부터 복구를 위한 프로토콜의 개발은 특정 상황에 기반한 신뢰할 수 있고 신속한 방식 내에서 차량에 사용할 수 있는 업데이트를 만들기 위한 일관성 있는 접근 방식을 보장하기 위해 중요하다."

그러므로 일반적으로 자동차 내 사이버 보안은 이동하는 대상이기 때문에 오늘날 자동차 제조사에게는 도전 과제다.

- 더 많은 스마트 디지털 기기들이 서로 연결되므로 이에 대한 대중의 의존성은 자동차, 버스, 트럭, 지하철, 비행기 등 모바일 수단과 함께 이 기기들을 연결하는 방향으로 이동하도록 만들고 있다.
- 이러한 여러 종류의 자동차와 관련한 안전과 보안 이슈는 장기적인 보안 능력을 요구하는 인터넷 연결 기반 장치와 사물의 영역에서 관련성이 더 높아지고 있다.

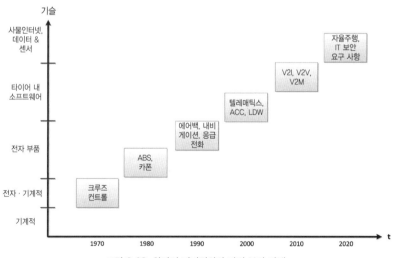

그림 6.12 차량의 디지털화와 관련 보안 과제

소프트웨어 보안 취약점을 식별하고 제거하며 보안 거버넌스와 위험 방침과 관련해 취약점 분석 그리고 침입 탐지/차단 시스템을 위해 보안 평가 방법이 필요하다. 다음과 같은 이유로 커넥티드카는 사이버 공격의 표적이 될 수 있다.

- 자동차는 주로 보안이 되지 않은 위치에 주차된다.
- 자동차는 심각한 신체적 부상을 입히는 데 사용될 수 있다.
- 자동차는 테러리즘과 같은 반사회적 활동을 위한 대상이 될 수 있다.

그러므로 차량 내 임베디드 무선 커넥티드 기술과 관련한 사이버 보안의 기술적, 정책적 이슈를 이해하고 대처하기 위한 필요성이 증가하고 있다. 추가적으로 오늘날의 자동차는 다음과 같이 간단한 기능에서부터 운전자를 엄청난 방식으로 지원하는 지능형 전자 제어 모듈을 더욱 많이 장착하고 있다.

- 대시보드 변경
- 내비게이션
- 스마트폰을 통한 개인 음악 스트리밍 및 맞춤형 미디어 콘텐츠
- 차량 조정
- 고속도로에서 반자동 운전
- 소비자 전자제품 산업에서 나오는 최신 기능과 고유한 보안 문제와 함께 가치 있는 원격 서비스를 가능하게 하는 커넥티비티 솔루션을 통합하기 위해 서로 경쟁하는 OEM

그러나 자율주행 기술은 차량 ECU를 다양한 클라우드 서비스에 지속적으로 연결해 진보된 프로세싱 및 후미 차량 이동 전략을 개선하는 데 도움이 되며 새로운 소프트웨어 업데이트 및 기타 ECU 또는 인포테인먼트 시스템을 위한 필수 콘텐츠를 모든 사용자에게 배포할 가능성을 높이고 있다. 따라서 도처에 존재하는 내부와 외부 커넥티비티는 의심할 여지 없이 보안 설계와 관련해 자동차 산업 내 미래 요구와 가능성을 위한 중요한 역할을 한다.

이러한 모든 발전은 자동차 사이버 보안, 속도, 실시간 제약 등과 같은 특정 요구 사항과 관련해 사소하지 않은 문제와 모순적인 기대 사항을 요구한다. 스마트카드 통신을 포함한 차량과 도로 주변 통신의 보안 및 프라이버시에 대한 IEEE P1556과 같은 산업 표준은 여전히 개발 중이다. 오늘날 통신은 IEEE 802.11p 프로토콜을 기반으로 5.9 GHz에서 DSRC[Dedicated Short-Range Communication]상에서 일반적으로 이뤄진다. 그러므로 자동차 사이버 보안의 한 가지 문제는 안전에

중대한 위협이 될 수 있고 추가적인 비용 또는 노력 없이 자동차 시스템에 적용 가능한 전형적인 ICT 환경 안에서 악의적인 방법과 도구의 통합 발전에 달려 있다는 것이다. 자동차 전용 차량 통신 버스와 같은 요소는 지능형 공격 벡터에 대한 강력한 보호 기능을 제공하지 않는다. 따라서 표 6.7에서는 선택된 공격 방법에 따른 취약한 접근 포인트를 요약했다.

표 6.7과 관련해 자동차 통신을 공격하기 위한 사이버 공격 방법은 다음과 같은 이유로 사이버 공격자에 의해 다양해질 수 있다.

- 자신의 신원, 위치, 속도 등을 속여 책임성과 관련된 메세지에 대한 공격
- 내부 또는 외부 사이버 공격자가 돼, 내부자가 자신의 위치에 대해 부정행위를 하는 것을 방지해야 하며, 외부인이 정직한 트래픽 노드에서 위치를 스푸핑하지 못하도록 차단해 위치를 보호해야 한다.
- 서비스 거부 공격을 발생시키는 네트워크 운영 중단
- '전방 교통 체증 발생'과 같은 교통 정보에 대해 가짜 정보를 주입
- 다른 차량 신원에 대한 보호되지 않은 노출

표 6.7 취약한 접근 포인트

통신		
채널 해킹	차량 내 해킹	원격 해킹
RFID 키: RFID 태그와 차량 내 리더기에 내장돼 있다. 유효한 태그가 검증되지 않을 경우 차량은 이동할 수 없게 된다.	CD와 USB 연결 및 엔터테인먼트 장치를 위한 물리적 인터페이스: 차량 내 시스템과 통신하는 ECU 펌웨어 업데이트를 위한 엔터테인먼트 시스템과 CAN 버스의 연결	이동통신/텔레매틱스 커넥티비티 기기: 다양한 기능을 위한 커넥티비티가 포함돼 있다. 내부 네트워크 그리고 ECU에 접근을 제공한다.
키리스 엔트리: 원격 키리스 엔트리는 차량 접근을 허용하는 동안 송수신기 간섭에 의해 차량 도어를 열기 위한 키리스 엔트리나 활성화돼 있는 알람이 차단될 수 있다.	OBD II 포트: 핵심 요소 제어를 위한 CAN 버스에 정형화된 접근 제공	DSRC(Dedicated short-range communication): 협력적 운행을 위해 제안된 표준 신규 기술이다. 이를 통해 다른 차량에 피해를 유발할 수 있는 잠재적인 악성 입력을 전달할 수 있다.
TPMS(Tire Pressure Monitoring System): 타이어 압력 측정에 대해 운전자에게 경고한다. 이는 잘못된 측정값을 보여주도록 조작될 수 있다.		Wi-Fi 핫스팟: 무선 연결을 통해 차량의 OBD II 포트를 취약하게 만들 수 있다.
블루투스: 핸즈프리 전화를 지원하는 표준으로 사용되고 있다. 폰과 페어링돼 악성 코드를 다운로드할 수 있는 수단이 될 수 있다.		

차량에 전자 번호판ELP, Electronic License Plate으로 인증된 신원 및 공개 키가 있는 경우 상호 인증이 가능하다. 정부기관은 항공에서 사용하는 것처럼 차량 식별을 위해 검증 가능한 멀티레터레이션multilateration을 사용해 차량의 위치를 교차 인증할 수 있다. 멀티레터레이션은 전송 위치를 정확하게 설정하고 전송의 일부인 모든 신원 데이터를 일치시켜 항공 교통 관리ATM, Air Traffic Management 시스템으로 전송하는 감시 애플리케이션이다. 멀티레터레이션은 식별 및 고도를 위한 표적 추적 데이터에 대한 의존성을 지상 기반 위치 계산과 결합하는 협력적인 감시 기술로 간주된다(URL3 2016). 그러므로 자동차 영역에서 이러한 안전하고 검증할 수 있는 멀티레터레이션(삼각 측량) 위치 기술의 사용은 다음과 같은 결과를 발생시킬 수 있다(Hubaux 외 2004).

- 삼각 측량 내 위치한 자동차는 실제 위치를 제외하고 삼각 측량 안 다른 위치에 있음을 증명할 수 없다.
- 검증자에 의해 형성된 삼각 측량 위치 외 자동차는 삼각 측량 내 어떠한 위치에 있다는 것을 증명할 수 없다.
- 외부 공격자는 자동차가 삼각 측량 위치 내 실제 위치가 아닌 다른 위치에 있는 것처럼 보이도록 자동차 위치를 스푸핑할 수 없다.
- 외부 공격자는 자동차가 삼각 측량 위치 밖일 경우 삼각 측량 위치 내 존재하는 것처럼 보이도록 자동차의 위치를 스푸핑할 수 없다.

6.1.9 공격 가치 사슬

엄청난 기술의 발전으로 인해 모든 산업에서 높은 효율과 효과성이 나타나고 있다. 그러나 이와 함께 컴퓨터 및 통신 네트워크와 같은 보안 산업 시스템에 대한 데이터 침해 및 침입 속도는 놀랍도록 가속화되고 있다. 현재의 위험과 잠재적인 새로운 침해 경로, 침입자의 정교함 증가로 인해 컴퓨터와 통신 네트워크가 더욱 취약해지고 있다. 이러한 위험을 관리하기 위해 자동차 제조업체는 그림 6.13에 표시된 것처럼 공격 가치 사슬에서 잠재적인 약점을 찾으며 공급사, 파트너, 심지어 고객까지 포함된 보안 절차를 강화하고 표준화해 스스로와 공급사의 제품과 서비스 또한 보안을 적용해야 한다(그림 6.13 참조). 스마트폰이나 인포테인먼트 시스템에 들어 있는 바이러스 또는 멀웨어는 자동차 전자제품에 쉽게 침입할 수 있다. 그러므로 자동차에서 사이버 보안은 보안에 대한 제로 타협을 유지하고 사이버 공격으로 인한 비용적인 대규모의 리콜은 방지돼야 한다.

또한 인포테인먼트 시스템 내에서 통신 프로토콜의 안전하지 않은 구현은 운전 중 스티어링 및 제동 시스템과 같은 중요한 안전 요소를 원격으로 비활성화할 수 있는 사이버 공격자를 위한 원격 액세스 터널로 이어질 수 있다(그림 6.13 참조). 이러한 유형의 공격들은 시스템 밖 언제 어디서나 발생할 수 있다. 다른 취약한 차량은 모바일 네트워크 공급자의 안전하지 않은 구성과 관련해 간단한 ICT 방법으로 식별할 수 있다. 따라서 발생할 것으로 예상되는 중대한 위협으로부터 보호하는 시스템 혹은 구성 요소 내의 효율적인 보안 기능이 필요하다. 더 나아가 자동차 전기적 백본의 구성 요소를 안전하게 하기 위한 중요한 문서와 소스 코드는 최소한의 노력을 통해 확보할 수 있다.

오늘날의 차량 시스템은 보안 요소를 통합하거나 업데이트하기 위해 소프트웨어와 하드웨어를 지속적으로 업그레이드하도록 설계되지 않는다. 이렇게 하면 일부 공격 벡터를 차단할 수 있지만 지속 가능한 테스트 및 검증 노력에 사용할 수 있는 것보다 더 많은 처리 능력이 필요할 수 있다. SoC$^{\text{System-on-a-Chip}}$ 설계와 같은 동작에 필수적인 ECU 구성 요소는 상당한 비용이 들지만 이미 적절한 사이버 보안 확장 기능을 갖추고 있다. 최신 소프트웨어 기능이 가상화 또는 차량 버스 메시지 암호화와 같은 자동차 도메인의 사이버 보안 수준을 높일 것이라고 가정할 수 있다. 이는 오늘날의 차량에 아직 통합되지 않은 특정 하드웨어 기반 요소에 의존한다.

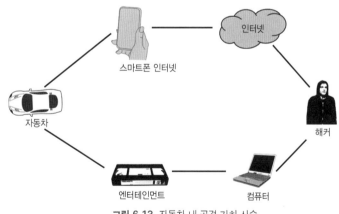

그림 6.13 자동차 내 공격 가치 사슬

OEM$^{\text{Original Equipment Manufacturer}}$, 1차 공급업체 및 복잡한 차량 사이버 물리적 시스템의 기타 기여자들은 사이버 보안 요소의 성공적이고 효율적인 통합이라는 동일한 문제에 직면하고 있다. 언뜻 보기에도 자동차 산업 내 사이버 보안 요소에 대한 구현은 태생적으로 더 많은 고객들이 특정 차량을 구매하도록 유도하는 순수 추가 비용으로 보이지는 않는다. 안타깝게도 이러한 상황은 오랜 시간 동안 미흡한 보안 기능을 통합하도록 만들었고 이는 직접적이고도 비용적으로 차량 전체 리콜 사태로 인해 더 많은 추가 비용을 발생시키게 될 것이다. 따라서 사이버 보안은 현실적으로 큰 영향과 함께 OEM 및 Tier 1 공급업체에게 기회다. 이와 관련해 차량 구성 요소와 시스템의 설계 및 생산 그리고 차량 자체에서도 새로운 설계와 생산 패러다임을 따르기 위해 요구하고 있으며 독일의 인더스트리 4.0 플랫폼에 의해 도입된 것처럼 설계에 의한 보안이라고 볼 수 있다. 보안 관련 문제에 대한 벌금 또는 리콜 비용을 지불할 위험은 차량 안전과 관련된 비용만큼 현실적일 수 있다. 차량 위협의 주요 하위 범주는 다음과 같이 요약할 수 있다(Bittersohl과 Thoppil 2015).

- 손상된 프라이버시: 클라우드 서비스 등에 저장된 다음과 같은 운전자의 개인적인 상세 정보에 연결된 프라이버시와 관련된 사용자 데이터의 탈취 또는 유출
  - 청구 세부 내역
  - 목적지 대상
  - 운전 행위
- 센서 처리 기능 장애: ECU에 대한 버스 통신 시스템 또는 비인가된 소프트웨어 수정을 통해 차량 주행 처리를 위한 센서 입력 방해
- MITM^{Man-in-the-Middle} 공격: ECU 간 통신 또는 다른 중요한 소프트웨어 요소로부터 정보를 획득하기 위한 내부 혹은 외부 차량 통신의 도청
- 사이드 채널 공격: 보호되지 않은 채널을 오픈하기 위해 사이버 공격 대상에 연결된 시스템 내 하드웨어, 소프트웨어 그리고 통신 프로토콜의 취약점 활용
- 스푸핑: 발전된 센서 시스템 제어를 위해 사용되는 정보와 통신 파트너의 존재를 위장해 차량 내 유지 보수 기능을 활성화하고 차량 시스템 설정을 수정하기 위한 새로운 가능성 생성

표 6.8과 같이 최근 보고된 사고에서 차량의 보안 침해는 몇 가지 공격을 조합한 정교한 사이버 공격을 보이고 있다. 그러므로 통합된 사이버 물리 시스템의 취약한 연결을 찾는 것이 목적이다. 고도로 복잡하고 현대적인 운영체제를

기반으로 한 인포테인먼트 시스템은 이상적인 공격 대상으로 종종 식별된다. 특히 프로젝트에 참여한 내부 또는 외부 서드파티 파트너사 각각의 많은 양으로 인해 관리가 불가능하지만 않다면, 내비게이션, 라디오, 비디오/오디오 그리고 외부 콘텐츠와 같은 기능을 위해 구현된 소프트웨어 코드의 방대한 양은 보안 코드를 유지하기 위한 노력을 더욱 더 복잡하게 만들고 있다. 또한 차량 통신 프로토콜과 계층을 인포테인먼트 시스템에 통합하면 사이버 공격자가 차량의 더 중요한 요소에 접근할 수 있는 위협이 더욱 증가해 궁극적으로 서비스 거부를 초래할 수 있다(Bittersohl과 Thoppil 2015).

의심할 여지 없이 이러한 이유로 차량에 접근할 수 있는 수많은 방법 중 필수 취약점을 식별하는 데도 상당한 노력이 필요했다. 이후 연구는 각 하위 영역 내에서 가장 취약한 연결을 발견하기 위한 목적으로 서로 다른 공격 분류의 조합을 기반으로 한다. 지금까지 OEM은 원격 무선 업데이트[OTA] 기능이 아직 구현되지 않았기 때문에 취약한 차량을 리콜하는 것 외에 다른 선택의 여지가 없었다.

표 6.8 공격 가치 사슬

공격 벡터 가치 사슬	공격 벡터 부분의 중요 요소	공격 분류	차량 공격 목표
외부 접근으로부터 보호되지 않은 중요 통신 시스템(예: Wi-Fi, 4G)	중요 차량 통신에 직접적인 접근	중간자	차량 버스 통신
	소비자 전자 장치와 관련 요소		교통 제어 장치
손쉬운 운영체제 이미지 접근 및 소프트웨어 구성 요소 디컴파일	암호화되거나/되지 않아 공개돼 가용한 소프트웨어 이미지	사이드-채널	인포테인먼트
비인가된 수정에 대한 보안 무결성 검사 없이 수정된 운영체제 이미지가 인포테인먼트 시스템으로 전달	비인가된 소프트웨어 수정 가능	사이드-채널	편의 시스템
			교통 제어 장치
이동통신 네트워크 설정을 알아내고 잠재적 대상을 식별	중요 인프라 데이터 유출	스푸핑	Vehicle Wi-Fi
		프라이버시 손상	V2X(DSRC)
			스마트폰
			커넥티드 서비스
다른 중요한 차량 내 ECU로 비인가된 메시지 전송을 위해 리프레시를 통한 CAN 칩 소프트웨어 조작	보호되지 않은 외부 개발자/진단 도구	사이드-채널	
공개돼 가용한 진단 도구를 활용해 CAN 메시지를 역공학하고 ECU 암호를 해제	노력 없이 메시지 프로토콜의 디컴파일	차량 통신 버스 조작	CAN
	차량 버스 시스템 내 장치 인증 없음		FlexRay

6.1.10 전체론적 사이버 보안 해결책

사이버 공격으로부터 차량 사이버 물리 시스템을 보호하려는 노력에도 공격의 수와 정교함이 증가하고 있다. 이는 끊임없이 증가하는 사이버 보안 문제를 극복할 만병통치약이 없다는 사실을 인정해야 하는 것뿐만 아니라 방어 전략의 변화가 필요함을 나타낸다. 따라서 시스템 관리자가 다계층적인 접근 방식을 사용해 부분적으로 보안하는 대신 전체 시스템에 대한 전체 그림을 보고 전체 시스템에 대한 보안 위협을 철저히 분석하도록 제안하는 전체론적 보안 접근 방식을 사용할 수 있다(Shiva 외 2010).

- 1차 계층: 핵심 하드웨어 및 소프트웨어 요소다. 자가 검사 하드웨어/소프트웨어 요소로 부르는 자가 검사 모듈로 각 구성 요소가 감싸져 있는 것으로 생각하면 된다.
- 2차 계층: 암호 알고리즘과 같은 기술을 사용해 구성된 전형적인 네트워크 보안 인프라다.
- 3차 계층: 자가 검사 개념과 요소들을 활용해 고정되거나 기반한 보안 접근법으로 설계된 보안 애플리케이션이다.
- 4차 계층: 모든 3가지 내부 계층을 위한 최고의 보안 전략 선택의 책임을 포함하는 게임 이론 결정 모듈이다.

과거에는 연구의 노력이 2차와 3차 계층에 집중돼 있었다. 하지만 전통적인 침입 탐지 시스템[IDS]는 게임 이론의 활용으로 더욱 효과적일 수 있는 최상위 계층 내 존재하는 것으로 고려될 수 있다(6.1.5절 참조).

AUTOSAR 또는 GENIVI와 같은 공통 소프트웨어의 배포의 증가는 백엔드 서비스와 함께 전체론적 사이버 보안 접근 방식을 달성하기 위한 기반을 제공한다. 하지만 사이버 보안 기능의 통합과 관련한 최종 결정은 대부분 전적으로 OEM에 의존하고 있다. 비용 및 공급업체 준비 상태는 사이버 보안 정책 및 지침을 개발하고 준수하는 것과 관련해 OEM 조직의 준비뿐만 아니라 각 기술의 주요 의사 결정 요인이다.

6.1.10.1 AUTOSAR

AUTOSAR는 인포테인먼트를 제외한 자동차 ECU를 위한 개방형, 표준화 소프트웨어 아키텍처를 만들고 구축하기 위해 2003년 설립된 자동차 분야의 세계적인 개발 파트너십이다(4.6절과 4.7절 참조).

개발 목표는 다양한 차량과 플랫폼 변경, 소프트웨어의 이전, 가용성과 안전 요구 사항의 고려, 다양한 파트너사 간 협업, 천연 자원의 지속 가능한 활용, 전 반적인 제품 생명주기에 걸친 유지 관리 가능성 그리고 최초 엔지니어링 설계 부터 생산, 서비스 그리고 생산된 제품 폐기에 이르기까지 전체 생명주기 관리 프로세스를 포함한다.

AUTOSAR는 혁신적인 차량 애플리케이션의 출현, 높아진 승객과 법적 요구 사항의 달성하고 만족할 수준으로 관리하기 위한 기술적인 발전 복잡성 수준을 달성하고 있는 최근 자동차 전기/전자 아키텍처에 의해 주도된다. 이러한 요구 는 다음과 같은 요구 사항이 종종 상충되는 차량 제조업체 및 주요 1차 공급업 체에게 중요하다.

- 운전자 보조 및 동적 주행 측면: 중요한 동적 차량 상태의 탐지 및 제어와 고 밀집된 교통 환경 내 탐색을 포함한다.
- 법률 시행: 환경적 측면과 안전 요구 사항이 포함된다.
- 승객 편의와 서비스 요구 사항: 편의와 엔터테인먼트 기능 영역이다.

이러한 산업 전반에 식별된 과제를 인지한 선도적인 OEM과 1차 공급사들은 이를 해결하기 위해 협력하기로 결정했다. 그들의 공통 목표는 지속적으로 혁신 적인 기능에 대한 경쟁을 독려하는 플랫폼을 제공하면서 기본적인 기능에 대해 산업적 협력을 위해 개발 기반을 마련하는 것이다. 이를 위해 다음과 같은 목표 (URL4 2016)로 모든 차량 영역을 포함해 AUTOSAR라는 개발 파트너십이 형성 됐다.

- 다양한 파트너 간의 협업
- 개방형 아키텍처의 정의
- 높은 신뢰성을 갖는 시스템 개발
- 다양한 차량 및 플랫폼 변형에 대한 확장성
- 자동차 ECU의 기본 소프트웨어 기능 표준화
- 다양한 기능 영역 지원
- 적용 가능한 자동차 국제 표준 및 최신 기술 지원
- 소프트웨어 이전

AUTOSAR 표준은 미래의 차량 애플리케이션이 내장될 플랫폼 역할을 하며 기능 영역 간의 현재 장벽을 최소화하는 역할도 한다. 따라서 관련 하드웨어와 거의 독립적으로 기능 및 기능적 네트워크를 시스템의 다른 제어 노드에 매핑할 수 있다.

AUTOSAR의 기술적 목표는 다음과 같다.

- ECU의 개별 요구 사항 및 작업에 따라 소프트웨어를 맞춤화할 수 있는 자동차 소프트웨어 요소의 모듈화
- 제품 품질 및 신뢰성을 개선하고 제품 라인 전반에 걸쳐 기업 브랜드 이미지를 강화하는 데 도움이 되는 기능의 재사용성
- 다양한 차량 플랫폼에 대한 공통 소프트웨어 모듈의 적응성을 보장하고 유사한 기능을 가진 소프트웨어의 확산을 방지하기 위한 기능 확장성
- 차량의 전자 아키텍처 전반에 걸쳐 사용 가능한 리소스 사용을 최적화하는 기능의 이전 가능성

이는 그림 6.14에서와 같이 서로 다른 계층을 위해 표준화된 인터페이스를 기반으로 한 모든 자동차 영역의 자동차 시스템을 위한 공통적인 소프트웨어 인프라를 제공하는 데 도움이 될 것이다. 이러한 공통 인프라는 다음과 같은 요소로 구성된다.

- 전자 제어 장치ECU: 물리적 하드웨어
- 런타임 환경RTE: 운영체제 및 통신 서비스를 포함해 소프트웨어 구성 요소와 기본 소프트웨어 간의 모든 통신은 RTE 계층을 통해 수행된다.
- 메인 소프트웨어: 다음 항목들로 구성된다.
  - 기본 소프트웨어: AUTOSAR 인프라(ECU의 소프트웨어 구성 요소 및 RTE)의 전체 기능을 제공하는 몇 가지 일반 유틸리티를 제공하기 위해 RTE를 기반으로 구성된다. 기본 소프트웨어는 소프트웨어의 기능 부분을 실행하는 데 필수적이다. 그러나 기능적 작업 자체를 수행하지 않는다. 소프트웨어 구성 요소가 해당 부분을 수행한다.
  - 소프트웨어 구성 요소: 모든 소프트웨어 조합의 기본은 자동차 애플리케이션 기능의 일부를 구현하는 것이다. 소프트웨어 구성 요소는 AUTOSAR 시스템의 기본 구성 요소다. 소프트웨어 구성 요소의 유형은 다음과 같다.

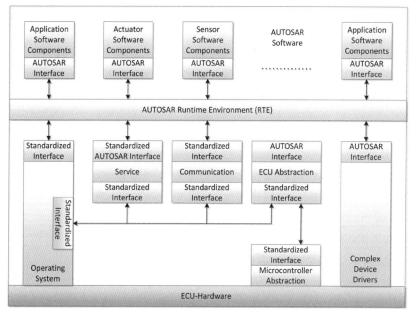

그림 6.14 AUTOSAR ECU 소프트웨어 아키텍처(출처: www.autosar.org)

- 보완 소프트웨어[CSW]: 제조업체 및 모델별 소프트웨어다.

따라서 자동차 제조사와 공급업체 간 기능적 인터페이스의 표준과 다양한 소프트웨어 계층 간 인터페이스는 AUTOSAR의 기술적 목표를 달성하기 위한 기반이 된다. AUTOSAR는 인터페이스와 AUTOSAR 소프트웨어 구성 요소의 통합을 위해 필요한 다른 구성 요소들을 위한 표준 기술 형식을 제공한다. 지속적으로 소프트웨어의 복잡도는 증가하고 자동차 네트워크 인프라에 대한 특정 요구 역시 증가하고 있다. 그러므로 표준 CAN 버스 외에도 다른 버스 시스템이 자동차 내 포함되고 있다. 이러한 버스 시스템을 사용하는 것은 자동차 제조사와 그들의 공급업체들이 사이버 공격으로부터 해당 시스템을 보호하기 위한 도전 과제가 된다. 여기서 주요 포인트는 프로토콜 수준에서 사이버 공격이며 이는 다음과 같은 결과를 초래하고 ECU를 마비시킨다.

- 서비스 거부[Denial-of-service] 공격
- IP 스푸핑을 통한 발신자 주소 변조
- ARP 스푸핑을 통한 네트워크 트래픽 리다이렉션

IP 스푸핑(표 6.6 참조)은 컴퓨터에 대한 비인가된 접근하기 위해 사용되는 기술로, 사이버 공격자는 메시지가 신뢰할 수 있는 호스트에서 온다는 것을 나타내는 위조된 IP 주소를 사용해 컴퓨터에 메시지를 보낸다.

IPv6용 인터넷 제어 메시지 프로토콜$^{ICMP-IPv6}$ 내에서 ARP와 같은 기능이 직접적으로 통합됐다. 따라서 IPv6 주소를 할당하는 방법 또는 컨트롤러가 데이터를 전송하는 방법에 대한 정보는 네트워크에서 보호되지 않은 상태로 전송된다. 그러므로 사이버 공격은 이론적으로 간단하며 공격자가 라우터를 가장하고 네트워크 트래픽을 리디렉션해 읽거나 콘텐츠를 변경할 수 있다. 방화벽 및 IDS는 이러한 사이버 공격으로부터 요구되는 컴퓨팅 성능에 따라 제한된 범위까지 만 보호할 수 있다. 이를 위해서는 RFC 3971에 정의되고 RFC 6494에 의해 업데이트된 IPv6의 인접 검색 프로토콜의 보안적 확장인 SEND$^{Secure Neighbor Discovery}$ 프로토콜과 같은 프로토콜 확장이 필요하다(Finke 외 2015). SEND는 인접 검색 프로토콜에서 사용되는 ICMP-IPv6 패킷 유형에 대해 암호화 방식으로 생성된 주소 및 기타 새로운 인접 검색 프로토콜 옵션을 사용한다(URL5 2016).

AUTOSAR는 V2X 애플리케이션으로 인해 오프 보드$^{off-board}$ 시스템과 차량이 상호작용하는 것에 대한 요구 사항이 비 AUTOSAR 시스템의 통합을 강화해야 하고 클라우드와의 상호작용의 지원은 AUTOSAR가 반드시 겪게 될 다음 과제가 될 것으로 판단하고 있다. 차량 시스템을 선택하기 위한 이러한 개방형 접근 환경에서는 다음과 관련된 전용 보안 수단이 필요하다.

- 아키텍처
- 클라우드 상호작용
- 온보드 통신

이는 기존 표준을 강화하고 새로운 기술을 지원하며 동적인 보안 아키텍처를 향상시킬 것이다.

6.1.10.2 GENIVI

AUTOSAR에 비교하면 비영리 GENIVI Alliance는 특화되고 오픈 소스 형태인 IVI$^{in-vehicle infotainment}$ 소프트웨어의 광범위한 적용을 위해 노력하고 있다. 따라서 GENIVI는 오늘날의 과제를 달성하기 위해 네 가지 고유한 접근 방식을 자동차 제조사에 제공하고 있다.

1. **정의**: 고객의 최근 요구 사항에 적합한 IVI 시스템의 유연한 정의 허용
2. **파트너**: 비즈니스 모델 발전과 공급망 전반에 걸친 네트워킹 지원
3. **수단**: 표준, 오픈 소스 아키텍처, 도구와 소프트웨어 구성 요소 제공
4. **재사용**: 아무런 로열티 비용 없이 구성 요소의 재사용과 솔루션의 재배포 허용

자동차 제조사와 공급업체는 고객에게 IVI 기능의 개발과 제공에 대해 최소 3가지 중요한 과제에 직면해 있다(URL6 2016).

- 소비자 대응: 소비자는 스마트폰 및 태블릿과 같은 소비자 전자기기에서 볼 수 있는 것과 동일하거나 유사한 IVI 기능을 원한다. 최신 기능을 갖춘 새로운 장치는 일반적으로 대부분의 차량용 소프트웨어가 2~5년 주기에 비해 8~18개월 주기로 시장에 출시된다. 그 결과 소비자들은 자동차 제조업체가 반드시 사용자 요청에서 차량 내 가용한 시간을 고려해야만 하는 새로운 경쟁 기능을 요구하고 있다.
  - GENIVI의 개방형 소프트웨어 접근 방식은 가전 제품 및 자동차 개발 주기를 더욱 잘 조정한다.
  - GENIVI의 개별 소프트웨어 구성 요소와 재사용 가능한 플랫폼은 자동차 제조업체와 공급업체에게 신속한 프로토 타이핑을 수행하고 소비자 요청을 충족하는 IVI 시스템을 신속하게 개발 및 제공할 수 있는 도구를 제공한다.
- 복잡성 및 비용: 소비자 기능 요청은 일반적인 IVI 시스템의 소프트웨어 양을 수백만 줄 이상의 코드가 될 수밖에 없게 한다. 따라서 자동차 제조업체는 소프트웨어 개발, 유효성 검사 및 유지 관리의 증가하는 복잡성과 비용을 처리해야 한다. 많은 자동차 제조사들은 다양한 모델에서의 요구에 기반한 다양한 하드웨어 플랫폼상에 소프트웨어 플랫폼을 배치하고 비용을 감소하기 위해 기존 코드의 재사용을 극대화하는 것을 포함해 설계와 개발 프로세스에 대한 더 많은 소유권을 취하고 과거 블랙박스 접근 방식으로부터 벗어나고 있다.
  - GENIVI의 기술적 결과물과 개방형 접근 방식은 자동차 회사의 선호를 바탕으로 광범위한 공급업체 모델을 촉진한다.
  - 자동차 회사들은 제한된 통합으로 저성능에서 고성능까지 다양한 자동차 보드에서 구동할 수 있는 단일 재사용 가능한 소프트웨어 플랫

폼을 출시할 수 있다.

- 고객 소유권: 자동차 제조업체는 고객 관계를 지속 가능하게 유지하고자
  한다. Apple 및 Google과 같은 대형 기술 회사가 자동차 시장에 진입
  해 자동차 제조업체와 운전자 관계를 제한하는 사용자 경험, 브랜딩 및
  데이터 사용에 대한 요구를 적용했다. 자동차 제조업체에는 자체 비즈니
  스 모델이 있다. 일부는 단일 1차 공급업체를 선호하는 반면, 회사들은
  전체 시스템의 특정 부분을 소유하는 여러 공급업체를 선호한다.
  - ◦ GENIVI의 접근 방식을 통해 자동차 제조업체는 자동차 산업 내에서
    그들의 자체적인 비즈니스 모델을 추진하는 대기업들로부터 독립성
    을 유지할 수 있다.
  - ◦ GENIVI의 유연한 아키텍처와 픽 앤 믹스^{pick-and-mix} 모델은 자동차
    제조업체가 여러 공급업체 중 선호하는 최고 수준의 소프트웨어를
    자유롭게 포함할 수 있도록 한다.

GENIVI의 기술 결과물은 다음과 같다.

- 유연한 기술 아키텍처
- 개별 소프트웨어 구성 요소
- 사전 통합되고 재사용 가능한 IVI 플랫폼
- 표준 인터페이스/애플리케이션 프로그래밍 인터페이스(API)

이는 모든 자동차 제조업체가 직면한 IVI 문제를 극복하는 데 필수적이다. 따
라서 GENIVI 기술은 차세대 IVI 솔루션의 최전선에 있다. 많은 GENIVI 사용
사례 중 하나인 BMW는 IVI 소프트웨어 개발에 대한 전통적인 접근 방식에서
현재의 방식으로 변경했다. 이는 EMNS^{Entry Media and Navigation System}라 부르는 완
전한 인포테인먼트 제품을 제공하는 최초의 자동차 제조사다. EMNS는 2013년
가을에 조립 라인에서 출시됐으며 현재 GENIVI Linux 플랫폼을 기반으로 하는
MINI 및 1, 3, 5 BMW 시리즈 제품 라인의 일부다. 그 이후로 다른 자동차 제조
업체는 GENIVI 솔루션이 적용된 제품을 선택해 전 세계 4개 대륙에서 플랫폼
을 사용할 수 있도록 했다. 또한 추가적으로 몇몇 자동차 제조업체가 향후 2년
동안 차량에 GENIVI 장착 시스템을 출시할 예정이다.

6.2 자동차 사이버 물리 시스템의 IT 보안

정보 및 통신 기술의 급속한 성장은 실제 애플리케이션을 처리하는 네트워크 시스템의 확장을 촉진했다. 이로 인해 컴퓨팅 및 통신 기술과 CPS를 통합하는 물리적 프로세스가 통합됐으며, 이는 그림 6.15에서 다음과 같이 좀 더 일반적으로 나타낼 수 있다(6.1절 참조).

- 컨트롤러가 유효한 명령을 선택하도록 조력할 수 있는 물리적 시스템 상태의 계산된 결과
- 작동기로 전송되는 제어 명령
- 센서에서 데이터 수집
- 네트워크의 물리적 데이터 집계

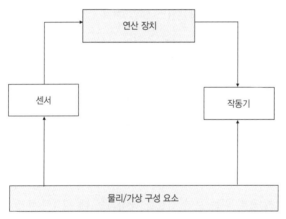

그림 6.15 사이버 물리 시스템 아키텍처

사이버 물리 시스템은 다음과 관련해 물리적 환경 내 구성 요소들의 모니터링과 제어와 함께 분산된 컴퓨팅 시스템의 통합을 포함해 네트워크화된 시스템의 새로운 측면을 포착한다.

- 작동: CPS나 구성 요소의 사이버 동작을 수정, 물리적 프로세스의 변경 등과 같은 컴퓨팅 단계 동안 다양한 형태의 결정된 동작을 수행한다.
- 컴퓨팅: 감지/모니터링 중에 수집된 데이터를 추론 및 분석해 물리적 프로세스가 사전 정의된 제약 조건을 충족하는지 확인한다. 기준이 충족되지 않으면 시정 조치가 제안된다.

- 네트워킹: 프로세스 분석을 위한 실시간 센서 노드 데이터 집계/확산을 처리한다. 다른 응용프로그램은 네트워킹 통신과 동시에 상호작용한다.
- 감지: 사이버 물리 시스템 노드가 취한 과거 조치에 대한 피드백을 제공하는 사이버 물리적 시스템의 기본 기능으로 향후 올바른 작동을 보장한다.

CPS의 기술적 진보는 보안 취약성에 엄청난 영향을 미친다. 따라서 보안은 상대적으로 새로운 연구 영역이다. 다른 새로운 분야와 마찬가지로 대부분의 노력은 기존 도메인의 보안 솔루션을 CPS 애플리케이션 요구 사항에 매핑하는 데 초점을 맞추는 것처럼 보인다. 그러나 기존 보안 솔루션은 이기종 애플리케이션 간의 상호 운용을 위해 설계되지 않았기 때문에 이러한 솔루션은 일반적으로 CPS에 적합하지 않다. 그러므로 과제는 다른 시스템과 상호작용하는 동안 어떻게 CPS의 보안을 보장할 것인가이며 이는 주요 사이버 공격의 유형이 다음의 대상에 침투하기 때문이다.

- 작동기 장치
- 컴퓨팅 장치
- 네트워킹 장치
- 감지/모니터링 장치

이러한 공격은 다음을 통해 달성된다(Wang 외 2010).

- 손상된 키 공격: 키는 보안 정보를 해석하는 데 필요한 비밀 코드다. 사이버 공격자가 키를 획득하면 해당 키는 손상된 것으로 간주된다(Chalkias 외 2009).
- 서비스 거부 공격: 합법적인 트래픽이나 네트워크 리소스에 대한 요청이 시스템에서 처리되거나 응답하지 못하도록 하는 사이버 범죄 네트워크 공격이다(Pelechrinis 외 2011). 이러한 유형의 공격은 일반적으로 엄청난 양의 데이터를 네트워크로 전송해 정상적인 서비스를 제공하기 위한 데이터를 처리하기 매우 어렵게 한다.
- 도청: 공격자가 시스템에서 전달하는 모든 정보를 가로 챌 수 있는 사이버 공격이다.
  - 수동적 공격[Passive Attack]: 사이버 공격자는 시스템의 작동을 방해하지 않는다. 단순히 시스템의 작동을 관찰한다(Kao와 Marculescu 2006).

414

- 중간자 공격^{Man-in-the-Middle Attack}: 미탐 또는 오탐의 형태를 취해 거짓 메시지가 운영자에게 전송된다(Saltzman 및 Sharabani 2009).
  - 미탐^{false negative}: 실제 성공했는데 조건이 실패했다고 나타내는 테스트 결과이다. 즉, 잘못돼 어떠한 효과도 추정되지 않는다.
  - 오탐^{false positive}: 실제 조건이 충족되지 않았는데 주어진 조건이 충족됐다고 알리는 잘못된 결과다. 즉, 잘못돼 긍정적인 영향이 추정됐다.

목표가 되는 사전 동작은 다음과 같다.

- 작동
- 컴퓨팅
- 모니터링
- 네트워킹
- 감지

다음으로부터 CPS를 보호함에 있어 신뢰성과 복원력에 중점을 둔다.

- 사이버 혹은 물리적 구성 요소의 무작위 독립적 또는 양성적 결함 및 고장(Akella 외 2010; Johnson 2010)
- 무결성, 기밀성 및 서비스 거부 위협에 대한 적절한 처리 실패(Cardenas 외 2008; Cardenas 외 2011; Isenhauer 외 2006; Fleury 외 2009; Mo와 Sinopoli 2009)

하지만 기존의 컴퓨터와 네트워크 보안 접근 방법은 생존성과 관련된 악성 사이버 공격으로부터 어떻게 생존하는지 또는 복원력과 관련해 사이버 공격 이후 어떻게 복구하는지에 대해 통일된 방식 내에서 다뤄지지 않았다(Fleury 외 2009). 따라서 CPS를 보호하는 것은 개별 시스템 구성 요소를 별도로 보호하는 것을 넘어선다. 고도로 숙련된 사이버 공격자는 공격 대상 시스템의 물리적 그리고 사이버 구성 요소를 분리해 약점을 이용하는 멀티벡터^{multivector} 공격을 사용하며, 이 가운데 어느 것도 해당 구성 요소에 심각한 위협을 가하지 않을 수 있다. 그러나 공격 벡터가 의존적인 경우 복합적인 효과는 치명적인 사고를 유발할 수 있다.

이러한 멀티벡터 공격 중 하나는 스턱스넷^{Stuxnet} 공격이었다(Falliere 외 2011). 이 공격은 이란 핵 프로그램에서 사용 중인 산업용 핵 원심분리기의 기능을 목표로 했다. 스턱스넷 공격에서 제로데이[zero-day] 익스플로잇을 사용하는 웜이 마이크로소프트 윈도우를 사용하는 LAN 또는 USB 장치를 통해 장비들에 뿌려졌고 프로그래밍이 가능한 로직 제어기에 영향을 줘 리프로그래밍하는 악성 페이로드를 전달했다. 스턱스넷은 더 광범위한 사이버 무기를 보유한 것으로 알려져 있다.

그러므로 주로 개별적으로 사이버와 물리 구성 요소를 보호하기 위해 이미 사용되고 있는 방식의 확장을 기반으로 하는 CPS의 보안을 보장하기 위해 지속적인 많은 노력이 존재한다. 하지만 다음에 대해 통합된 프레임워크 안에서 보안을 처리할 수 있는 사이버 물리 시스템을 위한 공식적인 보안 모델은 없다.

- 하드웨어 위협
- 네트워크 위협
- 물리적 위협
- 소프트웨어 위협

특히 타이밍 공격, 비간섭, 실행 모니터링과 관련해 물리적인 시스템 보안의 어려움을 강조한 문헌 자료가 엄청나게 많다(Fleury 외 2009; Lamport 2005; Tang과 McMillian 2008; Gamage와 McMillin 2009; Hamlen 외 2006; Lamport 1997, 1998). 따라서 CPS 보안을 위해 사이버 공격과 사이버 공격이 성공하지 못하도록 할 수 있는 조치를 이해하는 것이 중요하다. CPS 또는 하위 시스템에 존재할 것으로 예상되는 위험을 다루는 사이버 보안 조치는 특히 비상사태 또는 복구 활동의 경우 합법적인 활동에 대한 접근과 운영에 지장을 주지 않는 방식으로 설계 및 구현될 수 있다.

IEEE[Institute of Electrical and Electronic Engineers]는 위 기능의 균형을 제공하는 사이버 보안 표준을 개발하고 있으며, 가장 매력적이고 빠르게 성장하는 네트워크 중 하나인 무선 네트워크 표준인 IEEE 802.11을 도입하고 있다. IEEE 802.11 WLAN 표준은 IEEE 802.11i에 의해 확장됐고, 802.11g 표준과 Wi-Fi를 포함해 잘 알려진 802.11a, 802.11b를 사용하는 네트워크를 위해 향상된 암호화를 제공하는 WLAN[Wireless Local Area Network]의 표준이다. 802.11i 표준은 TKIP[Temporal Key Integrity Protocol] 그리고 AES[Advanced Encryption Standard]로 알려진 새로운 암호키 프로토콜을 요구하고 있다. 하지만 AES는 전용 칩을 필요로 하며 이는 대부분의 현존하는 Wi-Fi 네트워크의 하드웨어를 업그레이드해야 한다는 의미다.

802.11i의 다른 기능은 접근을 위한 키 캐시다. 이는 일시적으로 오프라인 상태가 된 사용자를 위해 서버에 빠르게 다시 연결하고 빠른 로밍 허용을 해주는 사전 인증이다. 802.11i 표준은 2004년 6월에 IEEE에 의해 공식적으로 비준됐으며, 802.11 무선 네트워크 사양 계열의 일부가 됐다. Wi-Fi가 도입된 이후 다음과 같이 다양한 키가 전개됐다.

- WEP[Wired Equivalent Privacy]: Wi-Fi와 함께 사용되는 최초의 인증 형태다. 아쉽게도 크랙이 쉽고 다른 시스템들이 현재까지도 이를 널리 사용하고 있다.
- WPA[Wi-Fi Protected Access]: WEP상 소프트웨어/펌웨어에 대한 향상이다. 최초 버전은 WPA1 또는 WPAv1으로 알려져 있다.
- WPA2[Wi-Fi Protected Access II]: WPAv1의 다음 업그레이드 버전이며, 크게 향상된 보안수준을 제공한다.

자동차 산업의 사이버 보안은 다양한 자동차 ECU를 보호하는 것을 의미한다. ECU는 그림 6.16과 같이 CAN 버스를 통해 연결된 차량의 두 개 이상의 전기 시스템 또는 하위 시스템을 제어하는 임베디드 시스템의 일반적인 용어다.

그림 6.16 CAN 버스에 연결된 ECU

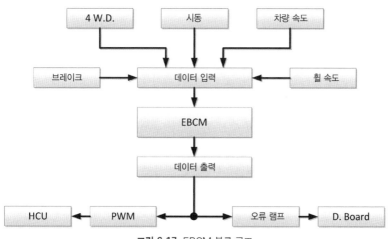

그림 6.17 EBCM 블록 구조

차량 내 사용되는 다양한 ECU의 유형은 다음을 포함한다.

- BCU^{Body Control Unit}: 자동차 차체 내 다양한 전기적 부품을 모니터링하고 제어한다.
- EBCM^{Brake Control Unit 또는 Electronic Brake Control Module}: 젖거나 미끄럽거나 얼어 붙은 도로 표면에 제동 능력을 강화하기 위해 차량 휠을 제어한다. EBCM은 그림 6.17과 같이 5개의 입력을 기반으로 제동 시스템을 제어한다(ni-com 2009).

  1. 브레이크: 브레이크 페달의 상태(예: 편향등)를 모니터링하는 입력 정보는 디지털 또는 아날로그 형식으로 얻어진다.
  2. 4W.D.: 차량이 4륜 구동 모드에 있는지 여부를 디지털 형식으로 모니터링하는 입력이다.
  3. 시동: 시동 키가 제자리에 있는지, 엔진이 작동 중인지 여부를 등록하는 입력이다.
  4. 차량 속도: 차량 속도를 알려주는 입력이다.
  5. 휠 속도: 제어 알고리즘에 필요한 모든 정보를 도출하는 데 필수적인 각 휠의 속도에 관한 정보를 전달하는 4개의 입력 신호 세트를 나타내는 응용프로그램이다.
  6. HCU: 유압 컨트롤 장치는 ABS 정지 중에 유압을 제어/조절하는 ABS 시스템 내의 장치다.
  7. PWM: 스위칭 모드 전압 조절기, 위치 모터 제어기, 연료 인젝터 드라이버, 점화 드라이버 및 ABS 제어와 같은 응용프로그램에 펄스 폭 변조가 사용된다.
  8. 오류 램프: 일반적으로 EBCM이 손상됐고 ABS 시스템 표시등이 대시 보드의 오류를 표시하는 첫 번째 표시등이다.

- CCU^{Central Control Unit}: 임베디드 소프트웨어와 함께 확장 가능한 모듈 형태의 제어 장치이며, 대부분 내부 진단을 포함해 CCU의 고장 상태에 대한 고유 메시지를 통해 문제 해결 수준을 강화한다.
- DCU^{Door Control Unit}: 차량 도어의 다양한 전자 부품을 제어하고 모니터링한다. 대부분의 차량에는 하나 이상의 도어가 있으므로 일반적으로 각 도어에 별도로 존재한다. 운전자 도어와 관련된 DCU에는 잠금, 운전자 도어 스위치 패드, 어린이 잠금 스위치(키즈락) 등과 같은 복잡한 기능의 결

과물인 몇 가지 추가 기능들이 있다. 대부분의 경우 DCU는 마스터 역할을 하고 다른 DCU는 통신 프로토콜에서 슬레이브 역할을 한다.

DCU에서 제어하는 기능은 다음과 같다.

- ○ 자동 윈도우 작동
- ○ 어린이 잠금 안전 기능
- ○ 글로벌 개폐 기능
- ○ 수동 윈도우 작동
- ○ 미러 조정
- ○ 미러 폴딩

- ECM^{Engine Control Module}: 엔진 내 다양한 센서로부터 값을 읽어 최적화된 엔진 성능을 보장하기 위해 엔진 내 일련의 작동기를 제어하고, 다차원적 성능 맵(룩업 테이블이라고도 함)을 이용해 데이터를 해석하고 적합하게 엔진 작동기를 조정한다.

- PCM^{Powertrain Control Module}: ECM과 변속기 제어 장치로 구성돼 일반적으로 차량에서 100개 이상의 요소를 제어한다. PCM에 대한 입력은 차량 주변에 분산된 다양한 유형의 여러 센서에서 들어온다. 센서 대부분은 엔진 관리와 성능을 지향한다.

- SCU^{Speed Control Unit}: 차량의 속도를 제어한다. SCU는 서보메커니즘으로 운전자가 설정한 속도를 일정하게 유지하기 위해 차량 스로틀을 제어한다.

- SPCU^{Suspension Control Unit}: 스티어링의 너클을 제자리에 유지하는 역할을 한다. 스티어링 너클은 휠을 서스펜션 시스템과 연결하며 휠 허브 또는 스핀을 포함한다.

- TelCU^{Telematic Control Unit}: 차량의 위치 추적을 제어한다. TelCU는 차량의 위도와 경도를 지속적으로 추적할 수 있는 GPS^{Global Positioning System} 장치, 이동통신을 위한 외부 인터페이스(GSM^{Global System for Mobile communications}, GPS^{Global Positioning System}, LTE^{Long-Term Evolution}, 휴대용 무선 표준 4G, Wi-Fi), 추적된 값을 중앙 집중식 GIS^{Geographical Information System} 데이터베이스에 제공, 전자 처리 장치, GPS 간 인터페이스 역할을 하는 정보를 처리하기 위한 마이크로컨트롤러, 모바일 통신 기기 그리고 모바일 프리존과 같은 경우 GPS 값을 절약 또는 차량 센서 데이터에 대한 지능적인 저장을 위한 일부 메모리 공간으로 구성된다.

- TMCU^{Transmission Control Unit}: 전자 자동 변속기를 제어한다. 일반적으로 차량의 센서와 ECU에서 제공하는 데이터를 사용해 최적의 성능, 연비 및 변속 품질을 위해 차량의 기어를 변경하는 방법과 시기를 계산한다. 일부 애플리케이션에서 TMCU와 ECU는 파워트레인 제어 모듈^{PCM}로 단일 장치로 결합된다.

현대의 자동차는 100개 이상의 ECU를 갖고 있기 때문에 ECU의 증가하는 복잡도와 갯수를 차량 내에서 관리하는 것이 자동차 제조사와 OEM의 핵심 과제가 되고 있다. 더욱이 ECU의 임베디드 소프트웨어는 라인 수, 복잡성 및 정교함이 계속 증가하고 있으며 현재 7백만 라인 이상의 소프트웨어 코드에 도달해 ECU에서 자동차 소프트웨어의 보안을 테스트를 하기 위한 특정 개념, 방법, 기술 및 도구가 필요하다. 제어 알고리즘이 포함된 코드가 ECU에 다운로드되면 실제 환경에서는 달성할 수 없는 극한 조건에서 HIL^{Hardware-In-the-Loop} 시뮬레이션을 수행해 ECU 성능 테스트를 수행할 수 있다. 이 단계에서는 생성된 엔진 모델을 사용해 엔진을 시뮬레이션해 실제 ECU를 테스트한다. HIL에서는 엔진의 소프트웨어 모델이 실시간 하드웨어로 다운로드된다. 적절한 입/출력 인터페이스가 제공된다. 이러한 I/O는 테스트 중인 ECU에 연결된다. 그런 다음 다양한 엔진 조건을 시뮬레이션할 수 있다. ECU는 실제 엔진의 실제 기능을 뛰어넘는 한계까지 테스트할 수 있다. 문서는 워드 또는 스프레드시트 응용프로그램을 사용해 수행할 수 있다. 설계 프로세스는 그림 6.18에 표시된 V-모델을 따른다(ni-com 2009).

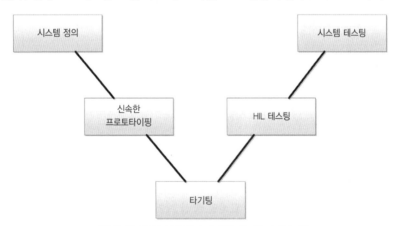

그림 6.18 ECU 설계 주기 내 사용되는 V-다이어그램

6.2.1 자동차 네트워크 기술과 사이버 보안

소프트웨어 집약적인 자동차 ECU는 통신을 위해 버스 시스템을 사용해 자동차 내 전자 시스템 또는 하위 시스템 둘 이상을 제어한다. 차량 네트워크 기술의 개발 주 원동력은 ECU 구성 요소의 발전, 정부 규제 및 소비자 요구다. 가장 잘 알려져 있고 가장 일반적인 것은 CAN이고, 차량 ECU를 제어하기 위해 설계된 LIN^{Local Interconnect Network} 그리고 오디오, 비디오, 내비게이션, 통신 시스템과 같은 모든 종류의 차량 멀티미디어 애플리케이션을 위해 설계된 MOST^{Media-Oriented Systems Transport}가 있다. 따라서 새로운 차량 모델을 개발하면 사용되는 마이크로컨트롤러 수가 증가해 차량 네트워크 내 노드 수가 계속 증가하고 결과적으로 취약성이 증가한다. 따라서 차량의 ECU는 일반적으로 계산에 사용되는 데이터를 전송하는 센서로부터 입력을 받기 때문에 차량 네트워크 기술의 사이버 보안은 차량의 사이버 공격을 차단하는 데 중요한 요소다. ECU에 의해 결정된 작업을 시행하기 위해 다양한 작동기가 사용된다. ECU는 차량이 정상적으로 작동하는 동안 서로 데이터를 교환해야 한다. 예를 들어 ECM은 TMCU에 엔진 속도를 알린다. TMCU는 기어 변속이 발생하면 다른 ECU에 이를 알린다. 이러한 데이터 교환은 차량 네트워크를 통해 빠르고 안정적이며 안전하게 수행돼야 한다. 따라서 공격자의 공격은 CAN 버스를 사용해 다음과 같은 여러 영역에서 차량 제어 시스템을 방해할 수 있다(Kao와 Marculescu 2006).

- 에어백 제어 시스템: 공격자는 성공적인 시동 검사를 포함해 전반적으로 기능적인 에어백 제어 시스템의 동작을 모방한다. 이 공격은 에어백 시스템이 망가지거나 제거되거나 또는 전자적으로 공격자에 의해 비활성화됐을 경우 네트워크에 이러한 코드가 포함될 수 있다.
- 중앙 게이트웨이: 공격자는 내부 차량 통신과 관련된 기본적인 필터링 기능을 구현해 게이트웨이 ECU를 공격해 내부와 외부 네트워크 간 분리를 시킨다. 게이트웨이 ECU의 구현 결함을 식별하고 악용해 게이트웨이 ECU가 임의의 내부 CAN 메시지를 외부로 전달하도록 유도할 수 있다.
- 경고등: 정상 동작하에 도어가 비인가된 상태로 열리면 표시등이 깜박인다. 공격자는 표시등을 끄고 CAN 명령을 편의 관련 하위 네트워크로 전달하는 것만으로 이 상태를 유지해 공격을 한다.
- 윈도우 리프트: CAN을 사용하는 시뮬레이션 환경에서 악의적인 공격이 수행됐다. 이 테스트에서는 시뮬레이션된 편의 관련 CAN 하위 네트워크

의 임의 ECU에 몇 줄의 악성 코드만이 추가됐다. 이 코드는 사전 정의된 조건이 충족될 때 전개된다. 이 사례 연구에서는 차량 속도가 200km/h(≈124mph) 이상으로 상승했을 때 전개되도록 했다. 그런 다음 창문이 열리고 윈도우 리프트 공격이 끝날 때까지 닫히지 않았다. 유사한 결과가 해당 물리적 환경에서 입증됐다.

이러한 각각의 경우 중앙 게이트웨이 공격을 제외하고 적대적인 공격자는 내부 CAN 네트워크에 대한 물리적 접근과 ECU에 악성 코드를 삽입할 수 있는 능력이 필요했다. 언급된 중앙 게이트웨이 공격의 경우 공격자는 OBD 인터페이스를 통해 악성 코드를 삽입할 수 있는 능력이 필요했다. 이러한 공격은 미국 CERT^{Computer Emergency Readiness Team} 분류법을 사용해 분석할 수 있으며 제안된 단기 대책을 사용해 방지할 수 있다(Cebula와 Young 2010; Cichonsky 외 2012). 여기에는 침입 감지 및 사전 포렌식 지원을 통한 사후 분석을 용이하게 하는 것이 포함돼 있다. OBD 커넥터는 차량 내부의 물리적 포트를 통해 모든 CAN 버스에 직접 접근할 수 있게 해준다. 인터페이스와 메시지가 표준화돼 OBD 포트를 저렴하고 쉽게 사용할 수 있는 스캔 도구가 많이 있다. 사용 가능한 스캔 도구는 다음과 같다.

- 소프트웨어, 사용자 인터페이스 등이 내장된 모든 기능을 갖춘 버전
- 전화 또는 기존의 개인용 컴퓨터와 같은 다른 컴퓨팅 플랫폼과 인터페이스가 필요한 구식 도구

싱가포르에서 열린 Black Hat Asia Security Conference 2015에서 CANtact라고 하는 프로그래밍 가능한 장치가 소개됐다. 이는 오픈 소스 소프트웨어를 동작시킬 컴퓨터 USB 포트와 자동차의 OBD 포트 간 물리적 연결을 한다. Python 라이브러리를 사용하면 CAN 네트워크와 쉽게 상호작용할 수 있다(Akella 외 2010). CAN 프레임은 Python 객체로 쉽게 인코딩되고 전송, 수신, 기록 및 검사될 수 있다. OBD-II 및 UDS^{Unified Diagnostic Services} ISO 14429와 같은 CAN 기반 표준화된 진단 프로토콜이 지원된다. UDS를 사용하면 차량에 임의의 메모리를 읽고 쓸 수 있으므로 OBD에 대한 물리적 액세스만 필요해 차량 해킹이 훨씬 쉬워지게 된다.

CAN 버스와 관련해 프로토콜에는 보안 통신에 대한 직접적인 지원이 없다. 보안 메커니즘을 사용해 프로토콜을 개조하면 사용 가능한 데이터 속도가 제한

되고 버스 사용률이 크게 증가할 가능성이 있어 몇 가지 문제가 발생한다. Lin 과 Sangiovanni-Vincentelli(2012)에서는 버스 이용률을 가능한 한 낮게 유지하는 보안 메커니즘이 설명돼 있다. 실험적 평가를 통해 보안 메커니즘이 통신 오버헤드(예: 버스 로드 및 메시지 대기 시간)를 합리적인 수준으로 유지하면서 높은 보안 수준을 달성할 수 있음을 입증했다. 다른 논문(Lin 외 2013)에서는 기능 모델에서 CAN 기반 아키텍처 플랫폼으로의 매핑을 설명하는 동안 안전 및 보안 요구 사항을 해결하기 위해 통합되고 혼합된 정수 선형 프로그래밍 공식이 제안됐다. 매핑 설계 공간에는 ECU에 대한 작업 할당, 메시지로 신호 패키징, 여러 수신 ECU 간의 메시지 인증 코드MAC 공유, 작업 및 메시지의 우선순위 분류가 포함된다. 보안 제약은 MAC에 대한 직접 및 간접 사이버 공격을 방지하도록 설정된다. 안전 제약은 안전에 중요한 경로에 대한 엔드-투-엔드end-to-end 지연 시간에서 정의된다.

Bruton(2014)의 석사 논문에서는 작은 패킷 프레임에 처리의 과제를 고려한 메시지 인증에 중점을 둔 소프트웨어 기반 암호화 방법 분석을 통해 CAN 버스 통신 보안을 조사했다. 논문의 범위는 메시지 내용을 기밀로 제공하기 위한 암호화와 인증에 대한 암호화 접근 방식을 사용해 통신에서 허용할 수 없는 지연을 일으키지 않고 추가적인 하드웨어 리소스 없이 CAN 버스 통신의 보안을 향상시키는 효과를 조사하는 것이었다. CAN 버스의 엄격한 실시간 제약과 관련해, 대체와 치환의 조합이 메시지에 적용되는 대체-치환 네트워크로 알려진 설계 원칙을 기반으로 하는 소프트웨어와 하드웨어 모두에서 빠르게 동작하는 AES와 같은 대칭 암호화 기술이 선택됐다. CAN 버스에서 사용되는 해시 기능이 빠르다고 가정해 메시지 인증 코드에 대한 해시 기능을 사용해 인증을 수행할 수 있다.

일반적으로 네트워크로 연결된 ECU의 보안은 데이터의 무결성과 프라이버시를 유지하는 데 중요한 문제이며, 정보 시스템 수준 및 주변 환경 내 시스템을 조작하는 것과 같은 보안 위협을 기반으로 하는 사이버 물리적 공격에 대한 네트워크 복원력을 향상시킨다. 이러한 유형의 보안 위협에 대한 차량 CPS의 보안을 보장하려면 표 6.9와 같이 몇 가지 보안 목표를 달성해야 한다.

표 6.9 보안 목표 및 영향

보안 목표	영향
인증	분산된 CPS를 보호하고 사용자와 디바이스가 다른 시스템 또는 구성 요소를 가장하는 것을 방지하기 위한 중요한 증명이다. CPS의 데이터, 트랜잭션 및 통신이 조작되지 않았는지 확인한다.
가용성	CPS가 자신이 누구인지 확인하고 사이버 공격을 통한 침입을 방지할 수 있음을 요구한다. 이를 통해 인증된 시스템 및 구성 요소가 수행할 수 있는 작업에 대해 적절한 제한을 적용하고 시행해 센서 노드 또는 통신 네트워크에 대한 비인가 접근을 방지한다.
기밀성	접근성이 부족하면 서비스 거부가 발생해 시스템 또는 주변 구성 요소에 복구할 수 없는 손상이나 오작동이 발생할 수 있는 동안 항상 접근하고 사용할 수 있는 능력을 나타낸다.
무결성	인증 없이 수정할 수 없는 데이터 또는 리소스를 의미한다. 사이버 공격자가 우연히 또는 악의적인 의도로 중요한 데이터를 수정 또는 삭제해 수신 CPS 또는 작동기 노드가 잘못된 데이터를 수신하게 되고 이 데이터가 잘못되지 않았다고 신뢰하면 무결성이 침해된다.
신뢰성	CPS의 기본 요구 사항은 즉 CPS의 계산적 및 물리적 요소를 긴밀하게 조합하고 조정하는 특징을 이루는 시스템이다. CPS는 많은 양의 데이터를 처리하고, 소프트웨어를 시스템 구성 요소로 사용하고, 온라인으로 지속적으로 실행하고, 안전에 중요한 시스템에 대한 인간의 판단 및 책임 요구 사항으로 인해 OITL(Operator-In-The-Loop)을 유지하도록 설계됐다. 데이터 중심의 런타임 모니터링을 기반으로 데이터 품질 분석을 통해 비정상 입출력 데이터 감지와 관련해 CPS의 신뢰성을 자동으로 평가할 수 있다. 그 결과로 경고를 OITL로 보내면 시스템 중단 시간을 최소화하고 시스템 안정성을 높이기 위해 이러한 경고를 기반으로 조치를 취하고 시스템을 변경할 수 있다(Falliere 외 2011).
강건성	예상치 못하거나 잘못된 입력과 같은 장애가 있을 때 시스템이 올바르게 작동하는 정도를 설명하는 시스템 속성이다(Eisenhauer 외 2006). 강건성 개념은 제어 이론(Lamport 2005)에서 개발된 입출력 안정성 개념에서 영감을 받았다. 또한 제안된 강건성 개념은 두 가지 직관적인 목표를 충족해야 한다. (1) 경계 장애는 명목상의 동작으로부터 경계 편차를 유도한다. 그리고 (2) 산발적인 장애의 효과는 많은 유한한 단계에서 사라진다. CPS에 대해 제안된 강건성의 개념은 유사-다항 시간에서 검증할 수 있다. 강건성을 강화하기 위한 제어기 설계로 구성된 종합적 문제는 유사 다항 시간 내에서 해결될 수 있다(Lamport 2005).
보안성	사이버 공격의 가능한 영향을 추정하려면 사이버 인프라에 대한 시스템의 종속성과 잠재적인 고장을 견딜 수 있는 능력을 평가해야 한다. 사이버 보안 노력의 적절성을 결정하기 위해서는 시스템 내 사이버-물리적 관계 및 특정 또는 가능한 공격 벡터에 대한 추가 탐색이 필요하다(Tang과 McMillin 2008).

6.2.2 사이버 공격 분류

사이버 공격은 인터넷상 사이버 공격에 비해 ECU 및 사이버 물리 시스템에서 탐지하고 차단하기 더 어렵다(Yuzhe 외 2013). 탐지를 피하고 사이버 공격은 차량 중요 시스템에 접근하기 위해 여러 단계를 적용할 수 있다. 더욱이 수년 동안 사이버 공격은 점점 더 많아지고 정교해졌다. 이를 위해서는 분석 및 분류, 새로운 사이버 공격에 대처하기 위한 지원, 사이버 공격 분류를 필요로 하는 컴퓨터 및 네트워크 보안 개선이 필요하다.

일반적으로 분류[taxonomy]라는 용어는 배열 또는 분할을 의미하는 그리스어 "taxis"와 법을 의미하는 "nomos"로부터 파생됐다. 이와 관련해 토론, 분석 또는 정보 검색의 개념적 프레임워크를 제공하는 데 사용되는 결과 카탈로그와 함께 미리 정해진 시스템에 따른 분류 과학이다. 이론적으로 좋은 분류법의 개발은 그룹[taxon]의 요소를 상호 배타적이고 모호하지 않으며 모든 가능성을 포함하는 하위 그룹[taxa]으로 분리하는 것의 중요성을 고려한다. 또한 URL7(2016)에서 언급했듯이 분류 체계는 단순하고 기억하기 쉬우며 사용하기 쉬워야 한다. Kjaerland(2005)에 보고된 바와 같이 컴퓨터 범죄 프로파일링 및 사이버 공격자와 공격된 시스템을 강조하는 것과 관련해 사이버 기반 침입의 분류를 제안할 수 있다. 그러므로 사이버 공격은 패싯 이론[facet theory]을 활용해 분석할 수 있고, 이는 연구 설계를 위한 일련의 원칙을 제공하고, 데이터 분석을 위한 다변량 통계 절차의 안내와 이론을 구성하기 위한 프레임워크를 수립한다(Brown 1985). 분석에는 통계 컴퓨팅과 그래픽을 위한 소프트웨어 환경 및 프로그래밍 언어인 R과 함께 다차원 스케일링을 포함하고, 이는 운영 방법, 대상, 소스 그리고 영향과 함께 전통적이고 비 메트릭 다차원 스케일링 기능 모두를 제공한다. 각 패싯은 철저한 설명과 함께 여러 요소가 포함돼 있다. 따라서 분류는 표 6.10에 나와 있는 것처럼 컴퓨터 및 네트워크 사이버 공격의 고유한 문제를 처리하기 위한 전체론적 분류를 제공해 최소 4개의 차원으로 구성되도록 제안한다. 각 차원 내에서 사이버 공격의 특성과 결과를 보여주는 다양한 수준의 정보가 제공된다.

표 6.10에서 분류가 표 6.11에 나열된 다음 요구 사항을 충족해야 한다고 추정할 수 있다(Hansman과 Hunt 2005).

Hansman과 Hunt(2005)에서 언급했듯이 분류상의 한계인 혼합 공격에 대한 분류를 개선하기 위한 작업이 필요하다. 또 다른 제한은 공격으로부터 시스템을 보호하는 데 도움이 되는 정보의 수집을 금지하는 취약성 정보가 없다는 것이다.

Lough(2001)에서는 보안 오류의 네 가지 주요 원인에 초점을 맞춘 VERDICT Validation Exposure Randomness Deallocation Improper Conditions Taxonomy라는 공격 중심 분류 체계가 제안됐다.

- 부적절한 할당 해제: 덤스터 다이빙^{dumpster diving}도 포함해 데이터의 잔존 또는 정보의 부적절한 파괴

- 부적절한 노출: 취약성 악용하기 위해 직접 또는 간접적으로 사용될 수 있는 정보의 부적절한 노출을 포함

- 부적절한 무작위성: 암호화의 기초와 무작위성의 부적절한 사용 처리

- 부적절한 유효성 검사: 물리적 보안도 포함해 제한되지 않은 데이터에 대한 부적절한 유효성 검사

표 6.10 사이버 범죄 공격의 분류, 특성 및 결과

등급	사이버 공격 설명
1st	공격 벡터와 사이버 공격의 주요 행동에 근거해 사이버 공격을 사이버 공격 등급으로 분류한다. 공격 벡터가 없는 경우 사이버 범죄 공격은 가장 가까운 범주로 분류된다.
2nd	사이버 공격 대상을 분류한다. 대상을 매우 구체적인 대상 또는 대상 등급으로 분류할 수 있다.
3rd	만약 존재한다면 사이버 공격에 의해 이용되는 취약점 및 익스플로잇을 다룬다. 가능한 취약성 및 취약성 공격이 무한히 많아 구조화된 분류는 없다.
4th	사이버 공격이 페이로드 또는 효과를 초과할 가능성을 고려한다. 많은 사례에서 사이버 공격은 분명히 특정한 종류의 사이버 공격일 것이다. 그러나 그것은 서로 다른 페이로드를 갖거나 서로 다른 결과를 일으킬 것이다.

표 6.11 실용적인 분류법 개발을 위한 요구 사항

요구 사항	고려해야 할 목적
허용할 수 있는	분류법은 일반적으로 승인될 수 있도록 구성된다.
이해할 수 있는	분류법은 보안 분야에 종사하는 사람들뿐만 아니라 그것에만 관심이 있는 사람도 이해할 수 있어야 한다.
완성도	분류법은 완전함/철저함이어야 한다. 가능한 모든 공격을 설명하고 그에 따라 범주를 제공해야 한다. 분류법이 완전함과 철저함을 입증하기는 어렵지만 실제 공격의 성공적인 분류를 통해 정당화될 수 있다.
결정론	분류 절차가 명확히 정의돼 있다.
상호 배타적	분류법은 각각의 공격을 하나의 범주로 분류한다.
반복 가능	분류가 반복 가능해야 한다.
용어	확립된 보안 용어 준수
조건	잘 규정돼야 한다. 용어가 무엇을 의미하는지 혼동해서는 안 된다.
모호하지 않은	공격의 분류와 관련해 모호함이 없도록 분류법의 각 범주를 명확히 정의해야 한다.
유용한	분류법은 보안 업계 그리고 특히 사고 대응 팀에 의해 사용된다.

Hansman과 Hunt(2005)에서, Lough(2001)에 기술된 분류법에는 CERT와 같은 지식 기관에서 일상적 공격을 분류하고 모든 해당 운영 사이버 보안 발생을 식별하는 데 도움이 되는 도구로 사용할 수 있는 분류법인 권고안을 보장하기 위한 적절한 정보가 결여돼 있다는 것이 언급된다. 또한 Lough(2001)에 설명된 분류 체계에는 트로이 목마, 바이러스, 웜 등과 같은 공격 유형에 따른 분류가 없다.

그림 6.19와 같이 Guttmann과 Roback(1995)에서 소개된 사이버 공격 분류인 AVOIDIT^Attack Vector, Operational Impact, Defense, Information Impact, and Target는 애플리케이션을 통해 방어자가 사이버 공격자가 사용할 수 있는 취약성을 분류하는 데 사용하는 지식 저장소를 제공한다. AVOIDIT는 각 사이버 공격 분류에 대한 세부 정보와 각 범주에서 다양한 사이버 공격이 어떻게 표현되는지 제공한다.

그림 6.19에 표시된 일반 체계는 그림 6.20에 확장돼 각 공격 분류에 대한 세부 정보와 각 범주에서 다양한 공격이 어떻게 표현되는지를 제공한다(Simmons 외 2014). AVOIDIT는 각 분류 내에 새로운 범주를 포함하도록 확장될 수 있으며 사이버 범죄 방어자에게 적절한 정보를 제공해 사이버 공격을 방어할 때 명확한 결정을 내릴 수 있도록 한다. 공격에 대한 방어를 위한 발전된 접근 방식을 사용할 수 있으며 새로운 방어를 포착하기 위해 확장 가능한 분류를 제공한다. 향후 작업에서는 게임 이론적 방어 전략을 구축하고 사이버 공격자의 행동 공간을 결정하는 AVOIDIT의 적용 가능성을 조사할 것이다(Shiva 외 2010).

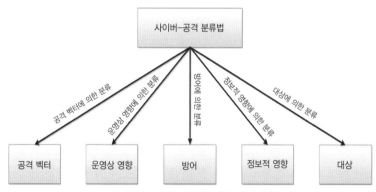

그림 6.19 사이버 공격 분류 체계 AVOIDIT

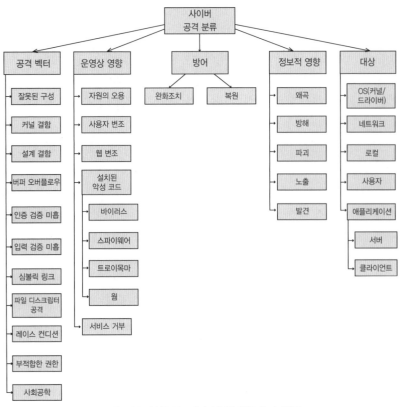

그림 6.20 AVOIDIT 사이버 공격 분류의 아키텍처

6.3 해킹과 자동차 공격 지점 및 취약점

6.3.1 해킹

해킹은 시스템과 데이터에 관해 증가하는 많은 수의 사이버 공격에 의해 입증되듯이 매우 실질적인 자동차 보안 위험이다. 해킹은 공격자가 향후 사이버 공격을 용이하게 하기 위한 수단으로 신뢰하는 보안 제어를 대상으로 한다는 의미이며 해킹 공격자(해커)가 동시에 여러 수준에서 정보 보안을 위협하게 될 것이다. 해커는 다음과 같은 대상을 공격한다(Shimeall과 Spring 2014).

- 비지니스 프로세스에 필수적으로 사용되는 데이터를 공격하며, 기관을 밀접하게 모방한 웹사이트를 이용해 데이터 소스를 손상, 모방 또는 리다이렉션해 향후 사기에 사용될 인증 정보를 수집
- 개별적인 호스트, 운영체제 또는 애플리케이션 소프트웨어의 약점 악용
- 악의적인 내부 또는 외부 사용자
- 원격 접근 방법을 통한 네트워크 또는 네트워크 내 신뢰를 악용해 최초 침입 지점으로부터의 전파

해커는 다음과 같은 전략을 적용한다.

- 직접적인 물리적 접근: 이는 가장 단순한 해킹 공격 전략으로 정상 트래픽 라우팅을 제외하고 중간 또는 제3의 호스트 없이 침입 지점에서부터 공격을 한다. 이 전략은 침입 지점이 공격자에게 낮은 가치를 갖거나 역추적의 가능성이 매우 낮은 사이버 공격에서 적용된다.
- 점진적 접근: 해킹 공격자는 공격 대상과 침입 지점 간 일련의 중간 호스트를 이용하고 각 호스트들은 동일한 공격 세트를 이용해 손상된다.
- 대량 해킹: 해커는 제3의 호스트 그룹을 손상시키고 이를 이용해 목표 호스트에 대해 이들을 한 번에 모두 사용한다.
- 눈속임 접근: 직접 사이버 공격을 대응하는 방어 대상에 대해 혼란 또는 주의를 분산하기 위해 트래픽을 생성한다(Shimeall과 Spring 2014).

6.3.2 자동차 공격 지점 및 취약점

6.4.2절에서 설명한 것과 같이 현대 자동차의 전자적 요소들의 수가 최근 몇 년 동안 빠르고 지속적으로 증가하고 있다. 그 결과 CAN과 같은 자동차 버스 시스템에 의해 제공되는 거대한 연결성과 함께 이기종의 임베디드 컴퓨터상에서 수백만 줄의 코드가 실행되고 있다. 한편으로는 승객이 더 안전하게 느낄 수 있도록 많은 센서와 작동기가 개발되고 차량에 탑재되고 있다. 또 다른 측면에서는 더욱 발전된 엔터테인먼트 및 내비게이션 시스템이 여행을 더욱 편안하게 만들기 위해 차량에 적용되고 있다. 이러한 기술적 진보는 효율성과 비용 측면에서 상당한 이점을 가져왔지만, 사이버 공격에 대한 차량의 취약성을 증가시키는 새로운 공격 지점에 대한 더 많은 기회를 만들어내고 있다.

차량 내 사용되는 Bluetooth® 네트워크 프로토콜과 관련해 Bluetooth® 프로토콜의 보안 아키텍처 및 보안 모드에 대한 개요와 Bluetooth® 네트워크가 직면한 취약점이 Johnson(2010)을 통해 보고됐다. 가장 중요한 3가지 카테고리는 다음 위협과 관련해 정보 보안을 위한 정책 가이드를 위해 설계된 모델인 CIA^{Confidentiality, Integrity, Availability} Triad에 해당한다.

- 서비스 거부
- 비인가된 정보 공개
- 정보의 무결성

가끔 Triad는 미중앙정보국^{CIA} 약어와의 혼동을 피하기 위해 AIC^{Availability, Integrity, Confidentiality}라고도 한다.

CIA Triad의 맥락에서 보면,

- 기밀성^{Confidentiality}은 정보에 대한 접근을 제한하는 일련의 규칙이며 넓게 보면 프라이버시와 유사하다.
- 무결성^{Integrity}은 정보의 신뢰성과 정확성을 보장한다.
- 가용성^{Availability}은 공인된 사람이 정보에 대한 신뢰할 수 있는 액세스를 보장하는 것이다.

가용성은 모든 하드웨어를 엄격하게 유지하고 필요할 때 즉시 하드웨어 수리를 수행하며 소프트웨어 충돌 없이 올바르게 작동하는 운영체제 환경을 유지함으로써 가장 잘 보장된다. 하지만 Bluetooth® 기반 네트워크 내에서 강력한 지향성 안테나를 사용하면 거의 모든 종류의 Bluetooth® 공격에 대한 검색, 도청 및 공격 범위를 크게 늘릴 수 있다.

Cardenas 외(2011)에서는 Bluetooth®는 프로토콜과 기본 데이터의 복잡성으로 인해 현대 차량에서 가장 크고 실행 가능한 사이버 공격 지점 중 하나로 간주된다. 또한 Bluetooth®는 차량 영역 내에서 유비쿼터스가 돼 사이버 공격자가 공격 시나리오를 테스트할 수 있는 매우 안정적인 침입 지점을 제공한다.

Cardenas 외(2008)에서는 테스트 차량의 텔레매틱스 장치에 내장된 Bluetooth® 기능을 조사했다. 텔레매틱스 ECU의 UNIX®와 유사한 운영체제에 대한 접근은 리버스 엔지니어링을 통해 확보했고, Bluetooth® 기능을 처리하는 특정 프로그램이 식별됐다. ECU의 운영체제에는 샘플 핸즈프리 애플리케이션 및 맞춤형 인터페이스와 함께 잘 알려진 Bluetooth® 프로토콜 스택의 임베디드 구현 복사본이 포함돼 있는 것을 확인했다. 인터페이스에는 특정 페어링된 Bluetooth® 장치를 통한 버퍼 오버플로우 공격을 허용하고 텔레매틱스 장치에 임의의 코드를 실행할 수 있는 취약점을 포함하고 있었다. 공격자는 버퍼 오버플로우를 이용해 실행 스택을 오염시킨다. 정교하게 만들어진 입력을 애플리케이션에 전송해 사이버 공격자는 애플리케이션에 임의의 코드를 실행시키고 중요한 사이버 물리 시스템의 기능을 장악할 수 있다.

버퍼 오버플로우 공격은 일반적으로 다음 두 가지 기술 조합을 필요로 한다.

- 운영체제가 데이터 유형을 잘못 처리하도록 함
- 특정 메모리 주소에 데이터 쓰기

이 의미는 강력하게 형식화된 프로그래밍 언어와 환경은 직접적으로 메모리 접근은 허용하지 않아 대부분 버퍼 오버플로우의 발생을 차단한다. 버퍼 오버플로우를 방지하기 위한 가용한 기술에는 다음과 같은 것들이 있다.

- 코드 검사
- StackShield, StackGuard 및 Libsafe 등과 같은 컴파일러 도구
- 많은 운영체제에서 지원하는 실행 불가능한 스택
- 코드가 종속된 애플리케이션에 관련된 버그 보고서와 관련된 패치

미 연방정부는 대시보드 아래에 OBD-II 포트를 의무화했다. 이 포트는 ECU에 대한 직접 및 표준 유선 통신 연결을 제공해 차량의 고장 코드를 읽고 재설정할 수 있도록 한다. 또한 진단 커넥터를 통해 다양한 장치의 정보에 접근할 수 있으므로 모든 시스템을 진단하고 프로그래밍할 수 있다. 오디오 플레이어와 같은 사용자 업그레이드 가능한 하위 시스템은 무선 타이어 압력 모니터링 시스템TPMS, Tire Pressure Monitoring System과 같은 다양한 단거리 무선 장치와 Bluetooth® 장치 등을 통해 동일한 네트워크에 연결된다. 이는 또한 새로운 부분의 공격 지점을 나타내기도 한다.

하지만 ESPElectronic Stability Program 또는 ACCAdaptive Cruise Control와 같은 주행 보조 시스템이 장착된 차량은 차량의 운행에도 깊이 관여한다. 더 나아가 전자식 드라이브 바이 와이어drive-by-wire 차량 제어 시스템은 기본 자동차 데이터 네트워크에 전적으로 의존한다. 또한 차량 통신 네트워크는 기술적 간섭으로부터 안

전을 보장한다. 하지만 대부분 악의적인 사이버 공격으로부터 보호되지 않는다. MOST와 같은 새로운 멀티미디어 네트워크 및 GSM 또는 Bluetooth®와 같은 무선 인터페이스의 통합과 함께 보안되지 않은 자동차 부품의 조합의 증가는 공격 지점 침입 포인트 맥락에서 다양한 추가적인 보안 위험을 유발한다. 요약하면 오늘날의 차량은 점점 더 정교해지는 서비스와 탑재된 통신 기능과 관련해 폭넓게 컴퓨터화돼 있으며, 이로 인해 잠재적으로 과거보다 사이버 공격에 훨씬 더 취약하다. 그 결과로 그림 6.21에 표시된 것처럼 브레이크, 엔진, 변속기 등과 같은 안전에 중요한 구성 요소를 포함해 공격 지점 침입 포인트가 다양화됐다.

차량 안전에 중요한 시스템에 대한 사이버 공격은 차량의 다양한 구성 요소를 물리적으로 제어하고 내부 차량 네트워크에 접근한다. 이를 통해 공격자는 차량 네트워크에 코드를 삽입해 원하는 ECU를 직접 또는 간접적으로 제어할 수 있다. 캘리포니아대학교 샌디에이고와 워싱턴대학교의 연구원들은 ECU의 Bluetooth® 스택에 있는 취약성을 악용하고, 이와 별개로 이동통신 모뎀의 변조를 통해 차량의 텔레매틱스 장치에서 원격으로 코드를 실행할 수 있었다.

차량 제조업체는 일반적으로 USB 포트 또는 iPod/iPhone 도킹 포트와 같은 일종의 외부 디지털 멀티미디어 포트를 제공해 사용자가 개인용 오디오 플레이어 또는 휴대폰을 사용해 차량의 미디어 시스템을 제어할 수 있도록 한다. 결과적으로 악의적인 코드를 CD나 노래 파일에 인코딩하고 사회공학을 사용해 사용자가 이를 재생하도록 유도해 악성 코드를 전달할 수 있다. 또는 사용자의 휴대폰이나 iPod이 연결되지 않은 상태에서 변조될 수 있으며 연결 시 차량의 미디어 시스템을 공격하는 악성 소프트웨어가 설치될 수 있다(Checkoway 외 2011).

Valasek과 Miller(2014)가 발표한 것과 같이 손상된 ECU는 차량의 안전 기능을 제어할 수 없다. 이 ECU의 작업은 일반적으로 무선 신호 수신 및 처리에만 관련된다. 따라서 사이버 물리적 공격에는 일반적으로 조향, 제동 및 가속을 담당하는 ECU 같은 안전에 중요한 ECU와 통신하기 위해 차량 내부 네트워크에 악성 코드를 삽입하는 두 번째 단계가 필요하다. 일부 차량에서는 가능할 수 있다. 그러나 많은 설계에서 원격으로 손상된 ECU는 안전에 중요한 ECU에 직접적으로 메시지를 보낼 수 없다. 이 경우 사이버 공격자는 반드시 손상된 ECU의 네트워크에서 대상 ECU가 있는 네트워크로 어떠한 방법을 통해서든 메시지를 연결해줘야 한다. 이를 위해서는 게이트웨이 ECU를 속이거나 완전히 손상시키는 것이 필요할 수도 있다.

캘리포니아대학교 샌디에이고와 워싱턴대학교 연구원들은 차량의 브릿지 ECU를 손상시켜 권한이 낮은 CAN 네트워크에서 제동을 담당하는 ECU가 있는 네트워크로 이동하는 방법을 증명했다(Checkoway 외 2011). 공격자가 ECU를 원격에서 손상시키고 원하는 대상 ECU에 악성 코드를 전송할 수 있는 능력을 획득한 후, 공격자는 안전에 중요한 ECU와 통신해 차량 안전을 위협하는 방식으로 행동하도록 만들 수 있다. 여기에는 네트워크의 메시지를 리버스 엔지니어링하고 특정 물리적 동작을 수행하기 위한 정확한 형식을 파악하는 것이 포함된다.

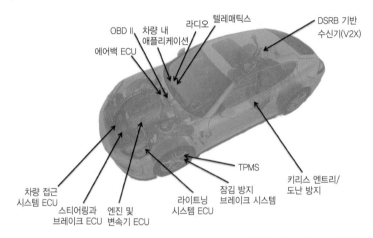

그림 6.21 차세대 자동차의 해킹 가능성이 가장 높고 노출된 공격 지점의 침입 포인트 15가지에 대한 분석(Intel Security 2015 수정)

각 제조업체, 각 모델, 심지어는 연식별로 버스 메시지에서 서로 다른 데이터를 사용하기 때문에 메시지 리버스 엔지니어링 프로세스에는 많은 작업이 필요하고 제조업체별로 상이하다. 예를 들어 한 제조업체의 차량에서 브레이크를 잠그는 메시지는 다른 제조업체의 차량에서는 작동하지 않을 가능성이 높다. 또한 일부 ECU는 특정 메시지만을 수신하고 차량이 움직이는 동안에는 특정 메시지에 응답하지 않는 것과 같은 안전 기능이 내장돼 있을 수 있다(Valasek과 Miller 2014). 그러므로 이는 ECU 구현에 의존적인 부분이기 때문에 자세한 조사 없이 악성 소프트웨어 주입을 통해 사이버 물리 차량 기능에 영향을 줄 수 있는지 여부를 알 수 있는가는 중요하다. 따라서 Valasek과 Miller(2014)의 보고서에서는 원격 공격 지점을 측정하는 것과 유사한 접근을 했고, 각 차량에 대해 컴퓨터 제어 기능을 나열했다. 예를 들어 Toyota Prius에서 충돌 방지 시스템은 특정 CAN 메시지가 수신될 때 차량을 정지시키도록 설계돼 있다. 이것은 안전 기능이며 악용될 수 있다. 따라서 모든 차량이 CAN 데이터 주입을 통해 안전에 중요한 동작이 취약할 수도 있고 그렇지 않을 수도 있지만(Valasekr과 Miller 2014), 고급 컴퓨터 제어 기능을 가진 차량은 내부 네트워크상 수신된 데이터를 기반으로 물리적 동작 취하도록 설계됐기 때문에 더 취약하다고 가정할 수 있다.

텔레매틱스 서비스의 경우 다음 나열된 것과 같이 부가적인 자동 기능이 장거리 무선 연결을 통해 제공된다.

- 충돌 대응
- 원격 진단
- 도난 차량 복구

이를 위해 텔레매틱 시스템은 광역 이동통신 네트워크 연결을 통해 내부 자동차 하위 시스템을 원격 명령 센터와 통합한다.

일부 서비스 제공업체는 서드파티 개발 및 차량 내 커넥티드 플랫폼 관련한 애플리케이션을 위한 CaaP^{Car-as-a-Platform} 모델을 제안하고, 엔터테인먼트 앱 및 안전 관리 기능에 특별히 초점을 맞춘 커넥티드카의 기능 선택을 제공함으로써 이러한 개념을 더욱 발전시켰다. 엔터테인먼트는 커넥티드카에서 사용할 수 있는 가장 인기 있는 기능 중 하나다. 엔터테인먼트 기능은 Pandora®, Yelp®, Facebook® 등과 같은 앱을 통합적으로 포함하고 있다. Hughes Telematics는 자동차 애플리케이션용 앱스토어 개발 계획을 설명했고(Mollmann 2009), 반면 Ford는 최근 서드파티 애플리케이션용 플랫폼으로 SYNC® 텔레매틱스 시스템을 운영할 것이라고 발표했다(Goodwin 2009). 차량 내 통신과 엔터테인먼트가 통합된 자동차 제조사가 설치하는 SYNC®를 통해 사용자는 다음과 같은 기능을 할 수 있다.

- 음악 제어
- 핸즈프리 전화 걸기
- 음성 명령을 사용한 다른 기능 수행

이 시스템은 Ford 및 서드파티 개발자가 개발한 응용프로그램과 사용자 인터페이스로 구성된다. 차량에 내장된 이동통신 모뎀과 관련해 Ford는 Tesla가 이미 한 것과 같이 OTA 소프트웨어 업데이트를 실행할 계획이다. Ford는 이미 차량이 집에서 연결돼 있을 때 Wi-Fi를 사용해 SYNC3에 대한 OTA 업데이트 수행을 할 수 있다. General Motors의 OnStar®와 같은 다른 텔레매틱스 시스템은 다음과 같은 부가적인 기능을 제공한다.

- 자동 충돌 대응
- 원격 진단
- 장거리 무선 연결을 통한 도난 차량 복구

이를 위해 이러한 텔레매틱스 시스템은 광역 이동통신 연결을 통해 내부 자동차 하위 시스템을 원격 명령 센터와 통합해야 한다.

더 나아가 공격 지점 침입 포인트를 더 넓게 만들 수 있다고 제안된 V2V와 V2X 통신 시스템들이 많이 존재한다(CAMP09 2008, CAMP10 2008, CAMP05 2005, VTTI 2007). 연결된 차량의 더 많은 가능한 공격 지점은 그림 6.21에 나와 있다. 전반적으로 이러한 추세는 공격자가 차량의 전기/디지털 구성 요소를 손상시키고 알려지지 않은 영향으로 내부 차량 네트워크에 접근할 수 있는 광범위한 공격 벡터가 가용한 상태라는 것을 나타낸다. 공격자가 차량의 내부 네트워크에 접근할 수 있는 두 가지 유형의 공격 벡터는 앞서 언급한 바와 같이 오늘날의 차량에 내장된 물리적 접근과 수많은 무선 인터페이스다. 이러한 인터페이스는 외부 입력을 받아 외부에 노출된 한 취약점을 통해 주요 ECU를 원격으로 손상시키고 인터넷을 통해 차량을 원격으로 제어하는 등의 작업을 수행할 수 있다. 물리적 접근과 관련해 공격자는 일시적으로 차량에 접근해 유비쿼터스 OBD-II 포트를 통해 차량 내부 네트워크에 악의적인 요소를 삽입할 수도 있다(Kosher 외 2010).

일부 서비스 제공업체가 제안한 다음 단계는 CCaaDP[Connected-Car-as-a-Digital-Platform] 모델이다. 차량 자체는 여러 프로토콜을 이용해 서로 통신하고 사용자의 모바일 이동통신 서비스 및 하드웨어를 통해 클라우드에 연결할 수 있는 커넥티드 플랫폼이다. 현재 모델은 드라이버 디스플레이에 다음을 연결하는 여러 통신 시스템을 갖추고 있다.

- 에어백
- 카메라/레이더 시스템
- 운전자 보조

- 엔진
- 안전 시스템
- 타이어 압력

또한 엔터테인먼트 제어와 함께 탑승객 영역을 정보 시스템에 연결하는 네트워크가 있어 추가적인 공격 지점이 만들어진다. 이러한 시스템은 CAN, MOST 및 Flexray™와 같은 유선 시스템에서 연결을 위해 경량화되고 전 이중통신 모드 내 100Mps를 지원하는 비차폐 케이블의 새로운 유선 솔루션인 이더넷과 같은 더 많은 표준 시스템으로 이동하고 있다. 이 유선 시스템은 차량이 하나의 플랫폼 내 상호 연결 시스템과 네트워크 에지가 무선 또는 USB 인터페이스가 되는 데이터 센터와 같은 플랫폼 코어가 되는 것을 많은 자동차 제조업체들이 추구하고 있다(Chatterjee 2012). 이 단일 네트워크 구성은 데이터 전송을 위한 단일 프로토콜을 생성해 통신 옵션을 단순화한다. 이를 통해 TS16949 준수/ISO 9001 인증, 차량 내 EMC 성능 및 AEC-Q100을 포함한 글로벌 자동차 산업의 표준과 같은 업계 인증을 한 번에 처리할 수 있으므로 자동차 OPENSIG^{One-Pair Ethernet Alliance Special Interest Group}을 제공한다. OPENSIG는 차량 내 이더넷으로의 전환을 추진하고 있다.

이로 인해 커넥티드카가 자동차 반도체 시장을 주도하고 있다. 차량 조립 후 접근할 수 없는 센서 네트워크와 시스템의 통합 때문에 공장에서 설치된 네트워킹 연결이 증가하고 있다. 자동차 제조업체 설치 비율은 가까운 미래에 60%까지 높아질 수 있다. 이러한 시스템의 비용은 대폭 감소했으며, 대중 시장 차량과 고급 애플리케이션 모두에서 사용할 수 있고, 이는 또한 새로운 공격 지점 침입 포인트를 만들어 취약성을 증가시킨다. 따라서 차량 CPS의 보안과 관련해 다음 질문에 대한 답이 필요하다.

- 자동차 산업에서 보안 테스트 및 평가에 사용할 수 있는 방법과 도구는 무엇인가?
  - 차량 보안 테스트 및 평가를 위해 다양한 방법과 도구를 사용할 수 있다. 그러나 이러한 방법만으로는 구현 단계에서 발생할 수 있는 모든 보안 문제를 해결할 수 없다. 따라서 보안 테스트에 사용할 수 있는 방법과 차량 소프트웨어의 구현 단계에서 발생하는 보안 문제를 해결할 수 있는 방법을 결정하기 위한 평가 방법론이 필요하다

(Chalkias 외 2009).

- 보안 테스트를 체계적으로 수행하기 위한 다양한 방법을 어떻게 결합할 수 있는가?
  - 임시적인 접근법이 따르는 보안 테스트를 위해 다양한 방법이 필요하다. 단일 방법으로는 모든 종류의 보안 문제를 제거하기 위한 완벽한 전략으로는 부족할 수 있다. 따라서 해결책은 다른 방법의 장점을 하나의 존재에 결합하는 것이다. 그러므로 다양한 방법을 결합하는 체계적인 접근 방식이 도움이 될 수 있다. 체계적인 보안 테스트를 통해 잠재적인 취약점이 악용될 수 있음을 증명할 수도 있다 (Chalkias 외 2009).

사이버 공격의 침입 포인트를 차단하기 위한 자동차 영역 내 가능한 보안 테스트 방법은 다음과 같다.

- 기능 보안 테스트: 기능 정확성 및 보안 기능의 견고성 테스트를 조사한다(Chalkias 외 2009). 이를테면 구현될 암호화 알고리즘의 정확성을 확인해야 한다. 암호화 알고리즘의 구현은 주로 공식 테스트 벡터로 테스트된다. 개발자는 대부분 코드 개발 동안 사양과 공식 테스트 벡터에 의존한다. 사이버 공격자가 다른 종류의 무작위 테스트 벡터에서 발생할 수 있는 잠재적인 취약점을 악용할 수 있는 기회는 잔존하게 된다. 이러한 종류의 보안 취약성은 기능 보안 테스트 팀에서 놓치는 부분이다. MISRA C/MISRA C++ 안전 코딩 표준을 준수하면 소프트웨어에서 이러한 잠재적 취약성의 수를 줄일 수 있다. MISRA 지침은 자동차, 항공 우주, 방위, 산업, 의료 및 철도 애플리케이션에서 안전 및 보안에 중요한 소프트웨어의 품질을 보장하기 위해 널리 적용됐다. MISRA 규칙을 따르면 개발자는 가장 엄격한 소프트웨어 코딩 지침을 사용해 인간의 생명이 의존하는 소프트웨어 애플리케이션의 책임과 위험을 완화하고 보안 취약성을 유발할 수 있는 코딩 관행을 피할 수 있다(URL8 2016).
- 퍼징 및 침투 테스트: 외부 포트와 물리적 장치를 통해 가능한 공격과 관련해 안전하지 않은 약점과 취약점을 발견할 수 있는 악의적인 입력을 통해 차량 CPS를 테스트할 수 있다(Xiao 외 2008). 자동차 소프트웨어에서 사용할 수 있는 코드는 오픈 소스가 아니다. 리버스 엔지니어링은 현재

바이너리 코드를 검색하는 데 사용되며 모든 유형의 보안 테스트는 서드 파티 디버거(예: Microsoft Windows용 32비트 어셈블러 수준 분석 디버거인 OllyDbg와 Windows, Linux 또는 Mac OS 등 다중 호스트 멀티프로세서 디스어셈블러 및 디버거인 IDA Pro 등)의 도움으로 수행된다. 침투 테스트는 외부 포트 및 물리적 장치를 통해 가능한 공격을 조사하고 보안 테스트에 대한 지식을 갖춘 보안 테스터가 전체 시스템을 테스트하는 정교한 방법이다(Chalkias 외 2009). 여기에는 단일 또는 다음과 같은 다양한 보안 테스트 방법의 조합으로 하드웨어 및 소프트웨어 테스트를 포함한다.

- 코드 리뷰
- 수동 검사
- 정적 분석

- 취약점 스캐닝: 안전하지 않은 기능 또는 안전하지 않은 구성일 수 있는 알려진 취약성 세트를 갖고 있는 테스트 시스템이다(Chalkias 외 2009). OpenVAS[Open Vulnerability Assessment System]는 자동차 IT 및 소프트웨어에서 열린 포트를 스캔하는 포괄적이고 강력한 취약성 스캔 및 취약성 관리 솔루션을 제공하는 다양한 서비스와 도구의 프레임워크다. OpenVAS 제품은 무료 소프트웨어다. 대부분의 구성 요소는 GNU GPL[General Public License]에 따라 라이선스가 부여된다. OpenVAS의 아키텍처는 그림 6.22에 나와 있다(URL9 2016).

그림 6.22에 표시된 가장 필수적인 블록은 다음과 같은 의미를 갖는다.

- OpenVAS 명령 라인 도구: 명령 라인 도구와 Open VAS 관리 프로토콜이 포함돼 있어 OpenVAS 관리자를 구동하기 위한 배치 프로세스를 만들 수 있다. Windows, Linux 등에서 실행되며 Nagios®용 플러그인으로도 가능하다. Nagios는 IT 인프라 모니터링을 위한 산업 표준으로 고려되고 있다(www.nagios.org).
- GSA[Greenbone Security Assistant]: OpenVAS 관리 프로토콜 및 OpenVAS 관리 프로토콜용 클라이언트이며 HTTP 및 HTTPS를 제공한다.
- OpenVAS 스캐너: 서버 측에서는 OpenVAS 전송 프로토콜을 사용하고 클라이언트 측에서는 OpenVAS 관리자를 사용한다.
- NVT[Network Vulnerability Tests]: 특정 제품 취약성 평가의 검출 작업을 한다. 실

제 검출 NVT는 제품에 대한 CPEC^{Common Platform Enumeration Code} 코드를 생성해야 한다.

마지막으로 그림 6.23에서는 해커가 CPS 및 통신 네트워크에 접근해 악의적인 결과를 침해할 수 있는 경로 또는 수단을 나타내는 공격 벡터와 관련해 보안 공격의 위험을 요약하고 있다. 공격자의 목표는 즉각적 그리고 장기적인 위험을 포함해 시스템 또는 구성 요소 취약성을 악용하는 것이다. 일반적으로 최근의 해킹 공격으로 악성 코드 침입을 막는 자동차 보안 솔루션에 대한 수요가 급격히 증가할 것이라고 말할 수 있다. 어느 정도 방화벽과 바이러스 백신 소프트웨어는 공격 벡터를 차단할 수 있다. 그러나 오늘날 효과적인 방어 방법이 오래 지속되지 않을 수 있다는 점을 감안할 때 오늘날의 침입 방지 방법은 전체적인 공격의 증거가 아니다. 해커는 차량 CPS 및 통신 네트워크에 대한 무단 접근을 확보해 공격 벡터를 지속적으로 업데이트하고 새로운 벡터를 찾고 있다.

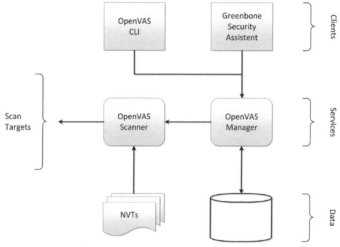

그림 6.22 OpenVAS 프레임워크, URL9 2016 이후 수정

공격 벡터, 공격 목표 및 취약한 시스템의 기능으로서 즉각적이고 장기적인 위험이 그림 6.23에 나와 있다.

- MITA^{Man-in-the-Middle Attack}: 공격자는 서로 알지 못하는 사이에 통신하는 두 노드 A와 B 사이 자신을 포함한다. 따라서 중간자(노드 C)는 노드 A에게 공격자가 노드 B라고 믿게 만든다. 그 후 노드 B를 공격자를 노드 A라고

믿게 만든다. 이러한 방식으로 노드 C는 이 사실을 알리지 않고 노드 A
와 B 사이의 모든 통신에 관여하며 전송된 모든 메시지를 복사, 변경 또
는 손상시킬 수 있다.

- SCA^{Side Channel Attack}(부채널 공격): 알고리즘의 무차별 대입이나 이론적 약
  점보다는 암호화 시스템의 물리적 구현에서 얻은 정보를 기반으로 하는
  공격이다. 일부 부채널 공격에서 DPA^{Differential Power Analysis}와 같은 다른
  공격이 블랙 박스 공격으로서 효과적일지라도 암호화가 구현된 시스템
  의 내부 동작에 대한 기술적 지식이 필요하다.

- 무차별 대입 공격^{Brute Force Attack}: 사용자 이름과 암호를 추측해 로그온 자격
  증명을 얻으려는 시도를 나타낸다. 원격 접근을 허용하는 서비스에 위험
  이 존재하며 무차별 대입 공격자는 패스워드 추측 도구나 기본 패스워
  드 데이터베이스, 딕셔너리 또는 레인보우 테이블을 포함하는 스크립트
  를 사용한다. 이러한 데이터에는 공통적으로 사용되는 패스워드가 포함
  되며 모든 문자 셋의 조합을 시도한다. 무작위 대입 공격은 선택된 대상
  에 대해 전문 공격자가 일반적으로 수행하는 일대일 공격이다(Johnson
  2016).

- 서비스 거부^{DoS} 공격: 공격자가 합법적인 사용자가 서비스에 접속하지 못
  하도록 차단하는 공격 유형이다. DoS 공격에서 공격자는 일반적으로 네
  트워크 또는 서버에 잘못된 반환 주소를 포함해 요청을 인증하도록 과도
  한 메시지를 보낸다. 네트워크 또는 서버는 인증 승인을 보낼 때 공격자
  의 리턴 주소를 찾을 수 없으므로 서버가 연결을 닫기 전에 대기하게 된
  다. 서버가 연결을 닫으면 공격자는 잘못된 반환 주소로 더 많은 인증 메
  시지를 보낸다. 따라서 인증 및 서버 대기 프로세스가 다시 시작되고 네
  트워크 또는 서버는 처리 상태를 유지하게 된다(URL1 2017).

- 스푸핑: 사이버 공격자(또는 프로그램)는 데이터를 변조해 다른 사람으로
  위장하고 그로 인해 불법적인 이익을 얻는 상황이다.

- 침해된 프라이버시: 기밀 사항에 사용되는 용어로 그 지식의 전체 또는 일
  부가 권한이 없는 사람 또는 다수의 사람들에게 전달됐거나 그러한 전달
  위험이 있는 것을 말한다.

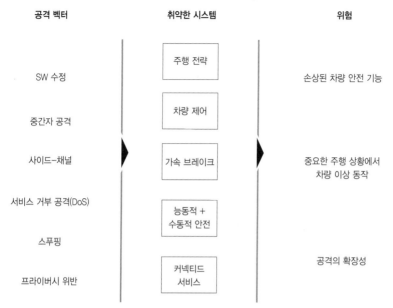

공격 벡터	취약한 시스템	위험

공격 벡터

SW 수정

중간자 공격

사이드-채널

서비스 거부 공격(DoS)

스푸핑

프라이버시 위반

취약한 시스템

주행 전략

차량 제어

가속 브레이크

능동적 + 수동적 안전

커넥티드 서비스

위험

손상된 차량 안전 기능

중요한 주행 상황에서 차량 이상 동작

공격의 확장성

그림 6.23 차량 내 사이버 공격과 관련한 사이버 보안 위험

사이버 공격은 변화하고 있다. 장난을 위해 설계된 광범위하고 분산된 공격은 가치 있는 데이터 수집에 중점을 둔 진보된 지속적 위협으로 대체됐다. 현대의 사이버 공격은 종종 여러 벡터와 단계에서 수행된다. 그들은 네트워크 보안 조치에도, 침입해 손상된 네트워크에서 신호를 보내고 가치 있는 데이터를 추출할 계획을 가지고 있다. 차세대 방화벽, 바이러스 백신, 웹 게이트웨이 및 최신 샌드 박스 기술과 같은 기존의 계층적 방어 보안 조치는 첫 번째 과정인 인바운드 공격만 탐지한다. 발전된 사이버 공격은 기존의 네트워크 보안을 우회하도록 설계됐다.

6.4 침입 탐지와 차단

6.4.1 침입 탐지

침입 탐지는 자원의 CIA를 손상시키려는 일련의 행동으로 정의할 수 있다 (Heady 외 1990)(6.3.2절 참조). 따라서 각 시스템의 보안 제약을 위반하는 것이다. 그러나 Kumar와 Spafford(1994)에 의해 보고된 바와 같이 침입 탐지는 침입을 탐지하는 방법론이기 때문에 보안 정책 요구 사항이 항상 잘 정의된 일련의 작업으로 변환되는 것은 아니므로 침입에 대한 정의는 정확하지 않다. 이 방법론은 두 가지 범주로 나눌 수 있다.

- 이상 침입 탐지: 행동을 포착하는 프로필을 주기적으로 생성하는 시스템 활동을 관찰하고 비정상을 알리기 위해 오래된 데이터를 정기적으로 업데이트한다. 입력 감사 기록이 처리됨에 따라 관찰된 시스템은 정규 프로필에서 너무 많은 편차가 있는 경우 발생할 수 있는 이상을 나타내는 값을 주기적으로 생성하고 침입 감지 시스템이 침입에 대해 보고한다. 그러나 침입 감지 시스템의 조건이나 민감도에 따라 오탐 경보가 발생할 수 있다. 오탐은 악의적 탐지로 보고되는 이벤트가 실제로는 그렇지 않은 경우다.
  - 이상 침입 탐지의 장점: 침입 탐지를 위해 사전 정의된 규칙이 필요하지 않아, 이로 인해 새로운 공격을 탐지할 수 있다.
  - 이상 침입 탐지의 단점: 오탐이 발생할 수 있어 사용자에게 불편을 줄수 있다. 정기적인 프로필 사용을 수립해야 하지만 달성하기 어려운 경우가 많다.
- 오용 침입 탐지: 입력 이벤트의 잘 정의된 패턴에 기반하고 침입 패턴과 함께 동작할 시에 시스템의 상태 변화가 침입 상태로 이어진다고 가정하면 시스템과 애플리케이션 소프트웨어의 취약점이 악용될 수 있다. 목적은 침입 탐지 문제를 패턴 매칭 문제로 프레임화하고 이러한 매칭을 위한 효율적인 알고리즘을 개발하는 것이다. 그러나 초기 상태 사양 없이 단순히 침입 패턴을 지정하는 것만으로는 침입 시나리오를 완전히 탐지하는 데 충분하지 않은 경우가 많다(Shieh와 Gligor 1991).

또 다른 분류 체계는 Denning(1987)과 Smaha(1988)에서 제시된 침입 유형을 기반으로 한다. 침입 유형, 특성 및 탐지 가능성에 대한 소개가 표 6.12에 나와 있다.

표 6.12 침입 유형과 탐지

침입 유형	특징	탐지
침입 시도	시스템 침입은 하나의 계정 또는 전반적인 시스템에 대해 비정상적으로 높은 패스워드 실패율을 생성한다.	비정상적인 동작 프로파일 또는 보안 제약 조건 위반
서비스 거부	리소스를 독점할 수 있는 침입자는 다른 모든 사용자에 대한 활동이 비정상적으로 낮은 반면 리소스와 관련해 비정상적으로 높은 활동을 가질 수 있다.	시스템 리소스의 비정상적인 사용(예: 네트워크)
합법적인 사용자에 의한 추론	집계 및 추론을 통해 데이터베이스에서 인증되지 않은 데이터를 가져오려는 사용자가 평소보다 많은 레코드를 검색할 수 있다.	I/O 리소스를 사용하는 비정상적인 동작 프로필
합법적인 사용자에 의한 누출	중요한 문서를 유출하려고 하는 사용자는 비정상적인 시간에 시스템에 로그인하거나, 일반적으로 사용되지 않는 원격 프린터로 데이터를 라우팅시킬 수 있다.	I/O 리소스의 비정상적 사용
위장 또는 침입 성공	인증되지 않은 계정 및 암호를 통해 시스템에 로그인하는 경우 계정의 합법적인 사용자와 로그인 시간, 위치 또는 접속 유형이 다를 수 있다.	비정상적인 동작 프로파일 또는 보안 제약 조건 위반
	침입자의 행동은 예를 들어 합법적인 사용자가 프로그램을 편집, 컴파일 또는 링크할 수 있는 반면, 대부분의 시간을 디렉터리 검색 및 시스템 상태 명령 실행 등에 사용하는 사용자처럼 합법적인 행위와 상당히 다를 수 있다.	
트로이 목마	프로그램이 합법적인 프로그램과 대체된다.	비정형 CPU 시간 또는 I/O 활동
바이러스	바이러스로 인해 실행 파일이 다시 써지거나 실행 파일에 의해 스토리지 사용이 주기적인 증가가 발생할 수 있다.	비정형 CPU 시간 또는 I/O 작업

$A_1, A_2, ..., A_n$은 주어진 순간에 시스템에서 침입이 발생하고 있는지 확인하는 데 사용되는 몇 가지 측정값으로, 각 A_i는 다음을 사용해 시스템의 다른 측면을 측정한다.

$$A_i = \begin{cases} 1 & \text{측정값 비정상을 의미} \\ 0 & \text{비정상 아닐 경우} \end{cases}$$

H를 현재 시스템이 침입을 받고 있는 상태로 가정한다. 각 이상 측정의 신뢰성과 민감성의 측정값 A_i는 다음에 의해 결정된다.

$$p(A_i = 1 | H)$$

그리고

$$p(A_i = 1|/H)$$

H의 신뢰성은 다음과 같다.

$$p(H|A_1, A_2, \ldots, A_n) = p(A_1, A_2, \ldots, A_n|H) \times \frac{p(H)}{p(A_1, A_2, \ldots, A_n)}$$

이는 H와 $/H$상 조건화된 일련의 측정의 공동 확률 분포를 필요로 한다.

Lunt 외(1992)에서 공분산 행렬은 측정값 간의 상호 관계를 설명하는 데 사용된다. 측정값 A_1, A_2,..., A_n가 벡터 A로 표시되면, 복합 이상 측정값은 각 이상 측정값 쌍의 A_i와 A_j 사이의 의존도를 나타내는 공분산 행렬인 C에 의해 결정된다.

$$A^T C^{-1} A$$

침입 탐지의 선행하는 방법론은 침입 탐지 문제, 침입 탐지 수행의 프로세스 그리고 탐지된 발생 가능한 사고를 막기 위한 시도에 의해 확장됐다. 따라서 문제는 가능한 사고 식별, 사고에 대한 정보 로깅, 중지 시도, 보안 관리자에게 보고 및 기존 위협 문서화에 주로 초점을 맞춘 침입 감지 및 방지 시스템을 도입하는 것이다. 이로 인해 침입 탐지 및 차단은 거의 모든 중요 시스템의 보안 인프라에 필요한 문제가 됐다. 침입 탐지 및 차단 시스템IDPS, Intrusion Detection and Prevention System 기술의 유형은 표 6.13에 나와 있는 것처럼 모니터링하는 이벤트 유형과 배치 방식에 따라 구분할 수 있다.

중요한 구성 요소, 시스템 구성, 취약성 등의 민감한 정보에 접근하려는 사이버 공격자들에 의해 대상이 되기 때문에 자동차 중요 구성 요소를 보호하는 것은 매우 중요한 목표다. 그러므로 분리된 네트워크 구성 요소상에서 물리적 또는 논리적으로 데이터를 전송하기 위한 암호화 및 기타 작업과 같은 특정 보호 작업이 특히 중요하다. 여기에는 구성 요소가 원하는 대로 작동하는지 확인하고, 구성 요소에서 보안 문제를 모니터링하고, 정기적으로 취약성 평가를 수행하고, 취약성에 적절하게 대응하고, 침입 감지 및 방지 시스템 업데이트를 테스트하고 배포하는 것이 포함된다. 리소스 제약은 다음을 위해 전문적인 요구 사항들을 정의해 고려돼야 한다.

- 생명주기 비용: 생명주기 개념은 운영 조건을 만족하기 위해 요구되는 기능의 달성 맥락에서 반드시 만들어져야 하는 초기 유지 비용
- 관리: 소프트웨어 업데이트, 교육, 문서화 및 기술 지원을 포함한 운영 및 유지 관리뿐만 아니라 신뢰성, 상호 운용성, 확장성 및 제품 보안 요구 사항의 설계 및 구현
- 성능: 침입 감지 및 방지의 최대 용량 및 성능 기능
- 보안 기능: 정보 수집, 로깅, 탐지 및 침입 방지

6.4.2 침입 차단

침입 차단 기술은 침입 탐지 기술과 차별화되며 차별화된 특성으로는 IPS^{Intrusion Prevention System} 기술은 탐지된 위협이 성공하는 것을 예방하기 위한 대응을 한다는 것이다. 침입 차단을 위한 여러 가지 대응 기술이 사용되며 다음 그룹으로 나눌 수 있다(Scarfone과 Mell 2007).

- IPS가 침입 공격 자체 차단: 이 방식이 어떻게 수행되는지 다음의 예가 있다.
  - 공격하는 사용자 계정, IP 주소 또는 기타 침입 공격자 속성으로부터 대상 또는 기타 가능한 대상에 대한 접근을 차단한다.
  - 대상 시스템, 서비스, 응용프로그램 또는 기타 리소스에 대한 모든 접근을 차단한다.
  - 침입 공격에 사용되는 네트워크 연결 또는 사용자 세션을 종료한다.
- IPS가 보안 환경을 변경: IPS는 침입 공격을 방해하기 위해 다른 보안 제어의 구성을 변경할 수 있다. 일반적인 예는 다음과 같다.
  - IPS가 시스템에 취약점이 있음을 감지하면 호스트에 패치가 적용되도록 한다.
  - 네트워크 장치(예: 방화벽, 라우터, 스위치)를 재구성해 침입 공격자 또는 대상에 대한 접근을 차단하고 대상에서 시스템 기반 방화벽을 변경해 들어오는 공격을 차단한다.
- IPS가 침입 공격의 내용을 변경: 일부 IPS 기술은 침입 공격의 악의적인 부분을 제거하거나 대체해 무해하게 만들 수 있다.
  - 간단한 예는 이메일에서 감염된 첨부 파일을 제거한 다음 해당 이메일이 수신자에게 전달되는 것을 허용하는 IPS이다.

○ 더 복잡한 예는 프록시 역할을 하고 들어오는 요청을 일반화하는 IPS
이며, 이는 프록시가 요청의 페이로드를 다시 패키징하고 헤더 정보
를 삭제한다. 이로 인해 특정 침입 공격이 일반화 프로세스의 일부로
삭제될 수 있다.

표 6.13 침입 탐지 및 방지 시스템 유형

IDPS 유형	특징
호스트 기반	단일 호스트의 특징 및 호스트 내 발생하는 의심스러운 활동 이벤트 모니터링
네트워크 기반	의심스러운 활동 식별을 위해 특정 네트워크 영역 또는 디바이스를 모니터링하며 네트워크와 애플리케이션 프로토콜 활동을 분석한다.
네트워크 행위 분석	분산 서비스 거부 공격(DDoS), 악성 코드 형태 그리고 정책 위반(예: 클라이언트 시스템이 다른 시스템에 제공하는 네트워크 서비스)과 같은 일반적이지 않은 트래픽 흐름을 발생하는 위협 식별을 위한 네트워크 트래픽 검사
무선	무선 네트워크 프로토콜 자체를 포함해 의심스러운 활동을 식별하기 위해 무선 네트워크 트래픽 모니터링 및 분석

잠재적인 차량 사이버 범죄 침입 공격과 관련해 WLAN 기술은 침입 차단 시스템과 함께 사용함에 있어 가장 중요한 기술이다. 대부분의 WLAN은 IEEE 802.11 제품군의 WLAN 표준을 사용한다. IEEE 802.11 WLAN에는 두 가지 기본 아키텍처 구성 요소가 있다(그림 6.27 참조).

- 일반적으로 시스템의 유선 인프라인 분배 시스템과 스테이션STATION을 논리적으로 연결하는 액세스 포인트ACCESS POINT
- 무선 종단 장치인 스테이션

일부 WLAN은 액세스 포인트와 분산 시스템 사이의 중개자 역할을 하는 장치인 무선 스위치도 사용한다. 스위치의 목적은 WLAN 인프라 관리를 지원하는 것이다. 무선 스위치가 없는 WLAN에서 ACCESS POINT는 분산 시스템에 직접 연결된다. IEEE 802.11 표준은 다음 두 가지 WLAN 아키텍처도 정의한다.

- 애드훅 모드Ad Hoc Mode: 두 개 이상의 스테이션이 서로 직접 통신하는 액세스 포인트를 사용하지 않는 피어 투 피어Peer-to-peer 모드다.
- 인프라 모드Infrastructure Mode: 액세스 포인트는 일반적으로 분산된 무선 네트워크 시스템에 무선 스테이션을 연결하는 액세스 포인트다.

WLAN의 각 액세스 포인트 및 스테이션은 무선 네트워크 인터페이스 카드에 할당된 고유한 48비트 값인 MACMedia Access Control 주소로 식별할 수 있다.

446

일부 무선 침입 탐지 및 방지 기술은 상태가 좋지 않거나 잘못 구성된 스테이션과 승인된 액세스 포인트 사이 또는 승인된 스테이션과 상태가 좋지 않거나 잘못 구성된 액세스 포인트 사이의 연결을 종료한다. 이는 일반적으로 엔드포인트에 메시지를 보내고 현재 세션의 연결을 끊도록 지시함으로써 수행된다. 그런 다음 IPS는 새로운 연결 설정을 거부한다. 대부분의 IPS는 각 경고 유형에 대한 방지 기능 구성을 지정할 수 있다. 여기에는 일반적으로 방지 활성화 또는 비활성화와 사용해야 할 방지 기능 유형의 구체화가 포함된다. 다른 것들은 모든 차단 조치를 억제하고 대신에 차단 조치가 수행됐을 때를 나타내는 학습 또는 시뮬레이션 모드를 가지고 있다. 이를 통해 차단을 활성화하기 전 차단을 기능의 구성을 모니터링하고 미세 조정할 수 있으므로 무해한 활동에 대한 차단 조치를 수행할 위험은 줄어든다.

따라서 침입 차단의 주요 임무는 공격을 탐지하고 이를 차단해 CPS를 방어하는 것이다. 적대적 공격을 탐지하는 것은 적절한 조치의 수와 유형에 의존적이며, 이는 국가 취약성 데이터베이스^{NVD, National Vulnerability Database}, 미국 정부의 표준 기반 취약성 관리 데이터 저장소 또는 보안 취약점과 노출에 대해 공개된 정보 사전인 CVE 데이터베이스에서 얻을 수 있다. 공개적으로 알려진 정보 보안 취약성 및 노출 이 두 데이터베이스는 미국 국토안보부/미국 사이버 보안 및 통신 기관/컴퓨터 긴급 대응 팀의 후원을 받고 있으며 현재 보안 위협 환경의 심각도를 이해하는 데 도움이 된다(6.1.1절 참조). 따라서 침입 차단에는 공격 대상 차량에 심각한 문제를 야기하는 네트워크, 장치 및 애플리케이션 취약성을 찾아 악용하는 공격자가 있기 때문에 위협에 대한 철저한 조사가 필요하다. 그러므로 침입 탐지 및 차단 전략은 자동차 제조사, OEM 그리고 공급업체에게 중요한 문제가 되고 있다.

IDPS의 주요 활동은 그림 6.24에 요약돼 있다. 사이버 공격이 의심되면 가능한 공격에 대한 경보 목록이 생성되고 침입자가 공격하려는 구성 요소 또는 하위 시스템이 잠긴다(Landrum 외 2014). 그림 6.24에서 볼 수 있듯이 전처리는 로우 데이터에 대해 수행되는 처리를 설명하며 이 데이터를 침입 탐지를 위해 더욱 쉽고 효과적으로 처리할 수 있는 형식으로 변환한다. 전처리에 사용되는 다양한 도구와 방법이 있다. 그중 하나는 침입과 같은 특정 상황에서 중요한 특정 데이터를 추출하는 특징 추출^{feature extraction}이다. 그림 6.24에서 보여지는 룰셋에는 3가지 구성 요소가 있다.

- 룰셋
- 데이터베이스
- 룰 인터프리터

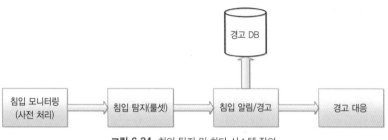

그림 6.24 침입 탐지 및 차단 시스템 작업

룰은 순서가 지정돼 기호 문자열의 쌍으로 정의할 수 있다. 룰셋에는 미리 결정된 전체 순서가 있다. 데이터베이스는 침입 관련 패턴의 모음이다. 인터프리터는 데이터베이스의 침입 관련 패턴과 성공적으로 일치할 수 있는 룰을 찾을 때까지 각 룰의 순서가 지정된 패턴 문자열 쌍을 스캔하며 동작한다.

침입이 확인되면 그림 6.24에 표시된 침입 방지 시스템의 알림 기능은 식별된 침입 계획을 캡슐화하는 운영 루틴으로 경보 대응을 시작한다. 따라서 그림 6.24에 나타낸 침입 방지 아키텍처는 그림 6.25에 나타낸 것과 같이 공격 지점과 중요한 시스템 사이의 정보 흐름을 제어하는 핵심 요소다.

앞서 말한 것 외에도 알 수 없는 취약점을 탐지하고 차단하는 것을 설명하는 그림 6.26에 표시된 IDPSA 아키텍처 체계는 인공 신경망을 통해 그림 6.24의 룰셋 기반 접근 방식을 확장하는 작업이다. 이 접근 방식을 실행하려면 다시 데이터 수집 및 사전 처리가 필요하다. 즉, 들어오는 모든 데이터가 수집, 변환 및 표준 엔터티로 정규화돼야 한다. 이후 이 데이터에서 특징 추출은 특징 엔터티가 차량 간에 전송되는 패킷 수, 패킷 전송 지연, 손실된 패킷 수 등에 대한 성능 평가와 같이 사용될 수 있는 정보의 개체인 경우에 필요하다. 다른 기본 특징은 전송된 패킷의 헤더에 있는 정보가 될 수 있다. 예를 들면 다음과 같다.

- IP 주소
- 페이로드 크기 및 유형
- 포트
- 소스 및 대상 MAC
- TTL^Time To Live

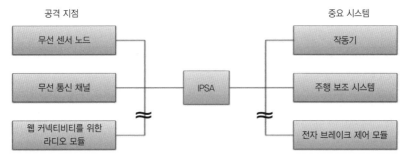

그림 6.25 침입 차단 시스템 아키텍처(IPSA)는 차량 사이버 물리 시스템의 공격 지점과 중요한 시스템 사이에 있다.

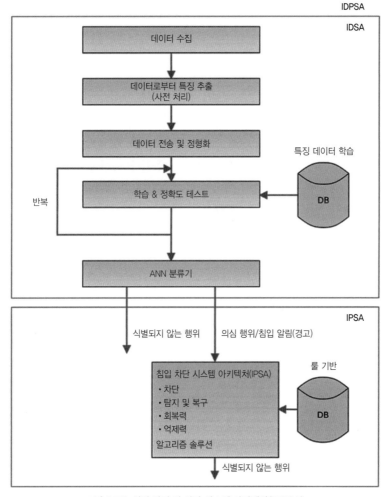

그림 6.26 침입 탐지 및 차단 시스템 아키텍처(IDPSA)

인공 신경망의 유형은 다음의 중요한 단계다. IDSA에서는 분류를 위해 사용되는 기능의 수만큼의 많은 뉴런과 적은 수의 뉴런과 최종 출력 계층과 같이 2개의 숨겨진 계층으로 구성된 FFNN^{Feed Forward Neural Network} 유형이 사용된다. FFNN에는 특정 기능을 기반으로 한 훈련이 필요하다. FFNN을 훈련시킨 후 단계는 IDSA의 탐지율과 오탐 경보율의 정확도를 설명하는 성능 메트릭스를 기반으로 정상 및 비정상 동작에 할당된 기능을 사용해 자체 테스트하는 것이다. 정확도는 전체 테스트 데이터 세트에 대한 올바른 분류의 비율로 계산된다. 탐지율은 총 공격 수에 대한 정확한 탐지 수의 비율이다. 이러한 맥락에서 통계 기반 임곗값 접근 방식을 사용해 비정상 또는 예외적인 행위를 받을 수 있다.

Karim 및 Proha(2014)에 보고된 바와 같이 테스트 중인 시스템에서 악성 에이전트의 존재를 식별하기 위해 프로그램 코드의 패턴 및 서명과 프로그램 실행 동작을 분석하는 데 다양한 정적, 동적 및 하이브리드 솔루션을 사용할 수 있으며 이를 통해 악성 에이전트를 비활성화하는 데 도움을 준다. 중요한 작업에 사용되는 실시간 CPS에서는 정적 타이밍 분석을 통해 침입을 탐지할 수 있다.

Zimmer 외(2010)에서 실시간 CPS 환경에서 비인가된 명령의 실행을 탐지하는 시간 기반 침입 탐지를 위한 세 가지 메커니즘을 설명해놨다. 이러한 침입 탐지는 정적 타이밍 분석에서 얻은 정보를 활용한다. 실시간 CPS의 경우 코드 섹션 내 스케줄링 가능성 분석 이전 이미 결정된 시간 경계를 이용할 수 있다. Zimmer 외(2010) 문서는 애플리케이션 코드의 여러 세분화 수준에 대해 마이크로 타이밍을 제공하는 방법을 보여준다. 이러한 마이크로 타이밍의 경계 검사를 통해 (i) 애플리케이션의 자체 검사 방식 (ii) 실시간 CPS 영역 내 새로운 기여를 하는 운영체제 스케줄러^{OSS}를 통해 침입을 감지하는 기술을 개발했다.

또 다른 옵션은 오늘날 차량에서 발견되는 복잡한 소프트웨어 시스템이 공격에 취약하기 때문에 안정성과 복원력을 테스트하는 것이다. 자동차 제조업체와 OEM은 안정적이고 복원력 있는 시스템을 보장하기 위해 차량 보안을 전반적으로 평가해야 한다. 안정성과 복원력을 테스트하기 위해 몇 가지 방법론이 사용된다.

- 기능 및 성능 테스트: 유효한 트래픽 및 사이버 공격 조건에서 보안 구성 요소를 검증한다.
- 장애 테스트: 통신 장애 시 성능을 검증한다. 일반적으로 지연, 누락 또는 오류가 있는 패킷에 사용된다.

- 복원력 테스트: 센서 고장, 작동기 고장 등과 같은 성능 저하 또는 고장 조건에서 작동을 검증한다.
- 스트레스 테스트: 시스템 또는 구성 요소의 작동 방식을 관찰하기 위해 정상 작동 용량을 초과하는 시스템 또는 구성 요소를 검증한다.

테스트와 관련해 또 다른 중요한 전략은 보안 침투 테스트^{SPT, Security Penetration Test}다. 이 테스트는 체계적인 방법론을 기반으로 정의된 대상 환경의 IT 시스템 약점을 식별하는 것을 목표로 한다. SPT를 구현할 때 실제 공격자도 사용하는 동일한 기술, 도구 및 전문 지식이 사용된다. 따라서 실제 공격 시나리오를 제시하기 위해 자동화 및 수동 테스트 과정을 사용하는 숙련된 침투 테스터가 필요하다. 기술적 분석 외에도 사회공학 수준의 공격은 SPT의 일부이며 정보 유포와 비인가된 애플리케이션의 의식적 또는 무의식적 사용과 관련해 회사 직원의 보안 인식을 테스트할 수 있다. 대상 물체, 차량에 따라 다음과 같은 SPT 전략을 TechTarget network.de에 의해 설명된 것처럼 구분할 수 있다.

- 외부 침투 전략: 외부 테스트는 네트워크 공격을 수행한다. 사용되는 방법은 공격 대상 차량 외부에서 즉, 인터넷을 통해 수행된다. 이 테스트는 취약한 기술 환경에 대한 지식이 없거나 완벽히 알고 있을 때 수행될 수 있다. 일반적으로 차량, 그와 연결된 네트워크 범위 등에 대한 공개 정보로 시작된다.
- 내부 침투 테스트 전략: 내부 테스트는 취약한 기술 환경 내에서 수행된다. 침투 테스트는 내부 네트워크에 대한 공격을 시뮬레이션한다. 여기서 초점은 네트워크에 성공적으로 침투하면 어떤 일이 발생할 수 있는지 또는 권한이 있는 사용자가 변조된 네트워크의 특정 정보 리소스를 캡처하기 위해 무엇을 할 수 있는지 이해하는 것이다. 한 가지 중요한 공격은 내부 침투 테스트에서 상당히 널리 사용되는 스니핑이다. 스니퍼 또는 컴퓨터는 무차별 모드^{promiscuous mode}에서 네트워크에 직접 연결돼 상당한 양의 정보를 수집할 수 있다. 스니핑을 위해 Wireshark(이전 Ethereal), Microsoft Message Analyzer(Netmon의 후속 제품) 또는 Viavi Observer Analyzer와 같은 다양한 무료 및 상용 도구를 사용할 수 있다.

- 블라인드 테스트 전략: 블라인드 테스트에서는 실제 해커의 행동과 절차를 시뮬레이션한다. 실제 해커 공격처럼 테스트 팀은 침투 테스트를 수행하기 전에 차량에 대한 정보가 제한적이거나 전혀 없다. 침투 테스트 팀은 공개된 데이터를 사용해 대상에 대한 정보를 수집하고 침투 테스트를 수행한다. 이러한 블라인드 테스트는 잘 알려지지 않을 대상에 대한 많은 정보를 제공한다. 이러한 유형의 침투 테스트는 추가적인 인터넷 접근 포인트, 직접적으로 연결된 네트워크 그리고 공개적으로 사용 가능한 기밀/보호된 정보와 같은 문제를 야기할 수 있다. 그러나 블라인드 테스트는 대상 조사를 위한 테스트 팀의 노력이 더 많기 때문에 시간과 비용이 더 많이 소요된다.
- 이중 블라인드 테스트 전략: 이중 블라인드 테스트는 보안 모니터링 및 보안 사고 식별은 물론 목표 대상의 상위 보고와 대응 절차를 확인할 수 있으므로 중요한 테스트 구성 요소다.
- 표적화된 테스트 전략: 때때로 "lights-turned-on" 접근 방식이라고 하는 표적화된 또는 체계적인 테스트의 경우 침투 테스트 팀이 테스트에 참여한다. 테스트 활동과 대상 및 네트워크 설계에 관한 정보는 일반적으로 알려져 있다. 대상 침투 테스트는 테스트의 목표가 목표 대상의 사고 대응 및 기타 작업 흐름이 아닌 네트워크의 기술적 측면이나 설계에 더 중점을 두는 경우 더 효율적이고 비용 효과적일 수 있다. 블라인드 테스트와 대조적으로 체계적인 테스트는 더 적은 시간과 노력으로 수행할 수 있다. 유일한 차이점은 목표 대상의 취약성과 반응성에 대한 완전한 그림을 제공하지 못할 수 있다는 것이다.

앞서 언급한 방법 외에도 소위 "클라우드"를 나타내는 네트워크로 연결된 많은 분산 컴퓨팅 리소스를 사용해 연결된 차량 요구 사항과 관련된 필수 차량 애플리케이션을 제공할 수 있다. 따라서 커넥티드카에서 클라우드는 차량 생태계에 있는 문제를 해결해 현재 비즈니스의 가치를 높이고 새로운 서드파티가 클라우드에 참여하도록 유도한다(6.5.4절 참조).

또한 차량 소유자는 다른 장치에서 원격으로 차량에 연결할 수 있으며, 아쉽게도 이는 사이버 공격을 위한 새로운 침입 포인트를 여는 문이 될 것이다.

6.5 기능 안전 및 보안

오늘날 자동차 시스템의 복잡성과 네트워킹이 증가함에 따라 기능 안전 및 보안의 중요성이 증가한다. 안전 및 보안 문제는 대부분 별도로 처리됐다.

안전 시스템은 다른 시스템과 완전히 분리돼 설정 및 운영되며, 다른 시스템과 연결할 때 물리적으로 분리된 자체 시스템 및 게이트웨이를 갖는다. 기능적 안전을 위해 반응이 없는 것을 요구하며 이는 입증돼야 하고 일반적으로 안전 시스템에 대한 읽기 전용 접근으로 제한된다.

인터넷을 통한 원격 접근과 같은 추세로 이러한 분리를 재고하고 공동 사용을 안전하게 허용하는 시스템에 대한 개념을 수립해야 한다. 이는 기능 안전 관련 동작의 올바른 실행을 보장하는 보안 조치를 탑재함으로써 달성할 수 있다. 이를 위해서는 통신 시스템이 한편으로는 안전에 필요한 리소스를 올바르게 활용하고 다른 한편으로는 접근 권한 또는 인증과 같은 각 서비스를 다른 애플리케이션에 제공하는 유연한 프레임워크를 제공해야 한다.

단일 통신 네트워크 내에서 안전에 중요한 보안 관련 표준 작업을 통합한 중복성을 활용하면 비용 효율적인 솔루션이 가능하다. 따라서 이러한 추세는 고립된 네트워크 구조를 깨뜨려 안전 및 보안과 관련된 새로운 위험과 위협을 가능하게 하며, 자동차 시스템의 안전 및 보안 조치에 대한 새로운 과제를 만들어낸다.

6.5.1 무선 모바일 네트워크를 위한 보안

앞서 언급했듯이 무선 기술은 통신 네트워킹 및 서비스에 상당한 변화를 가져오고 있다. 공유 매개체, 제한된 리소스 및 동적 토폴로지와 같은 고유한 기능으로 인해 무선 애드혹 네트워크는 다양한 잠재적 공격에 취약하다. 그러나 유선 네트워크에 사용되는 일반적인 보안 조치는 복잡한 공격으로부터 네트워크 노드를 보호하기에 충분하지 않다. 따라서 새로운 방어선인 침입 탐지 접근 방식이 추가됐다. 이 절에서는 보안 문제와 함께 무선 모바일 네트워크를 소개한다. 무선 네트워크의 가장 분명한 특징은 통신이 일반적으로 라디오 채널인 무선 채널을 통해 발생한다는 것이다. 이러한 채널에는 다음과 같은 여러 가지 취약점으로부터 공격을 받는다.

- 주소^{address} 스푸핑: 네트워크 노드가 다른 노드의 주소를 사용해 합법적으로 인증된 사용자에게 부여되는 권한을 악용하는 시나리오다. WLAN에서는 네트워크 인터페이스의 MAC 주소를 변경해 이를 수행할 수 있다.

- 도청: 적절한 위치에 안테나를 배치하면 사이버 공격자는 승인된 사용자가 전송하거나 수신하는 정보를 엿들을 수 있다. 도청은 종종 공격, 특히 수동적 공격을 수행하는 데 사용된다.

- 위치 추적: 이동통신 네트워크 또는 네트워크 센서를 이용해 발생된 통화를 추적한다.

- 중간 접근 제어: WLAN 대역폭의 공정한 공유 이상을 얻기 위한 시도로 MAC 프로토콜의 규칙을 따른다.

- 무단 전송: 위조되거나 재생된 프레임을 주입한다. 공격 목표는 WLAN에 불법적으로 연결하는 것이 될 수 있다.

패시브 공격^{Passive Attack}은 통신 네트워크를 도청하고 네트워크와 상호작용 없이 캡처된 데이터를 분석하는 것으로 구성된다. 이러한 사이버 물리적 공격은 WEP의 취약점으로 설명될 수 있다. WEP는 보안 프로토콜로 IEEE Wi-Fi 표준 802.11b에 명시돼 LAN에서 예상될 수 있는 수준의 보안과 프라이버시와 함께 WLAN을 제공하도록 설계됐다. WEP는 WLAN을 통해 전송되는 데이터를 암호화해 악의적인 행위로부터 보호함으로써 유선 네트워크의 물리적 보안 조치와 유사한 보호를 수립한다. 보호되지 않는 WLAN의 경우 사이버 공격자는 네트워크에 연결하기 위해 어떤 장치에도 물리적으로 액세스할 필요가 없다. 따라서 WEP는 의도적으로 다음과 같은 이유로 WLAN 공격의 난이도를 높임으로 이 간단한 접근을 어려운 어렵게 만들게 한다.

- 무선 통신의 방송 특성, 무선 송신에 대한 도청은 단순하기 때문에 이는 암호화된 메시지에 의해 예방할 수 있다. 암호화 기술에는 스트림 암호와 블록 암호의 두 가지 주요 형태가 있다.

- 네트워크 액세스 포인트에 대한 물리적 접근이 필요하지 않은 WLAN에 연결로 어떤 장치라도 WLAN이 제공하는 서비스를 불법적으로 사용하려고 시도할 수 있으며, 이는 WLAN과의 연결을 허용하기 전에 모바일 STA의 인증에 의해 예방될 수 있다.

STA 인증은 간단한 도전-응답^{challenge-response} 프로토콜을 기반으로 한다. 인증되면 암호화된 메시지를 통해 액세스 포인트와 STA 통신을 한다. 암호화에 사용되는 키는 인증에 사용되는 키와 동일하다. WEP가 지정한 암호화 알고리즘은 RC4^{four-line stream cipherRivest Cipher}를 기반으로 한다. 스트림 암호는 짧은 시크릿 시드 값에서 긴 유사난수 바이트 시퀀스를 생성한다. 이 유사난수 시퀀스는 XOR 연산을 이용해 암호화된 메시지를 생성하기 위해 일반 텍스트 메시지와 연산된다. WEP도 같은 방식으로 작동한다. 메시지 M의 송신자는 비밀키로 RC4 알고리즘을 초기화하며, M과 XOR 연산을 통해 RC4에 의해 생성된 유사난수 시퀀스 K를 논리적으로 연계한다. 암호화된 메시지 $M \oplus K$의 수신자는 동일한 비밀키를 사용해 동일한 유사난수 시퀀스 K를 생성하는 RC4 알고리즘을 초기화하며, 여기서 K는 XOR 연산을 통해 암호화된 메시지로부터 다음과 같은 메시지를 얻는다.

$$(M \oplus K) \oplus K = M$$

Butayán과 Hubaux(2007)에서 언급했듯이, 이 설명은 충분할 정도로 상세하지 않다. 메시지를 암호화할 때 WEP의 처리하는 것보다 고려해야 할 것이 더 많다. 암호화가 적절하다면 모든 메시지가 동일한 유사난수 시퀀스 K로 암호화된다는 것을 알 수 있다.

사이버 공격자가 $M_1 \oplus K$와 $M_2 \oplus K$라는 2개의 암호화된 메시지를 도청하고 있다고 가정해보자. 이 두 메시지의 XOR 작동과 관련해,

$$(M_1 \oplus K) \oplus (M_2 \oplus K) = M_1 \oplus M_2$$

우리는 하나의 메시지가 다른 메시지로 암호화되는 것과 동일한 것을 수신하지만 평문 메시지가 유사난수 시퀀스는 아니다. 따라서 $M_1 \oplus M_2$는 약한 암호화로, 사이버 공격자는 평문 메시지의 통계적 특성을 이용해 그것을 깨뜨릴 수 있을 것으로 보인다.

이러한 문제를 해결하기 위해 Butayán과 Hubaux(2007)에서 설명된 바와 같이 WEP는 모든 메세지에 IV가 변경되도록 RC4 알고리즘 초기화 전 비밀키에 IV^{initialization vector}를 추가한다. 이것은 RC4 알고리즘이 모든 메시지에 대해 서로 다른 유사난수를 생성하도록 보장한다. 또한 수신자는 IV가 수신한 메시지를 복호화할 수 있다는 것을 알아야 한다. 이 때문에 IV는 암호화된 메시지와 함께 평문 메시지로 전송된다. 그림 6.27은 Butayán과 Hubaux(2007)의 WEP

암호화 및 암호 해독 절차를 보여준다.

그림 6.27부터 암호화 전에 송신자가 평문 메시지에 무결성 검사 값^{ICV}을 추가하는 것도 알 수 있다. 이 값의 목적은 수신자가 사이버 공격자에 의한 메시지의 악의적인 수정을 탐지할 수 있도록 하는 것이다. WEP의 경우 ICV는 명확한 메시지를 위해 계산된 CRC 값이다. 공격자가 수정된 메시지에 대한 새로운 CRC 값을 계산할 수 있기 때문에 CRC 값만으로는 악의적인 수정 사항의 탐지가 가능하지 않으므로 CRC 값도 WEP에서 암호화된다. 이에 대한 근거는 눈에 띄지 않게 메시지를 수정하기 위해서는 사이버 공격자가 이제 새로운 CRC 값을 암호화해야 하지만 비밀키를 모르면 이를 수행할 수 없다는 것이다(Butayán 과 Hubaux 2007).

또한 그림 6.28에서 나타나 있듯이 WEP는 4개의 메시지 교환을 위해 각각 교환하는 키의 소유를 입증하기 위해 STATAION이 ACCESS POINT에 제공해야만 하는 장치 수준 인증 메커니즘을 포함하고 있다.

STATION이 요청을 한다. 그림 6.28에 표시된 ACCESS POINT는 128비트 무작위 값과 같은 도전^{Challenge}을 보낸다. STATE는 WEP 스트림 암호로 암호화된 128비트 무작위 값과 같은 응답을 전송한다. ACCESS POINT는 응답을 복호화한다. 암호 해독된 응답이 원래 시도 값과 일치하면 인증 성공 응답이 STATION으로 전달된다. WEP 인증은 일방향이다. 즉, ACCESS POINT는 STATION에 의해 인증되지 않는다(Das 외 2012). 인증 단계가 완료된 후에는 후속 트래픽은 인증하지 않는다. 따라서 프로토콜은 인증 스푸핑 공격에 취약하다. 사이버 공격자는 가로챈 도전 값과 해당하는 응답에 대해 XOR 연산을 이용해 키를 얻을 수 있다. 키 스트림은 사이버 공격자가 새로운 도전에 대한 적절한 응답을 만들기 위해 사용할 수 있다(Housley와 Arbaugh 2003).

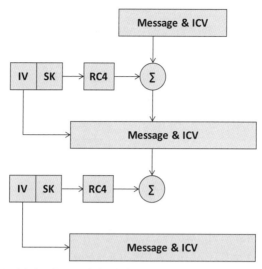

그림 6.27 SK를 비밀키로 한 WEP의 암호화 및 암호 해독, 이후 수정(Butayán과 Hubaux 2007)

그림 6.28 WEP 인증

6.5.2 센서 네트워크 보안

최근 기술적 진보는 무선 연결을 통해 단거리상 통신하는 많은 수의 기능적 센서를 구성해 무선 센서 네트워크를 전개를 가능하게 했다(Akyildiz 외 2002). 센서 네트워크에 요구되는 기능은 연구자가 센서 네트워크의 다양한 응용을 지원하는 프로토콜과 알고리즘 개발을 하도록 동기를 부여하고 있다. 자동차 영역에서 센서 네트워크의 일반적인 사용은 사이버 물리 시스템 혹은 구성 요소를 감지하고 모니터링하는 것이다. 무선 센서 네트워크의 사용을 위한 2가지 접근 제어 방식은 다음과 같다.

- 단일 접근 체계: 주로 한 번에 하나의 센서 노드에 접근하는 데 사용된다. 사용자는 기지국을 통하지 않고 네트워크의 모든 센서 노드에 있는 데이터에 직접 액세스할 수 있으며, 센서 노드는 인증된 사용자만 접근할 수 있도록 데이터를 보호할 수 있다.
- 다중 접근 체계: 사용자가 단일 쿼리를 통해 여러 센서 노드의 데이터에 접근할 수 있는 추가 기능을 달성하기 위해 공개키 암호화를 적용한다.

이를 통해 센서 네트워크에서는 Das 외(2012)에서의 두 가지 공격 형태를 구분할 수 있다.

- 통신상 공격: 사이버 공격자는 무선 채널을 재밍jamming하고 네트워크 작동을 비활성화해 서비스 거부 공격을 쉽게 수행할 수 있다. 이 공격은 침입하기 쉽고 모든 센서 네트워크의 프로토콜에 공통적이다.
- 센서 노드 및 사용자에 대한 공격: 센서 노드가 손상되면 사이버 공격자가 이를 완전히 제어하게 된다. 공격자는 손상된 센서 노드에 저장된 키와 모든 센서 데이터를 학습할 수 있다.

센서 노드가 포함하는 일반적인 보안 문제는 다음과 같다.

- 거짓 노드: 침입자가 센서 네트워크에 거짓 데이터를 주입하거나 실제 데이터의 전달을 막는 노드를 삽입할 수 있다. 이러한 문제는 분산 네트워크 시스템과 애드혹 네트워크에서도 발생하는 것으로 알려져 있다.
- 기존 센서 네트워크에 합법적인 노드 추가: 센서 노드를 교체해야 하거나 다른 센서 노드를 기존 센서 네트워크에 추가해야 하는 경우 새로운 센서 노드를 기존 센서 네트워크에 안전하게 통합하는 것이 문제다.
- 수동적 정보 수집: 센서 간 또는 센서와 기지국 간의 통신이 평문이라면 적절하게 강력한 수신기와 안테나를 가진 침입자가 데이터 스트림을 쉽게 수신할 수 있다. 중요한 정보가 암호화된 경우 손상된 센서 노드에서 어떤 암호화 방식을 사용했는지 아는 것이 중요하다.
- 노드의 하위 버전: 특정 센서가 침입자가 얻을 수 있는 키와 같은 저장된 정보를 캡처할 수도 있다. 센서 노드가 손상된 경우 문제는 센서 네트워크에서 해당 센서 노드와 해당 센서 노드만을 어떻게 제외시킬 것인가이다.

또한 센서 네트워크 보안에는 다른 네트워크에는 없는 몇 가지 고유한 기능이 있다. 예를 들어 센서 노드는 메모리 공간이 제한돼 있어 메모리에 저장할 수 있는 키의 수와 비대칭 암호화 알고리즘을 위한 값들이 제한적이다. 더 나아가 센서 노드에는 이동성이 있고 센서 네트워크 토폴로지가 자주 변경될 수 있기 때문에 정적 구성으로 된 보안 솔루션은 애드훅 센서 네트워크에 적합하지 않을 수 있다. 센서 노드는 인접 노드가 고정돼 있지 않기 때문에 가능한 침입을 지속적으로 감지해야 한다. 마찬가지로 이동성이 있는 악성 노드는 센서 네트워크에서 로밍해 네트워크의 다른 부분을 공격할 수 있다(Xiao 2006).

그러나 기존 유선 네트워크용으로 고안된 암호화-복호화 기술은 무선 네트워크에 직접 적용할 수 없다. 특히 무선 센서 네트워크[WSN]가 그렇다. 어떤 암호화 체계를 사용하려면 추가 비트 전송이 필요하므로 센서 노드에 중요한 리소스인 추가적 프로세싱, 메모리 및 전력이 필요하다. 암호화와 같은 보안 메커니즘을 적용하면 WSN의 지연, 불안정 및 패킷 손실도 증가할 수도 있다(Saleh와 Khatib 2005). 또한 WSN에 암호화 체계를 적용할 때 다음과 같이 키에 대한 몇 가지 중요한 문제가 발생한다.

- 네트워크에 추가된 새로운 센서에 키를 어떻게 할당할 것인가.
- 어떻게 키를 생성하고 전파할 것인가.
- 어떻게 키를 관리할 것인가.
- 네트워크에 대한 강력한 보안을 보장하기 위해 어떻게 키를 갱신할 것인가.
- 어떻게 키를 폐기할 것인가.

센서 노드와의 최소한의 사람 또는 사람의 상호작용이 없는 것이 WSN의 기본 기능이므로 사전 저장된 키 또는 내장된 키를 채택하는 것이 효율적인 해결 방안은 아니기 때문에 키를 수시로 변경하는 방법은 암호화에 중요한 문제다 (Pathan 외 2006).

Avancha(2005)에 보고된 전반적인 접근 방식은 변화하는 환경 조건에서 보안, 수명 및 연결과 관련해 WSN의 성능을 개선하는 것을 목표로 한다. 보안에 대한 전반적인 접근 방식은 그림 6.29에 표시된 것처럼 네트워크의 전체 보안을 보장하기 위해 모든 WSN 계층을 포함해 고려해야 한다.

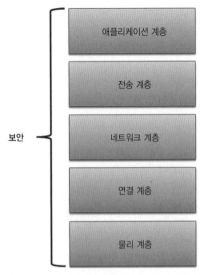

그림 6.29 무선 센서 네트워크 내 보안의 전반적인 관점

　이러한 네트워크에서 단일 계층에서 단일 보안 솔루션을 사용하는 것은 전반적인 접근 방식을 적용하는 게 최선의 선택이 될 수 있는 곳에서 효율적인 솔루션이 아닐 수도 있다. 전반적인 접근 방식에는 프로토콜 스택의 모든 계층에 대해 보안이 보장돼야 하는 것과 같은 몇 가지 기본 원칙이 있다. 센서에 대한 물리적 보안이 보장되지 않는 경우, 네트워크의 일부 센서가 손상, 고장 또는 공격자에 의해 캡처될 수 있을 시 보안 조치에 의해 반드시 정상적 성능 저하를 알릴 수 있어야만 한다. 분산된 방식으로 작동하도록 보안 조치를 개발해야 한다. 센서가 물리적 계층에서 캡처되거나 방해받는 사례와 같이 모든 보안 계층에 대해 보안을 고려하지 않는 경우, 다른 계층에서 작동하는 몇 가지 효율적인 보안 메커니즘이 있음에도 전체 네트워크의 보안이 무너진다. 전반적인 접근 방식을 사용해 보안 계층을 구축함으로써 전체 네트워크에 대한 보호가 구성된다 (Pathan 외 2006).

6.5.3 플랫폼 보안

플랫폼 보안은 중앙 집중식 보안 아키텍처 또는 시스템을 사용해 전체 컴퓨팅 플랫폼(하드웨어, 소프트웨어, 네트워크, 스토리지 및 기타 구성 요소)의 보안을 보장하는 보안 아키텍처, 도구 및 프로세스를 의미한다. 플랫폼 보안은 플랫폼 내의 모든 구성 요소와 계층을 보호한다. 이를 통해 개별 보안 조치를 제거하고 여러 애플리케이션/서비스를 사용해 ICT 환경의 여러 계층을 보호할 수 있다. 플랫폼 수준의 보안은 정보 기술 및 개발자의 보안 프로세스를 단순화한다. 그러나 보안이 깨지면 전체 플랫폼이 취약해진다. 따라서 기본적으로 암호화 기능이 추가된 안전한 사이버 물리 제어 하드웨어 장치인 신뢰할 수 있는 플랫폼 모듈TPM, Trusted Platform Module이 필요하다. 플랫폼에 대한 비인가 접근을 방지하기 위해 지원 소프트웨어 및 펌웨어와 함께 동작한다. TPM에는 최대 2048비트 RSARivest-Shamir-Adleman 암호화/복호화를 수행할 수 있는 하드웨어 엔진이 포함돼 있다. TPM은 디지털 서명 및 키 래핑 수행 중에 내장된 RSA 엔진을 사용한다.

6.5.4 클라우드 컴퓨팅과 데이터 보안

클라우드 컴퓨팅은 인터넷을 사용할 수 있을 때 언제 어디서나 사용자에게 서비스로 제공되는 애플리케이션과 데이터 센터의 컴퓨팅 리소스, 하드웨어 및 시스템 소프트웨어를 모두 제공할 수 있는 새로운 정보 기술 인프라다. 클라우드에서 제공하는 서비스는 XaaSX-as-a-Service 모델로 설명되는 다양한 수준에 있을 수 있으며, X는 다음과 같다.

- 하드웨어
- 인프라
- 플랫폼
- 소프트웨어

클라우드 컴퓨팅은 필요에 따라 컴퓨터 및 기타 장치에 공유 컴퓨터 처리 리소스 및 데이터를 제공하는 인터넷 기반 컴퓨팅 형태다. 클라우드 컴퓨팅을 사용하기로 결정할 때 사용자는 기능과 시스템 성능과 같은 제공되는 서비스 외에도 보안은 특별히 고려해야 한다는 것을 인지해야 한다. 따라서 클라우드 기반 보안 서비스는 XaaS 모델을 사용해 전용 하드웨어 솔루션에서 클라우드 기반 보안 서비스로 마이그레이션할 때 중요한 문제다. 핵심적으로 클라우드 컴퓨팅은 인터넷 및 무선 네트워크를 통한 데이터 수집 또는 배포를 설명하는 데 사용된다. XaaS 모델에서는 애플리케이션 데이터가 일반적으로 클라우드 내에서 제공되고 인터넷을 통해 사용자가 이를 사용할 수 있다. XaaS 사용자는 웹 브라우저를 통해 애플리케이션에 접근할 수 있는 씬^{Thin} 클라이언트를 주로 다운로 드한다. 이제 가상 및 클라우드 네트워크의 증가는 데이터와 애플리케이션이 이 동 가능하고 다양한 네트워크에 분산돼 있기 때문에 클라우드 기반 보안에 대 한 수요를 높이고 있다. 즉, 보안 애플리케이션은 전용 하드웨어 장치가 아닌 클 라우드에서 소프트웨어로 작동해 차량 네트워크의 특정 잠재적 침입 지점을 보 호해야 한다.

오늘날의 차량 사용자는 차량의 화면에서 애플리케이션에 접근할 수 있으므 로 집, 직장 또는 이동 중에 스마트 장치를 통해 사용하는 것과 동일한 수준의 디지털 서비스를 즐길 수 있다. 또한 클라우드 컴퓨팅은 여러 가지 방법으로 일 반 차량에 추가적인 이점을 가져올 수 있다. 이들 중 하나는 실제로 주행 역학 과 관련이 있다. 신차에는 종종 전자적으로 조정 가능한 서스펜션이 있다. 클라 우드 컴퓨팅으로 더욱 자동화돼 훨씬 더 나은 맞춤형 주행을 제공할 수 있다. 일 부 지프 및 다목적 스포츠 유틸리티 차량 SUV에서 스웨이 바 및 기타 오프로드 기능을 전자적으로 분리하는 경우에도 마찬가지다. 또 다른 영역은 개인화된 데 이터를 차량의 실내로 가져오는 것이다. 이는 운전자에게 온라인 캘린더 및 연 락처, 개인 음악 라이브러리 및 그 외 데이터가 함께 여행하며 손끝에서 바로 사 용할 수 있다는 의미다. 따라서 클라우드 컴퓨팅의 데이터 보호는 중요한 보안 문제다. 따라서 클라우드로 이동하기 전에 사용자는 보호할 데이터를 명확하게 식별하고 보안 영향에 따라 데이터를 분류해야 한다. 그러므로 서로 다른 유형 의 데이터가 서로 다른 값을 가질 수 있고 따라서 기밀성, 무결성 및 가용성^{CIA,} Confidentiality, Integrity, and Availability에 대해 서로 다른 보안 의미를 가질 수 있으므로 보안 분류가 지정돼야 한다.

클라우드 컴퓨팅에서는 사용자가 클라우드 고유 특성과 관련해 모든 종류의 사이버 공격에 직면할 수 있기 때문에 데이터 보안이 더욱 복잡해졌다. 이를 위 해서는 사이버 공격자가 어디에서 왔는지, 어떤 종류의 사이버 공격을 일으킬 수 있는지 식별하기 위해 잠재적인 보안 위협을 이해해야 한다. Das 외(2012) 에 보고된 바와 같이 두 가지 유형의 사이버 공격자가 있다.

- 내부자: 클라우드 조직 내부 또는 클라우드 서비스 제공업체 사이트 및 클라우드 서비스 제공업체 자체에서 승인된 접근 권한을 가진 사용자다. 다음과 같은 방법으로 심각한 공격을 일으킬 수 있다.
  - 가상 머신의 제어권 확보

○ 다른 클라우드 사용자의 모든 통신 정보를 로깅해 민감한 정보에 접근해 권한을 오용한다. 따라서 클라우드 사용자는 클라우드 서비스 제공업체와 신뢰할 수 있는 관계를 수립해야 한다. 클라우드 서비스 제공업체가 때때로 일으키는 오작동은 다음 중 하나이거나 그 조합에 의한 것일 수 있다.

1. 데이터 파일 또는 콘텐츠를 수집할 목적으로 악의적인 사용자들 간 공모

2. 서버 해킹 또는 비잔틴 장애로 인한 데이터 손상을 숨기도록 결정해 평판을 유지한다. 비잔틴 모델(Dolev 1982)은 n개의 구성 요소와 최대 $k < n$개의 구성 요소를 손상시킬 수 있는 공격자가 있는 시스템을 가정한다. 따라서 확인된 취약점 V_j는 다음과 같다.

$$V_j = f(t_i, q_j)$$

여기서 $V_j \subseteq V$이고 $j \in [0 : k]$이며 q_j의 장애 구성 요소의 집합이다. 위협 전이함수 $D_f(t_j)$ 그리고 ^는

$$D_f(t_i) : V_j \overset{t_j, a}{\longrightarrow} V_s$$

이고 이때 $V_j \subseteq V_s$이다. 이는 V_j의 구성 요소를 손상시키는 공격자이며 $V_s \supseteq V_j$의 상태를 공격하기 위해 제한됐다.

이는 공격자가 악용할 수 있는 허용 가능한 시스템 전이를 정의한다. 그러나 이 모델에서는 장애가 있는 구성 요소를 복구할 수 없다.

- 네트워크 트래픽을 도청 및 모니터링해 데이터 정보 획득(Kao와 Marculescu 2006)

- 거의 액세스하지 않는 데이터 파일을 무시, 보관 또는 고의로 삭제해 리소스 절약

중요하거나 민감한 데이터 또는 서비스의 경우 클라우드 사용자는 암호화 보호와 같은 자체 보안 보호 메커니즘을 구현해야 한다. 외부인: 클라우드 컴퓨팅은 인터넷의 악의적인 공격에 취약할 수 있다. 외부 공격자는 네트워크 트래픽 도청과 같은 수동적 공격과 합법적인 사용자 자격 증명 피싱이나, 네트워크 트래픽 조작, 클라우드 구조 조사와 같은 능동적 공격을 수행할 수 있다.

클라우드 컴퓨팅에서 클라우드에 저장된 민감한 데이터에 대해서는 잠재적으로 인증된 많은 사용자에게 클라우드 데이터 스토리지와 공유 서비스가 보안, 효율성 그리고 신뢰할 수 있는 데이터의 분산에 대한 책임을 요구한다. 안전한 데이터 액세스 서비스를 제공하는 한 가지 방법은 암호화 방법을 사용하는 것이다. 데이터 소유자와 데이터 사용자는 데이터를 클라우드에 저장하기 전에 암호화하고, 비밀키를 유지한다.

문헌에서 관련 메커니즘은 공유 암호화 파일 시스템 및 아웃소싱된 데이터의 접근 제어 영역에서 찾을 수 있다(Capitani di Vimercati 2007; Kallahalla 외 2003; Goh 외 2003).

다양한 모바일 기술을 사용할 수 있기 때문에 모바일 클라우드 컴퓨팅은 여러 모바일 플랫폼 및 장치를 지원하고 적용된다. 따라서 모바일 장치 중심의 클라우드 컴퓨팅은 모바일 장치 자체로 구성된 인프라로 구성된다. 이러한 맥락에서 보안 문제는 모바일 클라우드 보안을 제공하기 위해 인프라를 구성하는 방법에 따라 달라질 수 있다. 모바일 장치 전용 클라우드 지원 서비스는 전용 인프라 및 관련 모델을 통해 조사됐다(Satyanarayanan 외 2009).

예를 들어 Amazon, Azure 및 Google과 같은 클라우드 공급자는 다른 대기업과 마찬가지로 클라우드 인프라의 보안성 및 가용성을 관리한다. 보안 사고 또는 이벤트를 모니터링하고 조사한다. 따라서 클라우드 서비스 제공업체 CSP, Cloud Service Provider는 고객의 합법적인 침투 테스트(6.4.2절 참조)와 실제 공격을 구분해야 한다. 고객 테스트가 실수로 대응 방책들을 동작시키면 연결들이 DDoS 블랙홀로 라우팅되거나 침입 방지 시스템이 활성화될 수 있다. 이는 클라우드 시스템의 공유 인프라로 인해 CSP 시간과 귀중한 리소스를 소모할 뿐만 아니라 다른 고객에게 부정적인 영향을 미칠 수도 있다.

테스트하기 전에 클라우드 침투 테스트의 제한에 대해 아는 것이 중요하다. 이는 자신의 책임을 인지하고 있음을 의미한다. IaaS, PaaS 또는 SaaS에는 각각 다른 요구 사항이 있기 때문에 검사하는 시스템 유형에 따라 달라진다. 이를테면 IaaS 환경은 SaaS보다 훨씬 더 공격적인 접근 방식을 허용하는데, 이는 주로 IaaS가 시스템에서 작업 혹은 연결돼 있는 수많은 사용자(차량)가 있고 장애가 SaaS와 달리 시스템에 막대한 영향을 미치기 때문이다. 집중 테스트는 시스템을 완전히 오프라인 상태로 만들 수 있다. OEM 또는 1차 공급업체가 서버를 완전히 소유하고 있는 경우 문제가 되지 않지만 다른 사용자가 오프라인 상태가 될 경우 큰 문제가 된다.

6.5.5 기능 안전

기능 안전은 차량 시스템 또는 구성 요소 전반적인 안전의 일부다. 이는 운영자 오류, 고장 그리고 환경 변화와 같은 안전 관리를 포함해 입력에 대해 올바르게 응답해 동작하기 위한 시스템 또는 구성 요소에 의존적이다. 기능 안전의 범위는 본질적으로 종단간이다. 이는 전체 시스템의 기능 일부로 시스템, 하위 시스템 또는 구성 요소의 기능을 취급해야 함을 의미한다. 이는 기능 안전 표준이 전기, 전자 그리고 프로그래밍 가능한 시스템[E/E/PS]에 중점을 두고 있는 반면, 실제로 기능 안전 방법의 종단간 범위는 반드시 E/E/PS 작동기, 제어기 또는 모니터와 같은 non-E/E/PS 시스템 부품으로도 확대돼야 한다(URL11 2016).

기능 안전은 지정된 모든 안전 기능이 수행되고 각 안전 기능에 필요한 성능 수준을 만족할 때 달성할 수 있다. 이는 일반적으로 다음과 같은 최소한의 단계를 포함하는 프로세스에 의해 달성된다(URL11 2016).

- 요구 안전 기능 식별: 이는 위험 및 안전 기능을 알고 있거나 식별해야 함을 의미한다.
- 안전 기능이 요구하는 위험 감소 평가: 여기에는 안전 무결성 수준[SIL], 성능 수준[PL] 또는 기타 정량화 평가가 포함된다. SIL은 시스템의 구성 요소 또는 부품뿐만 아니라 안전 관련 시스템의 종단간 안전 기능에 적용된다.
  - ASIL[Automotive Safety Integrity Level]은 자동차 산업을 위해 IEC 61508에 사용된 SIL을 채택한 도로 차량 기능 안전 표준인 ISO 26262에 정의된 위험 분류 체계다. 이 분류는 ISO 26262 표준에 부합하는 선에서 필요한 안전 요구 사항을 정의하는 데 도움된다. ASIL은 차량 운행 시나리오의 심각도, 노출 및 제어 가능성을 검토해 잠재적 위험에 대한 위험 분석을 수행해 수립된다. 식별된 위험을 위한 보안 목표는 ASIL 요구 사항을 포함한다. 표준에 의해 식별되는 ASIL 4가지에는 SIL-1과 유사한 ASIL A, SIL-2와 유사한 ASIL B/C 그리고 SIL-3와 유사한 ASIL D가 있다. SIL-4는 ASIL에서 준하는 것이 없다. ASIL D는 제품에 대한 가장 높은 무결 요구 사항을 나타내고 ASIL A는 가장 낮다. 그러나 ISO 26262는 SIL에 대한 ASIL의 규범적 또는 정보적인 매핑을 제공하지 않는다. ASIL은 위험에 대한 정성적 측정이며 SIL은 안전 기능 유형에 따라 위험한 고장의 확률 또는 빈도로서 정량적으로 정의된다. 따라서 IEC 61508에서 고위험 애플리케이션은

위험한 고장에 대한 더 높은 강건성을 요구한다. 품질 관리^{QM}로 식별된 위험은 ASIL 안전 요구 사항을 지시하지 않는다(URL12 2016).

- 안전 기능이 설계 의도에 따라 수행되는지 확인: 부적합한 작업자 입력 및 고장 모드 조건이 포함된다. 설계 및 수명주기는 인증된 기능 안전 표준에 따라 프로세스를 수행하는 자격을 갖춘 역량 있는 엔지니어가 관리한다. 유럽에서 해당 표준은 IEC EN 61508 또는 ISO 13849와 같은 기타 표준 또는 IEC EN 61508로부터 파생된 특정 산업 표준 중 하나다.

- 시스템이 할당된 SIL(ASIL, PL 또는 agPL)을 **충족**하는지 확인: 이는 적절한 테스트와 함께 MTBF(평균 고장 간 시간) 및 SFF(안전 고장 비율)를 결정해 수행할 수 있다. SFF는 시스템이 안전한 상태에서 실패할 확률이다. 심각 또는 위험 상태는 고장 모드 및 효과 분석(FMEA) 또는 테스트 상황에서 시스템의 고장 모드 영향 및 중요도 분석으로부터 식별할 수 있다.

  ○ MTBF: 다음 방정식을 사용해 시스템의 고장 간 산술 평균 시간으로 계산할 수 있는 동작 중 시스템의 고유 고장 간 예상 경과 시간

  $$\text{MTBF} = \frac{(\text{고장 시작 시간} - \text{복구 운영 시작 시간})}{\text{고장 횟수}}$$

  ○ SFF: 안전한 상태의 고장에 대한 경향을 고려한다. SFF는 안전 고장 비율과 감지된 위험 고장 비율의 합계를 안전 고장 비율과 감지 또는 미감지 위험 고장 비율의 합계로 나눈 값이다. 고려해야 할 유일한 고장 유형은 안전 기능에 영향을 미칠 수 있는 고장 유형이라는 것을 인식하는 것이 중요하다. SFF는 다음 방정식을 사용해 계산할 수 있다.

  $$\text{SFF} = \frac{(\sum \lambda_S + \sum \lambda_{DD})}{(\sum \lambda_S + \sum \lambda_D)}$$

  λ_S: 안전 고장 비율
  $(\sum \lambda_S + \sum \lambda_D)$: 고장 비율
  λ_{DD}: 감지된 위험 고장 비율
  λ_D: 위험 고장 비율

  ○ FMEA: 시스템 안정성 연구의 첫 번째 단계는 가능한 한 많은 구성 요소와 조립품 및 하위 시스템을 검토해 고장 모드와 그 원인 및 결과를 식별하는 것이다. 각 구성 요소에 대해 고장 모드와 그 결과 시스

템의 나머지 부분에 미치는 영향이 특정 FMEA 워크시트에 기록된다. FMEA는 정성적인 분석이 될 수 있지만 수학적 고장률 모델이 통계적 고장 모드 비율 데이터베이스와 결합되면 정량적 기반이 될 수 있다(URL13 2016).

- ○ FMECA: 확장된 FMEA는 중요도 분석 역시 수행됨을 나타낸다.
- 기능 안전 감사 수행: 적절한 안전 수명주기 관리 기술이 관련 수명주기 단계에서 일관되고 철저하게 적용됐다는 증거를 조사하고 평가한다.

차량 사이버 물리 시스템 전체와 상호작용하는 환경을 고려하지 않고는 안전 및 기능 안전도 결정할 수 없다. 기능적 안전 범위는 본질적으로 종단간이 된다.

6.6 자동차 해킹 사례

오늘날 자동차는 ICT 시스템의 복잡한 네트워크로 이해될 수 있다. 자동차가 점점 더 컴퓨터화되면서 공격 지점 또한 증가했다. 전 세계 보안 연구자들은 자동차 전자 시스템 내 엄청나게 많은 수의 취약점을 증명해 자동차 제조사들이 보안 차량 ECU와 통신 시스템 개발을 충분하게 강조하지 않았음을 보여주고 있다. ECU는 센서로부터 입력을 받고 엔진의 물리적 요소의 운영과 같은 일련의 작동기 제어를 조정을 한다. 이를 통해 점화 타이밍과 연료/공기 혼합을 실시간으로 동적으로 조정해 연료를 절약하고 성능을 최적화할 수 있다. 엔진 관리를 위한 ECU의 사용 이전에 이러한 기능들은 기계적으로 제어됐다(Eyal 2007).

오늘날 차량이 직면하고 있는 보안 문제의 규모를 이해하려면 먼저 차량의 온보드 컴퓨터 시스템에 의해 관리되는 오늘날 차량 구성 요소의 상호 연결성을 해결해야 한다. 해커가 차량 시스템의 개인 정보 및 기타 정보에 접근하면 이를 사용할 수 있는 수많은 새로운 방법을 찾을 수 있다. 예를 들어 GPS 정보는 운전자의 습관과 일정을 추적하는 데 사용될 수 있다.

차량 해킹은 차량 ECU의 코드를 조작해 취약점을 악용하고 차량의 다른 ECU 장치를 제어하는 것이다. 최근 차량 해킹에 대한 훌륭한 타임라인이 제공돼 있고 저자의 사용 허가를 받았다(Currie 2015).

CAN 시스템 버스가 1980년대 중반에 개발됐을 때, 설계자들은 버스가 언젠가 자동차의 기능을 장악하거나 조작하려는 공격자들의 표적이 될 것이라고 분명 생각하지 않았다(6.4.2절 참조). 최근 10년 전까지만해도 해킹 차량은 언론의 관심을 덜 받았으며 대부분의 차량 사용자에게 걱정거리가 아니었다. 지난 10년과 관련해 특히 지난 몇 년 동안 차량 해킹이 진정한 관심사가 됐다. 2015년 Kelley Blue Book®의 연구에서 차량 구매 대중을 대상으로 설문 조사를 실시한 결과, 연구의 참가자의 78%가 차량 해킹이 "향후 3년 이내에 빈번한 문제가 될 것"이라고 믿고 있는 것으로 나타났다.

일반 대중의 이러한 인식은 대부분 최근의 유명 차량 해킹의 결과다. 다음 타임라인은 최근에 발생한 주목할 만한 차량 해킹 중 일부를 요약한 것이다.

6.6.1 2010: 웹 애플리케이션을 통해 원격으로 비활성화된 차량

차량 해킹에 관해 최초로 널리 보고된 기사 중 하나는 2010년 텍사스 주 오스틴에서 불만을 품은 전직 자동차 대리점에서 그의 전 고용주에 대한 복수를 모색하며 발생했다(Poulsen 2010). 이 공격은 실제 차량 자체를 해킹하지 않았다. 그럼에도 공격자는 소유자의 알림이라든가 동의 없이 소유주의 차량을 물리적으로 무력화할 수 있었다. 전 대리점 직원은 훔친 인증 정보를 사용해 엔진 이모빌라이저와 경적을 포함한 고객 차량의 기능에 원격으로 접근할 수 있는 웹 애플리케이션에 로그인했다(Poulsen 2010). 이 웹 애플리케이션의 의도된 목적은 대리점 직원이 제때 대출금을 지불하지 못한 개인의 차량을 움직이지 못하도록 하는 것이었다. 실제로 차주가 지속적으로 경적을 울리며 그들 스스로가 차 안에 갇혔다는 것을 알게 되는 혼란을 야기하는 상황이 발생했다(Poulsen 2010).

이 경우 대리점에서 사용하는 웹 애플리케이션은 Pay Technologies, LLC의 WebTeckPlus였다(Payteck 2003). WebTeckPlus 애플리케이션은 대리점 직원이 고객의 차량에 설치된 PayTeck 전자 컨트롤러와 인터페이스할 수 있는 웹 포털을 제공한다. PayTeck 하드웨어는 고객의 차량 내부에 설치된 전자 키패드와 컨트롤러로 구성된다. 컨트롤러는 차량의 엔진 이모빌라이저와 경적에 연결돼 있다. 고객이 정시에 결제할 때마다 전자 키패드에 입력할 수 있는 새 코드가 제공된다. 올바른 코드를 입력하면 차량은 계속 정상적으로 작동한다. 결제가 늦어지고 키패드에 코드가 적시에 입력되지 않으면 컨트롤러가 엔진 이모빌라이저를 활성화해 차량을 쓸모없게 만든다. WebTeckPlus 애플리케이션을 사용하면 대리점 직원이 필요에 따라 로그인해 특정 고객의 차량을 원격으

로 비활성화할 수도 있다. PayTeck 하드웨어 및 WebTeckPlus 소프트웨어를
사용하면 딜러가 차량을 다시 되찾아오지 않아도 되므로 시간과 비용을 절약할
수 있다.

이 해킹은 웹 기반 애플리케이션의 무단 침입으로 가장 잘 요약될 수 있으며
이는 확실히 새로운 것이 아니다. 가해자는 컴퓨터 침입 혐의를 받았다(Poulsen
2010). 그러나 이 특별한 사고는 차량의 중요 제어 시스템과 현대의 연결된 세
상에 대한 디지털화 간의 연결을 강조하며 어떻게 이러한 연결이 잠재적으로
악의적 의도를 갖은 사람에 의해 악용될 수 있는지 보여준다.

6.6.2 2010년과 2011년 CAESS 실험 분석

2010년 캘리포니아대학교, 샌디에이고대학교 그리고 워싱턴대학교의 합작 벤
처인 자동차 임베디드 시스템 보안 센터CAESS, Center for Automotive Embedded Systems
Security의 연구원 그룹은 「현대 자동차의 실험적 보안 분석Experimental Security
Analysis of a Modern Automobile」이라는 제목의 연구 논문을 발표했다(Koscher 외
2010). 팀에서는 다양한 실험실 내 실험과 도로 테스트를 수행했으며 CAN 버
스에 메시지를 주입해 차량의 기능을 조작할 수 있음을 발견했다(Koscher 외
2010). 연구원들은 공격자가 브레이크를 무력화하고, 필요에 따라 개별 바퀴를
선택적으로 제동하고, 엔진을 멈추고, 차량의 속도계 정보를 위조하는 등의 작
업을 수행할 수 있음을 성공적으로 입증했다(Koscher 외 2010).

CAESS 팀은 현대의 차량 시스템 내 심각한 보안 결함을 강조했지만, 그들의
연구는 대부분 비판을 받았다. 당시 자동차 제조업체와 언론은 공격자가 차량의
CAN 버스에 유선으로 접근해 현실 세계에서 이러한 유형의 공격을 수행하는
것이 현실적이지도 타당하지도 않다고 주장했다(Miller와 Valasek 2014, 2015, p.
5ff)

이듬해인 2011년 CAESS 팀은 「자동차 공격 지점의 포괄적인 실험 분석
Comprehensive Experimental Analyses of Automotive Attack Surfaces」이라는 새로운 연구 논문을
발표했다(Checkoway 외 2011). 이 논문은 팀의 이전 연구 결과를 둘러싼 미디
어 회의적인 태도에 대한 응답이었다. 팀은 차량의 내부 네트워크에 물리적으로
접근할 수 있는 공격자의 이전 위협 모델이 비현실적인 것으로 간주된다는 사
실을 인정했다(Checkoway 외 2011) 이번에 연구진은 현대의 차량의 외부 공격

지점을 분석하고 공격이 원격으로 수행될 수 있는지 여부를 확인하려고 했다.

CAESS 팀은 현대 자동차의 공격 지점을 분석하면서 그림 6.30과 같은 그림을 만들었다.

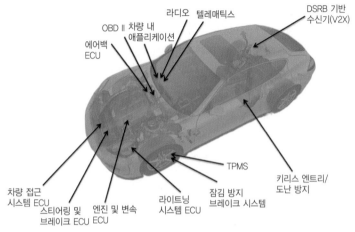

그림 6.30 현대의 차량의 디지털 I/O 채널

그림 6.30은 최신 차량의 다양한 I/O 채널을 보여주며 각 채널은 공격자의 잠재적 진입 지점을 나타냈다. "번개 모양"기호는 원격 무선 접근 및 제어가 가능한 소스를 나타낸다. 자동차 제조업체가 차량의 커넥티비티를 계속 증가시키면 공격 지점은 넓어질 뿐이다. 차량의 이동통신, 블루투스 및 Wi-Fi 시스템은 공격자가 될 가능성이 있는 사람에게 특히 매력적인 진입 지점을 제공한다.

궁극적으로 CAESS 팀은 라디오의 MP3 파서^{Parser}, 차량의 Bluetooth® 시스템, 차량의 텔레매틱스 시스템에 사용되는 이동통신 연결을 포함한 다양한 벡터를 통해 테스트 차량을 원격에서 익스플로잇할 수 있음을 발견했다(Checkoway 외 2011). 거기에서 CAN 메시지는 그룹의 이전 발견에서 입증된 것처럼 버스에 주입될 수 있었다.

이 연구는 "차량이 지역뿐만 아니라 전국에 걸쳐 공격에 취약하다는 것을 보여줬기 때문에" 획기적인 것으로 환영을 받았다(Miller와 Valasek 2015, p. 5ff). 그들의 비판에 대한 답변에도, CAESS 팀의 조사 결과는 자동차 업계로부터의 관심이나 언론의 반응을 얻지 못했다. 이는 부분적으로 연구자들이 자신의 익스플로잇을 복제할 수 있는 방법을 공유하지 않았고 테스트한 특정 차량을 공개하지 않았기 때문이다(Miller와 Valasek 2015, p. 5ff). 연구 팀이 "나쁜 놈들"을 돕지 않기 위해 익스플로잇의 세부 사항을 공개하지 않기로 결정한 것은 이해 가능한 부분이며 이로 인해 또한 자동차 제조업체와 일반 대중에게 해당 결과를 훨씬 더 쉽게 대단한 것으로 만들었다.

6.6.3 2013 밀러와 발라섹 물리적 해킹

최근의 유명한 차량 해킹 사례는 연구원 찰리 밀러[Charlie Miller]와 크리스 발라섹[Chris Valasek]에서 나왔다. DARPA[Defense Advanced Research Projects Agency]의 8만 달러 보조금으로 작업하면서 밀러와 발라섹은 자동차의 보안 취약성을 찾는 임무를 맡았으며 2013년에 발견한 결과를 발표했다(Greenberg 2013). 그들은 네바다 주 라스베이거스에서 열린 2013 DEF CON® 21 Hacking Conference에서 연구 결과를 발표하기 전에 언론인과 보안 전문가를 위해 실시간으로 시연을 했다.

특히 이들은 2010 Ford® Escape와 2010 Toyota® Prius(Greenberg 2013)의 시스템을 목표로 삼았다. "제어가 안 되는 경적이 울리는 것과 같은 성가신 것부터 고속에서 Prius의 브레이크를 밟는 것과 같은 심각한 위험에 이르기까지 모든 것"을 입증하기 위해 차량의 CAN 버스 통신을 리버스 엔지니어링해야만 했다. 그림 6.31은 밀러와 발라섹이 2010 Toyota Prius 테스트 차량에서 조작할 수 있었던 많은 자동차 기능의 목록이다.

예를 들어 스티어링 휠을 세게 당기거나 브레이크를 밟는 것과 같은 일부 이러한 기능은 장난과 같은 것에서 자동차 제조사의 심각한 안전 문제로 자동차 해킹을 나아가게 했다. 밀러와 발라섹의 방법 Windows XP가 동작하는 랩톱 PC를 차량의 OBD-II 포트에 케이블을 통해 연결하는 것을 포함했다(Miller와 Valasek 2015, p. 23). OBD-II 포트는 전통적으로 정비사 및 수리점에서 결함 코드를 검색하고 차량의 문제를 진단하는 데 사용되지만 차량 보안 연구원이나 정찰을 수행하는 공격자에게 매력적인 진입 지점이기도 하다(6.2절 참조). 밀러와 발라섹은 USB 포트를 통해 랩톱에 연결된 EControls사의 ECOM 케이블을 사용했다. 그런 다음 맞춤형 ECOM-OBD-II 커넥터를 만들어 차량의 OBD-II 포트와 인터페이스할 수 있도록 했다(Miller와 Valasek 2015, p. 22). 이 시점에서 밀러와 발라섹이 반드시 해야만 했던 것은 CAN 버스를 통과하는 CAN 메시지를 보고 관찰해 어떤 메시지가 어떤 차량 기능에 해당하는지에 대한 그림을 만들기를 시작하는 것이었다. 다음 단계는 연결된 랩톱을 사용해 캡처된 CAN

패킷을 재생하고 매번 차량의 응답을 기록하는 것이었다. 마지막으로 수정된 CAN 패킷을 정교하게 만들어 차량의 동작을 조작할 수 있었다(Miller와 Valasek 2014, p. 26).

밀러와 발라섹의 2013년 자동차 해킹 증명에서 연구원들이 차량의 CAN 버스에 물리적으로 접근할 수 있었다는 점은 재차 강조할 만하다. 그 이유는 연구원들에 따르면 이전의 학술 연구(Checkoway 외 2011)에서 이미 블루투스나 차량의 텔레매틱스 장치와 같은 다양한 인터페이스를 해킹해 원격 코드 실행을 허용할 수 있음을 보여줬기 때문이다(Miller와 Valasek 2015, p. 4ff). 원격 접근을 획득하는 도전은 사소한 것으로 고려해 연구원들은 접근 권한을 얻은 이후 무엇을 달성할 수 있는지 알아보는 것을 추구했다(Miller와 Valasek 2015, p. 4ff).

2013년 밀러와 발라섹의 연구 결과가 발표된 후 대중과 대형 자동차 제조업체는 차량 시스템에 대한 원격 접근을 확보하기 위한 전제 조건의 사소함을 인식하지 못한 것으로 보인다. 밀러와 발라섹은 공격자가 차량 데이터 포트에 연결된 랩톱과 함께 차량 내 물리적으로 위치하는 것과 Prius 데모 사례처럼 접근의 용의성을 위해 대시보드를 완전히 분해해야 하는 것이 필요한 보안 결함을 입증하는 것에 대한 회의론을 직면해야 했다(Greenberg 2013). 실제로 밀러와 발라섹의 작업에 대한 응답으로 Toyota의 안전 관리자인 John Hanson은 "Toyota와 전체 자동차 산업의 초점은 차량 외부의 원격 무선 장치에서 해킹을 방지하는 것이다"라고 주장했다.

의도한 대로 속도계 및
연료 게이지 변경

차량의 시동이 꺼진 상태에서
도 경적 지속적 동작

갑작스러운 운전자 및
승객의 안전벨트 조임

라이드 자동 상태에서
헤드라이드 켜지고 꺼짐

특정 속도에서
갑작스러운 브레이킹

엔진 가속 유발

파워 스티어링 꺼짐 또는
갑작스러운 조향

그림 6.31 자동차 해킹의 해부(Greenberg 2013)

6.6.4 2015 밀러와 발라섹 원격 해킹

찰리 밀러[Charlie Miller]와 크리스 발라섹[Chris Valasek]은 2015년에 다시 헤드라인을 장식했다. 이번에는 변경되지 않은 승용차(이 경우 2014 Jeep® Cherokee)가 물리적인 접근 없이 원격으로 익스플로잇될 수 있음을 성공적으로 입증했다 (Miller와 Valasek 2015, p .6ff). 2013년의 Toyota Prius 및 Ford Escape 해킹과 달리 새로운 연구는 원격 접근 권한과 원격으로 코드를 실행할 수 있는 기능을 모두 보여줌으로써 실제 공격 시나리오를 모방했다. 자동차 제조업체의 엄청난 불신에 직면했던 2013년 해킹과 달리 2015년 해킹은 Fiat® Chrysler® Automobiles (FCA)가 중요한 보안 업데이트를 위해 약 140만 대의 차량을 리콜하도록 했으며 Sprint® Corporation은 이동통신 캐리어 네트워크의 보안을 강화하게 했다(Miller와 Valasek 2015, p.87).

밀러와 발라섹의 Jeep 해킹은 CAN 버스에 익숙한 보안 제어 기능의 부족과 함께 차량의 온보드 커넥티비티 기능을 활용했다. 차량의 인포테인먼트, 내비게이션, 내장 앱 및 이동통신을 관리하는 시스템인 Uconnect®의 취약성을 통해 접근 권한을 얻었다(Greenberg 2015a) Uconnect 시스템이 한 쌍의 연구원들에게 그토록 매력적인 이유는 연결의 온상이 되는 것 외에도 Uconnect는 헤드 유닛에 차량의 CAN 버스에 있는 다른 모듈과 통신할 수 있는 마이크로 컨트롤러가 포함돼 있다는 점이다(Miller와 Valasek 2015, p .20). 이 해킹은 차량의 온보드 텔레매틱스 시스템이 연결된 Sprint의 이동통신 네트워크의 약점도 이용했다. 텔레매틱스 시스템은 실시간 교통 데이터, 차량 내 Wi-Fi 및 기타 원격 커넥티비티 기능에 사용된다(Miller와 Valasek 2015, p.32).

포트 스캔을 통해 Uconnect의 D-Bus 포트(6667)가 열려 있음을 발견했다. 진단 버스라고도 하는 D-Bus는 프로세스 간 통신에 사용되는 메시지 시스템이다(Miller와 Valasek 2015, p.28) 정상적인 조건에서 D-Bus 서비스는 내부 시스템 메시지 전용이므로 사용자 입력이나 조작의 대상이 돼서는 안 된다. 밀러와 발라섹은 Sprint를 수정하기 전에 Sprint 네트워크의 모든 3G 장치가 Uconnect 지원 차량의 열려 있는 D-Bus 포트와 통신할 수 있음을 발견했다 (Miller and Valasek 2015, p.46). 이를 공격하기 위해 밀러와 발라섹은 Sprint 네트워크의 3G 휴대폰으로 테더링된 랩톱 컴퓨터를 사용했다. 그런 다음 노트북은 취약한 Uconnect 시스템을 실행하는 차량과 직접 통신할 수 있었다(Miller 와 Valasek 2015, p.46).

표적 공격이 허용된 특정 차량의 IP 주소를 알고 있었다. 그러나 그들은 또한 IP 범위 21.0.0.0/8 및 25.0.0.0/8에 걸쳐 포트 6667의 인터넷 포트 스캔이 전국 차량 내 취약한 Uconnect 시스템으로부터 응답을 받아올 수 있음을 발견했다(Miller and Valasek 2015, p.46). 연구원들이 인터넷에 연결돼 있는 취약한 장치를 스캔한 결과 Dodge, Ram, Jeep 및 Chrysler 브랜드에서 여러 모델 연도에 걸친 광범위한 차량이 발견됐다(Miller와 Valasek 2015, p.47).

획득한 차량의 Uconnect 시스템에 접근해 밀러와 발라섹은 Uconnect 헤드 유닛의 CAN이 연결된 연결 마이크로컨트롤러를 기반으로 삼았다. 그들은 악성 코드를 포함하도록 리버스 엔지니어링한 새로운 펌웨어 버전으로 컨트롤러를 플래시할 수 있었다(Miller와 Valasek 2015, p.50). CAN 버스에 있는 수정된 펌웨어를 사용해 여러 차량 구성 요소 및 제어 시스템에 명령을 보낼 수 있었다. 기자 시연에서 밀러와 발라섹은 원격으로 에어컨을 최대 냉기로 설정하고 라디오를 최대 볼륨으로 켜고 와이퍼액으로 앞 유리를 덮을 수 있어 운전자가 보기 어렵게 만들 수 있음을 보여줬다. 더욱 걱정스러운 것은 변속기를 비활성화하고 스로틀을 제어하고 브레이크를 비활성화할 수도 있다는 것이었다(Greenberg 2015a).

이 최신 자동차 해킹 입증은 이전에는 볼 수 없었던 방식으로 차량 보안을 일반 대중이 인식할 수 있도록 촉진했다. Jeep Cherokee 해킹 소식이 언론에 보도된 직후, 자동차 구매 대중을 대상으로 한 Kelley Blue Book 연구에 따르면 응답자의 72%가 "최근 Jeep Cherokee 해킹 사건을 인지"했다(PR Newswire 2015). 더 분명한 것은 응답자의 41%가 "차세대를 사거나 리스할 때 이 최근의 차량 해킹 사건을 고려할 것"이라고 답했다(PR Newswire 2015).

처음으로 자동차 해킹이 매우 실질적으로 대형 자동차 제조사가 상당한 크기의 비용을 들이게 할 잠재력을 갖고 있었다. Fiat Chrysler Automobiles는 명성이 떨어지고 미래의 고객을 잃을 가능성이 있는 상황에 직면해 밀러와 발라섹의 공격에 취약한 모든 차량을 패치하기로 현명하지만 비용이 많이 드는 결정을 내렸다. 일부 추정에 따르면 이 중요 보안 업데이트로 인해 FCA가 노동 시간으로만 소비한 금액은 1,000만 달러를 초과했다(Cobb 2015). 밀러와 발라섹은 오랫동안 공동 목표로 자동차 산업 및 보안 커뮤니티에 연구를 제공하는 것이라고 말했다. "앞으로 더 안전한 차량을 만드는 방법을 배우고 운전자가 사이버 공격으로부터 안전하다는 것을 신뢰할 수 있다(Miller와 Valasek 2015, p.88)."

확실히 자동차 제조업체의 수익을 달성하는 것이 더 큰 이익을 달성하는 효과적인 방법이다.

6.7 연습 문제

- 디지털 전환이라는 용어는 무엇을 뜻하는가?
- 디지털 혁신의 특징에 대한 예를 들어보라.
- 정보 기술이라는 용어는 무엇을 뜻하는가?
- 정보 기술의 특성에 대한 예를 들어보라.
- 사이버 보안이라는 용어는 무엇을 뜻하는가?
- 사이버 보안의 특성에 대한 예를 들어보라.
- 애플리케이션 보안이라는 용어는 무엇을 뜻하는가?
- 애플리케이션 보안의 특성에 대한 예를 들어보라.
- 정보 보안이라는 용어는 무엇을 뜻하는가?
- 정보 보안의 특성에 대한 예를 들어보라.
- 네트워크 보안이라는 용어는 무엇을 뜻하는가?
- 네트워크 보안의 특성에 대한 예를 들어보라.
- 보안 위협이라는 용어는 무엇을 뜻하는가?
- 보안 위협의 특성에 대한 예를 들어보라.
- 사이버 보안과 관련해 대책이라는 용어는 무엇을 뜻하는가?
- 사이버 보안과 관련한 대책의 특징을 예로 들어보라.
- 위험 가능성이라는 용어는 무엇을 뜻하는가?
- 위험 가능성의 특성에 대한 예를 들어보라.
- 사이버 보안에서 위험 관리라는 용어는 무엇을 뜻하는가?
- 사이버 보안에서 위험 관리의 특성에 대한 예를 들어보라.
- 보안 위험이라는 용어는 무엇을 뜻하는가?
- 보안 위험의 특성에 대한 예를 들어보라.
- 취약점이라는 용어는 무엇을 뜻하는가?
- 취약성의 특성에 대한 예를 제시하라.
- 취약한 공간이라는 용어는 무엇을 뜻하는가?

- 취약한 공간의 특성에 대한 예를 들어보라.
- 취약한 접근 포인트라는 용어는 무엇을 뜻하는가?
- 취약한 접근 포인트의 특성에 대한 예를 들어보라.
- 사이버 공격이라는 용어는 무엇을 뜻하는가?
- 사이버 공격의 특징에 대한 예를 들어보라.
- 이상 탐지라는 용어는 무엇을 뜻하는가?
- 이상 탐지 특성의 예를 들어보라.
- 서비스 거부라는 용어는 무엇을 뜻하는가?
- 서비스 거부 특성의 예를 들어보라.
- 인공지능이라는 용어는 무엇을 뜻하는가?
- 인공지능의 특성에 대한 예를 들어보라.
- 제어 이론이라는 용어는 무엇을 뜻하는가?
- 제어 이론의 특성에 대한 예를 들어보라.
- 전염 이론이라는 용어는 무엇을 뜻하는가?
- 전염 이론의 특성에 대한 예를 들어보라.
- 게임 이론이라는 용어는 무엇을 뜻하는가?
- 게임 이론의 특성에 대한 예를 들어보라.
- 그래프 이론이라는 용어는 무엇을 뜻하는가?
- 그래프 이론의 특성에 대한 예를 들어보라.
- 확률적 의존성 그래프라는 용어는 무엇을 뜻하는가?
- 확률적 종속성 그래프의 특성에 대한 예를 들어보라.
- 논리 폭탄이라는 용어는 무엇을 뜻하는가?
- 논리 폭탄 공격의 특성에 대한 예를 들어보라.
- 트로이 목마라는 용어는 무엇을 뜻하는가?
- 트로이 목마의 특징에 대한 예를 들어보라.
- 바이러스라는 용어는 무엇을 뜻하는가?
- 바이러스의 특성에 대한 예를 들어보라.
- 웜이라는 용어는 무엇을 뜻하는가?
- 웜의 특성에 대한 예를 들어보라.
- V2I라는 용어는 무엇을 뜻하는가?
- V2I 특성의 예를 들어보라.

- V2M라는 용어는 무엇을 뜻하는가?
- V2M의 특성에 대한 예를 들어보라.
- V2V라는 용어는 무엇을 뜻하는가?
- V2V의 특성에 대한 예를 들어보라.
- OEM이라는 용어는 무엇을 뜻하는가?
- OEM의 특성에 대한 예를 들어보라.
- 원격 해킹이라는 용어는 무엇을 뜻하는가?
- 원격 해킹의 특성에 대한 예를 들어보라.
- 공격 가치 사슬이라는 용어는 무엇을 뜻하는가?
- 공격 가치 사슬의 특성에 대한 예를 제시하라.
- 중간자 공격이라는 용어는 무엇을 뜻하는가?
- 중간자 공격 공격의 특성에 대한 예를 들어보라.
- 손상된 키 공격이라는 용어는 무엇을 뜻하는가?
- 손상된 키 공격의 특성에 대한 예를 제공하라.
- 전자 제어 장치라는 용어는 무엇을 뜻하는가?
- 전자 제어 장치의 특성에 대한 예를 들어보라.
- CAN이라는 용어는 무엇을 뜻하는가?
- CAN의 특성에 대한 예를 들어보라.
- 사이버 공격 분류라는 용어는 무엇을 뜻하는가?
- 사이버 공격 분류의 특성에 대한 예를 들어보라.
- 공격 표면이라는 용어는 무엇을 뜻하는가?
- 공격 표면의 특성에 대한 예를 들어보라.
- 온보드 진단이라는 용어는 무엇을 뜻하는가?
- 온보드 진단의 특성에 대한 예를 들어보라.
- 취약점 스캔이라는 용어는 무엇을 뜻하는가?
- 취약점 스캔의 특성에 대한 예를 들어보라.
- 침입 탐지라는 용어는 무엇을 뜻하는가?
- 침입 감지의 특성에 대한 예를 들어보라.
- 침입 방지라는 용어는 무엇을 뜻하는가?
- 침입 방지 특성의 예를 들어보라.
- WLAN 보안이라는 용어는 무엇을 뜻하는가?

- WLAN 보안의 특성에 대한 예를 들어보라.
- 센서 노드 보안이라는 용어는 무엇을 뜻하는가?
- 센서 노드 보안의 특성에 대한 예를 들어보라.
- WEP 인증이라는 용어는 무엇을 뜻하는가?
- WEP 인증의 특성에 대한 예를 들어보라.
- 플랫폼 보안이라는 용어는 무엇을 뜻하는가?
- 플랫폼 보안의 특성에 대한 예를 들어보라.
- 클라우드 컴퓨팅이라는 용어는 무엇을 뜻하는가?
- 클라우드 컴퓨팅의 특성에 대한 예를 들어보라.
- 기능 안전이라는 용어는 무엇을 뜻하는가?
- 기능 안전의 특성에 대한 예를 들어보라.
- 평균 고장 간격이라는 용어는 무엇을 뜻하는가?
- 평균 고장 간격 특성의 예를 들어보라.
- 주소^{address} 스푸핑이라는 용어는 무엇을 뜻하는가?
- 주소 스푸핑의 특성에 대한 예를 들어보라.
- 도청이라는 용어는 무엇을 뜻하는가?
- 도청의 특성에 대한 예를 들어보라.
- 중간 접근 제어라는 용어는 무엇을 뜻하는가?
- 중간 접근 제어의 특성에 대한 예를 들어보라.
- 고장 노드라는 용어는 무엇을 뜻하는가?
- 고장 노드의 특성에 대한 예를 들어보라.
- 플랫폼 보안이라는 용어는 무엇을 뜻하는가?
- 플랫폼 보안의 특성에 대한 예를 들어보라.
- 내부자라는 용어는 무엇을 뜻하는가?
- 내부자의 특성에 대한 예를 들어보라.
- 외부자라는 용어는 무엇을 뜻하는가?
- 외부자의 특성에 대한 예를 들어보라.
- 비잔틴 모델이라는 용어는 무엇을 뜻하는가?
- 비잔틴 모델의 특성에 대한 예를 들어보라.
- 평균 고장 간격이라는 용어는 무엇을 뜻하는가?
- 평균 고장 간격 특성의 예를 들어보라.

- SIL이라는 용어는 무엇을 뜻하는가?
- SIL의 특성에 대한 예를 들어보라.
- ASIL이라는 용어는 무엇을 뜻하는가?
- ASIL의 특성에 대한 예를 들어보라.
- 자동차 해킹이라는 용어는 무엇을 뜻하는가?
- 자동차 해킹의 특성에 대한 예를 들어보라.

참고문헌 및 더 읽을거리

(Akella et al. 2010) Akella, R., Tang, H., McMillin, B.: Analysis of Information Flow Security in Cyber-Physical Systems. In: Internat. Journal of Critical Infrastructure Protection, Vol. 3, pp.157–173, 2010

(Akyildiz et al. 2002) Akyildiz, I. E., Su, W., Sankkarasubramaniam, Y., Cayirci, E.: Wireless Sensor Networks: A Survey. In: Comput. News, Vol. 16, No. 4, pp 393–402, 2002

(Avancha 2005) Avancha, S.: A Holistic Approach to Secure Sensor Networks. Ph. D. thesis, 2005

(Barika et al. 2010) Barika, F., Hadjar, K., El-Kadhi, N.: Artificial neural network for mobile IDS solution, In: Security and Management, pp. 271–277, 2010

(Bitter et al. 2010) Bitter, C., Elizondo, D. A., Watson, T.: Application of Artificial Neural Networks and Related Techniques to Intrusion Detection. In: IEEE World Congress on Computational Intelligence, pp. 949–954, IEEE Press 2010.

(Bittersohl and Thoppill 2015) Bittersohl, C., Thoppil, T. G.: Automotive Cyber Security, P3 Inc., 2015

(Brown 1985) Broqn, J.: An Introduction to the Use of Facet Theory. In: Facet Theory, pp. 17–57, Springer Publ. 1985

(Bruton 2014) Bruton, J. A.: Securing CAN Bus Communication: An Analysis of Cryptographic Approaches. Master Thesis National University of Ireland, Galway, 2014

(Butayán and Hubaux 2007) Butayán, L., Hubaux, J.-P.: Security and Cooperation in Wireless Networks. Cambridge University Press, 2007

(CAMP05 2005) CAMP05 Vehicle Safety Communications Consortium. Vehicle Safety Communications Project Task 3 Final Report 2005. http://www.intellidriveusa.org/documents/vehicle-safety.pdf

(CAMP09 2008) CAMP09 Vehicle Safety Communications Consortium. Vehicle Safety Communications – Applications 1st Annual Report, Sept. 2008. http://www.intellidriveusa.org/documents/09042008-vsc-a-report. pdf

(CAMP10 2008) CAMP10 Vehicle Safety Communications Consortium. Cooperative Intersection Collision Avoidance System Limited to Stop Sign and Traffic Signal Violations Midterm Phase I Report, Oct. 2008. http://www.nhtsa.dot.gov/staticfiles/DOT/NHTSA/NRD/Multimedia/ PDFs/Crash%20Avoidance/2008/811048.pdf

(Cárdenas et al. 2008) Cárdenas, A., Amin, S., Sastry, S.: Secure Control - Towards Survivable Cyber-Physical Systems. Proceed. 28th IEEE International Conference on Distributed Computing Systems Workshops, pp. 495–500, 2008

(Cárdenas et al. 2011) Cárdenas, A., Amin, S., Lin, Z., Huang, Y., Huan, C., Sastry, S.: Attacks against Process Control Systems: Risk Assessment, Detection, and Response. Proceed. 6th ACM Symposium on Information, Computer and Communications Security, pp. 355–366, 2011

(Cebula and Young 2010) Cebula, J., Young, L. R.: A Taxonomy of Operational Cyber Security Risks. Software Engineering Institute Technical Note CMU/SEI-2010-TN-028, 2010

(Chakrabarti et al. 2007) Chakrabarti, D., Leskovec, J., Faloutsos, C., Madden, S., Guestin, C., Faloutsos, M.: Information Survival Threshold in Sensor and P2P Networks. In: INFOCOMM, IEEE, pp. 1316–1324, 2007

(Chalkias et al. 2009) Chalkias, K., Baldimtsi, F., Hristu-Varsakelis, D., Etephanides, G.: Two Types of Key-Compromise Impersonation Attacks against One-Pass Key Establishment Protocols. In: Communications in Computer and Information Science, Vol. 23, Part 3, pp. 227–238, 2009

(Chatterjee 2012) Chatterjee, P.: The Connected Car as a Platform. In: EDN Nertwork, December 2012

(Checkoway et al. 2011) Checkoway, S., McCoy, D., Kantor, B., Anderson, D., Shacham, H., Savage, S., Koscher, K., Czeskis, A., Roesner, F., Kohno, T.: Comprehensive Experimental Analysis of Automotive Attack Surfaces. http://www.autose.org/pubs/cars-usenixsec2011.pdf

(Cichonsky et al. 2012) Cichonsky, P., Millar, T., Grance, T., Scarfone, K.: Computer Security Incident Handling Guide. National Institute of Standards and Technology (NIST) Special Publication 800-61, Revision 2, 2012

(Cobb 2015) Cobb, S.: Cybersecurity and Manufacturers: What the Costly Chrysler Jeep Hack Reveals. http://www.welivesecurity.com/2015/07/ 29/cybersecurity-manufacturing-chrysler-jeephack/

(Currie 2015). Currie, R.: Developments in Car Hacking. SANS Institute 2015. https://www.sans.org/reading-room/whitepapers/ICS/developments-car-hacking-36607

(Daley and Gani 1999) Daley, D. J., Gani, J.: Epidemic Modelling: An Introduction. Cambridge University Press, 1999

(Das et al. 2012) Das, S. K., Kant, K., Zhang, N.: Handbook on Securing Cyber-Physical Critical Infrastructure. Elsevier Publ. 2012

(De Capitani di Vimercati 2007) De Capitani di Vimercati, S., Foresti, S., Jajodia, S., Paraboschi, S., Samarati, P.: Over Encryption: Management of Access Control Evolution on Outsourced Data. In: Proc. of VLDB, pp. 123–134. 2007

(Denning 1987) Denning, D. E.: An Intrusion Detection Model. In: IEEE Transactions on Software, Vol: SE-13 Issue: 2, pp. 222–232, 1987

(Dilek et al. 2015). Dilek, S., Caku, H., Aydin, M.: Applications of Artificial Intelligence Techniques to Combating Cyber Crimes - A Review. Internat. J. of Artificial Intelligence and Applications (IJAIA), Vol. 6, No. 11, pp. 21–39, 2015

(Dolev 1982) Dolev, D.: The Byzantine Generals Strike Again. Journal of Algorithms, Vol. 3(1), pp.14–30, 1982

(Eisenhauer et al. 2006) Eisenhauer, J., Donelly, P., Ellis, M., O'Brien, M.: Roadmap to Secure Control Systems in the Energy Sector. Energetics Inc. Columbia, MD, 2006

(Eugster et al. 2004) Eugster, P. T., Guerraoui, R., Kermarrec, A., Massouli, L.: From Epidemics to Distributed Computing. In: IEEE Computer, Vol. 37, pp. 60–76, 2004

(Eyal 2007) Eyal, N.: Vehicle Lab – Engine Control Unit, 2007. http://www.vehicle-lab.net/ecu.html

(Falliere et al. 2011) Falliere, N., O'Murchu, L., Chien, E.: W32. Stuxnet Dossier. Symantec Corporation, 2011

(Finke et al. 2015). Finke, T., Schoop, D., Melcher, H.: Extension of Security AUTOSAR architecture to recognition and Countermeasures in terms of relevant attack scenarios Automotive Ethernet. Thesis Work in German; University of Applied Sciences Esslingen, 2015

(Fleury et al. 2009) Fleury, T., Khurana, H., Welch, V.: Towards Taxonomy of Attacks against Energy Control Systems. Proceed. 2nd Annual IFIP Working Group. Internat. Conference on Critical Infrastructure Protection, pp. 71–85, 2009

(Gamage and McMillian 2009) Gamage, T., McMillin, B.: Enforcing Information Flow Properties using Compensating Events. In: Proceed. 42nd Hawaii Internat. Conference on System Sciences, pp. 1–7, 2009

(Goh et al. 2003) Goh, E., Shacham, H., Modadugu, N., Boneh, D.: SiRiUS:

Securing Remote Untrusted Storage. In: Proc. of NDSS, pp. 131–145, 2003

(Goodfellow et al. 2016). Goodfellow, I., Bengio, Y., Courville, A.: Deep Learning. MIT Press, 2016. www.deeplearningbook.org

(Goodwin 2009) Goodwin, A.: Ford Unveils Open-Source Developer Platform. 2009. http://reviews.cnet.com/8301-13746_7-10385619-48.html, Oct. 2009

(Gordon and Ford 2006) Gordon, S., Ford, R.: On the Definition of Classification of Cybercrime. Journal in Computer Virology, Vol.2, No. 1, pp. 13–20, 2006

(Greenberg 2013) Greenberg, A.: Hackers Reveal Nasty New Car Attacks-With me Behind the Wheel. http://www.forbes.com/sites/andygreenberg/2013/07/24/hackers-reveal-nasty-new-carattacks-with-mebehind-the-wheel-video/

(Greenberg 2015). Greenberg, A.: Hackers Remotely Kill a Jeep on the Highway-With me in it. http://www.wired.com/2015/07/hackersremotely-kill-jeep-highway/

(Gupta 2016). Gupta, V.: Control of Cyber-Physical Systems: Recent Results and New Challenges, 2016; http://www.ieeecss-oll.org/sites/default/files/final_gupta_acc.pdf

(Guttmann and Roback 1995) Guttman, B., Roback, E. A.: An Introduction to Computer Security: The NIST Handbook. DIANE Publ. 1995

(Hamlen et al. 2006) Hamlen, K., Morrisett, G., Schneider, F.: Computability classes for enforcement mechanisms. In: ACM Transactions on Programming Languages and Systems, Vol. 28, No. 1, pp. 175–205; 2006

(Hansman and Hunt 2005) Huntsman, S., Hunt, R.: A Taxonomy of Network and Computer Attacks. In: Computers and Security, Vol. 24, Issue 1, pp. 31–43, 2005

(Heady et al. 1990) Heady, R., Luger, G., Maccabe, A., Servilla, M.: The Architecture of a Network Level Intrusion Detection System. Technical Report University of New Mexico, Department of Computer Science, 1990

(Housley and Arbaugh 2003) Housley, R., Arbaugh, W.: Security Problems in 802.11-based Networks. In: Commun. ACM Vol. 46, No. 5, pp. 21–34, 2003

(Hubaux et al. 2004) Hubaux, J. P., Chapkun, S., Luo, J., Raya, M.: The Security and Privacy of Smart Vehicles. In: Journal IEEE Security and Privacy, Vol. 2, No. 3, pp. 49–55, 2004

(Intel Security 2015) Intel Security White Paper Automotive Security Best Practice. 2015; http://www.mcafee.com/de/resources/white-papers/wp-automotive-security.pdf

(IXIA 2014) IXIA Securing the Connected Car, Whitepaper 915–3513-01 Rev. A, 2014: www.ixiacom.com

(Jin et al. 2012) Jin, X., Dan, M., Zhang, N., Yu, W., Fu, X., Das, S. K.: Game Theory for Infrastructure Security: The Power of Intent-Based Adversary Models. In: Das, S. K., Kant, K., Zhang, N.: Handbook on Securing Cyber-Physical Critical Infrastructure, pp. 31–53. Morgan Kaufmann Publ., 2012

(Johnson 2010) Johnson, T.: Fault-Tolerant Distributed Cyber-Physical Systems: Two Case Studies. Master Thesis University of Illinois, ECE Dept., 2010

(Johnson 2016). Johnson, M.: Cyber Crime, Security and Data Intelligence. Routledge Publ. 2016

(Kallahalla et al. 2003) Kallahalla, M., Riedel, E., Waminadham, R., Wang, Q., Fu, K.: Scalable Secure File Sharing on Untrusted Storage. In: Proc. of 2nd USENIX Conference of File and Storage Technologies, pp. 29–42. 2003

(Kao and Marculescu 2006) Kao, J. C., Marculescu, R.: Eavesdropping Minimization via Transmission Power Control in Ad-Hoc Wireless Networks. In: 3rd Annual IEEE Communications Society on Sensor and Ad-Hoc Communications and Networks, pp. 707–714, 2006

(Karim and Proha 2014) Karim, E., Proha, V. V.: Cyber-Physical Systems Security. In: Applied Cyber-Physical Systems, pp. 75–84. Eds.: Shuh, S. S., Tanik, U., J., Carbone, J. N., Rogglu, A.; Springer Publ., 2014

(Kephart and White 1993) Kephardt, J. O., White, S. R.: Measuring and Modeling Computer Virus Prevalence. In: Proceed. IEEE Symposium on Security and Privacy, pp. 2–15, 1993

(Kermack and McKendrick 1927) Kermach, W. O., McKendrick, A.: A Contribution to the Mathematical Theory of Epidemics. Proceed. Royal Society of London, Vol. A, No. 1, pp. 700–721, 1927

(Kjaerland 2005) Kjaerland, M.: A Taxonomy and Comparison of Computer Security Incidents for the Commercial and Government Sectors. In: Computers and Security, Vol. 25, pp. 522–538, 2005.

(Koscher et al. 2010) Koscher, K., Czeskis, A., Roesner, F., Patel, S., Kohno, T., Checkoway, S., McCoy, D., Kantor, B., Anderson, D., Shacham, H., Savage, S.: Experimental Security Analysis of a Modern Automobile. In: IEEE Symposium on Security and Privacy, pp. 448–461, 2010

(Kumar and Spafford 1994) Kumar, S., Spafford, E. H.: An Application of Pattern Matching in Intrusion Detection. Computer Science Technical Reports, Paper 1116, Purdue University, 1994

(Landrum et al. 2014) Landrum, R., Pace, S., Hu, F.: Cyber-Physical Systems Security–Smart Grid Example, pp. 135–154. In: Cyber-Physical Systems. Ed.: F. Hu. CRC Press 2014

(Lamport 1997) Lamport, L.: Proving the Correctness of Multiprocessing Programs. In: IEEETransactions on Software Engineering, Vol. 3(2), pp. 125–143, 1997

(Lamport 1998) Lamport, L.: Proving Possibility Properties. In: Theoretical Computer Science, Vol. 206(1–2), pp. 341–352, 1998

(Lamport 2005) Lamport L.: Real-Time Model Checking is Really Simple. Proceed. 13th Advanced Research Working Conference on Correct Hardware Design and Verification Methods, pp. 162–175, 2005

(Landram et al. 2014) Landram, R., Pace, S., Hu, F.: Cyber-Physical System Security - Smart Grid Example. In: F. Hu: Cyber-Physical Systems - Integrated Computing and Engineering Design. pp. 145–154, CRC Press 2014

(Lin and Sangiovanni-Vincentelli 2012) Lin, C. W., Sangiovanni-Vincentelli, A.: Cyber-Security for the Controller Area Network (CAN) Communication Protocol. In: IEEE Proceed. Internat. Conference on Cyber Security, pp. 1–7, 2012

(Lin et al. 2013) Lin, C. W., Zhu, Q., Phung, C., Sangiovanni-Vincentelli, A.: Security-aware mapping for CAN-based real-time distributed automotive systems. In: IEEE Proceed. Internat. Conference on Cyber Security, pp. 115–121, 2013

(Lough 2001) Lough, G. L.: A Taxonomy of Computer Attacks with Applications to Wireless Networks. Dissertation submitted to the Faculty of the Virginia Polytechnic Institute, 2001

(Lunt et al. 1992) Lunt, T. F., Tamaru, A., Gilham, F., Jagannathan, R., Neumann, P. G., Javitz, H. S., Valdes, A., Garvey, T. D.: A Real-Time Intrusion Detection Expert System (IDES) – Final technical Report, SRI Computer Science Laboratory, SRI International, Menlo Park, CA, 1992

(Luo et al. 2010) Luo, Y., Szidarovsky, F., Al-Nashif, Y., Hariti, S.: Game Theory Based Network Security. In. Journal of Information Security, pp. 41–44, 2010

(Miller and Valasek 2014) Miller C., Valasek C.: A Survey of Remote Automotive Attack Surfaces. IOActive 2014. Available from: https://www.ioactive.com/pdfs/IOActive_Remote_Attack_Surfaces.pdf

(Miller and Valasek 2015). Miller, C., Valasek, C.: Remote Exploitation of an Unaltered Passenger Vehicle. http://illmatics.com/Remote%20Car%20Hacking.pdf

(Mo and Sinopoli 2009) Mo, Y., Sinopoli, B.: Secure Control against Replay Attacks. Proceed. 47th Conf. on Communication, Control, and Computing, pp. 911–918, 2009

(Mollman 2009) Mollmann S.: From Cars to TVs, Apps are Spreading to the Real World. http://edition.cnn.com/2009/TECH/10/08/apps.realworld/

(Möller 2016). Möller, D. P. F.: Guide to Computing Fundamentals in Cyber-Physical Systems – Concepts, Design Methods, and Applications, Springer Publ., 2016

(ni-com 2009) ECU Designing and Testing Using National Instruments Products. White Paper, National Instruments 2009

(Nurse et al. 2014) Nurse, J. R. C., Buckley, O., Legg, P. A., Goldsmith, M., Cresse, S., Wright, G. R., Whitey, M.: Understanding Insider Threat: A Framework for Characterizing Attacks. IEEE Security and Privacy Workshops, pp. 214–222, IEEE 2014

(Patel et al. 2010) Patel, A., Qassim, Q., Shukor, Z., Nogueira, J., Junior, J., Wills, C.: Autonomic Agent-Based Self-Managed Intrusion Detection and Prevention System, In: Proceed. South African Information Security Multi-Conference, pp. 223–234, 2010

(Pathan et al. 2006) Pathan, Al-S. K., Lee, H.-W., Hong, C. S.: Security in Wireless Sensor Networks: Issues and Challenges. In: Proceed. Internat. Confer. Advanced Technology, pp. 1043–1048, 2006

(Payteck 2003) How PayTeck Works. www.payteck.cc/aboutpayteck.html

(Pfleeger et al. 2015). Pfleeger, C. P., Pfleeger, S. L., Margulies, J.: Security in Computing. Prentice Hall 2015

(Pelechrinis et al. 2011) Pelechrinis, K., Iliofotou, M., Krishnanurthy, S. V.: Denial of Service Attacks in Wireless Networks: The Case of Jammers. In: IEEE Communications Surveys and Tutorial, Vol. 13, No. 2, pp. 245–257, 2011

(Poulsen 2010) Poulsen, K.: Hacker disables more than 100 cars remotely. Wired online. March 17th 2010. Available from: www.wired.com/threatlevel/2010/03/hacker-bricks-cars

(PR Newswire 2015). https://www.prnewswire.com/news-releases/nearly-80-percent-of-consumersthink- vehicle-hacking-will-be-frequent-problem-in-near-future-according-to-new-kelley-blue-booksurvey-300121740.html

(Salahuddin and Al-Fuqaha 2013) Salahuddin M. A. B., Al-Fuqaha, A.: AGORA: A Versatile Framework for the Development of Intelligent Transportation System Applications. In: Wireless Sensor and Mobile Ad-Hoc Networks: Vehicular and Space Applications, pp. 163–184, Eds.: B. Benhaddou, A. Al-Fuqaha, Springer Publ. 2013

(Saleh and Khatib 2005). Saleh, M., Khatib, I. A.: Throughput Analysis of WEP Security in Ad Hoc Sensor Networks. In: Proc. 2nd International Conference on Innovations in Information Technology, 2005

(Saltzman and Sharabani 2009) Saltzman, R., Sharabani, A.: Active Man in the Middle Attacks – A Security Advisory. Whitepaper IBM Rational Application Security Group. IBM Corporation 2009

(Satyanarayanan et al. 2009) Satyanarayan, M., Bahl, P., Caceres, R., Davies, N.: The Case for VM-based Cloudlets in Mobile Computing. IEEE Pervasive Compt. Vol. 8 No. 4, 14–23, 2009

(Sastry et al. 1994) Sastry, P. S., Phansalpar, V. V., Thathachar, M. A. L: Decentralized Learning of Nash Equilibria in Multi-Person Stochastic Games with Incomplete Information. In: IEEE Transct. On Systems, Man, and Cybernetics, Vol. 24, No. 5, pp. 769–777, 1994

(Scarfone and Mell 2007) Scarfone K., Mell, P.: Guide to Intrusion Detection and Prevention Systems. National Institute of Standards and Technology (NIST) Special Publication 800–94, 2007

(Shieh and Gligor 1991) Shiva, S. W., Gligor, V. D.: A Pattern Oriented Intrusion Model and its Applications. In: Proceed. IEEE Computer Society Symposium on Research in Security and Privacy, pp. 327–342, 1991

(Shimeall and Spring 2014) Shimeall, T., Spring, J.: Introduction to Information Security: A Strategic-Based Approach. Elsevier Publ. 2014

(Shiva et al. 2010) Shiva, S., Roy, S., Dasgupta, D.: Game Theory for Cyber Security. In: CSIIRW Conf. Proceed., ACM Press 2010

(Simmons et al. 2014) Simmons, C., Ellis, C., Shiva, S., Dasgupta, D., Wu, Q.: AVOIDIT : A cyberattack Taxonomy. In: 9th Annual Symposium on Information Assurance (ASIA), pp. 14-1-14-, 2014

(Smaha 1988) Smaha S. E.: Haytack: An Intrusion Detection System. In: Proceed. 4th Aerospace Computer Security Applications Conference, pp. 37–44, 1988

(Tang and McMillin 2008) Tang, H., McMillian, B.: Security Property Violation in CPS through Timing. In: Proceed. 28th Internat. Conference on Distributed Computing Systems Workshops, pp. 519–524, 2008

(Valasek and Miller 2014) Valasek, C., Miller, C.: A Survey of Remote Automotive Attack Surfaces. Technical White Paper, IOActive Inc., 2014

(VTTI 2007) VTTI - Virginia Tech Transportation Institute. Intersection Collision Avoidance - Violation Task 5 Final Report, 2007. http://www.intellidriveusa.org/documents/final-report-04-2007.pdf

(Wang et al. 2010) Wang, E. K., Ye, Y., Xu, X., Yiu, S. M., Hui, L. C. K., Chow, K. P.: Security Issues and Challenges for Cyber Physical Systems. IEEE/ACM Conference on Green Computing and Communications and IEEE/ACM Intern. Conference on Cyber, Physical and Social Computing, pp.733–738, IEEE Publ., 2010

(Xiao 2006) Xiao, Y.: Security in Sensor Networks. Auerbach Publ., 2006

(Xiao et al. 2008) Xiao, K., Ren, S., Kwiat, K.: Retrofitting Cyber-Physical Systems for Survivability through External Coordination. In: Proceed. 41st Internat. Conference on Systems Science, pp. 454–466, 2008

(Yuzhe et al. 2013) Yuzhe, L., Ling, S., Peng, D., Quecedo, E.: Jamming Attack on Cyber-Physical Systems : A Game Theoretic Approach. In: IEEE 3rd Annual Conference on Cyber Technology in Automation, pp. 252–257, 2013

(Zeltser 2015) Zeltser, L.: Antivirus Software uses Several Different Virus Detection Techniques. TechTarget Network, 2015

(Zimmer et al. 2010) Zimmer, C., Bhat, B., Mueller, F., Mohan, S.: Time-Based Intrusion Detection in Cyber-Physical Systems. In: Proceed. 1st ACM/IEEE International Conference on Cyber-Physical Systems, pp. 109–118, 2010

링크

(URL1 2016) www.dhs.gov/science-and-technology/cyber-security-division

(URL2 2016) https://autoalliance.org/connected-cars/cybersecurity/

(URL3 2016) http://www.icao.int/APAC/Documents/edocs/cns/mlat_concept.pdf

(URL4 2016) https://www.autosar.org/fileadmin/user_upload/standards/classic/3-0/AUTOSAR_TechnicalOverview.pdf

(URL5 2016) https://en.wikipedia.org/wiki/Secure_Neighbor_Discovery

(URL6 2016) https://www.genivi.org/challenges

(URL7 2016) http://searchcontentmanagement.techtarget.com/definition/taxonomy

(URL8 2016) https://ldra.com/automotive/

(URL9 2016) http://www.openvas.org/about.html

(URL10 2016) https://www.automotiveisac.com/best-practices/

(URL11 2016) https://en.wikipedia.org/wiki/Functional_safety

(URL12 2016) http://www.exida.com/Resources/Term/Automotive-Safety-Integrity-Level-ASIL

(URL13 2016) https://en.wikipedia.org/wiki/Failure_mode_and_effects_analysis

(URL1 2017) https://www.techopedia.com/definition/24841/denial-of-service-attack-dos

(URL1 2018) https://www.plattform-i40.de/I40/Navigation/DE/Industrie40/Handlungsfelder/Sicherheit/sicherheit.html (in German)

7
커넥티드카 모바일앱

7장에서는 자동차 산업 분야 내 혁신 중 하나인 커넥티드카 모바일 앱을 다룬다. 7.1절에서는 세계적으로 자동차와 IT 시장 그리고 이에 대한 관리와 시스템에 대해 이야기한다. 7.2절은 자동차 산업 내 애자일 소프트웨어 개발의 현재 추세에 관해 설명한다. 애자일 소프트웨어 개발 방식은 고객의 요구에 빠른 대응에 중점을 둬 속도와 민첩성을 핵심 경쟁력으로 한다. 7.3절에서는 스마트폰과 이에 상응하는 앱 시장의 중요성을 소개하며 또한 이들의 수치상으로는 예측할 수 없는 성장을 소개한다. 7.4절에서는 iOS 운영체제에 대해 집중적으로 다룬다. iOS 운영체제는 풍부한 기능과 강력한 모바일 앱 개발을 위한 애플리케이션 프로그래밍 인터페이스를 제공하며 Apple의 iCloud 환경과 완벽하게 통합돼 있다. 7.5절은 Xcode의 배경과 네이티브 macos, iOS, tvOS 그리고 watchOS 애플리케이션 개발 시 다양한 언어와 다양한 플랫폼이 지원되는 개발자들을 위한 통합 개발 환경^{IDE}에 관해 설명한다.

지원되는 개발 언어는 Cocoa 프레임워크와 함께 Ojbective-C, Swift가 있으며 또한 C와 C++ 애플리케이션 개발도 가능하다. 7.6절에서는 주로 Android Software Development Kit을 이용해 Java 언어로 개발되는 Android 애플리케이션에 관해 소개한다.

Android는 Apple의 iOS와 경쟁하는 강력한 운영체제다. 7.7절에서는 자동차 제조사들이 어떻게 Apple과 Google의 하드웨어와 소프트웨어를 자동차의 인포테인먼트 시스템 내 통합해 스마트폰 기술들을 수용하고 있는지 집중적으로 다룬다. 7.8절에서는 Objective-C, Swift, Java App Development와 같이 모바일 앱 개발을 위해 요구되는 프로그래밍 언어들에 대해 소개한다. 7.9절에서는 카풀과 택시 공유 서비스 모델이 된 자동차 라이드셰어링의 사례에 관련해 개발 요구 사항들에 대해 소개한다. 7.10절에서는 몇몇 애플리케이션 내 일부 핵심 클래스에 대한 소스 코드를 설명한다. 마지막으로 7.11절에서는 질의 응답식의 연습 문제가 소개된다. 마지막 절은 참고문헌 및 더 읽을거리에 관한 제안이다.

7.1 자동차 IT

자동차 IT는 자동차 회사에 배치되고 있는 IT 시스템을 다룬다. 자동차 산업은 세상에서 가장 정교한 IT 인프라 중 하나다. 일반적으로 전체 수익의 2% 이상을 IT에 대해 사용하고 있다. 다음과 같이 자동차 IT 시스템들이 배치되고 있는 영역에 대해 구분할 수 있다.

- 엔지니어링
- 조달
- 생산
- 판매 및 사후관리

또한 중앙 기능인 인적 자원[HR], 재무 관리 등도 이에 포함된다.

관리적 기능을 위한 중앙 IT 시스템들은 일반적으로 표준화돼 있고 SAP, Peoplesoft 등의 기성 제품을 최적화해 사용한다(Weber 2012; Laudon 외 2010). 기술과 생산에서는 상업용 기성 제품[COTSs]과 종종 핵심 시스템과 매우 다른 고도로 최적화된 버전을 조합해 사용한다(Ludewig와 Lichter 2013). IT 시스템 엔지니어링 소개와 함께 3장에서 자세히 다뤘다. 사례를 보자면 Diamler는 Teamcenter라는 Siemens의 제품 수명주기 관리 솔루션[PLM]을 배치했고, 이는 수년 간 최적화와 다양한 방식으로 적용됐다(그림 7.1 참고). 이 Daimler에 특화된 버전은 "Smaragd"라 부른다. 이 외에도 역할 기반 기술 작업 공간과 공통 기술 클라이언트[CES] 프레임워크와 같은 많은 특수 솔루션들이 개발됐다.

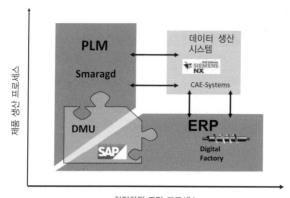

그림 7.1 자동차 회사의 IT 시스템

자동차 회사에서 일반적으로 IT 환경은 중앙 기능들을 위해 대규모의 표준 소프트웨어 패키지, 성장하고 최적화된 버전의 표준 패키지들 그리고 특별한 목적을 위해 개발된 개별적인 다양한 애플리케이션으로 구성된 매우 특별한 조합이다. 이런 다양한 IT 환경의 관리는 매우 어려운 과제다. 그림 7.2는 Daimler의 IT 조직의 서비스 모델에 대해 나타내고 있다. 이 모델의 중심에는 사업부의 요구 사항 관리, 서비스 제공과 운영 프로세스 그리고 내부 IT 조직의 고객으로서 관리되는 사업부와의 인터페이스가 있다. 핵심 서비스 활동들은 몇몇 지원 활동과 엔터프라이즈 아키텍처, IT 표준, 기술 관리, 재무/제어 관리 등과 같은 프로세스에 포함된다.

핵심 목적은 다음과 같다.

- 비용 절감
- 성능과 확장성
- 안정성과 신뢰성

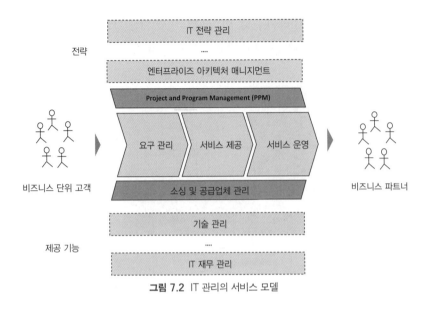

그림 7.2 IT 관리의 서비스 모델

7.1.1 자동차 산업 내 IT 관리와 시스템

IT 관리는 언제나 앞서 언급한 다양한 목적들 사이에서 절충돼 왔다. 그림 7.2
는 Daimler IT 조직의 서비스 모델을 보여준다. 사업부들은 그들의 요구 사항
들을 적용한다. 서로 다른 핵심 프로세스 개선들은 균형 성과표의 목적에 의해
정의되고 관리된다(Kaplan과 Norton 1996).

다른 자동차 OEM들에서도 유사한 운영 모델을 발견할 수 있을 것이다. 지
난 몇 년간 주요 혁신은 여러 부서들이 동시에 더 효율적인 서비스 제공과 더불
어 해외 맞춤형 개발을 적용하는 공유 서비스 센터의 도입에 의해 주도돼 왔다
(Mangiapane과 Büchler 2015). 해외 맞춤형 개발의 초기에는 주로 비용적인 측
면에서 고려돼 추진됐지만(예: 인도 개발팀의 시간당 비용은 독일이나 미국에 비해
상당히 낮다), 이후에는 빠른 개발 속도와 가용한 기술 수준이 주요 추진력이 됐다.

COBOL 코드의 업데이트가 반드시 필요했던 2000년도에 발생한 밀레니
엄 버그가 발생했던 시기가 해외 맞춤형 개발의 큰 도움이 됐다(Grechenig 외
2010).

수년에 걸쳐 매우 이질적인 IT 환경이 출현했는데, 이는 유지뿐만 아니라 많
은 노력이 있어야만 운영할 수 있었고 지식을 내재화할 수 있었다. 회사에 배치
된 서로 다른 많은 수의 애플리케이션들을 보면 이 문제를 쉽게 이해할 수 있다.

Volkswagen은 SAP과 같은 매우 큰 백본 시스템부터 특정 분야를 갖는 하나의 부서에서만 동작하는 작은 애플리케이션까지 10,000개 이상의 서로 다른 애플리케이션들을 보유하고 있었다. Daimler는 6,000개 이상 보유했다. 이 각기 다른 애플리케이션들은 데이터베이스 시스템, 운영체제, 미들웨어, 통합 개발 환경 도구 등의 특정 IT 인프라를 필요로 한다.

모든 인터페이스와 의존성들이 관리될 경우에만 안정적인 운영이 가능하다. 일부 애플리케이션들은 아마도 전혀 사용되지 않고 있을 수 있지만 여전히 관리돼야만 한다. 기업들은 애플리케이션의 수를 줄이고 가능한 표준화하기 위한 프로그램을 시작했다. Daimler는 회사의 "journey to excellence^{J2E}"의 기반이 된 분류 체계를 개발했다. 이에 따라 모든 애플리케이션들은 사용자 기반, 비즈니스 영향도, 비용, 유지 보수, 다른 애플리케이션과의 의존성 그리고 미래에 대한 대비에 따라 구분되고 체계화됐다(Mangiapane와 Büchler 2015). 만약 애플리케이션이 비즈니스에 영향력이 낮고 유지 보수가 어렵고 비용이 많이 든다면, 포트폴리오상 제거되고, 대체 또는 더 이상 운영하지 않게 된다. 이 방식으로 인해 일반적인 기능을 저해하지 않고 애플리케이션의 수를 크게 줄일 수 있었으며, 개발 프로젝트에 집중하며, 회사 전반적인 표준이 수립될 수 있었다.

그림 7.1에 나타난 것과 같이 오늘날의 핵심 백본 시스템은 다음을 포함한다.

- 재무 관리, 조달 및 제품 관리와 같은 엔터프라이즈 자원 계획을 위한 중심 플랫폼인 SAP
- PLM용 Teamcenter-Smaragd
- NX 또는 CATIA와 같은 다양한 CAD 제작 도구
- 기술 요구 사항 관리를 위한 IBM DOORS
- 통합 메시지, 이메일, 운영체제, 작업 흐름 관리 등을 위한 Microsoft 제품

또한 개발과 운영 환경은 Eclipse IDE를 사용하는 Java 플랫폼 또는 Visual Studio 툴 제품군을 사용하는 NET을 사용해 표준화됐다. 미들웨어는 이른바 기술 스택을 중심으로 표준화됐다(Weber 2012; Schäfer 2010; Masak 2010).

PAI$^{Proactive infrastructure}$ 스택은 Daimler의 다양한 공급업체들의 Java 엔터프라이즈 애플리케이션을 위한 백본이다. 이 기술 스택은 지난 15년 이상의 기간 동안 발전해왔다. 이는 IBM의 WebSphere 애플리케이션 서버를 기반으로 하고 있는데 인증, 보안 프레임워크 그리고 IBM의 DB2 데이터베이스, Oracle의 데

이터베이스 서버 또는 Microsoft의 SQL 서버와의 인터페이스를 지원하는 표준화된 지속성 계층을 포함한다.

모든 새로운 데스크톱, 엔터프라이즈 애플리케이션을 위한 Java 개발은 반드시 이 인프라를 기본적으로 사용해야만 한다. 일반적으로 예외는 허용되지 않는다. 표준 스택을 사용하지 않기 위해서는 반드시 매우 타당한 사유를 찾아야만 한다. 이러한 시도들은 전 세계 수십만 명의 직원들을 지원하고 판매 부서, 정비소 그리고 수천의 협력사와 공급업체들을 연결하는 수천 개의 애플리케이션을 구성하며 안정적이고 신뢰할 수 있고 예측 가능한 IT 인프라를 이끌어냈다. 핵심 목표는 비용적 효율성, 성능, 원활한 운영, 예측 가능한 배포 그리고 쉬운 유지 보수다.

스마트폰과 소셜미디어의 붐은 자동차 산업을 근본적으로 변화시키고 있다. 전형적인 변화의 특징은 다음과 같다.

- 새로운 소프트웨어 버전의 OTA^{Over The Air}를 통한 배포(앱스토어)
- 주기적인 업데이트를 통한 쉬운 에러 수정
- 모든 사람이 참여해 콘텐츠를 소비하거나 생산
- 사용자 인터페이스 기능과 혁신들에 대한 사용자의 높은 기대
- 매우 빠른 응답 시간

스마트폰 경제는 거의 모든 비즈니스 분야에 엄청난 영향을 미쳤다. 모든 시대를 통틀어 스마트폰은 가장 성공한 제품 중 하나다(Laudon 외 2010). Apple의 iPhone을 예로 들면 iPhone은 인류 역사에서 어떠한 단일 제품보다 높은 수익과 이익을 창출했다.

그림 7.8의 파이차트는 선도적인 플랫폼 iOS와 Android의 2016년 시장점유율을 보여준다. 그림 7.9는 스마트폰 제조사의 점유율을 나타낸다. 데스크톱 비즈니스를 지배했던 Microsoft와 같은 IT 대기업들도 모바일 시장에서는 Google, Apple에 밀릴 수밖에 없을 정도로 경쟁은 매우 치열하다(Dörner 2016).

자동사 산업 역시도 짧은 주기와 빠른 출시 그리고 극단적인 소프트웨어 혁신 주기에 익숙하지 않았다. 이는 "two-speed IT"라는 용어를 만들었고 개념은 다음과 같다.

- 빠른 속도, 최소한의 신뢰성, 시장에 가능한 빠르게 개발 및 출시하는 첫 번째 애플리케이션

- 완전하고 테스트 수준이 높으며 전형적인 방식으로 만들어진 신뢰할 수 있는 백본 시스템

자동차 IT, 커넥티드 서비스, 인포테인먼트 그리고 앱들의 가능성은 이 사업을 가속화시켰다. 모든 프리미엄 제조사들은 이 도전적 과제에 대응했고, 앱, 회사별 앱스토어 그리고 다음과 같은 매력적인 새로운 기능에 투자하고 있다.

- 커넥티드 파킹
- 자동차와 스마트홈의 통합
- 새로운 이동 수단 서비스
- 중앙 기능의 원격 제어
- 원격 진단

자동차 OEM들은 이러한 도전 과제를 해결하기 위해서 애자일 개발 프로세스가 큰 잠재력을 갖고 있음을 알았다. 따라서 다음 절에서는 이 접근 방법에 대한 설명과 가장 널리 사용되는 애자일 프로세스 중 하나인 스크럼에 대해 간략하게 설명한다.

7.2 애자일 소프트웨어 개발

대규모의 소프트웨어 개발의 문제점에 대해 들여다본다면 애자일 소프트웨어 개발이 주목받는 이유를 가장 잘 이해할 수 있다(Ludewig와 Lichter 2013; Grechenig 외 2010; Sommerville 2015).

- 변경 사항은 다음 단계에서 다루기 어렵다.
- 대형 프로젝트는 요구 사항 단계에서 과도하게 설계되고 분석가, 이해관계자, 관련 분야 전문가, 개발자 그리고 운영 전문가 간 의사소통이 적절하게 이뤄지지 않아 실패한다.
- 폭포수 모델waterfall model과 같은 고전적 모델 내 선형적 단계들은 너무 딱딱하고 유연하지 않다.

2001년 2월 "Agile Manifesto"는 다음과 같은 방식으로 요약된 일련의 핵심 원칙들에 초첨을 맞췄다(Sommerville 2015; Grechenig 외 2010; iX 2017).

- 변경 사항은 환영하며 이는 비즈니스의 일부다.
- 문서화가 아닌 제품에 집중한다.
- 동작 가능한 상태의 소프트웨어를 주기적으로 배포한다.
- 경직된 절차보다 모든 이해관계자 간 소통을 선호한다.

스크럼은 현재까지 가장 유명한 애자일 개발 방식이다(iX 2017; Sommerville 2015). 스크럼 프로젝트에는 2가지 핵심 역할이 존재한다.

- 스크럼 마스터
- 제품 책임자

스크럼 마스터는 모든 프로세스를 조율한다. 매일 일어나는 스크럼 미팅은 모든 사람들에게 프로젝트의 상태와 목적에 관해 알 수 있게 해준다.

제품 책임자는 이해관계자와의 핵심 인터페이스 역할을 한다. 그들은 주요 사용 사례들이 제품 백로그에 포함될 수 있도록 한다. 그림 7.3과 7.4는 스크럼 개발 과정을 요약한다.

개발 노력 추정은 상호 소통을 장려하고 포함된 위험과 복잡성에 대한 공통된 이해가 생기도록 하기 위한 몇 가지 흥미로운 기법들을 사용한다. 비록 코드의 라인을 세는 것은 소프트웨어의 복잡도를 측정하기 위해 적합하지 않지만, 이 단순한 측정을 통해 그림 7.5와 같이 IT 와 임베디드 시스템의 소프트웨어 콘텐츠가 증가하고 있는 것을 알 수 있다(URL18 2017). 아키텍처, 알고리즘, 행위적(예: real-time), 비기능적(예: 확장성), 보안, 기능적 안전, 수명주기 그리고 운영 환경 관점들은 점점 더 중요해지고 있다. 다음 논문에서는 이러한 주제에 대해 더 자세히 논의한다(Grechenig 외 2010; Ludewig와 Lichter 2013; Hoffmann 2013).

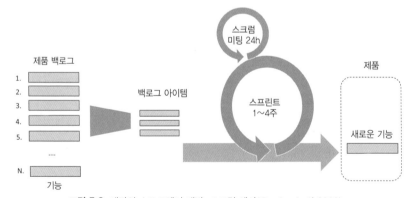

그림 7.3 애자일 소프트웨어 개발-스크럼 예시(Grechenig 외 2010)

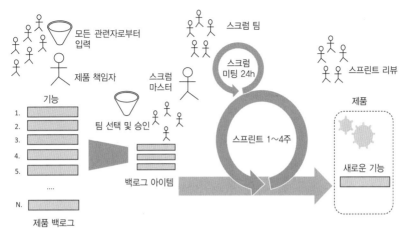

그림 7.4 스크럼 프로젝트 내 다양한 역할(Sommerville 2015; iX 2017)

애자일 소프트웨어 개발에서 개발 노력 추정은 흔히 요구 사항의 불완전하고 부분적인 이해에만 의존한다. 그렇지만 소프트웨어 제품의 복잡성을 이해하고 파악하기 위해 많은 것을 할 수 있다. 팀은 본질적인 복잡성에 대한 공통적인 이해를 발전시키는 것에 있어 중요한 역할을 수행한다.

애자일의 개발 노력과 복잡도 추정을 위해 잘 알려진 방법들은 다음과 같다.

- 버킷 추정
- 플래닝 포커

이 방법들은 iX 매거진의 최근 특별한 이슈에서 찾아볼 수 있다(iX 2017). Sommerville은 애자일 소프트웨어 개발의 상세한 개요에 대해 알려준다. 그림 7.6과 같이 애자일 개발 시 발생하는 주요 질문들은 어떻게 배포 계획을 세우고, 개발 노력과 비용의 추정 방식과 소프트웨어 개발이 부분 또는 전체적으로 아웃소싱돼 개발되는 경우 어떻게 공급업체들을 관리하는지에 대한 것들이다.

주요 비기능적 요구 사항에 대해 잘 이해하는 것도 중요하다. 흑백논리식 접근은 없으며 주로 맞춤화된 모델이 적용된다. 경험은 큰 역할을 한다. 좋은 아키텍처는 변경 사항을 통합하고 주요 비기능적 요구 사항의 철저한 이해가 가능한 것이며 이는 매우 중요하다.

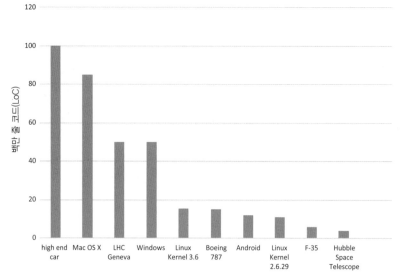

그림 7.5 다양한 IT와 임베디드 시스템의 코드의 라인 수를 측정한 증가하는 소프트웨어 콘텐츠 (URL2 2014: URL18 2017)

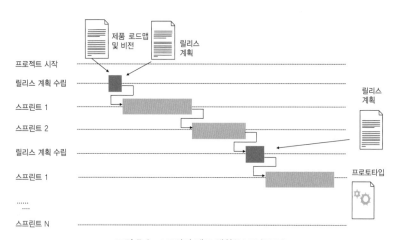

그림 7.6 스크럼의 배포 계획(iX 13/2017)

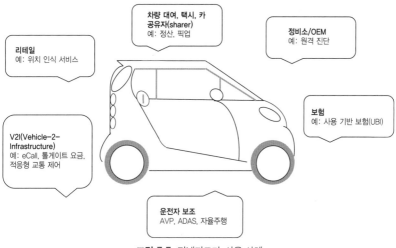

그림 7.7 커넥티드카-사용 사례

7.2.1 도전과 Two-Speed IT

앱 개발 주기는 일반적인 자동차 IT 시스템 또는 자동차 내 임베디드 소프트웨어보다 매우 짧기 때문에 "two-speed IT"라는 용어가 생겨났다. 자동차 OEM들은 IT 환경에서 신뢰성, 안전성, 안정성에 문제 없이 앱 개발의 빠른 속도를 따라잡을 수 있기를 바란다(Herchet 외 2015). 이는 달성하기 위해 쉽지 않으며 철저한 계획을 필요로 한다. 따라서 그림 7.7에서 나타나듯 커넥티드카 사용 사례에서 애자일 방법론은 이에 대한 핵심 역할을 수행한다(Ludewi와 Lichter 2013; Müller 외 2015; Hülshorst 외 2015).

7.3 스마트폰과 앱 마켓

2016년 세계적으로 스마트폰 시장은 생산된 폰의 10억 대 이상을 차지하고 있다. 이에 따라 다음과 트렌드가 발생하고 있다.

- Huawei 같은 중국 제조사들이 Huawei P10 Mate와 같은 플래그십 스마트폰의 저렴한 파생 모델들로 서부 시장을 공략하고 있다.

- 세계적으로 새로운 저가형 브랜드가 시장에 진출
- Samsung은 여전히 매우 강력한 기업이지만 Samsung Galaxy 7의 배터리 문제로 주춤했다. Samsung은 배터리 문제를 해결할 수 없는 공급사의 상황으로 인해 제품 생산을 중단해야만 했다. 항공사들은 승객에게 경고 안내를 하거나 극단적으로 Samsung Galaxy 핸드폰을 소지하고 탑승하는 것을 허용하지 않았다(Hecking 2016).

인도와 중국에서 새로운 브랜드들이 급성장하고 있다. 그림 7.8과 같이 Android는 80% 이상의 시장 점유율을 보이고 있다. Samsung은 새로운 플래그쉽 제품들의 성공과 함께 그들의 글로벌 리더십을 재강화했지만 리콜과 브랜드 이미지 손상은 수십억 달러에 달했다(Hecking 2016).

Huawei, OPPO 등과 같은 다른 제조사들의 엄청난 생산량의 증가로 인해 Android 시장 점유율을 상승하고 있다.

iOS 시장 점유율은 2016년 2분기에 20% 이상 감소했다. IDC는 2016년 9월 iPhone 7의 출시와 함께 2016년 4분기 판매 호조를 예상했다(URL4 2017). 2017년 버전의 iPhone은 첫 출시 이후 10년을 기념해 일부 새로운 기술이 적용됐다. 하지만 판매 가격은 지금까지 가장 높은 수준이다.

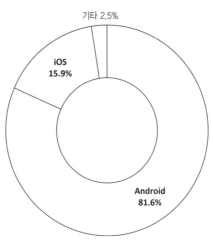

그림 7.8 스마트폰 운영체제 점유율(URL1 2016)

WindowsPhone은 큰 시련을 경험했다. Microsoft의 비즈니스 사용자에 대한 집중과 함께 소비자 시장에서 감소는 지속될 것으로 예상됐다(Dörner 2016). 10년 전 모바일폰과 스마트폰의 리더였던 Nokia의 하락은 얼마나 시장 경쟁이 심한지 보여준다(Busse 2016). 그림 7.9는 2016년 주요 스마트폰 제조사들의 시장 점유율을 보여준다.

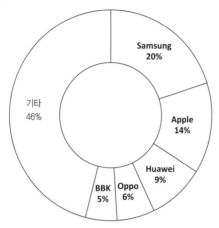

그림 7.9 주요 스마트폰 제조사(2016년 제조사별 시장 점유율(URL15 2017))

7.4 iOS

7.4.1 iOS의 역사

iOS는 iPhone, iPad와 같은 Apple 모바일 기기들을 위해 macOS를 수정한 것이다(URL1 2017; URL3 2017). 이는 Apple 기기가 아닌 것들에서는 사용이 불가능하다. 이는 Apple이 창업한 이래 Apple의 만트라^{mantra}였으며 Steve Job가 1996년 Apple에 복귀하면서 다시 강화됐다(Lashinsky 2012). 이는 Microsoft로부터 라이선스를 취득한 운영체제와 하드웨어에 집중하던 다른 OEM들과는 대조적이다. Apple에게는 플랫폼의 외관과 느낌을 제어하는 것이 언제나 중요했다. 오늘날 iWatch를 위한 또 다른 파생 운영체제가 있는데 watchOS라 부른다. iOS는 Scott Forstall의 지휘 아래 개발됐다. 현재 버전은 Mojave인 Apple의 macOS 운영체제는 흥미로운 역사를 갖고 있다 (Linzmayer 2004; Singh 2007). 핵심 기능은 NeXTSTEP과 NeXT 컴퓨터의 운영체제를 기반으로 한다. NeXT 내부에 Copland라는 프로젝트가 존재했고 이는 Microsoft Windows의 GUI와 성능 측면에서 더 이상 경쟁이 되지 못하고 있는 상황에서 현대적인 운영체제를 개발하기 위한 시도로 Apple에 인수됐다(Linzmayer 2004). NeXTSTEP은 기원을 따라가면 micor-kernel 기반의 Mach 운영체제에 근간을 둔 UNIX 시스템이다(Tanenbaum과 Austin 2012). 참고로 Mach는 1980년대 중반 많은 현대적 OS 기능, 풍부한 GUI 그리고 강력한 멀티미디어 기능을 제공하며 유명했던 Amiga 컴퓨터의 기반이다.

iOS의 주요 버전은 매년 출시된다. 현재 버전은 iOS12이고 2018년 6월 출시됐다. iPhone 5 이후 버전, iPad 4세대 이후 버전, iPad Pro, iPad Mini 2 이후 버전 그리고 6세대 iPod Touch에서 동작한다.

7.4.2 iOS 플랫폼

iOS 플랫폼은 풍부한 기능들과 모바일 앱 개발을 위한 강력한 애플리케이션 프로그래밍 인터페이스를 제공하며 Apple의 iCloud 환경과 완벽하게 통합돼 있다.

일반적으로 iPhone 벤치마크 테스트에서 높은 성능을 나타내고 있다. 이는 AX라 부르는 강력한 최적화 프로세서 때문인데 이는 내장된 빠른 GPU와 결합된 멀티코어 ARM 아키텍처에 기반하고 있다. 현재 버전은 A12 Bionic이며 iPhone XS와 XR의 핵심 프로세서다. Apple은 GPU를 직접 설계하고 머신러닝을 위한 특별한 프로세서도 탑재하고 있다. Apple의 AX 프로세서는 매우 빠르고 심지어 데스크톱의 전통적인 CPU 성능을 뛰어넘는다. iOS 소프트웨어와 최적화된 하드웨어의 완벽한 통합은 최적의 결과를 나타낸다. 드라이버, 핵심 기능 그리고 플랫폼은 Apple 제품군의 몇 가지 각각의 요소에 최적화된다. 이에 반해 Android 기기들은 다양한 서로 다른 하드웨어 설정을 반드시 처리해야만 한다.

앱 개발을 위해 사용할 수 있는 몇몇 핵심 플랫폼 API는 다음과 같다.

- Foundation Kit 프레임워크
- 게임을 위한 GameKit 프레임워크
- iAd 프레임워크
- 지도 기반 애플리케이션을 위한 Map Kit 프레임워크
- UIKit 프레임워크(Application Kit 기반)

7.4.3 iOS 아키텍처

최상위 단계에서 iOS는 기반 하드웨어와 앱 간 중계 역할을 수행한다(URL1 2017). 앱은 기반 하드웨어 직접적으로 통신을 하지 않는다. 대신 잘 정의된 시스템 인터페이스들을 통해 하드웨어와 통신하게 된다. 이 인터페이스는 서로 다른 하드웨어 기능을 갖는 기기들에서도 일관적으로 동작하는 앱을 쉽게 만들 수 있게 해준다(URL1 2017).

iOS 프로그래밍 모델은 그림 7.10과 같이 여러 계층을 기반으로 한다. 하위 계층은 기본적인 서비스와 기술들을 포함한다. 상위 계층은 하위 계층을 기반으로 구축되고 더 정교한 서비스와 기술을 제공한다(URL2 2017). 이는 복잡성을 줄이고 추상화하는 컴퓨터 과학에 기본적인 방법이다(Tanenbaum과 Austin 2012; Ludewig와 Lichter 2013; Stokes 2007; Schäfer 2010).

그림 7.10 계층화된 iOS 아키텍처

그림 7.11에서 보여지는 것과 같이 각 계층들은 기능, 서비스, 컴포넌트 그리고 프레임워크의 집합으로 구성된다(URL8 2017; Stevenson 2010).

- Cocoa Touch 계층: Cocoa는 macOS의 애플리케이션 프레임워크다. Cocoa Touch는 iOS에서 통신 계층이다. iOS 앱을 개발하는 핵심 프레임워크를 포함하고 있다. 이 프레임워크는 앱의 외형을 정의한다(URL8 2017). 또한 기본 앱 인프라를 제공하며 멀티태스킹, 터치 기반 입력, 알림 푸시 그리고 높은 수준의 시스템 서비스를 제공한다.
- Media 계층: Media 계층은 멀티미디어 특징들을 사용할 수 있게 해주는 그래픽, 오디오 그리고 비디오 기술을 포함한다.
- Core Service 계층: Core Service 계층은 기본적인 시스템 서비스를 포함한다. 이러한 서비스 중 핵심은 모든 앱이 사용하는 기본적인 형태를 정

의하는 Core Foundation과 Foundation 프레임워크다. 이 계층은 또한 위치, iCould, 소셜미디어 그리고 네트워킹과 같은 기능을 지원하기 위한 개별 기술이 포함돼 있다.

- Core OS 계층: 대부분의 다른 기술 개발에 근간이 되는 하위 기능을 포함하고 있다. 일반적으로 애플리케이션 개발자는 이 계층을 직접 사용할 일은 없지만, 상위 계층에 의해 사용되는 서비스들은 암묵적으로 접근하게 된다. 하지만 외부 하드웨어 장치와 통신이 필요한 상황에서 이 계층의 프레임워크를 직접적으로 사용할 방법은 없다.

- Core Graphics: 이는 하위 수준의 C를 기반으로 한 프레임워크다(URL8 2017). 이 계층은 고품질의 벡터 그래픽, 경로 기반 표현, 변환, 이미지, 데이터 관리 등을 처리한다. iOS에서 가장 쉽고 효과적으로 그래픽을 표현하는 방법은 렌더링된 이미지, 표준화된 뷰와 UIKit 프레임워크의 제어, 경로, 색상, 패턴, 그라데이션, 이미지, 텍스트 그리고 변환을 포함하는 사용자 정의 드로잉을 위한 클래스들을 제공하는 상위 프레임워크를 사용하는 것이다.

- Core Animation: 이 인터페이스는 Quartz Core 프레임워크의 일부이며 고수준 애니메이션과 시각 효과를 위한 기능을 제공한다. UIKit는 핵심 애니메이션 기술 위에 구축된 애니메이션을 제공한다. 만약 더 UIKit의 수준을 뛰어넘는 고급 애니메이션이 필요하다면, Core Animation을 직접 사용할 수도 있다. 조작, 회전, 스케일링 그리고 변환이 가능한 계층화된 객체를 만들 수 있다. OpenGL ES와 같은 저수준의 그래픽 API를 사용할 필요가 없다.

- Games: iOS의 GameKit 프레임워크는 게임 개발을 지원한다. 이는 다음의 Kit들을 포함한다(URL7 2017; URL8 2017).

- Sprite Kit: 이 프레임워크는 임의로 텍스처된 이미지의 애니메이션이나 스프라이트를 위한 그래픽 지원을 제공한다. 또한 물리 법칙의 시뮬레이션 기능을 포함하고 있으며 복잡한 애니메이션 체인이 필요한 앱이나 게임을 위한 좋은 선택이다.

- OpenGL ES: 게임과 같은 스타일의 앱에서 전체 화면상 높은 프레임 비율을 제공하며 하드웨어 가속 2D와 3D 표현을 제공하는 하위 프레임워크다.

- Game Controller: Mac 또는 iOS 장치에 연결된 컨트롤러를 찾는 것을 쉽게 해준다. Apple은 모든 컨트롤러가 플레이어와 게임 디자이너 모두 신뢰할 수 있는 일관된 제어 요소 세트를 갖도록 하드웨어 컨트롤러에 대한 사양을 설계했다.
- Data: Core Data 프레임워크는 앱의 데이터 모델을 관리한다. 내부 탑재된 SQLite 기술을 이용해 데이터를 저장하고 관리한다.

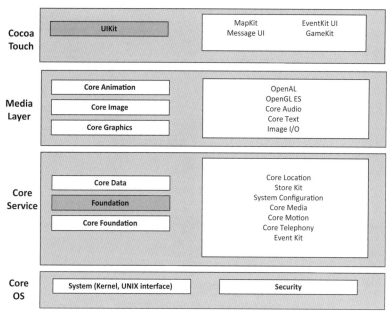

그림 7.11 iOS API(URL12 2017)

7.5 Xcode

Apple은 개발자들을 위해 무료로 강력한 IDE를 제공하고 있다. 이는 Xcode라고 부르며 Mac 컴퓨터 제품군에 번들로 제공된다(URL6 2016; URL8 2017). 또한 macOS, iOS, tvOS 그리고 watchOS 애플리케이션 개발을 위한 다양한 언어와 다양한 플랫폼을 지원한다. 제공되는 언어는 Cocoa 프레임워크와 함께 Objective-C와 Swift이며 C와 C++ 애플리케이션 개발도 역시 가능하다(그림 7.12).

그림 7.12와 같이 Xcode 에디터는 뛰어난 코드 자동완성, 코드 폴딩, 구문 강조와 코드 흐름 맞는 정보 제공과 같은 전문 에디터의 모든 기능을 제공한다 (Balzert 2009; Ludewig와 Lichter 2013).

그림 7.12 Xcode IDE

에디터 기능 이외에 Xcode 프로그래밍 환경에서는 현대의 소프트웨어 개발에 필요한 모든 도구들을 제공한다(URL6 2017).

- 에디터: 에디터는 패널을 2개로 나눌 수 있다. 대응하는 헤더, 슈퍼클래스, 호출자, 피호출자를 보여준다. 버전 에디터는 실행 중인 커밋 타임라인을 보여주고 이슈를 처리하고 시간상 과거 소스 파일 간 비교를 화면을 통해 할 수 있다. Subversion과 GIT 소스 제어는 완벽히 지원된다.

- 인터페이스 빌더[IB]: IB는 사용자 인터페이스를 코드 작성, 프로토타입 없이 몇 분 내 설계하고 테스트할 수 있게 해주고 Xcode 에디터 내에서 그래픽적으로 소스와 인터페이스를 연결해준다.

- iOS 시뮬레이터: 시뮬레이터의 도움을 받아 실제 기기에 설치하기 전에 Mac 기반 iOS 환경에서 Cocoa Touch 앱을 빌드, 설치, 실행 그리고 디버깅할 수 있다.

- 통합 빌드 시스템: 빌드 시스템은 복잡한 빌드 과정과 멀티코어 Macs의 성능 극대화를 처리해주며 자동으로 서명, 등록 그리고 기기에 iPad와 iPhone 앱을 설치해준다.

- 컴파일러: Xcode에서는 Apple에 의해 최적화된 C, C++ 그리고 Objectiv-C를 위한 오픈 소스 컴파일러를 통합해 iPhone, iPad 그리고 Mac의 CPU에 특별히 최적화돼 빠르게 동작하는 앱을 생성할 수 있도록 해준다.
- 그래픽 디버거: Xcode 에디터 안에서 직접 앱을 디버깅할 수 있도록 해준다.
- 지속적 통합: Xcode 서버, OS X 서버의 기능, 지속적으로 빌드, 분석 테스트 그리고 Xcode 프로젝트를 활성화하는 서버 봇 제어를 수행한다.

Xcode IDE 이러한 봇들을 설정하고, 야간에 빌드와 테스트 결과를 분석하며 에러의 원인이 어떤 계정이 발생시켰는지 추적할 수 있다.

- 그 외 기능: 프로그래밍을 하는 동안 코드를 작성할 수 있도록 코멘트 제안을 해주며 단축 API 문서가 화면에 표시된다. 코드를 작성하는 동안 간략한 개요가 도구 영역 내 더 많은 링크와 참조 이용과 함께 표시된다.
  - XCTest API를 통해 단위 테스트 생성이 가능하다.
  - 정적 분석은 내장된 정적 분석기가 수초 내 가능한 수천 개의 코드 경로를 시험해 앱이 실행되기 전 코드 내 버그를 찾을 수 있다. 이를 통해 숨겨진 채로 잔존하게 되거나 거의 복제가 불가능한 잠재적 버그들에 대한 리포트를 받는다.
  - 데이터 기록은 어떤 데이터의 유형을 수집할 것인지 분석하고, 큰 빨간색 버튼을 클릭하기만 하면 추가 분석을 위해 데이터를 수집하고 저장한다.
- 시각적 비교: 시간의 흐름에 따라 데이터가 기록되고 화면에 표시되는 동안 여러 번 실행을 통해 수집된 데이터의 서로 다른 유형과 동일한 데이터 간 관계를 쉽게 확인할 수 있다.
- 드릴 다운: 그래프상 데이터가 튀어오른 부분들을 검사해 그 당시 어떤 코드가 실행 중이었는지 확인하고 쉽게 Xcode로 이동해 문제를 해결할 수 있다.
- 검사 라이브러리Instrument Library: 하위 CPU, 네트워크 또는 파일의 활동에서부터 고급 그래픽 그리고 사용자 이벤트 검사까지 가능한 Xcode에 포함된 검사 도구를 선택할 수 있다.
- 좀비 탐지: 더 이상 유효하지 않은 앱이 접근을 시도할 때 검사 도구를 이용해 찾기 어려운 에러나 충돌을 탐지할 수 있다.

- 소스 보기: 데이터 지점들을 통한 드릴 다운하고, CPU 소모 방식을 찾기 위한 정렬을 하며, 문제의 위치를 정확히 파악하기 위해 검사 UI 내 코드를 직접 표시한다.
- 시스템 추적: 아주 적은 자원만을 이용해 검사 도구는 시스템 내 모든 프로세스의 정보를 기록하고 프로세스 간 상호작용에 의해 발생하는 성능 병목 현상을 파악한다.

7.6 Android

Android는 세계에서 수억 개의 모바일 기기를 움직이고 있다. 이는 그 어떤 모바일 플랫폼 중 가장 많이 설치됐으며 빠르게 성장하고 있다. 세계적으로 매일 100만 대 이상의 새로운 Adroid 기기들이 활성화되고 있다. Android 애플리케이션은 일반적으로 Android SDK$^{Software\ Development\ Kit}$를 이용해 Java로 개발되고 있다. 앱이 개발되면 손쉽게 패키징되고 Google Play, SlideMe, Opera Mobile Store, Mobango, F-droid 또는 Amazon 앱스토어 등을 통해 배포된다. Android는 Apple의 iOS와 대등하게 경쟁하는 강력한 운영체제다. 핵심 기능은 다음과 같다(URL5 2017; URL9 2017; URL10 2017).

- 강력한 사용자 인터페이스: Android OS 기본 화면은 강력하고 직관적인 사용자 인터페이스를 제공한다.
- 연결성: GSM/EDGE, IDEN, CDMA, EV-DO, UMTS, Bluetooth®, Wi-Fi, LTE, NFC, WiMAX
- 스토리지: 경량 관계형 데이터 베이스 SQLite는 데이터 저장 목적으로 사용된다.
- 미디어 지원: H.263, H.264, MPEG-4 SP, AMR, AMR-WB, AAC, HE-AAC, AAC 5.1, MP3, MIDI, Ogg Vorbis, WAV, JPEG, PNG, GIF, BMP
- 웹 브라우저: 오픈 소스 Webkit 레이아웃 엔진을 기반으로 HTML5 와 CSS3를 지원하는 크롬의 V8 JavaScript 엔진과 결합했다.

- 멀티 터치: Android는 애초 HTC Hero와 같은 핸드셋에서 사용 가능하게 만든 멀티 터치 기능을 기본적으로 지원한다.
- 멀티태스킹: 하나의 작업에서 다른 작업으로 변경할 수 있게 해주는 기능으로, 동시에 다양한 애플리케이션이 실행될 수 있다.
- 크기 조절 가능한 위젯: 위젯은 크기 조절이 가능해 사용자는 위젯에서 더 많은 콘텐츠를 볼 수 있도록 확장하거나 공간을 활용하기 위해 축소할 수 있다.
- 다양한 언어: 단일 또는 양방향 텍스트 지원

2016년 이후 Google 역시 잘 알려져 있는 Eclipse 환경에서 Android 애플리케이션 개발이 가능하도록 Eclipse 플러그인을 지원했다. 이는 지원이 중단되고 잘 알려진 모든 플랫폼에서 동작하는 Google의 개발 환경인 Android Studio로 대체됐다.

Android 애플리케이션의 개발과 패키징 정책은 iOS와 유사하다. 개발자는 그림 7.13과 같이 강력한 기술 스택과 스마트폰 하드웨어 기반으로부터 추상화된 풍부한 API를 사용할 수 있다. Andoird Studio를 사용할 경우 사용자 인터페이스의 설계는 시각적으로 IDE의 일부인 GUI 빌더를 사용해 만들 수 있다. 모든 설정은 XML 파일에 저장된다. IDE는 역시 테스팅, 시뮬레이션 그리고 설치를 위한 강력한 메커니즘을 갖고 있다.

스마트폰 내 플랫폼과 하드웨어 제약 사항과 특징에 적합한 프레임워크와 특별한 API와 함께 Android 개발 시 선택된 프로그래밍 언어는 Java다(Meier 2012).

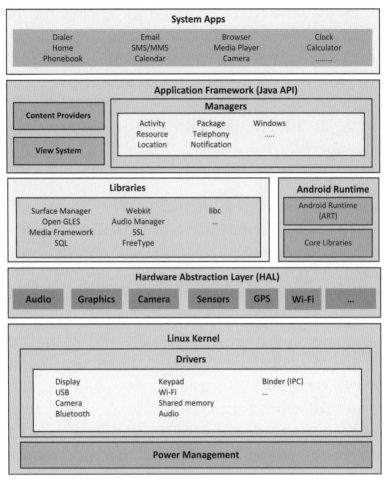

그림 7.13 Android 기술 스택(URL11 2017)

7.7 자동차 내 iOS와 Android

자동차 제조사들은 Apple과 Google의 하드웨어와 소프트웨어가 자동차 인포테인먼트 시스템으로 통합해 스마트폰 기술을 수용해 나가고 있다. Apple의 기술은 "CarPlay"이며, Google은 "Android Auto"이다.

두 시스템은 유사하며, 스마트폰의 중앙 제어를 하지 않는 동안 인포테인먼트 화면을 디스플레이로 사용한다. 자동차 인포테인먼트 시스템과의 통합은 스

마트폰 화면을 인포테인먼트 화면으로 미러링하는 것을 통해 구현했다. 스마트
폰과 자동차 인포테인먼트 시스템의 연결은 블루투스를 통해 이뤄진다. 제어 기
능은 사용자의 스마트폰과 유지되기 때문에 인포테인먼트 대시보드의 사용자
입력은 스마트폰으로 재 전송되고 스마트폰에서 처리된다. 그리고 화면 출력은
자동차 화면과 동기화돼 보여진다(그림 7.14).

개발자는 자동차에서 Android를 통합하기 위해 몇 가지 접근법 중 선택을
할 수 있다. 일부 자동차 제조사들은 인포테인먼트 시스템의 핵심 운영체제로
Android를 사용한다(그림 7.15).

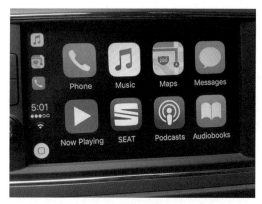

그림 7.14 Seat 자동차 안 Apple CarPlay

그림 7.15 Seat 자동차 안 CarPlay의 iOS 지도

다른 개발사들은 "컨테이너" 안 일종의 게스트 OS로 Android를 사용한다.
Linux Container^LXC와 같은 가상화 기술들은 Linux 호스트에 자원을 Android
게스트로 할당할 수 있게 해준다. 이는 앱, 접근 권한, 서비스 그리고 다른 영역

과의 상호작용을 위한 메모리를 포함하고 있다. 컨테이너는 안전한 환경을 구성해 사용자가 신뢰할 수 있는 앱만을 다운로드할 수 있게 해준다.

인포테인먼트와 자동차 인포메이션 시스템[IVI]에서 Android를 통합하는 다른 기술은 하드웨어 또는 소프트웨어 가상화 계층을 사용하는 것이다. 이 시나리오에서는 각 운영체제 또는 도메인이 할당된 가상 디바이스에서 동작한다.

통신은 각 도메인 간 제어된 방식을 통해 발생한다. 부팅은 독립적으로 발생할 수 있다. 이는 인포테인먼트 시스템 또는 Android 자체 기능보다 안전성이 중요한 기능들을 더 빠르게 사용할 수 있게 해준다.

7.8 Objective-C, Swift, Java 앱 개발

7.8.1 Objective-C

Objective-C는 C 프로그래밍 언어에 Smalltalk 스타일의 메시지 처리를 추가한 범용적이고, 객체 지향적 프로그래밍 언어다. 이는 Swift가 도입되기 이전까지 Apple이 OS X와 iOS 운영체제에서 사용되는 주요 프로그래밍 언어였고 Cocoa와 Cocoa Touch의 애플리케이션 프로그래밍 인터페이스였다(Sadun과 Wardwell 2014).

프로그래밍 언어인 Objective-C는 원래 1980년 초반에 개발됐다. 이는 NeXT사에 의해 NeXTSTEP 운영체제를 위한 주요 언어로 채택됐었고 이는 OS X와 iOS로 파생됐다.

다음 코드는 String 타입의 사람의 이름과 Integer 타입의 나이를 포함하는 사람이라는 클래스를 구현하는 Objective-C의 예제다.

```
@interface Person: NSObject {
  @public
  NSString *name;
  @private
  int age; }
@property(copy) NSString *name;
@property(readonly) int age;
-(id)initWithAge:(int)age;
@end
```

다음 코드 조각은 클래스를 초기화하고 두 가지 방법으로 값을 콘솔에 출력한다. 첫 번째 방법은 Smalltalk와 같은 메시지 전달 방식을 사용하고 다음은 Java, C#과 같은 점 표기법을 기반으로 하는 방법이다.

```
Person *aPerson = [[Person alloc] initWithAge: 53];

// NOTE: dot notation, uses synthesized setter, // equivalent to [aPerson
setName: @"Steve"];

aPerson.name = @"Steve";

NSLog(@"Access by message (%@), dot notation(%@),
    property name(%@) and direct instance variable access (%@)",
    [aPerson name], aPerson.name, [aPerson valueForKey:@"name"],
    aPerson->name);
```

다음 코드는 그림 7.16과 같이 Xcode를 이용한 Objective-C와 IB[Interface Builder]에서 간단한 계산기 모델을 구현한다.

여기서 버튼 7, 8, 9 그리고 4에 대한 구현을 설명한다. 6, 5, 3, 2, 1, 0 버튼은 동일 방식으로 구현되며 여기에서 상세 내용은 보이지 않는다. 이 코드는 또한 눌렸을 때 콘솔에 키 값을 출력하는 간단한 테스트 함수를 포함한다.

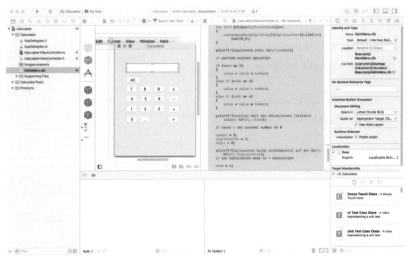

그림 7.16 Xcode는 IB를 이용해 Objective-C에서 구현한 간단한 계산기 앱

```
//
// CalculatorViewController.m // Calculator
//
//   Created by Roland Erik on 21. Nov.16.
//   Copyright (c) 2016 Erik. All rights reserved. //

#import "CalculatorViewController.h"
@implementation CalculatorViewController: NSObject
-  (IBAction)buttonSevenPressed:(id)sender {
    // Store digits in Array
    digit=7;
    digitArray[digitcounter-1]=7;
    printf("7 was pressed.\n"); digitcounter++;
    [numberString appendString: @"7"];
    [_resultTextField setStringValue: numberString];
}
-  (IBAction)buttonEightPressed:(id)sender {
    // Store digits in Array
    digit=8;
    digitArray[digitcounter-1]=8;
    printf("8 was pressed.\n");
    digitcounter++;
    [numberString appendString: @"8"];
    [_resultTextField setStringValue: numberString];
}
-  (IBAction)buttonNinePressed:(id)sender {
    // Store digits in Array
    digit=9;
    digitArray[digitcounter-1]=9;
    printf("9 was pressed.\n");
    digitcounter++;
    [numberString appendString: @"9"];
    [_resultTextField setStringValue: numberString];
}
```

다음 코드 부분은 간단한 산술 연산자와 최종 결과의 계산의 구현을 보여준다. 계산기는 상태에 따라 변경되는 자동 기능의 도움을 통해 계산 상태를 지속적으로 추적하며 동작한다.

```
- (IBAction)buttonEqualsPressed:(id)sender {
    NSLog(@"The result is: %d", value);
    [_resultTextField setIntValue: value];
    mode = 2;
    value = 0;
    number = 0;
    digitcounter = 1;
    digit = 0;
}
- (IBAction)buttonPlusPressed:(id)sender {
    // Number generation
    printf("Current Status of Digitcounter: %d\n",digitcounter);
    number=0;
    digitcounter--; // Counter is by 1 to high
    for (int i=0;i<=digitcounter-1;i++)
    {
        number=number+digitArray[(digitcounter-1)-i]*(int)pow(10,i);
    }
    printf("Read Number: %d\n",number);
    // perform current operation
    if (mode == 2)
    {
        value = value + number;
    }
    else if (mode == 3)
    {
        value = value - number;
    }
    else if (mode == 4)
    {
        value = value * number;
    }
    printf("Current Value of Accumulator: %d\n", value);
    // reset : set current number to 0
    number = 0;
    digitcounter = 1;
    digit = 0;
    printf("Reset Digitcounter on Value: %d\n", digitcounter);
    // set calculation mode to + calculation
    mode = 2;
    [numberString setString: @" "];
```

```
}
- (IBAction)buttonMinusPressed:(id)sender {
    // Generate Number
    printf("Current Status of Digitcounter: %d\n",
           digitcounter);
    number=0;
    digitcounter--; // Counter is by 1 to high
    for (int i=0;i<=digitcounter-1;i++)
    {
        number=number+digitArray[(digitcounter-1)-i]*(int)pow(10,i);
    }
    printf("Read Number: %d\n",number);
    // perform current operation
    if (mode == 2)
    {
        value = value + number;
    }
    else if (mode == 3)
    {
        value = value - number;
    }
    else if (mode == 4)
    {
        value = value * number;
    }
    printf("Current Value of Accumulator: %d\n", value);
    // reset : set current number to 0
    number = 0;
    digitcounter = 1;
    digit = 0;
    printf("Reset Digitcounter on Value: %d\n", digitcounter);
    // set calculation mode to + calculation
    mode = 3;
    [numberString setString: @" "];
}
- (IBAction)buttonMultiplyPressed:(id)sender {
    // Generate Number
    printf("Current Status of Digitcounter: %d\n",
           digitcounter);
    number=0;
    digitcounter--; // Counter is by 1 to high
```

```
    for (int i=0;i<=digitcounter-1;i++)
    {
        number=number+digitArray[(digitcounter-1)-i]*(int)pow(10,i);
    }
    printf("Read Number: %d\n",number);

    // perform current operation
    if (mode == 2)
    {
        value = value + number;
    }
    else if (mode == 3)
    {
        value = value - number;
    }
    else if (mode == 4)
    {
        value = value * number;
    }
    printf("Current Value of Accumulator: %d\n", value);
    // reset : set current number to 0
    number = 0;
    digitcounter = 1;
    digit = 0;
    printf("Reset Digitcounter on Value: %d\n", digitcounter);
    // set calculation mode to + calculation
    mode = 4;
    [numberString setString: @" "];
}
- (IBAction)buttonACPressed:(id)sender {
  mode = 2;
  value = 0;
  number = 0;
  digitcounter = 1;
  digit = 0;
  numberString=[[NSMutableString alloc] init];
}
@end
```

7.8.2 Swift

Swift는 iOS, macOS, watchOS, tvOS, Linux를 위해 Apple이 개발한 범용적이고 다중 패러다임을 지원하는 컴파일 프로그래밍 언어다(Bleske 2016; URL7 2017).

Swift는 2014 Worldwide 개발자 콘퍼런스[WWDC]에서 처음 소개됐다. 2014년 버전 1.2로 업데이트됐고 WWDC 2015에서 Swift2로 중요한 업그레이드가 있었으며 현재는 버전 4 이용이 가능하다. 초기에는 2015년 12월 3일에 Apple 플랫폼과 Linux를 지원하는 Apache 라이선스 2.0 기반의 저작권이 있는 오픈소스 소프트웨어로 2.2 버전 사용이 가능했다(URL8 2017).

Swift는 이미 Apple 제품 제작에 사용된 커다란 Objective-C 코드 영역과 Apple의 Cocoa, Cocoa Touch 프레임워크와 함께 동작할 수 있도록 설계했다. Swift는 더욱 더 에러 코드 대응에 탄력적이고 Objective-C보다 안전하며 최신 소프트웨어 기술 연구 결과를 통합하기 위해 노력했다.

Linux 이외의 플랫폼에서 Xcode에 포함된 LLVM 컴파일러 프레임워크를 기반으로 빌드되고, C, Objective-C, C++ 그리고 Swift 코드를 지원하는 Objective-C 런타임 라이브러리를 사용해 하나의 프로그램 내에서 동작하도록 한다(URL7 2017).

Swift는 Objective-C를 유연한 사용, 정확한 동적 디스패치, 넓은 범위의 동적 바인딩, 확장 가능한 프로그래밍 외 유사한 특징을 만드는 핵심 개념을 지원하고 있다. 또한 이러한 특징들은 또한 Swift를 사용을 위해 검증된 성능과 안전성 간 균형을 갖고 있다. 안전을 위해 Swift는 널 포인터와 같은 일반적인 프로그래밍 에러의 처리를 해결하기 위한 시스템을 적용했다(URL8 2017). 성능 이슈를 위해서는 오버헤드 제거를 위한 메소드 콜과 접근자를 없앨 수 있도록 공격적인 최적화에 상당한 노력을 투자했다. 더 근본적으로 Swift는 유형[type], 구조체[struct], 클래스[class]에 적용할 수 있는 프로토콜 확장, 확장 시스템의 개념을 적용했다. Apple은 프로토콜 지향 프로그래밍을 프로그램 패러다임의 진정한 변화로써 촉진하고 있다(Bleske 2016).

7.8.3 Java

Java는 Android 애플리케이션을 위한 주요 개발 언어다. 높은 성능을 위해 클래스 프레임워크와 가상 머신은 최적화돼 있다. 제어 요소의 위치와 XML 정의를 통해 사용자 인터페이스가 생성된다. 사용자 인터페이스의 설계는 Android Studio에 내장된 GUI 설계 도구를 이용해 완벽하게 시각화돼 있다.

Microsoft가 모바일 운영체제 시장에서 Apple과 Google과의 경쟁을 포기했다 하더라도, Xamarin 프레임워크는 크로스 플랫폼 개발 환경에서 흥미로운 도구다. 개발자는 C# 코드 기반으로 Xamarin을 이용해 네이티브 Android, iOS, Windows 앱을 네이티브 사용자 인터페이스를 통해 개발할 수 있고 Windows와 MacOS를 포함해 다양한 플랫폼에서 코드를 공유할 수 있다 (URL15 2017).

7.9 라이드셰어링 사례

카풀과 택시 공유는 매우 인기 있는 서비스 콘셉트가 됐다(Chanand Shaheen 2012; URL1 2014; Rayle 외 2014). 이 아이디어들은 친환경적이며 비용을 줄이고 교통량을 최소화한다. 카풀링은 서로 알고 있고 특히 출근을 위한 사람들 간 자동차 사용을 공유하는 것이다. 그들 대부분은 아마도 본인 차량을 소유하고 있지만 동일 경로상 목적지가 존재하는 사람들과 이동 수단을 공유하는 것을 선택한다. 그동안 소유 차량은 가족 구성원의 이동과 같은 경우를 위해 사용될 수 있다.

택시 공유는 누군가가 다른 사람과 이동 수단을 함께 공유하는 곳에서 또 다른 유사 아이디어이며, 동일하거나 또는 근처 목적지로 이동을 원하는 사람과 도심 내 단거리인지 또는 주를 넘어가는 장거리인지에 따른 정확하고 상세한 정보와 함께 미리 공유 계획이 수립된다. 첫 번째 사례로 이동 수단에서 승차를 유지하는 동승자와 내릴 동승자가 있다고 보면, 각 탑승자가 이동 수단으로 탑승하고 하차하는 곳에 대한 위치 정보를 미리 알고 있어야만 한다.

라이드셰어링 앱 CoRide는 앱 사용자의 그룹 내에서 공유된 이동 수단을 제공한다(Reddy 외 2016). CoRide는 수업 프로젝트로 벵갈루루와 같이 복잡한 도시 내 캠퍼스를 오고 가는 학생들의 불편함을 고민하던 자동차 전자공학과 자동차 IT 분야 내 클라우스탈 공과대학교와 함께 벵갈루루 국제정보기술연구소의 학생 그룹에 의해 2016년에 개발됐다. 현재 앱은 Android에서만 지원하고 있지만 향후 iOS를 계획하고 있다. 사용자는 간단한 클릭만으로 이동 수단을 요청한다. 위치 정보는 기록되고 공유 되며 모바일폰상 위치가 표시된다. 또한 앱을 사용하고 이동 수단을 제공할 의향이 있는 운전자 역시 화면에 표시된다. 이러한 처리 흐름은 요청 순서에 따라 서비스가 처리되는 정책[first-come first-serve principle]을 기본으로 한다. 시스템은 현금 없이 운영된다. 현금 대신 운전자는 승객을 태울 때 인센티브 포인트를 받는다. 승객은 이동 수단을 이용하면 포인트가 사라지는데, 이는 즉 승객의 포인트 계정에서 포인트가 감소됨을 의미한다.

승객과 운전자는 반드시 시스템에 의해 등록돼 있어야 하며 사용자 이름과 패스워드를 통해 스스로 로그인을 통해 인증해야 한다.

7.9.1 핵심 사용 사례

CoRide Android 애플리케이션은 사용자가 동승객을 찾거나 이동 수단을 공유할 수 있게 해 카풀과 택시 공유를 더욱 쉽게 하려고 한다.

여기 3가지 사용자 유형이 있다(Reddy 외 2016).

- 고객: 고객은 이 앱을 이용해 공유된 이동 수단을 이용하려는 사람으로 이 앱의 주요 수혜자다. CoRide 앱은 앱 화면상 버튼으로 표시된 카풀링, 장거리, 도심 택시 이렇게 사용자에게 3가지 옵션을 제공한다. 거기에 이동 수단의 제공과 필요 옵션이 있으며, 이를 통해 사용자가 그들의 상세 정보를 등록할 수 있게 해준다. 도심 택시를 선택할 경우 새로운 화면이 나타나며 그곳에서 공유 택시 승차를 요청할 수 있고 예상 요금이 화면에 표시될 수 있다.

- 운전자: CoRide 앱은 들어오는 요청에 대해 등록된 도심 택시 운전자에게 알려준다. 수락과 거절 선택이 버튼 형태로 나타나게 된다. 운전자가 수락 버튼을 누르면 새로운 화면에 목적지까지 가는 제안 경로가 지도와 함께 나타난다. 제안된 경로는 이동 시간과 지연을 최소화해야 한다.

- 관리자: 매니저 또는 관리자는 운영을 감독하고 특히 회계/재무 관리와 고객으로부터 제출된 불만 사항 두 가지 이슈를 처리한다. 따라서 CoRide 앱은 재무 리포트와 고객 피드백이라는 관리자 옵션 두 가지를 버튼 형태로 제공한다. 재무 리포트 버튼을 누르면 새로운 화면이 나타나 관리자는 운전자에 대한 고객의 리뷰를 읽고 부정적인 피드백을 받은

운전자를 차단하는 선택을 할 수 있다.

CoRide의 주요 사용 사례는 그림 7.17과 같다.

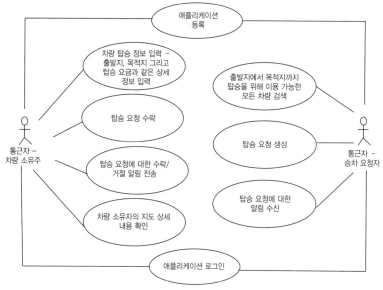

그림 7.17 CoRide 사용 사례 다이어그램

- 등록: 주소, 사용자명, 패스워드 선택을 포함한 일반적인 개인 정보
- 로그인: 사용자명과 패스워드 요청
- 탑승 요청: 지도에 위치가 표시되고 범위 내 자동차 또는 가까운 곳 차량이 보이며 탑승객 정보 또한 나타난다.
- 승객 수락: 요청 순서에 따라 서비스가 제공되는 정책이다. 운전자 정보가 표시된다. 운전자가 도착 전 사용자는 특정 운전자 서비스를 취소할 수 있다.
- 탑승: 자동차의 위치가 지도에 나타난다. 이동 수단의 거리가 추적된다.
- 체크아웃: 운전자가 자동차에서 내린다. 인센티브 포인트가 운전자 계정으로 예약되고 이는 사용자 계정으로부터 빠져나간다.
- 피드백(선택): 사용자는 자동차의 상태와 청결 그리고 자동차 소유자의 운전 스킬에 대해 평가할 수 있다.
- 리포팅: 모든 사용자는 그들의 인센티프 포인트의 상태를 온라인으로 확인할 수 있다.

7.9.2 OOA

CoRide 앱은 Android 기반의 모바일 폰에서 동작할 수 있는 독립적인 애플리케이션이다. 앱은 사용자가 직접 설치할 수 있고 누군가 그들의 이동 수단을 공유하거나 필요로 하는 곳에서 플랫폼 역할을 수행한다. 인센티브 포인트 기반으로 동작하는 시스템이기 때문에 어떠한 금전 거래도 포함되지 않을지라도 앱은 각 사용자의 총 공유 비용을 반영해 요금 정산을 생성한다. CoRide 앱은 공유된 택시를 예약하거나 모든 종류의 라이드셰어링 요구를 처리하기 위한 편의를 제공한다.

CoRide 앱의 제품 기능은 다음 3가지 주요 기능을 사용자에게 제공한다.

- 도심 내에 단거리 이동을 위한 사용자 간 택시 공유 편의성
- 카풀링과 특히 학생 그리고 회사원과 같이 정기적으로 집, 사무실, 캠퍼스로 통근하는 동승자를 찾는 플랫폼
- 장거리 여행을 위한 이동 수단의 공유 시 동승자를 찾기 위한 편의성

CoRide는 다음 두 가지 분류의 사용자가 이용할 수 있다.

- 이동 수단을 찾는 사람
- 본인의 자동차를 이동 수단으로 공유할 의향이 있는 사람

누구나 두 부류 모두에 속할 수 있다.

이 절에서는 사용 사례와 요구 사항의 개발을 계속해나가며, 주요 기능에 대해 논의하고 CoRide의 일부 객체지향적인 분석 관점을 살펴본다.

그림 7.18에 설명하는 데이터 흐름 다이어그램에서 핵심 기능에 대해 자세히 살펴보자.

- 먼저 모든 사용자는 그들의 이메일 ID를 통해 앱에 가입해야 하며 사용자 이름과 패스워드를 선택해야 한다.
- 등록이 완료된 후 사용자는 반드시 올바른 사용자 이름과 패스워드를 입력해 앱에 로그인해야 한다.
- 사용자는 동일한 목적지 또는 경로상 목적지를 가기 원하는 사용자와 함께 그들의 자동차를 특별한 이동 수단으로 제공할 수 있다. 만약 사용자가 공유할 의향이 있다면, 사용자는 반드시 자동차 추가 탭으로 이동하고, 자동차에 대한 상세한 정보, 목적지, 남은 좌석 수 그리고 탑승자별 희망

하는 요금을 제공해야 한다. 상세 정보 제공 이후에는 승인 버튼을 반드시 눌러야 한다.

- 이제 이동 수단을 찾는 어떤 사용자가 이용 가능한 차량 탭을 선택할 수 있고, 승하차 위치를 제공한다(출처: CoRide 전문 용어). 이 여행에 적합한 자동차의 항목이 나타날 것이다. 리스트의 자동차 선택 요청은 해당 자동차를 운전하는 사람에게 전달된다.

- 알림 탭은 들어온 요청에 대해 운전자에게 알려준다. 운전자는 수락 또는 거부할 수 있다.

- 요청이 수락될 경우 요청자는 알 수 있게 되며, 알림 탭에 다시 표시된다.

- 요청을 수락한 사람은 수락된 사용자 탭으로 이동할 수 있고 요청을 수락한 사용자의 위치를 요청할 수 있다.

그림 7.19에서는 CoRide의 OOA 모델에 대해 주요 클래스와 관계를 간략히 보여주고 있다. 도메인 모델에 중점을 맞춰 속성과 메소드는 나타나 있지 않다.

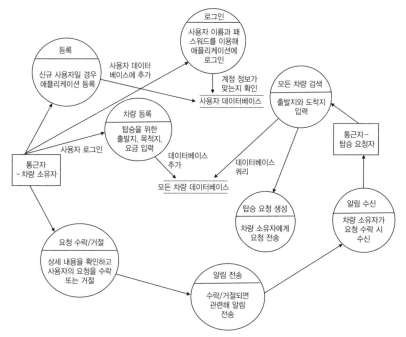

그림 7.18 CoRide의 데이터 흐름 다이어그램(DFD)

7.9.2.1 비기능적 요구 사항

CoRide 앱은 가용한 이동 수단과 실시간 거래 처리에 대한 실시간 정보를 제공해야만 한다. 그러므로 성능이 핵심 이슈다. 시간적으로 중요 기능은 데이베이스 쿼리, 경로 계산, 클라이언트-서버 간 상호작용 그리고 모바일 연결의 대역폭이다(URL13 2017 참고). 이 모든 요소들은 주의 깊게 모니터링돼야 한다. 데이터베이스 쿼리가 이뤄지는 동안, 상세 정보들이 운전자와 고객들에게 전송되고 고객 정보가 데이터베이스에 저장되는 것은 중요하다. 사용자에게 이동 수단 제안 역시 신속하게 이뤄져야 한다.

CoRide 앱은 Android 플랫폼을 위해 설계됐다. 향후 iOS와 같은 다른 플랫폼에 대한 지원도 계획돼 있기 때문에 타 플랫폼으로의 이동성이 중요하며 앱의 설계 단계에서도 신중해야만 한다.

CoRide 앱은 데이터를 다양한 데이터베이스에 저장한다. 그러므로 논리적인 데이터베이스 요구 사항은 다음과 관련이 있다.

- 트랜젝션 데이터베이스: 트랜젝션 데이터베이스는 사용자가 관련된 모든 거래에 대한 상세 정보를 저장해야 한다. 이는 택시 서비스를 제공하는 운전자의 모든 상세 정보를 갖고 있다. 현재 MySQL이 거래 데이터베이스로 사용되고 있다.
- 지도 데이터베이스: 모든 지도 기반 정보는 Google Maps 또는 Mapbox를 통해 처리되고 있다(URL16 2017). 이 정보는 지도상 경로와 앱 사용자의 위치를 찾는 데 사용된다.

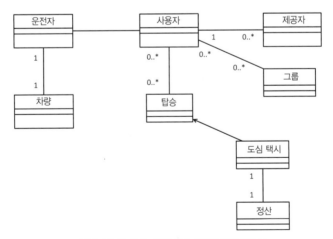

그림 7.19 CoRide 앱의 핵심 클래스와의 연관성

524

분석 모델의 핵심 클래스는 운전자, 자동차, 사용자, 도심 택시, 그룹, 이동 수단 그리고 청구서로 이뤄져 있다. 이러한 클래스들의 매개변수는 다음과 같다. 더 나아가 이 매개변수들이 어떻게 데이터베이스 테이블과 매핑될 수 있는지 설명한다.

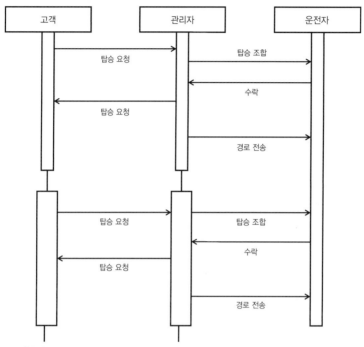

그림 7.20 순서 다이어그램 – 고객, 관리자, 이동 수단을 제공하는 운전자 간 상호작용

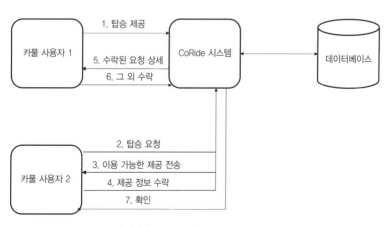

그림 7.21 CoRide 앱의 통신 다이어그램

1. 운전자^{Driver}:
   - driver_id: 이동 수단에 탑승한 운전자 식별 번호다. 이 테이블의 기본 키^{primary key}다.
   - name: CoRide 앱에 스스로 등록한 운전자의 이름
   - address: 운전자의 주소
   - driving_license_number: 운전자의 운전면허 번호
   - PAN: 운전자의 개인 계정 번호
   - vehicle_id: 운전자가 이용하는 자동차를 위해 DB에 의해 생성되는 고유 식별 번호다. 이는 vehicle 테이블의 vehicle_id 필드와 연관된 외래 키^{foreign key}를 갖는다.

2. 자동차^{Vehicle}:
   - vehicle_id: 운전자가 이용하는 자동차의 DB에 의해 생성되는 고유 식별 번호다. 이 테이블의 기본 키다.
   - vehicle_number: 자동차의 자동차 등록 번호
   - model: 등록된 자동차의 모델
   - capacity: 자동차를 타고 이동할 수 있는 사람의 수

3. 사용자^{User}:
   - user_id: CoRide 앱을 통해 등록한 사용자를 위해 DB에서 생성하는 고유 식별 번호다. 이 테이블의 기본 키다.
   - name: 사용자의 이름
   - address: 사용자의 주소
   - gender: 사용자의 성별
   - phone_number: 사용자의 전화번호

4. 도심 택시^{City Cab}:
   - driver_id: 이동 수단에 탑승한 운전자의 고유 정보
   - distance: 특정 이동 수단에서 출발지와 목적지 간 전체 거리
   - source: 탑승 위치 즉, 첫 번째 승객이 탑승할 장소
   - destination: 이동 수단의 하차 지점 또는 마지막 승객이 하차할 장소
   - tolerance: 탑승객이 허용할 수 있는 최대 지연 시간(전체 시간의 백분율)
   - gender_preference: 처음 탑승객에 의해 제안된 동승객의 선호하는 성별

5. 그룹^{Group}:

   ○ group_id: 이동 수단을 공유하는 승객 그룹을 위해 데이터베이스가 생성하는 고유 식별 번호다. 이 번호는 각 공유 이동 수단에 고유하다. 동일한 이동 수단(주어진 3가지 가능 옵션 중 어떤 것이든)을 공유하는 모든 운전자는 동일한 group_id를 갖는다. 이 필드는 이 테이블의 기본 키다.

   ○ user_id: 그룹 내 승객의 고유 식별 번호

   ○ ride_id: 이동 수단을 식별하기 위한 고유 번호(이동 수단 테이블 참고)

6. 이동 수단^{Ride}:

   ○ ride_id: 각 이동 수단이 속한 유형에 대해 데이터베이스가 생성한 고유 식별 번호다. 이 필드는 테이블의 기본 키다.

   ○ type: 이동 수단의 유형(카풀, 도심 택시 또는 장거리 이동 수단 공유)

   ○ time-stamp: 탑승이 시작되면 기록되는 타임스탬프

7. 청구서^{Bill}:

   ○ bill_id: 앱이 생성하는 각 청구서에 대해 데이터베이스가 생성하는 고유 식별 번호다. 이 필드는 테이블의 기본 키다.

   ○ user_id: 청구서를 받는 사용자를 고유하게 식별하기 위한 user_id

   ○ ride_id: 특정 이동 수단을 식별하기 위한 ride_id

   ○ driver_id: 택시를 운전 했었던 운전자를 식별하는 driver_id

   ○ amount: 청구서 내 고객이 지불할 비용

   ○ distance: 청구서 발행하기 위한 고객이 이동한 거리

   ○ timestamp: 청구서가 발행된 시간

7.9.3 설계

CoRide 앱의 설계와 구현은 몇몇 API와의 연계를 해야 하는 일부 설계 제약 사항에 직면했다. 서버는 반드시 고객과 운전자를 위해 설계된 Android 앱과 통신할 수 있어야 하며, GPS를 이용해 관련된 이해관계자의 위치를 추출할 수 있어야 한다. 또한 서버는 반드시 맵 API(Google Maps 또는 Mapbox), 맵 데이터베이스 그리고 기능 구현을 트랜잭션 데이터베이스와 상호작용할 수 있어야 한다. 트랜잭션 데이터베이스는 파스 클라우드$^{parse\ cloud}$의 서비스를 이용해 활용

될 것이다.

CoRide 설계는 다음 가정과 의존성에 기반한다.

- GPS에 의해 제공되는 앱 사용자 위치는 정확하다.
- 거리, 위치, 다른 맵 의존적 속성들은 충분히 정확하다.

모든 하드웨어 인터페이스는 Android OS에 의해 처리된다. Android OS를 위한 표준 프로그래밍 도구(Android SDK)의 사용을 통해 효과적인 하드웨어 추상화가 가능하다. 그러므로 GPS 인터페이스의 상세 구현부까지 들여다볼 필요는 없다.

CoRide는 Google Maps API를 이용해 특정 위치를 식별하고 지도에 표시한다. MySQL 데이터베이스는 모든 데이터를 저장하기 위해 사용된다.

CoRide는 위치 정보를 받고 사용자 기반한 결정 사항들과 함께 속성을 설정해 맵 서버에 쿼리하고 적합한 결과를 선택해 사용자에게 이를 보여준다. CoRide가 필요한 백엔드는 클라우드 서비스를 이용해 구축될 것이다.

그림 7.22는 CoRide 시스템의 아키텍처를 도식화해 보여준다.

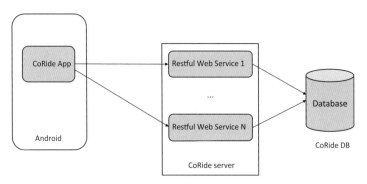

그림 7.22 CoRide 애플리케이션의 아키텍처

7.9.3.1 클라이언트 서버 통신

CoRide는 REST API를 이용해 클라이언트-서버 간 통신을 한다. REST는 Representational State Trasfer를 뜻하며 이는 "네트워크 애플리케이션을 위한 아키텍처"이다. 다른 말로 네트워크를 통해 컴퓨터 간 또는 애플리케이션과 통신하는지를 설명하는 일련의 표준이다. REST는 CRUD[create, read, update, delete] 요구 사항 전체를 만족하기 위해 애플리케이션이 수행해야 할 특정 동작들을

정의한다. HTTP는 PUT, POST, GET, DELETE, HEAD와 같은 동작을 제공하며 REST 아키텍처 구현을 위해 가장 자주 사용되는 프로토콜이다.

SOAP 기반 웹 서비스들과 다르게 RESTful 웹 API를 위한 표준은 없다. 이는 SOAP는 프로토콜인 반면 REST는 아키텍처 형식이기 때문이다. REST 자체가 표준은 아니지만 대부분 RESTful는 HTTP, URI, JSON, XML 같은 표준을 사용한다.

RESTful 웹서비스 구축은 부분적으로 경험과 직관이 필요하다. RESTful 웹서비스는 HTTP를 제외하고 앞서 설명한 표준을 따르지 않는다. 개발과 사용자의 선택을 쉽게 하기 위한 산업 모범 사례에 부합하는 RESTful API를 구축하는 것은 매우 중요하다.

CoRide 프로젝트에서는 사용자가 입력하는 현 위치와 목적지의 정보를 서버로 전달하기 위해 REST API를 사용한다. 서버는 순서대로 이 정보를 선택된 운전자에게 전달한다.

그림 7.23은 프로젝트 창(왼쪽)에 열린 CoRide 프로젝트와 사용한 SQL 코드의 일부분과 함께 Android Studio 통합 개발 환경IDE의 스크린샷을 보여주고 있다.

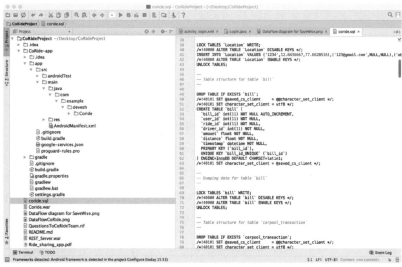

그림 7.23 Android Studio에 CoRide 앱, 왼쪽 창에 프로젝트 구조와 오른쪽 창에 SQL 코드를 보여주고 있다.

7.9.4 탑승 매칭 알고리즘

CoRide 앱은 그들이 개발한 알고리즘을 이용해 어떻게 공유 택시 승차에 대한 사용자의 요청과 가용한 운전자를 매칭시킬 것인지 결정한다. 그 사이 알고리즘은 사용자가 대기할 수 있는 최대 시간(허용 시간)을 고려한다. CoRide 앱은 공유된 이동 수단을 요청한 특정 사용자의 근방에 있는 모든 운전자를 식별하면서, 택시가 수용 가능한 상황인지 확인하고(이미 만석이 아닌 상태여야 함) 이미 택시에 탑승한 승객의 경로와 새로운 승객의 요청 경로가 완벽히 일치함을 보장한다.

CoRide 사용자는 이름, 위치, 목적지, 여행 시간과 그 외 필요한 정보를 주요 입력 사항으로 제공한다. 우선 정확히 목적지와 도착지가 같은 요청을 선택한다. 그리고 이러한 요청들을 선택해 출발 위치(출처: CoRide 전문용어)와 이동 경로상 목적지 또는 이미 수락된 요청의 사용자 지정한 허용 가능 시간에 부합하는 운전자에게 전달한다. 운전자는 수락 또는 거부한다. 운전자가 요청을 거부할 경우 요청은 다른 가용한 운전자에게 전달될 것이다.

Google Maps API는 근처 가용한 모든 운전자를 찾는 데 사용된다. (승객의 위치에 반경 1km 내) 운전자가 요청을 수락하면 승객의 위치와 목적지를 기반으로 지도는 운전자에게 이 정보를 제공할 것이다. 주변 위치에서 새로운 요청이 발생했을 때 택시가 만석이 아니라면 알고리즘은 택시의 현 위치와 새로운 사용자의 위치 간 거리를 계산하고, 요청 수락 시 새로운 거리를 계산한다. 이후 알고리즘은 기존 거리와 새로운 거리를 비교할 것이다. 만약 택시 내 승객으로부터 주어진 임계치 이하로 차이가 난다면, 운전자에게 새로운 지도가 표시될 것이다. 그렇지 않다면 이 새로운 요청은 다른 운전자에게 전달될 것이다.

u_1과 u_2를 2명의 CoRide 앱의 사용자/승객으로 가정한다. s_1, s_2 그리고 d_1, d_2는 사용자 u_1 그리고 u_2의 출발지와 목적지로 각각 가정한다. c는 자동차의 최대 수용능력 그리고 e는 정확한 현재 택시의 위치다. $distance(x,y)$는 위치 x와 y 간 거리다. 알고리즘은 다음과 같이 동작한다.

- u_1의 요청을 운전자가 수락하면, 지도는 s_1에서 d_1까지 지도를 생성한다.
- $distance(s_1, d_1)$를 계산하고 현재 거리로 표시한다. 새로운 요청이 u_2로부터 발생하면, $distance(e, s_2) + distance(s_2, d_2) + distance(d_2, d_1)$를 계산하고 이를 새로운 거리로 표시한다. 만약 택시 내 승객의 수가 c보다

적고 계산된 새로운 거리에 따른 예상 시간이 현재 사용자들이 선호하는 시간 편차, 예를 들면 (예상 시간(새로운 거리) − 예상 시간(실제 거리)) ≤ 시간 편차)의 값보다 적다면, 새로운 요청은 새로운 출발지와 목적지를 포함하는 새롭게 생성된 지도와 함께 운전자에게 전달된다.

- 요청이 들어올 시 반복

7.9.5 Google Maps 사용

API는 소프트웨어 애플리케이션을 만들기 위해 사용될 수 있는 방법들과 도구들의 집합이다. Google Maps API는 지도와 지도 위 정보를 설정할 수 있게 해준다(URL17 2017). Google Maps API는 웹, Android 그리고 iOS와 같이 서로 다른 플랫폼에서 이용 가능하다. 이러한 네이티브 플랫폼 API는 CoRide 웹서비스 내 통합돼 있다. Google Maps Android API를 이용해 Google Maps 기반 지도를 어떤 애플리케이션에도 추가할 수 있다. API는 자동으로 Google Maps 서버에 대한 접근, 데이터 다운로드, 지도 표시, 지도 제스처 반응을 처리한다. 또한 API를 호출해 기본 지도에 표시, 다각형 도형, 오버레이를 추가해 사용자가 보는 특정 지도 영역을 변경할 수 있다. 이러한 객체는 지도 위치에 대해 추가적인 정보를 제공하고 클라이언트가 지도와 상호작용할 수 있게 해준다.

API는 다음 그래픽 요소들을 지원한다.

- 지도 특정 위치에 고정된 아이콘(표시)
- 선 구분 설정(다중선)
- 닫힌 형태 구분(다각형)
- 지도 특정 위치에 고정된 비트맵 그래픽(그라운드 오버레이)
- 기본 맵 타일 상단에 표시되는 이미지 세트(타일 오버레이)

만약 Google Maps Android API를 애플리케이션에서 사용하고 싶다면, 반드시 법적 고지Legal Notices 절에 포함된 일부 내용을 준수해 Google 플레이 서비스 속성 문구를 포함해야 한다. 법적 고지 내용을 독립적인 메뉴 아이템 또는 About 메뉴 아이템의 일부로 포함하는 것을 추천한다. Google Maps API는 접근성을 지원하기 위한 것을 포함하고 있다. 접근성 기능은 API를 사용하는 어떤 애플리케이션이나 자동으로 활성화된다.

7.9.5.1 Google Maps 길찾기 API

Google Maps 길찾기 API는 몇몇 운송 수단들과 횡단 표시를 포함해 운전, 걷기 또는 자전거 타기 등을 위한 HTTP 요청을 사용해 위치들 간 경로를 계산하는 서비스다. 길찾기는 출발지, 목적지 그리고 경유지를 문자열(예: Silk Board 또는 Koramangala) 또는 위도/경도 좌표들로 지정할 수 있다.

길찾기 요청

Google Maps 길찾기 API는 다음 형태의 정보를 처리할 수 있다.

- JavaScript 객체 표기법JSON
- XML

API는 HTTP를 통해 접근할 수 있다.

http://maps.googleapis.com/maps/api/directions/output?parameters

HTTPS는 사용자의 위치와 같은 민감한 사용자 데이터를 포함하는 애플리케이션에서 사용하는 것을 추천한다. Google Maps 길찾기 API URL은 URL 인코딩 이후 약 2,000자 정도로 제한돼 있다. 일부 Google Maps 길찾기 API 주소는 경로를 따라 많은 위치들을 포함할 수 있어서 URL 구성 시 이러한 제한에 대해 인식하고 있는 것이 중요하다.

HTTP 요청은 다음 파라미터들을 포함한다.

- 출발지origin: 경로 계산을 원하는 사람이 입력한 주소 값이다. 주소가 입력되면, 길찾기 서비스는 문자를 지오코딩geocode 처리해 위도/경로 좌표로 변환해 경로를 계산한다. 만약 예를 들어 건물의 중앙 대신 입구를 입력하는 경우라면 이 좌표의 값은 건물 중앙 위치에 대해 Google Maps Geocoding API가 반환한 것과 달라질 수 있다.
- 도착지destination: 주소, 위도/경도 값의 문자열 또는 목적지의 장소 ID 값이다. 만약 주소를 전송하면 길찾기 서비스는 문자를 지오코딩 처리해 위도/경도 좌표로 변환해 경로를 계산한다. 이 좌표는 Google Maps Geocoding API가 반환한 좌표와 다를 수 있다.
- Key: 애플리케이션 API 키 값이다. 이 키를 통해 사용량 관리 목적으로 애플리케이션을 식별한다.

- 경유지^{waypoints}: 경유지의 배열을 지정한다. 경유지는 지정된 위치를 경유하며 이동 경로를 변경한다. 경유지는 지오코딩 처리될 주소로 지정된다.

Google Maps 길찾기 API를 이용해 경로를 계산할 때, 누군가는 운전, 걷기 또는 자전거 경로상 경유지를 지정할 수 있다. 경유지는 이동 방향을 위해 사용되지 않지만 추가 위치를 통한 경로를 계산하는 데 사용될 수 있으며, 이 경우 돌아오는 경로는 각 주어진 경유지를 거쳐오는 것을 포함한다. 경유지는 파이프 문자(|)를 이용해 분리하며, 주소 형식으로 위치 정보들을 제공할 수 있다. 경로를 계산하기 위해 Google Maps 길찾기 서비스는 문자를 지오코딩 처리하고 이를 위도/경도 좌표로 변환한다. 알아야 할 것은 이 좌표는 건물의 입구 또는 중앙인지와 같이 특정 위치에 따라 Google Maps Geocoding API가 반환한 좌표와 다를 수 있다. 그림 7.24는 Google Maps상 경로를 보여주는 앱의 스크린샷이다.

그림 7.24 CoRide 앱의 Google Maps상 나타난 도착 예상 시간과 거리

7.9.6 코드 살펴보기

이 절에서는 소스 코드를 살펴본다. 완성된 시스템은 수천 줄의 코드를 포함하고 있다. 이 절의 목표는 심층적인 논의가 아니라 일부 핵심 콘셉트와 Android 플랫폼에서 그들이 구현한 것에 대해 전반적인 개요를 살펴보는 것이다.

CoRide 앱을 로딩하고 시작한 후 다음과 같은 홈 화면이 나타난다(그림 7.25 참고). 사용자가 이미 등록돼 있다면 LOGIN 버튼을 눌러 직접 로그인할 수 있다. 만약 가입돼 있지 않다면 운전자는 DRIVER REGISTRATION(운전자 등록) 버튼을 눌러 요구되는 상세 항목들을 기입해야 하고, 승객과 같은 일반 사용자는 USER REGISTRATION(사용자 등록) 버튼을 눌러 등록을 완료한다.

이제 Android에서 이 홈 화면 기능의 구현에 대해 다뤄볼 것이다. 호출된 프로그램은 액티비티^{Activity}하고, 화면에 나타난 것은 뷰^{View}라고 한다.

뷰는 CoRide 앱 액티비티의 제목을 표시하고 클릭할 수 있는 3개의 버튼을 보여준다(로그인, 사용자 등록, 운전자 등록).

완성된 사용자 인터페이스 요소의 구성 또는 위젯이나 컨트롤이라 부르는 이것은 XML을 작성해주는 내장된 GUI 빌더를 통해 생성할 수 있다. Apple의 Xcode 인터페이스 빌더와 같은 빌더는 직접 코딩이 필요 없이 사용자 인터페이스를 통해 시각적으로 설정할 수 있게 해준다$^{WYSIWYG, What You See Is What You Get}$. 소프트웨어 개발자는 XML 설정과 시각적 설계 화면을 자유롭게 전환할 수 있다. XML 표현식은 레이아웃^{layout}(뷰 용도), 값^{value}, 치수^{dimensions}, 문자열^{strings}과 같은 모든 앱 요소의 XML 설정을 포함하는 리소스 파일에 저장된다.

그림 7.25 CoRide 앱 홈 화면

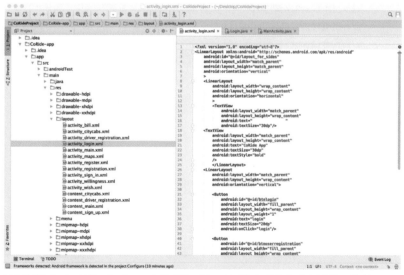

그림 7.26 Android Studio에 로그인 뷰. 좌측 리소스 브라우저, 우측에 레이아웃을 포함하는 XML 파일

다음에 보이는 뷰의 XML 코드는 GUI 빌더에 의해 작성된 것이다. 그림 7.26
은 프로젝트 브라우저와 레이아웃을 위한 XML 코드를 보여주는 Android
Studio의 스크린샷이다.

```
<LinearLayout xmlns:android=
            "http://schemas.android.com/apk/res/android"
    android:id="@+id/layout_for_sides"
    android:layout_width="match_parent"
    android:layout_height="match_parent"
    android:orientation="vertical" >
    <LinearLayout
        android:layout_width="wrap_content"
        android:layout_height="wrap_content"
        android:orientation="horizontal">
        <TextView
            android:layout_width="match_parent"
            android:layout_height="wrap_content"
            android:text=" "
            android:textSize="30dp"/>
    <TextView
        android:layout_width="match_parent"
        android:layout_height="wrap_content"
        android:text="CoRide App"
        android:textSize="30dp"
        android:textStyle="bold" />
        </LinearLayout>
<LinearLayout
    android:layout_width="match_parent"
    android:layout_height="wrap_content"
    android:orientation="vertical">
    <Button
        android:id="@+id/btnlogin"
        android:layout_width="fill_parent"
        android:layout_height="wrap_content"
        android:layout_weight="1"
        android:text="login"
        android:textSize="20dp"
        android:onClick="login"/>
        <Button
            android:id="@+id/btnuserregistration"
```

```
        android:layout_width="fill_parent"
        android:layout_height="wrap_content"
        android:layout_weight="1"
        android:text="user registration"
        android:textSize="20dp"
        android:onClick="registration"/>
    <Button
        android:id="@+id/btn_calc_result"
        android:layout_width="fill_parent"
        android:layout_height="wrap_content"
        android:layout_weight="1"
        android:text="driver registration"
        android:textSize="20dp"
        android:onClick="driverregistration" />
</LinearLayout>
<LinearLayout
    android:layout_width="match_parent"
    android:layout_height="fill_parent"
    android:orientation="horizontal"
    android:background="@drawable/zimride" >
</LinearLayout>
</LinearLayout>
```

컨트롤이나 위젯과 같은 GUI 요소들의 화면상 위치는 일명 레이아웃 매니저에 의해 관리된다.

이곳에서 모든 컨트롤을 단일 가로 또는 세로 선으로 그룹화하는 선형 레이아웃이 선택된다.

`android:orientation = "vertical"`은 세로 레이아웃을 정의한다.

뷰는 제목 문자열(CoRide 앱 타이틀)과 세 가지 버튼으로 구성돼 있다. 이 사용자 인터페이스는 XML 요소 `<TextView.... /TextView >`와 버튼 레이아웃 (XML `<Button... /Button>`) 사이에 간단한 텍스트 뷰[TextView] 레이아웃을 포함시켜 생성할 수 있다.

레이아웃의 넓이는 `match_parent` 구성을 통해 설정되며 이는 효과적으로 위젯이 상위 뷰에 정렬됨을 의미한다. 비중 속성[weight attribute]은 레이아웃 내 다른 위젯의 상대적 크기를 정의한다. 버튼의 경우 1로 설정돼 있고 이 의미는 모든 버튼이 동일 크기로 표현되는 것을 의미한다. 레이아웃은 고유한 식별자를 갖는다.

android:id="@+id/layout_for_sides"는 구분될 수 있고 코드 내에서 참조될 수 있다. android:text = "driver registration"처럼 버튼은 문자 속성을 갖는다. 이는 버튼 위 나타나는 문자와 관련 있으며 해당 버튼 기능에 대한 힌트를 제공한다. 버튼 역시 식별자를 갖고 사용자가 클릭할 때 생성되는 onClick = "driverregistration"처럼 명령/메시지 이벤트를 정의한다.

만약 최대 수준의 이식성과 다양한 언어 기능이 중요하다면, 텍스트뷰 레이아웃은 수정되는 것이 좋다. 위 코드에서 문자열이 XML 구성 시 android:text = "CoRide App"와 같이 하드코딩돼 있다. 만약 다른 나라에서 앱을 배포하고 향후 로그인 화면에 제목을 변경해야 한다면, android:text="@string/app_title"과 같이 문자열 리소스 형태로 사용할 수 있다.

이제 문자열은 리소스 파일 내 <string name="app_title">CoRide App</string>과 같이 정의한 문자를 참조하게 될 것이다. 문자열 자체는 XML 요소로 리소스 폴더 값에 저장되고 변경해야 할 위치는 오직 한곳이므로 간편한 이식성 제공과 함께 언제든 여러 대상 언어로 변경하는 것이 가능하다. 이는 선언형 사용자 인터페이스 정의의 힘을 명확히 보여준다.

Android는 이 방식을 치수의 측정, 색상 그리고 사용자 인터페이스 문자열처럼 많은 플랫폼 의존적 파라미터들에 사용하고 있다.

Android는 명확히 다음과 같은 경계를 기반으로 모델 뷰 컨트롤러[MVC] 패턴을 제공한다.

- 사용자, 운전자 등을 표현하는 클래스와 같은 모델(OOA절에 그림 7.20 참고)
- XML 레이아웃 파일에 의해 생성된 사용자 인터페이스와 같은 뷰
- 뷰로부터 이벤트를 수신하는 Java 클래스와 모델과 상호작용, 파라미터 변경, 객체의 메소드 호출과 같은 컨트롤러(그림 7.27 참고)

그림 7.27 로그인 액티비티 뷰로부터 발생하는 정보를 처리하는 Android Studio 내 Login 클래스

다음 코드는 Login 뷰에 해당하는 컨트롤러를 보여준다. AppCompatActivity의 하위 클래스인 Login Java 클래스다. AppCompatActivity는 사용자 인터페이스 이벤트 처리와 이어지는 처리 단계를 조정하기 위한 기본적인 기능을 Android 상에서 제공한다.

```
package com.example.devesh.Coride;

import android.content.Context;
import android.content.Intent;
import android.content.SharedPreferences;
import android.content.pm.PackageInfo;
import android.content.pm.PackageManager;
import android.os.AsyncTask;
import android.support.v7.app.AppCompatActivity; import android.os.Bundle;
import android.text.TextUtils;
import android.util.Log;
import android.view.View;
import android.widget.AutoCompleteTextView; import android.widget.EditText;
import android.widget.Toast;

import com.google.android.gms.gcm.GoogleCloudMessaging;
```

```java
import java.io.BufferedReader;
import java.io.IOException;
import java.io.InputStreamReader;
import java.io.OutputStream;
import java.net.HttpURLConnection;
import java.net.MalformedURLException;
import java.net.URL;
import android.widget.Button;

public class Login extends AppCompatActivity
{
    @Override
    protected void onCreate(Bundle savedInstanceState)
    {
        super.onCreate(savedInstanceState);
        setContentView(R.layout.activity_login);
    }
    public void login(View v)
    {
        Intent intent = new Intent(this,SignIn.class);
        startActivity(intent);
    }
    public void registration(View v)
    {
        Intent intent = new Intent(this,
                            RegistrationActivity.class);
        startActivity(intent);
    }
    public void driverregistration(View v)
    {
        Intent intent = new Intent(this,DriverRegistration.class);
        startActivity(intent);
    }
}
```

애플리케이션 패키지는 com.example.devesh.CoRide로 정의돼 있다. 이는 모든 CoRide 앱의 클래스들을 포함하고 폴더 구조로 매핑시킨다(/com/example/ devesh/CoRide). 코드의 첫 라인에는 코드에서 사용할 다양한 Java 패키지를 임포트import하고 있다.

코드는 액티비티들의 마스터 클래스인 AppCompatActivity 클래스를 상속[extend]하며 시작된다. onCreate() 메소드가 먼저 호출되고 theActivity를 생성한다. 뷰를 위한 레이아웃은 setContentView(R.layout.activity_login)을 통해 설정된다. 이는 뷰와 사용자 인터페이스 이벤트가 처리될 수 있는 Login 클래스를 연결한다. 운전자 버튼이 눌리면 Login 클래스 내 이에 대응하는 명령 메소드가 호출된다. 예를 들어 DRIVERREGISTRATION은 다음 메소드를 호출하는 운전자 등록 명령을 전달한다.

```
public void registration(View v)
{
  Intent intent = new Intent(this,
                      RegistrationActivity.class);
  startActivity(intent);
}
```

그림 7.28 CityCab 뷰를 호출하는 라이드셰어링

호출된 메소드는 운전자 등록 과정을 처리하는 인텐트[intent] 클래스를 생성한다. 로그인과 등록을 위한 메소드는 유사한 방식으로 실행되며 다음 처리를 위해 상응하는 인텐트 클래스를 생성한다.

그림 7.28은 공유 이동 수단인 도심 택시를 호출하기 위한 뷰를 보여준다. 시작 지점(참조: CoRide 전문용어), 목적지 그리고 허용 가능 대기 시간(참조: CoRide 전문용어)을 위해 수정 가능한 몇 개의 문자열 필드가 있다. 라디오 버튼

그룹은 성별을 지정할 수 있게 해준다.

다음 코드는 GUI 빌더에 의해 생성된 XML 코드를 보여준다. 위젯의 레이아웃이 간단하므로, 사용자 인터페이스 요소를 배치하기에 선형 레이아웃은 충분하다.

```xml
<LinearLayout xmlns:android="http://schemas.android.com/apk/res/
android"
    xmlns:tools="http://schemas.android.com/tools"
    android:layout_width="match_parent"
    android:layout_height="match_parent"
    android:gravity="center_horizontal"
    android:orientation="vertical"
    android:paddingBottom="@dimen/activity_vertical_margin"
    android:paddingLeft="@dimen/activity_horizontal_margin"
    android:paddingRight="@dimen/activity_horizontal_margin"
    android:paddingTop="@dimen/activity_vertical_margin"
    tools:context="com.example.devesh.Coride.RegistrationActivity">
    <!-- Login progress -->
    <ProgressBar
        android:id="@+id/login_progress"
        style="?android:attr/progressBarStyleLarge"
        android:layout_width="wrap_content"
        android:layout_height="wrap_content"
        android:layout_marginBottom="8dp"
        android:visibility="gone" />
    <LinearLayout
        android:id="@+id/email_login_form"
        android:layout_width="match_parent"
        android:layout_height="wrap_content"
        android:orientation="vertical"
        android:weightSum="1">
        <android.support.design.widget.TextInputLayout
            android:layout_width="match_parent"
            android:layout_height="wrap_content">
            <EditText
                android:id="@+id/source"
                android:layout_width="match_parent"
                android:layout_height="wrap_content"
                android:hint="Enter Source"
                android:imeActionId="@+id/login"
```

```xml
            android:imeActionLabel=
            "@string/action_sign_in_short"

            android:imeOptions="actionUnspecified"
            android:inputType="textPersonName"
            android:maxLines="1" android:singleLine="true" />
    </android.support.design.widget.TextInputLayout>
    <android.support.design.widget.TextInputLayout
        android:layout_width="match_parent"
        android:layout_height="wrap_content">
        <EditText
            android:id="@+id/destination"
            android:layout_width="match_parent"
            android:layout_height="wrap_content"
            android:hint="Enter Destination"
            android:imeActionId="@+id/login"

            android:imeActionLabel=
            "@string/action_sign_in_short"

            android:imeOptions="actionUnspecified"

            android:inputType="textPersonName"
            android:maxLines="1"
            android:singleLine="true" />
    </android.support.design.widget.TextInputLayout>
    <android.support.design.widget.TextInputLayout
        android:layout_width="match_parent"
        android:layout_height="wrap_content">
        <EditText
            android:id="@+id/tolerance"
            android:layout_width="match_parent"
            android:layout_height="wrap_content"
            android:hint="Enter Tolerance"
            android:imeActionId="@+id/login"

            android:imeActionLabel=
            "@string/action_sign_in_short"

            android:imeOptions="actionUnspecified"
            android:inputType="textPostalAddress"
```

```
                    android:maxLines="1"
                    android:singleLine="true" />
            <RadioGroup
                    android:id="@+id/radioGroup1"
                    android:layout_width="wrap_content"
                    android:layout_height="wrap_content"
                    android:layout_alignParentTop="true"
                    android:layout_centerHorizontal="true" >
                    <TextView
                        android:layout_width="match_parent"
                        android:layout_height="wrap_content"
                        android:text="Gender"
                        android:textStyle="bold"
                        />
                    <RadioButton
                        android:id="@+id/radio0"
                        android:layout_width="wrap_content"
                        android:layout_height="wrap_content"
                        android:text="@string/male" />
                    <RadioButton
                        android:id="@+id/radio1"
                        android:layout_width="wrap_content"
                        android:layout_height="wrap_content"
                        android:text="@string/female" />
                </RadioGroup>
            </android.support.design.widget.TextInputLayout>
            <Button
            android:id="@+id/email_sign_in_button"
            style="?android:textAppearanceSmall"
            android:layout_width="wrap_content"
            android:layout_height="wrap_content"
            android:layout_marginTop="16dp"
            android:text="Submit" android:textStyle="bold"
            android:onClick="sendData"/>
        </LinearLayout>
</LinearLayout>
```

수정 가능한 문자열의 입력 컨트롤은 XML 요소 `<EditText>`로 정의된다. 키 입력이 가능한 모든 파라미터를 위한 텍스트 필드가 생성된다. 다시 말하면 요소는 참조를 위해 사용할 수 있는 id에 의해 식별된다. 라디오 버튼들은

<RadioGroup> 요소에 의한 집합이고 각각 <RadioButton>의 형태로 지정된다.

다음 코드는 사용자 인터페이스 입력을 처리하고 도메인 모델의 객체와 상호 작용을 처리하는 유사 컨트롤러를 보여주고 있다.

```java
package com.example.devesh.Coride;
import android.Manifest;
import android.content.Context;
import android.content.Intent;
import android.content.pm.PackageManager;
import android.location.Location;
import android.location.LocationManager;
import android.os.AsyncTask;
import android.os.Bundle;
import android.support.v4.app.ActivityCompat;
import android.support.v4.content.ContextCompat;
import android.support.v7.app.AppCompatActivity;
import android.util.Log;
import android.view.View;
import android.widget.Toast;

import java.util.ArrayList;

import android.widget.RadioButton;
import android.widget.RadioGroup;

import android.util.Pair;
import android.widget.EditText;

import java.io.BufferedReader;
import java.io.IOException;

import java.io.InputStreamReader;
import java.io.OutputStream;
import java.net.HttpURLConnection;
import java.net.MalformedURLException;
import java.net.URL;

/**
 * A login screen that offers login via email/password.
 */
public class citycabs extends AppCompatActivity {
```

```java
Master master = new Master();
@Override
protected void onCreate(Bundle savedInstanceState) {
    super.onCreate(savedInstanceState);
    setContentView(R.layout.activity_citycabs);
}
public void sendData(View view) throws MalformedURLException {
    Log.e("TEST LOG", "ho gya, aa gya loop me");
    Toast.makeText(this,"coride",Toast.LENGTH_SHORT).show();
    Master master=new Master();
    String url_string =master.url +"requestride";
    EditText source;
    EditText destination;
    EditText tolerance;
    RadioGroup rg;
    LocationManager locationManager;
    String ssource;
    String sdestination;
    String stolerance;
    Double latitude=0.00,longitude=0.00;

    int count = 0;

    rg = (RadioGroup) findViewById(R.id.radioGroup1);
    source =(EditText)findViewById(R.id.source);
    destination=(EditText)findViewById(R.id.destination);
    tolerance = (EditText)findViewById(R.id.tolerance);
    ssource= source.getText().toString();
    master.s1=ssource;

    sdestination= destination.getText().toString();
    master.d1=sdestination;
    stolerance= tolerance.getText().toString();

    String gender=
        ((RadioButton)findViewById(
          rg.getCheckedRadioButtonId())).getText().toString();
    if (ContextCompat.checkSelfPermission(
            this, Manifest.permission.ACCESS_FINE_LOCATION)!=
                PackageManager.PERMISSION_GRANTED)
    {
```

```
Log.e("shishir", "I am here dude");
ActivityCompat.requestPermissions(this, new
String[]{Manifest.permission.ACCESS_FINE_LOCATION},0);
}
locationManager =
        (LocationManager)getSystemService(
                Context.LOCATION_SERVICE);
Location location = locationManager.getLastKnownLocation(
        locationManager.NETWORK_PROVIDER);
if(location==null)
{
Toast.makeText(
        getApplicationContext(),
                "Location Disabled Enable it",
Toast.LENGTH_SHORT).show();
}
else
{
latitude = location.getLatitude();
longitude = location.getLongitude();
}
Master obj1=new Ma
Master obj1=new Master();
if(count == 0)
{
String json =
        "[{source:\""+ssource+
        "\"},{destination:\""+sdestination+
        "\"},{tolerance:\""+stolerance+
        "\"},{gender:\""+gender+
        "\"},{latitude:\""+latitude+
        "\"},{longitude:\""+longitude+
        "\"},{mobile:\""+obj1.mobile+"\"}]";
SendDataTask snd = new SendDataTask(json);
//Go to sendData class from here

URL url = new URL(url_string);
snd.execute(url);
Intent intent = new Intent(this,MapsActivity.class);
startActivity(intent);
}
```

```
      }
   protected Void doInBackground(URL... urls){
     try
     {
     String a ="ff";
     URL url = urls[0];

     HttpURLConnection conn =
         (HttpURLConnection)url.openConnection();

     conn.setDoOutput(true);
     conn.setRequestMethod("POST");
     conn.setRequestProperty("Content-Type",
         "application/json");
     OutputStream os = conn.getOutputStream();

     System.out.println("input : "+json);
     os.write(json.getBytes());//Sendin the json object
     os.flush();

     BufferedReader br =
         new BufferedReader(
                 new InputStreamReader(
                         (conn.getInputStream()))));

     String output;
     System.out.println("Output from Server .... \n");

     while ((output = br.readLine()) != null) {
             System.out.println(output);
     }
     conn.disconnect();
     }
     catch (IOException i)
     {
     i.printStackTrace();
    }
    return null;
    }
   }
 }
```

코드에서는 citycabs을 AppCompatActiviy를 상속하는 public 클래스로 정의한다. Login 클래스와 같이 AppCompatActiviy의 하위 클래스로 정의되며 이 Java 코드는 리소스 폴더 내 액티비티 레이아웃 파일과 다음과 같이 연결된다.

```
setContentView(R.layout.activity_citycabs)
```

이제 어떻게 수정 가능한 값인 목적지 문자열을 읽어오고 처리하는지 확인해보자. 클래스는 변수를 다음과 같이 정의한다(정규화 사용).

```
android.widget.EditText destination;
```

그리고 다음과 같이 식별 코드를 이용해 식별한 다음 그곳에서부터 위젯의 값을 읽는다.

```
destination =(EditText) findViewById(R.id.destination);
```

findViewById () 메소드는 참조 값을 검색해 다시 EditText 클래스로 이를 변환한다. 현재 값은 getText () 메소드를 통해 추출되고 toString ()을 호출해 문자열로 변환된다.

```
sdestination= destination.getText().toString();
```

출발지 문자열은 여행 요청을 관리하기 위해 간단한 컨테이너를 제공하는 마스터 클래스에 저장된다. 파라미터들은 집계되고 JSON 객체를 형성한다. 형성된 JSON 객체는 REST 기반 서버와 통신을 위해 필요하다.

다음 코드는 JSON 문자열의 구성이다.

```
String json =
        "[{source:\""+ssource+"\"},{destination:\""+ sdestination+
        "\"},{tolerance:\""+stolerance+"\"},{gender:\""+gender+
        "\"},{latitude:\""+latitude+"\"},{longitude:\""+longitude+
        "\"},{mobile:\""+obj1.mobile+"\"}]";
```

JSON 문자열은 CoRide 앱 내 제공되는 JSON Parser와 같은 별도의 파서 클래스에 의해 파싱될 수 있다.

7.10 요약 및 참고문헌

Balzert(2009; 2011)는 소프트웨어 공학에 관한 많은 관점에서 자세한 개요를 제공한다. Sommerville(2015)은 애자일 방법론을 강조하며 소프트웨어 공학에 대한 전형적인 소개를 한다. Schäfer(2010)는 소프트웨어 아키텍처에 초점을 맞추고 크고 복잡한 소프트웨어 프로젝트에서 소프트웨어 아키텍처의 특별한 역할에 관해 논의한다. Grechenig 외(2010)는 실용적 관점에서 서로 다른 소프트웨어 공학 방법론에 대해 논의한다. 서로 다른 응용 분야에서 다양한 사례 연구는 서로 다른 기술과 방법 간 균형을 보여준다. Masak(2010)은 큰 규모의 소프트웨어 시스템 내 아키텍처 결정에 대해 상세한 개요를 보여준다. Kernighan과 Pike(2006)는 소프트웨어 공학 측면에서 코딩에 초점을 맞춘다. Booch 외(2004)는 객체지향 소프트웨어 공학과 UML의 고전 교과서다.

Mangiapane와 Büchler(2015) 그리고 Laudon 외(2010)는 현대 IT 관리의 프로세스, 기술 그리고 규제에 대해 잘 소개하고 있다. Werle(2015)는 디지털화가 어떻게 자동차를 "smartphone on wheels"로 바꾸고 있는지 보여준다. Steinacker(2016)는 위 디지털화를 반영해 인간 삶의 측면에 더욱 더 통제하고 있는 소프트웨어의 중요성을 논의한다. Haas와 Schreiner(2002)는 Java 엔터프라이즈 기술과 엔터프라이즈 소프트웨어 아키텍처에 대한 개요를 제공한다.

소프트웨어는 점점 더 자동차 제조사들에게 중요한 역량이 되고 있다. 1차 공급사는 수만 명의 소프트웨어 전문가들을 보유하고 있다. Randak(2016)은 미래에 필요한 기술들을 살펴보고 1차 공급업체들의 증가되는 역할에 대해 논의한다.

Müller 외(2015)는 HMI를 위한 애자일 개발 방법론의 사례 연구를 논의한다.

Kroker(2015)는 앱 사업에 의해 어떻게 자동차 산업 내 생산 공정이 변화하고 있는지 보여준다. 백엔드 시스템과 클라우드 통합은 자동차 OEM에 있어 중요한 주제다. Kroker(2016)는 어떻게 프랑크푸르트가 많은 유럽 클라우드 활동의 중심 역할이 됐는지 보여준다.

커넥티드카는 많은 혁신들의 중심에 있다. Jung과 Kalmar(2015)는 소유자/운전자의 프라이버시를 존중하는 안전한 방법 내에서 어떻게 데이터를 공유하는지 그 콘셉트를 보여준다. 이는 자동차 식별 번호의 익명화와 중요 정보를 잘 드러나지 않도록 해 달성할 수 있다. Kacher(2016)는 빠른 디지털화의 몇 가지 중요한 측면에 대해 논의한다.

자동차와 자동차 IT 소프트웨어 개발에 대한 일반적인 논의는 Hülshorst 외(2015), Herchet 외(2015), Drabek과 White(2013), Burkert(2013)를 참고하라.

Johanning과 Mildner(2015)는 자동차 IT의 서로 다른 하드웨어와 소프트웨어 측면에 대한 좋은 개요를 제공한다. Vembo(2016)는 커넥티드카의 일반적인 논의에 대해 이야기한다. 자동차가 더욱 더 연결돼 가면 IoT 플랫폼과의 통합이 중요하다. Balani(2015)는 선도 IoT 플랫폼(IBM Watson IoT, GE Predix 외)에 대한 좋은 개요와 그들의 주요 기능에 대해 논의한다.

Apple의 부흥과 지난 10년 동안 선두 스마트폰 제조사였던 Nokia의 몰락은 전설이 됐다. Lewis(1997)는 다른 산업들이 어떻게 번성하고 사라졌는지에 관한 많은 흥미로운 사례를 갖고 있다.

모바일 컴퓨팅에 대한 좋은 개요는 Roth(2005)를 참조하라.

iOS에서 앱 개발의 깊이 있는 논의를 위해서 Sadun과 Wardwell(2014)을 참조하라. Android 앱 개발에 대한 좋은 소개 내용은 Meier(2012)를 참조하라.

대부분의 현재 스마트폰에 기본이 되는 ARM 프로세서와 명령 셋 아키텍처에 대한 좋은 개요는 Sloss 외(2004)를 참조하라.

Tanenbaum과 Austin(2012)은 서로 다른 모바일 프로세서 아키텍처에 대해 논의한다. Silberschatz 외(2012)는 하드웨어/소프트웨어 인터페이스와 가상화 기술에 대한 도입 시 좋은 내용을 소개하고 있다.

7.11 연습 문제

- 대기업 내 중앙 IT 기관의 주요 작업과 임무라는 용어는 무엇을 뜻하는가?
- 대기업 내 중앙 IT 기관의 주요 작업과 임무의 특징을 설명하라.
- CIO[chief information officer]라는 용어는 무엇을 뜻하는가?
- CIO가 갖는 책임에 대해 설명하라.
- CDO라는 용어는 무엇을 뜻하는가?
- 왜 많은 조직이 CDO의 역할을 만들며 CIO의 역할과 무엇이 유사하고 다른지 설명하라.
- IT 환경이라는 용어는 무엇을 뜻하는가?

- IT 환경의 주요 특징을 설명하라.
- IT 관리 조직이라는 용어는 무엇을 뜻하는가?
- 중소기업을 위한 주요 IT 관리 영역을 설명하라.
- IT 조직과 관련해 성과라는 용어는 무엇을 뜻하는가?
- IT 조직의 성과를 측정하는 방법을 설명하라.
- 공유 서비스라는 용어는 무엇을 뜻하는가?
- 공유 서비스의 주요 업무를 설명하라.
- 자동차 회사의 IT 수익이라는 용어는 무엇을 뜻하는가?
- 수익률의 2.2%인 IT 지출이 자동차 회사에게 과한 것인지, 부족한 것인지 의견을 제시하라.
- ERP라는 용어는 무엇을 뜻하는가?
- SAP와 같은 대규모 표준화된 ERP 패키지가 인기 있는 이유를 설명하라.
- 모바일 앱 경제라는 용어는 무엇을 뜻하는가?
- 모바일 앱 경제가 고전적인 IT 관리에 어떤 영향을 미치는지 설명하라.
- Car IT라는 용어는 무엇을 뜻하는가?
- Car IT의 주요 과제에 대해 설명하라.
- two-speed IT라는 용어는 무엇을 뜻하는가?
- 기업이 two-speed IT에 대해 말하는 이유를 설명하라.
- COTS 소프트웨어라는 용어는 무엇을 뜻하는가?
- COTS 소프트웨어의 이점과 문제점에 대해 설명하라.
- 시스템 통합이라는 용어는 무엇을 뜻하는가?
- 시스템 통합의 과제에 대해 설명하라.
- 소프트웨어 아키텍처라는 용어는 무엇을 뜻하는가?
- 기업 소프트웨어 아키텍처의 목표에 대해 설명하라.
- 디지털화라는 용어는 무엇을 뜻하는가?
- 조직의 디지털화에서 IT가 어떤 역할을 하는지 설명하라.
- 애자일 소프트웨어라는 용어는 무엇을 뜻하는가?
- 애자일 소프트웨어 프로젝트의 노력에 대해 설명하라.
- Agile Manifesto라는 용어는 무엇을 뜻하는가?
- Agile Manifesto의 목표에 대해 설명하라.
- 스크럼이라는 용어는 무엇을 뜻하는가?

- 스크럼의 주요 과제에 대해 설명하라.
- 스크럼 마스터라는 용어는 무엇을 뜻하는가?
- 스크럼 마스터의 주요 업무를 설명하라.
- 제품 소유자라는 용어는 무엇을 뜻하는가?
- 제품 소유자의 주요 업무에 대해 설명하라.
- V-model이라는 용어는 무엇을 뜻하는가?
- 스크럼이 기존의 V-모델 개발 프로세스와 어떻게 다른지 설명하라.
- 익스트림 프로그래밍이라는 용어는 무엇을 뜻하는가?
- 익스트림 프로그래밍의 주요 과제에 대해 설명하라.
- 소프트웨어 복잡성이라는 용어는 무엇을 뜻하는가?
- 자동차 모바일 앱이라는 용어는 무엇을 뜻하는가?
- Android용 모바일 앱의 개발 및 애플리케이션 시나리오에 대해 설명하라.
- 대상 플랫폼의 이질성이라는 용어는 무엇을 뜻하는가?
- 대상 플랫폼의 이질성을 처리하는 방법을 설명하라.
- PAI 스택이란 용어는 무엇을 뜻하는가?
- 주요 기능에 대해 설명하라.
- PAI 스택이란 용어는 무엇을 뜻하는가?
- Daimler와 IBM의 공동 개발에서 주요 기능에 대해 설명하라.
- SOA라는 용어는 무엇을 뜻하는가?
- 주요 기능에 대해 설명하라.
- iPhone이라는 용어는 무엇을 뜻하는가?
- 왜 iPhone이 그렇게 인기가 있는지 설명하라.
- Objective-C라는 용어는 무엇을 뜻하는가?
- 주요 기능에 대해 설명하라.
- Xcode라는 용어는 무엇을 뜻하는가?
- 주요 기능에 대해 설명하라.
- Swift라는 용어는 무엇을 뜻하는가?
- Apple의 프로그램 언어 Swift의 주요 특징에 대해 설명하라.
- Java라는 용어는 무엇을 뜻하는가?
- Java와 Swift의 차이점을 설명하라.
- iOS라는 용어는 무엇을 뜻하는가?

- iOS와 Android의 차이점을 설명하라.
- Symbian이라는 용어는 무엇을 뜻하는가?
- iOS와 Android와의 차이점을 설명하라.
- Windows Phone이라는 용어는 무엇을 뜻하는가?
- iOS와 Android와의 차이점을 설명하라.
- Android Studio의 핵심 기능은 무엇인가?
- 주요 기능에 대해 설명하라.
- OBD라는 용어는 무엇을 뜻하는가?
- 운전자가 OBD 데이터에 접근하고 시각화를 통해 얻을 수 있는 부가 가치는 무엇인가?
- Xamarin 프레임워크라는 용어는 무엇을 뜻하는가?
- 주요 기능에 대해 설명하라.
- 모바일 타깃 운영체제라는 용어는 무엇을 뜻하는가?
- 다양한 모바일 대상 운영체제의 교차 개발 플랫폼이 어떻게 작동하는지 설명하라.
- 소프트웨어 품질이라는 용어는 무엇을 뜻하는가?
- 소프트웨어 품질을 보장하는 방법에 대해 소프트웨어 품질의 주요 기능에 대해 설명하라.
- CMM이라는 용어는 무엇을 뜻하는가?
- 주요 특징에 대해 설명하라.
- CMMI라는 용어는 무엇을 뜻하는가??
- 주요 특징에 대해 설명하라.
- Daimler의 J2E Journey to Excellence 프로그램이라는 용어는 무엇을 뜻하는가?
- 주요 특징에 대해 설명하라.
- 빅데이터라는 용어는 무엇을 뜻하는가?
- 커넥티드카 서비스를 위한 빅데이터의 역할에 대해 설명하라.
- 데이터 스트림이라는 용어는 무엇을 뜻하는가?
- 커넥티드카에서 나오는 데이터 스트림을 처리하는 방법에 대해 설명하라.
- 커넥티드카라는 용어는 무엇을 뜻하는가?
- 2020년과 2025년의 커넥티드카에 대한 몇 가지 시나리오를 설명하라.
- 커넥티드카 데이터의 수익원에 대해 설명하라.

- 커넥티드카 데이터의 예를 들어보라.
- 스마트폰 데이터와 커넥티드카 데이터의 유사점과 차이점에 대해 설명하라.
- 커넥티드카에 대한 위치 인식 이용 사례라는 용어는 무엇을 뜻하는가?
- 커넥티드카에 대한 위치 인식 이용 사례를 설명하라.

참고문헌 및 더 읽을거리

(Balani 2015) Balani, N.: Enterprise IoT – A Definite Handbook, Self published, Kindle Edition, 2016

(Balzert 2009) Balzert, H.: Textbook of Software Engineering: Basic Concepts and Requirements Engineering (in German). Spektrum Publ., 2009

(Balzert 2011) Balzert, H.: Textbook of Software Engineering: Design, Implementation, and Operation (in German). Spektrum Publ., 2011

(Bleske 2016) Bleske, C.: iOS Apps with Swift - The Easy Entry into the Development for iPhone, iPad and Co - including AppleWatch (in German). dpunkt Publ., 2016

(Booch et al. 2004) Booch, G, Rumbaugh, J, Jacobsen, I.: The UML User Guide, Addison-Wesley Publ., 2004

(Burkert 2013) Burkert, A.: Perspectives of Software-based Connectivity (in German). ATZ elektronik 01/2013

(Busse 2016) Busse, C.: With the first Smartphone began a tragic story (in German). August 12th 2016. Sueddeutsche online. Available from: http://www.sueddeutsche.de/digital/nokia-communicator-mit-dem-ersten-smartphone-begann-eine-tragische-geschichte-1.3115519

(Chan and Shaheen 2012) Chan, N. D., Shaheen, S. A.: Ridesharing in North America: Past, Present, and Future. In: Transport Reviews Vol. 32 No.1, pp. 93–112, 2012

(Dörner 2016) Dörner, S.: Microsoft's Long Good By to the Consumer (in German). Welt online. May 20th 2016. Available from: https://www.welt.de/wirtschaft/webwelt/article155499927/Soverabschiedet-sich-Microsoft-vom-Verbraucher

(Drabek and White 2013) Drabek, C., White, G.: Better software models with a policy catalog (in German), ATZ elektronik, 03/2013

(Grechenig et al. 2010) Grechenig, T., Bernhart, M., Breiteneder, R., Kappel, K.: Software Engineering - Case Studies from Real Development Projects (in German). Pearson Publ., 2010

(Haas and Schreiner 2002) R. Haas und U. Schreiner (2002). Java technologies for enterprise applications, J2EE (in German). Carl Hanser Publ., 2002

(Hecking 2016) Hecking, M.: Why Samsung with Note 7 had to pull the tear rope - Samsung's 4.5 billion Euro Firewall (in German). Manager Magazin online. October 11th 2016. Available from: http://www. manager-magazin.de/thema/samsung/archiv-2016285.html

(Herchet et al. 2015) Herchet, H., Bien, T., Pollner, M.: Car-IT - The Revolution in Software Development (in German). ATZ elektronik, 06/2015

(Hoffmann 2013) Hoffmann, D.: Software-Quality (in German). Springer Publ., 2013

(Hülshorst et al. 2015) Hülshorst, T., Richenhagen, J., Richert, F., Nase, A.: New Dimensions in Automotive Software development (in German), ATZ elektronik, 2015

(iX 2017) iX Special – Agil better to develop software (in German). iX Spezial 13/2017, Heise Publ., 2017

(Johanning and Mildner 2015) Johanning, V., Mildner, R.: Car IT compact - Driving connected and autonomously (in German). Springer-Vieweg Publ., 2015

(Jung and Kalmar 2015) Jung, C., Kalmar, R.: Re-interpret Data Security - the Data Gold and Business Models (in German). ATZ elektronik, 04/2015

(Jindal et al. 2016) Jindal, A., Bhardwaj, A., Johny, L, Ramesh, S., Abhijay, V.: Ride Sharing – Software Requirements Specification, class paper, Car IT and Cybersecurity class, IIIT-B, 2016 (Kaplan and Norton 1996) Kaplan, R. S., Norton, D. P.: The Balanced Scorecard – Translating Strategy into Action, Harvard Business Review Press, 1996

(Kacher 2016) Kacher, G.: We are expecting a terribly beautiful auto world (in German). Sueddeutsche online. August 16th 2016. Available from: http://www.sueddeutsche.de/auto/automobile-zukunft-uns-erwartet-eine-schrecklich-schoene-autowelt-1.3114841

(Kernighan and Pike 2006) Kernighan, B. W., Pike, R.: The Practice of Programming, Pearson Publ., 2006

(Kroker 2015) Kroker, M.: App into the Factory: Now the Automakers Board the App Business (in German). Wirtschaftswoche online. July 1st 2015. Available from: https://www.wiwo.de/unternehmen/it/app-in-die-fabrik-jetzt-entern-die-it-konzerne-das-app-geschaeft/11932894.html

(Kroker 2016) Kroker, M.; How Frankfurt is Developing into the Cloud Center of Europe (in German). Wirtschaftswoche online. August 12th 2016. https://www.wiwo.de/unternehmen/it/cloud-computing-frankfurt-erfuellt-wichtige-infrastruktur-voraussetzungen/14004492-2.html

(Lashinsky 2012) Lashinsky, A.: Inside Apple – How America's Most Admired – and Secretive – Company Really Works, Wiley-VCH Publ., 2013

(Laudon et al. 2010) Laudon, K., Laudon, J., Dass, R.: Management Information Systems, Pearson Publ., 2010

(Linzmayer 2004) Linzmayer, O. W.: Apple Confidential 2.0 – The definite History of the World's Most Colorful Company, No Starch Press, 2004

(Lewis 1997) Lewis, T.: The friction free economy, Marketing strategies in a wired world: Strategies for success in a wired world. Harper Business Publ. 1997

(Ludewig and Lichter 2013) Ludewig, J, Lichter, H: Software Engineering - Basics, People, Processes, Techniques (in German). Dpunkt Publ., 2013

(Mangiapane and Büchler 2015) Mangiapane, M, Büchler, R. P.: Modernes IT Management (in German). Springer Vieweg Publ., 2015

(Masak 2010) Masak, D.: The Architecure Review (in German). Springer Publ., 2010

(Meier 2012) Meier, R.: Professional Android 4 Application Development, Wrox Publ, 2012

(Müller et al. 2015) Müller, G., Quathamer, G., Opel, C., Lauder, M.: Agile Methods in Software Development for HMI and Graphics (in German). autotechreview. 4(12), December 2015. Available from: https://autotechreview.com/media/attachments/32_35_atr_dec15.pdf

(Randak 2016) Randak, S.: BMW, Daimler and VW cornered by Apple? Tesla? The danger for German automakers is lurking somewhere else (in German). Manager Magazin online. December 2nd 2016. Available from: http://www.manager-magazin.de/unternehmen/artikel/autobauer-in-gefahr-zulieferer-haben-bessere-entwicklungskompetenz-a-1124068.html

(Rayle et al. 2014) Rayle, L., Shaheen, S., Chan, N., Dai, D., Cervero, R.: App-Based, On- Demand Ride Services: Comparing Taxi and Ridesourcing Trips and User Car - Characteristics in San Francisco. University of California Transportation Center Working Paper, August 2014. Available from: https://www.its.dot.gov/itspac/dec2014/ridesourcingwhitepaper_nov2014.pdf

(Reddy et al. 2016) Reddy, B. S., Reddy V. V. A., Reddy T. H.: Ride sharing App – Application Manual, class paper, Car IT and Cybersecurity class, IIIT-B, 2016

(Roth 2005) Roth, J.: Mobile Computing – Foundations, Technique, Concepts (in German). Dpunkt Publ., 2005

(Sadun and Wardwell 2014) Sadun, E., Wardwell, R.: The Core iOS Developer's Cookbook – Essentials and Advanced recipes for iOS Programmers,

Addison-Wesley Publ., 2014

(Schäfer 2010) Schäfer, W.: Software Development - Introduction for the Most Demanding (in German). Addison-Wesley Publ., 2010

(Silberschatz et al. 2012) Silberschatz, A., Galvin, P., Gagne, G.: Applied Operating System Concepts, Wiley Publ., 2012

(Singh 2007) Singh, A.: Mac OS X Internals – A Systems Approach, Pearson Publ., 2007

(Sloss et al. 2004) Sloss, A. N., Symes, D., Wright, C.: ARM System Developer's Guide – A Designing and Optimizing System Software, Elsevier Publ., 2004

(Sommerville 2015) Sommerville, I.: Software Engineering, Addison-Wesley Publ., 10th edition, 2015

(Steinacker 2016) Steinacker, L.: Code capital – The software code becomes a crucial factor (in German). Wirtschaftswoche online. September 11th 2016. Available from: https://www.wiwo.de/my/technologie/digitale-welt/code-kapital-der-software-code-wird-zur-entscheidendengroesse/14483036.html

(Stevenson 2010) Stevenson, S.: Cocoa and Objective-C Up and Running, O'Reilly, 2010

(Stokes 2007) Stokes, J.: Inside the Machine - An Illustrated Introduction to Microprocessors and Computer Architecture, No Starch Press, 2007

(Tanenbaum and Bos 2014) Tanenbaum, A., Bos, H.: Modern Operating Systems. Pearson Publ., 2014

(Tanenbaum and Austin 2012) Tanenbaum, A., Austin, T.: Structured Computer Organization, Pearson Publ., 6th edition, 2012

(Vembo 2016) Vembo, D.: Connected Cars – Architecture, Challenges and Way Forward. Whitepaper Sasken Communication Technologies Pvt. Ltd. 2016.Available from: https://www.sasken.com/sites/default/files/files/white_paper/Sasken-Whitepaper-Connected%20Cars%20Challenges.pdf

(Weber 2012) Weber, R.: Technology of Enterprise Software (in German). Springer-Vieweg Publ., 2012

(Werle 2015) Werle, K.: World in digital change – the game changer – BMWsmartphone on wheels (in German). Manager Magazin online. November 23rd 2015. Available from: http://www.manager-magazin.de/unternehmen/artikel/game-changer-bmw-sieger-in-wettbewerb-von-bainund-mm-a-1063812.html

링크

2014

(URL1 2014) http://www.kpmg-institutes.com/content/dam/kpmg-im/
automotive/me-my-car-mylife.pdf
(URL2 2014) https://www.linkedin.com/pulse/20140626152045-3625632-
car-software-100mlines-of-code-and-counting/

2016

(URL1 2016) http://www.businessinsider.in/Theres-no-hope-of-anyone-
catching-up-to-Android-andiOS/articleshow/53815473.cms
(URL2 2016) https://www.smartface.io/

2017

(URL1 2017) https://en.wikipedia.org/wiki/IOS
(URL2 2017) https://www.ralfebert.de/ios/ueberblick-ios-xcode/
(URL3 2017) https://en.wikipedia.org/wiki/IOS_version_history
(URL4 2017) https://www.idc.com/promo/smartphone-market-share/os
(URL5 2017) https://en.wikipedia.org/wiki/Android_(operating_system)
(URL6 2017) https://developer.apple.com/xcode/features/
(URL7 2017) https://intellipaat.com/tutorial/ios-tutorial/ios-technologies/
(URL8 2017) https://developer.apple.com/
(URL9 2017) https://developer.android.com/training/index.html
(URL10 2017) http://www.vogella.com/tutorials/android.html
(URL11 2017) https://developer.android.com/guide/platform/
(URL12 2017) http://www.androidauthority.com/
(URL13 2017) https://yalantis.com/blog/uber-underlying-technologies-and-
how-it-actually-works/
(URL14 2017) https://developer.omnis.net/blog/infographic-global-
smartphone-sales-market-shareby-vendor-and-os
(URL15 2017) https://en.wikipedia.org/wiki/Xamarin
(URL16 2017) https://en.wikipedia.org/wiki/Mapbox
(URL17 2017) https://en.wikipedia.org/wiki/Google_Maps
(URL18 2017) https://de.wikipedia.org/wiki/Lines_of_Code (in German)

8
카셰어링

8장에서는 카셰어링에 관해 논의한다. 8.1절에서는 카셰어링의 기본 개념과 이를 기반한 다양한 변화 그리고 현재까지 제공되고 있는 카셰어링 서비스에 관해 소개한다. 8.2절에서는 Daimler의 카셰어링 개념과 car2go 비즈니스 모델을 집중적으로 다뤄본다. 8.3절에서는 카셰어링의 서로 다른 단계와 관련한 사용 사례에 대한 분석과 그 결과에 따른 요구 사항을 논의한다. 8.4절에서는 카셰어링 비즈니스 모델 내에서 스마트카의 하드웨어와 소프트웨어의 인프라에 대한 상당한 변화들을 설명하며 텔레매틱스 유닛 내 탑재돼 있는 GSM 모듈을 통한 커넥티비티의 구현을 집중적으로 알아본다. 8.5절에서는 카셰어링 분야에서 전기차의 영향에 대해 논의한다. 또한 표준 전기차의 블록 다이어그램을 보여준다. 8.6절에서는 그 외 다른 OEM과 그들의 자동차 브랜드에 의한 카셰어링 활동에 대해 다룬다. 전반적으로 카셰어링의 사용 사례를 보면 자동차와 백엔드 시스템 간 지속적인 커넥티비티에 의존적이기 때문에 자동차의 적절한 보안은 사이버 공격을 통한 취약점을 막기 위해 침입 탐지와 예방에 의해 구현돼야 할 중요한 문제다. 8.7절에서는 사이버 공격이 발생하는 지점과 이에 대한 보안 조치에 대해 논의한다(6장 참고). 8.8절에서는 8장에 대한 결론으로 마무리하며 8.9절에는 카셰어링 비즈니스 모델에 대한 포괄적인 질문과 참고문헌과 더 읽을 거리에 관해 소개한다.

8.1 카셰어링 개념

카셰어링은 사람들이 시 또는 분 단위의 짧은 기간에 자동차를 대여하는 자동차 대여 모델이다. 이는 가끔 자동차를 사용하는 소비자들과 매번 다른 종류의 자동차를 가끔 이용하기를 원하는 소비자들에게 매력적인 선택이다. 자동차를 대여하는 조직의 형태는 상업적 비즈니스일 수 있으며 또한 사용자들은 회사, 공공 대행사나 협동 조합 또는 임시의 그룹의 형태로 조직화될 수 있다.

카셰어링 서비스는 많은 국가의 수천 개 도시에서 이용이 가능하다. 서비스 종류로는 Autolib, City Car Club, Greenwheels, Stadtmobil, Zipcar 등이 있다. Hertz on Demand, Enterprise Rent-A-Car사의 Enterprise CarShare, Avis사의 Avis on Location, U-Haul사의 U Car Share 등 기존 전통적인 자동차 렌트업체들은 카셰어링 서비스들을 소개하고 있다. 게다가 자동차 제조사들 또한 카셰어링 서비스를 출시하고 있는데 Daimler의 car2go, BMW의 DriveNow 그리고 Moia 브랜드로 다시 론칭한 VW의 Quicar가 있다 (Burt 2016; URL4 2016).

카셰어링 서비스는 점점 더 인기를 얻고 있다. 2006년부터 2015년 사이 수많은 사용자가 급격히 증가했다. 2014년에는 세계적으로 거의 500만 명에 가까운 카셰어링 사용자들이 생겨났다(URL6 2017). 이 가운데 80만 명 정도의 카셰어링 사용자는 미국에 있다. 2017년 기준으로 미국에서 가장 큰 카셰어링 업체인 Zipcar는 100만 명의 가입자를 확보했고 12,000대 이상의 차량을 북미와 유럽의 500개의 도시에 제공하고 있다(URL7 2017).

독일에서는 어림잡아 150여 개의 카셰어링 서비스 제공업체와 함께 전체 백 170만 명의 고객이 존재한다(URL5 2017). 가장 큰 업체는 Daimler사의 car2go이고 그 뒤로 BMW의 DriveNow와 도이치반[Deutsche Bahn]의 Flinkster가 있다(URL4 2017). 베를린 시에서만 10개 이상의 카셰어링 서비스 제공업체가 존재한다.

카셰어링의 유형에는 크게 3가지가 있다(URL12 2017; Reindl 외 2016).

- 전형적/거점 기반: 가장 오래된 유형이다. 자동차들을 예약하고 특정 위치(거점)에 주차하는 방식이다. 비용은 시간 기준으로 계산된다.
- 유연성/부동성 카셰어링: 정해진 운영 체계/영역에 따라 도시 내 어디서든 자동차를 탈 수 있고 다시 찾을 수 있는 곳에 둘 수 있다. 예약은 필요 없다.

만약 누군가 미사용 중인 차량에 온다면 해당 위치에서 대여할 수 있다. 자동차들은 사용자들의 운전 패턴에 의해 도시 내 분산된다. 비용은 분 단위를 기준으로 계산된다. 이점은 높은 수준의 유연성이다. 반대로 긴 거리의 여행이라면 비용이 많이 들 수 있다.

- 개인적인 카셰어링: 자동차 소유주들이 개인적으로 다른 사용자에게 자신 의 자동차를 대여하는 것이다. 자동차는 BlaBla Car와 같은 인터넷 포털 에서 찾을 수 있다(URL10 2017). 이 모델은 도시 외 지역들에서 흥미로 운 모델이지만 보험과 관련한 이슈가 있다.

카셰어링의 이점은 점점 더 특히 젊은 사용자들에게 매력적으로 다가가고 있 고, 이는 다음과 같은 이유로 요약할 수 있다(URL4 2017).

- 새로운 자동차를 접한다.
- 자동차를 소유하는 것과 비교했을 때 효율적인 사용과 전반적으로 소유 TCO, Total cost of ownership에 따른 비용의 이점
- 다음과 관련된 비용이 발생하지 않는다.
  - 연료
  - 유지 관리, 수리, 세금
  - 자동차 구매
- 주차 공간이 필요 없다.

8.2 car2go 사례

car2go는 Daimler사의 자회사로 카셰어링 서비스를 유럽, 북미, 중국 내 도시 에 제공하며 자회사 스마트에서 생산하는 2인승 자동차를 주로 제공하고 있다. 이 서비스는 분, 시, 일 기준으로 하는 충전과 편도 대여 및 사전 도로 주차비 정 산 서비스를 함께 제공한다(URL5 2017; URL3 2015). 이 서비스는 전통적으로 중앙화된 대여 사무실을 없애고 사용자 스마트폰에 다운로드한 앱과 차량 앞 유리 뒤에 위치한 RFID 리더와 통신할 수 있는 칩 카드를 통해 주차된 차량에 사용자가 직접 접근하도록 한다(그림 8.2). Daimler는 car2go 서비스를 2008

년 10월에 독일 울름에서 시작했고 내부 비즈니스 혁신 유닛의 테스트 마케팅 서비스들 중 하나로 Daimler 직원들을 대상으로 개발했다(URL3 2016).

현재는 세계적으로 204만 명 이상의 고객이 존재하며 유럽에 130만 명 이상 그리고 독일에 67만 명 이상의 사용자가 있다(URL3 2017). car2go 서비스는 현재 8개국에서 서비스하고 있다. 그중 26곳의 서비스가 유럽과 미국에 있다. 2016년에 중국 시장에 첫 사업으로 새로운 서비스가 시작됐다. car2go는 약 14,000대의 자동차를 보유하고, 이 가운데 13,000대 이상이 순수 전기차다(URL3 2017).

독일 베를린이 가장 많은 자동차를 보유하고 있고 그 뒤를 이어 캐나다 벤쿠버에 1,000대 이상의 자동차가 있다(URL3 2017).

car2go 비즈니스 모델은 위치에 따라 요금은 다양하지만 모든 시장에서 유사하다. 회사는 분당 요금을 부과하며 그림 8.1과 같이 이와 함께 시간이나 일일 이용에 대한 할인된 고정 요금을 부과하기도 한다.

요금은 허가된 지역 내에서 대여, 연료, 보험, 주차 그리고 유지 보수에 대한 비용을 모두 포함한다. 추가적으로 저렴하게 고정된 연간 이용료도 있다. 대부분의 시장에서 car2go 자동차들은 지자체로부터 승인받은 특별히 할당된 주차 구역이나 공식 주차 구역에 주차할 수 있다. 자동차에 접근하는 것은 이중 인증two-factor authentication에 의해 승인된다. 첫 번째로 운전자는 그림 8.2에서처럼 반드시 스마트폰앱이나 멤버십 카드에 있는 RFID 태그를 앞 유리 RFID 리더에 접촉한다. 그리고 4자리 PIN 코드를 입력해 글로브 박스를 열고 자동차 키를 얻을 수 있다. 초기 car2go의 프로토타입은 Daimler 자회사 TTS에 의해 개발됐다. 요구 사항들은 효과적인 변경 사항 추적과 요구 사항에 대응하는 테스트 케이스들을 연결할 수 있는 IBM의 요구 사항 관리 도구인 DOORS를 이용해 정리됐다(URL16 2017). 소프트웨어 시스템 개발을 위해 TTS가 이끄는 팀은 Daimler의 표준 개발 프로세스를 준수해 객체 지향 방법론, 정교한 툴체인 그리고 애자일 콘셉트를 적재적소에서 사용했다.

그림 8.1 car2go 콘셉트(Haas와 Möller 2017)

그림 8.2 앞 유리 뒤 RFID 리더

8.3 사용 사례와 카셰어링의 요구 사항 분석

이 절에서는 일반적인 카셰어링 서비스의 사용 사례에 대한 설명과 다음과 같은 서비스를 운영하기 위한 주요 요소에 대해 전반적으로 살펴본다.

- 특정 헤드 유닛에 동작하는 소프트웨어
- 사용자 앱
- 차량 내 특정 사용자 인터페이스가 있는 프론트엔드 그리고 인포테인먼트 시스템
- 백엔드 시스템
- 등록, 요금 청구 정보, 사용자 설정 등을 위한 포털

조감도로 보자면 시스템은 각각 상호작용하는 다양한 물리적, 개념적인 요소로 구성돼 있다.

- 공유 자동차: 사용자가 서비스 계약을 통해 공유되고 있는 자동차
- 헤드 유닛: 카셰어링 기능이 자동차 내에 구현되고 백엔드 서버들과 통신하는 특정 헤드 유닛
- 고객: 서비스를 사용하고자 하는 이용자
- 고객 데이터베이스: 서비스에 가입 및 등록되고 멤버십 카드를 제공받은 고객들의 데이터베이스
- 무선 송신기: 자동차와 백오피스 간 발생하는 통신, 음성, GPS를 포함한 데이터에 대한 모든 책임을 갖는 에이전트
- RFID 리더: 앞 유리 등에 부착돼 멤버십 카드의 RFID 태그를 읽는다. 사용자는 인증을 받게 되고 보드 컴퓨터가 시작되며 자동차 문이 열리게 된다.
- 스마트폰: 위치를 찾고, 자동차를 예약하고 자동차 문을 열며, 백오피스와의 통신과 다양한 관리자 기능들을 처리하기 위해 앱을 동작한다.
- 백오피스: 공유 자동차 서비스의 중요한 요소이며 자동차 예약, 청구서 발행 그리고 멤버들의 계정 관리와 같은 모든 기능들을 수행한다. 또한 모든 관리적 작업과 고객의 불만 사항에 대해 적절한 대응 방안을 선택해 처리한다.

사용 사례는 그림 8.3에서 UML 형태로 모델링돼 보여주고 있고 다음과 같은 일반 용어로 정의할 수 있다.

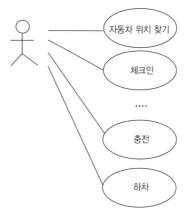

그림 8.3 주요 카셰어링 서비스에 대한 사용 사례

체크인

- 스마트폰 앱이나 멤버십 카드를 앞 유리에 부착된 RFID 리더에 접촉을 통해 자동차 문이 열린다.
- 운전자는 웹 포털에서 지정한 PIN 코드를 입력하도록 요청을 받는다.
- 자동차 보드 컴퓨터는 서버에 저장된 PIN 코드를 확인하고 입력 PIN 번호를 확인한다.
- PIN 코드가 올바를 경우 운전자는 글로브 박스에 있는 키를 통해 엔진 시동을 걸 수 있다.
- PIN 코드가 올바르지 않을 경우 운전자는 4번의 기회가 있고 실패 시 시스템은 잠기게 된다. 이 경우 운전자는 자동차에서 나와 콜 센터에 상황을 확인해야 한다.
- 옵션으로 음성/말하기/지문/안면 인식을 사용해 운전자의 생체 인증을 할 수도 있다.

운전

- GSM 모듈은 GPS 위치 정보, 배터리와 연료의 상태 외 데이터들을 일정한 주기로 기지국에 전송한다.
- 운전자는 보드 컴퓨터의 내비게이션 모듈을 이용해 안내를 받는다.
- 운전자는 자동차 내 인포테인먼트 시스템을 사용해 운전 중 운전자의 필요 사항을 처리한다.

하차

- 사용자는 길에 차를 정차하거나 주차할 수 있다.
- 위치와 정차 상태는 기지국으로 전송될 것이다.
- 사용자는 보드 컴퓨터를 포함해 시스템들을 종료한다.
- 자동차로 돌아온 후에 사용자는 다시 인증을 위해 PIN 코드를 입력한다. 자동차 문이 열리고 자동차는 시동이 가능하다(자동차 키를 사용). 보드 컴퓨터는 시동 정보를 서버로 전송한다.
- 선택적 사양: 자동차가 만약 적합하지 않은 위치에 주차된다면 내비게이션이 이를 확인하고 사용자에게 경고를 한다.

체크아웃

- 사용자는 자동차를 아무 공용 주차장이나 특정 예약된 주차 위치에 둘 수 있다. 내비게이션 시스템은 운전자에게 특정 공유 차량을 위한 주차 위치를 안내한다.
- 체크아웃 과정은 체크인과 유사하게 자동차의 상태를 평가하는 것으로부터 시작된다.
- 체크인 단계에서 자동차 상태에 대한 피드백과 더불어 운전자는 운전 과정에서 발생하는 문제에 대해 보고해야 한다.
- 위치 정보는 서버로 전송된다. 운전자는 자동차 키를 서랍에 넣고 문을 닫는다. 보드 컴퓨터는 시스템을 종료하고 자동차 문을 잠근다. 헤드 유닛은 시스템을 종료하고 문을 잠근다. 문제 발생 또는 자동차의 상태가 좋지 않지만 주행이 가능한 상황이라면 운전자는 자동차 정비소에 입고하고 추후 공유 자동차 대여를 위해 바우처를 대신 받는다.

상태 검사

- 운전자는 반드시 자동차 내외부의 상태를 확인해야 한다.
- 간단한 사용자 인터페이스가 확인을 도와준다.
- 검사 질문들에 따라 확인이 완료된 후 자동차는 시동 및 사용이 가능하다.
- 자동차 상태가 좋지 않다면, 콜센터로 사용자는 무료 전화를 걸 수 있고 다음 사용 가능 자동차를 안내받을 수 있다.
- 선택적 사양: 내부 상태에 대해 카메라를 이용해 검사할 수 있다.

- 운전자는 내부에 장착된 음성 녹음 기능을 이용해 문제에 대한 상태를 기록할 수 있다.

주유

- 사용자는 연료가 정해진 수준으로 떨어지면 안내를 받고 가까운 주유소로 안내를 받는다.
- 사용자는 바우처를 이용해 주유소에서 주유가 가능하다.
- 연료 탱크 정보는 서버로 전달되며 선택적으로 바우처의 상태와 함께 상황에 대한 확인을 할 수 있다.
- 선택적 사양: 주유 상태에 대한 임계치는 제일 가까운 주유소 또는 현재 연료 수준에 따라 유동적으로 결정된다.

응급 상황

- 사고가 발생할 경우, 자동차는 위치와 자동차 정보를 포함한 응급 상황 데이터를 서버로 전달한다.
- GSM 모듈이 동작하고 있다면 운전자는 응급 전화가 가능하다.
- 의료 응급 상황인 경우 운전자는 내장된 GSM 모듈을 통해 전화가 가능하다. 위치 정보는 자동으로 서버에 전송된다.
- 선택적 사양: 응급 버튼은 위치 정보를 기록하고 자동으로 도움을 위한 전화를 걸게 해준다. 자동차는 서비스 팀에 의해 견인되거나 사용자가 정비소에 입고할 수 있다.

8.4 카셰어링 서비스를 위한 하드웨어/소프트웨어 변경 사항

앞서 설명한 사용 사례들은 전기/전자 시스템들 특히 헤드 유닛에 대한 많은 변경을 요구한다. 많은 기능들은 신뢰할 수 있는 통신을 요구하고 자동차가 운행되는 영역 내에서 주의 깊이 추적되는 것을 필요로 한다. 자동차에 대한 핵심 변경 사항은 지속적으로 위치 정보 데이터를 중앙 서버로 전송해주는 GPS 기능을 포함한 특별한 헤드 유닛이다. 커넥티비티는 텔레매틱스 유닛에 탑재된

GSM 모듈을 통해 실현된다. 시스템은 체크인 과정에서 인증 데이터를 서버로 전송하고, 주행 중 위치 정보와 상태 데이터의 전송 그리고 하차 시 백엔드 시스템과 통신할 것이다. 고객이 도중 하차를 원할 시 이 또한 통신될 것이다. 백엔드 시스템은 모니터링과 서비스 운영 영역 내에서 자동차의 추적, 요금 청구, 고객의 주소, 핀PIN 코드 그리고 그 외 정보 등을 처리하는 모듈들로 구성된다. 이러한 상황에서는 자동차의 정확한 위치가 확인되지 않으므로 운전자는 반드시 정차를 위한 다른 장소를 찾아야만 한다.

셰어링카 서비스의 자동차 내 소프트웨어의 기능들은 강력한 임베디드 플랫폼을 필요로 한다. 그림 8.5와 같이 Microsoft는 Windows 임베디드 오토모티브Embedded Automotive라고 부르는 입증되고 안정적인 솔루션을 제공하고 있다. Qualcomm/NXP/Freescale, Infineon, Intel, Samsung, Reneasa와 같은 제조사들로부터 생산되는 현재 많은 마이크로컨트롤러들은 코어 시스템을 동작시키기 위해 충분한 성능을 제공하고 있다. 그림 8.6에서는 수많은 멀티미디어 지원과 보드에 탑재된 I/O 인터페이스들 그리고 Windows 임베디드 오토모티브 인증을 갖춘 i.MX(NXP/Freescale) 마이크로컨트롤러를 보여주고 있다.

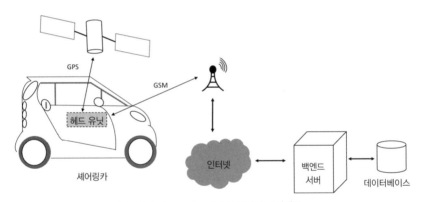

그림 8.4 셰어링카 서비스의 최상위 아키텍처

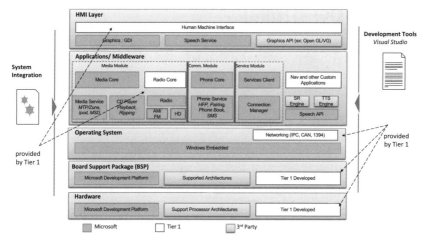

그림 8.5 Windows 임베디드 오토모티브 스택(출처: Microsoft, 수정)

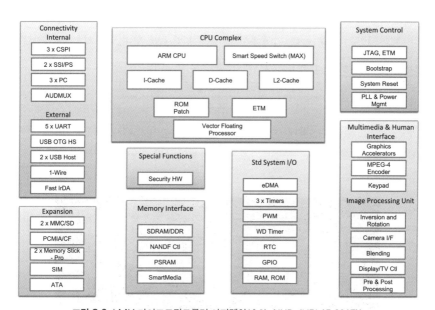

그림 8.6 i.MX 마이크로컨트롤러 아키텍처(출처: NXP, (URL15 2017))

8.5 전기차와 카셰어링

전기차는 폭넓게 수용되기 위해 다양한 난관을 겪고 있는 단계다(Reimann 2014; Hinderer 외 2016; Loogen 2015). 주요 문제들은 높은 가격에 있으며 주로 배터리에 따른 비용, 널리 설치돼야 할 충전 인프라의 부족, 내연기관 엔진 자동차들에 비교했을 때 짧은 운행 거리 그리고 주유 시 소모되는 짧은 시간과 비교했을 때 충전에는 그보다 긴 시간이 필요하다는 문제가 있다. 다른 측면에서 본다면 전기차는 배기가스 배출이 없고 비록 전체 탄소에 대한 환경의 영향을 별도로 본다면 차의 마모가 상대적으로 적으며 세금과 보조금의 혜택이 있으며 운전의 즐거움도 있다. 주요 문제점들에 대해 극복하는 데 시간이 필요할 것이며, 향후 몇 년 동안 전기차의 보급률은 한 자릿수가 될 것이다.

그럼에도 자동차 제조사들은 카셰어링을 운전자가 전기차 기술의 이점들을 처음 경험하게 하며 이를 대중화시킬 수 있는 매력적인 방법으로 생각하고 있다. 셰어링카는 더욱 좁은 지역에서 운행하기 때문에 서비스 영역은 큰 문제는 되지 않고, 만약 도시에서 충전 인프라를 제공할 경우 도시 내 배기가스 배출 없는 교통과 같이 이로 인해 양쪽 모두 이득이 될 수 있다.

그림 8.7에서 보는 바와 같이 Daimler는 전기차 Smart를 슈투트가르트 에서 운영하고 있다. 그 밖에 전기차가 우세한 도시는 암스테르담과 마드리드이다 (URL3 2017). 또한 최근 슈투트가르트에서 셰어링카 대열에 B 클래스 전기차가 추가됐다(URL2 2017).

그림 8.7 슈투트가르트에 Electric Car2Go Smart

슈투트가르트 시는 그림 8.8과 같이 충전소 망을 EnBW와 함께 제공하고 있다. 충전소에서는 급속 충전 기능을 제공한다. 정산은 투명하게 처리되며 Car2Go 운전자는 반드시 소켓에 플러그를 연결해야 한다. 자동차와 전력 공급 회사 간 통신은 특정 M2M^{Machine-to-Machine} 프로토콜에 기반해 자동으로 처리되고 있다. 만약 누군가 Car2Go Smart 전기차를 충전할 경우, 신용 포인트를 얻게 되고 이는 다음 대여 시에 사용할 수 있다. 이는 내연기관 엔진을 기반으로 한 Car2Go Car 서비스에서 주유 시 인센티브를 주는 구조와 유사하다.

그림 8.8 슈투트가르트의 배터리 충전소

그림 8.9에서는 전기차의 블록 다이어그램을 보여주고 있다(Hinderer 외 2016; Stellet 외 2014). 이는 직렬과 병렬 하이브리드, 플러그-인 하이브리드 그리고 전기차 같이 전기모터와 내연기관 엔진의 다양한 조합들과는 확연히 구분이 된다. 슈투트가르트에서 운행하고 있는 스마트카들은 내연기관의 보조 없는 순수 전기차다. 운전 습관, 주변 온도 그리고 다양한 요소들에 의해 주행 가능 거리는 일반적으로 100km에서 140km 정도이다. 가장 큰 부품은 배터리 팩이다. 14kWh 용량의 리튬-이온 배터리 기술이 적용됐다. 배터리 팩은 정교한 배터리 모니터링 시스템에 의해 제어된다. 시스템은 지속적으로 배터리의 충전과 상태를 확인하고 드라이브라인으로 공급되는 전류를 제어한다. 전기 모터는 전

형적으로 브러시리스 모터이며 전력 제어 장치에 의해 제어되는 비동기식 기기
이다.

전기차는 전기 파워트레인의 다양한 요소들을 관리하고 제어하는 꽤 많은 양
의 소프트웨어를 포함하고 있다(Almeida 외 2017; Kampker 외 2013; Hinderer
외 2016).

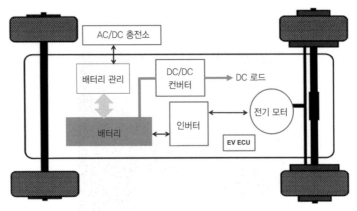

그림 8.9 전기 드라이브 트레인의 아키텍처

그림 8.10은 충전을 제어하고, 배터리 상태를 모니터링하며, 다양한 Li-ion
셀의 충전량의 균형을 조심스럽게 유지하는 배터리 관리 시스템을 보여주고 있
다(URL13 2017; URL14 2017). 효과적인 전력 관리는 운행 거리에 직접적으로
영향을 주기 때문에 필수적이다. Smart e-car는 또한 전기 에너지를 배터리로
전달하는 정교한 회생 기술들을 사용한다.

열에 의해 발생하는 부하도 반드시 신중하게 처리해야 하며 이러한 전반적인
관리는 현재 전개되고 있는 정교한 제어 기술의 영역이다.

DC-DC 컨버터는 드라이브트레인에서 사용되는 고전압을 그림 8.9와 같이
다른 전기 구성 요소의 전압 레벨까지 내린다.

그림 8.11과 8.12에 나타난 기존 자동차와 전기 자동차의 비용 구조를 비교
하는 것은 흥미롭다(Hinderer 외 2016; Kampker 외 2013). 드라이브트레인은
일반적으로 마모와 파손이 적어 훨씬 단순해진 반면, 배터리는 비용 구조를 지
배한다. 이는 대부분의 ICE 기반 산업의 가치 사슬에 극적인 결과를 가져온다
(Sorge 2016a, b).

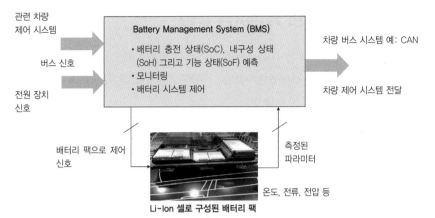

그림 8.10 배터리 관리 시스템의 아키텍처(URL13 2017 참고)

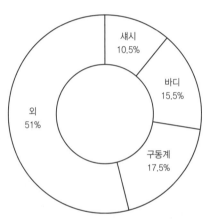

그림 8.11 기존 자동차의 전형적인 비용 구조

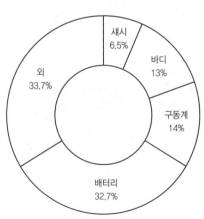

그림 8.12 전기차의 전형적인 비용 구조

8.6 다른 OEM의 카셰어링 활동

그림 8.13과 같이 BMW는 Daimler와 유사한 콘셉트로 DriveNow라는 브랜드를 사용하는 서비스를 시작했다. 서비스 차량은 Car2Go의 차량들과 유사한 변경을 한 Mini 차량으로 구성돼 있다.

e-모빌리티의 경험을 위한 850대 이상의 전기차 BMW i3가 이용 가능하다. DriveNow 고객들은 이를 이용해 이미 140만 번의 전기차 여행을 했다.

이미 3천 명의 DriveNow 고객들은 전기차를 전적으로 사용하고 있다(URL1 2017). 전기차 카셰어링 사용률은 베를린이 도시 가운데 가장 높다.

BMW의 카셰어링은 Android 플랫폼에 기반한다. 사용법과 특징은 Daimler가 제공하는 것들과 매우 유사하다. Daimler와 Bosch는 2018년 Car2Go 서비스를 위해 자율 발렛파킹 기능을 시작했다(URL3 2015; URL17 2017). 카셰어링 시장에서 치열한 경쟁이 있는 상태다.

VW은 몇몇 계획들을 시작해왔다(Burt 2016; URL4 2016). VW 그룹은 Gett에 투자했고 곧 카셰어링 서비스를 시작했다. 또한 중국 투자자들이 이 시장에 참여하고 있는 중이다.

그림 8.13 BMW 카셰어링 서비스 DriveNow

그림 8.14 글로벌 기업으로 성장하고 있는 중국 카셰어링 회사

8.7 사이버 공격 지점들과 사이버 공격에 대한 완화

전반적으로 카셰어링은 자동차와 백앤드 시스템 간의 지속적인 커넥티비티과 자동차 운전자에 대한 적합한 인증과 인가에 의존적이다. 커넥티비티를 통해 지속적으로 자동차의 위치와 상태를 추적하는 것을 보장하고, 한편으론 자동차 도난을 방지하거나 계산서를 처리하기 위해 사용자가 인증돼야만 한다. 하지만 커넥티비티로 인해 사이버 범죄에 의해 공격받을 수 있는 잠재적인 공격 지점들이 발생한다(Greenberg 2013; Currie 2015; Vembo 2016; Serio와 Wollschläger 2015; Schöttle 2015a; URL4 2015; URL5 2015; URL1 2017). 전기차 사례에서 자동차와 충전 인프라 간 통신은 반드시 관리돼야 할 또 다른 공격 벡터가 됐다(Haas와 Möller 2017). 또한 배터리의 상태에 관한 민감한 데이터는 반드시 모니터링돼야 한다. 사이버 범죄는 심각한 위협이고 최근 많은 관심을 받고 있다(McMillan 2011; Berke 2015; Miller와 Valasek 2015; URL1 2016; URL2 2016; URL9 2017).

먼저 자동차와 운전자 간 인증 방식에 대해 살펴보자(Wolf 외 2016). 운전자는 인증과 차량 문을 열기 위해 기본적으로 2가지 옵션을 갖고 있다. 이는 사용자의 스마트폰과 백앤드 서버 그리고 백엔드 서버와 자동차 간 통신을 필요로 한다. 그림 8.2와 같이 두 번째 옵션은 멤버십 카드에 내장된 RFID 태그를 사용하는 방법이다. 자동차 유리 안쪽에 설치된 카드 리더기와 태그가 통신하고 태그를 통한 인증이 될 경우 차량 문이 열리게 된다. 차량 문이 열리는 것은 차량 문 ECU로 보내는 신호에 의해 동작한다. 이 신호는 배선 연결의 조작을 통해 변조될 경우 위험해질 수 있다.

스마트폰을 이용하거나 멤버십 카드 내 RFID 태그를 이용하는 두 사례 모두 추가적으로 4자리 숫자를 입력하는 이차 인증 방식(two-factor 인증)을 운전자에게 요구한다. PIN 번호가 올바를 경우 자동차 키에 접근할 수 있고 다른 스마트카처럼 시동을 걸 수 있다.

여기 다른 다양한 공격 시나리오를 소개한다(Haas와 Möller 2017; Stockburger 2016).

- 백엔드 서버 간 GSM 통신 공격
- 주유 시 사용되는 스마트 카드에 대한 공격
- 백엔드 서버에 대한 DDoS^{Distributed Denial-Of-Service}(분산 서비스 거부) 공격

취약해진 여러 컴퓨터 시스템들을 통한 공격은 서버, 웹사이트 또는 다른 네트워크의 자원을 목표로 공격하고 사용자들이 서비스를 이용하는 것에 대해 DoS를 유발한다. 과도하게 전송되는 메시지, 연결 요청 또는 대상 시스템으로 전송되는 비정상적인 패킷은 시스템의 처리 속도에 부하를 발생시키거나 시스템 내 충돌 또는 종료를 강제적으로 발생시킬 수 있고 이로 인해 정상적인 사용자와 시스템들이 서비스를 이용하지 못하게 된다.

- 개인정보에 접근 권한을 얻기 위한 사용자 계정 해킹
- OTA^{Over-The-Air} 업데이트 공격
- 자동차 경로 변경을 하기 위한 GPS 신호 변조

또한 새로운 발렛파킹 기능의 도입과 함께 잠재적인 공격 지점들이 확대되고 있다(URL3 2015; URL2 105). 발렛파킹은 10장에서 자세히 논의할 것이다. 셰어링카 이용 시 주차 공간의 탐색이 어렵거나 충전 인프라가 필요한 경우가 있어 이 특징은 셰어링카 서비스에서 특별한 관심을 가질 수 있다. 이러한 문제를 더욱 쉽게 해결하기 위해 Car2Go 파트너사인 Bosch와 Moovel은 2018년 합작해 자동 발렛파킹 기능을 제공하기로 했다. 이로 인해 Car2Go 운전자는 하차

만 하면 자동차는 스스로 주차하게 된다(Rees 2016).

Tesla는 보안 위험에 관해 굉장히 오픈된 정책을 갖고 있다(Pickhard 외 2015; Schöttle 2015b; Brisbourne 2014). 취약점들은 공개되고 투명하고 신속하게 처리된다(Zetter 2015). 이 방식으로 인해 제로데이$^{zero-day}$ 공격이 오랫동안 유효하지 않게 되고 고객들과 해커들의 노력을 합쳐 공격을 예방하는 데 도움이 될 수 있다.

8.8 결론

셰어링은 점점 더 인기를 얻고 있다. 대부분의 대형 자동차 OEM들은 카셰어링을 위한 특별한 제품들을 갖고 있다. Daimler는 2011년 울름에서 처음으로 실험적인 수준의 Car2Go 서비스 콘셉트를 적용한 카셰어링 서비스의 선구 기업 중 하나다.

카셰어링 서비스는 일반적인 대여 모델과는 여러 면에서 차이점을 갖고 있다. 사용자는 자동차를 미리 예약할 필요가 없고, 예약은 임시로 할 수는 있으며 요금 방식은 운행 거리와 시간의 조건 내에서 유연하다. 렌트카 회사들은 일반적으로 하루 기준 요금을 적용하며 시간 또는 분 단위 이용에 대해서는 제공하지 않는다. 또한 셰어링카는 일반적으로 서비스 운영 지역 내 공공 주차 공간에 주차할 수 있다. 서비스 운영 지역은 시 또는 대도시 지역으로 제한되며, 장거리 이동은 적용되지 않는다. 제한된 지리적 조건 안에서 한 지점에서 다른 곳으로 가능한 쉽게 이동하도록 만드는 것이 카셰어링 서비스의 목표다.

카셰어링은 자동차에 몇몇 핵심적인 기능의 변경을 필요로 한다. 텔레매틱스 기기는 지속적으로 GPS 데이터를 백엔드 서버로 전달해야 한다. 또한 인가된 사용자만 자동차의 문을 열 수 있게 해 자동차에 접근할 수 있도록 하는 인증 장치가 필요하다.

일부 OEM들은 고객들이 e-모빌리티에 친숙해지도록 하기 위해 카셰어링을 이용한다. 예를 들어 Car2Go는 슈투트가르트에서 전기차 Smart를 운영하고 있다.

전기차는 자동차와 인프라 특히 충전소 간 정교한 M2M 통신을 필요로 하므로 이로 인한 많은 공격 지점을 노출하고 있다. 우리는 전기차의 사이버 보안에 관한 주요 이슈와 많은 문헌을 참고했다.

Car2Go와 DriveNow 는 그들의 서비스 차량들에 대한 최선의 통합 방법에 대한 오랜 논의 끝에 곧 합병될 것이다(URL5 2016). Flinkster와 Car2GO는 그들의 사업을 조합하기 위해 심각한 논의를 했지만 IT 관련 이슈가 가장 큰 장애물이 된다고 판단하게 됐다.

카셰어링에서 지속적인 커넥티비티와 원격 접근 기능들은 잠재적인 사이버 범죄의 공격 경로가 될 수 있다. 우리는 이러한 이슈들에 대해 명확하게 논의했다. 강력한 인증 방식과 침입 탐지 시스템은 사이버 공격을 예방과 전반적인 시스템 보안을 향상시키는 데 도움이 될 수 있다(URL4 2015).

8.9 연습 문제

- 새로운 이동 수단 트렌드라는 용어의 의미는 무엇인가?
- 새로운 모빌리티 트렌드의 몇 가지 주요 측면에서 설명하라.
- 카셰어링이라는 용어는 무엇을 뜻하는가?
- 카셰어링을 몇 가지 주요 측면에서 설명하라.
- 라이드셰어링과 카셰어링은 어떻게 다른가?
- 차이점에 관해 주요 측면에서 설명하라.
- Car2Go라는 용어는 무엇을 뜻하는가?
- Car2Go의 몇 가지 주요 측면에서 설명하라.
- OEM들에 의한 카셰어링 계획이라는 용어는 무엇을 뜻하는가?
- 다른 OEM들에 의한 몇몇 다른 카셰어링 협회를 말해보라.
- 자동차 대여와 카셰어링은 어떤 차이가 있는가?
- 차이점에 대해 몇 가지 주요 측면에서 설명하라.
- 사용자는 어떻게 자동차에 인증을 수행하는가?
- 인증 방법에 관해 주요 측면에서 설명하라.
- 어떻게 운전자가 운전 면허가 있다는 것을 알 수 있는가?
- 몇 가지 주요 측면에서 설명하라.
- 카셰어링에서 주유는 어떻게 처리되는가?
- 몇 가지 주요 측면에서 설명하라.

- 서비스 운영 지역 내 차량을 주차하는 것이 왜 중요한가?
- 몇 가지 주요 측면에서 설명하라.
- 차량 주차 시 GPS 연결이 안 되는 상황이라면 어떤 일이 벌어지는가?
- 몇 가지 주요 측면에서 설명하라.
- 사고가 발생한다면 어떤 일이 벌어지는가?
- 몇 가지 주요 측면에서 설명하라.
- 카셰어링 비용은 무엇인가?
- 몇 가지 주요 측면에서 설명하라.
- 유지 보수와 정비는 어떻게 운영될 것인가?
- 몇 가지 주요 측면에서 설명하라.
- OEM들의 카셰어링 제품들은 어떻게 다른가?
- 몇 가지 주요 차이점에 대해 설명하라.
- 전기차의 주요 요소는 무엇인가?
- 주요 요소에 대해 설명하라.
- 전기차 비용 구조에 영향을 주는 중요한 요소들은 무엇인가?
- 전기차의 비용 구조에 대해 설명하라.
- 충전 단계는 어떻게 구성돼 있는가?
- 주요 측면에서 설명하라.
- 일반적으로 전기차의 범위는 무엇인가?
- 주요 요소에 대해 설명하라.
- 전기차와 내연기관 차 간 운전 경험은 어떻게 다른가?
- 몇 가지 주요 차이점에 대해 설명하라.
- 도시에서 카셰어링을 위한 성공 요소들은 무엇인가?
- 주요 측면에서 설명하라.
- 자동차와 백엔드 시스템 간 어떤 데이터가 교환되고 있는가?
- 주요 측면에서 설명하라.
- 카셰어링에서 사용되고 있는 일반적인 커넥티비티 방식은 무엇인가?
- 주요 측면에서 설명하라.
- 셰어링카의 공격 지점들에 대해 설명하라.
- 주요 측면에서 설명하라.
- 심각한 공격 경로는 무엇인가?

- 주요 측면에서 설명하라.
- 사용 시 인증 방식들은 무엇이 있는가?
- 주요 측면에서 설명하라.
- 사이버 공격에 대응하기 위한 사이버 보안의 의미에 대해 당신의 제안은 무엇인가?
- 제안에 대해 상세히 설명하라.
- 왜 카셰어링이 인도에서 인기가 없는가?
- 주요 원인에 대해 설명하라.
- 미국 도시 내 카셰어링의 시장 잠재력은 어떤지 알고 있는가?
- 주요 측면에서 설명하라.
- 유지 보수와 정비에 따른 비용들은 감소시키기 위한 아이디어는 무엇인가?
- 당신의 아이디어에 대해 상세히 설명하라.
- 자동차의 손상이 지속적으로 모니터링되고 있음을 어떤 방식으로 보장할 수 있는가?
- 보고에 대해 상세히 설명하라.
- 누가 손상을 발생시켰는지 어떻게 확신할 수 있는가?
- 주요 측면에서 설명하라.
- 카셰어링 콘셉트의 성공을 위해 주차 공간의 가용성이 어떤 역할을 하는가?
- 주요 측면에서 설명하라.
- 어떤 지역이 주차와 관련해 중요한가?
- 주요 측면에서 설명하라.
- Daimler와 BMW의 활동이 합병될 경우 어떤 이점이 있는가?
- 주요 측면에서 설명하라.
- Car2Go와 Filnkster의 통합이 왜 어려움을 겪고 있는가?
- 주요 측면에서 설명하라.
- Car2Go와 Flinkster가 협업했을 때 이점은 무엇인가?
- 주요 측면에서 설명하라.

참고문헌 및 더 읽을거리

(Almeida et al. 2017) Almeida, F., Silva, P., Leite, J.: Proposal of a Carsharing System to Improve Urban Mobility. In: Theoretical and Empirical Researches in Urban Management, Vol. 12, Issue 3, pp. 32–44, 2017

(Berke 2015) Berke, J.: When Cyberattacks lead to Bankruptcy (in German). Wirtschaftswoche online. November 25th 2015. Available from: https://www.wiwo.de/unternehmen/it/hackerangriffe-auf-unternehmen-wenn-cyberattacken-in-den-bankrott-fuehren/12632916.html

(Burt 2016) Burt, M.: Volkswagen unveils Moia, its new mobility services brand. Autocar online. December 5th 2016. Available from: https://www.autocar.co.uk/car-news/industry/volkswagenunveils-moia-its-new-mobility-services-brand

(Brisbourne 2014) Brisbourne, A.: Tesla's Over-the-Air Fix: Best Example Yet of the Internet of Things? Wired online. February 2014. Available from: http://www.wired.com/insights/2014/02/teslas-air-fix-best-example-yet-internet-things/

(Currie 2015) Currie, R.: Developments in Car Hacking. SANS Institue. December 5th 2015. Available from: https://www.sans.org/reading-room/whitepapers/internet/developments-carhacking-36607

(Dämon 2013) Dämon, K.: Corporate Carsharing – Companies want to get away from the company car. Wirtschaftswoche online. April 19th 2013. Available from: https://www.wiwo.de/unternehmen/auto/corporate-carsharing-unternehmen-wollen-weg-vom-dienstwagen/v_detail_tab_print/8081522.html

(Greenberg 2013) Greenberg, A.: Hackers reveal nasty new car attacks-with me behind the wheel. Forbes online. July 24th 2013. Available from: https://www.forbes.com/sites/andygreenberg/2013/07/24/hackers-reveal-nasty-new-car-attacks-with-me-behind-the-wheel-video/#64771b28228c

(Haas and Möller 2017) Haas, R. E., Möller, D. P. F.: Automotive Connectivity, Cyber Attack scenarios and Automotive Cyber Security. In Proceedings IEEE/EIT Conference, Lincoln, NE, 2017

(Hinderer et al. 2016) Hinderer, H., Pflugfelder, T., Kehler, F. (Eds): Electromobility–Opportunities for suppliers and manufacturers (in German). Springer Automotive Media, 2016

(Kampker et al. 2013) Kampker, A., Vallee, D., Schnettler, A.: Electromobility – The Basis of a Future Technology (in German). Springer/Vieweg Publ., 2013

(Knieps 2016) Knieps, S.: Humans will always want to drive themselves - Daimler Board member Entenmann about the future of the community car and how the autonomous car will change the business model of car2go (in German)

(Kuchler and Strzelczyk 2013) Kuchler, G., Strzelczyk, M.: Tire Pressure Monitoring – Safety Aspects and Value-added Functions (in German). ATZ elektronik, 02/2013

(La Vinh and Cavalli 2014) La Vinh, H., Cavalli, A. R.: Security attacks and solutions in vehicular ad hoc networks: a survey. International Journal on AdHoc Networking Systems (IJANS), Vol. 4, No. 16, pp. 1–20, 2014

(Lampart and Bähren 2015) Lampart, O., Bähren, H.: Hardware- and Software-Security Solutions for Infotainment Systems (in German), ATZ elektronik, 03/2015

(Loogen 2015) Loogen, F.: Moment of Electromobility (in German). ATZ elektronik, 03/2015

(McMillan 2011) McMillan, R.: With Hacking, Music Can Take Control of Your Car. PCWorld online. March 11th 2011. Avaliable from: https://www.pcworld.idg.com.au/article/379477/hacking_music_can_take_control_your_car/

(Meyer and Shaheen 2017) Meyer, G., Shaheen, S.: Dirupting Mobility – Impacts of Sharing Economy and Innovative Transportation on Cities. Springer Publ. 2017

(Miller and Valasek 2015) Miller, C., Valasek, C.: Remote exploitation of an unaltered passenger vehicle. August 10th 2015. Available from: http://illmatics.com/Remote%20Car%20Hacking.pdf

(Pickhard et al. 2015) Pickhard, F., Emele, M., Burton, S., Wollinger, T.: New Thinking for Secure Connected Vehicles (in German). ATZ elektronik, special edition, 7/2015

(Reimann 2014) Reimann, W.: Electrified into the future (in German). ATZ elektronik, 06/2014

(Reindl et al. 2016) Reindl, S, Klümper, M., Maier, B.: Mobility Services in the Automotive Industry (in German). In Dietz, W., Reindl, S., Bracht, H.: Principles of the Automotive Management (in German), Springer Automotive Media, 2016

(Rees 2016) Rees, J.: Mobility – Never have to park yourself (in German). Wiwo online. May 6th 2016. Available from: https://www.wiwo.de/technologie/mobilitaet/mobilitaet-nie-mehr-selbereinparken-muessen/13529696.html

(Schlesiger 2016) Schlesiger, C.: Flixbus – The creepy triumphalmach of the startup.Wirtschaftswoche online. October 17th 2016. Available from: https://www.wiwo.de/unternehmen/dienstleister/flixbus-der-unheimliche-siegeszug-des-start-ups/14680498.html

(Schöttle 2015a) Schöttle, M.: Security for Software and IT (in German). ATZ elektronik, 03/2015

(Schöttle 2015b) Schöttle, M.: Hacker instead of Cracker (in German), ATZ elektronik, 04/2015

(Serio and Wollschläger 2015) Serio, G., Wollschläger, D.: Networked Automotive Defense Strategies in the Fight against Cyberattacks (in German). ATZ elektronik, 06/2015

(Stockburger 2016) Stockburger, C.: IT security of cars: You have no choice but to trust the manufacturers (in German). Spiegel online. November 1st 2016. Available from: http://www.spiegel.de/auto/aktuell/hacker-angriffe-man-hatkeine-andere-wahl-als-den-autoherstellern-zutrauen-a-1092224.html

(Sorge 2016a) Sorge, N.V.: Electric Cars threaten the creation of value in Germany, The Explosive Billionpoker around the Battery Manufacturers (in German). Manager Magazin online. October 26th 2016. Available from: http://www.manager-magazin.de/unternehmen/autoindustrie/batteriefabriken-das-milliardenspiel-der-autokonzerne-a-1118054-druck.html

(Sorge 2016b) Sorge, N.-V.: Warren Buffett's Electric Car Chinese – BYD is attacking Daimler with its own factory in Europe (in German). Manager Magazin online. October 13th 2016. Available from: http://www.manager-magazin.de/unternehmen/autoindustrie/byd-warren-buffettselektroauto-beteiligung-greift-an-a-1116320.html

(Stellet et al. 2014) Stellet, J., Gießler, M., Gauterin, F., Puente León, F.: Model-based Traction Control for Electric Vehicles (in German). ATZ elektronik, 02/2014

(Vembo 2016) Vembo, D.: Connected Cars – Architecture, Challenges and Way Forward. Whitepaper Sasken Communication Technologies Pvt. Ltd. 2016. Available from: https://www.sasken.com/insights/white-papers/connected-cars—architecture-challenges-and-way-forward-0

(Wolf et al. 2016) Wolf, A, Greiff, S., Obermaier, R.: Vehicle access systems of tomorrow (in German). ATZ elektronik, 03/2016

(Zetter 2015) Zetter, K.: Researchers Hacked A Model S, But Tesla's Already Released A Patch. Wired online. August 6th 2015. Available from: https://www.wired.com/2015/08/researchershacked-model-s-teslas-already/

링크

2015

(URL1 2015) Intel Security White Paper Automotive Security Best Practice. Intel/Mcafee. June 2016. Available from: https://www.mcafee.com/ enterprise/en-us/assets/white-papers/wp-automotive-security.pdf
(URL2 2015) https://www.wiwo.de/unternehmen/auto/digitalisierung-der-autoindustrie-kuenftigbraucht-man-das-lenkrad-nicht-mehr/v_detail_ tab_print/11602152.html
(URL3 2015) http://telematicsnews.info/2015/15/daimler-bosch-and-car2go-develop-automaticparking/
(URL4 2015) https://www.symantec.com/content/dam/symantec/docs/ white-papers/building-comprehensive-security-into-cars-en.pdf
(URL5 2015) https://www.markey.senate.gov/imo/media/doc/2015-02-06_ MarkeyReport-Tracking_Hacking_CarSecurity%202.pdf
(URL6 2015) http://www.carsharing-news.de/flinkster-und-car2go-vereint/

2016

(URL1 2016) http://www.faz.net/aktuell/wirtschaft/macht-im-internet/ verbrechen-4-0-crime-as-aservice-14510568.html
(URL2 2016) https://www.wiwo.de/unternehmen/industrie/cyber-angriffe-auf-die-industrie-jedeszweite-unternehmen-hat-keinen-notfallplan-/13496740.html
(URL3 2016) http://www.faz.net/aktuell/wirtschaft/daimler-baut-konzern-fuer-die-digitalisierungum-14424858.html
(URL4 2016) https://www.wiwo.de/unternehmen/auto/volkswagen-neue-mobilitaetsdienste-erhalteneigene-marke/v_detail_tab_print/14616692. html
(URL5 2016) http://www.bmwblog.com/2016/12/15/bmw-daimler-considering-merging-drivenowcar2go/

2017

(URL1 2017) http://www.carsharing-news.de/drivenow-elektrofahrten-2017/
(URL2 2017) http://www.carsharing-news.de/elektro-b-klasse-car2go-stuttgart/

(URL3 2017) https://www.car2go.com/media/data/germany/microsite-press/files/fact-sheet-car2go_mai-2017_de.pdf

(URL4 2017) http://www.carsharing-news.de/carsharing-anbieter/

(URL5 2017) https://www.car2go.com/DE/de/

(URL6 2017) https://de.statista.com/statistik/daten/studie/388022/umfrage/anzahl-der-weltweitencarsharing-nutzer/

(URL7 2017) http://www.zipcar.com/press/overview

(URL8 2017) http://www.manager-magazin.de/unternehmen/it/google-roboterwagen-fahren-ausangst-vor-hackern-ohne-internet-a-1129346.html

(URL9 2017) https://argus-sec.com/car-hacking/

(URL10 2017) http://blablacar.com

(URL11 2017) http://gett.com

(URL12 2017) https://de.wikipedia.org/wiki/Carsharing

(URL13 2017) https://www.iisb.fraunhofer.de/en/research_areas/energy_electronics/stationary_battery_systems/example_of_developments/battery_management_systems_bms.html

(URL14 2017) https://www.researchgate.net/publication/283796319_Smart_Battery_Cell_Monitoring_with_Contactless_Data_Transmission/figures?lo=1

(URL15 2017) https://www.nxp.com/products/processors-and-micro controllers/applications-processors/i.mx-applications-processors/i.mx-mature-processors/applications-processors-integratedimage-processing-unit-ipu-connectivity-arm11-core:i.MX31

(URL16 2017) https://www.ibm.com/us-en/marketplace/rational-doors

(URL17 2017) http://www.bosch-presse.de/pressportal/de/de/bosch-und-daimler-zeigen-fahrerlosesparken-im-realen-verkehr-116096.html

9

카헤일링과 라이드셰어링

9장에서는 카헤일링과 라이드셰어링에 관해 다룬다. 9.1절에서는 도시에서 자동차에 대한 소유를 줄이고 주차 공간의 필요성을 낮추며 교통 체증을 감소시키고 도시 내 공해를 줄이기 위한 전반적인 도움을 기대할 수 있는 접근 방법으로 카헤일링과 라이드셰어링에 대해 소개한다. 9.2절에서는 택시운전자 각자의 스마트폰 내 앱을 통해 택시 서비스를 제공하는 택시 서비스/카헤일링 그리고 라이드헤일링을 제공하는 온라인 운송 네트워크 회사들에 관해 논의한다. 9.3절에서는 벵갈루루 대도시 영역을 라이드헤일링과 라이드셰어링 서비스 운영 사례로 택시의 유형과 가격 그리고 제공되는 서비스들과 함께 다뤄보는 것에 초점을 맞추고 있다. 9.4절에서는 택시 중개 서비스 회사가 2~3배 더 높은 요금을 부과하는 피크 시간대와 관련한 탄력 요금제 메커니즘에 대해 설명한다. 9.5절에서는 안전 문제와 범죄 예방하고 고객과 운전자 모두의 안전을 강화하기 위한 계획에 관해 소개한다. 이와 관련해 9.5.3절은 라이드셰어링과 관련된 범죄 사고들을 다루고, 9.5.4절에서는 라이드셰어링에 관한 정부 정책 그리고 9.5.5절에서는 중요한 법적 사례들을 소개한다. 9.6절은 라이드셰어링에 관한 사기, 사이버 공격과 사이버 보안을 다룬다. 9.7절은 결론을 최종적으로 정리하고 9.8절에서는 카셰어링 비즈니스 모델에 관한 전반적인 질문 그리고 마지막 9.9절은 참고문헌 및 더 읽을거리에 관해 소개한다.

9.1 소개

최근 몇 년간 혁신적인 실시간 라이드셰어링, 다이나믹 라이드셰어링 또는 기술적 라이드셰어링으로 알려진 것들이 통합된 라이드셰어링 서비스로 제공되고 있다(Amey 2010).

전통적으로 통근 목적으로 두 명 이상의 연관이 없는 개인들 간 라이드셰어링은 유연성이 낮고 고정된 출발 시간 계획과 운전 책임성을 기반으로 한 장기 계약이었다. 일과 사회적인 계획들의 복잡성과 출근 시 환승과 같은 자동차 출근 복잡성의 증가는 이러한 형식의 통근 계약 방식의 선호도를 낮아지게 했다 (Amey 2010).

인스턴트, 다이나믹, 임시, 주문형 라이드셰어링 그리고 다이나믹 카풀링으로도 알려진 실시간 라이드셰어링은 단시간 내 1회성 공유형 서비스다. 이러한 카풀링 형태는 일반적으로 3가지 최신 기술의 장점 사용을 필요로 한다(URL1 2017).

- 운전자의 경로를 결정하고 공유된 탈 것을 중개하기 위한 GPS 내비게이션
- 여행자가 어디서든 탈 것을 요청하기 위한 스마트폰
- 운전자와 승객 간 신뢰와 책임이 수립된 사회 연결망

이러한 서비스들은 최적화된 알고리즘을 통해 운전 요금 지불과 탈 것들을 매칭시켜주는 네트워크 서비스와 연계돼 이를 기반으로 제공된다(URL1 2017).

이처럼 라이드셰어링은 자동차는 움직이고 있고 운전자가 돌아올 필요가 없기 때문에 도심에서 자동차 사용을 줄이고 필요한 주차 공간들을 줄이는 문제의 해결을 기대해볼 만한 접근 방법이다. 이는 교통체증을 줄이고 도시 전반적으로 대기오염에 긍정적인 효과를 갖고 있다(베이 2016). 최근 몇 년간 많은 웹과 스마트폰을 기반으로 한 솔루션이 통합되면서 라이드셰어링을 촉진하고 있다. Uber, Didi, Lyft, Ola 서비스가 그 예다.

그러므로 9장에서는 비즈니스 모델 관점, 가격, 제공되는 서비스 그리고 안전과 사이버 공격에 대해 들여다보며 전반적인 개요에 대해 살펴본다. 안전 우려

는 서로 모르는 운전자와 고객이라는 두 부류가 신뢰를 기반으로 매칭 서비스가 갖는 근본적인 문제와 함께 부각되고 있다.

통상적인 택시 비즈니스에서는 고객들은 운송 서비스의 품질과 안전을 보장하기 위해 규제 기관들의 검사와 평가, 택시 운전자 그리고 동종 업계의 경쟁적 압력에 의존한다. 빠르게 성장하고 있는 라이드헤일링에 의한 경제에서는 자동화되고 정기적인 원격 검사와 과거 고객들의 정직한 피드백을 신뢰해야만 한다.

그림 9.1에서 묘사되는 바와 같이 많은 자금이 유입되며 라이드-헤일링 기업간 경쟁은 매우 치열했다(Eckl-Dorna 2016; Freitag 외 2015; Schultz 2016). 이와 관련해 Uber China와 Didi를 선도하는 2명의 중국 사촌들 간의 전쟁은 전설이 됐으며(Hirn 2016) 인도에서뿐만 아니라 글로벌 대형 기업인 Uber가 현지 경쟁자인 Ola와 맞붙은 곳에서 경쟁은 치열해지고 있다(Kashyap 2016).

엄청난 잠재성과 시장 평가와 함께 새롭게 성장하는 라이드헤일링 비즈니스와 같은 시장에서, 불공평한 시장의 관행들과 사이버 범죄에 시달리는 것이 놀라운 일은 아니다. 이러한 비즈니스는 모든 것들이 통신 사업자의 네트워크 연결과 스마트폰 앱의 적절히 기능적으로 구성되는 것에 의존적이기 때문이다. 몇몇 주요 이슈는 다음과 같다.

- 스마트폰의 사이버 공격
- 봇넷들을 활용한 DoS^{Denial-of-service} 공격
- 가짜 계정
- 사기
- 인증 탈취

그러므로 9장에서는 몇몇 공격 시나리오에 대한 소개와 특히 전송 데이터의 흐름에서 비정상 행위를 탐지하기 위해 침입 탐지와 빅데이터 분석에 관련해 공격 대응을 위한 대책들을 논의한다(Alheetiet 외 2015; Currie 2015).

Uber와 같은 라이드헤일링 회사들은 이미 자율주행자동차를 배치하며 다음 단계에 대해 계획을 수립하고 있다. 구글은 자동차 제조사들 그리고 택시 회사들과 파트너십을 맺어 규제를 조정하고 운전자가 없는 자동차를 현실화시키고 있다(Spehr 2016; URL11 2016). 이러한 것에는 당연히 더욱 엄격한 사이버 보안에 대한 접근이 필요할 것이다. 실제 구글은 이를 인지하고 있다. 웨이모 자동차들이 특별한 인터넷 연결과 관련해 특별한 예방 조치를 취하는 것은 이러한

사례 중 하나다. 이러한 서비스들에 적합한 기능들에 대해 사이버 보안이 얼만
큼 중요해지고 있는지를 명백히 보여주고 있는 또 다른 지표는 Uber가 크리스 발
라섹과 찰리 밀러를 고용했다는 것이다(Isaac과 Perlroth 2015, URL1 2015).

9.2 라이드헤일링 회사와 택시 중개 서비스 업체

Uber, Didi, Lyft, Ola, Gett는 온라인 운송 네트워크 회사이며 택시 서비스, 카
헤일링 그리고 라이드헤일링 서비스를 제공한다(그림 9.2). 이러한 회사들은 각
자의 스마트폰 앱을 통해 택시 서비스를 제공한다.

　Uber로 알려진 Uber 테크놀로지사는 미국의 다국적 택시 서비스 업체다.
미국 샌프란시스코에서 2009년 5월 개릿 캠프와 트래비스 캘러닉에 의해 창
립됐다. 현재 이 서비스는 60개국 444개의 도시가 넘는 곳에서 이용 가능하다
(Vikas 2016; URL2 2017).

　그림 9.3은 델리 공항의 수화물을 찾는 구역에 Uber 광고를 보여주고 있다.
Uber 자동차는 공항에서 특별한 주차 공간을 갖고 있으며 고객을 기다리고 있
는 콜택시들과 함께 직접 경쟁하고 있다.

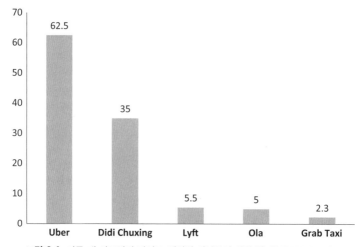

그림 9.1 미국 내 선도적인 라이드-헤일링 회사들의 시장 평가(URL10 2017)

Didi Chuxing은 중국의 라이드헤일링 서비스 선도 기업이다. Chéng Wéi가 2012년 설립했고, 이후 중국 양대 인터넷 회사인 Tencent와 Alibaba의 지원을 받아 경쟁업체 Kuadi Dache와 합병했다. 이 비즈니스 모델은 Uber와 매우 유사하다. 2012년 이후 성장세는 믿기 어려울 정도다.

2015년 Uber는 Didi Chuxing의 14억 번째 라이딩에 못 미치는 10억 번째 라이딩을 달성했다. 2016년 10월 한달 내 4천만 명의 사용자들이 서비스를 이용했고 그들은 월 평균 50 달러 정도를 서비스 이용에 사용한 것으로 보고됐다 (Kirsch 2016; URL3 2017).

Lyft는 캘리포니아 샌프란시스코에 있으며 모바일 앱 서비스 운영을 통한 운송 네트워크 회사이다. 2012년 6월 론칭했고 뉴욕, 샌프란시스코, 로스앤젤레스를 포함해 미국 내 약 300개의 도시에서 이용 가능하며 매달 1,870만 회의 라이딩 서비스를 제공하고 있다. 이 회사는 2017년 4월에 기업 가치 75억 달러로 평가됐고 전체 26억 1,000만 달러의 투자를 이끌었다(URL4 2017).

그림 9.2 선도적인 라이드헤일링과 라이드셰어링 회사들의 로고들

그림 9.3 델리 공항 Uber 광고

일반적으로 Ola로 알려진 Ola Cabs는 인도 택시 서비스다. 2010년 12월 Bhavish Aggarwal과 Ankit Bhati에 의해 뭄바이에서 온라인 택시 중계 서비스로 시작했다. 현재는 방갈로르를 기반을 한다(URL5 2016). 최근에는 20만 대 이상의 자동차 네트워크를 이용해 인도 내 100여 개가 넘는 도시에서 택시 서비스를 제공하고 있다(URL6 2016). Ola는 2015년초 작은 경쟁업체였던 TaxiForSure[TFS]를 인수했고 이로 인해 시장에서 스스로 더 큰 선도적 역할을 할 수 있게 됐다. Ola는 TFS를 인수했고 그림 9.4와 같이 Ola에서는 이전 TFS 고객들이 Ola 앱을 통해 TFS 택시와 해치백을 예약할 수 있도록 서비스를 제공하고 있다.

Uber, Didi, Lyft, Ola는 택시를 찾고 자동차나 택시를 예약하며 요금을 지불하는 측면에서 유사한 비즈니스 모델을 채택하고 있다. 이들은 고객과 택시 운전사 사이에서 서비스 이용을 촉진하고 중계하는 역할을 한다. 이러한 비즈니스 모델은 다음과 같이 요약할 수 있다.

- 운전자(자동차 소유주)는 네트워크에 참여해 운전자용 모바일 앱을 설치한다. 소비자/탑승객들은 라이드헤일링 앱을 통해 자동차를 호출한다.
- 회사들은 요금에 수수료를 포함해 부과한다(일반적으로 20%). 그리고 운전자는 나머지를 수익으로 한다.
- 동적 가격 정책
- 회사가 소유하는 차량 운영소는 없다.

그림 9.4 GPS와 스마트폰으로 실시간 라이드헤일링 서비스 이용과 Ola 앱을 통한 예약 확인

마지막 포인트는 매우 중요하다. Uber, Didi, Lyft 또는 Ola는 택시를 소유하지 않는다. 회사는 단지 고객과 운전자 사이 가운데 중개자 역할을 수행할 뿐이다. 그러므로 중계 서비스의 일부에 적은 투자를 하는 것이며, 특히 자산과 자산의 감가상각 측면에서는 더욱 그렇다.

대신 이러한 회사들은 마케팅, 시장 장악 그리고 IT 인프라의 성장에 집중하게 된다. 또한 새로운 운송, 비즈니스 혁신 그리고 자율주행과 같은 주제에 연구와 개발을 위해 많은 자금을 투자한다(Abraham 외 2016).

라이드헤일링 서비스는 4단계 모델 형태로 제공된다(Sahihit 외 2016).

- 택시 요청: 고객은 다양한 종류의 택시를 크기, km/miles당 비용, 차량 내 Wi-Fi 외 기능들을 기반으로 예약한다. 고객은 또한 이용 가능성과 편리성에 의해 택시를 선택할 수 있다. 주변에 있는 서로 다른 종류의 다양한 택시들에 대한 도착 예상 시간ETA, Estimated Time of Arrival을 앱을 통해 표시해준다(그림 9.5 참조). 고객은 이를 예약하기 위해 원하는 유형의 택시를 클릭해야만 한다.

- 승차 수락/거절: 택시를 요청하는 동안 운전자는 이 승차에 대해 수락 또는 거절을 하게 된다. 만약 승차를 거절하게 될 경우 고객은 거절에 대한 안내를 받게 된다. 만약 수락하는 경우 고객은 확인 안내를 받게 되며 운전자의 이름, 전화번호 그리고 운전면허증 번호가 앱에 함께 표시된다. 또한 문자 메시지도 고객에게 전달된다.

- 승차 추적: 승차 확인 이후, 택시가 고객의 위치에 도착하고 탑승 확인부터 하차까지 지도에서 택시의 위치가 추적 가능하다. 고객이 승차하고 승인했을 때 요금기는 동작하기 시작한다.

- 결제: 승차 이후, 고객은 신용카드로 서비스 이용 비용을 결제한다. 일부 회사는 현금 또는 전자 지갑 사용 옵션을 허용하고 있으며 국가, 주 또는 지역에 따라 PayPal(미국), Paytm(Uber India) 또는 인도 Ola의 Ola Money 결제를 제공한다.

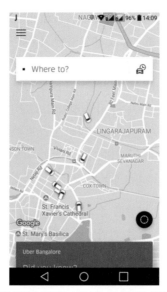

그림 9.5 자신의 위치에 가까운 이용 가능한 택시를 보여주는 Uber

그림 9.6 예약된 운전자와 도착 예상 시간의 표시

MyTaxi는 택시 앱 그리고 택시 중계 서비스 모델의 예다. 이는 Daimler에 인수됐다. 이는 중앙 택시 콜 센터를 스마트폰 앱으로 교체하는 아이디어다. 매 승차 시 요금이 부과된다. 기존 전화 기반 택시 호출 서비스 대비 갖는 주요 이점은

다음과 같다.

- 데이터가 자동으로 전송되기 때문에 고객은 본인의 위치를 설명할 필요가 없다.
- 고객은 승차 위치에 택시가 도착했을 시 택시의 위치를 추적할 수 있다.
- 택시 운전자도 동일한 방법으로 고객의 위치를 볼 수 있다.
- 고객의 신용카드를 이용해 계산이 자동으로 이뤄진다. 많은 사용자는 현금 없는 거래를 선호한다.
- 전자청구서이며 자동으로 전달돼 출장비 추적이 편리하다.
- 반면 기존 택시 서비스보다 요금이 비싸다.

중계 서비스 모델은 독일의 스타트업 Flixbus에 의해 버스 라이딩 서비스에도 적용됐다. 이 회사는 빠르게 유럽 내에서 가장 큰 버스 사업자 중 하나로 성장하고 있다(Schlesiger 2016).

9.3 벵갈루루 사례

이 절에서는 대도시 지역 내에서 제공되는 서비스와 가격에 대한 전형적인 사례로 벵갈루루의 라이드헤일링 서비스를 알아본다. 지난 20년 동안 벵갈루루는 빠르게 성장했고 전체 인구 약 1,000만 명 가까이 증가했다. 빠르게 성장하고 있는 많은 아시아 내 도시와 같이 벵갈루루도 교통 정체, 오염 그리고 교통 정체에 따른 장시간 대기에 고통받고 있다. 대중교통은 버스, 택시 그리고 삼륜택시로 구성돼 있다. 2012년부터 지하철 서비스가 시작됐지만 서비스 구간의 연장이 필요한 상황이며 현재까지 소수의 통근자들만이 이용하고 있을 뿐이다. 개별 또는 모든 사람들은 일을 하기 위해 대도시 주변 위성도시들로 출근해야만 한다. 이러한 상황으로 인해 Uber와 현지 경쟁자 Ola와 같은 글로벌 라이드헤일링 기업들을 끌어들이고 있다.

인도 대도시 내 공항 픽업 경쟁은 더욱 치열하다. Uber는 델리 공항에 안전하고 특별한 주차 공간을 확보한 반면 Ola 택시는 벵갈루루 공항에 주차 공간을 갖고 있다.

9.3.1 택시 종류와 가격

벵갈루루에서 Ola는 3가지로 택시를 분류한다(Sahithi 외 2016).

- Maruti Wagon R, Hyundai Eon 등으로 구성된 Ola Micro
- Maruti Ritz, Nissan Micra, Tata Indica로 구성된 Ola Mini
- Toyota 에티오스, Hyundai 엑센트, Tata Indigo로 구성된 Ola Prime

Ola Share 시스템은 다음 서비스를 제공한다.

- Auto
- Lux
- Outstation
- Rentals

모든 종류의 서비스는 4명까지 수용할 수 있다. Ola Prime은 비즈니스 여행자를 대상으로 하고 있고 Wi-Fi 서비스를 제공한다(URL2 2016). 2016년 각 서비스의 가격은 표 9.1에서 확인할 수 있다.

UberPOOL 서비스는 가는 경로에서 약간 우회해 승차 또는 하차하는 동승객과 함께하는 서비스다. 최대 예약 가능한 좌석은 2개로 제한돼 있고 하루 중 특정 시간으로 제한되며 밤에는 이용이 불가능하다. 벵갈루루에서 Uber는 세 종류의 택시 서비스를 제공한다(Sahithi 외 2016).

- UberGo: Toyota Etios Live, Maruti Ritz와 같은 차량
- UberX: Toyota Ethios, Hyundai Accent 그리고 Tata Indigo와 같은 차량
- UberXL: SUV나 미니밴 차량

UberGO와 UberX는 최대 4명의 승객만 이용 가능하고, UberXL은 최대 6명의 승객까지 이용 가능하다. 2016년 특정 달의 샘플 가격은 표 9.2와 같다.

그림 9.7 벵갈루루 공항의 Ola Cab

표 9.1 Ola 가격표(URL3 2016)

		표준요금			
분류	기본 요금	거리 요금	대기 시간 요금	승차 시간 요금	취소 요금
Micro	₹40	₹6km당 15km 이내	N/A	₹1.5분당	₹50
		₹12km당 15km 이후			
Lux	₹300	₹25km당 15km 이내	N/A	₹3분당	₹100
		₹30km당 15km 이내			
Prime Play	₹50	₹10km당 15km 이내	N/A	₹1분당	₹75
		₹16km당 15km 이후			
Prime Sedan	₹50	₹10km당 15km 이내	N/A	₹1분당	₹75
		₹16km당 15km 이내			
Mini	₹50	₹8km당 15km 이내	N/A	₹1분당	₹50
		₹16km당 15km 이내			
Prime SUV	₹I50 for first 4km	₹17km당	N/A	₹1분당	₹100
Share	N/A	N/A	N/A	N/A	₹25
Outstation	N/A	N/A	N/A	N/A	₹150

표 9.2 Uber 가격표

분류	기본 요금	거리 요금	시간 요금
UberGo	Rs. 42	Rs. 7.35km당	Rs. 1.58분당
UberX	Rs. 52.5	Rs. 8.4km당	Rs. 1.58분당
UberXL	Rs. 84	Rs.17.85km당	Rs. 2.1km당

9.3.2 서비스

Ola는 혼자 이동하는 고객들이 다른 고객들과 동일한 경로로 이동할 경우 택시를 공유할 수 있는 옵션인 Ola Share 서비스를 도입했다(Sahithi 외 2016). 만약 고객이 동승객을 선택하고자 한다면 지역, 업무 장소, 성별 등의 속성들을 기반으로 한 그룹에 가입할 수 있다. 카풀은 친환경적이고(URL7 2016) 이는 고객이 혼자 타는 것보다 낮은 요금을 낼 수 있어 매력적인 서비스다. 카풀은 비교해 평가한다면 더욱 더 환경 친화적이다(URL7 2016).

  Ola는 또한 고객들에게 Ride later라는 옵션을 제공해 고객은 타고자 하는 날과(한 달 이내) 예상되는 탑승 시간을 지정할 수 있다. Ola는 택시가 서비스를 원하는 시간을 보증하지 않지만, 고객은 가용한 상황이라면 자동으로 예약되므로 택시를 원하는 시간에 찾을 필요가 없다. Ola는 추가 비용을 내면 Wi-Fi 사용이 가능한 세단을 제공한다. 인도에서 저렴하게 이동하기 위해 항상 선택하는 자동차가 삼륜택시임을 고려할 때 Ola Auto는 인기 있는 선택이다. Ola Auto는 택시보다 저렴하며 삼륜택시 요금과 비교했을 때 10렉을 더 내면 예약 가능하고 이후 5분 이내 문 앞에 도착한다. 델리-NCR과 자이푸르 지역에서 도시 외곽으로 이동하는 승객을 위해 Ola는 택시 서비스를 다시 시작했다(Sahithi 외 2016; Vikas 2016). 인도 수상 Narendra Modi는 "Stand-Up India" 계획의 일부로 2016년 이 친환경 서비스를 시작했다. 초창기에 델리-NCR 지역의 사용자만이 이 서비스를 이용했던 반면, Ola는 서비스 비용을 낮추기 위해 라이드 셰어링 서비스와 함께 작은 도시들과 티어 III 도시들에서도 시작하겠다고 발표했다(URL10 2016). Uber는 최근 UberMOTO라고 부르는 오토바이 서비스를 벵갈루루와 구르가온에 시작했다(Agarwal 2016a, b). 오토바이에 운전자가 존재하며 고객은 뒷좌석에 탑승하게 된다. 요금은 km당 3렉보다 낮으며 인도 시장에서 이 가격은 가격에 민감한 여행객들에게 매우 좋은 선택지가 될 수 있다(URL8 2016).

Uber는 UberX와 UberSUV 차량에서 무료 Wi-Fi를 제공한다. 핫스팟을 고객에게 제공해야 하는 운전자를 위해 Uber는 Airtel과 4G 연결 서비스를 제휴했다. 현재 모든 운전자들이 이 서비스에 대한 교육을 받은 것은 아직 아니다.

2015년 5월 Uber는 Ola에 비해 절반도 못 미치는 서비스 설치율을 보였고, 1년 전에는 Ola와 Uber는 WAU^{Weekly Active Users} 측면에서 봤을 때 막상막하였다. 하지만 Ola가 서서히 따라잡기 시작해 2015년 10월 Ola는 시장을 주도하고 있다(URL13 2016).

표 9.3에서는 수개월 동안 앱 설치 비율을 보여준다(URL11 2017). 이 경쟁은 막상막하다. TaxiForSure의 설치 비율이 낮아지는 것은 Ola가 2016년말 인수했기 때문이다.

표 9.3 앱 설치율

	2015년 9월(%)	2016년 2월(%)	2016년 6월(%)	2016년 10월(%)	2017년 1월(%)
Ola Cabs	8	11	11	9	10
Uber	3	10	11	12	12
TaxiForSure	1	1	1	0	0

Truecaller는 그들의 플랫폼에 등록된 1억 3천만 명의 데이터를 분석해 택시 서비스로 등록된 번호의 통화 수를 계산했다(URL14 2016). 2016년 첫 달부터 4월 중순까지 249억 건이 택시 서비스 통화와 관련 있었다(URL12 2016).

이 통화들 이외에 4.1%가 Ola 운전자에게 1.6%가 Uber 운전자에게 걸린 전화이며 이는 Uber가 Ola에 큰 차이로 뒤쳐지고 있음을 보여준다. Ola와 Uber는 120억 달러 인도 택시 시장을 독점하기 위해 치열하게 경쟁해오고 있다. 현재 흐름은 Ola가 이 경쟁에 우위에 있는 반면 Uber는 인도 시장에서 늦게 시작했고 인도 시장 초기에 Uber 운전자의 폭행 사고에 의해 손해를 본 적이 있다는 것에 주목해야 한다. 그로 인해 Uber는 시장에서 엄청난 발전을 이뤘고 현재 인도는 미국 다음으로 가장 큰 시장이 됐다(URL3 2016).

9.4 탄력 요금제

탄력 요금제는 만약 도로에 택시 수요가 가용한 운전자의 수에 비해 더 많은 것과 같이 수요가 공급을 초과할 때 나타난다(Sahithi 외 2016). 라이드헤일링 회사들은 수요가 높은 때 탄력 요금제가 더 많은 운전자들을 발생시키게 되고 따라서 회사는 일관되고 신뢰할 수 있는 서비스를 제공하게 된다고 주장하고 있다(Sivarm 2016).

Uber의 탄력 요금제 정책을 살펴보자. 일반적인 서비스 상태에서는 운전자 개인이 아닌 Uber를 통해 지불이 전적으로 관리된다 해도 Uber의 가격은 미터기를 사용하는 택시와 동일하다. 몇몇 도시들에서는 만약 자동차가 11mph(18km/h)보다 빠르게 운행한다면, 가격은 거리를 기반해 계산된다. 그렇지 않으면 가격은 시간을 기반으로 계산된다. Uber는 탄력 요금제 수준을 정하기 위한 자동화된 가격 증가 알고리즘을 사용해 공급의 변화에 빠르게 대응하고 시장의 수요 측면에서는 수요가 증가한 시간 동안에 더 많은 운전자들을 끌어모은다. Uber는 2013년 이 탄력 요금제에 대해 미국에 특허 신청을 했다. 이 방식은 종종 승객을 화나게 하고 휴일, 악천후 또는 자연재해가 있을 때 탄력 요금제가 적용돼 이에 대한 비판을 불러일으켰다.

2011년 새해 전날 동안 일반 요금보다 7배나 더 높은 요금이 됐고, 2014년 인질 사태 당시 Uber는 평소보다 4배나 높은 요금을 부과했다. 처음에는 탄력 요금제에 대해 옹호했던 것과 달리 이후 사과하고 탄력 요금제에 따른 급등 가격에 대해 환불을 해줬다. 인도에서는 Uber는 수요에 따른 가격 변화를 20%, 40%, 120% 정도로 적용할 것이고 이에 추가로 부과된 요금은 운전자에게 인센티브로 지급된다. 미국에서와 같이 이 탄력 요금제는 알고리즘에 의해 동작하고 일반적으로 짧은 몇 시간 동안만 적용된다. 수요와 공급의 차이에 따라 택시 요금은 지속적으로 변동된다. Ola와 Uber 두 회사는 유사한 탄력 요금제 방식을 도입했다.

탄력 요금제에 따른 문제점은 피크 시간에 발생하며 택시 중계 서비스 회사들은 일반 비용의 2~3배 가격을 부과하게 돼 많은 승객들에게 큰 비용 부담을 안긴다는 것이다. 2016년 카르나타카 정부는 임시적으로 벵갈루루의 Uber와 Ola와 같은 택시 중계 서비스 회사들의 탄력 요금제를 금지했고 km당 최대 요금 상한선을 설정했다.

9.5 라이드셰어링의 안전

공유 경제에서 중요한 이슈 중 하나는 종종 처음 만나는 사람과 사람이 교류해야만 한다는 것이다. 라이드셰어링을 제안할 때 누군가 이를 수락하는 것이 바로 그러한 사례다. 물론 플랫폼에서 그 배경에 대한 확인을 하지만 라이드셰어링 서비스의 엄청난 성장과 규모로 인해 정교한 검사와 통제는 어려워지고 있다.

평가 체계들은 어떤 위험을 경고하기 위해 도움을 주지만, 전적으로 신뢰를 기반으로 하는 시스템들은 범죄에 악용될 수 있는 상태라고 볼 수 있다.

라이드헤일링과 라이드셰어링에서 이는 특히 더 위험할 수 있다. 이 절에서는 안전 문제에 대해 더욱 자세히 살펴보고, 알려진 사고들에 대해 논의하며 운전자와 고객의 안전을 높이고 범죄를 예방하기 위해 회사들이 채택한 조치들을 비교해본다.

회사들은 리뷰, 평가, 품질 관리를 통해 사용자와 서비스 제공자 간 정보의 비대칭을 줄이는 것과 같은 다양한 안전 기능을 제공한다(Ravindran 외 2016). 라이드셰어링은 현금 없는 거래와 자체적으로 식별한 고객들을 허용해 폭력 범죄의 위험과 같이 일반 택시와 관련한 최악의 위험들 중 하나를 실질적으로 완화시킨다. 스마트폰을 기반으로 한 라이드셰어링 기술의 발전은 가속화되고 있지만 여전히 안전과 책임(사고)과 같은 몇몇 이슈들의 대처가 필요하다(낯선 사람과의 여행 등). 실제 적용된 다양한 안전 대책에도, 여전히 얼마나 이 방법과 정책이 효과적인지는 명확하진 않다.

9.5.1 문제 배경

라이드셰어링 플랫폼은 단거리 여행을 쉽고 저렴하게 만들었지만, 운전자와 승객에 대한 안전은 여전히 우려해야 하는 상황이다(Ravindran 외 2016). 안전에 관한 주요 근심거리는 운전자의 주의 산만, 음주운전, 주택 침입 강도를 포함해 절도, 신체적 폭행, 납치, 강간 그리고 살인이다. 라이드셰어링 운전자는 승객을 스토킹하거나 그들의 사생활을 침해하는 것과 같은 위협을 가할 수 있다. 가끔 범죄자들은 고객을 승차시키는 운전자처럼 행세하고 그 후 위험에 대한 인식 없이 승차한 고객을 대상으로 납치, 위해 또는 강도 행위를 한다.

대부분의 라이드셰어링 서비스들은 계약하는 운전자에 대한 배경에 대한 검사를 하지만 그들의 검사가 모든 운전자에 관한 위험을 식별한다고는 보장할 수 없다. 회사들은 그들의 조사가 적합하다 주장하고 있음에도 2016년 주요 라이드셰어링 서비스업체들은 개인 식별이 수월한 운전자의 지문을 채취하지 않아 운전자들은 그들의 신분을 숨길 수 있었다. 어떠한 배경 검사도 운전자가 실제로 회사와 계약해 서비스를 위해 일하고 있는 사람임을 보장할 수 없다. 이러한 상황은 일부 라이드셰어링 운전자가 승객을 대상으로 범죄를 저질렀다는 보고들로 인해 승객에게는 우려스러운 상황이다.

www.whosdrivingyou.org에 따르면 이러한 대중 인식 웹사이트는 라이드셰어링 운전자에 의한 범죄들을 공개하는 데 초점을 맞추고 있으며 운전자가 고객에게 폭력, 성폭력에 의해 고발된 많은 사건들에 대한 정보를 갖고 있다.

라이드셰어링 서비스를 이용하는 승객들은 운전자에 의한 공격 행위에 대한 걱정뿐만 아니라 운전자의 주의 산만과 음주 상태 인지에 대해서도 걱정할 수밖에 없다. 주의 산만의 원인 중 하나는 스마트폰이다. 운전자는 목적지까지 가기 위해 방향을 알려주는 스마트폰에 의존하게 되기 때문이다. 일부 회사들은 운전자들이 승객의 목적지로 이동하면서 새로운 승차 일정을 잡도록 허용했는데 이 과정에서 운전자들은 자신의 폰으로 앱에 접속하고 승객이 요청하는 위치를 확인하며 새로운 요금에 동의 또는 거절하는 행위를 하도록 요구를 받게 된다.

운전 중 스마트폰을 사용하는 것은 위험하며 매년 수천 건의 사고의 원인이 된다. 단 몇 초 동안 스마트폰을 보는 것만으로도 위험한데 라이드셰어링 앱은 운전자가 운전 중 도로에서 눈을 뗄 수밖에 없도록 한다. 주의 산만하고 올바르지 않은 운전자들은 라이드셰어링 승객들과 무고한 제3자의 안전에만 위험이 되는 것은 아니다. 오래되고 잘 정비되지 않은 자동차 또한 위험을 야기할 수 있다. 개인 자동차의 사용은 상업용 자동차를 이용하는 것과 큰 차이가 있다. 라이드셰어링 운전자들은 개인 여행을 위해 동일한 자동차를 이용한다. 여기에서 라이드셰어링과 택시 간 큰 차이가 존재한다. 부주의하거나 정규적이지 않은 자동차 상태 검사는 사고를 유발할 수도 있다. 라이드셰어링 고객 대다수가 안전하게 목적지에 도착하지만 사고와 부상은 매일 발생한다.

운전자들은 익명의 낯선 사람에게 승차 서비스를 제공하는 것이기 때문에 운전자 또한 취약하다. 승객 중 일부는 공격적일 수 있고 운전자는 이를 인지하지 못할 수도 있다. 따라서 운전자 역시도 승객처럼 위험에 취약할 수 있고 승객이 노출될 수 있는 위협들에 동일하게 노출될 수 있다. 어떠한 경우에는 이 시장에서 경쟁업체가 다른 업체의 명성에 피해를 줘 시장을 유리하게 이끌어 가려고 고의적인 사고의 배후가 되는 경우도 있다.

9.5.2 안전 강화 계획

라이드셰어링은 늦은 밤과 주말 운송 시 탑승객 및 운전자와 관련한 많은 안전 위험들을 완화한다(Ravindran 외 2016). Uber와 Lyft 같은 라이드셰어링 플랫폼은 탑승객의 폭력, 불친절한 운전자의 태도, 부정 승차 및 요금 갈취 그리고 고객 불만족 미처리와 같은 가장 심각하고 흔한 위험들의 해결하기 위한 방법을 적용하며 드라이버와 승객의 안전에 각별한 관심을 기울이고 있다. 기업의 라이드셰어링 여행은 익명으로 이용하는 서비스가 아니다. 승객과 운전자의 익명성을 제거함으로써 비윤리적 행위 또는 불법 행위들을 탐지하는 데 도움이 된다. 승객들은 운전자의 신원을 알고 운전자 역시 승객의 신원을 안다. 서로의 신상명세를 기록하고 이동한 경로를 기록함으로써 신고된 사고를 빠르게 조사할 수 있게 된다. 모든 승차 요청은 반드시 모바일 앱을 통해 처리된다. 모든 여행에는 GPS 추적이 되며, 승객은 그들의 도착 시간과 경로를 실시간으로 친구 또는 가족에 공유해 여행이 안전하다는 것을 보장한다.

플랫폼에 의해 지불이 처리되기 때문에 현금을 교환하는 일은 일어나지 않는다. 모바일 앱은 여행이 종료될 때 송금을 자동으로 편리하게 처리한다. 이는 요금은 정산과 지불이 다른 곳에서 통제되기 때문에 현금 강도, 무임승차 또는 신용카드 사기와 같은 위협을 줄이는 데 도움을 준다. 게다가 승객과 동승객은 각각의 여행이 종료되는 시점에 상호 평가를 해야 한다. 별점 평가 시스템은 좋은 결과를 이끌어내는 효과적인 행위 조성책이다. 그렇지만 안전은 지속적으로 발전하는 과정이며 미래에 더 나은 안전을 보장하기 위해 혁신적인 아이디어가 필요하다.

- Uber의 장난감 실험: Uber는 노스캐롤라이나의 샬롯에서 흥미로운 실험을 했다. 운전자들은 "Bop It" 장난감을 그들의 차 뒷좌석에 두면 이 시끄럽고 매력적인 장난감은 공격적인 승객을 안정시키는 역할을 한다(Ravindran 외 2016). "Bop It"은 아이들용 장난감이며 막대 또는 손잡이가 버튼, 노브, 크랭크로 구성돼 있다. 버튼을 치거나 크랭크가 비틀렸을 때 혹은 노브를 당기면 사용자에게 들려줄 사전 녹음된 음성이 내장돼

있다. "Bop It"이 시키는 대로 행동해야 하며 사용자가 실패할 때까지 속도는 점점 더 빨라진다. 이 장난감의 효과는 여전히 증명해야 할 문제로 남아 있지만 흥미로운 것에 집중한 승객이 공격적으로 변할 가능성은 낮을 것이라 믿고 있다.

- 인도 Uber의 패닉 그리고 SOS 버튼: 인도에서 Uber 운전사에게 여성 승객의 강간 사건 이후 정부와 사람들로부터 큰 저항에 직면하게 됐다 (Ravindran 외 2016). 심지어 많은 주 정부들은 Uber 라이드셰어링 앱을 인도에서 금지하는 방안을 검토하고 있다. Uber는 이에 대한 응답으로 패닉 버튼, SOS 버튼과 같은 새로운 안전 기능을 선보였다. 승객이 Uber 앱에 패닉 버튼을 누르게 되면 시스템은 셰어링 서비스 사용자 이름, 현재 위치 외 여행 가능한 여행 상세 정보를 지역 당국과 경찰을 포함해 즉시 알리게 된다. 이로 인해 위치를 추적하는 것이 쉬워진다. 앱에는 지역 경찰에 신고하는 SOS 버튼도 포함하고 있다.

- 인도 Uber의 SafetyNet: Uber는 앱을 통해 SafetyNet이라는 기능도 선보였으며, 이를 통해 사용자는 GPS 위치 정보와 같은 탑승 관련 상세 정보를 최대 5명의 친구(긴급 연락처)와 공유할 수 있다(Ravindran 외 2016). SafetyNet을 이용하면 탑승객은 현 상황을 친구나 가족에게 공유하기 위해 더 이상 그들의 폰에 SMS를 이용하지 않아도 된다. 이 기능은 탑승객의 요금제와 무관하게 모두가 이용 가능하다.

- 인도 Ola의 전화번호 숨김 기능: 이 기능은 추가적인 안전을 위해 기본적으로 승객과 운전자 간 모든 전화를 암호화해 서로의 전화번호를 보호한다. 이는 탑승 전후 그리고 탑승하는 동안 운전자와 승객이 서로의 개인 전화번호를 제공하지 않고 익명의 번호를 통해 연락하게 돼 향상된 보안성을 제공한다.

- Uber의 운전자의 안전: Uber의 운전자들은 승객만큼이나 플랫폼의 안전 기능에 의해 많은 혜택을 누리고 있다(Ravindran 외 2016). 운전자는 탑승객이 승차하거나 서비스 요청을 한 스마트폰에 전화를 걸기 이전 승객의 이름을 볼 수 있으며 이를 통해 올바른 사람이 차량에 탑승한다는 것을 보증할 수 있게 된다. 현금을 보유하고 있는 일반적인 택시 운전자와 달리 Uber 운전자는 현금이 필요 없는 시스템을 적용하고 있고 따라서 상대적으로 강도 범죄의 대상으로써 위험이 낮다. 또한 운전자는 승객이

요금을 지불하지 않고 도망가는 일을 더 이상 걱정할 필요가 없게 됐다. 최근 연구에 따르면 현금 기반 거래에서 전자 지불 시스템으로 변화하는 것은 강도나 폭행과 같은 범죄를 줄일 수 있다는 증거를 제시했다. Uber 와 제휴된 운전자도 익명의 택시 승객과는 다르게 사고 발생 시 범죄를 저지른 승객의 신원을 당국을 통해 확인할 수 있다는 것을 알고 있다. 마치 승객이 운전자를 평가하듯 운전자도 승객을 평가할 수 있어 이에 따라 승객들은 여행 중 그들의 행동에 대해 책임감을 갖고 행동하게 됐다.

- Ola의 OTP^{One Time Password}: Ola는 스마트폰을 통해 전송되는 일회성 패스워드^{OTP}를 이용해 승객을 인증하도록 요구하고 있다. 이 방법을 통해 운전자가 탑승을 요청한 올바른 이용 승객임을 확인하고 차량에 탑승할 수 있게 해준다. OTP는 PIN 코드와 같이 4자리 숫자이며 짧은 시간 동안만 유효하다. 이 방식은 또한 근처에 대기 중이던 다른 탑승객에 의해 승차가 이루어지는 상황을 방지하는 데 도움을 준다.

- 보험: 라이드셰어링과 관련한 보험은 전통적으로 상업적인 보험과 개인 보험 각 영역의 중간에 있기 때문에 주요 문제 중 하나다. 전문직으로 종사하는 정규직 운전자들은 운전 중 발생한 사고에 대해 상업적 보험에 의해 처리되는 반면, 개인 자동차를 이용하는 운전자들은 개인 운전자 보험에 의해 처리된다. 라이드셰어링 회사들에 파트타임으로 일하는 운전자들은 위에 언급한 어떠한 상황에도 포함되지 않는다. 개인 보험은 승객을 태우고 운행 중 발생하는 사고에 대해 어떠한 보험도 적용되지 않는다. 초창기 Uber와 Lyft는 그들의 서비스는 단지 운전자와 승객을 연결해주는 중계 플랫폼임을 주장하며 발생하는 사고에 대한 법적 책임은 없다고 부인해왔다. 정부의 상당한 압박 이후 라이드셰어링 플랫폼은 그들의 운전자를 포함하는 사고를 처리할 수 있는 보험에 가입하기 시작했다. 현재 이 업체들은 운전자와 승객 모두에 대해 타인의 실수로 인한 사망, 부상, 손해에 대해 100만 달러까지 보상하는 보험에 가입해 있다 (URL12 2017).

9.5.3 보고된 라이드셰어링에 관한 범죄 사고

앞서 논의한 바와 같이 Uber 또는 Ola 같은 라이드셰어링 플랫폼을 선택할 때 안전은 운전자와 승객 모두에게 주요 관심사다(Ravindran 외 2016). 최근 몇 년 동안 이러한 회사들이 성장해오면서 승객의 안전을 위협할 수 있는 운전자의 탑승 과정이 안전하지 않기 때문에 이에 대한 많은 불만 사항을 직면해오고 있었다. 그 결과 신체적, 성적 폭력, 납치, 중범죄, 협박, 음주운전 그리고 승객이 다치고 운전자 역시도 폭행에 의해 사망하는 사고들이 발생했다. 보고된 사고 사례는 다음과 같다.

- 2016년 1월 22일 델리에서 Uber 운전자는 여성 기자를 성추행한 혐의로 체포됐다. 여성 기자의 주장에 따르면 운전자는 잘못된 경로로 운전했고 이에 기자는 차량을 멈춰 줄 것을 요청했다. 이후 운전자는 기자를 따라다니며 부적절한 행동을 했다. Uber는 운전자를 정직시키고 필요한 조치를 취하겠다고 대응했다.
- 2014년 12월 18일 델리에서 Uber 운전자는 승객을 강간한 혐의로 체포됐다. 사고 이후 Uber는 해당 도시에서 일시적으로 운영 중단을 요구받았다. 또한 운전자가 폭행을 당하는 사례도 있었다.
- 2016년 1월 23일 미국에서 인도 출신 의사는 운전자에게 언어 폭행과 신체적 공격을 했다.
- 2016년 1월 28일 로스앤젤레스에서는 Uber 운전자가 승객 폭행 및 절도 혐의로 체포됐다. 동일 운전자는 큰 규모의 절도와 위조를 포함해 3가지 중범죄에 대해 유죄가 선고됐다.

Uber의 차량 탑승 운전자의 배경 확인 시스템에 결함으로 인해 살인, 아동학대, 납치 등의 전과가 있는 범죄 경력을 보유한 사람이 운전자가 되는 것이 가능했었다(URL2 2015). 또한 Uber가 소비자에게 제공하는 정보는 일부 운전자와 승객이 서비스 플랫폼 등록 시 거짓 상세 정보 입력으로 인한 잘못된 정보로 밝혀졌었다.

9.5.4 라이드셰어링 업체에 대한 정부 정책

안전에 대한 우려 대부분은 국가별로 다르다. 다음은 라이드셰어링을 규제하는 인도, 중국, 미국의 정부 정책에 대한 예시다.

인도에서는 택시 중계자, 라이드헤일링 그리고 라이드셰어링 회사는 반드시 다음 규정을 준수해야 한다.

- 라이드셰어링에서 사용되는 자동차는 반드시 비상 안전 버튼을 설치하고 앱은 응급 전화emergency call 기능을 포함해야 한다.
- 라이드셰어링 회사는 운전자 고용 이전 그들의 범죄 이력에 대한 검사를 반드시 실시해야 한다.
- 자동차는 위치 추적을 위한 장치를 반드시 탑재해야 한다.
- 중계 회사는 반드시 상시 운영되는 콜 센터를 갖춰야 한다.
- 자동차는 유효한 PUC 인증Pollution Under Control 갖춰야 한다.
- 중계 회사는 서비스 지역 내 사무실 주소를 반드시 제공해야 한다.
- 서비스 제공자는 모든 운전자의 데이터베이스를 반드시 유지해야 한다.

중국은 앞의 내용과 유사한 규정을 시행하고 있다.

- 자동차는 자가용이 아닌 택시로 등록돼 있어야 한다.
- 중계 회사는 자동차와 승객에 대한 보험에 가입해야 한다.
- 회사는 반드시 정식 고용 계약을 운전자와 체결해야 한다.
- 회사는 반드시 중국 내 서버를 둬야 하고 교통 당국과 정보를 공유해야 한다.
- 정보는 허용된 자동차의 수와 운행 지역에 대해 제한할 수 있다.

미국 시카고에서는 다음과 같은 규제를 시행하고 있다.

- 운전자는 반드시 제한된 운전자 면허 또는 택시 운전자 면허를 취득해야 한다.
- 운전자는 6일 동안 교육을 받고 반드시 시험에 통과해야 한다.

9.5.5 법적 사례 및 고소

인도의 두 선두 택시 서비스 기업 간 싸움은 2016년 이미 인도 내 120억 달러 가치를 지닌 택시 시장의 점유율을 위한 것으로 수백만 투자자들의 돈을 필요로 하고 있다.

- 현재 흥미로운 재판이 진행 중이다. Ola는 이미 친환경 자동차로 바꾸고 난 뒤 Uber를 고소해 Delhi에서 친환경 자동차로 모두 바꾸도록 법원 명령을 요구한 상태다.
- 2015년 Uber는 Ola가 Uber에 가짜 사용자 계정을 만들고 이를 이용해 405,000번이 넘는 거짓 예약을 만든 것에 대해 750만 달러의 소송을 제기했다.
- Uber 역시 불법적인 방해 행위로 인해 23,000명의 운전자가 영업을 그만두게 만든 혐의로 Ola가 이를 고소했다.

9.6 사이버 공격 그리고 라이드셰어링 사이버 보안

라이드셰어링의 사이버 보안 위험은 현실이며 서비스 업체가 매우 심각하게 받아들이고 있다. Uber의 예로 Jeep 해킹을 했던 밀러와 발라섹이라는 두 명의 전문가를 고용해 사이버 보안 위협 정보 및 대응 부서를 만들었다. 다른 라이드셰어링 업체도 유사한 조직을 둬 사이버 보안 보호에 대해 많은 투자를 하고 있다. 전형적인 사이버 보안에 대한 우려는 다음과 같다(6장 참고).

- 결제 시스템 공격
- 택시를 호출하고 탑승을 취소하는 봇 알고리즘
- 멀웨어 주입으로 인한 운전자의 스마트폰 보안 손상
- 인프라에 대한 DDoS 공격
- 가짜 계정
- 해킹되고 손상된 계정

또한 인센티브 시스템을 악용한 사기도 존재한다. Uber의 예를 들면 인도에서 단거리와 주기적 여행을 대상으로 드라이버에 대한 인센티브에 대한 실험을 실시했다. 이는 잠재적으로 시장 점유율을 증가시킬 수 있었지만 이 콘셉트가 악용됐다. 운전자는 승객에게 잠시 정차하고 다시 택시를 불러 달라는 요청을 했고, 이로 인해 장거리 운행을 복수의 단거리 여행으로 나눠 결국 손실의 원인이 됐다. 이 문제를 탐지하기 위한 하나의 방법은 인센티브 시스템의 오용을 요청한 거래 데이터의 패턴을 선별해 필터링하는 것이다.

인센티브를 더 얻기 위해 무리한 시도를 하는 운전자는 식별될 것이고 이 행위가 반복될 경우 해고될 수 있다. 탑승 요청을 불필요하게 취소하거나 운전자에게 운행을 연장해 달라는 요청을 하는 사용자에게도 동일하게 적용된다. 이러한 사용자들은 서비스 제공이 제외될 수 있다.

특히 중국과 인도 같은 신흥 시장에서의 경쟁이 매우 격하기 때문에 많은 DDoS 공격이 보고되고 있다. 경쟁 수준의 지표에 따르면 Uber가 보고한 2015년 중국 내 손실은 10억 달러다. Uber는 결국 중국 사업을 Didi에 매각했다.

9.7 결론

라이드셰어링과 라이드헤일링은 도시 교통의 체증과 비용을 줄이기 위한 방법을 제시하고 있다. 누구나 오랜 대기 시간 없이 자동차의 운행 경로와 요청을 추적할 수 있으므로 이로 인해 시간 절약하는 것이 가능하다. 하지만 심각하게 라이드셰어링에 대한 위험을 고려하는 것은 매우 중요하다. 라이드셰어링 업체들은 적절한 안전 대책을 마련하고 있다 하더라도, 가짜 신분을 식별하기 위한 배경 검사에 대한 엄격한 기준 수립과 정책 시행의 효과성은 여전히 주요 쟁점이 되고 있다.

라이드헤일링과 라이드셰어링은 여전히 많은 나라에서 제한적이거나 심지어 금지돼 있지만, 적합한 정책을 적용하고 엄격한 사이버 보안과 적합한 보험 보장은 서비스가 저렴한 이동 수단으로 적합하다는 것을 보장해줄 것이다.

9.8 연습 문제

- 라이드셰어링이라는 용어의 의미는 무엇인가?
- 라이드셰어링의 몇 가지 주요 측면에 대해 설명해보라.
- 라이드헤일링이라는 용어의 의미는 무엇인가?
- 라이드셰어링과 라이드헤일링의 차이점에 대해 설명해보라.
- 카풀링이라는 용어의 의미는 무엇인가?

- 카풀링의 몇 가지 주요 측면에 대해 설명해보라.
- 카셰어링이라는 용어의 의미는 무엇인가?
- 카풀링과 카셰어링의 차이점에 대해 설명해보라.
- 동적 가격 정책이라는 용어의 의미는 무엇인가?
- 동적 가격 정책의 몇 가지 주요 측면에 대해 설명해보라.
- 라이드헤일링 회사들 간 불공정 경쟁의 의미는 무엇인가?
- 라이드헤일링 회사들 간 불공정 경쟁에 대해 설명해보라.
- 신흥 경제 시장에서 라이드헤일링 서비스가 필요한 구체적인 요건들은 무엇인가?
- 몇 가지 주요 측면에 대해 설명해보라.
- 새로운 이동 수단의 트렌드라는 용어의 의미는 무엇인가?
- 새로운 이동 수단의 트렌드의 몇 가지 주요 측면에 대해 설명해보라.
- 왜 자동차 제조사들은 라이드헤일링 회사 투자에 관심을 갖는가?
- 예시와 함께 주요 원인에 대해 설명해보라.
- 라이드헤일링과 라이드셰어링의 주요 안전 문제들은 무엇인가?
- 예시와 함께 주요 측면에 대해 설명해보라.
- 라이드헤일링 서비스로의 중요한 공격 경로는 무엇인가?
- 예시와 함께 주요 측면에 대해 설명해보라.
- 인증 메커니즘이라는 용어의 의미는 무엇인가?
- 예시와 함께 주요 측면에 대해 설명해보라.
- 부정행위cheating라는 용어의 의미는 무엇인가?
- 어떻게 하면 고객이 부정행위를 하지 않고 있고, 운전자는 부정행위가 방지되고 있음을 확인할 수 있는지 설명해보라.
- 사이버 보안이라는 용어의 의미는 무엇인가?
- 예시와 함께 주요 측면에 대해 설명해보라.
- 인센티브 메커니즘이라는 용어의 의미는 무엇인가?
- 인센티브 메커니즘과 관련해 어떤 문제들이 발생하고 있으며 어떻게 부정행위가 발생하게 되는지 설명해보라.
- 왜 Ola는 성공하고 있는가?
- Ola와 Uber의 유사점과 차이점을 비교해 설명해보라.
- 왜 Uber는 자율주행에 많은 투자를 하고 있는가?

- 자율주행에 대해 예시와 함께 주요 측면에 대해 설명해보라.
- 왜 라이드헤일링이 공유 경제의 예가 되는가?
- 특징들에 대해 정의하고 설명해보라.

참고문헌 및 더 읽을거리

(Abraham et al. 2016) Abraham, B., Brugger, D., Strehlke, S., Runge, W.: Autonomous driving only a trojan horse of digital companies? (in German). ATZ elektronik, 01/2016

(Agarwal 2016a) Agarwal, S.: Bike service UberMOTO to debut in Bengaluru today; fares as low as Rs 3/km. Economic Times India online. March 3rd 2016. Available from: http://economictimes.indiatimes.com/articleshow/51231622.cms?utm_source=contentofinterest&utm_medium=text&utm_campaign=cppst

(Agarwal 2016b) Agarwal, M.: Uber Claims to Surpass Ola in Number of Rides; Globally Positions India as Number 2 Market after US. Inc42 online. October 5th 2016. Available from: https://inc42.com/buzz/uber-surpass-ola/

(Alan and Brem 2013) Alan, T., Brem, A.: A conceptualized investment model of crowdfunding. In: Venture Capital, Vol. 15, No. 4, pp. 335–359, 2013

(Alheeti et al. 2015) Alheeti, K. M. A., Gruebler, A., McDonald-Maier, K. D.: An Intrusion Detection System against Black Hole Attacks on the Communication Network of Self-Driving Cars. In: 6th International Conference on Emerging Security Technologies (EST), pp. 86–91, 2015

(Amey 2010) Amey, A. M.: Real-Time Ridesharing – Exploring the Opportunities and Challenges of Designing a Technology-based Rideshare Trial for the MIT Community. Master Thesis Massachusetts Institute of Technology (MIT), MA, USA, 2010

(Argus 2017) Argus Cybersecurity – Protecting Cars, Trucks and Commercial Vehicles from Hacking – an Overview. Argus Cyber Security. Available from: https://argus-sec.com/carhacking/

(Badger 2014) Badger, E.: Taxi Medallions have been the Best Investment in America for Years – Now Uber may me changing that. In: Wonkblog, Washington Post, 2014

(Barro 2014) Barro, J.: Under pressure from Uber, taxi medallion prices are plummeting. In: The New York Times, 2014

(Bay 2016) Bay, L.: Carsharing and Ridesharing in Germany – They Growing up so Fast.Wirtschaftswoche online. March 26th 2016. Available from: https://www.wiwo.de/unternehmen/industrie/carsharing-und-ridesharing-in-deutschland-sie-werden-so-schnell-gross/13368794.html

(Berger 2015) Berger, R.: Total Cost of Car Ownership over its Lifetime. The Dough Roller. April 22nd 2015. Available from: http://www.doughroller.net/smart-spending/true-cost-of-a-carover-its-lifetime/

(Cahn and Shaheen 2012) Chan, N. D., Shaheen, S. A.: Ridesharing in North America: Past, Present, and Future.Transport Reviews, Vol. 32, No. 1, pp. 93–112, 2012

(Currie 2015) Currie, R.: Developments in Car Hacking. https://www.sans.org/reading-room/whitepapers/internet/developments-car-hacking-36607

(Eckl-Dorna 2016) Eckl-Dorna, W.: VW puts millions in car ridehailing – This is how gett VW's new app investment works. Manager Magazin online. May 25th 2016. Available from: http://www.manager-magazin.de/unternehmen/autoindustrie/taxi-vermittlungsdienst-gett-so-funktioniertvws- neues-investment-a-1094141.html

(Fallstrand and Lindstrom 2015) Fallstrand, D., Lindstrom, V.: Automotive IDPS: Applicability analysis of intrusion detection and prevention in automotive systems. Available: http://publications.lib.chalmers.se/records/fulltext/219075/219075.pdf

(Freitag et al. 2015) Freitag, M., Maier, A., Palan, D.: Apple, Google, Facebook, Uber American Hybris, Manager Magazin online. April 28th 2015. Available from: http://www.manager-magazin.de/magazin/artikel/apple-google-facebook-uber-groessenwahn-im-silicon-valley-a-1030869.html

(Haykin 2009) Haykin, S.: Neural Networks and Learning Machines. 3rd edition. Pearson Education, 2009

(Hirn 2016) Hirn, W.: Car Rental Services in China – Didi vs. Uber – The billion Dollar battles of the Chinese cousins (in German). Manager Magazin online. July 27th 2016. Availbale from: http://www.managermagazin.de/finanzen/artikel/a-1105011.html

(Kirsch 2016) Kirsch, S.: Mobile Payment – How Chinese establish Mobile Mayment in Germany (in German). Wirtschaftswoche online. August 2nd 2016. Available from: https://www.wiwo.de/finanzen/geldanlage/mobiles-bezahlen-wie-chinesen-mobiles-bezahlen-in-deutschlandeta blieren/v_detail_tab_print/13937126.html

(Koch 2017) Koch, L: Greyball – Uber used s. ecret software (in German). Zeit online. March 4th 2017. Available from: http://www.zeit.de/digital/2017-03/greyball-uber-software-kontrollenpolizisten-umgehung

(IET 2015) Automotive CyberSecurity: An IET/KTN Thought Leadership Review of riskperspectives for connected vehicles. IET. Available from: http://www.theiet.org/sectors/transport/documents/automotive-cs.cfm

(Isaac and Perlroth 2015) Isaac, M. and Perlroth, N.: Uber Hires Two Engineers Who Showed Cars Could be Hacked. The New York Times online. August 28th 2015. Available from: https://www.nytimes.com/2015/08/29/technology/uberhires-two-engineers-who-showed-carscould-be-hacked.html?mcubz=0

(Intel 2015) Intel Security White Paper Automotive Security Best Practice. Intel/Mcafee. June 2016. Available from: https://www.mcafee.com/enterprise/en-us/assets/white-papers/wp-automotive-security.pdf

(Kashyap 2016) Kashyap, K.: It's Uber Vs. Ola For The Battle Of Supremacy. In: The Indian Market. Forbes online. September 21st 2016. Available from: https://www.forbes.com/sites/krnkashyap/2016/09/21/its-uber-vs-ola-for-the-battleof-supremacy-in-the-indian-market/#6ffe5799d99f

(La Vinh and Cavalli 2014) La Vinh, H., Cavalli, A. R.: Security attacks and solutions in vehicular ad hoc networks: a survey. International Journal on Ad Hoc Networking Systems (IJANS), Vol 4, No. 16, pp. 1–20, 2014.

(Lobe 2016) Lobe, A.: Hacker Alert – In a modern car today are computers and info systems that are easy to manipulate. How do the manufacturers deal with the security gap? (in German). Zeit online. August 25th 2016. Available from: http://www.zeit.de/2016/34/elektroautos- steuerunghacker-gefahr-sicherheit-hersteller

(Mahaffey 2015a) Mahaffey, K.: The New Assembly Line: 3 Best Practices for Building (secure) Connected Cars. Lookout Blog. August 6th 2015. Available from: https://blog.lookout.com/tesla-research

(Mahaffey 2015b) Mahaffey, K.: Here Is How To Address Car Hacking Threats. TechCrunch.September 13th 2015. Available from: https://techcrunch.com/2015/09/12/to-protect-cars-fromcyber-attacks-a-call-for-action/

(Markey 2015) Markey, E.J.: Tracking and Hacking: Security and Privacy Gaps Put American Drivers at Risk. 2015. Available from: https://www.markey.senate.gov/imo/media/doc/2015-02-06_MarkeyReport-Tracking_Hacking_CarSecurity%202.pdf

(McMillan 2011) McMillan, R.: With Hacking, Music Can Take Control of Your Car. PCWorld online. March 11th 2011. Avaliable from: https://www.pcworld.idg.com.au/article/379477/hacking_music_can_take_control_your_car/

(Miller and Valasek 2014) Miller C., Valasek C.: A Survey of Remote Automotive Attack Surfaces. IOActive 2014. Available from: https://www.ioactive.com/pdfs/IOActive_Remote_Attack_Surfaces.pdf

(Poulsen 2010) Poulsen, K.: Hacker disables more than 100 cars remotely. Wired online. March 17th 2010. Available from: www.wired.com/threatlevel/2010/03/hacker-bricks-cars

(Ravindran et al. 2016) Ravindran, D., Hanisha, N., Punati, S.: Safety in Ride Sharing. Class Paper, Car IT and Cybersecurity, International Institute of Information Technology Bangalore (IIIT-B), May 2016

(Sahithi et al. 2016) Sahiti, A., Ramya Reddy, D., Vedavyas, M.: OLA vs Uber. Report: Car IT and Cybersecurity, International Institute of Information Technology Bangalore (IIIT-B), May 2016

(Schlesiger 2016) Schlesiger, C.: Flixbus – The creepy triumphal mach of the startup. Wirtschaftswoche online. October 17th 2016. Available from: http://www.wiwo.de/unternehmen/dienstleister/flixbus-der-unheimliche-siegeszug-desstart-ups/v_detail_tab_print/14680498.html

(Schultz 2016) Schultz, M.: Billion loss at Uber – The evil of button-press capitalism (in German). Spiegel online. August 26th 2016. Available from: http://www.spiegel.de/forum/wirtschaft/milliardenverlust-bei-uber-das-uebel-desknopfdruck-kapitalismus-thread-505569-1.html

(Spehr 2016) Spehr, M.: Internet connection in the Audi A4, Behind the steering wheel, Google shows the world (in German), FAZ online. August 18th 2016. Available from: http://www.faz.net/aktuell/technik-motor/motor/kommunikationstechnik-des-audi-a4-im-test-14387527/der-audia4-kommt-mit-14390627.html

(Scarfone and Mell 2007) Scarfone, K., Mell, P.: Guide to Intrusion Detection and Prevention Systems (IDPS) NIST. February 20th 2007. Available from: https://www.nist.gov/publications/guide-intrusion-detection-and-prevention-systems-idps

(Sana 2016) Sana, S.: Ola, Uber Operating Taxis illegally in City, Delhi Government Tells HC. The Times of India. April 24th 2016. Available from: http://timesofindia.indiatimes.com/city/delhi/Ola-Uber-operating-taxis-illegally-in-city-Delhigovernment-tells-HC/articleshow/51962298.cms

(Schorsch 2016) Legislative Deal between Ridesharing Companies and Taxis Dies – Florida Politics. Florida Politics. March 11th 2016. Available from: http://floridapolitics.com/archives/204373-sources-legislative-deal-reachedridesharing-companies-taxis

(Serio and Wollschläger 2015) Serio, G., Wollschläger, D.: Networked Automotive Defense Strategies in the Fight Against Cyber Attacks (in German). ATZ elektronik, 06/2015

(Sivaram 2016) Sivaraman, S.: Explaining Ola and Uber's Surge Pricing. The Hindu online. September 11th 2016. Available from: http://www.thehindu.com/news/national/explainingola-and-ubers-surge-pricing/

article8494839.ece

(Solon 2015) Solon, O.: From Car-Jacking to Car-Hacking: How Vehicles Became Targets For Cybercriminals. Bloomberg online. August 4th 2015. Available from: https://www.bloomberg.com/news/articles/2015-08-04/ hackers-force-carmakers-to-boost-security-for-driverless-era

(Stewart 2016) Stewart, J.: As Tesla grows up, it gives up on free charging. Wired online. July 11th 2016. Available from: https://www.wired. com/2016/11/tesla-grows-gives-free-charging/

(Symantec 2015) Symantec IoT Team – Building Comprehensive Security Into Cars. Technical Report. Symantec. 2015. Available from: https:// www.symantec.com/content/dam/symantec/docs/white-papers/ building-comprehensive-security-into-cars-en.pdf

(Vembo 2016) Vembo, D.: Connected Cars – Architecture, Challenges and Way Forward.Whitepaper Sasken Communication Technologies Pvt. Ltd. 2016. Available from: https://www.sasken.com/sites/default/files/ files/white_paper/Sasken-Whitepaper-Connected%20Cars%20 Challenges.pdf

(Vestlund 2009) Vestlund, C.: Intrusion Detection Systems in Networked Embedded Systems.Linköping University. Available from: https://pdfs. semanticscholar.org/10f9/455dde5674de051ae065f358b922cf8bec0f.pdf

(Vikas 2016) Vikas, S. N.: Ola relaunches Outstation Taxi Service in Delhi and Jaipur. ETtech online. May 11th 2016. Available from: http://tech. economictimes.indiatimes.com/news/mobile/ola-outstation-taxi-service/52201260

(Wolfsthal and Serio 2015) Wolfsthal, Y., Serio, G.: Made in IBM Labs: Solution for Detecting Cyber Intrusion to Connected Vehicles, Part I. IBM. September 9th 2015. Available from: https://securityintelligence. com/made-in-ibm-labs-solution-for-detecting-cyber-intrusions-toconnected-vehicles-part-i/

(Zetter 2015) Zetter, K.: Researchers Hacked A Model S, But Tesla's Already Released A Patch. Wired online. August 6th 2015. Available from: https://www.wired.com/2015/08/researchershacked-model-s-teslas-already/

링크

2015

(URL1 2015) https://www.wired.com/2015/08/uber-hires-hackers-wirelessly-hijacked-jeep/

(URL2 2015) https://www.businessinsider.in/Uber-hired-a-convicted-murderer-who-applied-witha-fake-name-complaint-claims/articleshow/48550254.cms

2016

(URL1 2016) https://techcrunch.com/2016/12/02/didis-cto-explains-why-chinas-ride-sharing-gianthas-a-data-advantage/

(URL2 2016) https://help.olacabs.com/support/dreport/205018962

(URL3 2016) https://www.olacabs.com/fares

(URL4 2016) https://www.uber.com/cities/bangalore/

(URL5 2016) https://en.wikipedia.org/wiki/Ola_Cabs

(URL6 2016) https://www.olacabs.com/info/about_us

(URL7 2016) http://www.olashare.com/

(URL8 2016) https://newsroom.uber.com/india/ubermotoblr/

(URL9 2016) http://indianexpress.com/article/technology/tech-news-technology/uber-vs-ola-hereseverything-that-has-happened-so-far-2780273/

(URL10 2016) http://indianexpress.com/article/technology/tech-news-technology/ola-launched-erickshaw-category-for-delhi-ncr/

(URL11 2016) http://www.bbc.com/news/technology-36139986

(URL12 2016) https://thetechportal.com/2016/05/04/ola-far-ahead-uber-india-according-truecallerdata/

(URL13 2016) https://inc42.com/buzz/ola-vs-uber/

(URL14 2016) https://blog.truecaller.com/2017/05/16/truecaller-insights-2016-q4-report-call-volumefor-the-e-commerce-cab-hailing-industry-in-india/

(URL15 2016) http://in.reuters.com/article/uber-ola-india-copy-idINKCN0XR033

(URL16 2016) http://www.welt.de/wirtschaft/article157748150/Uber-will-Fahrgaeste-per-Autopilot-chauffieren.html

2017

(URL1 2017) https://en.wikipedia.org/wiki/Real-time_ridesharing

(URL2 2017) https://en.wikipedia.org/wiki/Uber_(company)

(URL3 2017) https://en.wikipedia.org/wiki/Didi_Chuxing

(URL4 2017) https://en.wikipedia.org/wiki/Lyft

(URL5 2017) https://www.olacabs.com/fares

(URL6 2017) https://www.uber.com/

(URL7 2017) https://www.olacabs.com/

(URL8 2017) https://www.forbes.com/sites/briansolomon/2017/01/04/didi-chuxing-invests-inbrazilian-uber-rival-reignites-ridesharing-war/

(URL9 2017) http://www.manager-magazin.de/unternehmen/it/google-roboterwagen-fahren-ausangst-vor-hackern-ohne-internet-a-1129346.html

(URL10 2017) https://www.statista.com/chart/7424/uber-is-closing-in-on-volkswagen/

(URL11 2017) http://blog.jana.com/blog/top-ride-sharing-apps-in-emerging-markets

(URL12 2017) http://time.com/money/4851877/my-uber-got-into-a-wreck-can-i-sue/

10
커넥티드 파킹과 자동 발렛파킹

10장에서는 커넥티드카의 가장 직접적이고 적합한 응용 분야 중 하나인 커넥티드 파킹을 다룬다. 운전자들은 주차 공간을 찾거나 좁은 공간에 주차하는 데 어려움을 겪고 있다. 다행히도 기술은 이러한 것에 도움이 될 수 있고 잠재적으로 도시의 교통, 주차 사고와 공간 활용에 큰 영향을 미치게 될 것이다. 10.1절에서 비즈니스 관점에서 주차에 대해 간단히 다룬 후 10.2절에서 핵심 도전 과제들을 분석하고 커넥티드 파킹과 관련한 기회에 대해 논의한다. 많은 새로운 앱들은 실시간으로 주차 가능한 공간에 대한 정보를 제공하고, 예약을 관리하며 종종 현금 없이 이용 요금을 정산한다. 그리고 OEM의 커넥티비티 서비스와 통합될 수도 있다. 10장에서는 주요 관련 기업들에 대한 개요와 그들의 솔루션의 특징과 서비스에 대해 논의한다. 10.3절에서는 주차 보조 시스템에 대해 소개한다. 현재 시점에서 매우 정교한 기술로 주차 과정을 자동화했지만, 운전자는 여전히 자동차 안에서 주차 과정을 확인하고 있어야 한다. 다음 단계는 10.4절에서 논의하는 자율 발렛파킹AVP, Automated Valet Parking이다. AVP 시스템은 자동차를 자동으로 주차 공간을 찾고 빈 주차 공간으로 자동차를 이동시키는 로봇 자동차로 변환시킨다.

고급 자동차에서 최초의 상업용 시스템을 사용할 것이고 곧 카셰어링에서도 적용될 것이다. 10.5절과 10.6절에서는 커넥티드 파킹과 자동 발렛파킹에 사이버 보안 영향도와 주요 사이버 위협에 대한 분석 그리고 침입 탐지 예방과 같은 잠재적으로 사이버 보안을 강화할 수 있는 솔루션에 관해 다룬다(6장 참고).

6장에서는 대규모의 IT 인프라 보호와 자동차 사이버 보안에 최근에 적용된 시스템에 대해 논의했다. 10.7절에서는 결론에 관해 이야기하고 더 읽을거리에 관한 추천과 함께 최종적으로 정리한다. 10.8절에는 커넥티드 파킹과 오토발렛파킹에 대한 전반적인 이해를 위한 질문과 참고문헌 및 더 읽을거리를 소개한다.

10.1 주차

주차 산업은 많은 기업과 투자자들로 구성돼 있다(URL1 2017). 공항의 주차장, 철도역, 쇼핑몰 그리고 공용 환승 주차장들은 도시 지역에서 부동산의 많은 부분을 차지한다. 사람들은 주차 공간을 찾기 위해 많은 시간을 소비한다. Volkswagen은 도심 내 최소 교통의 30%는 주차 공간을 찾기 위해 발생한다고 추정한다(Jungwirth 2016; Gerster 2016; Rees 2016). 주차 공간은 도시 또는 자유롭게 이용 가능한 도로 위 주차와 대형 주차 공간, 다층 건물과 환승 주차장 시설과 같이 특별히 표시된 주차 공간으로 구분된다. 도로 밖 주차 공간은 일반적으로 Apcoa와 같은 대형 주차 서비스 회사에서 관리한다(URL21 2017). 그들은 공간을 임대하고 필요한 인프라를 제공하며, 요금 정산을 관리한다. 유럽에서 가장 큰 자동차 주차 관리 운영 회사는 그림 10.1과 같이 시장 점유율은 10%로 독일의 Apcoa, 네덜란드의 Q-Park(URL22 2017), 벨기에의 Contipark이다(URL23 2017).

주차 서비스 운영사	유럽 주차 협회
APCOA PARKING	BUNDESVERBAND PARKEN
CONTIPARK InterparkingGroup	Belgian Parking Federation
QPARK Quality in parking	BPA BRITISH PARKING ASSOCIATION
	Parking SWISS

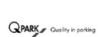

그림 10.1 분열된 유럽의 주차 시장 – 일부 주요 시장 선도 주차 서비스 회사

자동차 주차 사업과 이 시장은 다음과 같은 특징을 갖고 있다.

- 시장이 극도로 분열돼 있으며 유럽에서 특히 그러하다.
- 자동차 주차 서비스 회사들은 그들만의 재산을 소유하지 않으며 단지 운영과 관리만을 한다.
- 많은 지역 중소 기업이 존재하고 있으며 또한 주차와 주차장을 스스로 관리하는 도시 또한 존재한다.
- 시장은 엄청난 경쟁 상황이고, 운영사들은 낮은 마진과 손해까지 발생할 정도인 상황에 어려움을 겪고 있다(Dierig 2012). 이로 인해 주차 서비스 회사들은 투자를 기피하고 이로 인해 노후화된 IT와 구식 인프라 운영 상태가 발생하고 있다.
- 자동차 주차 서비스 회사들은 새로운 서비스를 물색해 그들의 수입과 이익을 높이려 하고 있다. 예를 들어 주차 중 세차와 같은 서비스다.
- Park One과 같은 신생 주차 서비스 회사들은 발렛파킹과 같은 서비스에 집중하고 있다(URL20 2017).
- 시에서는 Cleverciti, Parkpocket 등과 같은 신생 기업들과 협력하고 있다(URL19 2017). 이를 통해 도로 안팎에 주차 공간의 가용성에 대한 실시간 정보를 제공하고 주차 공간 검색 시간과 도심 교통량을 줄이고 있다.

10.2 커넥티드 파킹

복잡한 도시에서 주차 공간을 찾는 것은 문제이며 시간을 낭비하는 문제를 넘어 카헤일링과 라이드셰어링 서비스 제공업체들의 붐을 일으키는 주요 원인 중하나다. 주요 이슈와 해결해야 할 문제는 다음과 같이 요약할 수 있다.

- 최대 30%의 도심 교통량은 주차 공간을 찾는 데서 비롯된다(Gerster 2016).
- 도심 내 주차는 매우 비용이 많이 발생한다.
- 주차 공간을 어디서 찾아야 할지 명확하지 않은 경우가 많다.
- 운전 중 주차 공간을 찾는 상황, 특히 혼자 자동차에 탑승해 찾는 것은 도시 내 교통 사고의 주요 원인 중 하나다.
- 전체 사고의 최대 40%가 주차와 관련이 있다(Gerster 2016).
- 주차장 내 도난 및 자동차 파손은 주요 문제다.
- 큰 주차장에서 자동차를 찾는 것은 쉽지 않다.

스마트폰과 공유 경제의 아이디어는 사람들이 오늘날 주차하는 방법에 큰 영향을 줬다(Laudon 외 2010).

커넥티드 파킹을 위해 앱을 제공하며 많은 스타트업들이 나타났다(URL2 2017; URL8 2017; URL9 2017; URL10 2017; URL11 2017; URL15 2017).

- Parkopedia
- JustPark
- SpotHero
- ParkWhiz
- ParkingPanda
- BestParking

도로 위 주차를 위한 인기 있는 앱은 다음과 같다(URL12 2017; URL13 2017).

- Parker
- ParkMe
- ParkNow

가용한 주차 공간에 대한 정보를 제공하기 위함이 핵심 아이디어다. 이와 관련해 주차 공간을 찾기 위해 불필요한 교통량을 최소화해야 한다. 많은 앱들은 커뮤니티와 군중 기반 메커니즘을 이용해 다른 운전자에게 가용한 주차 공간을 알려준다. 특히 가치 있는 정보는 매우 다양한 주차장의 요금 정보다. 가끔 매력적인 제안과 함께 주차 공간에 대한 예약은 또 다른 유용한 서비스다. 최종 정산은 자동으로 처리되며 이로 인해 현금 부족, 거스름돈 없음, 주차 티켓의 분실, 신용카드 결제 불가, 정산기 고장 등으로 발생하는 요금 정산기 관련 문제들은 사라지게 된다. 또한 주차 요금 청구서의 전자 추적 시스템은 Concur와 같은 여행 예약 시스템에서 이용자들이 높이 평가하는 훌륭한 기능이다.

정보가 실시간으로 전달된다면 큰 이익을 달성할 것이다. 독일 스타트업 Ampido와 같은 일부 회사들은 누군가가 개인 주차장을 광고하고 이를 대여해 주는 플랫폼과 같이 Airbnb 형식의 비즈니스 모델을 제공하고 있다(URL16 2017).

Parkopedia는 흥미로운 발전 과정을 거쳤다. 시작은 다양한 도시 내 주차 공간에 대한 이용 가능한 정보를 종합하는 일종의 백과사전과 같이 시작해, 실시간 이용 가능 주차장, 주차 공간 예약, 요금 정산 그리고 주차 공간에 대한 예측과 같은 더 많은 기능을 시스템에 추가했다.

주차 플랫폼의 가치는 접근성(도시 및 지역), 주차 공간의 수 그리고 사용자 커뮤니티의 규모에 따라 성장하는 것은 분명하다. 빅데이터와 머신러닝 조합을 통해 가용한 주차 공간을 추정하는 예측 주차는 각각의 주차 앱들이 스스로 차별성을 갖게 되는 것에 대해 기대해볼 만한 영역이다. 다음과 같이 모든 가용한 소스로부터 생성된 데이터가 조합이 될 경우 최고의 결과를 달성할 수 있다.

- 실시간 교통량 정보
- 주차 서비스 회사로부터 실시간 정보
- 특별한 앱 또는 센서들을 통해 자동으로 발생해 생성되는 커뮤니티 기반 정보(예: Bosch IoT cloud)
- 시간, 날짜, 특정 이벤트, 휴가 기간 등을 고려한 통계학적 모델

표 10.1은 각기 다른 주차 솔루션에 대한 핵심 기능에 대한 요약이다. 자동차 OEM들은 Daimler가 GottaPark와 협업하고, BMW가 Parkopedia의 서비스를 그들의 커넥티드 드라이브 인포테인먼트 시스템과 통합한 것과 같이 커넥티

드 파킹 앱과 제휴해 그들의 주차 공간을 위한 솔루션을 제공하고 있다(URL14 2017). Tomtom과 같은 내비게이션 그리고 지도 제공업체 역시 Parkopedia 와 같은 회사들과 협업해 그들의 지도에 주차 정보 서비스를 통합하고 있다.

그림 10.2에서는 도로 안팎 그리고 정적 또는 동적 실시간 주차 점유 상태 기준을 기반으로 각각의 분류를 보여주고 있다.

주차 공간에 대한 실시간 정보는 다음과 같은 다양한 방식으로 수집될 수 있다.

- 도로 밖: 주차 서비스 회사가 지속적으로 상태를 추적하고 정보를 서버로 전달할 수 있다.
- 주차장 내 설치된 특정 센서들은 주차 공간이 점유되거나 비어 있는 상태에 대해 추적할 수 있다. 이는 도로 안팎으로 가능하다. Siemens 프로젝트(URL31 2017), Bosch, ParkHere사가 그 예다(URL29 2017).
- 가용한 주차 공간에 대해 자동차가 주행 중 차량 내 탑재된 초음파 센서와 카메라를 이용해 정보를 수집할 수 있다.
- 자동차는 주차 공간에 대한 크기를 측정할 수 있다.
- 자동차 운전자는 다른 운전자에게 스마트폰 앱을 이용해 가용한 주차 공간에 대해 알려줄 수 있다.
- 자동차의 움직임은 자동으로 추적할 수 있고 주차 공간이 발생의 예측에 활용할 수 있다.

표 10.1 주차 앱 특징 비교(Chandrasekar 외 2013; URL34 2017)

주차 앱 제공사	실시간 주차 및 내비게이션	주차 예약	주차 정산	도로 위 주차 관리	지역
Parkopedia	Yes	Yes	Yes	Yes	EU/US/APAC
ParkatmyHouse	Yes	Yes	Yes	No	EU/US
JustPark		Yes	Yes		EU
ParkNow	No	No	Yes		US
GottaPark	Yes	Yes	Yes	No	US
ParkingPanda	No	Yes	Yes	No	US
Streetline	Yes	Yes	Yes	Yes	EU/US

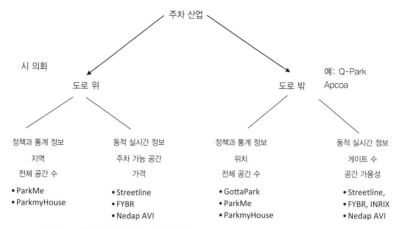

정책과 통계 정보 | 동적 실시간 정보 | 정책과 통계 정보 | 동적 실시간 정보

그림 10.2 주차 앱/커넥티드 파킹의 분류(Chandrasekar 외 2013; URL34 2017)

Apcoa와 같은 몇몇 주차 서비스 업체는 내장된 RFID 칩을 기반으로 인증하고 자동 결제하는 것과 같이 주차장 내 비접촉식 접근 방법을 실험하고 있다. 커넥티드 파킹의 잠재성은 SAP, Cisco 등과 같은 다양한 대기업들의 끌어들이고 있다(URL1 2014; URL1 2016). IAA 2015에서는 현재 몇몇 대기업과 협력하고 있는 흥미로운 스타트업 회사들을 위한 자리를 제공했었다(URL3 2017; URL9 2015).

샌프란시스코를 기반으로 한 Streetline사는 도시, 주차 서비스와 자동차 소유자들을 위한 풀 서비스를 갖고 있다. 이는 커뮤니티 기반의 실시간 주차 정보, 주차 가능 공간을 표기한 통합 지도, 요금 정산, 소프트웨어 시스템 그리고 도시와 주차 서비스 회사를 위한 도로 밖 주차 상황 대시보드를 포함하고 있다. 분석 플랫폼인 Parksight는 정보 처리, 효율성 그리고 요금 결정 최적화에 도움을 주고 있다.

미국의 또 다른 주요 주차 솔루션 기업은 INRIX이다(URL5 2017). 2014년 Porsche는 10%의 지분을 획득했다. 이 회사는 그들의 클라우드 플랫폼, 실시간 주차 정보 그리고 주차 서비스 회사와 도시를 위한 솔루션들을 통해 커뮤니티 기반 주차 서비스를 제공한다. 다른 서비스들은 실시간 교통 정보, 주 전체의 교통 분석, 교통 사고, 주차 정보와 분석, 커넥티드카 서비스뿐만 아니라 교통량 측정과 인구 이동 분석까지 포함한다. INRIX는 세계 교통 네트워크 전체적으로 사람들과 상업적 이동이 어떻게 이뤄지는지 이해하기 위해 자동차 제조사와 정보 기관과 협업한다.

그림 10.3은 커뮤니티 기반 주차 콘셉트에 관한 설명이다(Nicodemus와 Auracher 2015; URL25 2017; URL26 2017). 만약 거리 주변에 있는 빈 주차 공간을 자동차가 지나간다면, 자동차는 탑재된 초음파와 레이더 센서를 이용해 주차 공간에 대해 자동으로 스캔한다. 이는 최대 50km/h, 즉 도심 교통 속도 제한 내에서 동작한다. 센서들은 주차 가능한 공간뿐만 아니라 공간의 크기도 같이 탐지하고 이로 인해 어떤 종류의 차가 적합하고 적합하지 않은지에 대한 정보를 제공할 수 있다. 이 정보는 자동으로 수집돼 Bosch Iot cloud로 전달된다(URL27 2017). 이 정보는 통합돼 클라우드 기반 주차 서비스에 등록한 자동차에게 가용한 정보로 제공된다.

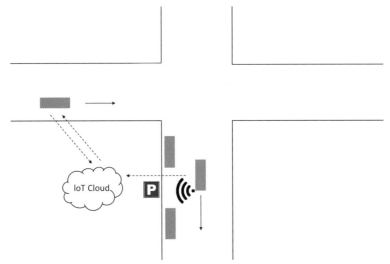

그림 10.3 커뮤니티 기반 주차 정책(URL24 2017; URL26 2017; URL27 2017)

그림 10.3에서 좌측 자동자의 운전자가 주차 공간을 탐색하는 것이다. 도로 주변 주차 가능한 공간은 보이지 않지만, IoT 클라우드로부터 현재 주차 가능한 공간 중 적합한 곳에 대한 정보는 지도상 표시된다. 운전자는 이 주차장에 대해 선택하고 진입할 수 있다. 주차 이후 시스템은 자동으로 다른 사용자에게 해당 공간에 주차가 됐음을 알리게 된다.

주차 산업의 디지털화는 OEM, 공급업체, 스타트업, 차량 관리자, 라이드-헤일링 회사 등 그들 간 새로운 협력을 이끌어내며, 새로운 비즈니스 모델을 촉발시키고 있다. 그림 10.4는 커넥티드 파킹에 대한 다양한 측면이 마인드맵 형태로 보여주고 있다(Nicodemus and Auracher 2015; Gebhardt 2016; URL24

2017). 그림 10.5와 같이 Frost & Sullivan은 주차 산업을 분석하고 파트너십과 제휴의 전환점을 식별했다(Chandrasekar 외 2013; URL35 2017).

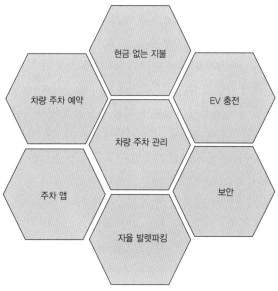

그림 10.4 커넥티드 파킹과 주차 생태계의 다양한 측면(Nicodemu와 Auracher 참고, 2015)

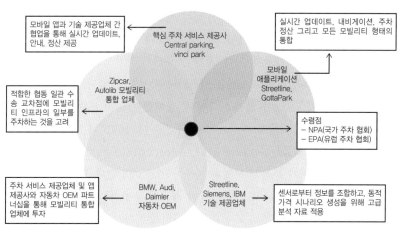

그림 10.5 주차 산업의 생태계(Chandrasekar 외 2013)

10.3 주차 보조

좁은 주차 공간에 자동차를 주차하는 것은 어려운 일이 될 수 있으며 자동차가 손상되거나 수리해야 하는 주요 원인 중 하나다. 주차 보조 시스템은 이에 도움이 될 수 있다. 최근 몇 년 동안 주차 보조 시스템은 사용 가능한 기능이 됐고 중형급부터 고급 자동차에서 특히 인기가 높다. 주차 보조 시스템은 기능과 복잡도의 수준에 의해 구별될 수 있다. 최초이자 가장 간단한 시스템은 단순히 초음파 센서를 통해 운전자에게 장애물에 대한 경고를 알린다. 자동차가 후방, 전방 또는 측면 벽과 같은 장애물에 너무 가까워지면 비프음 또는 시각적인 신호와 함께 이 상황을 알린다. 이러한 시스템은 좁은 주차 공간을 가진 주차장 내에서 특히 유용하다. 2016년 이후부터 미국에서 의무화된 후방 카메라는 추가적인 상황 정보를 제공하며, 초음파 경고 시스템과 함께 작동하면 운전자에게 큰 도움을 준다.

주차 보조 시스템의 다음 단계는 자동차를 조향해 운행 경로의 측면 제어 기능을 제공한다. 차량을 조향하는 올바른 순서와 패턴은 어려움이 존재한다. 그렇지만 주차 보조 시스템은 정밀하게 이를 계산할 수 있고, 계산 알고리즘을 통해 최적의 방법으로 차를 인도할 수 있다. 이러한 시스템은 1980년 초반 최초 등장했고 현재는 소형 차량에서조차도 널리 사용되고 있다. 조향 보조는 지속적으로 운전자가 가속 페달과 브레이크를 제어하도록 요구한다. 다음 단계는 운전자가 측면 주차에서 자유롭게 한다. 조향과 후진이 자동으로 진행된다. 그러나 운전자는 언제든 주차 보조 시스템을 멈추거나 제어할 수 있다.

운전자가 자동차 내 앉아 있지 않고 주차 운행을 그들의 모바일 폰에서 모니터링하는 때 또 다른 자동화 수준에 도달하게 된다. BMW와 Mercedes는 원격 주차 시스템을 제공한다(Werle 2015). Mercedes는 스마트폰을 이용하고 BMW는 디스플레이가 통합된 특별한 자동차 키를 개발했다. 아직은 자동차 스스로 완전히 주행하는 것이 허용되지 않기 때문에 운전자는 반드시 지속적으로 버튼을 누르는 것을 통해 주차 과정을 모니터링해야 한다. 다양한 1차 공급업체 그중에서도 Bosch, Conti, Valeo와 ZF/TRW가 관련 기술을 제공하고 있다.

운전자는 단지 주차 과정을 시작하기만 하고, 자동차는 주차 공간을 찾고, 공간을 행해 이동하고 어떠한 추가적 개입 없이 완전히 자동으로 주차 공간에 들어가게 될 경우 가장 높은 수준의 자동화 기술에 도달하게 된다. 이 콘셉트를 자율 발렛파킹[AVP]이라고 한다. 다음 절에서 자율 발렛파킹에 관해 더 자세히 알아본다. BMW는 라스베이거스에서 열리는 CES 2015에서 AVP 기능과 함께 원격 주차 보조 기능을 소개했다.

그림 10.6은 초음파, 레이더 그리고 카메라와 같이 서로 다른 센서들의 조합을 통해 발전하는 자율 발렛파킹의 진화를 보여주고 있다.

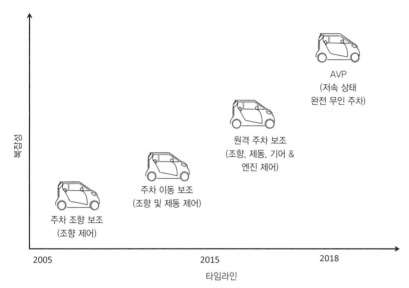

그림 10.6 완전 자율 발렛파킹의 발전 단계(Nicodemus와 Auracher 참고 2015)

10.4 자율 발렛파킹

자율 발렛파킹 서비스[AVP]는 사람과 어떠한 상호작용 없이 자동차가 주행하고 주차하는 것을 가능하게 한다(Min과 Choi 2013). 이는 완전 자율주행 상용화 사례의 첫 번째 사례 중 하나일 것이다.

Bosch는 자동차 내 센서들과 인프라 기반 기술이 조합된 자율 발렛파킹 기능을 선보였다(Gebhardt 2016; URL24 2017; URL25 2017).

그림 10.7에서 이 기술에 대한 개념을 보여주고 있으며, 다음과 같이 구현된다.

- AVP가 가능하도록 설계된 주차 공간 또는 주차장 앞 입구에 자동차가 정차한다.
- 주차 공간에 대한 변경은 쉽지 않지만 단 한 번의 투자만 필요로 한다.

- 주차장에서는 레이저 거리 측정기를 사용해 자동차를 추적하고 지상에 센서를 이용해 자동으로 빈 주차 공간의 위치를 알려준다.
- 자동차는 내부 탑재된 주차 보조 시스템과 다른 ADAS 기능에 의존해 자동차 운행을 제어한다(11장 참고).
- 자동차가 식별되고 주차장 입차가 허용될 때 자동차는 자동으로 WLAN 에 연결된다.
- 이 WLAN을 통해 자동차는 주차장과 통신한다.
- 자동차는 주차 가능한 공간이 어디 있는지 찾는 것에 관한 정보를 얻고 주차 공간에 설치된 레이저 거리 측정기와 카메라 시스템을 통해 안내를 받는다.
- 자동차 내부와 외부 센서(주차장 인프라)의 조합은 안전성을 크게 향상시킨다.
- 만약 자동차가 장애물을 만나면 주차 보조 시스템은 자동으로 자동차를 정차시킨다.
- 만약 다른 자동차가 접근 중이라면 정차와 같은 명령이 주차 공간 안내 시스템에서부터 전달될 수 있다.
- 운전자가 자동차를 호출할 경우, 발렛 기능을 통해 자동으로 주차 위치에서부터 다시 주차장 입구로 자동차를 안내한다.

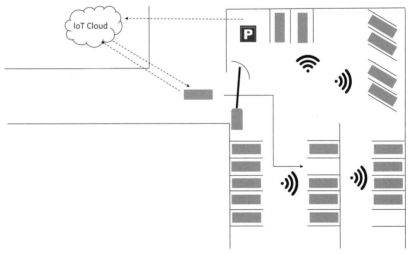

그림 10.7 Bosch의 자율 발렛파킹(AVP) 콘셉트(Nicodemus와 Auracher 참고 2015)

Park4U라고 부르는 다른 AVP 솔루션은 Valeo사가 제공하고 있다(URL33 2017). Park4U는 더욱 자동차의 센서에 의존하며 주차 공간에 대한 변경이 필요하지 않다. 자동차는 탑재된 초음파 센서와 스테레오 카메라를 이용해 자동으로 운행해 주차 가능한 공간으로 이동한다.

그러나 자율 발렛파킹을 위한 법적 프레임워크는 여전히 충분히 개발돼야 한다. 특히 도로 교통에 관한 비엔나 협약(URL37 2017) 조항은 운전자가 언제든 통제(조향, 가스 페달, 브레이크 등)할 수 있어야 한다는 조항, 즉 끼어들어 차를 운전할 수 있어야 한다는 조항이 문제다. 비엔나 협약을 수정해 자동 운전을 허용하는 여러 가지 발안이 있다. 여기서 자율 발렛파킹은 큰 영향을 미칠 수 있으며, 일반적으로 차량 속도가 낮기 때문에 완전 자율주행을 위한 중요한 단계가 될 수 있다. 자율 발렛파킹은 차량의 속도가 일반적으로 낮기 때문에 완전 자율주행에 큰 영향을 미칠 수 있고 중요한 단계가 될 수 있다.

현재 자율 발렛파킹에 대한 다양한 활동이 이뤄지고 있다.

- 그림 10.8과 같이 Car2Go와 Bosch는 카셰어링 서비스를 위해 AVP에 대해 협력하고 있다.
- BMW Drive Now 역시 AVP를 도입하기 위한 계획을 수립하고 있다. 허브 모델을 기반으로 해 자동차가 자동으로 돌아오는 길을 찾는다. 또한 예측 주차 알고리즘을 이용해 자동차들을 재배치한다.
- 스마트시티 애플리케이션과 쇼케이스 – AVP 기능이 추가된 루트비히스부르크 주요 역과 주차장
- AutoPles는 자율 발렛파킹과 전기차의 자동 충전 기술의 결합 개념을 입증한 프로젝트다(URL34 2017). 프로젝트의 파트너는 Trans GmbH, Stuttgart 그리고 FZI[Research Center for Information Technology]와 Karlsruhe였다.

그림 10.8 Bosch와 Daimler의 자율 발렛파킹 협업(Gräfe 2016; URL3 2015; URL38 2017)

많은 시범 프로젝트와 연구 활동이 현재 진행되고 있다. 그렇지만 자율 발렛 파킹은 OEM과 공급업체 모두에게 마찬가지로 경쟁이 매우 치열한 분야이기 때문에 그들의 프로젝트의 상황을 언제나 알 수 있게 공개돼 있는 것은 아니다. 자율, 자동 주행 기술의 전반적인 흐름에서 자율 발렛파킹 도입의 타임라인은 Freitag에서 찾아볼 수 있다(2016).

다음과 같은 이유로 카셰어링은 자율 발렛파킹 기술과 관련해 특히 유망한 분야다.

- 자동차를 주차하고 주차 공간을 찾는 것은 매우 큰 이슈이며 특히 대도시 지역에서 더욱 그렇다.
- 적합한 주차 공간의 가용성 여부는 효과적인 카셰어링 사용의 큰 장애물이 된다.
- AVP는 최대 20% 이상의 주차 공간 활용도를 높일 수 있다.
- 공유 전기차에 대한 주차와 충전의 조합이 가능하다(AutoPles 프로젝트 참고).

10.5 사이버 위협

경제의 디지털화와 함께 사이버 범죄 그리고 사이버 보안은 정기적으로 뉴스를 만들어내고 있는 주요 이슈다(Berke 2015; Germis 2016). 커넥티드카에 대한 사이버 위협은 일반적인 보도 매체, 과학 커뮤니티 그리고 자동차 산업에서 더욱 더 주목받고 있다(Currie 2015; Gerhager 2016; Greenberg 2013; Lobe 2016; Poulsen 2010; Solon 2015; Stockburger 2016).

커넥티드 파킹, 원격 주차 그리고 자율 발렛파킹 솔루션들은 사이버 공격에 취약하다(Chucholowski와 Lienkamp 2014). 무인 기능은 운전자가 모든 상황을 인지할 수 없고 필요 시 기계를 제어할 수 없기 때문에 잠재적으로 공격의 결과를 증대시킨다(Markey 2015; URL30 2017). 사이버 공격자는 자동차 도난 또는 중요 시스템에 비인가된 접근을 시도할 수 있다. 원격 열림 명령을 전송해 자동차 트렁크에 비인가된 원격 접근을 하는 것은 몇몇 잠재적인 새로운 위험을 초래한다. 주차장의 인프라와 통신하는 V2I^{Vehicle-to-Infrastructure}의 필요성으로 인해

AVP는 새로운 사이버 공격 위협의 가능성을 발생시킨다.

사이버 위협은 HW, SW 그리고 엔지니어, 자동차 소유자, 딜러, 정비소 직원 등과 같은 사람을 포함해 전반적인 라이프사이클 지향적인 방식으로만 대응할 수 있다(Besenbruch 2014; Weimerskirch 2016).

Spy Car Act(Markey 2015; Weimerskirch 2016) 법안은 관련 산업계가 사이버 위협에 대항하고 효과적인 사이버 보안 솔루션을 찾도록 압박하고 있다. 사이버 공격과 취약점에 대한 빠르고 효과적인 대응은 미래에 매우 중요해질 것이며(Zetter 2015; Markey 2015), 특히 커넥티비티에 의존하는 중요한 안전 기능들에 관해서는 더욱 더 그러할 것이다(Vembo 2016).

주차장 관리 시스템은 종종 윈도우 PC를 산업용 주차장 관리 시스템으로 사용한다. 만약 운영체제가 적절히 패치되지 않거나 또는 최악의 경우 패치가 더 이상 지원되지 않을 경우, 윈도우 XP의 사례처럼 이는 매우 심각한 위협이 될 수 있다(Haas 외 2017). 멀웨어는 USB 포트 또는 네트워크를 통해 유입될 수 있고 이는 연결된 하부 시스템, 작동 장치actuator 그리고 센서에 손상을 발생시킬 수 있다. 시나리오를 생각해보면 자동차는 잘못된 신호와 안내 명령을 받을 수 있고 또한 주차장 내 위치 안내 시스템이 방해를 받아 경로 설정을 하지 못해 사용할 수 없는 상태가 될 수 있다.

커넥티드 파킹과 자율 발렛파킹에 대한 주요 사이버 위협은 다음과 같다(Haas and Möller 2017).

- 중간자 공격man-in-the-middle attack과 같이 스마트폰/키와 자동차 간 연결을 침해해 자동차 제어력을 상실시키는 결과를 초래(Wolf 외 2016; Wolf와 Osterhues 2013)
- 자동차가 정차된 지점부터 주차 공간 또는 주차장으로 운송되는 과정에서 자동차와 인프라 간 통신을 침해
- AVP 기능을 탑재한 자동차가 응급차나 경찰차 등과 같이 우선순위가 더 높은 교통 이용 대상으로부터 전달되는 명령을 받을 수 있도록 해주는 응급 V2I 통신 프로토콜 공격
- 자동차 소유자의 시야에서 자동차가 벗어났을 때 자동차의 제어권을 획득하려고 시도하는 범죄 그룹에 의해 주차 관리 시스템과 주차 관련 인프라가 해킹될 수 있다.

- 카메라 센서를 가리거나, 카메라 자동 제어에 혼란을 야기하거나, 신호를 연계 또는 조작 등과 같이 공격이 센서에 직접 영향을 줄 수도 있다.

10.6 침입 탐지와 예방

침입 탐지 시스템^{IDS}은 시스템에 침입하는 행위들을 탐지하는 방법이다. Fallstrand 와 Lindstrom(2015)은 이러한 시스템에 대해 "시스템 내 비정상 행위, 정책 위반 또는 외 부정 행위들을 탐지해 보고하는 시스템"이라고 정의했다.

현대의 자동차들은 지능형 주차 보조, 후측방 경보 시스템, 차선 이탈 경고, 어댑티브 크루즈 컨트롤, 자동 응급 브레이크, 실시간 업데이트되는 내비게이션 시스템, 그 외 다수의 정교하게 진보된 운전 보조 기능들을 탑재하고 있다. 이러한 기능들이 외부의 어떠한 간섭 없이 정상적으로 동작하고 있는지 확인하는 것은 매우 중요하다(Hass 외 2017). IDS는 비정상적 행위를 탐지하기 위해 사용될 수 있다. 그로 인해 사이버 공격이 취약점을 악용하는 것과 시스템을 악의적으로 조작하는 것에 따른 영향을 최소화할 수 있다(Scarfone와 Mell 2007; Serio 와 Wollenschläger 2015; Weimerskirch 2016; Wolfsthal과 Serio 2015).

10.6.1 침입 탐지 시스템의 종류

침입 탐지 시스템에는 다양한 분류와 종류가 존재한다(Vestlund 2009). 주요 분류 기준은 다음과 같다.

- 호스트 기반 IDS^{HIDS}: 호스트 내 상주하는 시스템 종류이고 시스템 콜의 로그와 파일의 수정 등을 검토하는 것으로 내부 상태를 조사한다.
- 네트워크 기반 IDS^{NIDS}: 네트워크의 호스트 간 데이터 트래픽을 감시하는 종류의 시스템이다.
- 하이브리드 IDS: 다양한 노드와 호스트에서 분석 목적으로 HIDS와 NIDS 의 조합으로 구성하는 종류의 시스템이다.

HIDS와 NIDS는 각각 특정 환경에서만 사용된다. 다른 것으로 그것들을 대체할 수가 없다. 하지만 하이브리드 시스템은 HIDS와 NIDS의 장점만을 결합해 어떠한 환경에서도 사용될 수 있다.

침입을 탐지하는 다양한 방식들이 존재한다. 자동차 내부적으로나(ECU로 구성된 네트워크) 외부적으로 커넥티드카와 인프라로 구성되는 네트워크는 컴퓨터 네트워크와 같다고 볼 수 있기 때문에 이러한 방식들은 커넥티드카에도 적용될 수 있다. 가장 잘 알려진 IDS 탐지 방식은 다음과 같다.

- 시그니처 기반 IDS: 악의적인 행위를 표현하기 위한 룰을 사용해 침입을 탐지한다. 이는 어떠한 이벤트와 패턴의 순서를 데이터베이스에 저장돼 있는 룰들과 비교한다. 룰들은 하나 또는 복수 개의 패킷에 적용될 수 있다. 데이터베이스는 지속적으로 새로운 침입 유형에 대한 시그니처들로 업데이트돼야 한다. 하지만 저장된 패턴과 다르게 약간 변형된 사례에서는 IDS 대부분 이를 탐지하지 않게 된다. 만약 공격이 어떠한 시그니처를 갖고 있지 않다면 이는 가장 큰 문제를 야기하게 된다. 이는 데이터베이스에 업데이트할 수 없게 되며 따라서 이와 관련한 접근 및 침입은 탐지되지 않게 된다.
  - 장점: 시그니처가 존재하는 작은 규모의 공격은 쉽게 탐지 및 제지할 수 있다.
  - 단점: 시그니처가 없는 공격은 탐지할 수 없다.
- 비정상 행위 기반 IDS: 시스템은 시간을 기반으로 사용에 대한 각각의 프로파일들을 생성한다. IDS는 탐지된 행위를 조사하고 생성된 서로 다른 프로파일과 비교한다. 만약 프로파일과의 일치 수준이 너무 벗어날 경우 시스템은 침입을 보고하게 된다. 이는 IDS의 민감도에 따라 오탐으로 인한 알람이 발생할 수 있다. 오탐은 IDS가 탐지해 보고된 악성 행위에 대한 탐지 이벤트이지만 실제로 그 행위들은 완전히 무해한 경우를 의미한다.
  - 장점: 공격 탐지를 위한 사전 정의된 룰이 필요하지 않다. 이는 새로운 공격에 대한 탐지가 가능함을 의미한다.
  - 단점: 사용자에게 혼란을 줄 수 있는 오탐 사례가 발생한다. 어렵지만 일반적인 사용 프로파일에 대한 수립이 필요하다.

10.6.2 커넥티드카 공격

다른 커넥티드 시스템과 같이 커넥티드카는 취약하며 컴퓨터 네트워크로부터 알려진 고전적인 공격들에 직면하고 있다. 또한 하나 더 기억해야 할 것은 현재 중/고급형 자동차의 ECU, 인포테인먼트 단말 그리고 주차 보조, 자율 발렛파킹과 같은 첨단 주행 보조 시스템(11장 참고)들은 데스크톱 컴퓨터보다 더 많은 컴퓨팅 파워를 제공하고 있다. 그러므로 다음과 같은 다양한 종류의 사이버 공격이 가능하다.

- 분산 서비스 거부 공격: 가장 심각한 공격들 중 하나다. 서비스 거부는 시스템의 자원을 소모해 사용자가 네트워크 서비스에 접근하려는 것을 방해하고 이로 인해 네트워크의 효율과 성능이 저하된다. 커넥티드카 시나리오로 보자면, 공격자는 대규모로 가짜 인증들을 생성할 수 있고, 가짜 메시지들을 정상적인 차량에 전송해 네트워크 내 혼잡을 야기시킬 수 있다. 분산 서비스 거부 공격은 서로 다른 위치와 시간대에 존재하는 다수의 자동차를 이용해 동일한 공격을 수행시킨다.

  침입 탐지 시스템은 앞 절에서 설명한 바와 같이 비정상 행위 기반 탐지 방식을 이용해 공격을 탐지하고 예방하기 위해 도입할 수 있다. 시스템 리소스의 일반적인 사용들은 프로파일화할 수 있고 공격 행위는 프로파일을 기반으로 모니터링할 수 있다. 높은 편차가 발생한다는 것은 자동차가 공격을 받고 있고 적절한 조치를 취해야 한다는 것을 의미한다.

- 블랙홀 공격: 네트워크 트래픽이 리다이렉트되고 이에 대한 응답이 없는 영역을 말한다. 이러한 원인은 응답할 노드가 없거나 존재하는 노드에서 응답을 거절하는 경우다. 공격자의 노드는 근접한 노드들을 속일 수 있고, 이러한 방법으로 패킷을 포워딩할 권한을 얻게 된다. 공격자 노드에서 패킷을 얻게 됐을 때, 패킷은 드롭되거나 적합하지 않은 노드로 포워딩될 수 있다. Alheeti 외 연구진(2015a, b)은 자동차의 정상 또는 비정상적인 행위를 설명하는 특징의 집합을 이끌어내기 위해 비례 중첩 점수를 이용하는 지능형 IDS를 구축해 어떻게 이 문제를 해결하는지 보여줬다. 이 단순한 솔루션은 드롭되는 패킷을 식별하기 위해 패킷의 시퀀스 번호를 저장한다.

- 시빌 공격: 시빌 공격은 매우 일반적인 공격으로 비정상적인 노드가 일부 정상 노드인 것처럼 위장해 잘못된 메시지들을 전송하는 것에 의해 발생한다. 자동차와 연관해보면, 한 자동차가 동시 또는 연속적으로 몇몇 다른 자동차인 것처럼 알린다. 이 자동차는 실제와 다른 위치에 있다고 알

리거나, 혼돈을 야기하고 공격을 매우 위험하게 만들 수 있다. 이 행위는 네트워크 토폴로지에 피해를 주거나 많은 네트워크 대역폭을 사용할 수 있다(La Vinh and Cavalli 2014). 특정 솔루션들은 시빌 노드의 위치를 파악하고 탐지하는 시도를 한다(Xiao 외 2006). 신호의 강도 분포를 분석하고 시빌 노드와 현재 노드 간 거리를 추정한다. 만약 신호의 강도를 통해 측정된 거리가 알려진 것과 동일하지 않을 경우 노드는 시빌 노드가 될 가능성이 높다.

- 보거스 메시지: 이 공격은 공격자 또는 정상 사용자에 의해 조정될 수 있고 네트워크 내에서 단순히 잘못된 메시지를 보내는 것으로 공격이 구성된다. 이 공격은 IDS의 범위를 벗어난다. 메시지 인증과 같은 다른 암호 체계를 대신 이용할 수 있다.

- 타이밍 공격: 자동차 안에 브레이크, 파워트레인 제어와 같은 많은 기능들은 실시간 데이터 전송을 필요로 하기 때문에 시간이 매우 중요하다. 비정상 노드나 멀웨어가 감염된 시스템이 메시지를 수신하면, 이를 바로 전달하지 않고 원래 메시지보다 시간 간격을 둬 지연을 발생시킨다. 그러므로 다른 하위 시스템들은 그들이 예상한 것보다 더 늦게 메시지를 수신하게 된다. 경우에 따라서 메시지의 지연을 통해 직접적인 사고를 유발할 수 있다. 이는 시그니처 또는 비정상 행위 기반의 IDS로 탐지할 수 없다. 따라서 이러한 공격을 제어하기 위해서는 데이터 무결성 검증과 같은 다른 방법이 필요하다.

10.6.3 인공신경망 기반 IDS 구현

IDS를 구현하는 방법 중 하나는 네트워크를 통해 악성 행위들을 분류하고 탐지하기 위해 학습할 수 있는 인공신경망ANN을 활용하는 것이다. ANN의 다층 퍼셉트론 모델은 그림 10.9에서 볼 수 있다(6장 참고).

다층 퍼셉트론MLP, Multilayer Perceptron는 ANN에서 가장 인기 있는 분류 중 하나다. 다층 퍼셉트론은 다음 활성 모델을 기반으로 비선형 뉴런들로 이뤄져 있다.

$$y = \sigma\left(\sum_{i=1}^{n} w_i x_i\right) = \sigma(\mathbf{w}^T \mathbf{x})$$

$x_i \in \mathbb{R}^n$는 가중치 요소 w_i와 곱하고 비선형 활성화 함수 $\sigma(\cdot)$에 의해 $[0,1] \subset \mathbb{R}$ 범위 내 활성 레벨에 매핑된 n-차원 입력 벡터를 의미한다.

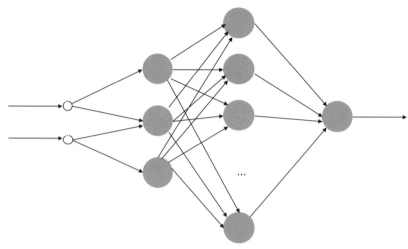

그림 10.9 다층 퍼셉트론 ANN 모델

입력 뉴런들의 신호가 전방의 각 층들로 전파되는 다층 구조를 구성한다. MLP는 피드포워드망 종류에 속한다. 어려운 설계 결정은 네트워크 계층의 선택이다. 보편적 근사 속성은 단지 한 계층으로도 달성될 수 있다는 증거가 존재하지만 이는 존재하는 이론일 뿐이다(Haykin 2008). 하지만 실제로는 주로 더 많은 계층의 선택이 더 촘촘하고 더 작은 네트워크로 이어지게 된다.

ANN 기반의 IDS를 설계하는 첫 단계는 데이터의 수집과 전처리 부분이다. 따라서 그림 10.10과 같이 들어오는 모든 데이터는 수집되고, 가공하며 표준화된 단위로 일반화시켜야 한다.

다음 단계는 이러한 데이터로부터 특징들을 추출하는 것이다. 여기서 말하는 특징들은 데이터 스트림에 대한 것이며, 전송된 패킷의 수(자동차 내 버스 시스템, 두 자동차 간 통신, 자동차와 인프라 간 통신 등), 패킷 전송 시 지연, 드랍된 패킷의 수 등을 통해 측정될 수 있다.

또 다른 특징들은 TTL^{Time-To-Live}, 페이로드 크기와 종류, 출발과 목적지 맥 ^{MAC}, IP 주소, 포트 등을 포함하는 패킷의 헤더 내 정보가 될 수 있다.

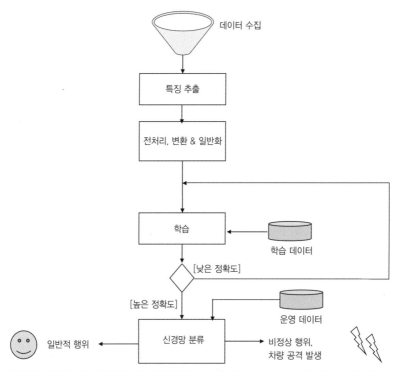

그림 10.10 ANN 기반 침입 탐지 시스템(IDS)의 학습 과정(Haas와 Möller 2017; Alheeti 외 2015a, b)

이렇게 학습된 ANN은 그림 10.10과 같이 실시간으로 네트워크상 데이터를 인지하고 분류하며 메시지를 제어할 수 있어야 한다. 만약 악의적이고 비정상적인 행위가 탐지되면, 경고를 생성하고 리포팅하게 된다(Alheeti 외 2015b).

많은 자동차 제조업체들이 도전을 받아들이고 있으며, 현재 비선형 분류 체계(위에서 설명한 신경망 접근법 등)와 머신러닝 알고리즘(그림 10.10 참조)을 기반으로 정교한 침입 감지 시스템을 평가하고 있다.

이미 여러 회사가 상용화된 자동차 사이버 보안 솔루션으로 IDS를 제공하고 있다(Serio와 Wollenschläger 2015, Weimerskirch 2016, URL1 2015, URL4 2015, URL30 2017, URL36 2017).

- Samsung/Harman/TowerSec
- Continental/Argus
- Bosch/ETAS/ESCRYPT GmbH
- Cisco

- Honeywell
- IBM
- McAfee(이전 인텔 사용)
- Symantec
- Trilliu

2016년 TowerSec 인수를 통해 Harman과 같이 1차 공급사는 인수를 통해 사이버 보안 역량을 강화하고 있다.

그림 10.11은 침입 감지 및 방지 시스템(IDS/PS 또는 줄여서 IDPS)이 최근 차량의 E/E 아키텍처에 배치될 수 있는지를 보여준다.

텔레매틱스 컨트롤 유닛^{TCU}과 중앙 게이트웨이는 IDPS 배치를 위한 직접적인 선택일 수 있으며, ADAS 기능을 위한 이더넷 기반 시스템과 같이 OBD II 포트, 중요 ECU 및 고속 버스 시스템도 좋은 선택이 될 수 있다.

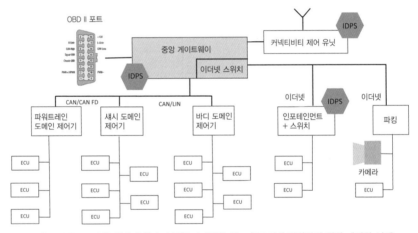

그림 10.11 IDPS를 현대의 차량의 E/E 아키텍처 및 토폴로지에 통합하기 위한 다양한 선택

자동차 IDPS는 실시간 감지, 낮은 자원 소비, 지속적인 데이터 처리와 같은 특성을 가져야 한다. 또한 컴퓨팅과 메모리 자원과 성능, 탐지 능력, 오탐, 학습, 비용, 빠른 대응 능력 사이의 완벽한 균형을 찾아야 한다.

10.7 결론 및 더 읽을거리

주차는 어렵고 지루한 일이다. 가용한 주차 공간을 찾는 것은 도심 교통에 중요한 부분을 차지하며 또한 많은 실패를 겪는다. 주차 중 사고는 파손 수리의 주요 원인이다.

디지털화는 전통적인 주차 사업에 큰 영향을 주었다. 커넥티비티는 가용한 주차 공간을 사전에 또는 실시간으로 식별하는 데 도움을 줄 수 있다. 주차 공간을 찾고 예약하고 현금 없이 정산할 수 있는 이용 가능한 많은 앱이 시장에 나와 있다. 몇몇 앱은 자동으로 인프라와 통신한다(통신해 주차장 출입구와 개찰구를 연다). 공항, 쇼핑몰 내 주차 공간 또는 환승 주차 시설과 같은 도로 밖 주차와 도로 안 주차로 구분될 수 있다. 주차 보조 시스템은 좁은 주차 공간이라도 자동차를 이동시켜 주차할 수 있도록 도움을 준다. 1세대 시스템들은 단지 자동차가 장애물에 매우 가까워졌을 때 경고를 할 수 있었다. 이후 시스템들은 자동차의 측면 주차 제어가 가능했고, 현재 시스템들은 평행 주차를 제어하며 운전자는 단지 주차 과정을 감시하기만 하면 된다. 자동화의 가장 높은 수준은 자율 발렛파킹이다. 이 기능은 운전자는 단지 자동차를 주차하기만 하고 자동차는 자동으로 주차장으로 진입해 주차 가능 공간을 찾는다. 이러한 시스템들은 일반적으로 최대 6km/h 정도의 제한된 속도로 이동하면서 센서들과 자동차-인프라 간 통신에 크게 의존한다.

10.7.1 사이버 위협과 사이버 보안

커넥티드 파킹은 노출된 많은 공격 지점을 갖고 있고 사이버 보안 위협에 노출되기 쉽다. 10장에서는 주요 문제를 살펴보고 침입 탐지 그리고 예방을 기반으로 한 솔루션에 대해 논의했다. 현대의 자동차들은 완전히 연결돼 있고 복잡한 공격 지점에 노출돼 있어 사이버 공격을 받기 쉽다(6장 참고) 침입 탐지 시스템은 커넥티드카의 데이터 흐름을 필터링해 공격들을 탐지하고 데이터를 정상과 비정상으로 구분하는 데 도움을 준다(즉, 잠재적이고 악의적인 행위 구분).

10장에서는 침입 탐지 정책에 대해 간략히 다뤘고, 자동차에 발생하는 사이버 공격을 예방하기 위해 어떻게 침입 탐지 시스템을 사용할 수 있는지 논의했다. 침입 탐지 시스템은 비선형 패턴 인식 방법을 기반으로 한다. 이를 구현하기 위해 많이 사용되며 잘 알려진 방법은 6장에서 설명한 것처럼 머신러닝, 인공지능 네트워크 그리고 심층신경망[DNN]을 이용하는 것이다.

10.7.2 더 읽을거리

Balani(2015)는 IoT 클라우드의 일반적인 콘셉트에 대한 참고할 만한 개요 소개와 Microsoft Azure, GEs Predix IoT 클라우드 그리고 Amazons AWS IoT 클라우드에 대해 자세히 다뤘다. Mahaffey(2015a, b)는 사이버 보안 연구자, 자동차 OEM 그리고 전문 기술업체 간 강력한 협력의 중요성에 대해 강조했다. 그는 이러한 협력이 새로운 보안 위협에 빠르게 대응하는 데 어떻게 도움을 줄 수 있는지에 관한 훌륭한 사례로 Tesla를 소개했다. Miller와 Valasek 둘은 Uber에서 현재 근무하고 있다. Pickhard와 연구자들(2015)은 개발의 초기 단계에서 데이터 보안에 집중하는 것이 얼마나 중요한지 강조했다. 암호 기술은 자동차, 인프라 그리고 운전자의 스마트폰 사이 통신을 안전하게 하는 데 핵심 역할을 한다(Wolf 외 2016). Reuss와 연구자들(2015)은 자율주행과 e-모빌리티 간 시너지에 대해 논의했다. AVP와 충전을 통합하는 것은 미래 전기차에 있어 중요한 기능이 될 것이다. Vembo(2016)는 커넥티드카의 구조와 도전 과제들에 대해 소개했다.

URL1(2015)은 자동차 사이버 보안이 갖고 있는 핵심 문제에 대한 개요를 제공한다. 이 책의 지은이들은 사이버 공격을 예방하고 완화하는 방안에 대한 모범 사례를 논의했다. URL2(2015)는 미래 전망과 조향 핸들이 전혀 필요하지 않을 것인지 그 의문을 제시한다.

10장에서 논의한 주차 앱, 솔루션 제공업체 외에도 ParkJockey(URL6 2017)과 EasyPark(URL17 2017)과 같이 흥미로운 콘셉트를 가진 여러 서비스가 있다.

2017년에 열린 IAA 오토쇼는 2015년처럼 새로운 이동 수단에 대한 특별한 전시회를 기획했다. 이 전시회는 커넥티드 파킹과 관련한 스타트업과 기술 전문가들을 위한 플랫폼을 제공했다(URL28 2017).

10.8 연습 문제

- 주차 산업이라는 용어는 무엇을 뜻하는가?

- 주차 산업의 주요 특징을 설명하라.
- 커넥티드 파킹이라는 용어는 무엇을 뜻하는가?
- 커넥티드 파킹의 주요 특징을 설명하라.
- 커뮤니티 기반 주차라는 용어는 무엇을 뜻하는가?
- 커뮤니티 기반 주차의 주요 특징을 설명하라.
- 커넥티드 파킹앱으로 인해 예상할 수 있는 기능은 무엇인가?
- 커넥티드 파킹앱의 주요 기능을 설명하라.
- 무료 주차 공간을 탐지하기 위해 사용되고 있는 방법은 무엇인가?
- 무료 주차 공간을 탐지하기 위한 가장 관련성 있는 방법에 대해 설명하라.
- 도로 위/밖 주차라는 용어는 무엇을 뜻하는가?
- 도로 위/밖 주차 간 주요 차이를 설명하라.
- 예측 주차라는 용어는 무엇을 뜻하는가?
- 예측 주차의 사례를 제시하라.
- 주차 보조 시스템이라는 용어는 무엇을 뜻하는가?
- 사용되는 주요 기능을 설명하라.
- 주차 보조 시스템을 위해 일반적으로 사용되고 있는 센서는 무엇인가?
- 사용되는 센서의 유형 설명과 시스템 사례를 제시하라.
- 원격 주차의 용어는 무엇을 뜻하는가?
- 원격 주차의 특징, 이점 그리고 도전 과제를 설명하라.
- BMW는 원격으로 차량 주차 시 운전자가 지속적으로 키를 누르도록 요구하는 이유를 설명하라.
- 주행 경로상 장애물에 관해 주차 보조 시스템이 어떻게 대처하는지 설명하라.
- 원격 주차와 자율 발렛파킹의 차이를 설명하라.
- AVP에 대한 연구 협회와 개념 증명에 대해 인지하고 있는 것은 무엇인가?
- 주요 연구 협회와 사용된 개념 증명에 대해 설명하라.
- AVP 기능 동작을 승인하려면 무엇이 필요한가?
- OEM이 고객에게 주차 프로세스 제어를 포기하도록 설득하는 데 어려움이 있는지 여부를 설명하라.
- 사람들은 차량을 주차하기 위한 기술을 신뢰할 것인가?
- AVP 시장에 새로운 기업과 스타트업은 있을 것인가?
- 새로운 기업의 특징은 무엇인가?
- 당신이 알고 있는 AVP에 대한 시장 내 요구는 무엇인가?

- 당신의 생각을 설명하라.
- 어떤 지역이나 시장에 가장 먼저 AVP가 도입될 것인가?
- 어떤 시장이 AVP 시장을 뒤따르게 될 것이며 이에 대한 타임라인은 어떻게 될 것인가?
- 향후 OEM에 대해 AVP가 얼마나 경쟁력 있는 차별화가 될 것인가?
- 예시 기반으로 해당 비율에 대해 제시하라.
- 주차 보조에서 AVP로 진화하는 경로는 무엇인가?
- 공통점과 차이점을 설명하라.
- AVP와 관련해 어떠한 새로운 비즈니스 모델이 발생할 수 있는가?
- 투자, 위치 인식 서비스 그리고 주차 인프라와 관련한 질문에 답하라.
- 카셰어링, 라이드셰어링 그리고 전기차를 위해 AVP는 어떤 역할을 할 것인가?
- OEM, 공급사 그리고 서비스 제공업체 중 어떤 업체가 어디와 협력하게 될 것인지 사례를 제시하라.
- 기술적 관점에서 AVP 도입을 위한 가장 큰 장애는 무엇인가?
- 사례를 제시하고 상세히 설명하라.
- AVP를 위해 어떤 센서들이 사용될 것인가?
- 시스템을 위해 사용되는 센서의 유형과 사례를 제시하라.
- 자율주행 및 ADAS와 AVP 센서 간 관계는 무엇인가?
- 예시를 제시하고 자세히 설명하라.
- 반자동 차량의 개발, 공식 표준 그리고 자율 주차 기술에 적용되는 법규에 대한 가이드라인이라는 용어는 무엇을 뜻하는가?
- 예시를 제시하고 자세히 설명하라.
- 주차장에서 예측 가능한 환경(빛, 날씨 등)이 필요한 HW/SW에 어떤 영향을 미치는가?
- HW 및 SW 요구 사항에 대한 예를 제시하고 그 예를 자세히 설명하라.
- 주차 구조 내부의 특수 센서에 접근할 필요가 있는가?
- 센서 유형에 대한 예를 제시하고 자세히 설명하라.
- 주차 인프라를 설치하는 데 비용이 얼마나 들 것인가?
- 당신의 생각을 말하고 설명하라.
- 무료 주차 공간을 찾아 할당하고, 그 경로를 자동차에 전송하기 위해 주차장의 관리 시스템은 어떻게 차와 소통할 것인가?

- GPS나 전용 시스템/앱 또는 Wi-Fi를 사용하는가? 그리고 약한 신호는 어떻게 처리할 것인가?
- 시나리오를 설명하고 선택된 제약 조건에 관해 설명하라.
- AVP용 HMI는 어떻게 생겼는가?
- 스마트폰, 스마트워치 등의 앱 시나리오에 대해 설명하라.
- 법적 관점에서 AVP의 가장 큰 장애물은 무엇인가?
- 자신의 생각을 설명하고 AVP의 제품 책임 문제에 대해 말하라.
- AVP에 적용할 수 있는 법적 프레임워크는 무엇인가?
- 당신의 생각을 설명하라.
- 앞으로 어떤 수정이 필요한가?
- 당신의 생각을 설명하라.
- AVP가 자동차 보험 모델에 영향을 미칠 수 있을까?
- 당신의 생각을 설명하라.
- AVP 시스템의 경로를 차단할 수 있는 물체는 무엇이며 어떻게 이러한 물체를 인식하고 그러한 상황에서 사고를 피할 수 있는가?
- 다른 차량, 보행자, 자전거, 어린이 및 동물에 대한 시나리오를 설명하라.
- 커넥티드 파킹 시 사이버 보안에 대한 우려 사항은 무엇인가?
- AVP 시스템이 어떻게 공격될 수 있는지 설명하라.
- 커넥티드카가 직면한 사이버 보안 위협은 무엇인가?
- 가능한 공격 시나리오를 설명하라.
- 왜 커넥티드카는 사이버 범죄자들에게 흥미로운가?
- 당신의 생각을 설명하라.
- 침입 탐지 시스템이라는 용어는 무엇을 뜻하는가?
- IDS의 주요 특징과 구현 방법에 대해 설명하라.
- 인공신경망이라는 용어는 무엇을 뜻하는가?
- ANN의 기본 원리와 학습 과정을 어떻게 수행할 수 있는지 설명하라.
- 어떤 비선형 패턴 인식 방법론을 알고 있는가?
- 예를 들어 자세히 서술하라.
- ANN으로 IDS를 어떻게 구현하는가?
- 당신의 생각을 설명하라.
- IDS에 사용할 수 있는 상용 솔루션은 무엇이며, 한계는 무엇인가?

- 예를 들어 자세히 서술하라.
- 자동차 IDS는 일반적인 컴퓨터 네트워크 IDS와 어떻게 다른가?
- 당신의 생각을 설명하라.
- AVP는 특히 도시 지역의 주차 공간에 어떤 영향을 미칠 것인가?
- 당신의 생각을 설명하라.
- AVP는 스마트 시티에서 어떤 역할을 하는가?
- 당신의 생각을 설명하라.
- AVP의 사회적 영향이 있는가? 이러한 영향이 자율주행이 갖는 사회적 영향과 어떻게 비교할 수 있는가?
- 당신의 생각을 설명하라.

참고문헌 및 더 읽을거리

(Alheeti et al. 2015a) Alheeti, K. M. A., Gruebler, A., McDonald-Maier, K. D.: An intrusion detection system against malicious attacks on the communication network of driverless cars. In: Proceedings 12th Annual IEEE Consumer Communications and Networking Conference (CCNC), pp. 916-921, 2015

(Alheeti et al. 2015b) Alheeti, K. M. A., Gruebler, A., McDonald-Maier, K. D.: An Intrusion Detection System against Black Hole Attacks on the Communication Network of Self-Driving Cars. In: Proceedings 6th International Conference on Emerging Security Technologies (EST), pp. 86-91, 2015

(Balani 2015) Balani, N.: Enterprise IoT – A Definite Handbook, Self-published, Kindle Edition, 2016

(Brisbourne 2014) Brisbourne, A.: Tesla's Over-the-Air Fix: Best Example Yet of the Internet of Things? Wired online. February 2014. Available from: http://www.wired.com/insights/2014/02/teslas-air-fix-best-example-yet-internet-things/

(Berke 2015) Berke, J.: Hacker attacks on companies – When cyberattacks lead to bankruptcy (in German). Wirtschaftswoche online. November 25th 2015. Available from: http://www.wiwo.de/unternehmen/it/hackerangriffe-aufunternehmen-wenn-cyberattacken-in-den-bankrott-fuehren/12632916.html

(Besenbruch 2014) Besenbruch, D.: Electronic Systems – Protection against

Manipulation (in German), ATZ elektronik, 7/2014

(Chandrasekar et al. 2013) Chandrasekar, P, Barua, N, Zia, Y.: Future of Vehicle Parking Management Systems in North America and Europe. Frost & Sullivan. October 1st 2013. Available from: https://de.slideshare. net/FrostandSullivan/parking-management-26752963

(Chucholowski and Lienkamp 2014) Chucholowski, F., Lienkamp, M.: Teleoperated Driving – Secure and Robust Data Connections (in German). ATZ elektronik, 01/2014

(Currie 2015) Currie, R.: Developments in Car Hacking, December 5th 2015. SANS Institute. Available from: https://www.sans.org/reading-room/ whitepapers/internet/developments-carhacking- 36607

(Dierig 2012) Online Parking is too cheap in Germany (in German). Welt online. October 8th 2012. Available from: http://www.welt.de/ wirtschaft/article109690967/Parken-ist-in-Deutschlandviel-zu-billig.html

(Fallstrand and Lindstrom 2015) Fallstrand, D., Lindstrom, V.: Automotive IDPS: Applicability analysis of intrusion detection and prevention in automotive systems. Master' Thesis. Chalmers University of Technology. Available from: http://publications.lib.chalmers.se/records/ fulltext/219075/219075.pdf

(Freitag 2016) Freitag, M.: Robotic Cars - German Manufacturers in Pole Position (in German). July 26th 2016. Available from: https://www. manager-magazin.de/unternehmen/autoindustrie/roboterautos-deutsche-autobauer-fuehrena-1104783.html

(Gebhardt 2016) Gebhardt, M.: This is how we park tomorrow (in German). Zeit online. May 10th 2016. Available from: https://www.zeit.de/ mobilitaet/2016-04/autonomes-fahren-parken-bosch

(Gerhager 2016) Gerhager, S.: Why auto makers might soon get into the focus of blackmailers (in German). Focus online. October 17th 2016. Available from: http://www.focus.de/auto/experten/autoindustrie-warum-autohersteller-fokus-von-erpressern-geraten-koennte_id_6081085.html

(Gräfe 2016) Bosch and Daimler rely on automatic parking searches (in German). Stuttgarter Nachrichten online. March 10th 2016. Available from: http://www.stuttgarter-nachrichten.de/inhalt.stuttgart-bosch-und-daimler-setzen-aufautomatische-parkplatzsuche.6cf6485f-67e5-47f3-817f-8acd5d12e707.html

(Gerster 2016) Assistance systems: Bosch drives automated parking (in German). Automobilwoche, March 2016

(Greenberg 2013) Greenberg, A.: Hackers reveal nasty new car attacks-with me behind the wheel.Forbes online. July 24th 2013. Available from: https://www.forbes.com/sites/andygreenberg/2013/07/24/hackers-

reveal-nasty-new-car-attacks-with-me-behind-the-wheel-video/
#64771b28228c(Germis 2016) Germis, C.: Each week 6000 attacks from
the Internet against VW(in German). FAZ online. August 18th 2016.
Available from: http://www.faz.net/aktuell/wirtschaft/unternehmen/
jede-woche-6000-cyberangriffe-gegen-vw-14393188-p2.html#
pageIndex_2.8

(Haas et al. 2017) Haas, R., Möller, D., Bansal, P., Ghosh, R., Bhat, S.:
Intrusion Detection in Connected Cars. In: Proceed. IEEE/EIT 2017
Conference, pp. 516-519. Ed.: Izadian, A., Catalog No. CFP17EIT-USB
978-1-5090-4766-6, 2017

(Haas and Möller 2017) Haas, R., Möller, D.: Automotive Connectivity,
Cyber Attack Scenarios and Automotive Cyber Security. In: Proceed.
IEEE/EIT 2017 Conference, pp. 635-639. Ed.: Izadian, A., Catalog No.
CFP17EIT-USB. 978-1-5090-4766-6, 2017

(Haykin 2009) Haykin, S.: Neural Network and Learning Machines. 3rd
edition. Pearson Education, 2009

(Jungwirth 2016) Presentation of Johann Jungwirth and personal discussion
at the Cebit 2017, Hannover, March 2017

(La Vinh and Cavalli 2014) La Vinh, H., Cavalli, A. R.: Security attacks and
solutions in vehicular ad hoc networks: a survey. In: International
Journal on AdHoc Networking Systems (IJANS), Vol 4, No. 16, pp. 1-20,
2014

(Laudon et al. 2010) Laudon, K., Laudon, J., Dass, R.: Management
Information Systems, Pearson Publ., 2010

(Lobe 2016) Lobe, A.: Hacker Alert – In a modern car today are computers
and info systems that are easy to manipulate. How do the
manufacturers deal with the security gap? (in German). Zeit online.
August 25th 2016. Available from: http://www.zeit.de/2016/34/
elektroautos-steuerunghacker-gefahr-sicherheit-hersteller

(Mahaffey 2015a) Mahaffey, K.: The New Assembly Line: 3 Best Practices
for Building (secure) Connected Cars. Lookout Blog. August 6th 2015.
Available from: https://blog.lookout.com/tesla-research

(Mahaffey 2015b) Mahaffey, K.: Here Is How To Address Car Hacking
Threats. TechCrunch.September 13th 2015. Available from: https://
techcrunch.com/2015/09/12/to-protect-cars-fromcyber-attacks-a-call-for-
action/

(Markey 2015) Markey, E.J.: Tracking and Hacking: Security and Privacy
Gaps Put American Drivers at Risk. 2015. Available from: https://www.
markey.senate.gov/imo/media/doc/2015-02-06_MarkeyReport-
Tracking_Hacking_CarSecurity%202.pdf

(Miller and Valasek 2014) Miller C., Valasek C.: A Survey of Remote

Automotive Attack Surfaces.IOActive 2014. Available from: https://
www.ioactive.com/pdfs/IOActive_Remote_Attack_Surfaces.pdf

(Miller and Valasek 2015) Miller, C., Valasek, C.: Remote exploitation of an
unaltered passenger vehicle. August 10th 2015. Available from: http://
illmatics.com/Remote%20Car%20Hacking.pdf

(Min and Choi 2013) Min, K-W., Choi, J-D.: Design and implementation of
autonomous vehicle valet parking system. In: Proceedings 16th
International IEEE Conference on Intelligent Transportation Systems –
(ITSC 2013), 2013

(Nicodemus and Auracher 2015) Connected Parking. EPoSS Workshop on
Smart Systems Integration.June 19th 2015. London. Available from:
http://www.ivu-bw.de/pdfs/2015/1/DEKRA_ConnectedParking_2015-05-
19_Download.pdf

(Pickhard et al. 2015) Pickhard, F., Emele, M., Burton, S., Wollinger, T.: New
thinking for safely networked vehicles (in German). ATZ elektronik,
7/2015

(Poulsen 2010) Poulsen, K.: Hacker disables more than 100 cars remotely.
Wired online. March 17th 2010. Available from: www.wired.com/
threatlevel/2010/03/hacker-bricks-cars

(Rees 2016) Rees, J.: Mobility – Never have to park yourself (in German).
Wiwo online. May 6th 2016. Available from: https://www.wiwo.de/
technologie/mobilitaet/mobilitaet-nie-mehr-selbereinparken-
muessen/13529696.html

(Reuss et al. 2015) Reuss, H.-C., Meyer, G., Meurer, M.: Roadmap 2030
Synergies of Electromobility and Automated Driving (in German). ATZ
Elektronik, 7/2015

(Scarfone and Mell 2007) Scarfone, K., Mell, P.: Guide to Intrusion Detection
and Prevention Systems (IDPS). NIST. February 20th 2007. Available
from: https://www.nist.gov/publications/guide-intrusion-detection-and-
prevention-systems-idps

(Serio and Wollschläger 2015) Serio, G., Wollschläger, D.: Networked
Automotive Defense Strategies in the Fight against Cyberattacks (in
German). ATZ elektronik, 06/2015

(Solon 2015) Solon, O.: From Car-Jacking to Car-Hacking: How Vehicles
Became Targets For Cybercriminals. August 4th 2015. Bloomberg
online. Available from: https://www.bloomberg.com/news/articles/
2015-08-04/hackers-force-carmakers-to-boost-security-for-driverless-era

(Stockburger 2016) Stockburger, C.: IT security of cars: You have no choice
but to trust the manufacturers (in German). Spiegel online. November
1st 2016. Available from: http://www.spiegel.de/auto/aktuell/hacker-
angriffe-man-hatkeine-andere-wahl-als-den-autoherstellern-zutrauen-a-

1092224.html

(Vembo 2016) Vembo, D.: Connected Cars – Architecture, Challenges and Way Forward.Whitepaper Sasken Communication Technologies Pvt. Ltd. 2016. Available from: https://www.sasken.com/insights/white-papers/connected-cars—architecture-challenges-and-wayforward-0

(Vestlund 2009) Vestlund, C.: Intrusion Detection Systems in Networked Embedded Systems.Linköping University. Available from: https://pdfs.semanticscholar.org/10f9/455dde5674de051ae065f358b922cf8bec0f.pdf

(Weimerskirch 2016) Weimerskirch, A.: Cybersecurity for Networked and Automated Vehicles (in German). ATZ elektronik, 03/2016

(Werle 2015) Werle, K.: World in digital change – the game changer – BMWsmartphone on wheels (in German). Manager Magazin. November 23rd 2015. Available from: http://www.managermagazin.de/unternehmen/artikel/gamechanger-bmw-sieger-in-wettbewerb-von-bain-und-mm-a-1063812.html

(Wolf and Osterhues 2013) Wolf, M., Osterhues, A.: Secure Messages – Modern Cryptography for Protecting Control Devices (in German). ATZ elektronik, 02/2013

(Wolf et al. 2016) Wolf, A, Greiff, S., Obermaier, R.: Vehicle access systems of tomorrow (in German). ATZ Elektronik 03/2016

(Wolfsthal and Serio 2015) Wolfsthal, Y., Serio, G.: Made in IBM Labs: Solution for Detecting Cyber Intrusion to Connected Vehicles, Part I. Available from: https://securityintelligence.com/made-in-ibm-labs-solution-for-detecting-cyber-intrusions-to-connected-vehicles-part-i/

(Xiao et al. 2006) Xiao, B., Yu, B., Gao, C.: Detection and localization of Sybil nodes in VANETs, in DIWANS 06, Los Angeles, CA, pp. 1–8, 2006.

(Zetter 2015) Zetter, K.: Researchers Hacked A Model S, But Tesla's Already Released A Patch. Wired online. August 6th 2015. Available from: https://www.wired.com/2015/08/researchershacked-model-s-teslas-already/

링크

2014

(URL1 2014) https://www.cisco.com/c/dam/en_us/solutions/industries/docs/parking_aag_final.pdf

2015

(URL1 2015) https://www.mcafee.com/enterprise/en-us/assets/white-papers/wp-automotive-security.pdf

(URL2 2015) https://www.wiwo.de/unternehmen/auto/digitalisierung-der-autoindustrie-kuenftigbraucht-man-das-lenkrad-nicht-mehr/v_detail_tab_print/11602152.html

(URL3 2015) https://www.bosch-presse.de/pressportal/de/en/bosch-and-daimler-automate-parkingmercedes-with-built-in-valet-42989.html

(URL4 2015) https://www.symantec.com/content/dam/symantec/docs/white-papers/building-comprehensive-security-into-cars-en.pdf

(URL5 2015) https://www.congress.gov/bill/114th-congress/senate-bill/1806/all-info

(URL6 2015) https://www.cisco.com/c/en/us/solutions/industries/smart-connected-communities/city-parking.html

(URL7 2015) https://www.digitaltrends.com/cars/bmw-automated-parking-technology-ces-2015/

(URL8 2015) http://www.theiet.org/sectors/transport/documents/automotive-cs.cfm

(URL9 2015) https://newmobility.world/de/

2016

(URL1 2016) http://news.sap.com/sap-iot-seeks-better-parking-with-new-solution/

2017

(URL1 2017) https://en.wikipedia.org/wiki/Parking

(URL2 2017) https://en.parkopedia.com

(URL3 2017) https://parkpocket.com

(URL4 2017) https://www.streetline.com

(URL5 2017) http://inrix.com

(URL6 2017) https://www.parkjockey.com/

(URL7 2017) https://www.tomtom.com/

(URL8 2017) https://spothero.com/

(URL9 2017) https://www.parkwhiz.com/

(URL10 2017) https://www.parkingpanda.com/

(URL11 2017) www.bestparking.com/

(URL12 2017) https://www.parkme.com/

(URL13 2017) https://www.park-now.com/

(URL14 2017) www.gottapark.com/

(URL15 2017) https://www.justpark.com/

(URL16 2017) https://www.ampido.com/

(URL17 2017) https://easyparkgroup.com

(URL18 2017) http://parknav.com

(URL19 2017) https://www.cleverciti.com/

(URL20 2017) https://www.park1.com

(URL21 2017) https://apcoa.com

(URL22 2017) https://www.q-park.com

(URL23 2017) http://www.contipark.de/de-DE/

(URL24 2017) http://www.bosch-mobility-solutions.com/en/highlights/ connected-mobility/connectedand-automated-parking/

(URL25 2017) https://www.bosch.com/

(URL26 2017) https://www.bosch.com/explore-and-experience/connected-parking-success-factordevelopment/

(URL27 2017) https://www.bosch-iot-suite.com/

(URL28 2017) https://www.iaa.de/

(URL29 2017) http://park-here.eu

(URL30 2017) https://argus-sec.com

(URL31 2017) http://www.mobility.siemens.com/mobility/global/en/urban-mobility/road-solutions/integrated-smart-parking-solution/pages/ integrated-smart-parking-solution.aspx

(URL32 2017) https://en.wikipedia.org/wiki/INRIX

(URL33 2017) http://www.valeo.com/en/park4u-automated-parking/

(URL34 2017) http://www.emobil-sw.de/en/activities-en/current-projects/ project-details/autoplesautomated-parking-and-charging-of-electric-vehicle-systems.html

(URL35 2017) https://www.slideshare.net/FrostandSullivan/parking-management-26752963

(URL36 2017) http://www.trillium.co.jp

(URL37 2017) https://en.wikipedia.org/wiki/Vienna_Convention_on_Road_ Traffic

(URL38 2017) http://www.bosch-presse.de/pressportal/de/de/bosch-und-daimler-zeigen-fahrerlosesparken-im-realen-verkehr-116096.html

11
첨단 주행 보조 시스템과 자율주행

11장에서는 첨단 주행 보조 시스템^{ADAS, Advanced Driver Assistance Systems}과 자율주행에 대해 다룬다. ADAS는 주행 중 운전자를 돕는 시스템이다. 안전한 HMI^{Human-Machine Interface}를 설계할 경우 차량 안전성을 높여 일단 도로 안전성을 높일 수 있다. 자율주행은 무인, 자율 또는 반자율주행자동차로 연계돼 증가하고 있는 차량 자동화에 기반한다. 자율주행차는 자동차 산업의 변화의 주요 동력 중 하나다. 이는 2장에서 논의됐다. 예를 들어 Daimler의 CASE 조직을 창설하거나 BMW, VW 및 외 회사들이 CDO^{Chief Digital Office} 직책을 도입하는 것과 같이 주요 OEM들이 어떻게 대응하고 있는지를 보여줬다. 11.1절은 4장에서 ADAS의 초기 대응에 기반하고 상업적 ADAS 기능과 사용되는 센서에 대한 개요를 설명한다. 11.2절에서는 차선 유지, 차선 이탈 경고 등과 같은 주요 ADAS 기능을 간략하게 소개한다. 이 절에서는 앞 또는 뒤에서 이동하는 물체, 차량 또는 보행자를 탐지하기 위한 첨단 기법을 이야기한다.

ADAS는 능동적인 안전 전략의 일부로 치명적인 사고의 수를 감소시키고 있다(2장 참조). 카메라 기반 ADAS 시스템은 차선 유지 보조를 위해 사전 이미지 처리, 경계 탐지 그리고 차선 구분과 같은 정교한 이미지 처리와 분석 알고리즘을 필요로 한다. 따라서 11.3절에서는 이미지 처리의 기본 원칙과 이 방대한 주제와 관련해 중요한 알고리즘에 대해 다룬다. 또한 Image Processing Toolbox를 통해 어떻게 ADAS 기능의 신속한 프로토타입 개발에 MATLAB과 Simulink를 이용할 수 있는지 보여준다.

11.4절에서는 ADAS에서 자율주행으로의 전환에 대해 마인드맵을 통해 필수 과정을 요약해 살펴보고 11.5절에서는 자율주행에 관한 법적 프레임워크와 책임을 간략히 설명한다.

11.6절에서는 대표적인 ADAS 소프트웨어 아키텍처와 현재 설계에 사용하기 위해 평가되고 있는 다양한 미들웨어 기술을 보여준다. 미들웨어 기술 중 하나는 SOME/IP이다. 이는 BMW에 의해 개발됐고 AUTOSAR 표준 구현을 위해 활용 가능하다. 자율주행자동차는 단지 온보드 센서에 의존할 뿐만 아니라 인프라, 맵 및 기타 차량의 정보도 필요로 한다. 이는 11.7절에서 상세히 분석되는 사이버 위협에 대한 복잡한 공격 지점을 정의한다. 초점은 사이버 위협과 기능 안전에 있다. 10장에서 논의된 바와 같이 사이버 보안 솔루션은 자율주행을 안전하게 하기 위해 사용될 수 있다. 11.8절에서는 요약 및 더 읽을거리들로 마무리되며, 11.9절은 첨단 주행 보조 시스템과 자율주행에 대한 포괄적인 질문을 포함하고 있다. 끝으로 마지막 절에는 더 읽을거리를 위한 참고문헌 및 제안을 한다.

11.1 첨단 주행 보조 시스템

능동 및 수동적 안전은 집중적으로 연구되는 영역이며 자동차 제조사들이 타사로부터 서로 차별화할 수 있는 분야가 되고 있다. 능동 안전에는 브레이크 보조, 트랙션 컨트롤, 전자 제어 주행 안정 장치 및 ADAS가 포함되며, 수동 안전 시스템에는 안전 벨트, 에어백, 충돌성 등이 포함된다. 능동 안전 시스템은 사고 발생 확률을 낮추고 때로는 사고를 완전히 피하는 반면 수동식 안전 시스템은 승객에게 미치는 영향을 줄이는 데 도움이 된다. 센서, 기계전자 공학 및 컴퓨터 비전의 급격한 발전으로 운전자 지원 기능들은 다음과 같다.

- 어댑티브 크루즈 컨트롤[ACC]
- 제한 속도 지원

- 후측방 경보 시스템BSD
- 운전자 모니터링 및 졸음 감지 시스템
- 비상 브레이크 지원
- 지능형 헤드램프 컨트롤
- 지능형 주차 지원
- 차선 이탈 경고
- 나이트 비전Night vision
- 장애물 및 보행자 감지
- 교통 표지 인식 등

이러한 기능들은 중형차 부문에서조차도 구현 비용이 낮아지고 있다.

11장에서는 널리 보급된 운전자 지원 기능 중 하나로 주차 보조 시스템에 관해 다룬다. 그림 11.1과 11.2는 Seat Leon의 최신 버전인 현대 자동차에서 ParkPilot 기능을 보여준다. 센서가 전방 및 후방 주행 경로를 모니터링해 차량이 장애물에 너무 가까이 접근하면 운전자에게 경고한다. 이는 종종 시야에 제약이 있거나 운전석에서는 잘 보이지 않는 장애물이 있을 때 매우 유용한 기능이다.

그림 11.1 Seat Leon에서 ParkPilot ADAS 기능 – 전면 뷰

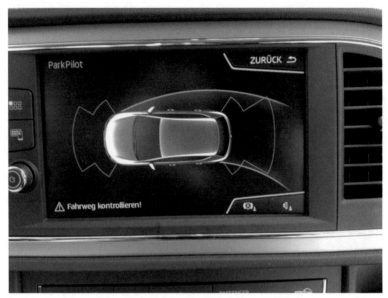

그림 11.2 Seat Leon에서 ParkPilot ADAS 기능 – 측면 및 후면 뷰

첨단 주행 보조 시스템은 광범위한 적용 시나리오를 포함한다. 그림 11.4의 마인드맵은 차량 지원 시스템과 운전자 지원 시스템을 구별한다. 후자 시스템은 운전자에게 중요한 정보를 제공하고, 인지력을 높이며, 운전 수행에 영향을 미치는 중요한 조건들을 감지한다. ADAS 범주에 속하는 전형적인 시스템은 다음과 같다(4장과 5장 참조).

- 차내 내비게이션 시스템: 이러한 시스템은 내장된 맵과 정교한 경로 계획에 기반해 운전자를 시각과 음향적으로 안내한다. 위성 항법 시스템은 세계적 범위에서 지리 공간적 위치를 자체적으로 제공한다. 이는 소형 전자 수신기가 위성에서 무선으로 시정을 따라 전송되는 시간 신호를 이용해 위치(경도, 위도, 고도)를 몇 미터 범위 내에서 판단할 수 있도록 한다.
- 졸음 감지: 스티어링 움직임, 심각한 수준의 피로 발생과 같은 서로 다른 요소들을 평가해 운전자를 모니터링한다. 고속도로에서 심각한 사고를 유발할 수 있는 단 몇 초 동안 피곤한 운전자는 잠이 들 수도 있다.
- 자동차 나이트 비전: 차량 헤드라이트가 닿지 않는 어둠이나 열악한 날씨에서 거리를 보는 차량 운전자의 인지도를 높이는 시스템이다. 나이트 비전 시스템은 현재 특정 고급 차량에서 선택 사양으로 제공되고 있다.

차량 지원 시스템은 다음을 포함하고 있다.

- 어댑티브 크루즈 컨트롤[ACC]: 레이더 크루즈 컨트롤이라고도 하며 자동으로 차량 속도를 조절해 앞 차와의 안전거리를 유지하는 도로 위 자동차들을 위한 선택적인 크루즈 컨트롤 시스템이다. 기본적인 구성에서는 위성, 도로변 인프라 또는 다른 차량의 어떠한 협력적인 지원을 활용하지 않는다. 제어 알고리즘은 온보드 센서의 센서 정보에만 의존한다. 협력적인 크루즈 컨트롤로의 확장은 위성, 도로변 비콘[beacon] 또는 전방 차량의 후면에 있는 반사기 또는 송신기로서의 모바일 인프라와 같이 고정된 인프라를 필요로 한다. 이러한 시스템은 레이더 또는 레이저 센서 설정을 사용해 전방 다른 차량이 접근할 때 차량이 속도를 줄이고 교통이 허용될 때 다시 사전 설정된 속도로 가속할 수 있다.

- 차선 이탈 경고[LDW], 차선 유지 보조[LKA] 및 차선 변경 보조[LCA]: LDW 시스템은 고속도로 또는 간선 도로에서 차량이 해당 차선을 벗어나기 시작할 때 운전자에게 경고를 주기 위해 설계됐다(차선을 이탈하기 위해 회전 신호를 주지 않는 한). 이러한 시스템은 충돌의 주요 원인인 운전자 실수, 부주의, 졸음 등을 해결해 사고를 최소화하도록 설계됐다. 차선 유지 보조 시스템은 주어진 차선을 유지하기 위해 차량의 횡방향 움직임을 능동적으로 제어한다. 더 높은 자동화의 다음 단계는 차선 변경 보조[LCA]이다. LCA 시스템은 차선을 유지할 뿐만 아니라 운전자가 방향 지시 등을 설정할 때 자동으로 차선을 변경할 수 있다. 이를 위해서는 뒤에서 다가오는 차량들에 대한 적극적인 모니터링이 필요하다. 이 시스템은 교통 흐름상 안전한 차량 간격을 찾고, 가능한 상황에서 스티어링 휠을 제어해 차선을 자동으로 바꿀 것이다.

- 충돌 회피(충돌 전) 시스템[CAS]: 사고를 방지하거나 최소한 사고의 심각성을 줄이기 위해 설계된 자동차 안전 시스템이다. 또한 충돌 전 시스템, 전방 충돌 경고 시스템 또는 충돌 완화 시스템으로 알려져 있다. 레이더, 레이저 및 카메라 센서는 발생 가능한 충돌을 감지하기 위해 사용된다.

- 자동 주차[AP]: 이는 무인 차량 이동 시스템으로 차선에서 주차 공간으로 차량을 조정해 평행, 수직, 비스듬한 주차를 수행한다. 이러한 ADAS 기능은 차를 조종하는 데 많은 주의와 경험이 필요한 제한된 환경에서 운전의 편안함과 안전을 향상시킨다. 이 주제는 10장에서 자세히 다뤘다.

ADAS 시스템의 시장은 상당히 성장하고 있지만, 그 한계는 여전히 상대적으로 높다.

이 시장은 다음과 같은 회사들이 장악하고 있다.

- 자동차 OEM
- 장치 제조업체 및 공급업체(1차, 2차 공급업체)
- 센서, 인공지능 또는 ADAS 기능을 낮은 비용으로 구현하는 것과 같은 특별한 측면에 초점을 맞춘 스타트업
- 반도체 회사

장치 제조업체는 레이더 및 라이다 센서, 카메라 시스템, 적외선 센서, 경보 시스템, 조명 및 음향 경보 시스템, 디스플레이 장치 등과 같은 다양한 구성 요소를 제공한다.

대부분의 자동차 OEM은 옵션 또는 기본으로 자동차에 일부 ADAS 기능을 제공한다. BMW, Audi, Daimler 등과 같은 프리미엄 OEM은 정교한 ADAS 기능을 제공한다.

ADAS 분야의 주요 공급업체는 Continental, Bosch, Delphi, ZF/TRW, Visteon, Mobileye(Intel 인수) 및 Valeo가 있다(URL9 2017, URL10 2017, URL1 2017).

반도체 업체들도 적극적으로 가치 사슬을 이끌어내고 있으며, 이 가운데 NXP/Freescale 반도체사(ICs), Infineon Technologies(ICs), 이스라엘 ADAS 전문 회사인 Mobileye의 인수로 입지를 강화한 Intel 등이 그 뒤를 잇고 있다.

그림 11.3은 첨단 주행 보조 시스템에 사용되고 있는 주요 센서 분류를 보여 준다.

- 초음파
- 카메라/비디오
- 카메라/적외선
- 레이더(근거리 및 원거리)
- 라이다

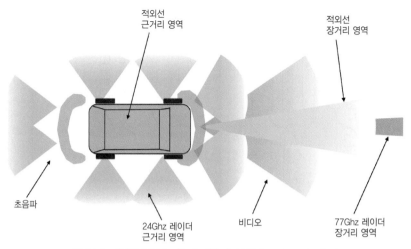

적외선
근거리 영역

적외선
장거리 영역

초음파

24Ghz 레이더
근거리 영역

비디오

77Ghz 레이더
장거리 영역

그림 11.3 다양한 ADAS 기능에 대한 센서 적용(URL22 2017 참조)

이 센서들은 해상도, 범위, 정확도, 가격이 다르다. 하드웨어와 소프트웨어의
급속한 발전과 함께 ADAS 기능의 가격은 상당히 내려가고 있다.

센서는 4장, 4.2.4절과 4.2.7절, ADAS 기능은 5장, 5.4.1절과 5.5절에서도 논
의됐다. 앞서 논의됐던 것은 이러한 구성 요소들을 기반으로 만들어졌다.

그림 11.4는 다양한 ADAS 기능을 차량 지원 및 운전자 지원의 두 가지 주요
범주로 분류하는 마인드맵을 나타낸다(Müller와 Haas 2014).

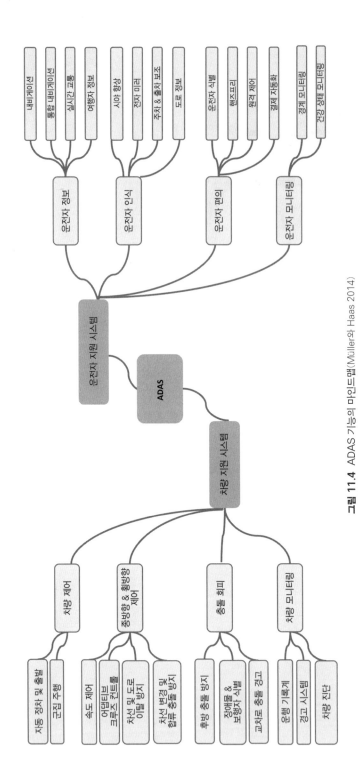

그림 11.4 ADAS 기능의 마인드맵(Müller와 Haas 2014)

11.2 차선 이탈 경고, 차선 유지 보조, 장애물 탐지 및 교차로 보조

11.2.1 차선 유지 및 차선 변경 보조

기본 차선 감지 접근 방식은 4장과 5장에 설명돼 있다. 그림 11.5에는 Seat Leon 의 차선 유지 보조 기능이 보여준다. 현행법에 따르면 시스템은 완전한 제어권을 획득할 수 없으며, 그림 11.6과 같이 운전자가 30초 정도마다 핸들을 만지고 조작 해야 한다. 운전자가 반응하지 않을 경우, 차량은 시각과 음향적으로 경고를 보 내며 최종적으로 운전자의 활동이 감지되지 않을 경우 속도를 줄이고 정차한다 (그림 11.6 참조).

차선 보조 시스템에는 크게 두 가지 유형이 있다.

- 차량이 차선을 이탈하는 경우 운전자에게 경고하는 시스템(차선 이탈 경 고 시스템LDW, Lane Departure Warning)
- 운전자에게 경고하고, 아무런 조치도 취하지 않을 경우 자동으로 차량 이 차선을 유지하도록 조치를 취하는 시스템(차선 유지 보조 장치LKA, Lane Change Assistance)

그림 11.5 Seat Leon의 차선 유지 보조(LKA) ADAS 기능

그림 11.6 Seat Leon의 차선 유지 보조(LKA) ADAS 기능, 운전자는 반드시 다시 차량 제어를 해야 한다.

LDW는 다음 설명한 대로 차량의 도로 이탈, 차선 변경 또는 병합 충돌 그리고 차량 전복 충돌을 방지할 수 있다.

- 단일 차량 도로 이탈: LDW는 차량이 경계선 표시 차선을 넘어갈 때 경고를 표시한다. 이 시스템이 없으면 차는 경계선을 벗어나 오프로드 장애물(예: 전봇대, 표지판, 가드레일, 나무, 정지된 차량)에 부딪힐 수 있다.
- 차선 변경/병합: LDW는 차량이 실선, 이중선, 점선, 파선, 포장 도로 위 표시를 포함한 다차선 도로상의 중앙 차선 표시를 넘어갈 때 경고를 발생시킨다. 이 시스템이 없으면 차량은 인접 차선으로 주행해 정면 충돌 또는 측면 충돌의 원인이 될 수 있다.
- 차량 전복: LDW는 차량 전복 충돌로 분류되는 일부 충돌을 방지할 수 있다. 예를 들어 차량이 차선을 벗어나 갓길로 빠져나갈 경우, 갑작스러운 복구 주행이 이뤄지면 차가 전복될 수 있다.

LDW는 다음 항목도 포함할 수 있다.

- 차량을 차선에 일관되게 유지함으로써 차선 이탈 사고를 줄일 수 있도록 운전자를 지원한다.

- 차선 내 차량 위치에 대한 운전자 인식을 강화해 좀 더 중앙 차선 위치를 유지하고 운전에 대한 운전자의 주의력을 향상시킨다.

LDW는 모든 단일 차량 도로 이탈 충돌을 방지할 수 없다. 이 장치는 경고 장치로 충돌을 능동적으로 방지하지 않고 운전자에게 경고를 해 차량을 조작해 충돌 사고를 방지할 수 있도록 한다. 예를 들어 미끄러운 도로와 회전 시 과속으로 인한 차량 제어력 상실과 관련된 충돌은 이러한 시스템에서 방지되지 않을 것이다. 또한 이 시스템은 운전자가 인접 차선에서 다른 차량을 보지 못하거나 사각지대에 있는 차량을 보지 못하는 것과 관련해 의도적인 차선 변경으로 인한 충돌을 방지하지 못할 것이다. 일부 충돌 경고 시스템[CWS, Collision Warning Systems]에는 이러한 유형의 충돌을 방지하기 위한 사각지대 센서가 있다.

LDW는 다음과 같은 다양한 운영 시나리오에서 작동해야 한다.

- 정상 시스템 시동 시 작동: 운전자가 시동 스위치를 돌려 차량에 시동을 걸면 LDW가 전원 인가 셀프 테스트를 수행하고, 운전자는 경고등을 스캔해 시스템 오작동을 판단한다. 필요하다면 운전자는 적절한 조치를 위해 차량 정비소에 이를 알릴 수 있다. 차선 경계 표시가 있는 도로에서 차량이 LDW 최소 추적 속도에 도달하면 차선 추적이 시작된다.
- 주의/경고 상황: 최소 LDW 추적 속도 또는 그 이상으로 주행할 시에 운전자는 의도치 않게 차선을 이탈할 수 있으며 LDW는 경고를 표시한다.
- 시스템 고장 상태: LDW가 차선을 추적할 수 없거나 시스템 고장이 발생하면 운전자에게 차선 추적 표시등을 통해 이를 알린다. 차선을 추적할 수 없는 것은 차선 표시 부족, 차선 표시의 품질 불량, 가시성 불량 또는 오염되거나 얼어버린 방풍 유리 때문일 수 있다. LDW 카메라는 일반적으로 와이퍼에 의해 청소되는 방풍 유리를 통해 도로를 보지만, 운전자는 LDW 카메라 앞의 방풍 유리 영역을 수동으로 청소해 LDW가 추적을 시작하는지 확인할 수 있다. 일부 LDW는 보정 진행 중과 같은 특정 유형의 고장 또는 기타 조건이 감지될 때 다양한 메시지를 표시할 수 있다.
- 잘 표시된 도로: 가장 흔히 접하는 도로 표시에는 단일 및 이중 실선, 점선 및 파선 그리고 인도 등이 포함되며, LDW는 이러한 표시에서 차선 이탈을 감지하고 최소 추적 속도로 주행하는 운전자에게 경고를 표시해야 한다.

- 차선 경계 표시가 없거나 흐려진 도로: 차선이 없거나 차선 표시가 흐려진 경우 적용된 특정 LDW에 따라 운전자는 차량이 차선 밖에서 운행되고 있는 것에 대한 경고를 받지 못할 수도 있다. 오직 하나의 도로 표시만 있는 곳에서는 시스템이 반대 차선의 경계를 탐지하지 못하더라도 해당 상황에서 경고 임계치를 넘길 경우 운전자는 경고를 받을 수 있어야 한다.
- 배송 지점, 간선도로 및 수집기: 현재 사용 가능한 LDW 시스템은 차량이 최소 LDW 추적 속도보다 낮은 속도로 이동하는 배송 지점과 도로에서는 작동하지 않을 것이다. 현재 이용 가능한 LDW 시스템은 주로 고속도로 주행용으로 제작되며 일부 지방 도로와 관련된 저속 주행에서는 작동하지 않는다.
- 젖은 도로: 젖은 노면 반사로 인해 LDW는 때때로 차선 표시를 감지하지 못할 수 있지만, 차선 추적 표시등은 시스템이 이러한 조건에서 경고를 제공하지 못함을 표시할 것이다.
- 진흙/얼음/눈이 덮인 도로: 진흙, 얼음 또는 눈으로 뒤덮인 도로에서 차선 표시가 보이지 않을 경우 차선 추적 표시등은 시스템이 비활성화됐음을 표시한다. LDW는 차선 표시가 있을 때 낮은 가시성(눈, 안개, 우천시)이 확보된 조건에서 이점을 갖는다.

앞 절에서 설명한 바와 같이 차선 유지 보조 시스템은 차량의 횡방향 움직임을 능동적으로 제어해 차선을 유지하도록 한다. 차선 변경 보조 시스템은 운전자가 방향 지시등을 설정할 경우 스스로 차선 변경 주행을 수행할 수 있다. 이것은 정교한 영상과 센서 처리를 수반하는 복잡한 과정이다.

- 뒤에서 접근하는 교통 흐름 분석: 속도가 서로 다른 차량이 다가오면 이를 감지할 필요가 있고, 속도를 측정할 필요가 있다.
- 공간 탐지: 시스템은 접근하는 차량의 상대적인 속도에 기반해 교통 흐름상 안전한 간격을 찾아야 한다.
- 기동 제어: 교통 흐름상 적절한 간격이 감지되면 시스템이 스티어링 휠을 제어해 자동으로 차선을 변경한다.
- LKA 모드 복귀: 제어를 차선 유지 보조로 전달한다.

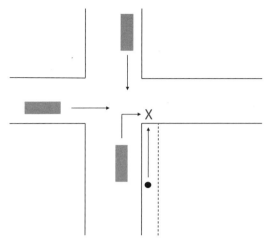

그림 11.7 보행자 및 자전거 운전자와의 충돌을 피하는 선회 보조

11.2.2 선회 보조

교통이 혼잡한 도심에서 일어나는 심각한 사고 중 하나는 보행자 또는 자전거 이용자와의 충돌이다(URL13 2015; URL30 2017). 특히 샛길로 방향을 전환할 때 운전자는 횡단보도나 자전거를 타는 사람을 반드시 확인해야 한다. 안타깝게도 자전거를 타는 사람, 보행자 또는 동물이 측면에서 접근하는 것을 못 보고 넘어가는 것은 매우 흔한 일이다.

선회 경고 시스템, 선회 보조^{Turn Assistance} 시스템 및 장애물 감지 시스템은 이러한 위험한 상황을 식별해 운전자가 자주 심각한 결과를 초래하는 사고를 방지하도록 도울 수 있다(그림 11.7 참조).

물체가 차량 앞이나 뒤쪽으로 이동 중이면 이를 비교적 쉽게 감지할 수 있다. 또한 물체가 차량 쪽으로 천천히 이동할 경우 ADAS 이미지 분석 시스템은 물체가 차량에 접근할 때 더 크게 보일 수 있고 이를 인식하는 데 문제가 없다. 그러나 문제는 보행자나 자전거 이용자들이 사각지대에 있을 때 발생한다. 이러한 상황을 피하기 위해 서라운드 뷰 시스템은 차 주위를 완벽히 둘러볼 수 있다.

교차로는 자전거 이용자의 이동 경로에서 비교적 적은 부분을 차지하지만 이러한 영역은 자전거 이용자가 자동차에 치일 위험이 가장 크다(URL29 2017).

또 다른 발생 가능한 상황은 자동차 경로로 자전거 타는 사람이 매우 빠르게 움직이면서 횡단할 때 발생한다. 이 경우 자전거 운전자는 시각적인 흐름상 빠르게 이동한다 추정할 수 있지만, 자동차 경로로 횡단할지 하지 않을지를 예측하는 것은 어렵다. 핵심은 자전거 타는 사람의 상대 속도를 가능한 정확하게 추정하는 것이다.

11.2.2.1 보행자 감지 및 물체 감지 도전

보행자는 다음과 같은 이유로 탐지가 어려운 경우가 많다.

- 다양한 스타일의 옷
- 악세사리로 인한 교란
- 보행자 간 빈번한 교란
- 그림자
- 열악한 조명 조건
- 다른 속도
- 다양한 모양

11.2.2.2 물체/보행자 감지를 위한 기존 접근법

물체 감지 및 추적 알고리즘은 형상, 모델 및 속도와 같은 객체 특성에 따라 객체 기반 및 비객체 기반 알고리즘으로 분류할 수 있다. 객체 기반의 접근 방식은 영상을 프레임별로 분석해 그 모양과 움직임에 따라 물체를 감지한다. 모양이나 움직임에 관한 정보가 없을 때, 물체를 발견하는 것은 훨씬 더 어렵다. 이와 같은 경우 물체 감지는 다른 물체 정보, 위치, 시간 및 환경과 같이 이전에 계산된 데이터에 기초해 수행된다. 이러한 종류의 물체를 '구별할 수 없는 물체indistinguishable object'라고 하며, 그 방법을 '비객체 기반 검출non-object-based detection'이라고 한다.

부분 기반 모델part-based model은 차체/물체를 개별 부분의 변형 가능한 구성으로 나타내며, 반복적인 방법으로 각각 개별 모델링된다. 모델을 시각화하는 한 방법은 스프링에 의해 상호 연결된 차체/물체 부분을 구성하는 것이다. 스프링형 연결은 서로에 대한 부분의 상대 위치의 변화를 허용한다

또 다른 접근법은 보행자를 부분별 집합으로 모델링하는 것이다. 부분 추정Part hypotheses은 우선 경계edge feature, 방향성orientation feature 등을 포함한 부분적 특징local feature을 학습해 생성된다. 그런 다음 이러한 부분 추정들을 결합해 기존 보행자 추정의 최상의 조합을 형성한다. 이 접근법은 매력적이지만 부분 검출 자체는 어려운 작업이다.

간단한 구현은 이미지를 캡처하고(어떤 경계를 갖는 박스 형태로 이미지 추출) 일정한 높이와 너비로 크기를 조정하는 것이다. 특성은 이러한 크기 조정된 지역에서 추출된다. 그런 다음 수집된 특성은 루트 필터$^{root\ filter}$를 얻기 위해 클러스터링된다. 루트 필터가 주어지면, $k \times d$ 부품 필터는 부품 세부 사항을 좀 더 정확하게 캡처하기 위해 공간 해상도의 두 배로 초기화된다. 개별 부품 위치는 두 단계로 선택된다.

또 다른 접근법은 greedy initialization이다. 확보한 부분 필터는 에너지 맵$^{energy\ map}$을 최대화하기 위해 이미지 영역에 최대화해 매칭된다. 에너지 맵은 각 필터 셀에서 포지션 필터$^{positive\ filter}$ 가중치의 제곱 기준이다. 일치하는 이미지 영역은 나중에 다른 부분과 일치시키기는 것을 고려하지 않는다.

궁극적으로 재변형$^{re\text{-}defilement}$ 접근법은 확률적 검색을 사용해 적용된다. 모든 부품이 일치한 후, 이러한 부품들은 한 번에 하나씩 임의로 교체돼 커버되는 에너지의 양을 최대화한다. 변위는 변위의 크기에 비례하는 패널티를 초래한다. 더 이상 에너지를 커버할 수 없으면 이 단계가 재시작된다. 이 과정은 로컬 극대값$^{local\ maxima}$의 선택을 피하기 위해 여러 번 반복된다(Bhattarcharjee 2013).

11.3 이미지 처리 및 이미지 분석

ADAS 기능은 다음과 같은 다양한 센서의 조합된 평가에 따라 달라진다.

- 카메라
- 적외선
- 라이다
- 레이더
- 초음파

이 절에서는 ADAS 기능을 구현하기 위해 이미지 처리 및 이미지 분석을 적용할 수 있는 방법을 보여준다.

11.3.1 컴퓨터 비전 및 머신 비전

컴퓨터 비전과 머신 비전이라는 용어는 동의어로 사용하고 있다(Davies 2012). 이는 사람 또는 동물이 매일 처리하는 복잡한 시각적 문제들을 처리하기 위한 분석, 설계, 알고리즘, 하드웨어, 소프트웨어의 구현을 다룬다. 머신 비전은 빠르게 발전했고 반도체 성능과 컴퓨터 아키텍처의 폭발적인 성장으로 인한 혜택을 봤다.

머신 비전에는 내비게이션과 조작이라는 두 가지 주요 응용프로그램이 있다.

- 내비게이션이란 한 위치에서 다른 위치로 이동하는 과정을 말한다.
- 조작은 이를테면 로봇 조작기를 통해 물체를 능동적으로 다루는 과정이다.

구조화되지 않은 알려지지 않은 환경에서 길을 찾는 것은 인간과 동물이 겉보기에는 힘들이지 않는 방식으로 숙달되고 있는 복잡한 작업이다. 이는 로봇에게 도전 과제다. 로봇은 장애물, 벽, 계단, 구덩이 등을 피하며 그러한 환경을 통과해야 하기 때문이다. 이 책의 저자 중 한 명은 카네기멜론대학교와 스탠퍼드대학교의 연구자와 함께 독일 베를린에 모바일 로봇을 개발한 Daimler-Benz Technology Center의 연구 그룹에서 근무했다. 계산의 복잡성이 너무 높아서 많은 계산은 로봇 플랫폼 바깥의 별도의 서버에서 이뤄져야 했고, 그 결과를 로봇에게 다시 보냈다.

오늘날 스마트폰조차도 복잡한 이미지 처리와 분석 프로그램을 실행하기에 충분한 컴퓨터 기능을 가지고 있으며, 실제로 일부 저가의 ADAS 애플리케이션은 장애물 감지, 교통 표지 인식 및 차선 이탈 경고에 스마트폰 카메라와 처리 기능을 사용한다.

머신 비전이라는 주제는 여전히 해결되지 않은 많은 연구 문제들을 제공한다. 근본적으로 많은 학문 분야와 연관돼 있으며 인공지능의 방대한 영역 중 일부이고, 현재 머신 비전은 가장 바쁘고 흥미로운 연구 영역 중 하나다.

컴퓨터 그래픽은 기하학적 정보와 설명을 통해 화면에 가상 장면을 구성을 처리한다. 컴퓨터 비전은 스테레오 카메라와 같은 센서에 의해 캡처되는 이미지를 해석하는 역과정으로 생각할 수 있다.

종종 복잡한 영상 분석 문제는 단순한 작업으로 분해되고 물리적 장면에 대한 가정과 지식에 의해 단순화될 수 있다. 도로상의 표시를 식별해야 하는 차선 유지 보조와 같은 ADAS 기능의 구현에 있어서는 중요한 측면이다.

따라서 11.3.2절에서는 디지털 이미지, 컬러 모델, 한 색 공간에서 다른 색 공간으로의 변환, 공간 필터링, 경계 감지, 임곗값 설정과 같은 이미지 처리의 몇 가지 기본 원리를 다룬다. 또한 이 절에서는 형태학적 처리의 개념을 간략하게 제시한다. 11.3.3절은 물체 추적 알고리즘과 같은 움직이는 물체의 탐지에 대한 개요를 하위 절에서 다루며 설명한다. 11.3.4절에서는 옵티컬 플로우$^{optical\ flow}$ 알고리즘을 소개하고, 11.3.5절에서는 MATLAB의 영상 처리 알고리즘 구현에 대해 설명한다.

11.3.2 이미지 처리의 기본 원칙

11.3.2.1 디지털 이미지

이미지는 2D 평면 내 모든 점을 특정 실제 빛과 색 인지의 값으로 매핑하는 에서로 변환하는 함수라고 할 수 있다. 예를 들어 이러한 값들은 1부터 255까지의 값으로 그레이스케일될 수 있고, 순수 흑백$^{b/w}$ 사진 또는 컬러 벡터의 0과 1로 표현된 [0,1] 구간 내 정규화된 명도의 수준이 될 수도 있다. 만약 정규화된 그레이스케일이 그 값들이라면 이미지 $G(x, y)$는 다음 함수로 설명될 수 있다.

$$G : \mathbb{R}^2 \mapsto \mathbb{R}$$

$$(x, y) \mapsto G(x, y) \in [0, 1]$$

평면상 단일 지점과 이에 상응하는 값을 픽셀이라고 한다. 디지털 이미지는 2D 공간을 정량화하고 실제 색상 또는 명도의 값을 각각의 값에 매핑함으로써 얻어질 수 있다. 이미지는 공간의 해상도, 색상 모델, 해상도와 예를 들면 빨강, 녹색 그리고 파란색을 위한 8bit값과 같은 색상과 명도 값을 위한 숫자 체계에 의해 특정지어진다. 공간 해상도는 CCD$^{Charge-Coupled\ Device}$센서의 요소와 같은 센서에 의해 정해진다. 해상도, 센서 픽셀 요소의 크기, 비용, 노이즈 그리고 및 민감도 간 미묘한 균형이 존재한다. 1024×1024의 해상도를 갖는 흑백이미지 $G_{BW}(x, y)$는 G_{BW} 매트릭스로 표현된다.

$$(g_{ij})\ i = 1, \dots 1024;\ j = 1, \dots, 1024;\ g_{ij} \in \{0, 1\}$$

명도의 정보로 구성된 이미지는 $I(x, y)$로 표시할 수 있다.

11.3.2.2 색상 모델

다음과 같은 다양한 색상 모델이 있다(Gonzalez 외 2008).

- RGB – 이미지의 빨간색, 녹색 및 파란색 구성 요소를 나타낸다.
- NTSC – 컬러 및 단색 텔레비전 세트에 사용되는 National Television System Committee 표준을 의미한다. 이미지는 휘도(Y), 색(I), 채도(Q)의 세 가지 요소로 표현된다.
- YCbCr – YCbCr 색 공간은 디지털 비디오에 광범위하게 사용된다. 이 포맷에서 휘도 정보는 단일 요소 Y에 의해 표현되며 색상 정보는 2가지 색차 정보인 Cb와 Cr로 저장된다. 구성 요소 Cb는 참조 값과 파란색 요소 간 차이이고, 구성 요소 Cr은 참조 값과 빨간색 요소 간 차이이다.
- CMY – 시안, 마젠타 및 노란색은 빛의 보조 색이다.
- CMYK – 인쇄에서 가장 두드러진 색인 진정한 블랙을 만들기 위해 네 번째 색상으로 검정색을 추가하고 CMY 컬러 모델을 기반으로 한다.
- HSV – 색상^{hue}, 채도^{saturation}, 값^{value}을 의미한다. 이는 사람들이 팔레트에서 색을 고르기 위해 사용하는 몇 가지 색상 체계 중 하나다.
- HSI – 색상^{hue}, 채도^{saturation}, 명도^{intensity}를 가리킨다. 색상 이미지의 색상 전달 정보(색상과 채도)에서 명도 구성 요소를 분리한다.

RGB는 원하는 특정 색상을 만들기 위한 기본 색상의 3가지 채널을 혼합해 색을 만들 수 있는 간단한 가법 모델이다. 이는 컴퓨터 그래픽에 적합하지만 사람들은 색상, 채도, 밝기를 이용한 다른 방식으로 색을 묘사하는 경향이 있다. HSI 모델은 3-튜플(H,S,I)로 색상을 설명할 수 있는 자연스러운 방법을 제공하는데, 여기서 H는 색조, 색상 값, S는 채도 수준을 나타내며, I는 명도/밝기의 값을 나타낸다. 튜플에서 마지막 위치는 I값에 직접 대응되기 때문에 HSI 색상 모델로부터 명도 이미지 $I(x, y)$는 쉽게 도출할 수 있다.

다른 컬러 모델들은 서로 전환될 수 있다. 카메라 영상의 추가 처리가 필요한 경우가 많기 때문에 RGB에서 HSI로 전환을 위해 어떻게 되는지 보여준다. 참고로 HSI 모델의 I값은 명도 이미지 $I(x, y)$의 명도 수준에 직접 대응된다. 마찬가지로 HSI 컬러 모델은 해당 RGB 모델로 변환할 수 있다.

HIS 모델에서 색상은 색상 통합 원의 벡터로 설명될 수 있다(Gonzalez 외 2008). 이 벡터는 각도 Θ와 길이 S를 포함하고 있다.

(R, G, B)를 RGB 색상 값으로 보자. 이에 대응되는 HSI 값은 다음의 과정을 통해 계산될 수 있다.

먼저 H값은 B와 G 간 관계에 따라 달라진다.

$$H = \begin{cases} \Theta \\ 360 - \Theta \end{cases} \quad \text{if} \quad \begin{matrix} B < G \\ B > G \end{matrix}$$

Θ의 값은 다음과 같이 RGB값으로부터 직접 계산된다.

$$\Theta = \cos^{-1}\left(\frac{\frac{1}{2}[(R - G) + (R - B)]}{\sqrt{(R - G)^2 + (R - B)(G - B)}}\right)$$

채도의 수준은 다음과 같다.

$$S = 1 - \frac{3}{(R + G + B)} \min(R, G, B)$$

명도의 수준은 RGB값의 산술 평균에 의해 주어진다.

$$I = \frac{1}{3}(R + G + B)$$

11.3.2.3 공간 필터

종종 영상은 원치 않는 아티팩트와 소음을 제거와 같이 일련의 사전 처리 단계를 거쳐야 한다. 이는 공간 또는 주파수 영역의 필터를 통해 처리할 수 있다. 공간 필터Sparial Filters는 특정 픽셀의 주변에서 동작하며 픽셀들의 가중치 합과 같이 하나의 픽셀을 인접 픽셀들의 상관 관계성에 의해 대체한다. 주로 모든 방향에서 하나의 픽셀의 주변이 선택된다.

W를 point (x, y) 주변의 3×3 인접 매트릭스라고 하면,

$$W = \begin{bmatrix} g(x-1, y-1) & g(x-1, y) & g(x-1, y+1) \\ g(x, y-1) & g(x, y) & g(x, y+1) \\ g(x+1, y-1) & g(x+1, y) & g(x+1, y+1) \end{bmatrix}$$

이고 모든 픽셀을 합하고 이로 대체되면

$$g_0(x, y) = \frac{1}{9} \sum_{i=-1}^{1} \sum_{j=-1}^{1} g(x+j, y+i)$$

노이즈 피크는 평균화되고 그림은 더 부드럽게 보여진다.

그림 11.8과 11.9에서는 그림 11.8의 원본 이미지에 추가된 점잡음^{salt-and-}^{pepper noise}을 제거하기 위한 공간 필터링의 결과를 보여주고, 3×3 윈도우(좌, 우, 상, 하단에 각각의 하나의 픽셀)가 적용된 중간값 필터^{median filter}를 통해 이를 제거한다. 결과는 그림 11.9에 나타나 있다.

그림 11.8 점잡음에 의해 왜곡된 도로의 노이즈 그림(베이커스필드 인근 캘리포니아 주 내 고속도로 I5)

그림 11.9 공간 중간값 필터를 사용한 노이즈 제거 후 그림

11.3.2.4 캐니 에지 검출 기법

캐니 에지 검출은 이미지 처리의 주요 단계 중 하나다. 에지는 이미지의 경계 영역을 정의한다. 우수한 에지 검출 기술은 실제 에지를 검출할 확률을 최대화하고 에지의 검출 실패를 최소화한다. CED$^{Canny\ Edge\ Detection}$ 기술은 30년 동안 알려져 왔으며 여전히 널리 사용된다. 이는 1980년대 존 캐니$^{John\ Canny}$에 의해 만들어졌다(Davies 2012).

에지는 그림의 명도 수준에서 스파이크^{spike}로 검출되고 이는 명도 수준을 미분한 것에 해당한다.

캐니 에지 검출 기술을 논의하기 위한 준비로, 개별 이미지 내에 미분의 근사치에 대해 간략하게 설명돼야만 한다.

G를 명도/회색의 수준인 $G(i, j)$를 가진 개별 이미지라고 하자.

우리는 x와 y 방향의 기울기 이산적인 근사값에 관심이 있다.

이미지 G에서 $g(j, j)$를 임의의 픽셀이라고 하자. 이 픽셀 주위의 3×3 근방은 매트릭스 형태로 배열될 수 있다.

$$Z = \begin{pmatrix} z_1 & z_2 & z_3 \\ z_4 & z_5 & z_6 \\ z_7 & z_8 & z_9 \end{pmatrix}$$

여기서 $z_k, k = 1, ..., 9$는 인접 픽셀의 값을 나타내고 z_5는 중앙 픽셀의 값이다.

부분적인 미분 G_x 및 G_y 값은 Sobel, Prewitt 또는 Roberts와 같은 근사치 방법을 이용해 그 차이에 의해 추정될 수 있다. Sobel 방법을 사용하면 다음과 같은 근사치를 얻을 수 있다.

$$G_x = (z_7 + z_8 + z_9) - (z_1 + 2z_2 + z_3)$$
$$G_y = (z_3 + 2z_6 + z_9) - (z_1 + 2z_4 + z_7)$$

캐니 에지 검출 알고리즘은 다음과 같이 작동한다.

- 먼저 작은 노이즈를 제거하기 위해 지정된 표준 편차 σ와 함께 가우시안 필터$^{Gaussian\ filter}$를 사용해 이미지를 부드럽게 한다.
- 이미지의 에지가 다른 방향을 가리킬 수도 있다. 캐니 에지 검출 기술은 4개의 필터를 사용해 이미지에서 수평, 수직 및 2개의 대각선 에지를 검출한다. 에지 경사의 길이는

$$G = \sqrt{G_x^2 + G_y^2}$$

이고, 방향은 다음으로 계산될 수 있다.

$$\Theta = \tan^{-1}\left[\frac{G_x}{G_y}\right]$$

여기서 G_x와 G_y는 x 및 y 방향의 기울기이다. 이미지가 이산적인 픽셀로 구성돼 있으므로 기울기는 앞에서 설명한 방법 중 하나에 의해 추정돼야 한다.

- 다음으로 이미지 임곗값 작업이 수행된다. 이미지 크기의 값이 사전 정의된 임곗값보다 작으면 나머지는 0으로 설정된다.
- 에지 크기를 줄이기 위해 NMS^{non-maximum suppression}이 수행된다.
- 에지 및 비에지 검출을 위한 마지막 단계의 결과에 기반해, 2개의 임곗값 T_1 및 T_2가 선택되고 $T_1 < T_2$이다. T_2보다 큰 픽셀 값은 에지로 정의되고 T_1보다 작은 값을 가진 픽셀은 비에지 영역으로 정의된다. T_1과 T_2 사이의 픽셀 값은 에지 픽셀과 연결된 경우 에지로 간주된다.
- 마지막으로 에지 연결이 수행된다.

선의 모델을 선택하고 이를 각 점들에 매핑하고 이 모델 선까지의 거리를 계산하는 Hough 변환을 통해 선을 검출할 수 있다.

11.3.2.5 이미지 임곗값

이미지 임곗값은 원하지 않는 정보와 노이즈를 제거하는 데 사용되며 다양한 접근 방식이 있다.

- 히스토그램 기반, 즉 히스토그램의 모든 변화가 분석된다.
- 클러스터링 기반, 즉 회색 수준 샘플은 배경과 전경의 두 영역으로 분류된다.
- 엔트로피 기반(임곗값은 엔트로피 정규화를 기반으로 수행됨)
- 공간 기반은 픽셀 상관 정보를 기반으로 임곗값이 수행된다.
- 객체 속성 기반, 즉 임곗값은 유사성을 기반으로 수행된다.

11.3.2.6 모폴로지 연산

확장Dilation과 침식Erosion은 모폴로지 이미지 처리의 기본 원칙이다(Gonzalez 외 2008). 확장은 바이너리 이미지에서 개체를 증가시키거나 두껍게 하는 처리이고, 침식은 얇게 또는 축소 처리를 한다. 두껍게 또는 수축시키는 처리는 구조적 요소에 의해 결정된다(Gonzalez 외 2008). 점 b에 의한 집합 A의 변환은 다음과 같이 표현될 수 있다.

$$A_b = \{c | c = a + b, \, a \in A\}$$

집합 B에 의한 A의 확장은 다음과 같이 정의된다(URL27 2017).

$$A \oplus B = \bigcup_{b \in B} A_b$$

확장 연산자는 교환적이고 연관성이 있다. 즉,

$$A \oplus B = B \oplus A = \bigcup_{a \in A} B_a$$

$$A \oplus (B \oplus C) = (A \oplus B) \oplus C$$

이다.

또한 집합 B는 집합 A 내 파선, 구멍 등의 구조를 완성하고 채우기 위해 사용되는 구조화 요소라고도 부른다. 계산적으로 구조화 요소의 중심은 집합 A의 모든 픽셀 위치에서 이동한다. 1픽셀이 0픽셀과 겹치는 경우에도 1이 된다.

다른 집합 B에 의한 집합 A의 침식은 다음과 같이 표현될 수 있다(URL28 2017).

$$A \ominus B = \bigcap_{b \in B} A_{-b}$$

이는 또한 교환적이고 연관성이 있다. 침식은 구조화 요소의 중심으로 완전히 덮힌 픽셀만 1로 설정되고 다른 모든 픽셀은 지워지고 0으로 설정된다는 의미에서 이미지를 얇게 하거나 축소한다.

예를 들면 직선으로 된 3개의 픽셀 p_1, p_2 및 p_3는 구조화 요소인 집합 B를 형성하며, 이는 다음과 같이 매트릭스 내 배열될 수 있다.

$$\begin{pmatrix} 0 & 0 & 0 \\ 1 & 1 & 1 \\ 0 & 0 & 0 \end{pmatrix}$$

이제 집합 A를 보자.

$$A = \begin{pmatrix} 0 & 0 & 0 & 0 & 0 & 0 & 0 & 0 \\ 0 & 0 & 1 & 1 & 1 & 0 & 0 & 0 \\ 0 & 0 & 1 & 1 & 1 & 0 & 0 & 0 \\ 0 & 0 & 1 & 1 & 1 & 0 & 0 & 0 \\ 0 & 0 & 1 & 1 & 1 & 0 & 0 & 0 \\ 0 & 0 & 1 & 1 & 1 & 0 & 0 & 0 \\ 0 & 0 & 1 & 1 & 1 & 0 & 0 & 0 \\ 0 & 0 & 0 & 0 & 0 & 0 & 0 & 0 \end{pmatrix}$$

침식 처리의 결과는 다음과 같다.

$$A \ominus B = \begin{pmatrix} 0 & 0 & 0 & 0 & 0 & 0 & 0 & 0 \\ 0 & 0 & 0 & 1 & 0 & 0 & 0 & 0 \\ 0 & 0 & 0 & 1 & 0 & 0 & 0 & 0 \\ 0 & 0 & 0 & 1 & 0 & 0 & 0 & 0 \\ 0 & 0 & 0 & 1 & 0 & 0 & 0 & 0 \\ 0 & 0 & 0 & 1 & 0 & 0 & 0 & 0 \\ 0 & 0 & 0 & 1 & 0 & 0 & 0 & 0 \\ 0 & 0 & 0 & 0 & 0 & 0 & 0 & 0 \end{pmatrix}$$

하나의 블록은 단일 픽셀 라인으로 얇아졌다. 확장과 침식은 조화로 다음과 같은 관계를 산출한다(Davies 2012).

$$A \oplus B \ominus B \subseteq A$$

$$A \ominus B \oplus B \supseteq A$$

그림 11.10은 이미지 처리 및 분석의 여러 단계를 요약한 것이다. 캡처 후 이미지를 전처리해야 한다(향상, 노이즈 필터링 등). 그런 다음 영역과 세그먼트를 선처럼 식별해야 한다(그림 11.11 참조). 마지막으로 세그먼트화한 결과는 객체를 인식하는 데 사용될 수 있다. 물체가 움직이고 있다면 움직임 분석을 수행해 물체가 어떤 방향으로 움직이는지 알아낼 수 있다. 물체 인식은 주로 장면에서 변하지 않는 특징을 추출하는 것에 의존하는 복잡한 과정이다. 다음 절에서는 모션에 대해 자세히 알아본다.

그림 11.11은 미국 어딘가의 전형적인 도로의 한 장면을 보여준다. 개별적인 RGB 이미지 프레임은 회색조 이미지로 변환된다. 그 후 캐니 에지 검출이 수행된다. 원하지 않는 영역을 제거하려면 적절한 임곗값을 설정해야 한다. 마지막 단계는 Hough 선 감지 기술을 사용해 선으로 나타나는 도로 표시를 추출한다

(Bhattarcharjee 2013). 속도, 조향, 각 등과 같은 차량의 이러한 선과 다양한 매개변수는 차량을 차선 안으로 유지하는 측면 제어 알고리즘의 입력이 될 수 있다.

그림 11.10 이미지 처리 및 분석

그림 11.11 차선 유지 보조를 위한 이미지 처리 – 사전 처리, 에지 감지 및 선 분할

11.3.3 움직이는 객체 검출

물체 검출은 컴퓨터 비전에 대한 활발한 연구 분야다(Rich와 Knight 1991; Gonzalez
와 Woods 2008; Davies 2012; Haykin 2009). 이 절에서는 Bhattarcharjee(2013)
의 분석을 기반으로 움직이는 물체와 움직임 방향을 검출하는 방법을 제시한다.
이 알고리즘은 비, 안개, 그림자 등과 같은 다양한 주변 조건 내에서 잘 작동하
며 거리를 기반으로 특정 물체를 검출할 수 있다. 여기에 제시된 물체 검출 방법
은 에지 검출, 색 공간 변환 및 모폴로지 연산(Joshi 2009; Jain 2000; Gonzalez
and Woods 2008)과 같은 잘 알려진 몇 가지 이미지 처리 기술 및 알고리즘을
기반으로 한다. 다음 절에서는 간략한 개요를 제공한다.

11.3.3.1 객체 추적 알고리즘

몇 가지 객체 추적 알고리즘이 개발됐다. 그중 일부는 다음과 같다.

1. Mean-shift 추적 알고리즘
2. 광학 흐름Optical flow 알고리즘
3. 배경 제거Background subtraction 알고리즘

Mean-Shift 추적 알고리즘

Mean-Shift 추적 알고리즘의 개념은 확률적 히스토그램을 기반으로 한다. 이
는 다음 프레임 내 객체가 현재 프레임의 위치 근처에 있다고 가정한다. 이 알고
리즘은 무차별적인 추적 개념을 기반으로 한다. 추적 방법은 다음과 같다.

- 처음에 창을 정의하고 대상 히스토그램을 얻는다.
- 바로 다음 프레임에서 대상 히스토그램과 비교해 히스토그램 분포가 가
  장 유사한 위치를 식별하는 것으로 객체 추적 방법을 시작한다.
- 각 프레임에 대해 동일한 절차가 반복된다.

광학 흐름 알고리즘

광학 흐름Optical Flow은 관찰자와 이미지 사이의 상대적인 움직임의 개념에 의해 설
명될 수 있다. 수학적으로 광학 흐름은 기본적으로 하나의 이미지를 다른 매우 유
사한 이미지로 감싸는 속도 필드다(Horn과 Schunk 1981; Gonzalez와 Woods

2008). 문헌은 Lucas-Kanade, Horn의 광학 흐름 방법, Buxton-Buxton 방법, Black-Jepson 방법, 일반적인 변형 방법, 위상 상관Phase Correlation 방법 등과 같은 다양한 광학 흐름 구현에 대해 설명한다(Gonzalez 외 2008; Joshi 2009).

배경 제거 알고리즘

배경 제거Background Subtraction는 연속적인 비디오 프레임에서 움직이는 객체를 식별하는 방법이다. 백그라운드 감산 알고리즘에는 여러 가지 유형이 있다(Gonzalez와 Woods 2008; Joshi 2009). 컴퓨터 비전 분야에서 배경 제거 알고리즘은 적당한 연산 수준 때문에 물체를 움직이는 데 가장 많이 사용되는 방법 중 하나다(Gonzalez와 Woods 2008). 노이즈로 저하될 수 있는 성능과 오탐은 또 다른 중요한 문제다. 하지만 주요 추적 알고리즘과 함께 몇 가지 필터를 사용해 배경 노이즈를 제거할 수 있다. 이러한 접근 방식 중 하나는 다음에 언급돼 있다.

- 처음에 초기 점검(목적은 카메라 및 기타 관련 하위 시스템이 제대로 작동하는지 확인하는 것)을 수행해야 한다.
- 그런 다음 시스템은 먼지, 잎, 종이 등과 같은 먼지가 카메라 렌즈 앞에 있는지 확인한다(필터 1).
- 다음 단계에서는 이미지의 품질을 떨어뜨리고 영향을 주는 비, 안개와 같은 악천후 상태를 처리한다(필터 2).
- 특별한 문제에는 오탐으로 이어질 수 있는 그림자의 존재다. 이를 처리하는 한 가지 방법은 이미지 처리의 초기 단계에서 그림자를 제거하는 것이다(필터 3).
- 실제로 움직이는 객체만 식별하기 위해 다음 배경 제거가 수행된다.
- 배경 제거는 가장 간단한 추적 알고리즘 중 하나다. 구현하기는 쉽지만 주요 문제 중 하나는 정보 손실이다. 하나의 다른 백그라운드 알고리즘과 실제 배경 제거 알고리즘을 조합할 수 있다. 예를 들어 광학 흐름 알고리즘을 사용해 운동 방향을 탐지할 수 있다.

그림 11.12는 검출 메커니즘의 개념을 보여준다. 이와 같은 단계를 수행해야 한다.

- **초기 점검**: 초기 점검의 목적은 카메라가 제대로 작동하는지 여부를 확인하고 카메라 렌즈를 차단하는 물체가 있는지 검출하는 것이다. 후자의 조건은 이미지 매트릭스의 표준 편차를 계산함으로써 인식할 수 있다.
- **노이즈 제거**: 노이즈가 있으면 시스템 성능이 저하될 수 있다. 노이즈는 비와 안개와 같은 악천후로 인해 발생한다. 가시성이 좋지 않으면 히스토그램 이퀄라이제이션 또는 대비 향상을 사용해 문제를 해결할 수 있다 (Davies 2012).
- **그림자 제거**: 그림자는 고려해야 할 또 다른 중요한 요소다. 여기서 고정된 객체가 아닌 움직이는 객체에만 관심이 있으므로 장소에 따라 지속적으로 그림자의 모양은 변하게 된다. 이 상황은 배경 제거 방법을 사용해 쉽게 처리할 수 있다. 프레임 구분 후에는 그림자가 작은 노이즈 부분으로 나타난다.

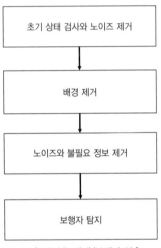

그림 11.12 객체/보행자 검출

작은 픽셀 클러스터를 제거함으로써 그림자를 쉽게 제거할 수 있다. 또 다른 접근법은 초기 단계에서 그림자를 제거하는 것이다. (배경 제거 방법이 적용되기 전에) 이 접근법의 문제점은 사람의 옷이 검은색이면 (어두운 영역으로 표현된) 그림자와 아닌 곳을 구별하기 어렵다는 것이다(Bhattarcharjee 2013).

자동차를 추적하는 동안에도 같은 문제가 발생할 수 있다. 자동차와 타이어의 색이 검은색일 수 있고 따라서 이를 구별하기 어렵다. 때때로 사람은 그림자 영역을 통과해 걸어갈 수 있다. 또한 움직이는 두 물체가 서로 매우 가까이 있을 때 그림자는 겹칠 수 있다.

그림자 제거에 대한 많은 접근 방식이 있지만(Davies 2012; Gonzalez와 Woods 2008), 문제는 대부분 특정 조건에 따라 다르다. 동일한 객체의 여러 그림자를 감지/제거하지 못한다. 또한 검출 처리 과정에 시간이 오래 걸릴 수 있다.

따라서 그림자의 영향을 줄이기 위해 이미지 프레임은 HSI 컬러 공간(RGB에서 HSI)으로 변환되고, 그 후 각 픽셀의 일반화된 값의 평균은 바이너리 이미지로 변환된다. 이 방법은 그림자 효과를 최소화하는 데 유용하지만 도로 위에서만 잘 동작한다.

- 배경 제거: 배경 제거를 사용해 추가 분석을 위해 전경 이미지를 추출할 수 있다. 목적은 오직 움직이는 물체를 가능한 빨리 식별하는 것이다. 우리는 다음과 같이 정의된 프레임 차별화 모델frame differencing model을 사용한다.

$$\left| G(x, y, t+1) - G(x, y, t) \right|$$

  여기서 $G(x, y, t+1)$은 시간 $t+1$의 프레임이고 $G(x, y, t)$는 시간 t의 프레임이다.

  이 방법의 문제점은 프레임 차별화 작업 후에도 노이즈의 영향이 매우 높다는 것이다. 적절한 임곗값을 설정해 노이즈 제거를 수행한다. 각 프레임의 임곗값을 동적으로 계산하는 전역 임곗값 방법(흑백 픽셀의 클래스 내 편차를 최소화하는 Otsu의 방법)을 사용한다(Gonzalez와 Woods 2008).

- 노이즈 제거와 작은 영역 제거: 노이즈 감소를 위해 각 픽셀 클러스터의 영역이 계산된다. 이 단계에서는 일반적으로 노이즈 영역(노이즈 클러스터)이 실제 객체 클러스터(실제 클러스터)에 비해 작다. 작은 노이즈 픽셀 클러스터는 표준 클러스터 감지 알고리즘을 사용해 제거될 수 있고(또는 적절한 필터를 사용해) 그리고 노이즈 없는 영역을 얻을 수 있다.

- 특정 물체 감지: 배경 제거와 노이즈 제거는 데이터 프레임에서 정적 물체와 노이즈를 제거한다. 또한 이 단계에서 다양한 클러스터 검출 알고리즘을 사용해 남아 있는 물체의 크기를 계산할 수 있다. 트레이닝 데이터 세트와 적절한 학습 기술을 사용해 이러한 객체를 분류할 수도 있다.

11.3.4 광학 흐름 알고리즘

광학 흐름 알고리즘에는 여러 가지 버전이 있다. 이 절에서는 Horn의 광학 흐름 알고리즘에 대해 자세히 설명한다(Horn과 Schunck 1981).

11.3.4.1 혼의 광학 흐름 알고리즘

객체와 관찰자 사이의 상대 운동으로부터 광학 흐름을 얻을 수 있다. 이미지 내 밝기 패턴의 움직임은 객체의 표면상 대응되는 지점의 움직임에 의해 직접적으로 결정된다.

$$I(x, y, t) = I(x + \Delta x, y + \Delta y, z + \Delta z, t)$$

움직임이 매우 작다고 가정하고 테일러 급수$^{Taylor series}$를 사용하면 다음과 같은 근사치가 유지된다.

$$I(x + \Delta x, y + \Delta y, z + \Delta z) = I(x, y, t) + \left(\frac{\partial I}{\partial x}\right)\Delta x + \left(\frac{\partial I}{\partial y}\right)\Delta y + \left(\frac{\partial I}{\partial t}\right)\Delta t + \cdots$$

위의 방정식들을 결합하면 다음과 같고,

$$\left(\frac{\partial I}{\partial x}\right)\Delta x + \left(\frac{\partial I}{\partial y}\right)\Delta y + \left(\frac{\partial I}{\partial t}\right)\Delta t = 0$$

이제 각 변을 Δt로 나누면

$$\left(\frac{\partial I}{\partial x}\right)\frac{\Delta x}{\Delta t} + \left(\frac{\partial I}{\partial y}\right)\frac{\Delta y}{\Delta t} + \left(\frac{\partial I}{\partial t}\right)\frac{\Delta t}{\Delta t} = 0$$

이 방정식에서 속도 성분은 다음과 같이 정의할 수 있다.

$$\frac{\Delta x}{\Delta t} = u$$
$$\frac{\Delta y}{\Delta t} = v$$

이 식을 통해

$$I_x u + I_y v + I_t = 0$$

다른 방법으로 방정식을 쓸 수 있다.

$$(I_x, I_y) \cdot (u, v)^T = -I_t$$

밝기 기울기 (I_x, I_y) 방향 내 움직임의 구성 요소는 다음과 같다.

$$-\frac{I_t}{\sqrt{I_x^2 + I_y^2}}$$

객체 위 인접한 지점이 비슷한 속도를 가지며, 이미지의 밝기 패턴의 속도 필드가 거의 모든 곳에서 부드럽게 변한다. 한 객체가 다른 객체를 막는 경우 흐름의 불연속을 예상할 수 있다.

광학 흐름 속도의 기울기의 규모의 제곱을 최소화해 추가적인 제약들을 표현할 수 있다.

흐름의 x와 y 요소의 라플라시안 제곱의 합을 최소화할 수 있다.

$$\nabla^2 u = \frac{\partial^2 u}{\partial x^2} + \frac{\partial^2 u}{\partial y^2}$$

$$\nabla^2 v = \frac{\partial^2 v}{\partial x^2} + \frac{\partial^2 v}{\partial y^2}$$

고정된 점들로 구성된 그리드에서 이미지가 간격을 두고 샘플링될 수 있다. Horn의 논문(Horn과 Schunck 1981)에서, k번째 이미지 프레임에서 i번째 행과 j번째 열의 교차점에서 측정된 밝기는 $I_{i,j,k}$라고 가정한다. 각 측정값은 그림 셀 영역 및 시간 간격의 길이에 대한 평균이다. 따라서 강도 값은 다음과 같이 표현될 수 있다.

$$I_x = \frac{1}{4}\left(I_{i,j+1,k} - I_{i,j,k} + I_{i+1,j+1,k} - I_{i+1,j,k} + I_{i,j+1,k+1} - I_{i,j,k+1} + I_{i+1,j+1,k+1} - I_{i+1,j,k+1}\right)$$

$$I_y = \frac{1}{4}\left(I_{i+1,j,k} - I_{i,j,k} + I_{i+1,j+1,k} - I_{i,j+1,k} + I_{i+1,j,k+1} - I_{i,j,k+1} + I_{i+1,j+1,k+1} - I_{i,j+1,k+1}\right)$$

$$I_t = \frac{1}{4}\left(I_{i,j,k+1} - I_{i,j,k} + I_{i+1,j,k+1} - I_{i+1,j,k} + I_{i,j+1,k+1} - I_{i,j+1,k} + I_{i+1,j+1,k+1} - I_{i+1,j+1,k}\right)$$

각 u와 v의 라플라시안의 근사값을 구해 다음을 얻을 수 있다.

$$\nabla^2 u \sim k(\bar{u}_{i,j,k} - u_{i,j,k})$$

$$\nabla^2 v \sim k(\bar{v}_{i,j,k} - v_{i,j,k})$$

여기서 $\bar{u}$ 및 v는 공간의 평균이며 다음과 같다.

$$\bar{u}_{i,j,k} = \frac{1}{6}(u_{i-1,j,k} + u_{i,j+1,k} + u_{i+1,j,k} + u_{i,j-1,k})$$
$$+ \frac{1}{12}(u_{i-1,j-1,k} + u_{i-1,j+1,k} + u_{i+1,j+1,k} + u_{i+1,j-1,k})$$

$$\bar{v}_{i,j,k} = \frac{1}{6}(v_{i-1,j,k} + v_{i,j+1,k} + v_{i+1,j,k} + v_{i,j-1,k})$$
$$+ \frac{1}{12}(v_{i-1,j-1,k} + v_{i-1,j+1,k} + v_{i+1,j+1,k} + v_{i+1,j-1,k})$$

라플라시안 2D 필터의 값은

$$\begin{pmatrix} 0,5 & 1 & 0,5 \\ 1 & -6 & 1 \\ 0,5 & 1 & 0,5 \end{pmatrix}$$

이러한 값들의 평균을 구해 다음을 얻을 수 있다.

$$\begin{pmatrix} \frac{1}{12} & \frac{1}{6} & \frac{1}{12} \\ \frac{1}{6} & -1 & \frac{1}{6} \\ \frac{1}{12} & \frac{1}{6} & \frac{1}{12} \end{pmatrix}$$

밝기 변화율에 대한 방정식의 오차 합계를 최소화하는 것이 중요하다.

$$\varepsilon_b^2 = I_x u + I_y v + I_t$$

속도 흐름의 부드러움으로부터 이탈되는 추정치는 다음과 같다.

$$\varepsilon_c^2 = (\bar{u} - u)^2 + (\bar{v} - v)^2$$

양자화 에러 및 노이즈에 의해 이미지 밝기 측정이 손상될 것이기 때문에, ε_b^2가 0일 것이라는 예상은 할 수 없다. 이 양은 측정시 노이즈에 비례하는 오차 크기를 갖는 경향이 있다. 정규화를 위해 가중 인자 α^2(정규화 인자라고도 함)가 선택된다. 최소화해야 할 총 오차는

$$\varepsilon^2 = \alpha^2 \varepsilon_c^2 + \varepsilon_b^2$$

방정식을 최소화하기 위해, 광학 흐름 속도 (u, v)의 적절한 값을 찾기 위해 ε^2에 대해 미분을 할 필요가 있다.

$$\frac{\partial \varepsilon^2}{\partial u} = -2\alpha^2 (\bar{u} - u) + 2(I_x u + I_y v + I_t) I_x$$

$$\frac{\partial \varepsilon^2}{\partial v} = -2\alpha^2 (\bar{v} - v) + 2(I_x u + I_y v + I_t) I_y$$

이 두 도함수를 0으로 설정하면 다음과 같다.

$$-2\alpha^2 (\bar{u} - u) + 2(I_x u + I_y v + I_t) I_x = 0$$

$$\alpha^2 (\bar{u} - u) = (I_x u + I_y v + I_t) I_x$$

$$(\alpha^2 + I_x^2) u + I_x I_y v = (\alpha^2 \bar{u} - I_x I_t)$$

마찬가지로 v에 대해서는 다음과 같다.

$$I_x I_y u \left(\alpha^2 + I_y^2 \right) v = (\alpha^2 \bar{v} - I_y I_t)$$

따라서 계수 행렬의 결정 요인은

$$(\alpha^2 + I_x^2)(\alpha^2 + I_y^2) - (I_x I_y)(I_x I_y) = \alpha^4 + \alpha^2 I_x^2 + \alpha^2 I_y^2 + I_x^2 I_y^2 - I_x^2 I_y^2$$
$$= \alpha^4 + \alpha^2 I_x^2 + \alpha^2 I_y^2 = \alpha^2 (\alpha^2 + I_x^2 + I_y^2)$$

이 방정식은 다음과 같이 다시 쓸 수 있고,

$$\left(\alpha^2 + I_x^2 + I_y^2 \right) u = \left(\alpha^2 + I_y^2 \right) \bar{u} - (I_x I_y) \bar{v} - (I_x I_t)$$

$$\left(\alpha^2 + I_x^2 + I_y^2 \right) v = \left(\alpha^2 + I_x^2 \right) \bar{v} - (I_x I_y) \bar{u} - (I_y I_t)$$

$$\left(\alpha^2 + I_x^2 + I_y^2 \right) u = \left(\alpha^2 + I_y^2 \right) \bar{u} - (I_x I_y) \bar{v} - (I_x I_t)$$

$$(\alpha^2 + I_x^2 + I_y^2) u = (\alpha^2 + I_x^2 + I_y^2) \bar{u} - (I_x^2 u) - (I_x I_y) \bar{v} - (I_x I_t)$$

$$\left(\alpha^2 + I_x^2 + I_y^2 \right) (u - \bar{u}) = -\left(I_x^2 \bar{u} - I_x I_y \bar{v} - I_x I_t \right)$$

$$\left(\alpha^2 + I_x^2 + I_y^2 \right) (u - \bar{u}) = -\left(I_x \bar{u} + I_y \bar{v} + I_t \right) I_x$$

이는 다음과 같다.

$$\left(\alpha^2 + I_x^2 + I_y^2 \right) (u - \bar{u}) = -\left(I_x \bar{u} + I_y \bar{v} + I_t \right) I_x$$

$$\left(\alpha^2 + I_x^2 + I_y^2\right)(v - \bar{v}) = -(I_x\bar{u} + I_y\bar{v} + I_t)I_y$$

α^2는 추정된 미분의 노이즈로 인해 추정된 흐름의 속도에 대한 잘못된 조정을 방지하며 오직 밝기의 기울기가 작은 영역에서만 중요한 역할을 한다. 이 매개변수는 $(I_x^2 + I_y^2)$의 추정에서 예상되는 노이즈와 거의 유사해야 한다.

α^2가 0과 같으면 제한 최소화 문제의 해결책을 얻을 수 있다. 이것을 이전 방정식에 적용하면,

$$(I_x^2 + I_y^2)(u - \bar{u}) = -(I_x\bar{u} + I_y\bar{v} + I_t)I_x$$

반복적으로 방정식을 풀면 속도 추정 방정식을 다음과 같다.

$$u^{n+1} = \bar{u}^n - \frac{(I_x\bar{u} + I_y\bar{v} + I_t)I_x}{\alpha^2 + I_x^2 + I_y^2}$$

$$v^{n+1} = \bar{v}^n - \frac{(I_x\bar{u} + I_y\bar{v} + I_t)I_y}{\alpha^2 + I_x^2 + I_y^2}$$

11.3.4.2 중심 기반 접근법

IIITB에서는 간단한 중심 기반[Centroid-Based]의 광학 흐름 알고리즘이 개발됐으며 결과에 대한 기대가 높은 상황이다. 자세한 내용은 다음에 언급돼 있다. 평면의 중심은 평면의 모든 점의 평균 위치를 통해 계산할 수 있다. 유사하게, 이미지 처리에서 중심은 이미지 픽셀 명도의 가중 평균으로 정의된다. 이는 영역의 질량 중심을 지정하는 벡터로 표시된다. 첫 번째 요소는 가로 좌표를 나타내고 두 번째 요소는 세로 좌표를 나타낸다.

중심 개념과 Horn의 알고리즘 개념을 결합하면 각기 다른 영역에 대해 중심이 계산되고 이미지 중심 개념과 Horn의 광학 흐름 개념은 이미지 명도에 따라 달라진다. 따라서 각 영역은 한 부분으로 간주되고 해당 부분의 중심이 계산되며 해당 정보를 기반으로 다시 광학 흐름이 계산된다. 이 통합된 접근 방식은 물체의 작은 움직임을 추적하고 가려진 물체를 감지할 수도 있다(Bhattarcharjee 2013).

배경 제거와 중심 기반 광학 흐름 알고리즘도 함께 사용할 수 있다. 여기서 배경 제거는 움직이는 물체를 식별하는 데 사용될 것이고, 광학 흐름 알고리즘은

움직임의 방향을 검출하는 데 사용될 수 있다. 이러한 시스템에서 배경 제거는 기본 프로세스로 실행되고 광학 흐름은 서브 루틴으로 실행된다. 이 방법은 연산 시간을 줄이고 성능을 향상시킨다.

그림 11.13은 Bhattarcharjee(2013)가 분석한 다양한 움직임 검출 기술에 대한 결과를 보여준다.

<table>
<tr><td>원본 비디오</td><td>Horn 알고리즘</td></tr>
<tr><td>엣지 기반 광학 흐름</td><td>중심 기반</td></tr>
</table>

그림 11.13 움직이는 객체와 움직임 검출(Bhattarcharjee 2013 참조)

11.3.5 MATLAB을 사용한 구현

MATLAB은 MathWorks Inc.가 개발한 강력한 수치 계산 패키지다(URL2 2017). 포함된 다양한 기능으로 인해 인기가 높다.

매트릭스 계산의 효율적인 핸들링을 위해 강력한 시각화, 풍부한 사용자 정의 기능, C 코드 통합 가능성 및 모든 종류의 엔지니어링 애플리케이션을 위한 방대한 도구 상자가 있다(Pratap 2006).

수치 계산에 중점을 두고 있을지라도 Mathematica, Maple 및 Derive와 같은 컴퓨터 대수 시스템에 의해 제공되는 기호 연산 또한 MATLAB의 기호 연산 도구 상자를 통해 가능하다. 블록 지향적인 시뮬레이션 환경인 Simulink와 함께 MATLAB은 특히 다음과 같은 엔지니어링 응용 분야의 방대한 범위를 위한 빠른 분석 및 알고리즘 프로토타이핑의 가능성을 제공한다.

- 신호 처리
- 시스템 식별
- 제어 시스템(강건한 비선형 설계 방법론 포함)
- 이미지 처리
- 최적화 문제

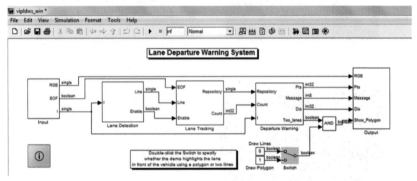

그림 11.14 차선 이탈 경고 시스템의 Simulink 구현(Gaonkar 외 2011)

추가적인 자동 코드 생성 기능(TargetLink 등)을 사용하면 MATLAB 프로그램을 다양한 임베디드 대상 플랫폼에 대해 실행 가능한 C 및 C++ 코드로 직접 변환할 수 있다. 그림 11.14는 IIIT-B의 2011 Mechatronics 수업에서 학생 프로젝트로 구현된 차선 이탈 경고 시스템을 Simulink로 구현한 사례를 보여준다.

11.3.5.1 Image Processing Toolbox

Image Processing Toolbox[IPT]는 이미지 처리, 분석 및 시각화를 위한 광범위한 표준 알고리즘, 기능 및 앱 세트를 제공한다. 이미지 강조, 이미지 디블러링 de-blurring, 특징 추출, 노이즈 감소, 이미지 분할 및 기하학적 변환을 수행할 수 있다. 많은 도구 상자 기능은 멀티코어와 멀티프로세서 컴퓨터의 이점을 활용하기 위해 멀티스레드를 사용한다.

690

Image Processing Toolbox는 높은 동적 범위, 기가 픽셀 해상도 및 단층 촬영tomographic을 포함한 다양한 이미지 유형을 지원한다. 시각화 기능은 이미지 탐색, 픽셀 영역 검사, 대비 조정, 윤곽선 또는 히스토그램 생성 그리고 관심 영역Rol 조작 등의 기능을 제공한다. 도구 상자를 사용하면 품질이 저하된 이미지를 복원하고 특징을 감지 및 측정하며 모양과 질감을 분석하고 색상 균형을 조정할 수 있다.

장치 독립적인 색상 관리는 사용자가 입력 및 출력 장치에 독립적으로 색상을 정확하게 표현할 수 있다. 이것은 장치의 특성을 분석하거나, 색상 정확도를 정량적으로 측정하거나, 여러 서로 다른 장치들에 대한 알고리즘을 개발할 때 유용하다.

이 도구 상자는 통계 분석, 특징 추출 및 객체 인식과 같은 이미지 분석 작업을 위한 포괄적인 알고리즘 및 시각화 기능을 제공한다.

11.3.5.2 MATLAB의 이미지

MATLAB의 Image Processing Toolbox는 다음 네 가지 유형의 이미지를 지원한다.

- RGB 이미지
- 인덱스 이미지
- 명도 이미지
- 바이너리 이미지

RGB 이미지는 각각의 R, G, B값을 갖는 세 개의 매트릭스로 구성된다. 인덱스 이미지는 픽셀 매트릭스와 컬러 맵으로 구성된다. 픽셀 매트릭스에는 컬러 맵에 대한 엔트리(인덱스)가 포함된다. 인덱스 이미지는 모든 항목이 RGB값의 $m \times 3$ 매트릭스에 대한 인덱스를 제공하는 매트릭스이다. 컬러 맵에는 각 인덱스의 RGB값에 대한 3개의 엔트리를 갖고 있다. 그레이스케일 이미지는 주로 그레이 레벨의 256개의 레벨들을 포함하고 있다. 이는 [0,1] 형태로 정규화 또는 정수 또는 바이트 값을 이용해 표현될 수 있다. 흑백black-and-white 이미지는 논리 0 또는 1의 매트릭스에 해당한다.

IPT의 성능은 MATLAB의 최적화된 매트릭스와 MATLAB m-function으로 구현된 특별한 이미지 처리 기능의 조합으로 인해 가능해진다. 이러한 기능들은 저수준, 중간 수준, 그리고 더 높은 수준의 이미지 처리 및 분석을 위해 포함된 기능들을 제공한다. 더 나아가 이러한 기능들은 신경망, 유전자 최적화와 같은 특별한 도구 상자의 알고리즘과 함께 조합될 수도 있다. 이미지는 PNG, TIFF, GIF 및 JPEG과 같은 서로 다른 다양한 포맷을 처리할 수 있는 imread 함수를 통해 로딩된다. imshow 함수는 화면에 이미지를 표현하고 imwrite는 이미지를 다시 파일 시스템상 이미지로 저장한다.

저수준 이미지 처리를 위한 특별한 MATLAB 기능은 히스토그램 처리, 필터링, 에지 추출 및 주파수 도메인 변환이다.

중간 수준 기능은 Hough 변환을 기반으로 이미지 압축 및 재구성, 선 및 윤곽 감지다. 다양한 모폴로지 연산과 분할 기능이 있다.

마지막으로, 객체 인식을 위한 더 높은 수준의 작업은 PCA[Principal Component Analysis]와 nearest neighbor 기능이다. 신경망 툴박스 또는 유전자 최적화 툴박스와 같은 다른 툴박스의 많은 기능을 배치해 패턴 인식 및 객체 인식 기능을 구현할 수 있다.

표 11.1은 일부 주요 기능의 개요를 보여준다. 자세한 설명은 Gonzalez 외 (2008)에 나와 있다. MathWorks 또한 웹사이트의 이미지 처리 도구 상자 기능에 대한 세부 정보를 제공한다(URL2 2017; URL31 2017).

11.3.5.3 통계 함수

통계 함수는 다음을 통해 이미지의 일반적인 특징을 분석할 수 있다.

- 평균 또는 표준 편차 계산
- 선 구분을 따라 명도 값 결정
- 이미지 히스토그램 표시
- 명도 값의 프로파일 플로팅

표 11.1 MATLAB Image Processing Toolbox의 몇 가지 중요한 기능

MATLAB 기능	설명	예제
Imread	디스크로부터 이미지 파일을 읽음	g = imread('anImage.jpeg')는 파일시스템의 이미지 anImage.jpeg를 읽고 g에 저장한다.
Imwrite	이미지 파일을 디스크에 저장	imwrite(g,'filename. gif','compression', comp_value, 'resolution', res_value)
		filename.gif 내 이미지 g를 디스크에 저장한다. 압축 파라미터와 해상도는 comp_value와 res_value 값에 명시돼 있다.
Imshow	윈도우 스크린에 이미지 파일을 보여준다.	Imshow(g, 10)은 10 명도 수준으로 이미지를 보여준다.
Imhist	주어진 이미지의 도수 분포도를 계산	h=imhist(g) h는 이미지 g의 도수 분포도이다.
histeq	도수 분포도 균등화	g=histeq(f,n)는 n 명도 수준에서 f의 균등화된 도수 분포도를 계산한다.
im2bw	이미지를 b/w 이미지로 변환	bw=im2bw(g)는 이미지 g를 0과 1로 구성된 흑백 이미지 bw로 변환한다.
iminfo	이미지에 대한 핵심 정보를 보여준다.	
imfilter	선형 공간 필터링	g=imfilter(f, w, 'replicate')는 필터 기능 w를 적용한 선형 필터 결과를 계산한다.
fspecial	특수 공간 필터	g=fspecial('gaussian', [3,3], sigma)
		이미지 f의 가우시안 필터는 결과 이미지 g를 생성한다. 필터 크기가 3×3, 시그마는 표준 편차를 나타낸다.
fft2	고속 푸리에 변환	g=fft2(f)
		이미지 f의 FFT를 계산한다.
edge	에지 검출	g=edge(f, 'canny', T, sigma)는 캐니 알고리즘에 의해 검출된 에지를 포함하는 새로운 이미지 g를 계산한다. T는 임계치 T_1이고 함께 벡터 그리고 T_1, $T_2=[T_1 \; T_2]$ 시그마는 스무딩(smoothing) 필터의 표준 편차다.
imresize	Resize an image	g=imresize(f)

11.3.5.4 에지 검출 알고리즘

툴박스는 이미지에서 객체 경계를 식별할 수 있는 광범위한 에지 검출 알고리즘을 제공한다. 여기에는 Sobel, Prewitt, Roberts 및 캐니 알고리즘이 포함된다. 강력한 캐니 방법은 노이즈에 의해 방해받지 않고 실제 흐려진 에지를 추출할 수 있다.

11.3.5.5 모폴로지 오퍼레이터

모폴로지 오퍼레이터^{Morphological Operator}를 사용하면 에지를 추출하고 대비를 향상시키며 노이즈를 제거하고 이미지를 얇은 영역으로 분할하거나 골격을 계산할 수 있다. IPT^{Image Processing Toolbox} 내 모폴로지 기능은 다음과 같다.

- 거리 변환
- 확장과 침식
- 연결된 요소의 라벨링
- 개폐
- 복원
- 중요 분기 지점 분할

다음 MATLAB 코드는 형태학적 확장 작업을 수행한다. 그림 11.15의 원본 이미지는 파일 시스템에서 읽어왔고 크기가 조정되고 흑백으로 변환(그림 11.16)된 다음 확장된다. 결과는 그림 11.17에 나와 있다.

```
g = imread('thumb_streetscene.jpg');
g_small = imresize(g, [300 200]);
g_bw = im2bw(g_small);g_d = imdilate(g_bw,ones(3));
figure,imshow(g_small);
figure,imshow(g_bw);figure,imshow(g_d);
```

그림 11.15 크기 조정 후 미국 내 거리 이미지

그림 11.16 흑백으로 변환된 이미지

그림 11.17 확장 작업 후 이미지

11.3.5.6 MATLAB 객체 추적 기능 및 블록

MATLAB은 객체 추출 및 추적을 위한 컴퓨터 비전 기반 알고리즘을 제공한다. 이 알고리즘들은 복잡한 작업을 수행하기 위해 단독 또는 다른 기능들과 조합해 사용할 수 있다. 일부 MATLAB 함수 및 블록은 다음과 같다(URL32 2017).

- `assignDetectionToTracks`: 백그라운드에서 James Munkres의 Hungarian assignment 알고리즘 변형을 사용한다.
- `configureKalmanFilter` 및 `vision.KalmanFilter` 클래스: 이름에서 알 수 있듯이 백그라운드에서 Kalman 필터 알고리즘을 사용한다.
- `vision.HistogramBasedTracker`: 이 함수는 객체 추적을 위해 mean shift (CAMShift) 알고리즘에 기반한 히스토그램을 사용한다.
- `vision.PointTracker`: 이 함수는 백그라운드에서 Kanade-Lucas-Tomasi [KLT] 알고리즘을 사용한다.

추적 기능 외에도 MATLAB은 더욱 복잡한 애플리케이션을 위한 블록을 제공한다. 추적을 위한 주요 블록 중 일부는 다음과 같다.

- 광학 흐름
- 블록 매칭
- 템플릿 매칭

더 나아가, 비전과 같이 MATLAB 내 포함된 함수 중 일부를 ADAS 디자인에 통합할 수도 있다. `ForegroundDetector` 기능은 가우스 혼합 모델을 사용해 전경을 감지한다. 이 기능은 프레임에서 움직이는 대부분의 객체들을 탐지하는 데 사용할 수 있다. `Vision.PeopleDetector` 기능은 사람 감지를 위한 특수 기능을 사용한다. 이 기능은 보행자 감지 또는 교차 경보 기반 시스템을 위해 사용될 수 있다.

11.4 자율주행

자율주행이나 자율자동차의 주제는 가장 활발한 연구 분야 중 하나다(Dudenhöffer 2016; Johanning과 Mildner 2015; Maurer 외 2015; Siebenpfefer 2014). 11장의 도입부 개요와 책 전반에서 설명한 것과 같이 대부분의 자동차 OEM과 공급업체들이 이 분야에서 노력하고 있다. 자율주행차는 젊은 사람, 노인, 시각장애인, 운전면허증이 없는 사람 그리고 여행의 시간을 더 효율적으로 보내고 싶어 하는 사람들을 위해 이동성을 제공하게 될 것이다. 잠재적인 이익으로 인해 선두를 차지하기 위한 경쟁이 시작됐다. 기술의 복잡성은 엄청나며, 법적 프레임워크는 아직 진전되지 않았다(Maurer 외 2015). 자율주행차에 거는 기대는 자율주행차가 운전자보다 더 많은 정보를 수집할 수 있고, 소프트웨어로 자동차를 제어해 운전자가 겪게 되는 피로, 음주 상태 또는 부주의 예방하기 때문에 이로 인해 사고를 크게 줄이는 것이다. 자율주행차 내에서의 시간은 다양한 종류의 활동(업무, 독서, 온라인 쇼핑, 멀티미티어 시청 등)을 위해 효과적으로 사용되고, 이러한 이용 사례들의 가능성이 Google, Apple과 같은 많은 IT 대기업들을 왜 이 분야에 노력을 기울이게 만드는지 알 수 있는 이유다(Abraham 외 2016). 이 두 회사는 서로의 비즈니스 모델의 정확한 구현은 다르지만 자율주행에 관심을 갖고 있다.

경쟁은 시작됐고 많은 새로운 협력 모델과 협업이 발생하고 있다(Dudenhöffer 2016; Freitag 2016).

표 11.2에는 운전 보조 기능에서 자율주행으로의 전환이 설명돼 있다. 다양한 운전 보조 기능의 5가지 단계(1~5레벨)와 운전 보조가 없는 레벨 0를 구분해준다(URL11 2015; URL21 2017). 레벨 1(단순)은 ABS, ESP와 같은 능동형 안전에 관한 보조 기능을 포함한다. 레벨 2(부분 자동화)는 차선 유지 보조와 어댑티브 크루즈 컨트롤 또는 주차와 같은 전방 차량 거리를 유지를 통해 운전자를 지원한다. 레벨 3(조건 자동화)는 차량 이동, 장거리 운전 제어와 원격 주차 기능들을 통해 주요 보조 기능을 이미 제공하고 있다. 그렇지만 여전히 운전자는 반드시 모든 것을 감독/모니터링해야 하며 수시로 제어를 수행해 운전자가 여전히 관심을 기울이고 있다는 것을 보여야 한다. 레벨 4(높은 수준의 자동화)에서는 차량이 자동으로 주행할 수 있는 고속도로 주행과 같은 사용 사례가 정의돼 있다. 최종적으로 레벨 5(완전 자율)에서는 더 이상 어떠한 사람의 개입을 포함하지 않는다. 자동차는 모든 것을 스스로 동작하고 승객은 다른 활동들에 집중한다. 표 11.2에서 볼 수 있는 것과 같이 이 단계에서는 자동차의 제어가 완전히 기계에게 맡겨지게 된다.

레벨 5의 자율성은 수동적인 개입 없이 한 지점에서 다른 지점으로 승객을 태울 수 있다는 것을 의미한다. 3단계(조건 자동화)에서 4단계(높은 수준의 자동화)로, 마지막으로 5단계(완전 자동화)로 가는 단계는 단순한 선형 단계가 아니라 전체 자동차 기술과 법률 생태계에 큰 영향을 미치면서 갑작스럽게 복잡성이 급증하는 것이 분명하다. 자율주행차가 엄청난 양의 정보를 처리할 수 있고,

사전에 심각한 경고를 받을 수 있게 하는 커넥티비티는 중요한 역할을 하게 된다(예: 곡선 구간 이후에 있는 보이지 않는 도로 위 장애물 인식) 교통신호는 접근하는 차들과 적극적으로 소통하며, 커넥티드카는 자동으로 교차점에서 우회전 경로를 협상할 수 있다. 자율주행차는 인프라, 클라우드 및 다른 자동차와 통신할 수 있기 때문에 사이버 보안도 중요해진다(6장 참조).

자율주행을 현실화하기 위해서는 다음과 같은 다양한 방법의 조합이 필요하다.

- 무선으로 업데이트할 수 있고 클라우드의 소프트웨어 시스템과 통신할 수 있는 적응형 소프트웨어 시스템
- 성능을 능동적으로 학습하고 개선하기 위한 인공지능 및 머신러닝
- 교통 상황에 대한 가치 있는 정보를 제공하는 차량과 인프라Car-to-infrastructure와 차량 간car-to-car 통신
- 주변 환경에 대한 상세한 이미지를 생성하는 다양한 기능, 정확도 및 응답 시간을 갖는 서로 다른 센서
- 고화질 맵은 3차원의 자세한 정보를 포함해 주변 환경에 대한 정확한 정보를 제공한다.
- 증가된 멀티미디어 센서 정보를 전송하기 위한 강력한 새로운 버스 시스템
- 센서 입력, 융합 알고리즘 구현, 사전/후 처리 및 분석과 머신러닝을 위한 확장 가능한 소프트웨어 아키텍처 및 미들웨어
- 신속한 영상 및 디지털 신호 처리를 위한 반도체 솔루션(Nvidia, Qualcomm 등)
- 서로 다른 센서 소스를 결합하는 센서 융합 알고리즘

표 11.2 자율주행으로의 전환 단계

	레벨 0	레벨 1 보조된 상태	레벨 2 부분 자동화	레벨 3 조건부 자동화	레벨 4 높은 자동화	레벨 5 완전 자동화
운전자만 존재하는 상태	운전자는 종방향 및 횡방향의 동적인 주행 작업을 지속적으로 수행	운전자는 종방향 또는 횡방향 동적 주행 작업을 지속적으로 수행	운전자는 항상 시스템을 모니터링해야 한다.	운전자는 항상 시스템을 모니터링할 필요가 없다. 운전자는 동적 운전 작업을 재개할 수 있어야 한다.	정의된 사용 사례 중에는 운전자가 필요하지 않다.	전체 여행 중 운전자가 필요하지 않다.
차량 시스템 활성화 개입 없음		그 외 운전 작업은 차량에 의해 수행	시스템은 정의된 사용 사례에서 종방향 및 횡방향 주행 작업을 수행한다.	한계를 인식하고 운전자에게 충분한 시간 여유를 두고 동적 주행 작업을 재개하도록 요청 / 시스템은 정의된 사용 사례에서 종방향 및 횡방향 주행 작업을 수행한다.	시스템은 정의된 사용 사례의 모든 상황에서 종방향 및 횡방향 동적 주행 작업을 수행한다.	시스템은 모든 도로 유형, 속도 범위 및 환경 조건에서 전체 동적 주행 작업을 수행한다.

* 사용 사례는 도로 유형, 속도 범위 및 환경 조건을 나타낸다.

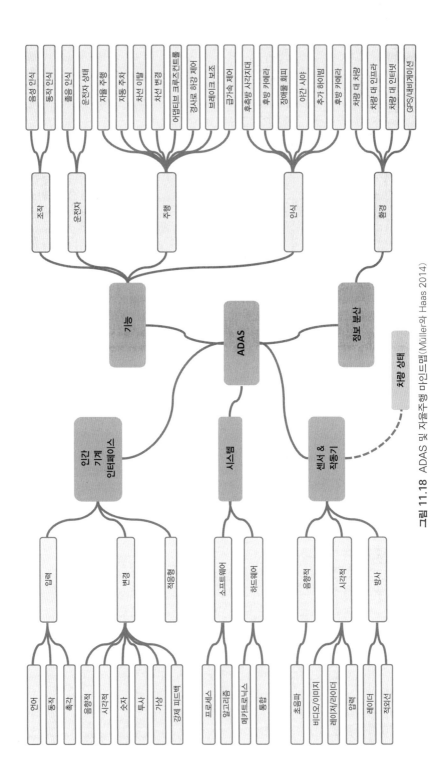

그림 11.18 ADAS 및 자율주행 마인드맵(Müller와 Haas 2014)

음성 인식
동작 인식
졸음 인식
운전자 상태
자율 주행
자동 주차
차선 이탈
차선 변경
어댑티브 크루즈컨트롤
경사로 하강 제어
브레이크 보조
급가속 제어
후측방 사각지대
후방 카메라
장애물 회피
야간 시야
추가 하이빔
후방 카메라
차량 대 차량
차량 대 인프라
차량 대 인터넷
GPS/내비게이션

조작
운전자
주행
인식
환경

기능
ADAS
정보 분산

차량 상태

인간 기계 인터페이스
시스템
센서 & 작동기

입력
변경
적용형
소프트웨어
하드웨어
음향적
시각적
방사

언어
동작
촉각
음향적
시각적
숫자
투사
가상
강제 피드백
프로세스
알고리즘
메카트로닉스
통합
초음파
비디오/이미지
레이저/라이다
압력
레이더
적외선

자율주행의 기초를 이루는 첨단 주행 보조 기능의 기본적인 요소는 그림 11.18에 나타나 있다(Müller와 Haas 2014; Reif 2014).

카메라 센서, 이미지 처리와 분석은 지난 20년 동안 큰 진전을 이뤘으며 상대적으로 저렴하기 때문에 이러한 기술들은 핵심적인 역할을 하게 될 것이다. 따라서 11.3.5절에서는 알고리즘과 MATLAB/Simulink를 통한 신속한 시제품 제작에 관한 통찰력을 제공했다. 더욱이 모바일과 자율 로봇의 발전은 자율주행차를 위해 가치 있는 많은 결과들을 만들어냈다(Bekey 2005; Corke 2011; Hertzberg 외 2012; Kaplan 2016).

OEM과 기술 공급업체는 ADAS, 높은 수준의 자동화 및 완전한 자율성을 구현함에 있어 다른 전략을 따른다. 어댑티브 크루즈 컨트롤의 경우 일부 OEM은 입체 카메라에 의존하는 반면, 다른 OEM은 모노비전 카메라와 함께 장거리 레이더를 사용한다(URL12 2015, URL13 2016; URL25 2017). 일부 고도로 자동화된 차량은 추가 센서 및 GPS와 함께 3개 이상의 라이다를 배치해 차량의 주변 상황을 360°로 볼 수 있다. 다른 사람들은 레이더와 카메라 시스템을 결합해 작동하면서 라이다를 전혀 사용하지 않을 수도 있다(URL5 2017). 어떠한 특정 선택이 될지라도 OEM은 센서로부터 많은 양의 데이터를 처리하기 위해 향상된 처리 속도에 의존하게 될 것이다.

자율주행차의 인테리어 디자인은 운전석, 핸들, 페달 등이 더 이상 필요하지 않기 때문에 클래식 자동차와 크게 다를 것이다. 그로 인해 공간이 기존과 다르게 활용될 수 있다. 내부는 승객들이 회의실 분위기에서 마주보고 앉을 수 있는 거실과 더 유사해 보일 것이다.

자동차 OEM 업체들은 이렇게 제공된 자유의 범위 내에서 실험을 하고 있으며, 흥미로운 많은 아이디어를 내고 있다. 이와 관련해 그림 11.22는 IAA 2017에서 소개된 VW의 유연한 내부 디자인의 비전을 보여주고 있으며 그림 11.24는 Daimler의 EQ 비전을 보여준다. 그림 11.19와 11.20에서 볼 수 있듯 VW의 자율주행차와 사람이 운전자인 일반 차량에 대한 콘셉트 카다. 그림 11.21과 11.22와 같이 자율주행 모드에 의해 사람이 운전하는 상황에서 자동차로 전환되면 스티어링 휠은 접고 뒤로 당겨질 수 있다.

이러한 유연성은 운전자가 술을 마신 후, 피곤하거나 일반적으로 운전하기에 적합하지 않은 상황에서 자율 이동을 선택할 수 있기 때문에 매우 유용하다. 또한 자동차는 운전자가 음주 상태임을 감지할 경우 강제로 자율주행 모드로 동작하게 할 수 있다.

그림 11.19 IAA(URL11 2017)에서 VW의 자율주행차 연구

그림 11.20 운전자의 측면 움직임을 제어하기 위한 핸들 사용

그림 11.21 스티어링 휠이 자동 주행 모드로 전환될 경우 자동으로 접힘

그림 11.22 차량이 자율적으로 주행할 경우 스티어링 휠이 접혀 내부 공간을 차지하지 않음

그림 11.23 HD 맵을 위해 주변을 지도로 표시하기 위한 차량 위 센서

어떠한 자동화된 주행 시스템의 주요 과제는 서로 다른 센서로부터 들어오는 상당량의 데이터를 관리하고 조합하는 것과 운전 행위에 대한 결정을 하기 위해 사용되는 데이터로부터 지속적인 모델을 만드는 것이다. 이 문제에 관한 일반적인 해결책은 Balani(2015)에서 설명한 계층적 센서 융합 아키텍처를 생성하는 것이다.

대부분의 센서들은 주로 아날로그 센서 데이터 그대로를 디지털화하는 전용 처리 장치가 장착돼 있다. 그림 11.23은 차량 위 라이다 센서들이며 이는 TomTom 서비스를 위해 고화질 3D 맵을 제작하는 데 활용된다(URL8 2017).

센서 융합은 여러 센서의 출력을 조합한다. 예를 들어 두 카메라의 데이터를 결합해 깊이 정보를 추출할 수 있다(스테레오 비전이라고도 알려져 있다). 이와 유사하게 시야가 중첩되는 영역의 서로 다른 센서 유형들로부터 수집된 데이터를 결합해 사물의 탐지와 분류를 개선하고 더 정확한 모델을 만들 수 있다(Balani 2015; URL5 2017).

또한 자세한 지도, 교통 그리고 날씨 데이터의 접근을 허용하고 그 데이터를 클라우드로 전송하는 외부 시스템으로부터 데이터를 추가하는 것도 가능하다.

V2X 게이트웨이의 데이터 추가도 가능하다. 이러한 결과로 자동차 주변 환경에 대한 자세한 3D 맵이다(Balani 2015). 이 맵은 사물 기반이고 차선 표시, 다른 차량, 보행자, 자전거 주행자, 도시 표지판, 교통 신호 등이 포함돼 있다. 이 자세한 맵은 내비게이션을 위해 필요한 더 방대하고 덜 상세한 맵 안에 포함돼 있다. 두 모델의 관점은 실시간으로 업데이트되지만, 센서 데이터를 기반해 실제 상황을 가상으로 재구성하기 위한 시간 간격은 서로 다르다(Balani 2015).

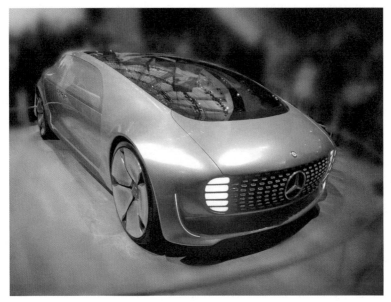

그림 11.24 Daimler의 전기차와 자율주행차 전기자동차에 대한 비전인 EQ

V2X라 총칭하는 V2V, V2I 통신과 같은 단거리 통신 기술은 복잡한 주행 환경에 효과적으로 적용돼 자율주행차의 안전을 강화한다. V2X 기술은 온보드 센서들을 보완해 환경 데이터를 수집하고 전송하며, 사람이 운전하는 것보다 더 나은 수준으로 코너를 확인하고 도로 교차로에 대한 처리를 할 수 있게 한다(URL5 2017).

오늘날 자율주행 기술과 병행해 개발되고 있는 V2X 기술은 자율주행의 성능과 전반적인 안전성을 향상시킬 것이다. 운전 환경의 복잡성은 부분적으로 자율주행 기능의 도입 순서에도 영향을 미칠 가능성이 있다. 고속도로는 표준화되지 않은 인프라가 가득하고 다른 차량, 보행자, 사물과 높은 수준의 상호작용을 필요로 하는 도심 거리나 주차 공간보다 덜 복잡한 운전 환경이다(URL5 2017).

또한 교통 체증과 같은 저속 주행 환경은 고속 주행 시나리오보다 위험성이 적을 수 있다. 분명히 자율주행은 막대한 투자가 필요하고 소수의 기업만이 직접 기술을 개발할 수 있다. 이는 새로운 협업이 많이 생겨나는 이유 중 하나다(Freitag 2016).

이 모든 요소들은 향후 몇 년 동안 기술 적용 속도에 영향을 미칠 것이다. 이 기술은 하룻밤 사이에 상용화되지 않을 것이며, 실제로 OEM이 소비자가 수용할 수 있고 제조자에게 이익이 되는 가격으로 자율주행 기능을 제공할 수 있으려면 몇 년이 걸릴 것이다(Grünweg 2016; Maurer 외 2015; URL11 2015). 참고 자료(2015)는 일정 개요를 제공하고, 도로상에서 최초의 완전 자율자동차를 볼 수 있는 시점에 대한 타임라인을 살펴보고 이를 예측한다. 자율주행에 관한 남은 과제들은 테슬라의 오토파일럿 기능을 경험해보면 알 수 있을 것이다(URL15 2016; Becker 2016).

11.5 규정, 공공의 수용성 및 법적 책임 문제

앞부분은 자율주행차의 기술적 과제에 초점을 맞췄다. 이 절에서는 규제 프레임워크, 공공의 수용성 및 책임 문제와 앞서 다룬 내용과 동일하게 중요한 측면에서 이를 간략히 다룬다(URL11 2015).

어떤 새로운 교통수단과 마찬가지로 규제 환경은 이를 채택함에 있어 중요한 역할을 한다. 여론도 상당한 영향을 미친다. 게다가 법적 책임 문제에 대해 그 무엇보다 더 명확해야만 한다. 테슬라 사건은 이 주제가 얼마나 민감할 수 있는지 보여줬다(Becker 2016).

11.5.1 규정 및 도로 허가

공공도로에서의 자율주행은 현재 법에 의해 제한돼 있다. 국제 도로 교통 규제 기반으로 70개국 이상이 승인한 도로 교통에 관한 비엔나 협약에 따르면 언제나 운전자는 주행 중인 차량 내 반드시 있어야 하며 차량을 통제해야만 한다(URL8 2015). 이는 명백히 어떠한 자율주행차도 운행하는 것을 허가하지 않을 것을 의미한다.

2014년 5월, 유엔 전문 위원회는 비엔나 협약에 자율적으로 자동차를 조종하는 시스템은 운전자가 언제든지 차를 멈출 수 있다면 허용된다는 새로운 규정을 추가했다.

최근 추가한 이 내용은 자동화된 운전의 개발을 향한 상당한 진전을 의미하고, 몇몇 국가는 현재 자동 기술이 충분히 성숙하고 안전하다는 것이 입증된 특정 상황에서 자율주행차를 허용하기 위한 국가 법률 제정을 검토하고 있다. 조기 정책 검토자들이 있었고 그로 인한 조기 채택이 가능한 국가는 미국, 영국 및 뉴질랜드가 있다(URL8 2015).

미국이 비엔나 협약에 서명하지 않았다는 것은 중요하다. 미국 도로교통안전국(NHTSA)의 최근 성명은 구글의 자율주행차 문의에 관한 답변과 같이 자율주행 기술에 대해 유리한 위치에 있음을 보여주고 있다(URL10 2016; URL18 2017).

그러나 NHTSA는 자율주행에 대한 종합적인 법적 프레임워크를 마련하기 위해서는 아직 해야 할 일이 많다는 점을 인정하고 있다.

11.5.2 자율주행을 위한 법적 프레임워크 제정

독일과 유럽의 교통부는 현재 주행을 조종하고 고도로 자동화되는 것을 수용할 법적 프레임워크 제정을 위해 함께 노력하고 있다(Form 2015).

정부는 여전히 포괄적인 법안을 통과시켜야 한다. 그 프레임워크는 윤리적인 딜레마 등과 같은 다양한 새로운 이슈를 다뤄야 하기 때문에 복잡하다(Maurer 외 2015).

몇 가지 교통 규칙 및 규정 수정이 필요하다.

* 도로교통법
* 고속도로 또는 아우토반에 관한 법안
* 운전 면허 규정
* 도로교통 면허 규정

독일 자동차산업^{VDA}이나 유럽자동차제조협회^{ACEA} 같은 단체들도 이 문제를 논의하고 있다. 두 기관 모두 이 문제에 대한 자신들의 입장을 개괄적으로 설명하는 백서를 발간했다(URL9 2016, URL16 2015).

11.5.3 자율주행 및 윤리적 난제의 수용

독일과 미국에서 수행한 실질적인 연구 중 몇몇 연구에서 자율주행의 공공의 수용성을 측정하기 위한 시도를 했다(Maurer 외 2015; URL8 2015). 결과를 보면 사람들은 자율주행차에 대한 엇갈린 감정을 갖고 있음을 알 수 있다. 다른 측면에서 귀중한 시간 절약과 사고의 감소 그리고 나이가 많거나 시각적으로 문제가 있는 사람을 위한 모빌리티와 같은 많은 이점이 존재한다.

그리고 또 다른 측면에서는 기술이 더 성숙해져야만 하고, 법적 프레임워크가 명확하지 않으며 자율주행차는 물류, 운송 그리고 모빌리티 산업의 붕괴를 초래하는 효과를 갖고 있는 것은 분명하다. 미국 네바다 주에서는 이미 무인 트럭이 도로에서 테스트되고 있고 라이드헤일링 회사는 무인 택시를 테스트하고 있다. 만약 트럭, 택시, 버스 등에서 운전자들을 위한 적절한 대체 일자리가 없다면 그들로 인한 강한 저항이 생길 것이다(Eckert 2016; Haas 2014).

Tesla 오토파일럿의 오류와 같은 시스템의 한계로 인해 사람조차도 동일한 상황에서는 사고가 날 수 밖에 없다. 오토파일럿 사용 시라도 사람이 중대한 사고의 핵심 원인임에도 불구하고 오토파일럿 시스템 자체가 높은 관심을 받고 있는 상황이다(Form 2015; Seeck 2015).

공공의 수용을 위한 가장 큰 장애는 아마도 윤리성일 것이다. 자율주행차를 위해 인간은 자동차가 다양한 상황에서 어떻게 반응하고, 승객, 다른 도로 위 운전자 그리고 보행자가 자율주행차의 결정에 따라 다치게 될 수 있다는 것을 어떻게 인지하게 할 것인지에 대한 세부 사항을 반드시 정의해야 한다.

자동차가 점점 더 자동화되고 있기 때문에 법적 책임은 반드시 해결돼야 할 우려 사항이다. 만약 자율주행차가 도로 교통 사고 상황에 포함돼 있다면 누가 발생한 피해에 대한 법적 책임을 져야 할 것인가. 자동차의 운전자, 자동차의 소유주 또는 제조사인가?

현재 법적 책임은 자동차를 이용한 사람은 차량의 안전 운행에 대한 책임을 갖는다는 것에 기반하고 있다(URL8 2015).

현재 프레임워크 규정에 따르면(Maurer 외 2015),

- 재산, 인체에 대한 손해의 법적 책임은 운전자 또는 차주에게 있다.
- 자동차에 대한 법적 책임(구조상 결함, 제조사의 결함 그리고 결함에 관한 지침을 포함해 제조상 문제의 책임)은 제조사에게 있다.

차량 제어권이 시스템으로 넘어간 상황에서 운전자가 운전자의 의무를 위반하지 않으며, 이는 부주의로 간주될 수 없다는 것이 교통 법규의 개정이 핵심이다. 이는 기술적인 오류로 인해 사고가 발생할 경우 운전자가 형법에 따라 운전자를 기소할 수 없다는 의미다. 금전적인 법적 책임은 자동차 책임 보험으로 처리된다. 이런 점에서 심문하고 증인으로써 증언할 운전자가 없기 때문에 관련된 정보를 기록하는 장치를 갖추는 것이 중요해질 것이다. 물론 이로 인한 데이터 보호와 프라이버시 이슈 또한 부각될 것이다(Jung과 Kalmar 2015; Reuter 2015).

자율주행차를 위한 현재 보험 상품은 현재 존재하지 않는다(URL8 2015). 완전자율주행자동차의 관점에서 법적 책임은 반드시 재고돼야 한다. 운전자의 법적 책임과 같은 것은 존재할 수 없을 수 있다. 그리고 차주가 정확한 차량의 유지보수 상태를 입증할 수 있다면 재산과 사람에 대한 피해의 법적 책임은 제조사에게 이전된다(URL8 2015).

제조사의 법적 책임을 경감하기 위한 몇 가지 선택이 존재한다. 하지만 핵심질문은 만약 자동 제어장치의 부품에서 잘못된 결정이 OEM의 법적 책임을 야기할 수 있는 제품의 결함으로 간주될 수 있는가 하는 것이다. 사람이 로봇을 고발할 수 있는가와 같이, 비슷한 논의는 로봇에서도 진행되고 있다.

제조사는 그들의 법적 책임 보험을 가입할 것이고 자율주행이 기존 운전 방식에 비해 더 낮은 치사율의 사고를 발생시킨다는 증적을 통해 이를 확신하는 보험 제공사의 지원을 필요로 할 것이다(URL8 2015).

규정의 한계, 공공의 수용성을 해결하는 것과 법적 책임이 분산될 수 있어야 한다는 것이 분명히 필요할 것이다. 보험사들은 현재 보험의 필요성을 식별하고 이를 준비하고 있다. 현재 보험 조항의 수정과 확대를 통해 자동차 보험회사는 자율주행차의 현실화를 가속하는 데 핵심적인 역할을 하게 될 수 있다(URL8 2015).

11.5.4 아우토반 테스트

일부 국가들은 최소한 초기 테스트를 위해 도로에서 자율주행차를 허용하는 것에 관한 규정의 문제에 대해 이미 다루고 있다. 이 기술은 경쟁적인 이점을 갖고 있으며 누구도 이 기술에서 뒤쳐지기 원하지 않고 있다. 미국 캘리포니아와 네바다 주는 자율주행차에 대한 특별 법안을 통과시켰다.

또한 독일은 자율주행의 리더가 되기를 원하고 있다. 연방 교통 및 디지털 인프라 사업부는 모든 관련 질문과 문제를 처리하는 포괄적인 전략을 개발했다.

바이에른 A9의 디지털 테스트 필드 아우토반은 커넥티드 및 자동화된 주행을 실험하기 위한 테스트 환경이다(그림 11.25 참조). 테스트 트랙은 모든 혁신적인 회사, OEM, 공급사, IT 제품 회사 및 연구 기관에 공개돼 있다. 목적은 "Tested on German Autobahn"이라는 인증서다. 테스트 트랙은 잉골슈타트에 있는 Audi 본사와 가깝다. 그림 11.27에서는 IAA 2017에서 발표한 Audi의 콘셉트카를 보여준다.

자율주행의 좀 더 높은 수준의 자율주행을 검증하기 위해 테스트 주행과 방대한 양의 데이터 수집은 매우 중요하다(Pickhard 2016).

그림 11.25 독일은 A9 확장 도로 상에서 자율주행차에 대한 테스팅을 허용

11.6 자율주행을 위한 전기전자 아키텍처 및 미들웨어

더 높은 수준의 ADAS 기능과 자율주행에는 근본적으로 다른 전기전자$^{E/E}$ 아키텍처가 필요하다(Forster 2014; Hudelmaier와 Schmidt 2013; Kern 2012; Lang 2015; Weiß 외 2016). 필요한 코드의 크기는 크게 증가하고, 차량 제조업체가 ADAS에서 부분적인 자율주행으로 그리고 최종적으로 완전 자율주행으로 이동함에 따라 버스 시스템으로 전송되는 데이터의 양이 기하급수적으로 증가한다(URL8 2016).

그림 11.26에는 다양한 버스 시스템과 차량용 이더넷을 갖춘 현재의 자동차의 E/E 아키텍처 및 ECU 토폴로지를 보여주고 있다. ADAS 기능은 고속 이더넷 버스 시스템과 연결된 특별한 도메인을 구성하고 있다. 이더넷은 1970년대 컴퓨터 네트워크 영역에서 개발됐으며, Broadcom R-Reach 기술과 비차폐 연선을 통해 차량 애플리케이션(예: 카메라 기반 ADAS)에 적합하게 됐다(Randt

2015; Matheus와 Königseder 2015).

이러한 맥락에서 TCP/IP와 같은 컴퓨터 네트워크의 많은 입증된 기술들이 이 분야에서 자동차 E/E로 전파되고 전개될 수 있었다(Ernst 2016; Matheus와 Königseder 2015; Schaal 2012; Schaal과 Schwedt 2013; Weber 2013; Weber 2015).

카메라와 같은 ADAS 센서는 방대한 양의 데이터를 제공하며 자율주행의 높은 수준의 실시간 요구 사항은 높은 처리량, 짧은 지연성 및 높은 수준의 유연성이 필요하다. CAN 버스에서 신호는 정보의 관련 여부에 관계 없이 연결된 모든 ECU로 전달된다(Streichert와 Traub 2012). 현재의 자동차 E/E 아키텍처는 다양한 통신 파트너(센서 노드, 전자 제어 유닛과 작동기) 사이의 복잡한 상호작용을 처리하는 고속의 확장 가능한 버스 시스템과 소위 미들웨어에 의존한다.

ADAS 시스템은 서비스 지향적 아키텍처SOA, Service-Oriented Architecture로 구현할 수 있도록 신중하게 설계되고 재사용 가능하며 확장 가능한 자동차 소프트웨어 시스템을 필요로 한다. 자율주행으로의 전환은 소프트웨어 아키텍처에 대한 더욱 큰 요구를 만들어낼 것이다. 현재 ADAS 소프트웨어 아키텍처 분야에서 많은 연구가 진행되고 있다(Fürst 2016; Lamparth와 Bähren 2014; Thiele 외 2013; Wagner 2015; URL12 2016).

서비스 지향은 고전적인 소프트웨어 개발에서 잘 받아들여진 표준이다(Balzert 2011; Schäfer 2010) 이 개념은 ADAS 소프트웨어 기능을 분할하고 구성할 수 있는 흥미로운 가능성을 제공한다(Wagner 2015). 대역폭 효율성을 가능하게 하기 위해 정적인 CAN 통신는 대조적으로 자동차 IP 네트워크는 동적이고 서비스 지향적인 방식으로 설정된다(Schaal 2012).

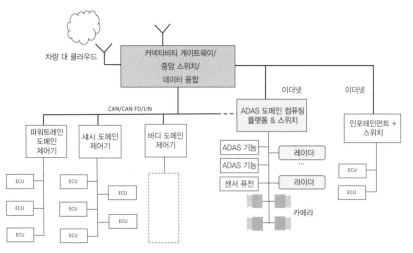

그림 11.26 ADAS와 자율주행을 위한 자동차 E/E 아키텍처

그림 11.27 IAA 2017에서 발표한 자율주행을 위한 Audi 콘셉트카

미들웨어는 정교한 ADAS 기능과 자율주행 기능을 구현하는 데 매우 중요한 역할을 한다. 그림 11.28은 전형적인 ADAS 소프트웨어 아키텍처를 보여준다. 최상위 계층은 LKA 및 AEB와 같은 다양한 ADAS 기능으로 구성된다. 이러한 소프트웨어 모듈은 상호작용을 조정하고 정보 흐름 관리를 담당하는 미들웨어와 통신한다. 다음 계층은 운영체제 드라이버, 통신 프로토콜, 진단, 전원 관리와 신호 처리 및 센서 융합을 위한 핵심 알고리즘으로 구성된다. 실제 하드웨

712

어는 가장 낮은 계층을 형성한다. 이 계층은 하드웨어 추상화 계층HAL에 의해 캡슐화된다. 따라서 기능 계층은 하드웨어와 직접적으로 상호작용하지 않는다 (Tanenbaum과 Bos 2015).

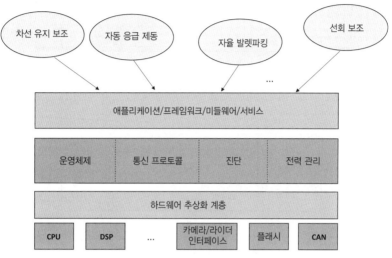

그림 11.28 ADAS 기능용 미들웨어

분산 시스템의 컴퓨터 과학 분야에서 연구되는 많은 미들웨어 개념이 있다 (Schill과 Springer 2012; Silberschatz 외 2010; Tanenbaum과 Van Steen 2017). 그러나 자동차 영역에서의 활용은 비용, 성능, 신뢰성, 기능적 안전 및 실시간적 제약으로 인해 제한된다. ADAS 및 자율주행 기능을 위한 미들웨어는 브로드 캐스트, 공용 및 약속된 필터를 사용해 네트워크 트래픽의 균형을 신중하게 조정해 불필요한 정보의 배포를 제한해야 한다.

BMW는 SOME/IPScalable Service Oriented Middleware over IP를 개발하고 명세화했으며, 이는 Publish, Subscribe 및 Remote 프로시저 호출 메커니즘을 제공하며 자동차 요구 사항을 충족하는 개방형 프로토콜이다(Matheus와 Königseder 2015; URL11 2016). 그림 11.29는 그 개념을 보여준다. SOME/IP 미들웨어는 이더넷 연결에서 TCP/IP 스택을 사용한다(BroadR-Reach 또는 T-Base(Arndt 2015)). 소프트웨어 구성 요소 또는 애플리케이션이 ECU 경계를 넘어서 원격 기능을 호출해야 하는 경우 미들웨어는 TCP/IP 기반 클라이언트/서버 통신을 설정한다.

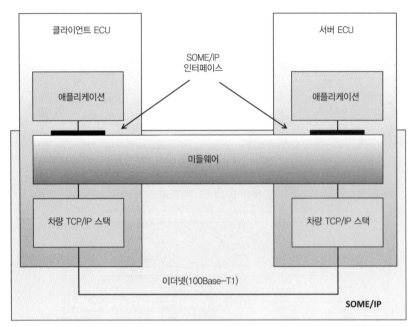

그림 11.29 SOME/IP(URL11 2016)

SOME/IP는 서비스 지향 통신을 위한 인터페이스를 제공한다. 이것은 CAN
과 같은 순수한 신호 기반 브로드캐스팅 통신 시스템과 구별된다(URL9 2015;
URL11 2016).

SOME/IP 상호작용은 크게 서비스 발견[SD], 원격 프로시저 호출[RPC] 및 프로세
스 데이터 접근의 세 영역으로 나눠진다. SD는 ECU가 그림 11.30과 같이 RPC
를 통해 액세스되는 네트워크에서 서비스를 찾거나 서비스를 제공할 수 있게
해준다. 이에 주로 특정 이벤트에 대한 알림을 설정할 수 있다.

그림 11.30은 SOME/IP의 통신 패턴을 보여준다. RPC 메커니즘을 사용하면
통신 네트워크에서 전형적인 원격 프로시저 호출이 가능하다. 서버 프로세스/
애플리케이션 찾기 및 데이터 전송 관리와 같은 모든 세부 사항에서 추상화된
다. 이 외에도 이벤트가 감지되면 애플리케이션에 알리는 Publish/Subscribe
메커니즘이 있다. 이를 통해 등록된 애플리케이션만 알림을 받게 된다. 이렇게
되면 대역폭을 효과적으로 활용할 수 있다. ADAS 또는 자율주행과 관련해 예
를 들어 특정 기능은 관련성 있는 이벤트에 대해서만 등록해 해당 센서가 이
벤트를 생성했을 경우에만 알림을 받을 수 있다는 것을 의미한다. Publish/
Subscribe 메커니즘은 시스템을 재구성하거나 제대로 작동하지 않고 종료해야

하는 하위 시스템을 정상적으로 다운그레이드하는 시나리오에서 매우 유용하다(Matheus와 Königseder 2015).

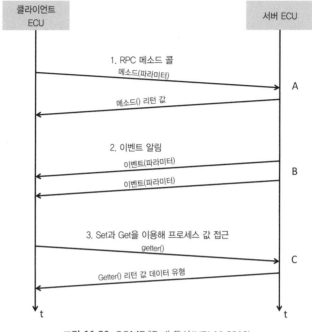

그림 11.30 SOME/IP 내 통신(URL11 2016)

이미 AUTOSAR의 필수 요소인 SOME/IP 외에도 몇 가지 다른 미들웨어 표준이 현재 자율주행차에서 사용되고 있다. 그중 중요한 표준은 다음과 같다(URL10 2015; URL11 2016; URL19 2017; URL20 2017).

- 데이터 배포 서비스[DDS]
- 자동차 데이터 및 타임-트리거 프레임워크[ADTF]
- 로봇 운영체제[ROS]
- 공통 API(GENIVI/오픈 소스)

DDS[Data Distribution Service]는 OMG[Object Management Group]에 의해 정의된 미들웨어 표준이다. 회사 또는 공급사 RTI는 특히 자율주행 애플리케이션을 위한 Connext DDS라 부르는 구현을 제공한다(URL20 2017).

ADTF 프레임워크는 독일에서 Volkswagen과 Audi와 같은 회사가 유명하다. ROS는 로봇의 표준 운영체제로 개발됐다. 로봇에 대한 표준 메시지 정의,

로봇 기하학 라이브러리, 로봇 표현 언어, 선점 가능한 원격 프로시저 호출, 진단, 현지화, 매핑과 자율주행에서 바로 사용될 수 있는 내비게이션과 같은 많은 로봇 특화 기능을 제공한다(URL19 2017; URL20 2017).

AUTOSAR 표준화 위원회는 현재 AUTOSAR 스택에 추가 미들웨어 표준을 포함시키기 위해 통신 미들웨어를 재검토하고 있다(Fürst 2016; Weber 2013; URL23 2017).

11.7 사이버 보안 및 기능 안전

ADAS와 자율주행은 사이버 공격자들에게 잠재적인 목표이며 잠재적으로 중대한 결과를 초래한다. 사이버 범죄자와 해커는 다음과 같은 다양한 사이버 공격 지점을 악용할 수 있다.

- 차량 내 인포테인먼트 시스템[IVI]
- TCU[Telematic Control Unit]
- V2X 통신 인프라[V2V, V2I]
- 연결된 스마트폰 및 모바일 앱
- 스마트폰/키와 차량 간 연결
- 미들웨어와 같은 소프트웨어 스택(설계 결함, 백도어 등 활용)
- 소프트웨어 및 펌웨어의 무선 업데이트[SOTA, FOTA]
- ADAS 센서
- HW/SW 공급망(백도어, 스파이 칩, HW 취약성, 소프트웨어 결함 등)
- 데이터 기록 장치
- 백엔드 시스템
- GPS 장치(위치 수신 기능 방해)
- OBD-II 포트/원격 진단
- 전기 파워 트레인(배터리 시스템, 충전 인프라, 충전 인프라와 차량 간의 통신 프로토콜)

자율주행차량 내 소프트웨어의 복잡성으로 인해 운영체제에서 잘 알려진 특별한 위협이 발생한다. 제로데이[Zero Day] 취약점이라고 하는 일부 개발자에게 알려진 설계 결함이 있을 수 있으며, 이는 제로데이 공격으로 익스플로잇될 수 있다.

미들웨어 또한 사이버 공격의 대상이 될 수 있다. 이와 관련해 Herold 외 (2016) 및 Wolf 외(2015) SOME/IP의 사이버 보안 문제에 대해 논의했다.

무인 자동차에 특히 유해한 다른 공격의 종류는 카메라 블라인딩, 카메라 자동 제어 교란, 신호 릴레이 또는 스푸핑과 같은 센서에 대한 직접적인 공격이다.

멀웨어는 네트워크의 다양한 포트를 통해 유입될 수 있으며 연결된 하위 시스템, 작동기 및 센서를 손상시킬 수 있다. 이러한 시나리오에서 차량은 의도적으로 차량을 잘못 인도하는 그릇된 신호를 수신할 수 있다.

자율주행차는 정교한 기계 학습 기술에 의존한다. 알고리즘, 노이즈에 대한 민감성 및 잠재적 취약성을 알고 있으면 이를 익스플로잇해 전체 위험을 증가시킬 수 있다.

사이버 보안 결함은 기능적 안전에 즉각적인 영향을 미친다.

기능 안전은 특정 자동차 안전 무결성 수준[ASIL]으로 설명된다(URL4 2016). 이에 대해서는 4장에서 다뤘다. ASIL 체계는 고장의 심각도에 따라 4개의 ASIL 수준(A~D)으로 구분한다(URL5 2016). 후면 카메라의 기능은 ASIL B를 의미하며, 브레이크에 영향을 주는 것은 ASIL D이다.

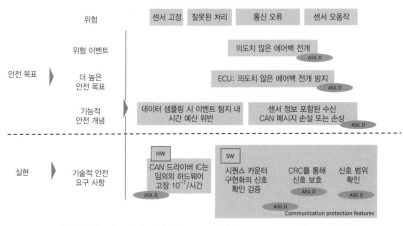

그림 11.31 기능 안전 및 자동차 소프트웨어(Vivekanandan 외 2013 참조)

KPIT는 안전 목표를 처리하기 위한 프레임워크를 개발했다(Vivekanandan 외 2013). 그림 11.31에는 특수 유아용 시트가 있는 경우 에어백이 의도하지 않게 전개되는 경우에 대한 이 접근 방식이 설명돼 있다.

안전 목표[SG]는 ASIL 레벨 D 범주에 속하는 심각한 사건으로 분류된 에어백의 의도하지 않은 팽창을 방지하는 것이다.

기능적 안전 개념은 이러한 정보를 포함하고 들어오는 CAN 메시지의 손실을 방지하고 완화하는 것이다. 구현 레벨에서 이를 만족하기 위한 HW와 SW 요구 사항이 존재한다.

CAN 드라이버는 임의의 하드웨어 고장에 대해 특정 고장 모드 내에서 작동해야 하며 신호는 예를 들어 CRC$^{Cyclic\ Rendundancy\ Check}$에 의해 범위와 무결성이 반드시 확인돼야 한다.

더 나아가 시퀀스 카운터는 신호가 주어진 시간 프레임 내에서 확인됐다는 것을 검증하게 된다.

CAN 버스상 사이버 공격은 몇몇 신호를 혼란스럽게 하고 지연시키게 되며 잘못된 값을 유발한다. 따라서 하드웨어 고장이나 타이밍 결함은 없지만 기능 안전 문제를 야기하는 사이버 공격일지라도 신호 값의 타이밍과 유효성을 검증하기 위해 유사한 접근법이 적용될 수 있다.

사이버 보안의 위반은 자동차 시스템의 기능 안전에 즉각적인 영향을 줄 수 있기 때문에(Klauda 외 2015; Solon 2015), 그림 11.32에서와 같이 사이버 보안과 기능 안전의 동시 엔지니어링 개념이 나타나 있으며 이는 다양한 연구자들에 의해 제안됐다(Nause와 Höwing 2016; Serio와 Wollschläger 2015; URL26 2017).

이는 왜 자동차 R&D 프로세스 내 설계 목표로서 사이버 보안을 통합하는 것이 중요한가를 보여주고 있다(Haas와 Möller 2017; Mahaffey 2015a, b; Nause와 Höwing 2016; Sushravya 2016). 이 접근 방식은 그림 11.33의 포괄적인 프레임워크에도 반영돼 있다.

앞 절에서 설명한 바와 같이 자율주행은 센서, 인프라, 다른 차량, 클라우드 등과 같은 다양한 소스의 정보를 밀접하게 통합하는 것을 필요로 한다. 신뢰성, 가용성 및 사이버 안전은 디자인의 중요한 측면이다. Serio와 Wollschläger (2015), Wolfsthal과 Serio(2015) 그리고 Currie(2015)는 커넥티드카에 대한 사이버 위협을 분석하고 침입 탐지를 위한 다양한 솔루션을 제안한다.

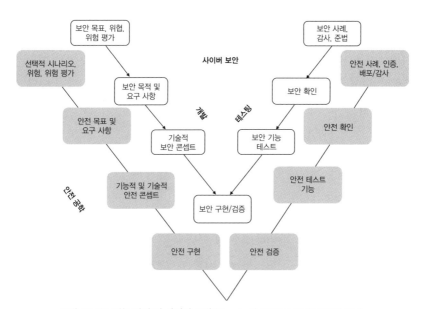

그림 **11.32** 기능 안전 및 사이버 보안(Klauda 외 2015: URL26 2017 참조)

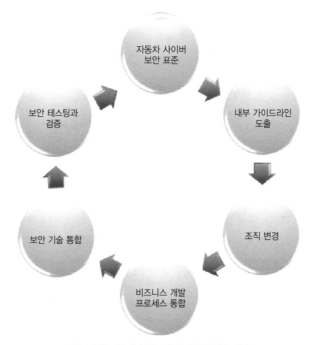

그림 **11.33** 사이버 보안의 전체론적 접근 필요

11.8 요약, 결론 및 더 읽을거리

11장에서는 첨단 주행 보조 기능과 자율주행을 논의했다. ADAS는 한동안 존재해왔다. 어댑티브 크루즈 컨트롤, 긴급 브레이크, 사각지대 감지, 차선 이탈 경고 및 차선 유지 보조뿐만 아니라 원격 및 자동 주차는 자동차를 더 안전하고 운전하기 쉽게 만드는 많은 ADAS 기능 중 일부에 불과하다. 이를테면 우리는 Seat Leon 차량에서 차선 유지 보조 기능에 대해 논의했다.

카메라 센서는 저렴하면서도 효율적인 환경 감지 방법이다. 11장에서는 카메라 기반의 고급 드라이버 지원 시스템을 위한 이미지 처리 및 분석에 대한 개요를 제공하고 MATLAB/Simulink로 이러한 알고리즘을 신속하게 구현할 수 있는 방법을 보여줬다. 다양한 대상 플랫폼에서도 자동 코드 생성이 가능하다. HIL[Hardware-In-the-Loop] 시스템은 ADAS 기능을 테스트할 수 있도록 진화했으며, 더욱 높은 자동화 및 자율주행을 위한 신뢰성 분석에 중요한 역할을 하게 될 것이다. 유연성, 모듈화, 대응성, 신뢰성, 시험성, 보안 등과 같은 ADAS의 비기능 요건은 자동차 E/E 및 소프트웨어 아키텍처에 영향을 미쳤다. SOMP/IP와 같은 미들웨어 기술은 필요한 유연성과 확장성을 제공한다. SOA와 메시지 지향적 미들웨어[MOM]는 버스 시스템의 대역폭을 신중하게 활용할 수 있도록 돕는다.

자율주행에 대한 법적 틀은 여전히 발전해야 하지만 이러한 혁신적인 영역에 대해 여러 국가들이 뒤쳐지기를 원치 않기 때문에 많은 압박이 있다. 핵심은 인간은 언제나 책임을 져야 한다는 비엔나 협약의 요구 사항에 대한 변경이다. 또한 윤리적 문제를 다뤄야 하며 책임성과 보험 모델은 이에 적응해야 한다. 자율주행은 커넥티비티, 복잡한 소프트웨어 시스템, 무선 업데이트 및 차량과 백엔드 간 통신을 기반으로 한다. 이 모든 것은 복잡한 공격 지점들을 포함하고 있다.

기능적 안전과 사이버 보안은 밀접하게 연결돼 있다. 신뢰할 수 있는 자율주행자동차는 다양한 연구자들이 제안한 "보안적 접근 방식에 의한 설계"를 채택해야만 가능하다(Haas와 Möller 2017; Pickhard 외 2015; Weimerskirch 2016; URL1 2015). 더 나아가 ADAS와 자율주행을 위한 사이버 보안은 전반적인 접근을 필요로 한다.

11.8.1 추천 자료

Form(2015)은 다양한 자율주행 개발에 대해 약술한다.

Markoff(2016)와 Menn(2016)은 드론, 로봇의 맥락에서 인공지능, 자율주행차 그리고 거대한 펀딩을 끌어들이는 연구 분야의 현재 관심사에 대해 논의한다.

드라이브 트레인 제어를 위한 소프트웨어 아키텍처에 대한 자세한 정보는 Orth 외(2014)를 통해 찾아볼 수 있다.

Silberschatz 외(2010)와 Tanenbaum과 Bos(2015)의 책들을 통해 운영체제 관점에서 미들웨어에 대한 개요를 소개한다.

Vahid와 Givargis(2001)는 디지털 카메라의 사례 연구에서 이미지 처리의 HW 구현에 대해 논의한다.

Steinmüller(2008)는 이미지 처리 및 이미지 분석에 관한 수학에 대해 간단히 소개한다.

Köncke와 Buehler(2015)는 일반적으로 사이버 공격이 산업에 미치는 영향에 대해 논의한다.

자율주행에 대한 막대한 투자는 OEM에 의해서만 처리될 수 있으며(Schaal 2017), 대부분은 파트너사로부터 도움을 필요로 하고 새로운 동맹을 찾는다. Eckl-Dorna(2016)에서는 FCA와 Google의 협력에 대해 알아봤다. Apple Titan 프로젝트에 관한 자세한 내용은 Sorge(2017)에서 찾을 수 있다.

Hunt 외(1996)는 제어기를 기반으로 한 로컬 모델(운영체제)의 네트워크 상 자율주행차의 횡방향 제어를 위한 제어 알고리즘을 설명한다. 모델링, 시뮬레이션 그리고 동력 전달 라인의 차량 제어의 상세한 개요는 Kiencke와 Nielsen(2005)에 포함돼 있다.

디지털 제어 및 어댑티브 제어에 대한 자세한 내용은 Astroem과 Wittenmark (1996), Ogata(2004) 및 Dorf와 Bishop(2010)을 참조하라.

Prostinett과 Schimansky는 2017년 3월 AWS 인프라의 일부 강제 종료에 대해 논의하면서 클라우드의 가용성이 얼마나 취약하게 됐는지를 보여준다. 이는 일부 알고리즘이 클라우드에서 실행될 수 있으므로 ADAS 기능 및 자율주행에도 중요하다.

Reuss 외(2015)는 전기 모빌리티와 자율주행의 시너지에 관해 논의한다.

Paar(2015)는 자동차 E/E 아키텍처를 보호하기 위한 암호화의 중요성을 강조한다. URL5(2017)는 미국의 자동차 사이버 보안에서 많은 활동을 촉발한

Spy Act법에 대해 이야기한다.

URL1(2015) 및 URL4(2015), URL7(2015), URL16(2016)은 자동차 사이버 보안 분야에 관한 좋은 적용 사례를 제공한다.

11.9 연습 문제

- 당신이 알고 있는 ADAS 기능은 무엇이며, 어떻게 분류할 수 있는가?
- 운전자 지원의 다양한 레벨은 무엇인가?
- 조건부 자동 주행과 고도로 자동화된 주행의 차이점은 무엇인가?
- 자율주행에 있어서 어떤 연구 이니셔티브를 알고 있는가?
- 당신의 관점에서 ADAS 시스템의 선두 공급업체는 누구인가?
- 누구와 협력할 사람인가(OEM, 공급업체, 서비스 제공자 등)?
- 기술적인 관점에서 자율주행의 가장 큰 장애물은 무엇인가?
- ADAS에서 중요한 센서는 무엇인가?
- 자율주행과 자동 발렛파킹의 관계는 무엇인가?
- 공통점은 무엇이고 차이점은 무엇인가?
- 맵은 자율주행에서 어떤 역할을 하는가?
- 누가 이 맵을 제공할 것인가?
- 협업 모델이라는 용어는 무엇을 뜻하는가?
- ADAS 개발에 사용되고 있는 연구 개발 프로세스 및 안전 지침(예: ISO 26262, ASIL)은 무엇인가?
- ADAS와 자율주행의 규제 및 표준화 프레임워크를 다루고 있는 협회, 기관 및 위원회는 무엇인가?
- 법적 관점에서 자율주행의 가장 큰 장애물은 무엇인가?
- 자율주행에 적용할 수 있는 법적 프레임워크는 무엇인가?
- 앞으로 어떤 수정이 필요한가?
- 현재의 주법과 입법 활동은 무엇인가?
- 어떤 연방 또는 주 책임 법률이 필요한가?
- 도로 교통에 관한 비엔나 협약은 무엇인가?
- 고도로 자동화된 주행으로 이어질 이 프레임워크의 최근 수정 사항은 무엇인

가?

- 자율주행에서 어떤 책임 문제가 발생하는가?
- ADAS와 자율주행에 관한 가장 큰 안전 문제는 무엇인가?
- 안전은 어떻게 처리될 것인가?
- 적용 가능한 안전 표준은 무엇인가? ADAS 안전과 조종 운전의 안전은 어떻게 다른가?
- 자율주행의 사회적 의미는 무엇인가?
- 자율주행차가 널리 보급된다면 사람들은 여전히 스스로 운전하고 싶어할 것인가?
- 자율주행은 어느 나라에서 먼저 도입될 것인가.
- 다음 중 자율주행(물류, 대중교통, 개별 교통)이 가장 먼저 전개되는 분야는 무엇인가?
- 자율주행은 카셰어링, 놀이기구, 전기자동차에 어떤 역할을 할 것인가?
- 구글과 같은 첨단 기술 회사, 우버와 같은 이동 통신사, 그리고 고전적인 자동차 OEM의 다양한 자율주행 전략을 비교해보라.
- AUTPLES 프로젝트에 대해 읽고 이에 관한 간단한 보고서를 작성하라.
- 자율주행과 전기 이동성 사이의 관계와 시너지는 무엇인가?
- ADAS와 자율주행에 대한 테슬라의 접근 방식에 대한 코멘트는?
- 자율주행 시 사이버 보안의 중요성에 대한 코멘트는?
- 기능 안전과 사이버 보안의 관계는 무엇인가?
- 자율주행의 가장 큰 과제는 무엇일까?
- 자율주행 시 V2X 통신은 어떤 역할을 하는가?
- 자율주행의 대표적인 모빌리티 이용 사례는 무엇인가?
- 자율주행에 필요한 비용에 대해 이야기해보고 이 비용이 적절한지 설명하라.
- 자율주행에 대해 OEM들의 전략과 발표사항을 비교하라.
- 인도 자동차 회사들은 어떻게 그들 자신을 포지셔닝하는가?
- 로봇공학과 자율주행의 시너지는 무엇일까?
- 다른 산업, 예를 들어 항공기로부터 우리가 배울 수 있는 것은 무엇인가?
- 자율주행차에 대한 사이버 공격 가능성에 대한 짧은 보고서를 작성하라.
- 자율주행차의 가장 중요한 사이버 보안 취약점은 무엇인가?

- 자율주행차를 사이버 보안으로 만들기 위해 이용할 수 있는 해결책은 무엇인가?
- 자동차에 대한 사이버 공격에 대한 최근 보고서를 검토하라.
- 자율주행차의 사이버 보안과 관련성은 무엇인가?
- 자율주행차는 교통사고에 어떤 영향을 미칠까?
- HW 및 SW의 자율주행의 복잡성에 대해 코멘트하라.
- 자율주행차 엔지니어들의 주요 과제는 무엇인가?
- 자율주행차는 운송업에 어떤 영향을 미칠 것인가?
- 보험은 자율주행에 어떻게 대비하는가?
- 자율주행차가 한 나라에서 다른 나라로 이동하면 어떻게 될 것인가?
- 운전자 없는 자동차의 윤리적 딜레마 상황에 관해 설명하라.
- ADAS 시스템의 센서 및 계산 요소, 노화 및 마모에 대한 신뢰성에 관해 코멘트하라.
- 로봇화라는 용어는 무엇을 뜻하는가?
- 자율주행은 자동차 인테리어에 어떤 영향을 미치는가?

참고문헌 및 더 읽을거리

(Abraham et al. 2016) Abraham, B., Brugger, D., Strehlke, S., Runge, W.: Autonomous Driving – Only a Trojan horse of Digital Companies?, ATZ elektronik, 01/2016

(Alheeti et al. 2015a) Alheeti, K. M. A., Gruebler, A., McDonald-Maier, K. D.: An intrusion detection system against malicious attacks on the communication network of driverless cars. In: 12th Annual IEEE Consumer Communications and Networking Conference (CCNC), Pages 916–921, 2015

(Alheeti et al. 2015b) Alheeti, K. M. A., Gruebler, A., McDonald-Maier, K. D.: An Intrusion Detection System against Black Hole Attacks on the Communication Network of Self-Driving Cars. In: 6th International Conference on Emerging Security Technologies (EST), Pages 86–91, 2015

(Arndt 2015) Arndt, C.: Developments of Automotive Ethernet Technologies - Introduction to the BroadR-Reach Technology and beyond,

Continental & VDI Wissensforum, 06/2015

(Astroem and Wittenmark 1996) Astroem, K., Wittenmark, B.: Computer Controlled Systems. Prentice Hall, Information and Systems Series, 1996

(Balani 2015) Balani, N.: Enterprise IoT – A Definite Handbook, self-published, Kindle Edition, 2015

(Balzert 2011) Balzert, H.: Textbook of Software Engineering: Design, Implementation, Deployment and Operation (in German), Springer Spektrum Publ., 2011

(Beck 2016) Beck, T.: Do we need Autonomous Driving? (in German) elektronik.net, 01/2016, pp. 48–49. 01/2016

(Becker 2016) Becker, J. Autopilot of Tesla – in a Tesla the risk is a standard feature (in German). Süddeutsche Online. November 17th 2016. Available from: http://www.sueddeutsche.de/auto/autopilot-von-tesla-bei-tesla-ist-das-risiko-serienmaessig-1.3252192

(Bekey 2005) Bekey, G. A.: Autonomous Robots, Massachusetts Institute of Technology, 2005

(Besenbruch 2014) Besenbruch, D.: Electronic Systems – Protection of manipulation, ATZ elektronik, 2014

(Beynon et al. 2003) Beynon, M., Hook, D., Seibert, M., Peacock, A., Dudgeon, D.: Detecting Abandoned Packages in a Multi-camera Video Surveillance System. IEEE International Conference on Advanced Video and Signal-Based Surveillance, 2003

(Bhattarcharjee 2013) Bhattarcharjee, S.: Efficient Algorithm for Crossing Alert in Camera-based Advanced Driver Assistance Systems, Master of Technology Thesis, International Institute of Information Technology Bengaluru (IIIT-B), 2013

(Bose 2004) Bose, T.: Digital Signal and Image Processing, John Wiley and Sons, 2004

(Bridges 2015) Bridges, R.: Driverless Car Revolution Buy Mobility – Not Metal. Self-published, 2015

(Brisbourne 2014) Brisbourne, A.: Tesla's Over-the-Air Fix: Best Example Yet of the Internet of Things? Wired online. February 2014. Available from: http://www.wired.com/insights/2014/02/teslas-air-fix-best-example-yet-internet-things/

(Chucholowski and Lienkamp 2014) Chucholowski, F., Lienkamp, M.: Teleoperated Driving – Secure and Robust Data Connections, ATZ elektronik, 01/2014

(Corke 2011) Corke, P.: Robotics, Vision, and Control, Springer Publ., 2011

(Currie 2015) Currie, R.: Developments in Car Hacking. https://www.sans.org/reading-room/whitepapers/internet/developments-car-hacking-36607, 2015

(Davies 2012) Davies, E. R.: Computer and Machine Vision: Theory, Algorithms, and Practicalities, Elsevier Publ., 2012

(Dorf and Bishop 2010) Dorf, R.C., Bishop, R.H.: Modern Control Systems, Pearson Education, 2010

(Dudenhöffer 2016) Dudenhöffer, F.: Who will be put in the fast lane (in German). Campus Publ., 2016

(Eckert 2016) Eckert, D.: Robots will destroy millions of jobs. Welt online. 27th August 2016. Available from: http://www.welt.de/wirtschaft/article157872907/Roboter-werden-Millionen-Jobs.vernichten.html?config¼print#,08.2016

(Eckl-Dorna 2016) Eckl-Dorna, W.: Savior instead of aggressor: Fiat Chrysler courts Google (in German). Manager Magazin online, April 29th 2016. Available from: http://www.managermagazin.de/unternehmen/autoindustrie/roboterauto-allianz-warum-fiat-chrysler-mitgooglekooperieren-will-a-1090052.html

(Elgammal et al. 2000) Elgammal A., Harwood D., Davis L.: Non-parametric Model for Background Subtraction. In: Proceedings of the 6th European Conf. on CompVision-Part II, Pages 751–767, 2000

(Elgammal et al. 2003) Elgammal A, Duraiswami R, Davis, L.S.: Efficient Kernel Density Estimation Using the Fast Gauss Transform with Applications to Color Modeling and Tracking, In: IEEE Transactions on Pattern Analysis and Machine Intelligence; Vol. 25 No. 11, 1499–1504, 2003

(Ernst 2016) Ernst, R.: Automotive Ethernet – Opportunities and Pitfalls, Institut für Datentechnik und Kommunikationsnetze, ETFA 09/2016, Berlin, 2016

(Fallstrand and Lindstrom 2015) Fallstrand, D., Lindstrom, V.: Automotive IDPS: Applicability analysis of intrusion detection and prevention in automotive systems. Master' Thesis. Chalmers University of Technology. Available from: http://publications.lib.chalmers.se/records/fulltext/219075/219075.pdf

(Form 2015) Form, T.: Autonomous Driving – Quo vadis?, ATZ elektronik, special edition, 07/2015

(Forster 2014) Forster, F.: Development Embedded Systems, ATZ elektronik, Vol 9, 01/2014, Pages14–18, Springer Vieweg, Springer 2014

(Freitag 2016) Freitag, M.: Robotic cars – German manufacturers in pole position (in German). Manager Magazin online. July 26th 2016. Available from: http://www.manager-magazin.de/unternehmen/autoindustrie/roboterautos-deutsche-autobauer-fuehrena-1104783.html

(Fürst 2016) Fürst, S.: AUTOSAR Adaptive Platform for Connected and Autonomous Vehicles, In: EUROFORUM Elektronik-Systeme im Auto mobil, 02/2016

(Gaonkar et al. 2011) Gaonkar, P., Nanthini, S., Manoj, S., Mamilla, S.: Lane Departure Warning System, Class Paper, Car IT and Cybersecurity class, IIIT-B, 2011

(Giachetti et al. 1994) Giachetti, A., Campani, M., Torre, V.: The use of optical flow for the autonomous navigation, In: Proc. 4th Euro. Conf. Comput. Vision, 1994

(Grünweg 2016b) Grünweg, T.: Ford strategy – Autonomy for All (in German). Spiegel online. October 11th 2016. Available from: http://www.spiegel.de/auto/aktuell/ford-plant-roboter-taxiflotte-wie-uber-a-1114025.html

(Gonzalez et al. 2008) Gonzalez R. C., Woods, R. E., Eddins, S. L.: Digital Image Processing Using MATLAB, Pearson Education, New Delhi, India, 2008

(Gonzalez and Woods 2008) Gonzalez, R. C., Woods, R. E.: Digital Image Processing, 3rd Edition. Pearson/Prentice Hall Publ., 2008

(Haas 2014) Haas, R.: Socio-Economic Impact of Autonomous Driving in Emerging Countries, India as example, European Radar Conference, EuRad, Rome, 2014

(Haas and Möller 2017) Haas, R. E., Möller, D. P. F.: Automotive Connectivity, Cyber Attack Scenarios and Automotive Cyber Security. Proceed. IEEE/EIT 2017, pp. 635-639, ISBN: 978-1-5090-4767-3/17

(Hanselman and Littlefeld 2008) Hanselman, D., Littlefield, B.: Mastering MATLAB 7, Pearson Education, India, 2008

(Haykin 2009) Simon Haykin, Neural Network and Learning Machines, 3rd Ed., Pearson Education, Upper Saddle River, NJ, 2009

(Herold et al. 2016) Herold, N., Posselt, S.-A., Hanka, O., Carle, G.: Anomaly Detection for SOME/IP using Complex Event Processing, Chair of Network Architectures and Services, Technical University Munich (TUM), Department of Computer Science, 2016

(Hoffmann 2008) Hoffmann, D.: Software-Quality, Springer Publ., 2008

(Horn and Schunk 1981) Horn K.P., Schunck, B.G.: Determining Optical Flow, Artificial Intelligence Laboratory, Massachusetts Institute of Technology, Cambridge, MA 02139, U.S.A, Pages 185-203, 1981

(Hertzberg et al. 2012) Hertzberg, J., Lingemann K., Nüchter, A.: Mobile Robotics – An introduction from a computer science perspective (in German), Springer Vieweg Publisher, Berlin Heideberg, 2012

(Hudelmaier and Schmidt 2013) Hudelmaier, P., Schmidt, K.: Chip Solutions For Driver Assistance Systems, ATZ elektronik 03/2013, Pages 48–52

(Hunt et al. 1996) Hunt, K. J., Haas, R., Kalkkuhl, J.: Local Controller Network for autonomous vehicle steering, Control Engineering Practice, 1996

(Jain 2000), Jain, A. K.: Fundamentals of Digital Image Processing, Prentice Hall Publ., 2000

(Javed et al. 2002) Javed, O., Shah, M.: Tracking and object classification for automated surveillance, In: Proc. of ECCV, Pages 343–357, 2002

(Johri 2016) Johri, S.: Attack Surfaces in Connected Cars, Class paper, Car IT and Cybersecurity class, IIIT-B, 2016

(Johanning and Mildner 2015) Johanning, V., Mildner, R.: Car IT Compact, Springer Publ., 2015

(Joshi 2009) Joshi, M. A.: Digital Image Processing - An Algorithmic Approach, PHI Learning, New Delhi, 2009

(Jung and Kalmar 2015) Jung, C., Kalmar, R.: Re-interpret Data Security – the Data Gold and Business Models, ATZ elektronik, 04/2015

(Kaplan 2016) Kaplan, J.: Artificial Intelligence, Oxford University Press, 2016

(Karmann et al.1990) Karmann K.-P., Brandt A.: Moving object Recognition using and adaptive background memory. In: Time-Varying Image Processing and Moving Object Recognition, Pages 289–307. V. Cappellini, Ed: Elsevier Science Publishers, 1990

(Kern 2012) Kern, A.: Ethernet and IP for Automotive E/E-Architectures – Technology Analysis, Migration Concepts and Infrastructure. Ph.D. Thesis, University of Erlangen-Nürnberg, Available from: https://pdfs. semanticscholar.org/8106/455c487acc052cc701f48615f1172029a057.pdf, Erlangen, 2012

(Kiencke and Nielsen 2005) Kiencke, U., Nielsen, L.: Automotive Control Systems: For Engine, Driveline, and Vehicle. Springer Publ., 2005

(Klauda et al. 2015) Klauda, M., Schaffert, M., Logospiris, A., Piel, G., Kappel, S., Ihle, M., Setting the Course for 2020 – change of paradigms in E/E architecture. ATZ elektronik, Pages 17–22, Springer Vieweg Publ., 02/2015

(Köncke and Buehler 2015) Köncke, F. C., Buehler, B. O.: Cyber Attacks – Underestimated Risk for the German Industry (in German). Wirtschaftswoche online. November 9th 2015. Available from: https:// www.wiwo.de/technologie/digitale-welt/cyber-angriffe-unterschaetztes-risiko-fuerdie-deutsche-industrie/12539606.html

(Lang 2015) Lang, M.: High Degree of Integration of ADAS Functions into One Central Platform Controller, ATZ elektronik, Vol 10, 04/2015, Pages 40–43, Springer Vieweg Publ., 2015

(Lamparth and Bähren 2014) Lamparth, O., Bähren, F.: From The Connected To The Autonomous Car. ATZ elektronik, Vol 9, 05/2014, Pages 36–39, Springer Vieweg Publ., 2014

(Lu and Zhang 2007) Lu, S., Zhang, J.: Detecting unattended packages through human activity recognition and object association, PR Vol. 40, No. 8, Pages 2173–2184, 08/2007

(Mahaffey 2015a) Mahaffey, K.: The New Assembly Line: 3 Best Practices for Building (secure) Connected Cars. Lookout Blog. August 6th 2015. Available from: https://blog.lookout.com/tesla-research

(Mahaffey 2015b) Mahaffey, K.: Here Is How To Address Car Hacking Threats. TechCrunch. September 13th 2015. Available from: https://techcrunch.com/2015/09/12/to-protect-cars-fromcyber-attacks-a-call-for-action/

(Markey 2015) Markey, E.J.: Tracking and Hacking: Security and Privacy Gaps Put American Drivers at Risk. 2015. Available from: https://www.markey.senate.gov/imo/media/doc/2015-02-06_MarkeyReport-Tracking_Hacking_CarSecurity%202.pdf

(Markoff 2016) Markoff, J.: Artificial Intelligence Swarms Silicon Valley on Wings and Wheels, The New York Times online. July 17th 2016. Available from: http://nyti.ms/2a0Awys

(Matheus and Königseder 2015), Matheus, K., Königseder, T.: Automotive Ethernet, Cambridge University Press, 2015

(Maurer et al. 2015) Maurer, M., Gerdes, C. J., Lenz, B., Winner, H. (Ed): Autonomous driving, technical, legal and social aspects, Springer Vieweg Publ., 2015

(Menn 2016) Menn, A.: Nvidia founder Huang: Artificial Intelligence triggers next Industrial Revolution (in German). Wirtschaftswoche online. 9.12.2016. Available from: https://www.wiwo.de/technologie/digitale-welt/nvidia-gruender-huang-kuenstliche-intelligenz-loest-naechsteindustrielle-revolution-aus/14951562.html

(Miller and Valasek 2014) Miller C., Valasek C.: A Survey of Remote Automotive Attack Surfaces. IOActive 2014. Available from: https://www.ioactive.com/pdfs/IOActive_Remote_Attack_Surfaces.pdf

(Miller and Valasek 2015) Miller, C., Valasek, C.: Remote exploitation of an unaltered passenger vehicle. August 10th 2015. Available from: http://illmatics.com/Remote%20Car%20Hacking.pdf

(Müller and Haas 2014) Müller, M. and Haas, R.: Study on Automotive Electronics, Magility GmbH, 2014

(Nause and Höwing 2016) Nause, M., Höwing, F.: Functional Security as a Model for Software Development in Automotive Security, ATZ elektronik, 03/2014 (Navet and Simonot-Lion 2009) Navet, N., Simonot-Lion, F.: Automotive Embedded Systems Handbook. CRC Press, 2009

(Ogata 2004) Ogata, K.: Discrete-Time Control Systems, Pearson Education, 2004

(Orth et al. 2014) Orth, P., Jentges, M., Sternberg, P., Richenhagen, J.:

Software Architecture and Development Tool Chain for the Drive Train, ATZ elektronik, 01/2014

(Paar 2015) Paar, C.: The future lies in a better encryption, Interview with C. Paar, ATZ elektronik, Vol. 3, Pages 22–24, Springer Vieweg Publ., 2015

(Pickhard et al. 2015) Pickhard, F., Emele, M., Burton, S., Wollinger, T.: New thinking for safely networked vehicles (in German). ATZ elektronik, 7/2015

(Pickhard 2016) Pickhard, F.: Measuring everything – Big Data in Automotive Engineering (in German). ATZ elektronik, 02/2016, Volume 11, Issue 1, pp 66–66

(Postinett 2017) AWS server down – employee shut down internet with a typo. Handelsblatt online. 2nd March 2017. Available from: https://www.handelsblatt.com/unternehmen/handel-konsumgueter/aws-serverausfall-amazon-mitarbeiter-legte-mit-tippfehler-teile-des-internets-lahm/19468246.html?ticket=ST-36653-ejHoJkYxHfBvZhgrUsfa-ap2

(Pratap 2006) Pratap, R.: Getting Started With Matlab. 7- A Quick Introduction for Scientists and Engineers. Oxford University Press, 2006

(Proakis and Manolakis 2007) Proakis, J. G., Manolakis, D. G.: Digital Signal Processing, Prentice-Hall, Inc., 2007

(Reif 2014) Reif, K. (Ed.): Driving stabilization systems and driver assistance systems. Springer-Vieweg Publ., 2016

(Rembor et al. 2009) Rembor F., Kopp, T., Herzog, S., Gugenhen, S.: Flexray – a Beginners' Guideline, ATZ elektronik, Vol 4, 03/2009, Pages 16–21, Springer Vieweg Publ., 2009

(Reuss et al. 2015) Reuss, H.-C., Meyer, G., Meurer, M.: Roadmap 2030 Synergies of Electromobility and Automated Driving, ATZ elektronik, 2015

(Reuter 2015) Reuter, A.: Data security is a must for functional security (in German), ATZ elektronik, 02/2015

(Rich and Knight 1991) Rich, E., Knight, K.: Artificial Intelligence. Mc GrawHill Publ. 1991

(Ridder et al. 1995) Ridder, C., Munkelt, O., Kirchner, H.: Adaptive Background Estimation and Foreground Detection using Kalman-Filtering. In: Process of Int. Conf. on recent Advances in Mechatronics. ICRAM'95, UNESCO Chair on Mechatronics, Pages 193–199, 1995

(Russell and Norvig 2016) Russel, S., Norvig, P.: Artificial Intelligence: A Modern Approach. Pearson Education, 3rd edition, 2016

(Schaal 2012) Schaal H.-W.: IP and Ethernet in Motor Vehicles. Vector Informatik GmBH, Available from: https://assets.vector.com/cms/content/know-how/_technical-articles/Ethernet_IP_ElektronikAutomotive_201204_PressArticle_EN.pdf, Pages 1–6, 04/2012

(Schaal and Schwedt 2013) Schaal, H-W, Schwedt, M.: New Perspectives on Remaining Bus Simulation for Networks with SOME/IP. https://assets. vector.com/cms/content/know-how/_technical-articles/IP_SomeIP_ AEL_201308_PressArticle_DE.pdf

(Schaal 2017) Schaal, S.: Auto Trends at the CES – Only four Car Manufacturers are capable of developing everything on their own. Wirtschaftswoche online. January 4th 2017. Available from: https://www.wiwo.de/unternehmen/ auto/auto-trends-auf-der-ces-nur-vier-autobauer-koennenalles-selbst-entwickeln/19203074.html

(Schäfer 2010) Schäfer, W.: Software Development - Introduction for the Most Demanding (in German). Addison-Wesley Publ., 2010

(Schill and Springer 2012) Schill, A., Springer, T.: Distributed Systems – Fundamentals and core technologies. Springer Publ., 2012

(Seeck 2015) Seeck, A. Don't expect too much (in German), Discussion at the 1st International ATZ Conference in Frankfurt - From Driver Assistance systems to Autonomous Driving, ATZ elektronik 3/2015

(Serio and Wollschläger 2015) Serio, G., Wollschläger, D.: Networked Automotive Defense Strategies in the Fight against Cyberattacks (in German). ATZ elektronik, 06/2015

(Siciliano et al. 2010) Sciliano, B., Sciavicco, L., Villan, L., Oriolo, G.: Robotics – Modelling, Planning and Control, Springer Publ., 2010

(Siebenpfeiffer 2014) Siebenpfeiffer, W. (Ed.): Networked Automobile – Safety, Car IT, Concepts (in German). Springer Publ., 2014

(Silberschatz et al. 2010) Silberschatz, A., Galvin, P., Gagne, G.: Applied Operating System Concepts, Wiley Publ., 2010

(Singer and Friedman 2014) Singer P.W., Friedman, A.: Cybersecurity and Cyberwar: What Everyone Needs to Know, Oxford University Press, 2014

(Soja 2015) Soja, R.: Security and the Connected Car: Secure Networks for V2X, NXP Community Online. Available from: https://community.nxp. com/docs/DOC-105879, 2015

(Solon 2015) Solon, O.: From Car-Jacking to Car-Hacking: How Vehicles Became Targets For Cybercriminals. Bloomberg online. August 4th 2015. Available from: https://www.bloomberg.com/news/articles/2015-08-04/hackers-force-carmakers-to-boost-security-for-driverless-era

(Sorge 2017) Sorge, N.-V.: Top Engineer from Apple should put Tesla's AutoPilot on track. Manager Magazin online. 11th January 2017. Available from: http://www.manager-magazin.de/unternehmen/ autoindustrie/tesla-apple-topingenieur-soll-autopilot-retten-a-1129485. html

(Steinmüller 2008) Steinmüller, J: Image analysis – From image processing to spatial interpretation of images, Springer Publ., 2008

(Streichert and Traub 2012) Streichert, T., Traub, M.: Electric/Electronics Architectures in Automobiles (in German). Springer, Publ., 2012

(Sushravya 2016) Sushravya, G.M.: Cybersecurity risks in Advanced Driver Assistance Systems, Class paper, Car IT and Cybersecurity class, IIIT-B, 2016

(Thiele et al. 2013) Thiele, D., Ernst, R., Diemer, J., Richter, K.: Cooperating On Real-Time Capable Ethernet Architecture. In: Vehicles, ATZ elektronik 05/2013, Pages 40–44, Springer Publ., 2013

(Tanenbaum and Bos 2015) Tanenbaum, A. S., Bos, H.: Modern Operating Systems. 4th edition, Pearson Publ., 2015

(Tanenbaum and Van Steen 2017) Tanenbaum, A. S., Van Steen, M.: Distributed Systems Principles and Paradigms. 3rd edition, Pearson Publ., 2017

(Vahid and Givargis 2001) Vahid, F., Givargis, T.: Embedded System Design, A Unified Hardware/Software Introduction, Wiley and Sons Publ., 2003

(Vembo 2016) Vembo, D.: Connected Cars – Architecture, Challenges and Way Forward.Whitepaper Sasken Communication Technologies Pvt. Ltd. 2016. Available from: https://www.sasken.com/sites/default/files/files/white_paper/Sasken-Whitepaper-Connected%20Cars%20Challenges.pdf

(Vivekanandan et al. 2013) Vivekanandan, B., Bavishi, H., Paranjpe, K.: Preventing malfunctions. In: E/E systems, ATZ extra, Pages 72–74, 10/2013

(Wagner 2015) Wagner M.A.: An adaptive Software and System Architecture for Driver Assistance Systems applied to truck and trailer combinations. Ph.D. thesis, University of Koblenz-Landau, Available from: https://www.researchgate.net/profile/Marco_Wagner2/publication/279528442_An_adaptive_software_and_system_architecture_for_driver_assistance_systems_applied_to_truck_and_trailer_combinations/links/55a4f8eb08aef604aa04123f/An-adaptivesoftware-and-system-architecture-for-driver-assistance-systems-applied-to-truck-and-trailercombinations.pdf, 2015

(Weber 2013) Weber, M.: AUTOSAR learns Ethernet. Vector Informatik GmBH. Available from: https://assets.vector.com/cms/content/know-how/_technical-articles/IP_AUTOSAR_HanserAutomotive_201311_PressArticle_EN.pdf

(Weber 2015) Weber, M.: New Communication Paradigms in Automotive Networking. Vector Informatik GmBH. Available from: https://assets.vector.com/cms/content/know-how/_technical-articles/Ethernet_CANFD_AutomobilElektronik_201508_PressArticle_long_EN.pdf

(Weiß et al. 2016) Weiß, G., Schleiß, P., Drabek, C.: Fail-operational E/E

Architecture for Highlyautomated Driving Functions. ATZ elektronik, Vol 11, 03/2016, Pages 16–21, Springer Vieweg Publ., 2016

(Weimerskirch 2016) Weimerskirch, A.: Cybersecurity for Networked and Automated Vehicles (in German). ATZ elektronik, 03/2016

(Winner et al. 2009) Winner, H., Hakuli, S., Lotz, F., Singer, C. (Eds.): Handbook Driver Assistance Systems (in German). Springer Vieweg Publ., 2015

(Wolfsthal and Serio 2015) Wolfsthal, Y., Serio, G.: Made in IBM Labs: Solution for Detecting Cyber Intrusion to Connected Vehicles, Part I. Available from: https://securityintelligence.com/made-in-ibm-labs-solution-for-detecting-cyber-intrusions-to-connected-vehicles-part-i/

(Wolf et al. 2015) Wolf, J., Metzker, E., Happel, A.: Ethernet-Security – example SOME/IP. Vector Informatik GmBH (in German). Available from: https://assets.vector.com/cms/content/knowhow/automotive-cyber-security/Ethernet-Security_SOMEIP_Lecture_VDI_2015.pdf, 2015

(Zetter 2015) Zetter, K.: Researchers Hacked A Model S, But Tesla's Already Released A Patch. Wired online. August 6th 2015. Available from: https://www.wired.com/2015/08/researchershacked-model-s-teslas-already/

링크

2014

(URL1 2014) Me, my car, my life, KPMG Automotive, 2014, http://www.kpmg.com/Ca/en/IssuesAndInsights/ArticlesPmy-life-my-car.pdf

2015

(URL1 2015) https://www.mcafee.com/de/resources/white-papers/wpautomotive-security.pdf

(URL2 2015) http://www.wiwo.de/unternehmen/auto/emobility/digitalisierung-der-aucht-man-daslenkrad-nicht-mehr/v_detail_tab_print/11602152.html, 07.04.2015

(URL3 2015) https://www.bosch-presse.de/pressportal/de/en/bosch-and-daimler-automate-parkingmercedes-with-built-in-valet-42989.html

(URL4 2015) https://www.symantec.com/content/dam/symantec/docs/

white-papers/building-comprehensive-security-into-cars-en.pdf

(URL5 2015) https://www.congress.gov/bill/114th-congress/senate-bill/1806/all-info

(URL6 2015) https://www.digitaltrends.com/cars/bmw-automated-parking-technology-ces-2015/

(URL7 2015) https://www.theiet.org/sectors/transport/documents/automotive-cs.cfm

(URL8 2015) https://delivering-tomorrow.de/wp-content/uploads/2015/08/dhl_self_driving_vehicles.pdf

(URL9 2015) https://vector.com/portal/medien/solutions_for/Security/Ethernet-Security_SOMEIP_Lecture_VDI_2015.pdf

(URL10 2015) https://roscon.ros.org/2015/presentations/ROSCon-Automated-Driving.pdf

(URL11 2015) https://www.iaa.de/fileadmin/user_upload/2015/english/downloads/press/Automationfrom_Driver_Assistance_Systems_to_Automated_Driving.pdf

(URL12 2015) http://www.team-bhp.com/forum/car-entertainment/159729-bmw-idrive-connecteddrive-bmw-apps-review-faq-thread.html

(URL13 2015) http://www.euro.who.int/__data/assets/pdf_file/0006/293082/European-facts-Global-Status-Report-road-safety-en.pdf?ua=1

(URL14 2015) https://www.elektrobit.com/newsroom/webinar-automotive-ethernet-new-generationecu-communication/

2016

(URL1 2016) https://en.wikipedia.org/wiki/Advanced_driver_assistance_systems

(URL2 2016) https://en.wikipedia.org/wiki/Safety_integrity_level

(URL3 2016) https://www.dhs.gov/science-and-technology/cyber-security-division

(URL4 2016) https://en.wikipedia.org/wiki/Functional_safety

(URL5 2016) http://www.exida.com/Resources/Term/Automotive-Safety-Integrity-Level-ASIL

(URL6 2016) https://en.wikipedia.org/wiki/Failure_mode_and_effects_anal

(URL7 2016) http://ec.europa.eu/programmes/horizon2020/

(URL8 2016) https://www.abiresearch.com/market-research/product/1022093-connected-vehiclecloud-platforms/

(URL9 2016) http://www.acea.be/publications/article/strategy-paper-on-connectivity

(URL10 2016) https://www.popsci.com/googles-cars-will-be-treated-likehuman-drivers

(URL11 2016) http://some-ip.com

(URL12 2016) https://www.elektroniknet.de/fit-for-the-turning-point-in-the-automotive-industry-127725.html

(URL13 2016) https://techcrunch.com/2016/08/25/2017-audi-a4-driver-assistance/

(URL14 2016) https://www.itskritis.de/_uploads/5/8/4/584ab66449001/idsposter.pdf

(URL15 2016) http://www.handelsblatt.com/unternehmen/industrie/elektroautopionier-tesla-ruestetautos-zum-selbstfahren-auf/14713452.html

(URL16 2016) https://d23rjziej2pu9i.cloudfront.net/wp-content/uploads/2016/02/19120114/Secure_Ethernet_Communication_for_Autonomous_Driving.pdf

2017

(URL1 2017) www.mobileye.com/technology/applications

(URL2 2017) www.mathworks.com

(URL3 2017) www.google.com

(URL4 2017) http://www.ficosa.com

(URL5 2017) https://www.bcgperspectives.com/content/articles/automotive-consumer-insightrevolution-drivers-seat-road-autonomous-vehicles/?chapter=4#chapter4_section4

(URL6 2017) https://www.bcgperspectives.com/content/articles/automotive-consumer-insightrevolution-drivers-seat-road-autonomous-vehicles/?chapter=4#chapter4_section2

(URL7 2017) https://www.intel.com/content/dam/www/public/us/en/documents/corporate-information/policy-iot-automotive-transportation.pdf

(URL8 2017) https://www.tomtom.com/

(URL9 2017) https://www.bosch.com/

(URL10 2017) https://www.bosch-iot-suite.com/

(URL11 2017) https://archiv2017.iaa.de

(URL12 2017) https://www.iaa.de

(URL13 2017) http://www.emobil-sw.de/en/activities-en/current-projects/project-details/autoplesautomated-parking-and-charging-of-electric-vehicle-systems.html

(URL14 2017) https://en.wikipedia.org/wiki/Here_(company)

(URL15 2017) https://www.bmvi.de/DE/Themen/Digitales/Digitale-

Testfelder/Digitale-Testfelder.html

(URL16 2017) https://www.vda.de/en/topics/innovation-and-technology/network/networked-mobility.html

(URL17 2017) https://en.wikipedia.org/wiki/Vienna_Convention_on_Road_Traffic

(URL18 2017) https://www.nhtsa.gov/sites/nhtsa.dot.gov/files/documents/12837-workshop_on_governance_of_automated_vehicles_03062017_final_version-tag.pdf

(URL19 2017) http://adtf.omg.org

(URL20 2017) https://www.rti.com/products/dds

(URL21 2017) https://www.vda.de/en/topics/innovation-and-technology/automated-driving/automateddriving.html

(URL22 2017) https://www.conti-engineering.com/CMSPages/GetFile.aspx?guid=c3af2186-8330-4c66-bdbd-c082502ca609

(URL23 2017) https://www.kpit.com/resources/downloads/kpit-autosar-handbook.pdf

(URL24 2017) https://info.glass.com/mercedes-using-adas/

(URL25 2017) https://www.mercedes-benz.com/en/mercedes-benz/innovation/mercedes-benz-intelligent-drive/

(URL26 2017) https://vector.com/vi_security_solutions_en.html

(URL27 2017) https://en.wikipedia.org/wiki/Dilation_(morphology)

(URL28 2017) https://en.wikipedia.org/wiki/Erosion_(morphology)

(URL29 2017) http://www.pedbikeinfo.org

(URL30 2017) http://www.npr.org/2017/03/30/522085503/2016-saw-a-record-increase-in-pedestriandeaths

(URL31 2017) https://www.mathworks.com/help/images/functionlist.html

(URL32 2017) https://de.mathworks.com/help/vision/object-tracking-1.html

12
요약, 총평, 향후 전망과
더 읽을거리

12장에서는 이 책의 저자들이 조사한 내용에 대한 요약과 미래 동향, 기술, 혁신과 응용 분야에 관한 전망을 논의한다.

12.1 요약

1장에서는 커넥티비티와 자동차 사이버 보안을 조사하기 위한 단계를 준비하며 커넥티드카, 필수 기술 요소들 그리고 가장 관련 있는 응용 분야 및 비즈니스 모델에 관한 조감도를 제공한다.

2장에서는 자동차 산업을 비즈니스적 관점에서 자세히 살펴보며 판매 수치, 시장 부문, 등록된 수치, 승용차 및 상용차, 공급망 등 승용차와 상용차 시장에 대한 사실과 수치를 제시했다. Toyota, VW과 같은 몇몇 OEM은 시장 점유율의 10%를 차지하고 있고, 몇몇 주요 공급업체들은 시장 점유율이 약 20%에 육박하고 있다. 자동차 산업은 다양한 인수 합병의 흐름을 겪고 있다. 현재 산업을 변화시켜 가고 있는 대세는 자율주행, 커넥티비티, e-모빌리티, 공유 모빌리티 그리고 비즈니스 전반적인 디지털화다. 빠른 변화의 흐름과 함께 산업은 그들 스스로 혁신을 수행할 수 있는 능력을 갖추는 것뿐만 아니라 Daimler의 스타트업 기업 Autobahn 사례처럼 스타트업과도 매우 밀접하게 일하기 시작했다.

3장에서는 자동차 R&D와 가상 제품 개발에 대한 조감도를 제공했다. 자동차는 수천 명의 직원들이 새로운 모델을 위해 반드시 협업해 하고 때로는 각자 서로 멀리 떨어진 곳에서도 흩어져 협업해야만 만들 수 있는 매우 복잡도가 높은 제품이다. 스테이지게이트^{Stage-gate}는 프로세스들을 관리해 각 프로세스 내 활동들을 수립하고 효율적으로 할 수 있도록 돕는다. 대부분의 엔지니어링 작업들은 컴퓨터를 기반으로 한다. CAD 시스템, CAE 도구, 디지털 모형과 정교한 시뮬레이션 환경들은 복잡도와 완성도를 높여 가상 제품을 개발하는 데 도움을 준다. 반면 전통적으로 자동차 공학은 금속과 플라스틱 부품의 기하학에 초첨을 맞췄지만 오늘날 전자공학, 기계공학 그리고 소프트웨어가 더욱 중요해졌다. 현대 제품의 라이프사이클 관리^{PLM} 시스템은 이러한 모든 영역을 유기적으로 통합하고 있다(전기공학, 기계공학, 하드웨어와 소프트웨어).

4장에서는 자동차 전기공학에 대한 전반적인 개요를 설명했다. 이 분야는 자동차 혁신을 위한 가장 유력한 원천이 됐고 현대의 자동차에 대부분의 전반적인 비용과 가치를 높이는 데 책임질 분야다. 12장에서는 자동차 버스 시스템에 대한 전반적인 개요와 간략히 AUTOSAR 소프트웨어 스택과 전자제어장치의 HIL^{Hardware-In-the-Loop} 테스팅과 같은 디자인과 아키텍처 이슈에 대한 간략한 설명과 같이 각기 다른 영역들과 응용 분야에 관해 알아봤다.

5장과 6장에서는 이 책의 핵심 주제인 커넥티드카와 자동차 사이버 보안에 대해 다루고 있다. 커넥티비티는 혁신과 새로운 비즈니스 모델을 위한 주요 원동력 중 하나다. 커넥티드카는 커넥티드카 환경 내에서 서로 정보를 주고 받는다. 이것은 매우 복잡한 사이버 물리 시스템이다. 12장에서는 다양한 통신 기술과 비즈니스 모델에 대해 전반적인 개요와 사물인터넷^{IoT}의 흐름 내에서 기술을 논의하며, 상이한 아키텍처들에 대한 개요를 살펴보고 최종적으로 Mercedes의 Command Online과 BMW의 Connected Drive 서비스를 사례로 살펴보았다. 6장에서는 자동차 사이버 보안에 관련한 주제를 자세히 소개했다. 사이버 보안은 공격과 위해 또는 비인가된 접근으로부터 보호하기 위해 기술, 프로세스 그리고 사례 관리 모든 것을 포괄적으로 포함한다. 2014년 2015년 발표된 Miller와 Valasek의 논문들(Miller와 Valasek, 2014, 2015), Wired Magazin의 그린버그 2015년 기사(그린버그, 2015), 그리고 2015년 상원의원 Markey와 그의 팀에서 작성한 보고 자료(Markey, 2015)은 이러한 주제에 주의를 끌었었다 (URL1 2015). 사이버 보안 이슈는 커넥티비티와 카셰어링, 라이드셰어링 그리고 자율주행과 같은 새로운 콘셉트의 관점에서 높은 연관성을 갖게 됐다. 이에 따라 12장에서는 사이버 보안에 대한 이론적인 틀과 자동차 시스템에 대한 응용 그리고 중요한 사례를 연구에 대한 통찰력을 제공했다. 주제들은 취약점, 사이버 공격 지점, 공격 벡터, 침입 탐지, 침입 방지 그리고 자동차 사이버 보안에 대한 해결책을 포함하고 있다.

7장에서는 자동차 응용 분야에서 활용되는 모바일 앱에 대해 다뤘다. 자동차 제조사들의 정보 관리에 대한 전반적인 현황을 시작으로 Two-speed IT라는 용어를 탄생시키고 애자일 소프트웨어 방법론을 대중화한 디지털화에 대한 도전들을 분석했다. 모바일 앱의 플랫폼의 선두주자는 Android와 iOS이다. 두 플랫폼에 대해 간략한 소개와 관련한 내용을 다뤘으며 IIT-B의 2016년 자동차 IT 관련 수업에 학생 프로젝트와 사이버 보안은 분석, 설계 그리고 학생을 위한 라이딩셰어링 앱 구현에 대한 사례 연구로 자세히 다뤘다.

8, 9, 10장에서는 카셰어링, 라이딩헤일링, 라이딩셰어링 그리고 커넥티드 파킹과 자율 발렛파킹처럼 실질적인 중요 응용 분야에 관해 다뤘다. 이러한 응용 분야는 커넥티비티와 밀접한 관련이 있으며 사이버 공격 지점으로써 중요하게 관리되고 있다. 마지막으로 11장은 어드밴스드 운전 보조 시스템[ADAS]과 자율주행에 대해 중점적으로 다룬다. 12장에서는 차선 이탈 경고, 차선 유지 보조와 같은 ADAS의 기능들의 예시와 이미지 처리의 기초와 이미지 분석 기술 그리고 더 높은 자동화 및 자율주행에 대한 법적인 측면에 관해 소개했다. 자율주행차는 유연한 전기전자 그리고 소프트웨어 아키텍처가 필요하다. 자율주행을 위한 사이버 보안 분야는 역동적이고 매우 혁신적이며 필수적으로 연구가 필요한 분야다. 이 책은 SOME/IP의 보안과 같은 이러한 연구의 방향을 제시했고, 이 분야에서 발전되고 있는 연구 논문들을 검토하도록 독려했다.

12.2 총평: 변화의 바람

자동차 산업은 넓은 범위와 깊이뿐만 아니라 변화의 속도면에서도 유례없는 변화의 시간을 맞고 있다(Broy 2015; URL2 2016). 가속도, 최고속도, 마력 그리고 디자인은 과거 자동차를 구매함에 있어 가장 중요한 기준이었던 반면, 전자공학과 소프트웨어 혁신은 미래의 기준이 됐다(Dunker와 Bretting 2016). 그림 12.1은 VW사의 부가티 베이론을 보여주고 있다. 이 자동차의 엔진은 의심의 여지 없이 자동차공학의 경이로움을 보여준다. 하지만 커넥티비티, 인공지능, 반도체의 발전, 배터리 용량, 충전 편리함 그리고 디지털 환경으로 자동차를 통합하는 것은 앞으로의 시장에서 경쟁력을 갖는 차별화 요소가 될 것이다.

이러한 변화의 4가지 원동력은 다음과 같다.

- 자율성
- 커넥티비티
- e-모빌리티
- 공유 모빌리티

이 4가지 요소가 필수적인 게임 체인저 역할로 보인다. 이와 관련해 Daimler사의 대응은 CASE라는 새로운 조직을 만드는 것이었다. CASE는 네트워킹 Connected, 자율주행Autonomous, 유연한 사용Shared 그리고 전기주행Electric의 앞 글자를 합쳐서 만들었으며 전략적 미래 영역을 의미한다.

12.2.1 간소화 기술

Tata 자동차가 나노Nano를 론칭했을 당시 많은 사람들은 1렉(인도 통화 단위)짜리 자동차를 만드는 것은 불가능하다고 믿었다(미화로 약 2,000달러) 하지만 인도는 3,000달러부터 시작하는 비싸지 않은 많은 저가 자동차가 있었고, Tata는 현지의 효율적이고 저렴한 공급망 덕분에 나노를 매우 경쟁적인 가격을 붙여 팔 수 있었다. 간소화 기술의 핵심은 간단하지만 효과적이고 즉흥적이지만 혁신적이며 항상 가격을 예리하게 주시하고 대중 시장의 요구에 집중력을 유지하는 접근을 의미한다. 많은 흥미로운 아이디어들은 신흥 시장에서부터 오고, 그중 많은 것들이 포화 시장에서도 유용하다.

12.2.2 아시아 시장의 부상

자동차 시장의 상위에 중국이 부상하며 세계에서 가장 큰 시장이 되며 신흥 시장의 잠재력을 보여주고 있다. 인도 자동차 시장 또한 급격히 성장하고 있고, 세계에서 두 번째로 큰 시장으로 떠오를 것이다. 이미 인도는 버스 판매에 있어 2번째로 큰 시장이며 상용 자동차의 주요 시장 중 하나다. 아시아의 큰 도시들은 성장하고 있고 급격한 도시화로 인해 사람들은 도시 내 개인과 공공 운송 수단에 대한 수요가 커져가고 있다. 이런 요구는 내연 기관 엔진을 기반으로 한 기술로는 만족시킬 수가 없다. 내연기관 엔진과 전기주행 기술의 조합과, 혼잡한 도심지역에서 배출 가스 없이 오래 사용 가능한 순수 배터리 전기차를 필요로 한다. 디젤 엔진 스캔들은 이런 개발을 가속화했다. 이미 중국과 인도는 많은 유럽 국가들과 미국 캘리포니아 주처럼 전기자동차와 관련한 대규모 목표들을 통과시켰다.

그림 12.1 IAA 2017에서 선보인 16 실린더, 1500마력 엔진의 VW 부가티 베이론

12.2.3 E-모빌리티

모터라이제이션(자동차화)의 비율은 전기자동차와 함께해야만 지속적으로 성장할 수 있다. 이는 배터리, 배터리 관리, 동력 전자기술, 충전 인프라 등 기반 기술들에 대한 많은 연구에 촉발시켰다. 거의 모든 자동차 OEM은 대량의 새로운 배터리 전기 자동차BEV를 발표했다. Daimler의 소형 도심 자동차 스마트Smart는 그림 12.3과 같이 오직 전기 파워트레인만 사용 가능하다. StreetScooter와 같은 새로운 업체들이 생겨나고 있다(URL6, 2017). 이에 독일 자동차 OEM은 충

격이 크다. 독일 우편 서비스, 도이치 포스트 DHL 그룹은 전기 밴 차량을 VW, Daimler, BMW에서 주문하지 않고 이전 아헨^{Aachen} 기술 대학에서 분리돼 시작된 e-모빌리티 스타트업이었던 StreetScooter라는 자회사에서 직접 생산한다. Apple과 같은 거대 기술 집약적인 회사들 또한 그들의 배터리, 전기공학, 소프트웨어 그리고 Apple 고객의 환경에 대한 지식을 정리하며 e-모빌리티의 수익성 있는 분야로 진출 하고 있다. ushrooms와 같은 중국 스타트업들도 나타났다. 이들은 중국 대형 투자 회사나 중국 IT 대기업인 Alibaba와 Baidu의 지원을 받는다.

12.2.4 연료 전지

전기 파워트레인 외에 수소는 또 다른 선택지다. 수소는 연료 전지 내에서 산소와 함께 연소돼 물을 생성하고 전기 파워트레인에 사용될 전기를 만들어낸다. 이 기술은 새로운 것은 아니며, 현재 순수 전기 파워트레인에서 수소 기술이 갖는 이점을 적용 할 수 있을 정도로 잘 개발된 상황이다. 가장 중요한 이점은 연료 전지 자동차는 연료를 탑재하고 있고, 배터리는 더 작고 주행 거리는 더 길다는 것이다. Hyundai 자동차의 ix35 연료 전지는 한 번 탱크에 연료를 보충하고 590km 이상의 거리를 주행 가능하다. 연료를 주입하는 과정은 순수 전기차와 대조적으로 수 분내 완료된다. Toyota와 Hyundai 자동차는 수소 자동차 시리즈를 독일에 공급하고 있다. Daimler는 또한 IAA 2017에서 첫 번째 시리즈 모델을 선보였다.

12.2.5 커넥티드카

많은 혁신의 중심에는 커넥티비티와 연관돼 있다. 커넥티드카는 자동차와 인프라 그리고 클라우드와 통신한다. 커넥티드카는 위치인식과 사람보다 더 많은 양의 정보를 처리할 수 있으며, 응급 서비스, 원격 진단, 위치 인식 관련 솔루션 그리고 사용 기반 보험 등 다양한 새로운 서비스를 위해 가치 있는 데이터를 생성할 수 있다. 이는 스마트폰의 생태계와 유사하다. 그렇지만 잠재적인 데이터의 양과 범위와 깊이는 더 높다. Otonomo와 같은 스타트업은 이러한 상황을 인식하고 자동차 데이터를 위한 시장을 만들어 가고 있다(URL1, 2017). 하지만 몇

몇 핵심 이슈와 의문점이 있다. 누가 데이터를 소유하고 프라이버시 보호에 대한 보장과 어떻게 모두가 공평하게 공유할 수 있으며 어떻게 OEM이 이런 데이터를 독점하지 않게 할 수 있는지에 관한 사항이다. 이러한 이슈는 매우 신중하게 처리해야만 한다(Hammerschmidt 2017; URL1, 2016).

BMW는 이미 회사가 운영하는 포털을 통해 고객이 누군가와 공유하고자 하는 데이터를 체크할 수 있는 커넥티드카 데이터 서비스인 CarData를 통해 이러한 이슈에 관련해 큰 행보를 보여줬다. 또한 고객은 기본적으로 흥미 있는 데이터를 다운로드할 수 있다.

12.2.5 공유 모빌리티

모빌리티의 새로운 의미가 떠오르고 있다. 카셰어링, 라이드셰어링 그리고 라이드헤일링은 서비스를 제공하고 비용을 계산하기 위해 스마트폰 플랫폼을 사용한다. 인도와 중국에서는 사람들이 이러한 서비스들로 끌어들여 붐이 일어났고 공공 운송 시장은 완벽히 무너졌다. 자동차에서 열차로 그리고 다시 버스로 이동하는 것처럼 효과적인 협동 일관 수송과 서로 다른 운송 플랫폼 간의 상호작용은 여전히 진행 중인 혁신 분야이다.

자동차 소유권은 증가하거나 반대로 유연한 활용성과 함께 운송을 위한 새로운 비즈니스 모델과 모빌리티의 접근으로 인해 대체되고 있다(Bridges 2015; URL4 2017).

플랫폼과 디지털 환경은 긴밀하게 계산, 할인 체계 그리고 상호 판매의 많은 기회를 통합하기 위해 매우 중요한 존재가 됐다. 디지털 플랫폼은 매우 빠르게 확장하는 경향이 있으며, 이는 Google, Airbnb, Booking.com, Uber 등과 같이 승자가 대부분을 차지하는 형태다. 또한 자동차를 판매하는 방식도 근본적으로 변화하게 될 것이다. Tesla가 이러한 변화를 인상적인 방식으로 선보였다. 주요 위치에 몇몇 쇼룸을 설치하고 예약, 탁송 그리고 서비스는 인터넷으로 관리하는 방법이다.

12.2.7 자율주행

어댑티브 크루즈 컨트롤, 긴급 제동, 사각지대 탐지, 차선 이탈 경고와 차선 유지 보조 그리고 원격 및 자동 주차는 단지 자동차를 더 안전하고 쉽게 운전할 수 있도록 하는 많은 ADAS 기능 중 일부이다. ADAS 시스템은 다양한 유연성, 모듈화, 민감성, 신뢰성, 테스트 가능성, 보안 등 비기능적 요구 사항을 포함하고 있다. 이러한 더 높은 수준의 자동화 및 자율주행은 전기전자와 소프트웨어 아키텍처에 큰 영향을 주었고 더 높은 대역폭과 함께 더 많은 센서 데이터 전송하기 위한 유연한 버스 시스템과 정교한 이미지 프로세싱 그리고 인공지능의 혁신 및 머신러닝을 위한 강력한 프로세싱 플랫폼을 필요로 한다. 자율주행을 위한 법적인 체계는 여전히 발전해야만 하지만 누구도 이러한 혁신에서 뒤쳐지는 것을 원하지 않기 때문에 아마도 이전보다는 더 빠르게 이뤄질 것이다. 사람은 언제나 자동차 제어의 책임을 요구하는 비엔나 협약의 도로 교통 부문의 변화가 핵심이다. 또한 윤리적인 문제점도 해결돼야만 하고 보험 모델도 적용해야만 한다. 이미 ZF/TRW 와 같은 공급업체들은 비전 제로에 대해 이야기하고 있다. 비전 제로는 더 이상 사고는 발생하지 않으며 높은 수준의 자동화 그리고 자율주행은 여기서 중요한 역할을 하게 될 것이다. 예를 들어 트럭이 교통 체증 상태의 맨 뒤 차량 위치에서 충돌하는 사고의 숫자를 고려해보면, 긴급 제동과 조건부 자동화는 이러한 사고를 예방해줄 것이라는 이야기다. 그림 12.2는 2017년 프랑크푸르트에서 열린 오토쇼 IAA에서 선보인 BMW의 자율주행 콘셉트 자동차다. 그림 12.3에 나타난 Daimler의 Smart Vision EQ ForTwo는 무인 2인승 차량이 될 것이며 2020년 Daimler의 성장 기업 Car2Go 보유 차량에 추가될 것이다. 자율주행에 대한 막대한 투자는 일부 OEM에 의해 처리되고 있고 그들 대부분은 파트너나 새로운 협약을 통한 도움이 필요하다(Schaal 2017, Freitag 2016).

12.2.8 자동차 사이버 보안

디지털화는 어두운 면을 갖고 있다. 바로 사이버 범죄의 증가다. 자동차 제조사들은 개인의 자동차가 해킹되는 것에 대해 크게 두려움을 갖고 있지 않지만 잠재적으로 협박은 광범위하게 일어나고 있다는 것이다.

자율주행은 커넥티비티, 복잡한 소프트웨어 시스템, OTA[Over-The-Air] 업데이트 그리고 car-to-cloud 통신을 기반으로 한다. 이러한 모든 것들은 넓고 복잡한 공격 지점을 만들어낸다. ADAS와 자율주행을 위한 사이버 보안은 전반적인 접근 방식을 필요로 한다. 이러한 방향성에서 첫 걸음이 무엇인지 보이지만 이보다 더 많은 작업을 필요로 한다(Weimerskirch 2016).

그림 12.2 IAA 2017에서 소개된 BMW의 자율주행자동차의 비전

그림 12.3 IAA 2017에서 소개된 Daimler의 콘셉트카 Smart Vision EQ ForTwo

기능적 안전과 사이버 보안은 밀접한 연관성이 있다. 신뢰할 수 있는 무인 자동차는 잘 설계된 소프트웨어 스택과 함께 오직 "보안 접근적 설계design by security approach"가 반영돼야만 가능할 것이다.

12.3 향후 전망 및 더 읽을거리

12.3.1 향후 전망

미래에는 기술들의 집약이 가속화되는 것을 볼 수 있을 것이다. 자동차 산업은 크게 변화할 것이고 기존 기업들은 매각되며, 그 외 기업들은 합병하거나 영원히 사라지게 될 것이다. 반면 e-모빌리티 분야에 많은 새로운 벤처 기업이 나타날 것이며 흥미로운 새로운 협력 모델들은 통합될 것이다. Dudenhöffer(2016)는 이러한 시나리오들의 일부에 대해 논의하고 미래에 누가 지속적으로 존재할 것인가에 대해 추측했다. 우리는 미래에 자동차를 운전할 것인가? 미래에는 운전을 좋아하는 사람이 있을 것이고 특별한 경험을 누리는 것을 즐길 것이다. 하지만 대부분의 사람들은 자율주행과 스스로 운전하지 않아도 된다는 자유를 즐기게 될 것이다. 무인 자동차는 더 안전하고 더 효율적이게 될 것이다. 상품의 운송은 자율주행 시스템에 의해 지배될 것이며 주요 공공 운송 수단은 역시 사람을 자동으로 수송하는 시스템에 의해 관리될 것이다.

1990년대에 한 저자가 그의 학업을 마친 직후 자동차 산업에 입문했을 때, 자동차 사업은 기술의 엘도라도로 보였다. 자동차는 가장 복잡한 대량 생산 소비자 제품임이 틀림없기 때문이다.

다시 말하면 유례없는 변화의 과정을 목격하며 이 산업의 일부가 되는 흥분되는 시간이다. 이제 우리를 어디로 이끄는 것일까?

12.3.1.1 GAFA

전기자동차 패러다임, 커넥티드카, 무인 자동차 패러다임, 새로운 모빌리티 패러다임 그리고 산업 4.0 패러다임과 같이 과거에 절대 자동차 산업이 이런 많은 최첨단 혁신들을 한 번에 다뤄야만 했던 적은 없었다(Möller 2016). 예측에 따르면 예를 들어 개인적으로 운전하고 개인이 구매하고 소유하는 자동차들 그리고 내연기관에 의한 동력을 갖고 자동차 제조사와 공급업체들에 의해 생산되는 오늘날 우리에게 알려진 자동차들은 미래에는 존재하지 않을 것이라고 예상한다. 또한 산업 4.0 패러다임을 기반으로 고도로 자동화되고 유연 생산 가능한 공장에서 생산되는 전기, 무인, 커넥티드 모빌리티 서비스에 의한 대체를 직면하게 될 것이라 예상했다. 더 나아가 몇몇 보고서에서는 자동차 제조사와 공급업체와 나란히 미국 인터넷 기업 GAFA라 표현되는 Google, Apple, Facebook 그리고 Amazon은 이 새로운 디지털 가치 사슬^{digital value chain}을 장악할 것이라고 이야기했다. 이 4개의 거대 인터넷 기업의 시가 총액은 25조 달러는 넘는다(2018년 5월). 예를 들어 현재 웨이모^{Waymo}라 부르는 Google의 자율주행자동차 프로젝트는 사람과 물건의 이동을 위해 운전을 안전하고 쉽게 하는 목표와 함께 모빌리티의 새로운 방식을 상징한다. Tesla와 함께 전기자동차의 선구자인 창업자 Elon Musk는 기가팩토리^{Gigafactory}라 부르는 배터리 팩 제품을 개발하고 있다. Tesla의 기가팩토리 1은 미국 네바다 주 클라크 인근 스토어 카운티에 TRIC^{Tahoe Reno Industrial Center}에서 사용 가능한 리튬-이온 배터리인 전지의 대량 생산을 시작했다. Tesla의 기가팩토리 2는 2017년 2월에 설립된 미국 뉴욕 버팔로의 솔라시티 기가팩토리^{SolarCity Gigafactory}를 말한다. 기가팩토리 3, 4, 5는 유럽 기가팩토리로 2017년에 소개됐다.

2015년에는 자동차 산업은 세계적으로 8,500만 대 이상의 자동차 생산을 기록했다(2장 참고). 역사상 유례없는 많은 개인들이 내연기관 자동차를 소유하고 있으며 이러한 자동차들은 전통적인 자동차 제조사와 그들의 공급사에 의해 생산된 것이다. 그러나 현재는 새로운 기술과 서비스가 지배적이기 이전에 작은 형태의 파괴적 혁신들을 내놓고 있다. 그러나 어떻게 우리는 진짜 파괴적 혁신인지 단기간의 흐름에 대한 대응인지 알 수 있을까? Tesla, Uber 등의 회사들은 전적으로 전가차, 새로운 모빌리티 서비스 그리고 무인 자동차를 지향하며 성공적인 파괴적 기업으로 모습을 드러냈지만 여전히 남아 있는 질문은 무엇이 영향을 미칠 것이고, 만약 손실이 수익보다 빠르게 증가하면 얼마나 그들은 버텨낼 수 있으며, 새로운 비즈니스 모델들은 이러한 파괴적인 변화를 지속할 것인가이다. 전기차의 생산과 판매뿐만 아니라 충전 인프라의 필요, 필요한 양만큼 배터리와 전기의 제공 그리고 빠르게 성장하고 커지고 큰 시장의 규모를 지원할 수 있는 매력적인 가격이 요구된다. 그렇지만 최고의 혁신을 할 수 있는 유일한 기업들이 경제적 리더십을 이어 갈 수 있게 된다. Tesla와 그 외 기업들을 제외하고 힘과 성공을 갖춘 GAFA 회사들은 그들 스스로 지속적인 발전을 할 수 있는가? 한편으로 나스닥 지수에서 알 수 있듯, 이 회사들은 지난 수십 년 간 기술력이 뛰어난 기업들을 합병해 글로벌 대기업이 됐다. 최근에는 지속적으로 성장할 수 있는 안정성과 창조적인 파괴를 조직의 사명으로 하고 있다.

12.3.2 더 읽을거리

Dudenhöffer(2016) 그리고 KPMG(URL1 2014)와 VDA(URL4 2017)에 의해 진행된 연구에서는 디지털화에 관한 다양한 측면들과 새로운 e-모빌리티, 공유 모빌리티 그리고 자율주행이라는 새로운 흐름에 의해 어떻게 산업이 개혁될 수 있는지를 보여준다.

Alexander 외(2017)는 자동차 전자부품의 공급에서 파괴적 효과들의 영향을 분석했다.

자동차 전자부품에 관련한 더 많은 소재들은 Streichert와 Traub(2012), Reif (2014), Borgeest(2014), Krüger(2014) 그리고 Navet과 Simonot-Lion(2009)의 연구에서 찾을 수 있다.

최근 자동차 소프트웨어 공학의 개요는 Schäuffele와 Zurawka(2016)의 연구에서 참고할 수 있다.

자동차 동력 전달 라인의 모델링, 시뮬레이션 그리고 제어에 관한 자세한 개요는 Kiencke와 Nielsen(2005) 자료에서 볼 수 있다.

사이버 보안에 관해 심도 있게 다루기 위해서 Eckert(2014)의 자료를 참고하라. 자동차 해킹의 개요는 Smith(2016)와 Polchow(2016)의 자료를 참고하라. 정기적으로 개최되는 라스베이거스에서 열리는 DEFCON 콘퍼런스에서는 "카 해킹 빌리지car hacking village"라 부르는 자동차 해킹과 관련한 특별한 세션이 있다 (URL3 2017).

Singe와 Friedman(2014), Köncke와 Buehler(2015), Loukas(2015), Mitnick과 Simon(2005) 그리고 Goodman(2015)은 사이버 범죄에 대한 도전 과제와 흐름에 대해 훌륭한 개요를 제공한다.

e-모빌리티에 관한 더 많은 정보는 Kampker 외(2013), Kampker(2014), Hinderer 외(2016) 그리고 Schöttle(2017)을 참고하라. Reuss 외(2015)는 e-모빌리티와 자율주행 간 시너지에 대해 다룬다.

Winner 외(2009), Siebenpfeiffer(2014), Maurer 외(2015), Bernhart (2017) 그리고 Beck(2016)은 ADAS와 자율주행 분야의 최근 연구 활동에 대한 좋은 요약 자료를 제공한다. Becker(2016)는 기술이 성숙하지 않을 경우 발생하는 이슈에 대해 논의한다.

Ross(2014) 자동차 공학에서 기능적 안전에 대한 자세한 개요를 제공한다.

Russell과 Norvig(2016), Kaplan(2016)과 Kurzweil(2012)에서는 인공지능

과 머신러닝에 관한 훌륭한 입문 자료를 찾을 수 있다. Haykin(2009)은 비선형 패턴 인식과 사이버 보안, 지능형 모빌리티 그리고 자율주행에서 다양한 애플리케이션을 통한 머신러닝의 흥미로운 패러다임으로써 신경망^{neural network}에 대해 심도 있는 개요를 제공한다. AI는 현재 많은 자금을 끌어들이고 있으며 이에 대한 내용을 Markoff(2016)와 Menn(2016)이 다뤘다.

커넥티드카와 빅데이터에 관한 가치 있는 정보들은 PwC(Viereckl 외 2016), Cisco(URL2 2015), McKinsey(URL2 2014) 그리고 Lamparth 외(2014)의 보고서에서 찾을 수 있다.

자동차 IT에 대한 간략한 소개는 Johanning과 Mildner(2015)의 자료에서 찾을 수 있다. 자동차 산업에서의 디지털화에 대한 최근 개요는 Koehler와 Wollschlaeger(2014)의 자료에서 찾을 수 있다.

참고문헌 및 더 읽을거리

(Alexander et al. 2017) Alexander, M., Bernhart, W., Zinn, J.: Tier-1 under Pressure, Direction and Role Change in the supply chain (in German), ATZ elektronik, pp. 31–35. 03/2017

(Becker 2016) Becker, J. Autopilot of Tesla – in a Tesla the risk is a standard feature (in German). Süddeutsche Online. November 17th 2016. Available from: http://www.sueddeutsche.de/auto/autopilot-von-tesla-bei-tesla-ist-das-risiko-serienmaessig-1.3252192

(Beck 2016) Beck, T., Do we need Autonomous Driving? (in German) elektronik.net , 1/2016, pp. 48–49. 01/2016

(Bernhart 2017) Bernhart, W.: Autonomous Driving, Markets, Drivers and Business Models (in German), ATZ elektronik, pp. 36–41. 02/2016

(Borgeest 2014) Borgeest, K.: Electronics in vehicle technology – Hardware, Software, Systems, and project management (in German). Springer Vieweg Publ., 3rd edition, Wiesbaden, 2014

(Bridges 2015) Bridges, R.: Driverless Car Revolution Buy Mobility – Not Metal, Self-published, 2015

(Broy 2015) Broy, M.: The Danger is in the Speed with which things are changing (in German), ATZ elektronik, Springer Vieweg Publ., 8/2015

(Dietz et al 2016) Dietz, W., Reindl, S., Bracht, H. (Eds): Basic Principles of the Automotive Business (in German). Springer Automotive Media, 2016

(Dudenhöffer 2016) Dudenhöffer, F.: Who will be put in the fast lane (in German). Campus Publ., 2016

(Dunker and Bretting 2016) Dunker, H., Bretting, R.: Times are Changing (in German). Automotive IT, pp. 46–49. 01/02 2016

(Eckert 2014) Eckert C., IT Security – Concepts, Methods and Protocols, De Gruyter Oldenbourg (in German), 9th edition, Munich, 2014

(Freitag 2016) Freitag, M.: Robotic cars – German manufacturers in pole position (in German). Manager Magazin online. July 26th 2016. Available from: http://www.manager-magazin.de/unternehmen/autoindustrie/roboterautos-deutsche-autobauer-fuehrena-1104783.html

(Goodman 2015) Goodman, M.: Future Crimes. Doubleday Publ., 2015

(Greenberg 2015) Greenberg, A.: Hackers Remotely Kill a Jeep on the Highway with me in it.Wired online. July 21st 2015: Available from: https://www.wired.com/2015/07/hackersremotely-kill-jeep-highway/

(Haykin 2009) Haykin, S.: Neural Network and Learning Machines. 3rd edition. Pearson Education,2009

(Hammerschmidt 2017) Hammerschmidt, C.: Shut Off (in German). carIT, special IAA edition, pp. 32–34, 01.2017

(Hinderer et al. 2016) Hinderer, H., Pflugfelder, T., Kehle, F.: Electromobility (in German). Springer Automotive Media, 2016

(Johanning and Mildner 2015) Johanning, V., Mildner, R.: Car IT compact – The Car of the Future – Driving Connected and Autonomously (in German). Springer Vieweg Publ., Wiesbaden, 2015

(Kampker et al. 2013) Kampker, A., Vallee, D., Schnettler, S.: Electromobility – Foundations of a technology for the future (in German). Springer Vieweg Publ, Wiesbaden, 2013

(Kampker 2014) Kampker, A.: Production of electromobiles, Springer Vieweg, Publ., 2014

(Kaplan 2016) Kaplan, J.: Artificial Intelligence, Oxford University Press, 2016

(Kiencke and Nielsen 2005) Kiencke, U., Nielsen, L.: Automotive Control Systems: For Engine, Driveline, and Vehicle. Springer Publ., 2005

(Koehler and Wollschlaeger 2014) Koehler, T. R., Wollschlaeger, D.: The digital transformation of the automobile – five megatrends which are changing the industry, Media-Manufaktur GmbH, 2014

(Köncke and Buehler 2015) Köncke, F. C., Buehler, B. O.: Cyber Attacks – Underestimated Risk for the German Industry (in German). Wirtschaftswoche online. November 9th 2015. Available from: https://www.wiwo.de/technologie/digitale-welt/cyber-angriffe-unterschaetztes-risiko-fuerdie-deutsche-industrie/12539606.html

(Krüger 2014) Krüger, M.: Foundations of automotive electronics: circuits (in

German). 3rd edition, Hanser Publ., Munich, 2014

(Kurzweil 2012) Kurzweil, R.: How to create a mind: The Secret of Human Thought revealed. Viking Penguin Publ., 2012

(Lamparth et al 2014) Lamparth, O., Bähren, F.: From the Connected to the Autonomous Car. ATZ elektronik, Vol 9, 05/2014, pp. 36–39, Springer Vieweg, Publ., 2014

(Loukas 2015) Loukas, G.: Cyber-Physical Attacks – A growing invisible Threat. Elsevier Publ., 2015

(Maurer et al. 2015) Maurer, M., Gerdes, C. J., Lenz, B., Winner, H. (Eds.): Autonomous Driving, Technical, legal and social aspects (in German). Springer Vieweg Publ., 2015

(Markey 2015) Markey, E.J.: Tracking and Hacking: Security and Privacy Gaps Put American Drivers at Risk. 2015. Available from: https://www. markey.senate.gov/imo/media/doc/2015-02-06_MarkeyReport-Tracking_ Hacking_CarSecurity%202.pdf

(Markoff 2016) Markoff, J.: Artificial Intelligence Swarms Silicon Valley on Wings and Wheels, The New York Times, July 2016, URL http://nyti. ms/2a0Awys

(Menn 2016) Menn, A.: Nvidia founder Huang: Artificial Intelligence triggers next Industrial Revolution (in German). Wirtschaftswoche Online. 9.12.2016. https://www.wiwo.de/technologie/digitale-welt/nvidia-gruender- huang-kuenstliche-intelligenz-loest-naechste-industriellerevolution- aus/14951562.html

(Miller and Valasek 2014) Miller C., Valasek C.: A Survey of Remote Automotive Attack Surfaces.IOActive 2014. Available from: https:// www.ioactive.com/pdfs/IOActive_Remote_Attack_Surfaces.pdf

(Miller and Valasek 2015) Miller, C., Valasek, C.: Remote exploitation of an unaltered passenger vehicle. August 10th 2015. Available from: http:// illmatics.com/Remote%20Car%20Hacking.pdf

(Mitnick and Simon 2005) Mitnick, K. D., Simon, L.: The art of Intrusion, Wiley Publ., Hoboken, NJ, 2005

(Möller 2016) Möller, D. P. F.: Guide to Computing Fundamentals in Cyber- Physical Systems – Concepts, Design Methods, and Applications. Springer Publ., 2016

(Navet and Simonot-Lion 2009) Navet, N., Simonot-Lion, F.: Automotive Embedded Systems Handbook. CRC Press, 2009

(Polchow 2016) Polchow, Y.: Hacker on the Fast Lane (in German). automotive IT, pp.18–21.01/02/2016

(Reif 2014) Reif, K: Automotive Electronics: An Introduction for Engineers (in German). Springer Vieweg Publ., 2014

(Reuss et al. 2015) Reuss, H.-C., Meyer, G. and Meurer, M.: Roadmap 2030

Synergies between electromobility and autonomous driving (in German). ATZ elektronik, pp 54–57, 2015

(Ross 2014) Ross, H.-L.: Functional Safety in Automobiles (in German), Hanser Publisher, Munich, 2014

(Russell and Norvig 2016) Russel, S., Norvig, P.: Artificial Intelligence: A Modern Approach. Pearson Education, 3rd edition, 2016

(Schaal 2017) Schaal, S.: Auto Trends at the CES – Only four Car Manufacturers are capable of developing everything on their own. Wirtschaftswoche online. January 4th 2017. Available from: https://www.wiwo.de/unternehmen/auto/auto-trends-auf-der-ces-nur-vier-autobauer-koennen-allesselbst-entwickeln/19203074.html

(Schäuffele and Zurawka 2016) Schäuffele, J., Zurawka, T.: Automotive Software Engineering – Basics, Processes, Efficient Deployment of Methods and Tools. Springer Vieweg Publ., 6th edition, Wiesbaden, 2016

(Siebenpfeiffer 2014) Siebenpfeiffer, W. (Ed.): Connected Cars – Security, Car IT, Concepts (in German). Springer Publ., 2014

(Singer and Friedman 2014) Singer, P., Friedman, A.: Cybersecurity and Cyberwar: What Everyone Needs to Know, Oxford University Press, Oxford, UK, 2014

(Schöttle 2017) Schöttle, M.: New roles of Electromobility (in German). ATZ elektronik, pp. 8–15, 03/2017

(Smith 2016) Smith, C.: The Car Hacker's Handbook - A Guide for Penetration Tester, no starch press, San Francisco, 2016

(Streichert and Traub 2012) Streichert, T, Traub, M.: Electric/Electronics Architectures in Automobiles (in German). Springer, Publ., 2012

(Viereckl et al. 2016) Viereckl, R., Ahlemann, D., Koster, A., Hirsh, E., Kuhnert, F., Mohs, J., Fischer, M., Gerling, W., Gnanasekaran, K., Kusber, J., Stephan, J., Crusius, D., Kerstan, H., Warnke, T., Schulte, M., Seyfferth, J., Baker, E. H.: Connected car report 2016: Opportunities, risk, and turmoil on the road to autonomous vehicles. September 28th 2016. Available from: https://www.strategyand.pwc.com/report/connected-car-2016-study

(Weimerskirch 2016) Weimerskirch, A.: Cybersecurity for Networked and Automated Vehicles (in German). ATZ elektronik, 03/2016

(Winner et al. 2009) Winner, H., Hakuli, S., Lotz, F., Singer, C. (Eds.): Handbook Driver Assistance Systems (in German), Springer Vieweg Publ., 2015

링크

2014

(URL1 2014) https://assets.kpmg.com/content/dam/kpmg/pdf/2014/11/me-my-life-my-car.pdf

(URL2 2014) https://www.mckinsey.com/industries/automotive-and-assembly/our-insights/settingthe-framework-for-car-connectivity-and-user-experience (2014–2018)

2015

(URL1 2015) https://www.congress.gov/bill/114th-congress/senate-bill/1806/all-info

(URL2 2015) https://cci.car-it.com/download/CCI_2015_Web.pdf

2016

(URL1 2016) http://www.acea.be/publications/article/strategy-paper-on-connectivity

(URL2 2016) https://www.elektroniknet.de/fit-for-the-turning-point-in-the-automotive-industry-127725.html

2017

(URL1 2017) http://otonomo.io

(URL2 2017) https://www.iaa.de/

(URL3 2017) https://defcon.org

(URL4 2017) https://www.vda.de/de/themen/innovation-und-technik/vernetzung/vernetzte-mobilitaet.html

(URL5 2017) https://www.vda.de/en/topics/innovation-and-technology/automated-driving/automateddriving.html

(URL6 2017) https://www.streetscooter.eu

(URL7 2017) http://www.bmw.de/de/topics/faszination-bmw/connecteddrive/digital-services/bmwcardata.html

(URL8 2017) https://en.wikipedia.org/wiki/Gigafactory_1

용어 정리

A

ABS^{Anti-lock Braking System} 제동 시 운전자의 입력에 따라 차량 바퀴가 노면과의 마찰력을 유지하도록 해 바퀴가 잠기는 것을 방지하고 통제할 수 없는 미끄러짐을 방지하는 차량 안전 시스템이다.

AC 교류 한 방향으로만 흐르는 직류와 달리 주기적으로 방향을 바꾸는 전류이다.

ACC^{Adaptive Cruise Control} **어댑티브 크루즈 컨트롤** 전방 차량과의 안전 거리를 유지하기 위해 차량 속도를 자동으로 조정하는 차량 제어 시스템 옵션이다.

ACEA 유럽 자동차 제조업체 협회 유럽의 자동차, 밴, 트럭 및 버스 제조업체를 대표한다.

ACM^{Association for Computing Machinery} 세계 최대의 교육 및 과학 컴퓨터 협회이며 과학 및 전문 직업으로서 컴퓨터를 발전시키는 리소스를 제공한다.

ACPS^{Automotive Cyber-Physical Systems} 전자 부품과 제어 시스템을 내장해 성능과 안전성을 향상시키는 정교한 시스템이다.

ACS^{Airbag Control System} 충돌 유형 및 심각도에 따라 적절한 제어 시스템을 동작시키기 전에 충돌을 감지하고 평가한다.

ACSS^{Automotive Cloud Service System} 차세대 자동차 소프트웨어 플랫폼을 위한 SOA 기반의 자동차 클라우드 서비스 시스템이다.

AD 무인 또는 자율주행 차량이 주변 환경을 감지하고 사람의 입력 없이 경로를 탐색할 수 있는 기능을 의미한다.

ADC^{Analog-to-Digital Converte} **아날로그-디지털 변환기** 데이터 처리를 위해 아날로그 전기 신호를 디지털 신호로 변환한다.

ADAS^{Advanced Driver Assistance System} **첨단 주행보조 시스템** 차량 안전과 도로 안전 향상 및 더 나은 주행을 통해 주행 과정에서 운전자를 돕는 시스템이다.

ADTF^{Automotive Data and Time-Triggered Framework} 자동차 소프트웨어 개발을 지원하는 프레임워크이다. ADAS에서 사용되는 안정적인 측정 프레임워크라는 장점이 있으며, CAN, FlexRAY, Ethernet 등의 일반적인 버스 데이터와 모든 형태의 로우 데이터를 채택할 수 있다.

AEB^{Autonomous Emergency Braking} 운전자와 독립적으로 작동하며 중요한 상황에서만 개입해 브레이크를 동작시켜 사고를 방지하거나 완화하는 시스템이다.

AEMP 장비 관리 전문가 협회 대형 오프로드 차량을 유지 관리하는 사람들에게 서비스를 제공하는 최고의 조직이다.

AES^{Advanced Encryption Standard} 미국 NIST에서 제정한 전자 데이터 암호화 규격이다.

AG 주식회사 회사들을 위한 법적 형태다.

AGORA 지능형 교통 시스템 애플리케이션 개발을 위한 프레임워크다.

AHA 어댑티브 하이빔 어시스트 어둠 속에서 더 안전하게 운전하고 운전자의 부담을 줄이는 데 도움이 된다.

AI 인공지능 기계 특히 컴퓨터 시스템에 의해 사람의 지능을 시뮬레이션하는 것이다.

AIC CIA 트라이어드라고도 하며 가용성, 무결성, 기밀성은 조직 내 정보 보안을 위한 정책을 가이드하기 위해 설계된 모델이다.

AID 이상 침입 탐지 시스템 활동을 모니터링하고 이를 정상 또는 비정상으로 분류해 네트워크 및 컴퓨터 시스템 침입 및 오용을 탐지하는 방법이다.

ANN 인공 신경망 생물학적 신경망 구조와 기능을 기반으로 하는 계산 모델이다.

ANSI^{American National Standards Institute} 미국의 제품, 서비스, 프로세스, 시스템 및 인력에 대한 자발적인 합의 표준의 개발을 감독하는 민간 비영리 조직이다.

AP 자율주차 차로에서 주차 공간으로 차량을 이동시켜 평행 주차, 수직 주차, 앵글 주차 등을 수행하는 자율주행 시스템이다.

API 애플리케이션 프로그래밍 인터페이스 소프트웨어 애플리케이션을 구축하기 위한 일련의 루틴, 프로토콜 및 도구다.

APRANET^{Advanced Research Projects Agency Network} 초기 패킷 교환 네트워크이며, TCP/IP 프로토콜을 구현한 최초의 네트워크다.

AR^{Augmented Reality} 증강현실 컴퓨터 생성 영상을 사용자의 시각에 중첩해 합성 뷰를 제공하는 방식이다.

ARP^{Address Resolution Protocol} 주소 확인 프로토콜 인터넷 프로토콜 주소를 로컬 네트워크에서 인식되는 물리적 컴퓨터 주소에 매핑한다.

ASD^{Agile software development} 애자일 소프트웨어 개발 여러 팀 간에 자체 조직화된 협업을 통해 솔루션을 발전시키는 방법 혹은 관행이다.

ASAM 자동화 및 제조 표준화 협회   주로 국제 자동차 제조업체, 공급업체 및 자동차 산업의 엔지니어링 서비스 제공업체로 구성된 독일 법률에 따라 통합된 협회다.

ASIL^{Automotive Safety Integrity Level}   도로 차량의 기능적 안전 표준인 ISO 26262에 의해 정의된 위험 분류 체계다.

ATM^{Air Traffic Management} 항공교통관리   항공기가 비행할 때 하늘에서 안전하게 분리되고, 착륙과 이륙하는 공항에서 안전하게 운행되는 프로세스다.

AUP^{Agile Unified Process}   RUP의 단순화된 버전이다.

AUTOSAR^{AUTOmotive Open System Architecture}   인포테인먼트를 제외한 자동차 ECU를 위한 개방되고 표준화된 소프트웨어 아키텍처를 구축하기 위한 목표를 추구하는 자동차 이해 파트너사 간 세계적인 개발 파트너십이다.

AV^{Autonomous Vehicle}   자율주행차

AVOIDIT   공격 벡터, 기능적 영향, 방어, 정보 영향 그리고 공격 대상별 분류와 같은 5가지 주요 구분자를 이용해 공격의 특성을 파악하기 위해 효과적으로 복합적인 공격을 효율적으로 분류한다.

AVP^{Automatic Vehicle Parking} 자율 주차   주차장에서 차량을 주차할 공간을 감지하고 측정한다.

B

BAC^{Blood Alcohol Concentration} 혈중 알코올 농도   일반적으로 혈액 부피당 알코올 질량 단위로 혈액 내 에탄올의 백분율로 표시되는 사람의 알코올 중독을 나타낸다.

BCM^{Body Control Module} 차체 제어 모듈   차량 차체의 다양한 전자 부품을 모니터링하고 제어하는 ECU의 일반적인 용어다.

BCU 브레이크 제어 장치^{Brake Control Unit}   시스템 제어, 휠 미끄러짐 보호 및 진단을 담당한다.

BDA^{Big Data Analytics}   데이터 탐색 및 활용의 새로운 시대를 나타낸다.

BE^{Best Effort}   음성 및 데이터 네트워크의 서비스 품질을 나타낸다.

BEV 배터리 전기 자동차^{Battery Electric Vehicle}   배터리 팩에 저장된 전기를 사용해 전기 모터에 동력을 공급하고 바퀴를 회전시킨다.

BFA^{Bruteforce attack}   해커가 원시적인 방식을 사용해 암호를 크랙하거나 데이터를 복호화하려고 하는 공격의 한 형태로, 다소 차별적인 테스트를 의미한다.

BMVI 교통 및 디지털 기반 시설부   베를린과 본에 본부를 두고 있는 독일 연방 정

부 기관이다.

BNR 사업 필요와 요구 사항　사업이 해결하려고 하는 비지니스 목표, 목적 그리고 문제를 설명하기 위한 사업의 필요를 만족하기 위해 필요한 기능인 사업 솔루션을 설명한다.

BPaaS^{Business Process as a Service} 클라우드 컴퓨팅 서비스 모델을 채택한 비즈니스 프로세스 아웃소싱^{BPO}의 한 형태다.

BSD^{Blind Spot Detection} 사각지대 감지　차량 주변의 360도 전자적 커버리지를 제공하는 기술이다.

B2B　기업과 개인 간의 거래가 아닌 기업 간 거래를 말한다.

B2B2C　온라인, 전자상거래, 기업, 포털이 소비자 중심의 제품 및 서비스 비즈니스와 제휴해 새로운 시장과 고객에게 다가가는 모델이다.

BMW　뮌헨에 본사를 둔 전 세계적으로 운영되는 독일 자동차 및 오토바이 제조업체인 BMW 그룹의 모회사다.

BOM　최종 제품을 제조하는 데 필요한 원자재, 하위 조립품, 중간 조립품, 하위 구성 요소, 부품 및 각 수량의 목록이다.

BVDW^{Bundesverband für die Digitale Wirtschaft} 디지털 경제 연방 협회　디지털 비즈니스 모델을 운영하고 디지털 가치 창출 분야에서 활동하고 있는 기업들을 위한 중심 이해 단체다.

BYD^{BYD Auto Company} 중화인민공화국 광둥성 선전에 있는 자동차 제조업체이자 BYD Company Ltd.의 자회사다. 중국 최대 자동차 제조업체 중 하나다.

C

CaaP^{Car-as-a-platform} 차량 내 커넥티드 플랫폼과 관련된 서드파티 개발 및 애플리케이션을 위한 모델로, 엔터테인먼트 앱 및 안전 관리 기능에 특히 중점을 두며, 커넥티드카의 다양한 기능을 제공한다.

CAD 컴퓨터 지원 설계　설계자의 생산성을 높이고 설계 품질과 문서화에 필요한 커뮤니케이션을 개선하고 제조 공정을 위한 데이터베이스를 생성하기 위해 설계의 분석, 생성, 수정 또는 최적화를 지원하는 컴퓨터 시스템의 활용이다.

CAE 컴퓨터 지원 엔지니어링　공장 기반 환경에서 정교한 대화형 그래픽 소프트웨어를 사용해 엔지니어링 문제를 해결하는 프로세스다.

CAESS^{Center for Automotive Embedded Systems Security} 미래 자동차 임베디드 시스템의 보안, 개인 정보 보호 및 안전을 보장하는 연구 사명을 가진 UC 샌디에이고와 워싱턴대학교의 연구원 간의 협력 과제다.

CAM 컴퓨터 지원 제조   컴퓨터 소프트웨어와 기계를 사용해 제조 프로세스를 개선하고 자동화하는 응용 기술이다.

CAN^{Controller Area Network}   실시간 제어 애플리케이션을 위해 시스템 또는 하위 시스템의 장치, 센서 및 작동기를 연결하는 직렬 버스 네트워크다.

Car2Go   독일 자동차 제조업체 Daimler의 카셰어링 서비스 제공업체다.

CAS^{Collision Avoidance (precrash) System}   충돌 방지 시스템   사고를 피하거나 사고의 심각성을 최소화시키기 위해 설계된 자동차 안전 시스템이다.

CASE   Mercedes-Benz Cars가 지속적으로 추진하고 지능적으로 연결하는 네트워킹^{Connected}, 자율 주행^{Autonomous}, 유연한 사용^{Shared}, 전기 구동^{Electrical Drive}의 전략적 미래 분야를 위한 표준이다.

CATIA^{Computer-Aided Three-Dimensional Interactive Application}   CAD, CAM, CAE, PLM 및 3D를 위한 다중 플랫폼 소프트웨어 제품군이다.

CBS 클라우드 기반 서버   인터넷상에 클라우드 컴퓨팅 플랫폼을 통해 구축, 호스팅 및 제공되는 논리적 서버다.

CC 클라우드 컴퓨팅^{Cloud computing}   애플리케이션 및 서비스, 컴퓨터 네트워크, 서버 및 저장 장치와 같은 구성 가능한 리소스의 공유된 풀^{pool}에 대한 유비쿼터스 접근을 가능하게 하는 컴퓨팅 인프라 및 소프트웨어 모델이다.

CCaaDP^{Connected-Car-as-a-Digital-Platform}   엔터테인먼트 앱과 안전 관리 기능에 특히 중점을 두고 커넥티드 차량에 다양한 기능을 제공하는 자동차 제조업체의 모델이다.

CCD 전하 결합 소자   픽셀이라고 하는 감광 요소를 형성해 실리콘 표면에 식각된 집적 회로다.

CCG 커넥티드카 게이트웨이   여러 무선 기술을 사용해 차량을 외부 세계와 연결한다.

CCRP^{Connected Car Reference Platform}   커넥티드카 참조 플랫폼   광범위한 혁신적인 애플리케이션과 경험을 지원하도록 설계된 강력한 커넥티비티 플랫폼이다.

CCS 복합 충전 시스템   특수 전기 커넥터를 통해 고전압 직류를 공급하는 배터리 전기 자동차의 급속 충전 방식이다.

CCU^{Central Control Unit}   중앙 제어 장치   강력한 마이크로 프로세서 기반 제어 장치다.

CDO   최고 디지털 책임자

CE 동시 엔지니어링   동시 엔지니어링^{SE} 또는 통합 제품 개발^{IPD}이라고도 하는 작업의 병렬화를 강조하는 작업 방법론이다.

CEC^{Common Engineering Client} Daimler 제품 개발 프로세스 및 후속 프로세스에서의 사용을 위한 시스템 차원의 일관적인 사용자 인터페이스로, 엔지니어링 클라이언트^{EC}의 개발, 유지 보수 및 확장을 위한 프로젝트다.

CED^{Canny Edge Detection} John F. Canny가 개발한 유명한 에지 감지 알고리즘이다.

CHAdeMO Charge De Move는 특수 커넥터를 통해 최대 62.5kW의 직류 (500V, 125A)를 공급하는 배터리 전기차용 급속 충전 방식의 브랜드명이다.

CIA 기밀성, 무결성 및 가용성; AIC 참조

CORBA^{Common Object Request Broker Architecture} 네트워크에서 분산 프로그램 개체를 생성, 배포 및 관리하기 위한 아키텍처 및 사양이다.

COx 탄소 산화물 여기서 x는 탄소의 세 가지 산화물(이산화탄소, 일산화탄소, 아산화탄소)을 나타내는 지수 번호를 나타낸다.

CPE^{Common Platform Enumeration} 기업의 컴퓨팅 자산인 응용프로그램, 운영체제 및 하드웨어 장치의 클래스를 설명하고 식별하는 표준화된 방법이다.

CPS 사이버 물리 시스템 정보와 소프트웨어가 물리적 구성 요소에 연결돼 데이터 전송 및 교환은 물론 인터넷과 같은 인프라에 대한 실시간 제어가 가능한 시스템이다.

CPSEF^{Cyber-Physical Systems Engineering Framework} 사이버 물리 시스템 엔지니어링 프레임워크 디자인 및 코드 재사용을 통해 비 프레임워크 기반 접근 방식보다 더 높은 생산성과 출시 기간 단축을 보장한다.

CRC 순환 중복 검사 로우 데이터의 알 수 없는 변경을 감지하기 위해 디지털 네트워크 및 저장 장치에서 일반적으로 사용되는 오류 감지 코드다.

CRM^{Customer Relationship Management} 고객 관계 관리 기존 및 잠재 고객과 회사의 모든 관계 및 상호작용을 체계적으로 설계하기 위한 전략을 설명한다.

CS^{Crosswind Stabilization} 강한 측면의 돌풍을 상쇄하며 ADAS 기능에 속해 있다.

CS&C^{CyberSecurity and Communications} 미국에서 사이버 및 통신 인프라의 보안, 복원력 및 안정성을 향상시키는 일을 담당하는 기관이다.

CSMA/CA^{Carrier Sense Multiple Accesses with Collision Avoidance} 충돌이 발생하기 전에 방지하는 802.11 네트워크의 반송파 전송 프로토콜이다.

C2C^{Car-to-Car} 영어 문헌에서 차량 대 차량^{V2V} 통신으로 사용된다. V2V 통신은 V2X 통신의 하위 요소다.

C2I^{Car-to-Infrastructure} 자동차가 국가의 고속도로 시스템을 지원하는 구성 요소와

정보를 공유할 수 있도록 하는 통신 모델이다.

CVE^{Common Vulnerabilities and Exposures Database} 공개적으로 알려진 사이버 보안 취약
점을 위한 공식적인 취약점 명칭 사전이다.

CVW^{Closing Vehicle Warning} 차량 접근 경고 하나 이상의 후방 지역에서 근접한 차량을
감지하고 차량 운전자에게 경고하는 기능으로 정의된다.

CWS 충돌 경고 시스템 물체의 상대적인 거리를 측정해 충돌 위협 가능성이 있는
물체와 그렇지 않은 물체를 구분한다.

D

DAC 디지털-아날로그 변환기 신호 처리를 목적으로 디지털 신호를 아날로그 전
기 신호로 변환한다.

DAPRA^{Defense Advanced Research Projects Agency} 미군을 위한 연구 프로젝트를 수행하
는 미 국방부 산하 기관이다.

DAS^{Driver Assistance System} 운전자 보조 시스템 차량 주변 및 운전 행동을 모니터링해
잠재적인 위험 상황을 조기에 탐지한다.

DAT^{German Automotive Trust} 자동차 산업을 위한 정보 센터이다.

DAX 독일 증권 거래소 지수 30개의 가장 중요한 독일 주식의 평균 가격을 나타
내는 척도다.

D-Bus^{Diagnostic Bus} 진단 버스 차량 내부의 구성 요소를 상호 연결하는 특수 내부
통신 네트워크이며, 프로토콜에는 CAN, LIN 등을 포함하고 있다.

DBN^{Deep Belief Network} 심층 신뢰망 훈련 데이터의 깊은 계층적 표현을 추출하는 방
법을 학습하는 그래픽 모델이다.

DC 직류 전하의 단방향 흐름이다.

DADSS 안전을 위한 운전자 알코올 감지 시스템^{Driver Alcohol Detection System} 운전자가
BAC 0.08 이상의 만취 상태일 때 자동으로 감지해 차량 운행을 방지한다.

DCU^{Door Control Unit} 도어 제어 장치 차량과 관련된 여러 전기 시스템을 제어하는 내
장형 시스템의 총칭이다.

DDD^{Driver Drowsiness Detection} 운전자 졸음 감지 운전자의 졸음으로 인한 사고를 예방
하는 안전 기술이다.

DDoS 분산 서비스 거부 공격 손상된 여러 컴퓨터 시스템이 서버, 웹사이트 또는
기타 네트워크 리소스와 같은 대상을 공격하고 대상 리소스의 사용자에게
DoS를 유발하는 공격이다.

DDS^{Data Distribution Service} 데이터 배포 서비스 게시-구독 패턴을 사용해 확장 가능하고, 실시간이며, 신뢰할 수 있고, 고성능으로 상호 운용 가능한 데이터 교환을 가능하게 하는 것을 목표로 하는 OMG M2M 표준이다.

DHS 미국 국토안보부 직면한 많은 위협으로부터 국가를 보호하는 중요한 임무를 갖고 있다.

DL 딥러닝 학습이 감독, 부분 감독 또는 비감독될 수 있는 특정 처리를 하는 알고리즘들과 달리, 학습 데이터 표현을 기반으로 하는 머신러닝 방법의 일부이다.

DMU^{Digital Mock-Up} 디지털 모형 값비싼 실제 제품/시스템 테스트를 컴퓨터 시뮬레이션으로 대체하는 데 사용되는 컴퓨터 생성 시험 모델이다.

DNN 이전 계층의 출력을 기반으로 한 별도의 기능 집합에서 노드 트레인의 각 계층을 사용하는 패턴 인식 멀티스텝 프로세스 내 데이터가 통과하는 노드 계층의 수의 깊이를 통해 일반적인 단일/숨겨진 계층의 신경망과 차이를 갖는다.

DNS 인터넷 도메인 이름을 찾아 인터넷 프로토콜^{IP} 주소로 변환하는 것을 의미한다.

DoS 서비스 거부 공격 일반적으로 서버, 시스템 또는 네트워크에 트래픽을 대량으로 발생시켜 공격받은 리소스를 소모하고 정상적인 사용자가 리소스를 사용하는 것을 어렵게 하거나 불가능하게 만든다.

DP^{Digital Prototyping} 디지털 프로토타이핑 개념 설계, 엔지니어링, 제조, 영업 및 마케팅 부서에서 완전한 제품을 제작하기 전에 가상으로 제품을 확인할 수 있다.

DPA^{Differential power analysis} 이를 테면 스마트 카드 또는 기타 암호화된 구성 요소의 암호화를 확인하고 비밀 키를 유출할 수 있는 암호 분석 방법이다.

DSDM^{Dynamic systems development method} 적절한 수준의 프로젝트 거버넌스의 프레임워크 내에서 성공적인 조직에 필요한 민첩성과 유연성을 결합하는 선도적인 애자일 접근 방식 중 하나다.

DSRC 근거리 전용 통신

E

EA^{Emergency Assist} 가속 페달, 브레이크 및 스티어링과 같은 운전자의 활동을 모니터링하고 시스템 제한 내에서 사고를 방지하고 가능한 사고를 줄이는 데 도움이 된다.

EBA^{Emergency Brake Assistant} 긴급 상황에서 제동 압력을 높이는 차량 제동 기술이다.

EBCM^{Electronic Brake Control module} 브레이크 시스템의 기능과 동작 모드를 동일하게 하고 브레이크를 동시에 작동하는 데 사용되는 제어 시스템이다.

EBD^{Electronic Brake force Distribution} 도로 상황, 속도, 하중에 따라 각 바퀴에 가해지는 힘의 양을 자동으로 변화시키는 차량 제동 기술이다.

EBOM^{Engineering Bills Of Material} 엔지니어링에서 설계한 제품을 반영하는 BOM의 유형으로, 설계된 BOM이라고도 한다.

e-Call^{Emergency Call} 2018년 3월 31일부터 EU의 계획하에 승용차 및 경상용차의 모든 신모델에 의무적으로 통합시키기 위한 차량 자동 응급 호출 시스템이다.

ECM^{Engine Control Module} 엔진 제어 모듈 최적의 엔진 성능을 보장하기 위해 차량의 연소 엔진에 있는 일련의 작동기들을 제어한다.

ECU^{Electronic Control Unit} 전자 제어 장치 차량의 전기 시스템 또는 하위 시스템을 제어하는 임베디드 시스템이다.

E/E^{Electrical and Electronic Systems} 전기/전자 시스템 온보드 네트워크의 다양한 구성 요소를 나타낸다. 전기 부품은 커패시터, 인덕터, 릴레이, 저항기, 스위치 등이다. 전자 부품은 ASIC(주문형 집적 회로), IC(집적 회로), FPGA(필드 프로그래머블 게이트 어레이), 마이크로컨트롤러(μC), 마이크로프로세서(μP) 등이 있다.

E/E/PE 전기, 전자 및 프로그래밍 가능한 전자기기 컴퓨터 기반 기술을 사용하는 복잡한 시스템을 의미한다.

EEPROM^{Electrically Erasable Programmable Read-Only Memory} 전하를 사용해 지우고 리프로그래밍할 수 있는 PROM이다.

EGNOS^{European Geostationary Navigation Overlay Service} ESA와 EUROCONTROL이 GPS, GLONAS, 갈릴레오 위성 항법 시스템을 보완해 개발한 위성 기반 증강 시스템 SBAS이다.

EGR^{Exhaust Gas Recirculation} 연소실의 산소 농도를 낮추고 열 흡수를 통해 NOx를 감소시키는 디젤 엔진의 NOx 배출을 제어하는 효과적인 전략이다.

ELP^{Electronic License Plate} 추적 및 디지털 모니터링 서비스에 사용되는 무선 신호를 발생시키는 차량에 장착된 식별자다.

EMC^{ElectroMagnetic Compatibility} 전자기 환경 및 기타 장비와 전기 및 전자 장비의 상호 작용이다.

EMD^{ElectroMagnetic Discharge} 장비에서 정전기장/부하를 제거하는 것을 의미한다.

EMI^{ElectroMagnetic Interference} 다른 전자 장치에 의해 발생하는 RF 스펙트럼의 전자

기장 근처에 있을 때 전기 장치의 작동을 방해하는 것이다.

EMNS^{Entry Media and Navigation System} 일반적인 인포테인먼트 및 내비게이션 시스템이다.

E911 긴급 전화 긴급 전화자를 적절한 공공 자원과 연결하기 위해 북미에서 사용되는 시스템이다.

EOC^{End of Conversion} 아날로그 또는 디지털 신호를 디지털 또는 아날로그 신호로 변환하는 데 필요한 시간이다.

EPROM^{Erasable Programmable Read-Only Memory} 전원 공급 장치가 꺼져도 데이터를 유지하는 일종의 메모리 칩이다.

EPS^{Electronic Power Steering} 차량의 엔진에 의해 구동되는 펌프를 통해 공급되는 유압에 의해 작동하는 기존 시스템과 달리, 스티어링 휠의 회전 여부와 상관없이 펌프가 계속 작동하며 차량 운전자를 보조한다.

ERP^{Enterprise Resource Planning} 주로 실시간으로 핵심 비즈니스 프로세스를 통합, 관리하는 것이다.

ESA^{European Space Agency} 우주 탐사에 전념하는 정부 간 조직이다.

ESC^{Electronic Stability Control} 마찰력의 손실을 감지하고 감소시켜 차량의 안정성을 향상시키는 컴퓨터화된 기술이다. ESP라고도 한다.

ESP^{Electronic Stability Program} 측면 역동성을 개선해 모든 방향에서 안정적인 주행을 보장하는 차량의 가장 중요한 안전 시스템 중 하나다.

EssUP^{Essential Unified Process} 서로 다른 상황에서 조합 및 일치하고 사용할 수 있는 가볍고 사용하기 쉬운 8가지 사례를 제공하기 위한 필수 요소에 중점을 두며, 모두 애자일 가치 및 사고에 적합하다.

ETA^{Estimated Time of Arrival} 차량이나 긴급 구조대가 특정 장소에 도착할 것으로 예상되는 시간이다.

EU 유럽 연합 주로 유럽 대륙에 위치한 28개 회원국의 정치 및 경제 연합으로, 유럽 대륙 면적의 40%를 차지한다.

EVWS^{Electric Vehicle Warning Sounds} 하이브리드 및 전기 자동차에 대한 전기 자동차 경고음은 보행자에게 전기차 및 하이브리드 전기차의 존재를 경고하도록 설계된 일련의 소리다.

EWSV^{Emergency Warning System for Vehicles} V2V, R2V, V2R 실시간 전용 근거리 통신의 국제적 조화와 표준화를 위해 특별히 개발된 텔레매틱스 개념이다.

F

FAA^{Federal Aviation Administration} 이 기구의 임무는 세계에서 가장 안전하고 효율적인 항공 우주 시스템을 제공하는 것이다.

FCA^{Fiat Chrysler Automobiles} 네덜란드에 설립돼 이탈리아가 운영하는 다국적 기업이다.

FDD^{Feature-driven development} 클라이언트 중심, 아키텍처 중심이며 실용적인 소프트웨어 프로세스다.

FDIS^{Final Draft International Standard} ISO 9001:2015를 참조하라.

FEM^{Finite element method} 공학 및 수리 물리학의 문제를 해결하기 위한 수학적 방법이다.

3G 3세대 무선 모바일 무선 표준이다. 3G는 UMTS^{Universal Mobile Telecommunications System}, HSPA^{High-Speed Downlink Packet Access} 및 HSPA+로 알려져 있다. HSPA+로 달성한 서핑 속도는 최대 28Mbit/s이며, HSPA에서 사용할 수 있는 서핑 속도는 최대 5.5Mbit/s이다.

4G 4세대 무선 이동 무선 표준이다. 4G는 3G 표준보다 훨씬 더 빠른 서핑 속도를 지원해 이론적으로 최대 300Mbit/s의 다운로드가 가능하다.

5G 5세대 무선 이동 무선 표준은 현재의 4G/IMT 발전된 표준을 넘어 제안된 차세대 통신 표준이다.

FIU^{Fault insertion units} 자동화된 테스트 장비와 테스트 중인 장치 사이에 결함 조건을 삽입하도록 설계됐다.

FM 다양한 무선 통신 응용 분야에 널리 사용되며 특히 이동 무선 통신에 유용하며 택시 및 기타 여러 형태의 차량에서 사용된다.

FMEA^{Failure mode and effects analysis} 일반적으로 스프레드시트 내에서 생성되는 정성적이고 체계적인 도구로, 실무자가 제품 또는 프로세스에 무엇이 잘못될 수 있는지 예측하는 데 도움이 된다.

FMECA^{Failure, Mode and Effects, and Critical Analysis} 설계, 제조 또는 조립 프로세스, 제품 또는 서비스에서 발생할 수 있는 모든 고장을 식별하기 위한 단계별 접근 방식이다.

FMI^{Functional Mock-up Interface} XML 파일과 컴파일된 C 코드의 조합을 사용해 동적 모델의 모델 교환 및 공동 시뮬레이션을 모두 지원하는 도구에 독립적인 표다.

FPGA^{Field Programmable Gate Array} 제조 후 현장에서 프로그래밍할 수 있는 집적회로다.

G

GA^{Genetic Algorithm} 유전 알고리즘 자연 선택을 기반으로 하는 제약이 있거나 없는 최적화 문제를 해결하는 방법이다.

GCN^{Global Communication Network} 온라인 GCN을 통해 제공되는 거래 정보를 필터링 하고 금융 투자 정보 제공 및 온라인 GCN을 통한 거래를 제공한다.

GDI 국내총소득 한 국가의 국경 내에서 재화와 서비스를 생산하면서 벌어들인 모든 소득의 합계다.

GENIVI GENIVI®는 오픈 소스, IVI 소프트웨어의 광범위한 채택을 주도하고 커넥티드카를 위한 개방형 기술을 제공하기 위해 노력하는 비영리 산업 연합 이다.

GHz 기가헤르츠 초당 109사이클에 해당하는 주파수 측정값이다.

GIS 지리 정보 시스템 공간 데이터의 수집, 처리, 구성, 분석 및 표시를 위한 정보 시스템이다.

GLONASS^{Global Navigation Satelite System} 위치 인식과 같은 다양한 응용 분야에서 GPS, GLONASS, Falileo 또는 중국 위성 시스템인 BeiDou를 사용한다.

GM^{General Motors} 자동차 및 부품을 설계, 제조, 마케팅 및 유통하고 금융 서비스 를 판매하는 미국의 다국적 기업이다.

GMRF^{Gaussian Markov Random Field} 공간 통계에서 가장 널리 사용된다.

GND 모든 전압을 측정할 수 있는 전기 회로의 모든 신호 또는 공통 경로에 대 한 기준점이다.

GNSS^{Global Navigation Satellite System} 제공되는 자율적인 지리 공간 측위를 사용하는 시스템이다.

GNUGPL^{GNU General Public License} 최종 사용자가 소프트웨어를 실행, 연구, 공유 및 수정할 수 있는 자유를 보장하며 널리 사용되는 무료 소프트웨어 라이선스다.

GPRS^{General Packet Radio Service} 휴대전화 및 컴퓨터 사용자를 위해 56~114Kbps 의 데이터 속도와 인터넷에 대한 지속적인 연결을 보장하는 패킷 기반 무선 통신 서비스다.

GPS^{Global Positioning System} 미 공군이 운영하는 미국 우주 기반 무선 항법 시스템 으로 3D 위치를 위도, 경도 및 고도 기반 약 1미터의 정확도로 찾아내는 데 도움을 준다.

GPU 그래픽 처리 장치 컴퓨터, 게임 콘솔, 스마트폰에 최적화되고 특화된 프로세 서다.

GSA^{Greenbone Security Assistant} 취약점 관리를 위한 전체 기능을 갖춘 사용자 인터페이스를 제공하기 위해 OpenVAS Manager 및 OpenVAS Administrator에 연결하는 웹 애플리케이션이다.

GSM^{Global system for mobile communication} 전체 디지털 이동 네트워크의 표준으로 주로 전화 통신에 사용되지만 회선 교환기 및 패킷 교환기, 데이터 전송 및 단문 메시지에도 사용된다.

GUI 컴퓨터와 사용자 간의 접점에서 작동하는 그래픽 사용자 인터페이스 소프트웨어다.

H

HCD^{Head-Coupled Display} 현실적이고 안정적인 컴퓨터 생성 장면을 제공하는 것을 목표로 몰입형 VR 시스템과 공통 요소를 공유한다.

HD^{High Density} 표준 기술보다 훨씬 더 높은 전력 밀도를 갖는 기술이다.

HDC^{Hill Descent Control} 가파른 경사면을 안전하게 내려갈 수 있도록 하는 차량 안전 기능이다.

HDTRI^{High-Definition Traffic Real-time Information} 고화질 교통 실시간 정보를 이용해 차량에 실시간 정보를 방송한다.

HFCPI^{Hands-Free Cell Phone Interface} 차량 통신을 위해 헤드셋 핸즈프리 및 음성 다이얼링 핸즈프리 휴대폰 장치를 연결한다.

HIL^{Hardware-In-the-Loop} 복잡한 실시간 임베디드 시스템의 개발 및 테스트에 사용되는 기술이다.

HMD^{Head-Mounted Display} 한쪽 또는 양쪽 눈 앞에 작은 디스플레이 광학 장치가 있는 헬멧의 일부 형태로 또는 머리에 직접 착용하는 장치다.

HMI^{Human machine interface} 산업 시스템용 컨트롤러에 작업자를 연결하는 사용자 인터페이스다.

HP^{Hewlett-Packard} 캘리포니아 팔로 알토에 본사를 둔 미국의 다국적 정보 기술 회사다.

HRTS^{Hard Real-Time System} 엄격한 시간 제한 내에서 작동해야 하는 하드웨어 또는 소프트웨어다.

HTML5^{Hypertext Markup Language} World Wide Web^{WWW}에서 콘텐츠를 구성하고 표시하는 데 사용되는 마크업 언어다.

HTTPS^{Hypertext Transfer Protocol Secure} 데이터를 안전하게 전송하기 위한 World

Wide Web의 통신 프로토콜이다.

HVAC 난방, 환기 및 공기 제어   실내 및 차량 환경 쾌적성을 위한 기술이다.

HW 하드웨어   데이터 처리 시스템의 기계 및 전자 장비를 지칭하는 핵심 용어이다.

I

IA^{Intersection Assistance}   교차로에서 교통을 모니터링하는 ADAS 기능이다. IA가 위험한 교차로의 교통 상황을 감지하면 시각 및 청각 경고를 활성화하고 자동으로 브레이크를 작동시켜 긴급 제동을 시작하도록 운전자에게 알린다.

IAA   프랑크푸르트/마인(승용차) 또는 하노버(상업용 차량)에서 열리는 IAA 국제 모터쇼에서는 자동차와 모빌리티의 최신 동향을 보여준다.

IaaS^{Infrastructure as a Service}   인터넷을 통해 가상화된 컴퓨팅 리소스를 제공하는 클라우드 컴퓨팅의 한 형태다.

IAM^{Identity and Access Management}   시스템의 분산화, 모바일 장치의 사용 증가, 클라우드 인프라에 대한 글로벌 접근을 통해 점점 더 중요해지고 있으며, 어떤 사용자가 시스템과 애플리케이션에 대해 어떤 권한을 갖고 있는지 알게 해준다. 이를 통해 무단 접근 또는 데이터 사용으로 문제가 발생하는 것을 방지한다.

IB^{Interface Builder}   Xcode IDE에 포함된 소프트웨어로 코드를 작성하지 않고도 전체 사용자 인터페이스를 간단하게 설계할 수 있다.

IBM^{International Business Machines}   미국의 다국적 기술 회사다.

ICC^{International Color Consortium}   PCS^{Profile Connection Space}라고 하는 기본 장치 색상 공간과 장치 독립 색상 공간 간에 색상 데이터를 변환하는 데 필요한 정보를 색상 관리 시스템에 제공한다.

ICE^{Internal Combustion Engine} 내연기관 파워트레인   신뢰성과 주행성으로 인해 오늘날 차량 시장을 지배하고 있다.

ICT 정보 통신 기술   현대 컴퓨팅을 가능하게 하는 인프라와 구성 요소를 포함한다.

IDE^{Integrated Development Environment} 통합 개발 환경   소프트웨어 개발 및 디버깅을 간소화하기 위해 프로그래밍 환경을 제공하는 소프트웨어 응용프로그램이다.

IDS 침입 탐지 시스템   악의적인 활동 또는 위반에 대한 네트워크 또는 시스템을 모니터링하는 장치 또는 소프트웨어 응용프로그램이다.

IDPS 침입 감지 및 방지 시스템   하나는 수동 탐지 모니터링 시스템이고 다른 하나는 능동 방지 시스템이라는 점에서 두 가지 서로 다른 솔루션이다.

IEC 국제전기기술위원회^{International Electrotechnical Commission} 모든 전기, 전자 및 관련 기술에 대한 국제 표준을 준비하고 발표하는 세계 최고의 조직이다.

IEEE^{Institute of Electrical and Electronic Engineers} 인류의 이익을 위한 기술 발전에 전념하는 세계 최대의 기술 전문 조직이다.

IHC^{Intelligent Headlight Control} 비디오 카메라를 사용해 주변 밝기를 측정하고 전방 차량 및 다가오는 차량과의 거리를 추정한다.

IoDaaS^{Internet of Data and Services} 인터넷을 통해 데이터, 서비스 및 사람을 상호 연결하고 데이터 분석을 개선하며, 생산성을 높이고, 안정성을 높이고, 혁신적인 비즈니스 모델을 통해 새로운 수익 창출 기회를 갖는다.

IoE^{Internet of Everything} 사람, 프로세스, 데이터, 서비스 및 사물의 지능적인 연결로 정의할 수 있다.

iOS iPhone, iPad, iPad mini 및 iPod touch용으로 개발된 모바일 장치용 Apple 회사의 운영체제다.

IoT 사물인터넷 객체/사물을 인터넷으로 연결해 이러한 객체/사물이 소유자를 위해 다른 작업을 수행하면서 인터넷을 통해 독립적으로 통신할 수 있음을 의미한다.

IP 인터넷 프로토콜

IPSA^{Intrusion Prevention System Architecture} 보호할 자산, 해당 자산의 민감도, 식별된 자산의 기밀성, 무결성 및 가용성 요구 사항을 결정한다.

IPT Image Processing Toolbox^{TM}는 이미지 처리, 분석, 시각화 및 알고리즘 개발을 위한 포괄적인 참조 표준 알고리즘 및 워크플로우 앱 세트를 제공한다.

IPv4^{Internet Protocol, version 4} 인터넷 프로토콜의 4번째 개정판이며 다양한 종류의 네트워크를 통한 데이터 통신에 널리 사용되는 프로토콜이다.

IPv6^{Internet Protocol, version 6} IETF^{Internet Engineering Task Force}에서 제공하는 IPv4의 업그레이드 사양이다.

IS^{Intersection Support} 대상 요소와 상위 요소의 교차점에서 변경 사항을 비동기적으로 관찰하는 방법을 제공한다.

ISO^{International Standard Organization} 다양한 국가 표준 기구 대표로 구성된 국제 표준 제정 기구다.

IT 정보 기술 하드웨어, 네트워킹, 소프트웨어, 인터넷 또는 이러한 기술을 사용하는 사람들과 같은 컴퓨팅 기술과 관련된 모든 것을 의미한다.

ITIS^{Intelligent Transportation Information System} 지능형 교통정보 시스템 교통 혼잡, 안전, 운송 효율성 및 환경 보전과 같은 교통 문제를 해결하기 위해 첨단 통신, 정보 및 전자 기술을 사용한다.

ITU^{International Telecommunication Union} 전 세계의 통신 운영 및 서비스를 조정하는 것을 목적으로 하는 UN의 기관이다.

K

km 킬로미터. 거리의 약어다.

KPIT 인도 푸네에 기반을 둔 IT 서비스 및 컨설팅 회사로 자동차 전자, 산업 자동화 및 칩 설계, 비즈니스 IT, 은행 및 보험 회사를 위한 IT 서비스 분야의 중소기업 및 대기업을 위한 솔루션을 제공한다.

kWh kWh는 킬로와트시^{kilowatt-hour}의 약어로 1킬로와트(1kW)의 출력으로 1시간 동안 변환되는 에너지의 양이다.

L

LAN 근거리 통신망 사무실이나 상업 시설과 같은 별도의 지리적 영역 내에서 서버에 연결된 컴퓨터 및 주변 장치를 포함한다.

LAS^{Lateral acceleration sensor} 차량에 작용하는 횡가속도를 측정하고 차량의 실제 위치를 계산하는 데 사용된다.

LCA^{Lane Change Assistant} 후방 범퍼에 숨겨져 있는 중거리 레이더 센서 2개(좌측과 우측에 하나씩)를 사용하며, 이 센서로 차량 옆과 뒤쪽의 영역을 모니터링한다. 센서를 통해 제어 소프트웨어가 센서 정보를 수집해 차량 뒤쪽 지역의 모든 교통 상황을 완벽하게 분석할 수 있다.

LDW^{Lane Departure Warning} 차선 이탈 경고 시각, 진동 또는 음향 경고를 사용해 차량이 차선을 이탈할 경우 운전자에게 경고한다.

LED 발광 다이오드 2-리드 반도체 광원으로 활성화하면 빛을 방출한다.

LHW^{Local Hazard Warning} 도로 주변을 통해서만 전달된다는 점에서 일종의 협력적 인지 메시지다.

LiDAR^{Light Detection and Ranging} 펄스 레이저 형태의 빛을 사용해 범위, 가변 거리를 측정하는 원격 감지 방법이다.

LIN^{Local Interconnect Network} 차량의 구성 요소 간 통신에 사용되는 직렬 네트워크 프로토콜이다.

LKA^{Lane Keeping Assistant} BSW와 CVW의 기능을 조합한다.

LKS^{Lane Keeping System} 차선 구분을 식별할 수 있는 카메라를 사용하고 감지된 차선 내에서 차량을 유지하기 위해 사전에 동작한다.

LLVM^{Low-Level Virtual Machine} 컴파일러, 최적화 프로그램, Just-In-Time 코드 생성기 및 기타 여러 컴파일러 관련 프로그램을 쉽게 구축할 수 있도록 해주는 라이브러리 및 도구 모음이다.

LOC^{Lines-Of-Code} 비주석 라인을 참조한다. 순수한 공백과 주석만 포함된 라인은 포함되지 않는다.

LOD^{Level Of Detail} 그래픽 파이프라인 단계의 작업 부하를 줄여 렌더링 효율성을 높인다.

LSE^{Large-Scale Engineering} 여러 구성 요소 또는 시스템을 엔지니어링된 장치에 통합하는 프로세스다.

LTE^{Long-Term Evolution} 산업통상그룹 3G 파트너십 프로젝트^{3GPP}가 개발한 4G 무선 광대역 기술이다.

M

MaaS^{Mobility-as-a-Service} 기존 방식들보다 더 빠르고 깨끗하며 저렴한 방식으로 더 많은 사람과 상품을 이동할 수 있는 대안을 제공한다.

MAC 메시지 인증 코드^{Message Authentication Code} 세션키를 사용해 데이터의 우연 또는 의도적인 수정을 모두 감지하는 데이터에 대한 암호화 체크섬이다.

MAN^{Maschinenfabrik Augsburg-Nuremberg} MAN SE^{Maschinenfabrik Augsburg-Nuremberg Societas Europaea}라는 차량 및 기계 엔지니어링 그룹이다.

MANET^{Mobile Ad Hoc Network} 이동 중 위치를 변경하고 스스로 설정할 수 있는 네트워크다.

MITM 중간자 공격^{Man-In-Middle Attack} 가해자가 사용자와 애플리케이션 통신 사이에 위치해 도청하거나 통신자 중 하나를 사칭해 정상적인 정보 교환인 것처럼 보이게 하는 일반적인 용어다.

MBOM^{Manufacturing Bill of Material} 제조^{manufacturing} BOM이라고도 하며, 출하 가능한 완전한 제품을 만드는 데 필요한 모든 부품과 조립품이 포함돼 있다.

Mbps^{Megabit per second} 이더넷 및 케이블 모뎀과 같은 고대역폭 연결의 데이터 전송 속도를 측정하는 데 사용된다.

MEMS^{Microelectromechanical Systems} 미세 가공 기술을 사용해 만들어진 장치나 구조

와 같은 기계 및 전기 기계 요소의 소형화로 정의할 수 있는 기술이다.

MIL^{Model In the Loop} 이 모델을 사용해 해당 모델을 테스트, 시뮬레이션 및 검증 할 수 있는 방식으로 시스템 또는 하위 시스템의 동작을 추상화하는 데 사용 되는 기술이다.

MID^{Misuse Intrusion Detection} 오용 침입 탐지 취약한 데이터에 대한 잠재적인 침입 위협을 감지하기 위해 능동적으로 동작한다.

MISRA^{Motor Industry Software Reliability Association} 자동차 산업의 프로그래밍 표준이다.

MITRE MIT^{Massachusetts Institute of Technology}의 분할로 설립된 여러 연방 기금 연구 및 개발 센터를 운영하는 비영리 회사다.

MMS^{Multimedia Messaging Service} 멀티미디어 메시징 서비스 다른 모바일 장치나 또는 모바일폰으로 일반적인 이메일 주소에 멀티미디어 메시지를 보낼 수 있는 가능성을 제공한다.

MOM^{Message-Oriented Middleware} 메시지 지향 미들웨어 분산된 애플리케이션 환경에서 범용 메시지 교환을 지원하는 미들웨어의 한 종류다.

MOST^{Media-Oriented Systems Transport} 자동차 산업의 멀티미디어 및 인포테인먼트 네트워킹을 위한 실질적인 표준이다.

MPV^{Multipurpose Vehicle} 일반 차량보다 실용적인 인테리어로 가족들이 선호하는 차량이다.

MRF^{Markov Random Field} 결합 확률 분포의 그래픽 모델이다.

MRP^{Materials requirements planning} 제조 프로세스를 관리하는 데 사용되는 생산 계획, 스케줄링 및 재고 관리 시스템이다.

MTBF^{Meantime between failures} 정상적인 시스템 작동 중에 시스템 고유의 고장 사이에 예상되는 경과 시간으로, 시스템 고장 사이의 산술 평균 시간으로 계산된다.

M2M^{Machine-to-Machine} 통신 원격 모니터링에 자주 사용된다.

MTTFd "mean time to a dangerous failure"의 약어다.

MVC^{Model View Controller} 컴퓨터의 사용자 인터페이스 구현을 위한 소프트웨어 아키텍처 패턴이다.

MySQL^{My Standard Query Language} 가장 많이 사용되는 관계형 데이터베이스 관리 시스템 중 하나이며 다양한 운영 체제용 상용 엔터프라이즈 버전뿐만 아니라 오픈 소스 소프트웨어로도 사용 가능하며 많은 동적 웹사이트의 기반을 형성하고 있다.

N

NAFTA 북미 자유 무역 협정 캐나다, 미국 및 멕시코의 강력한 경제 성장과 번영을 위한 세계 최대의 자유 무역 지대 중 하나다.

NCS 네트워크 제어 시스템^{Network control system} 통신망을 통해 폐쇄 루프 내에 있는 제어 시스템이다.

NEC^{Nippon Electric Company} 디지털 디스플레이 솔루션을 제공한다.

NECS^{Networked embedded computing system} 네트워크 임베디드 컴퓨팅 시스템 일반적으로 무선 또는 유선 네트워크로 연결된 여러 대의 컴퓨터로 구성된다.

NFCW^{Near field collision warning} 차량 안전 기술이 상당한 도약을 이뤘음을 의미한다. 이 기술은 곧 발생할 수 있는 충돌 사고에 대해 능동적으로 차량 운전자에게 경고해 운전자는 사고를 완화하거나 완전히 회피할 수 있는 적당한 시간을 가질 수 있게 된다.

NHTSA^{National Highway Traffic Safety Administration} 미국 도로에서 사람들을 안전하게 보호할 책임을 갖는다.

NI^{National Instruments} 자동화된 테스트 장비와 가상 계측 소프트웨어를 생산하는 국제적인 사업을 운영하는 미국의 다국적 기업이다.

NICB^{National Insurance Crime Bureau} 약 1,100개의 재산 손해 보험 회사 및 자체 보험 기관의 지원을 받는 비영리 단체다.

NIST^{National Institute of Standards and Technology} 미국에서 가장 오래된 물리학 연구소 중 하나다.

NoSQL 관계형 데이터베이스에서 테이블 관계 외의 방안으로 모델링된 데이터의 저장 및 검색을 위한 메커니즘을 제공한다.

NOx 질소 산화물을 의미하며, 다양한 질소의 산화 상태로 인한 여러 질소-산소 화합물이 존재하기 때문에 NOx로 축약된다.

NS^{Navigation system} 경로를 계산해 얻을 수 있는 차량의 방향을 찾는 데 사용되는 차량 제어의 일부다.

NSF^{National Science Foundation} 국립과학재단의 사명은 과학자와 엔지니어가 제안한 연구 및 교육에 대한 자금 지원을 통해 이룰 수 있는 과학의 발전을 촉진하는 것이다.

NTG^{New Telematics Generation} 보다 사용자 친화적인 고급 텔레매틱스 기술 세대를 갖추고 있다.

NURBS^{Nonuniform rational B-splines} 비균일 유리 B-스플라인 모양이나 형태를 모델링하

기 위해 컴퓨터 그래픽 영역에서 사용되는 수학적으로 정의된 곡선 또는 표면이다.

NVD^{National Vulnerability Database} SCAP^{Security Content Automation Protocol}를 사용해 표시되는 취약점 관리 데이터를 기반으로 하는 미국 정부 표준 저장소다.

NVP^{Night Vision Plus} 조명이 없는 곳에서 보행자나 동물에 의해 발생할 수 있는 잠재적인 위험을 차량 운전자에게 알릴 수 있다. 동작 시 자동으로 속도계가 수정처럼 맑은 야간 이미지로 변경되며 전방에 감지된 보행자에게 스포트라이트 기능을 통해 깜박이는 빛으로 알릴 수 있다.

NVT^{Network Vulnerability Test} 네트워크 취약성 테스트 이벤트의 확률을 줄이기 위해 시스템과 관련된 위험의 양을 평가하기 위해 수행되는 소프트웨어 테스트 기술이다.

NXP^{Next eXPerience}(구 Philips Semiconductors) 보안 연결 차량의 혁신을 주도하고 있다. 종단 간 보안 및 개인 정보 보호 및 스마트 연결 솔루션이다.

O

OAIT^{Open Artificial Intelligence Technologies} 개방형 인공 지능 기술의 목표는 안전한 AGI^{Artificial General Intelligence}를 구축하고 가능한 AGI 혜택이 넓고 고르게 분배되도록 하는 것이다.

OBD^{Onboard Diagnostics} 원래 주요 엔진 구성 요소의 성능을 모니터링해 배기가스를 줄이기 위해 설계된 컴퓨터 기반 시스템이다.

O-D^{Origin-Destination} 특정 여행에 대한 여행자의 실제 출발지와 목적지를 이해하기 위해 만들어진 모델이다.

OSW^{Obstacle and collision Warning} 차량 운전자에게 차량이 장애물과 충돌할 즉각적인 위험에 있음을 경고해준다.

OEM^{Original Equipment Manufacturer} 다른 제조업체에서 판매할 수 있는 부품 및 장비를 생산하는 회사다.

OMG^{Object Management Group} 1989년에 설립된 컨소시엄으로, 공급업체 독립적인 시스템 전반의 객체 지향 프로그래밍을 위한 표준 개발을 처리한다.

OOA^{Object-oriented analysis} 소프트웨어 시스템 개발의 일부로 분석 프로세스 및 설계 프로세스의 객체 지향 접근법이다.

OPENSIG^{One-Pair Ethernet Alliance Special Interest Group} 자동차에 이더넷 기반 통신 기술인 BroadR-Reach의 도입을 촉진하는 특수 영리 단체다.

OpenUP^{Open Unified Process} 소프트웨어 개발의 협업 특성에 중점을 둔 실용적이고 애자일 철학을 수용하고 있으며, 구조화 된 생명주기 내 반복적이고 점진적인 접근 방식을 적용한 통합 프로세스다.

OpenVAS^{Open Vulnerability Assessment System} 취약성 스캐닝 및 취약성 관리를 위한 포괄적이고 강력한 솔루션을 함께 제공하는 다양한 서비스 및 도구의 프레임워크다.

OS^{Operating System} 운영체제 컴퓨터에서 실행되는 가장 중요한 프로그램이다.

OSI^{Open Systems Interconnection} 애플리케이션이 네트워크를 통해 통신할 수 있는 방법에 대한 참조 모델이다.

OSS^{Operating System Scheduler} 다중 프로그래밍 OS의 필수 부분이다.

OTA^{Over The Air} 장치 또는 시스템에 새 소프트웨어, 구성 설정의 배포와 암호화 키 업데이트의 다양한 방법을 의미한다.

P

PaaS^{Platform as a Service} 클라우드에서 웹 애플리케이션 개발자에게 컴퓨터 플랫폼을 제공하는 서비스다.

PAM 프로세스 평가 모델 프로세스 성숙도를 결정하기 위한 모든 세부 정보를 보유하고 있으며 하나 이상의 PRM과 관련이 있다.

PAYD^{Pay as you drive} 차량 이용량과 종류에 따라 보험료가 계산되는 자동차 책임 보험의 일종이다.

PC 개인용 컴퓨터 최종 사용자가 직접 작동하는 다목적 컴퓨터로 크기, 기능 및 가격 등이 개인이 사용하기 적합하다.

PCAST^{U.S. President's Council of Advisors on Science and Technology} 각 행정부를 통해 승인된 위원회로 과학 및 기술에 관해 대통령에게 조언하는 광범위한 권한을 가지고 있다.

PCB 인쇄 회로 기판 비전도성 기판에 적층된 구리 시트로부터 전도성 경로, 트랙 또는 신호 추적을 이용해 전자 구성 요소를 기계적으로 지원하고 전기적으로 연결하기 위해 사용된다.

PCCMS^{Precrash Collision and Mitigation System} 레이더와 비전 센서의 입력을 결합하는 고유한 데이터 융합 알고리즘을 사용해 장착된 차량이 보행자나 다른 차량에 접근할 때 충돌 위험이 높은 것으로 추정되는 경우 차량 운전자에게 경고해 안전 시스템 기능을 향상시킨다.

PCM^{Powertrain Control Module} 엔진 제어 장치와 변속기 제어 장치로 구성된 차량에 사용되는 자동차 제어 부품이다.

PDM 제품 데이터 관리^{Product Data Management} 개발 및 생산에서 판매 및 유지 보수에 이르는 전체 수명 주기의 모든 제품 데이터와 프로세스를 전사적으로 관리하고 제어하는 접근 방식이다.

PFD^{Probability of failure on demand} Markov 모델을 통해 수행할 수 있다.

PHYD^{Pay how you drive} 차량 이용량과 종류에 따라 보험료가 계산되는 일종의 자동차 책임 보험이다.

PID^{Proportional-Integral-Differential} 산업용 제어 시스템에서 널리 사용되는 제어 루프 피드백 장치다.

PIN^{Personal Identification Number} 개인 식별 번호 한 명 또는 소수의 사람만 알고 있는 번호로 이를 통해 기기에 인증을 할 수 있다.

PL^{Performance Level} 표준 EN 13849에 따라 예측 가능한 조건에서 안전 기능을 수행할 수 있는 제어의 안전 관련 부분의 능력을 지정하는 이산 레벨로 정의되며, 이는 보안 기능의 신뢰성에 대한 척도임을 의미한다.

PLC^{Product Life Cycle} 제품 수명 주기 제품의 시작부터 엔지니어링 설계 및 제조, 제조된 제품의 서비스 및 폐기에 이르기까지 제품의 전체 수명 주기를 관리하는 프로세스다.

PLM^{Product Life cycle Management} 제품 수명 주기 관리 제조 제품을 설계, 생산, 검증, 지원, 유지 관리 및 궁극적으로 폐기하는 데 필요한 프로세스 및 생산 데이터와 관련된 모든 정보를 효과적으로 관리하고 연결한다는 전체적인 비전을 제시한다.

PMM^{Power Management Module} 전원 관리 모듈 성능에 미치는 영향을 최소화하면서 기본 장치에서 소비하는 전력량을 제어할 수 있는 장치 기능이다.

PNT^{Positioning, Navigation, and Timing Service} 지도 데이터 및 날씨 또는 교통 데이터와 같은 다양한 정보와 함께 사용되며 GPS로 더 잘 알려진 가장 인기 있는 최신 내비게이션 시스템이다.

POI^{Point Of Interest} 누군가가 유용하거나 흥미롭게 찾을 수 있는 특정 지점 위치다.

PPP 공공 민간 파트너십^{Public Private Partnership} 공공 업무 수행에 민간 경제 주체의 참여를 말한다.

PRM 프로세스 참조 모델^{Process Reference Model} 특정 애플리케이션 도메인에 대해 각 프로세스를 목적 및 관련 프로세스 결과에 따라 설명하는 일련의 프로세스를 말한다. 참조 모델의 프로세스 성숙도를 결정하기 위해 모든 세부 정보를 보관하는 PAM과 항상 관련돼 있다.

PROM^{Programmable Read-Only Memory} 사용자가 PROM 프로그래머라는 특수 장치를 사용해 마이크로코드 프로그램을 변경하며, 한 번만 수정할 수 있는 읽기 전용 메모리다.

PS^{Parking Sensor} 차량에 내장돼 주차 중 주변 물체와의 거리를 측정, 운전자에게 장애물을 경고한다.

PSAP^{Public Safety Access Point} 무선 네트워크에서 E911 통화용으로 사용된다.

PSI5^{Peripheral Sensor Interface 5} 주변 에어백 센서와 같은 기존 센서 인터페이스를 기반으로 하는 자동차 센서 애플리케이션을 위한 개방형 표준이다.

PSS^{Passive Safety System} 충돌 시 차량 운전자와 승객, 주로 에어백과 안전 벨트를 보호하는 시스템을 말한다.

PUC^{Pollution Under Control} PUC 테스트를 통과한 차량에 대해 유효한 인증으로, 차량 배기가스가 제어되고 있으며 오염 규정에 부합됨을 인증한다.

PwC^{PricewaterhouseCoopers} 다국적 전문 서비스 네트워크이며 Deloitte, EY, KPMG와 함께 4대 감사법인 중 하나다.

PWDC^{Power Window and Door Control} 전기 모터에 의해 동작하고 차량 내 다양한 설정을 할 수 있어 운전자가 원하는 창문을 올리거나 내릴 수 있으며, 시동 후 차량이 움직일 때 도어락이 동작하도록 할 수도 있다. PWDC의 또 다른 설정은 시동을 끄고 운전자가 도어를 열 때 자동으로 창문을 닫게 하거나 전자 잠금 장치가 차량 문을 잠그도록 설정할 수 있다.

R

RAM^{Random Acess Memory} 시스템의 일반적인 속도를 높이기 위해 자주 사용하는 프로그램 명령을 저장하는 컴퓨터 데이터 저장 장치다.

R&D^{Research and Development} 기업이 기존 제품 및 절차를 개선하거나 신제품 및 절차의 개발을 위해 수행하는 조사 활동을 말한다.

RC4^{Rivest Cipher 4} 일반 텍스트 숫자가 의사 난수 암호 스트림과 결합된 대칭 키 스트림 암호다.

RDA^{Rural Drive Assistance} 도심 외곽 도로 주행 및 대체안에 대한 분석을 위해 적용됐다.

RDS^{Radio Data System} 무선 데이터 시스템 무선 전송에 추가 정보를 전송하기 위한 프로토콜이다.

RDP^{Road Departure Protection} 도로 이탈을 방지하는 데 사용할 수 있는 특수한 ADAS 이다.

RF 무선 주파수 3kHz~300GHz 범위에서 전자기 전파의 진동 속도를 나타낸다.

RFID 무선 주파수 식별 전자기 스펙트럼의 무선 주파수^{RF} 부분에서 전자기 또는 정전기 결합의 사용을 통합해 물체 또는 사물을 고유하게 식별하는 기술이다.

RKE^{Remote Keyless Entry} 기존의 기계식 키를 사용하지 않고 차량에 대한 접근을 제어하는 전자 잠금 장치다.

RKI^{Remote Keyless Ignition system} 키를 꽂지 않고 시동을 걸기 위해 버튼을 눌러 활성화되는 키로 전자 리모콘을 말한다.

RMS^{Root Mean Square} AC 파동의 유효 전압 또는 전류를 정의하는 수학적 방법을 말한다.

RoI^{Region of Interest} 사용자가 필터링하거나 다른 작업을 수행하려는 이미지의 일부다.

ROI 투자 수익률^{Return On Investment} 투자 수익성의 기본 척도로 사용할 수 있는 지표다.

ROS^{Robot operating system} 개인용 로봇을 위한 소프트웨어 프레임워크다. 개발은 2007년 스탠퍼드 AI 로봇 프로젝트^{STAIR} 내 스탠퍼드 인공 지능 연구소에서 시작됐다.

RPC^{Remote procedure call} 한 프로그램이 네트워크의 세부 사항을 이해하지 않고도 네트워크의 다른 컴퓨터에 있는 프로그램에 서비스를 요청하는 데 사용할 수 있는 프로토콜이다.

RRF^{Risk Reduction Factor}으로 SIL을 결정한다.

RSA^{Rivest-Shamir-Adleman} 인터넷과 같은 안전하지 않은 네트워크를 통해 전송될 때 민감한 데이터를 보호하는 데 널리 사용되는 공개키 암호화 기반 암호화 시스템이다.

RSR^{Road Sign Recognition} 차량이 도로의 교통 표지판을 인식할 수 있는 ADAS 기술이다.

RSU^{Roadside Unit} 지나가는 차량 간 연결성 지원을 제공하는 도로 주변에 위치한 컴퓨팅 장치다.

RTE^{Runtime Environment} 운영체제에서 애플리케이션 또는 소프트웨어에 제공하는 실행 환경이다.

RTV   커넥티드카 맥락에서 RTV^{Roadside-To-Vehicle}은 차량과 도로변 센서를 연결하는 일종의 데이터 백본, 인터넷 게이트웨이가 존재함을 의미한다.

RUP^{Rational Unified Process}   하나의 구체적인 규범적 프로세스가 아니라 적응이 가능한 프로세스 프레임워크로, 개발 조직과 소프트웨어 프로젝트 팀이 필요에 적합한 프로세스 요소를 선택해 맞춤화하도록 고안됐다.

RVS^{Rear View System}   차량 운전자의 시야를 넓히고 추가 정보를 감지해 다른 주차 시스템과 융합한다.

S

SaaS^{Software as a Service}   클라우드 컴퓨팅의 일부로, SaaS 모델은 소프트웨어 및 IT 인프라가 외부 IT 서비스 공급자에 의해 운영되고 고객이 서비스로 사용한다는 원칙을 기반으로 한다.

SAN^{Sensor and actuator network}   처리된 센서 데이터를 기반으로 해당 시스템을 변경할 수 있는 작동기 네트워크와 시스템 내 데이터를 측정할 수 있는 센서 노드 네트워크다.

SAP^{System Applications and Products}   데이터 처리 분야에서 엔터프라이즈 소프트웨어의 선두 제공업체다.

SC^{Seat Comfort}   운전자와 승객이 모두 다른 체형을 갖고 있고 어느 시트가 더 편안한지에 대한 각자의 의견이 있기 때문에 주관적인 주제다. 요통에 가장 좋은 좌석은 적절한 요추 지지대, 다리 지지대 및 높은 수준의 조절 기능을 제공하는 시트다.

SCA^{Side Channel Attack}   시스템 자체에 대한 접근 없이 공격자가 시스템 작동 방식과 처리 중인 데이터를 추론하는 것을 가능하게 한다.

SCADA^{Supervisory Control and Data Acquisition}   효율성 유지, 보다 나은 결정을 위한 프로세스 데이터 그리고 장애 시간 완화를 위한 시스템 문제 전달을 하기 위한 소프트웨어와 하드웨어 구성요소를 갖는 시스템이다.

SCU^{Speed Control Unit}   순간적인 도로 변화에 대한 신속한 응답으로 엔진 속도를 정밀하게 제어하도록 설계됐다.

SD^{Service Discovery}   컴퓨터 네트워크에서 장치들이 제공하는 장치 및 서비스를 자동으로 감지한다.

SDF^{Sensor Data Fusion}   서로 다른 센서에서 파생된 센서 데이터를 결합해 센서 데이터를 개별적으로 사용했을 때보다 결과 정보의 불확실성이 감소하는 것을 의미한다.

SDK^{Software Development Kit} 특수 운영체제 또는 프로그래밍 언어에 쉽게 접근할 수 있는 소프트웨어 엔지니어용 툴킷이다.

SDP^{Service Discovery Protocol} 서비스 검색을 수행하는 데 도움을 주는 네트워크 프로토콜이다.

SE^{Simultaneous Engineering} 동시 엔지니어링 주기(사이클) 시간을 줄이기 위해 다양한 기능을 갖는 팀들을 이용해 동시에 신제품을 개발하는 것이다.

SEND^{Secure Neighbor Discovery Protocol} IPv6에서 NDP^{Neighbor Discovery Protocol}의 보안 확장이다.

SENT^{Single-Edge Nibble Transmission} 센서에서 제어기로 신호 값을 전송 시 점대점 ^{point-to-point} 방식을 위한 프로토콜이다.

SFF^{Safe Failure Fraction} 안전 측면에서 가능한 모든 고장 비율을 측정한 것이다.

S/H^{Sample and hold} 연속적으로 변화하는 아날로그 신호의 전압을 샘플링하고 지정된 최소 시간 동안 일정한 레벨로 값을 유지하는 아날로그 장치다.

SHD 선루프 빛 그리고/또는 신선한 공기가 운전자/차 내에 들어갈 수 있도록 하는 차량의 고정 또는 동작 가능한 개구부다.

SIL^{Safety Integrity Level} 안전 기능에 의해 제공되거나 또는 위험 감소의 특정 목표 수준을 지정하기 위해 제공되는 상대적 위험 감소 수준으로 정의된다.

SIM^{Subscriber Identity Module} 음성 및 데이터 전송을 암호화하고 특정 사용자에 대한 데이터를 저장하는 GSM 휴대전화 내부의 스마트 카드로 이를 통해 사용자를 식별하고 전화 서비스를 제공하는 네트워크에 인증할 수 있다.

SIR^{Susceptible-Infected-Recovered model} SI 모델의 확장인 면역 형성으로 감염성 질병의 확산을 설명하는 고전적 접근법이며, 이론 생물학 분야인 수학 역학이다.

SIS^{Sensible-Inspected-Subsible} 연락처 프로세스 모델 6LoWPAN Internet Protocol v6로도 알려져 있으며 저전력 무선 개인 영역 네트워크는 IETF^{Internet engineering task force}의 인터넷 분야 내 워킹 그룹의 이름이다.

SMS^{Short Message System} 한 휴대전화에서 다른 휴대전화로 짧은 글로 쓴 메시지를 보내는 방법이다.

SMW^{Smart Mirrors and Wipers} 우천 시 미러가 와이퍼를 갖고 있는 경우 이를 통해 가시성을 향상킨다.

SNR^{Stakeholder Needs and Requirements} 이해 관계자가 필요로 하는 서비스를 제공할 수 있는 솔루션에 대한 요구 사항의 집합으로 비즈니스 또는 엔터프라이즈 운영 수준의 관점을 나타낸다.

SOA^{Service-Oriented Architecture} 애플리케이션 구성 요소와 네트워크상 통신 프로토콜에 의해 다른 구성 요소에 서비스를 제공하는 소프트웨어 설계 방식이다.

SoC^{System-On-a-Chip} 스마트폰이나 웨어러블 컴퓨터와 같은 특정 시스템에 필요한 모든 전자 회로와 부품을 하나의 집적 회로에 갖춘 마이크로칩이다.

SOC^{Start of conversion} 아날로그 또는 디지털 신호를 디지털 또는 아날로그 신호로 변환이 시작되는 시간이다.

SOME/IP^{Scalable service-Oriented Middleware over IP} 서로 다른 크기와 운영체제를 가진 장치에 완벽하게 맞도록 처음부터 설계된 제어 메시지에 사용할 수 있는 자동차 미들웨어 솔루션이다.

SOS^{Save our souls} 주로 군대에서 사용되지만 전 세계 모든 사람들이 그 의미를 이해하고 있다.

SPL^{Sound pressure level} 소리 이벤트의 강도를 설명하기 위한 로그 양이다.

SPT^{Security penetration test} 차량의 컴퓨터 시스템에 대한 승인된 모의 공격으로 보안 취약점을 찾아 잠재적으로 시스템의 기능 및 데이터에 접근할 수 있다.

SQ^{Structural Query Language} 관계형 데이터베이스 관리 및 데이터 조작을 위한 표준 컴퓨터 언어다.

SRTS^{Soft Real-Time Systems} 실시간 제약이 있지만 약한 장치다.

STA^{Station} 스테이션 또는 무선 종단점^{wireless end point}은 802.11 프로토콜을 사용할 수 있는 기능이 있는 장치다.

STEP(제품 교환을 위한 표준) 모델 데이터는 제품 및 프로세스 데이터에 대한 표준화된 설명과 함께 CAD 파일을 교환하기 위한 ISO 표준이다. STEP 데이터는 PDM뿐만 아니라 CAD, CAE, CAM과 같은 컴퓨터 지원 기술에도 사용된다.

S/N^{Signal-to-Noise ratio} 백그라운드 노이즈에 대한 신호 강도의 측정값으로, 일반적으로 S/N 공식을 사용해 데시벨^{dB} 단위로 측정된다.

SUV^{Sports Utility Vehicle} 경트럭으로 분류되는 주행 편의성과 오프로드 기능이 강화된 승용차로 패밀리 차량으로 운행된다.

SW 소프트웨어

SWAS^{Steering Wheel Angle Sensors} 스티어링 휠이 회전하는 정도를 인식한다.

SWOT^{Strengths-Weaknesses-Opportunities-Threats} 시스템, 프로젝트, 조직 또는 비즈니스 벤처의 위 네 가지 요소를 평가하는 구조적인 계획 방법이다.

SyRS^{System Requirement Specification} 시스템 요구 사항을 구현하는 구조화 된 정보의 모음이다.

SysML^{Systems Modeling Language} 광범위한 시스템의 사양, 분석, 설계 및 V&V를 지원하는 시스템 엔지니어링 애플리케이션을 위한 범용 모델링 언어다.

T

TCM^{Transmission Control Module} 최적의 성능을 위해 차량의 기어를 변경하는 방법과 시기를 계산하기 위한 전자 자동 변속기 제어 장치다.

TCO^{Total Cost of Ownership} 자산 구매 가격에 운영 비용을 더한 값이다.

TCU^{Telematics Control Unit} 차량의 추적을 제어하는 차량 내 시스템을 말한다.

TCS^{Traction Control System} 접지력이 낮은 노면에서 휠이 회전하는 것을 방지하는 차량 안전 기능이다.

TCP/IP 전송 제어 프로토콜/인터넷 프로토콜은 인터넷의 중요성이 매우 크기 때문에 인터넷 프로토콜 통신 규약이라고도 알려진 네트워크 프로토콜 통신 규약이다.

TelCO^{Telematics' Control Unit} 차량의 추적을 제어하는 차량에 내장된 시스템을 말한다.

TFS^{TaxiForSure} Cab Aggregator Ola가 폐업한 가치 기반 택시 회사다.

3C^{Computation, Communication, and Control} 컴퓨팅, 통신, 제어는 ICT의 세 가지 카테고리를 나타낸다.

3D 3차원은 깊이에 대한 인식을 제공하는 이미지를 나타낸다.

TKIP^{Temporal Key Integrity Protocol} IEEE 802.11 무선 네트워킹 표준에서 사용되는 임시 보안 프로토콜이다.

TMC^{Traffic Message Channel} 자동차 운전자에게 교통 및 여행 정보를 전달하는 기술이다.

TMCU^{Transmission Control Unit} 엔진 제어 장치^{ECU}와 유사하지만 최신 트랜스액슬 transaxle 또는 변속기의 적절한 동작을 담당한다.

TOF^{Time of Flight} 물체, 입자 또는 음향, 전자기 또는 기타 파동이 매체를 통해 거리를 이동하는 데 걸리는 시간을 측정하는 다양한 방법을 설명한다.

TPS^{Tire Pressure Sensor} 타이어 내부의 공기압을 모니터링해 실시간으로 타이어 공기압 정보를 차량 운전자에게 알려주는 장치다.

TPM^{Trusted platform module} 공격자에 의해 쉽게 침해될 수 있는 소프트웨어보다 더

안전한 것으로 널리 인정되는 HRoT^Hardware Root of Trust를 정의하는 표준이다.

TPMS^Tire Pressure Monitoring System 실시간 센서 기반 압력 측정 장치다.

TRIC^Tahoe Reno Industrial Center in Storey County 배터리 팩 생산을 위한 Tesla의 기가팩토리 1이다.

TRW^Thompson Ramo Wooldridge ZF에 인수된 전 미국 자동차 부품 공급사다.

TSR^Traffic Sign Recognition 차량이 도로의 교통 표지를 인식할 수 있는 이미지 처리 기술이며 ADAS의 일부다. 인식 방법은 일반적으로 색상 기반, 모양 기반 및 학습 기반 방법으로 나눌 수 있다.

TSS^Daimler TSSS GmbH Daimler Group의 독점적인 고객에게 서비스를 제공하는 기업 IT 서비스 제공업체로 활동하는 Daimler AG가 전액 출자한 자회사다.

TTM^Time To Market 제품 아이디어에서 완제품까지 제품 개발 프로세스에 소요되는 시간이다.

U

UAV^Unmanned Autonomous Vehicle 사람의 개입 없이 지능적으로 자율적으로 지형을 이동할 수 있는 기계다.

UBI^Usage-Based Insurances 보험에서 비용이 사용된 차량 유형, 시간, 거리, 행동, 그리고 장소에 따라 비용을 측정해 PAYD^Pay As You Drive 및 PHYD^Pay How You Drive 및 마일 기반 차량 보험이라고도 한다.

UDS^Unified Diagnostic Service ISO 14229-1에 지정된 자동차 전자 장치 내 ECU 환경의 진단 통신 프로토콜이다.

UK^The United Kingdom 입헌군주제를 기반으로 하는 북유럽의 주권국가다.

UML^Unified modeling language 시스템 설계를 시각화하는 표준 방법을 제공하기 위한 범용 모델링 언어다.

US/USA^The Unites States of America 알래스카와 하와이의 인접하지 않은 주와 카리브해 및 태평양의 다양한 섬 영토를 포함한 대서양과 태평양에 해안선이 있는 중북미 국가다.

USB^Universal Serial Bus 컴퓨터와 장치 간의 연결, 통신 및 전원 공급을 위한 케이블, 커넥터 및 통신 프로토콜을 정의하는 산업 표준이다.

US-CERT^US-Computer Emergency Readiness Team 주요 사건에 대응하고 위협을 분석하며 전 세계의 신뢰할 수 있는 파트너와 중요한 사이버 보안 정보를 교환함으로써 모든 미국 국민을 위한 더 안전하고 강력한 인터넷을 위해 노력한다.

USD^{US Dollar} 미국 헌법에 따른 미국과 그 섬 지역의 공식 통화다.

V

VANET^{Vehicle Adhoc Network} 이동하는 자동차를 네트워크의 노드로 사용해 MANET 의 하위 그룹으로 동작 될 수 있는 모바일 네트워크를 생성하는 기술이다.

VAS^{Vehicle Audio System} 차량 사용자에게 차량 내 엔터테인먼트 및 정보를 제공하기 위해 차량에 설치 되는 장비다.

V&V^{Verification and Validation} 시스템/제품이 요구 사항 및 사양을 충족하고 의도한 목적을 충족 하는지 확인하기 위해 함께 사용하는 각각 독립적인 절차다.

VBAT^{Battery Voltage} 전원 공급 장치다.

VCM^{Vehicle Control Module} 차량 애플리케이션의 요구 사항을 충족하도록 개발된 구성 가능한 다목적 컨트롤러 장치다.

VCS^{Vehicular Communication Systems} 차량과 RSU가 통신 노드가 돼 서로 안전 경고 및 교통 정보 등의 정보를 제공하는 네트워크다.

VDA^{German Association of the Automotive Industry} 독일 자동차 산업 협회 자동차 제조업체와 자동차 부품 공급업체 모두를 포함하는 독일 자동차 산업의 영리 단체다.

VDI^{German Association of Engineers} 독일 엔지니어 협회 유럽에서 가장 큰 기술 및 과학 협회 중 하나이다. 독일에서의 역할은 미국의 ASCE^{American Society of Civil Engineers} 의 역할과 비슷하다.

VE^{Virtual Environment} 가상 환경 사용자가 인식한 설정과 상호작용이 이루어지는 설정을 컴퓨터로 만든 3D 표현이다.

VEDS^{Vehicle Emergency Data Sets} 차량 비상 사고에 대한 효율적인 비상 대응을 지원하는 데 필요한 유용하고 중요한 데이터 요소와 스키마 세트를 제공한다.

VERDICT^{Validation Exposure Randomness Deallocation Improper Conditions Taxonomy} 모든 사이버 공격을 4가지 부적절한 조건, 즉 유효성 검증, 노출, 임의성 및 할당 해제로 분류할 수 있음을 보여준다.

VLC 미디어 플레이어 포맷 이미 구현된 코드로 만들어지거나 다양한 포맷을 필요로 하는 모든 파일 및 포맷에 사용할 수 있다.

VP^{Virtual Prototyping} 실제 프로토 타입을 구축하기 전에 설계를 검증하기 위해 CAD 및 CAE 소프트웨어를 포함하는 제품 개발 프로세스의 방법이다.

VR^{Virtual Reality} 가상 현실 컴퓨터가 생성한 실시간 대화형 가상 환경에서 현실과 그 물리적 특성을 표현하고 동시에 인식하는 것이다.

V2E^{Vehicle to Environment} 주변 환경에서 차량의 위치를 지정할 수 있지만 환경도 지능형 구성 요소들과 함께 차량을 감지하고 위치를 지정할 수 있다.

V2H^{Vehicle to Home} 시스템 전기차 대용량 배터리에서 배전반^{distribution board}을 통해 전력을 끌어 가정에 전력을 공급하는 것을 가능하게 한다.

V2I^{Vehicle-to-Infrastructure} 차량이 국가의 고속도로 시스템을 지원하는 구성 요소와 정보를 공유할 수 있도록 하는 통신 모델이다.

V2R^{Vehicle-to-Roadside} V2I 프로토콜 및 V2R에서 지원된다.

V2V^{Vehicle-to-Vehicle} 차량이 서로 통신할 수 있도록 설계된 자동차 기술이다.

V2X^{Vehicle-to-X} 차량과 도로 인프라 간의 중요한 안전 및 운영 데이터의 무선 교환이다.

VW Volkswagen AG의 공식 브랜드다.

W

WAVE^{Wireless Access for the Vehicle Environment} 현재 차량 환경에서 상호 운용성과 강력한 안전 통신을 지원하는 차량 네트워크를 위한 가장 유망한 기술로 인식되고 있다.

WCCPS^{Wireless Cyber-Physical Surveillance systems} 계획되지 않은 환경에서 대규모 임시 감시를 위해 카메라와 저가형 센서를 결합한다.

WEP^{Wired Equivalent Privacy} IEEE Wi-Fi 표준 802.11b에 지정된 보안 프로토콜로 WLAN에 일반적으로 유선 LAN에 필적하는 수준의 보안 및 개인 정보 보호를 제공하도록 설계됐다.

Wi-Fi^{Wireless Fidelity} 인터넷 연결에 사용되는 무선 네트워크 기술 유형이다.

WPA^{Wi-Fi Protected Access} 무선 인터넷 연결 또는 Wi-Fi가 장착된 컴퓨팅 장치의 사용자를 위한 보안 표준이다.

WLAN^{Wireless Local Area Network} 제한된 영역 내에서 무선 통신을 사용해 두 개 이상의 장치를 연결해 더 넓은 인터넷에 연결하는 무선 배포 방식이다.

WNC^{Wireless Network Connections} 광대역 인터넷 연결과 모뎀 및 무선 라우터가 필요한 독립적인 동작이 가능하다.

WSAN^{Wireless Sensor and Actuator Network} 환경 및 작동기와 상호작용하는 서보^{servos} 또는 모터와 같은 작동기에 대한 정보를 수집해 모든 요소가 무선으로 통신하는 센서 그룹이며, 상호작용은 자율적이거나 인간이 통제할 수 있다.

WSN^{Wireless Sensor Network} 물리적 또는 환경적 조건을 모니터링하고 네트워크를 통해 다른 위치로 데이터를 협력적으로 전달하기 위해 공간적으로 분산된 자율 센서다.

WSS^{Wheel Speed Sensor} 차량의 휠 회전 속도를 읽는 데 사용되는 송신기 장치다.

WVSC^{Wireless Vehicle Safety Communication} 자율 시스템의 일부 한계를 극복하고 전체 안전 시스템 성능을 향상하는 데 도움된다.

WWDW^{Wrong-Way Driving Warning} 차선이탈을 방지하는 새로운 ADAS다.

WYSIWYG^{What You See Is What You Get} 에디터 또는 프로그램은 개발자가 인터페이스 또는 문서를 만드는 동안 해당 결과가 어떻게 될지 볼 수 있게 해준다.

X

XaaS^{X-as-a-Service} 모든 것(X)을 서비스로 제공하고 소비하는 접근 방식을 나타 낸다.

XML^{Extensible Markup Language} SGML(ISO 8879)에서 파생된 간단하고 매우 유연한 텍스트 형식이다.

XOR^{Exclusive OR} 입력이 다를 때만 참^{true}을 출력하는 논리 연산이다. 하나는 참이 고 다른 하나는 거짓^{false}이다.

XP^{Extreme Programming} 프로그래밍 작업을 해결하는 작업을 소프트웨어 개발의 최 전선에 배치해 정형화된 접근 방식을 덜 중요하게 만드는 방법이다.

Y

YRS^{Yaw Rate Sensor} 수직축을 중심으로 차량의 각속도를 측정하는 자이로스코프 장치로, 차량의 진행 방향과 차량의 실제 이동 방향 사이의 각도를 요레이트 와 관련된 슬립 각도라고 한다.

Z

ZF Gear Factory 독일의 Friedrichshafen에 본사를 둔 자동차 부품 제조업체 이다.

찾아보기

자동차 커넥티비티와 사이버 보안

자율주행, 커넥티드카, 모빌리티 서비스 등 자동차 기술 발전과 사이버 보안의 이해

발   행 | 2021년 8월 31일

지은이 | 디트마르 몰러 · 롤랜드 하스
옮긴이 | 정 윤 민

펴낸이 | 권 성 준
편집장 | 황 영 주
편   집 | 이 지 은
디자인 | 송 서 연

에이콘출판주식회사
서울특별시 양천구 국회대로 287 (목동)
전화 02-2653-7600, 팩스 02-2653-0433
www.acornpub.co.kr / editor@acornpub.co.kr

책값은 뒤표지에 있습니다.